커넥토그래피 혁명

CONNECTOGRAPHY
커넥토그래피 혁명

—

글로벌 연결 혁명은
어떻게 새로운 미래를 만들고 있는가

파라그 카나 지음 | 고영태 옮김

사회평론

미래의 세계 질서에 대한 3부작 가운데 마지막 책인 『커넥토그래피 혁명Connectography』의 한국어판을 출간하게 되어 매우 기쁘고 감사하다. 나는 이전에 출판된 두 권의 책에서 한반도가 직면한 여러 도전 과제들에 대해서 이야기했다. 한국 같은 경제·기술 선진국과 가난하고 노쇠한 북쪽의 형제 국가 사이처럼 극명한 대조를 이루는 곳은 세계 어디에서도 찾아볼 수 없다. 이런 긴장관계는 지난 수년 동안 지정학 전략가이자 외교 이론가인 나의 관심을 집중시켰다.

　나는 약 10년 전에 『제2세계The second world』에서 한국, 일본, 인도, 호주 등 지역의 중요 국가들이 역사적이고 지정학적인 중국과의 깊은 갈등 관계에도 불구하고 중화권Greater China을 중심으로 "아시아인을 위한 새로운 아시아 질서new Asia for Asians order"가 등장할 것이라고 예측했다. 이런 긴장과 갈등은 여전히 존재하고 다양한 방식으로 갈등이 고조되고 있지만, 국가들 사이의 경제적 통합도 강화되고 있다. 현재 중국은 한국의 최대 교역국이고 한국에 대한 투자도 지속적으로 증가했다. 트럼프 대통령과 매티스 국방장관이 아시아의 미국 동맹국들에게 안전보장을 약속했지만, 안보 제공자로서 미국의 신뢰도에 대한 우려는 동아시아 지역에서 대 중국 견제연합의 구성을 어렵게 만들었다.

이 책에서 기술한 것처럼, 나는 2012년에 일주일 동안 북한을 여행하면서 매우 흥미로운 경험을 했다. 북한 사회와 김정은에 대한 전문가들은 피상적으로 한국과 일본에 대한 북한의 군사력 강화 움직임에 대해 매우 걱정하고 있다. 나는 국제사회의 관심을 끌기 위한 북한의 이런 행동이 언론의 주목을 너무 많이 받고 있고 동시에 지속적인 위협과 희생양 만들기라는 북한의 주장을 부채질하고 있다고 생각한다. 대신 북한의 이런 도발적 행동이 무시된다면, 군사적 행동은 더 이상 효과적인 전략이 되지 못할 것이고 북한으로 하여금 좀 더 실용적인 대응책에 대해 생각하도록 만들 것이다.

북한을 여행하면서 얻은 또 다른 중요한 교훈은 북한과 같은 획일적인 전체주의 국가에서도 정부와 주민들의 의견이 다르다는 사실을 깨달았다는 것이다. 나는 남들 못지않은 삶의 질, 자녀들을 교육시키고 주택을 소유하기에 충분한 소득을 추구하는 평범한 북한 주민들을 많이 만났다. 실제로 정부의 이념에 가장 동조하지 않는 사람들은 대부분 가장 가난한 사람들이었다. 우리는 통일된 한반도에서 북한 사회의 미래 모습이 어떻게 변할 것인지에 관해 생각할 때 언제나 이 점을 분명히 기억해야 한다.

북한조차 '세계 연결 혁명global connectivity revolution'이 21세기에 가장 강력한 힘이라는 내 주장을 증명해주고 있다. 지난 몇 년 동안 휴대전화와

TV 그리고 다양한 소비재 상품들이 널리 보급되면서, 북한도 중국과 러시아와의 철도와 항구 건설 프로젝트 같은 많은 기반시설 사업을 허가했다. 여기에 더해 각 지방 자치단체들도 의무적으로 공업단지 건설 계획을 수립해야 한다. 나는 싱가포르에서 북한의 도시 계획가들과 학생 대표단을 만나기도 했다.

앞으로 수년 동안 예측하지 못한 급격한 변화가 계속될 것이라는 사실에는 의심의 여지가 없다. 최근에 남북한 사이의 경제협력의 상징이었던 개성공단이 폐쇄되었지만 장기적인 추세는 분명하다. 냉전과 식민지 시대의 유물인 국가들은 전 세계에 걸쳐 붕괴되고 있고 새로운 지리적이고 기능적인 사고방식을 찾아야 한다는 것이다. 북한도 예외가 아니다. 한국 정부는 북한 주민들을 흡수하고 북한의 기반시설을 현대화하며 북한의 농업과 광업을 부활시킬 미래에 대비해야 한다. 이것이 연결이 우리에게 주는 가능성이다.

하지만 위험과 도전도 만만치 않다. 무엇보다 국경이 아니라 공급망에 따라 재편된 세계에서는 그 어느 때보다 경쟁이 치열할 것이라는 점이다. 교역 의존도가 높은 한국은 세계적 명성을 가지고 있지만 가치사슬의 상층부로 올라가는 경쟁 국가들에 따라잡힐 위험이 있다. 중국의 스마트폰 제조사들이 아시아와 다른 지역에서 삼성의 시장을 잠식하고 있고 조선 산업도 중국 경쟁업체의 저가 공세라는 위험에 직면해 있다.

중국의 경제·기술적 발전은 한국의 일류 기업들에게 분명한 위협요소이다. 하지만 중국은 커다란 기회를 제공하기도 한다. 가장 중요한 기회는 거대도시를 중심으로 소비가 급격하게 증가하고 있는 중국 시장이다. 아시아인프라투자은행Asian Infrastructure and Investment Bank과 유럽과 아시아의 회원 국가들이 지원하는 중국의 '일대일로One Belt, One Road' 정책도 중요한 기회이다. 한국은 이런 거대 기반시설 투자계획에 대한 참여를 결정하는 데 어려움을 겪었다. 하지만 미국은 외부의 힘으로 아시아인프라투자은행의 설립과 참여를 막을 수 없다는 사실을 깨달았다. 한국은 아시아인프라투자은행에 한국의 발전 경험과 기술을 전수하고 미래의 투자계획에 영향력을 미치는 동시에 한국의 세계적인 엔지니어링 기업과 건설 기업에 막대한 경제적 가치를 창출할 기회를 제공할 것이다. 우리는 이런 기반시설 사업들이 상당 부분 중국의 재정 지원을 받고 있지만 성장의 열매는 모든 이에게 이익이 될 것이라는 사실을 기억해야 한다.

서구에서 대중 영합주의와 보호주의 무역정책의 등장에도 불구하고 우리가 세계화의 미래에 낙관적인 것도 이런 이유 때문이다. 환태평양동반자협정 탈퇴는 미국에 큰 손실이 될 것이다. 하지만 아시아 국가들에게는 그렇지 않다. 이미 다른 모든 회원국은 자유무역에 대한 협상을 하고 있고 중국과 역내포괄적경제동반자협정Regional Comprehensive Economic Partnership이 새로운 추진력을 제공하고 있다. 더구나 유럽 및 중동 지역과 아시아의 교역 규모는 급격하게 증가하고 있다. 실제로 유럽과 아시아 사이의 교역 규모는 유럽과 미국의 교역 규모를 추월했다. 이것이 세계에서 인구가 가장 많은 대륙의 연결성이 깊어지고 그에 따른 상호 보완성이 강화된 결과라는 점은 분명하다. 한국은 동쪽뿐만 아니라 서쪽도 주시해야 한다.

이것은 이 책의 핵심 주제 가운데 하나이자 한국과 연관성이 깊은 도시 중심의 사고방식을 반영하고 있다. 서울은 세계에서 가장 훌륭한 도시이자 가장 연결성이 높은 도시이다. 또한 기술적으로도 가장 잘 발달되어 있다. 서울은 혁신, 산업정책, 스마트시티 고속통신망 보급, 기술교육 등 내가 관심을 집중하고 있는 많은 분야에서 모범 도시이다. 내가 세계를 여행하면서 깨달은 것처럼 국가들은 점점 더 도시의 우수성에 따라 높은 평가를 받는다. 서울은 싱가포르처럼 한국의 영향력을 증대시키기 위해 세계 각국에 최고의 성공 사례를 수출할 수 있다.

세계는 그 어느 때보다 연결이 강화되면서 더욱 복잡해지고 있다. 이것은 돌이킬 수 없는 역사의 방향이다. 국가들은 경쟁력을 유지하기 위해 훨씬 더 많은 관심과 노력을 집중해야 한다. 이 책이 현재와 미래에도 세계를 이끌어가는 선도 국가로 남기를 원하는 한국 정부와 기업 그리고 한국 국민에게 길잡이 역할을 할 수 있기를 바란다.

파라그 카나

어떤 것에 대한 집착의 결과는 자연스럽게 자식들에게 대물림된다. 나는 이곳저곳 많이 돌아다니던 어린 시절부터 지금까지 지구본과 지도, 다른 지리학적 공예품을 수집해왔다. 그래서 이 책의 일부를 집필하는 동안 딸과 함께 1천 조각의 퍼즐로 구성된 세계지도를 맞추는 놀이를 한 것도 결코 우연이 아니다. 퍼즐로 된 이 지도는 항해를 위해 더 유용한 지도 제작을 추구하던 16세기 벨기에의 지리학자인 메르카토르Mercator의 이름을 딴 메르카토르 도법의 지도였다. 메르카토르 도법의 지도는 양극 지방의 축척이 심하게 왜곡되어 있다. 이 때문에 우리 딸은 "그린란드가 엄청나게 커요."라고 감탄했다. 그리고 왜 오렌지 색깔로 그려졌는지도 궁금해했다. 퍼즐 조각을 맞추기에는 아프리카 대륙이 가장 쉬웠다. 54개 국가로 구성된 아프리카를 이루는 각각의 작은 퍼즐 조각들은 국가의 색깔과 도시 이름 등과 같은 단서로 가득했다. 바다는 마지막에 맞추기 위해 남겨두었다. 푸른색으로 단지 농도만 다른 수백 개의 특징 없는 조각들로 구성되어 있는 바다의 퍼즐을 맞추기란 정말로 힘든 일이었다. 나와 딸은 어떤 바다가 깊은 곳인지, 어디에 가장 큰 해저산맥이 있는지, 멀리 떨어진 외딴 섬에서 사람들이 어떻게 살아가는지에 대해 이야기하며 시간을 보냈다.

모든 퍼즐 조각을 맞춘 다음에 투명테이프를 이용해 조각들을 붙이고 딸의 방에 걸어두었다. 한 걸음 물러나서 보면 거대한 판게아Pangaea*처럼 모든 대륙이 얼마나 가지런하게 보이는지 쉽게 알 수 있었다. 그리고 앞으로 5천만 년에서 1억 년 후에 대륙들이 다시 하나로 합쳐져(북극을 둘러싸고) 아메이시아Amasia**가 되는 것을 상상하기 시작했다.

하지만 우리가 지금 모든 대륙을 이미 연결하고 있다면 어떻게 될까? 전 세계 사람들과 자원이 끊어지지 않는 교통망과 에너지, 통신 기반시설을 통해 연결된다면, 그래서 연결되지 않은 지형이 없을 때 지구는 과연 어떤 모습이 될까? 이를 설명하는 좀 더 좋은 용어가 바로 '커넥토그래피Connectography'이다.

이 책에서는 우리 생활의 모든 면에 영향을 미치는 중대한 연결의 결과를 설명한다. 이 책은 미래의 세계 질서에 대한 3부작의 마지막 편이다. 3부작의 첫 번째는 여러 강대국이 불안정과 분열로 가득한 중요한 지역에서 영향력의 증대를 위해 경쟁하는 새로운 지정학 세계를 설명한 『제2세계』이다. 나는 이 책에서 과거에는 식민지를 정복했지만 오늘날에는 국가를 돈으로 산다고 주장했다. 현명한 국가들은 모든 강대국과

* 약 3억 년 전에 존재했던 하나의 거대한 대륙. 현재의 모든 대륙은 이 판게아에서 분리된 것이다. — 옮긴이
** 미래에 아시아와 아메리카가 합쳐져 생기는 새로운 대륙 — 옮긴이

좋은 관계를 유지하는 동시에 깊은 연합관계를 맺지 않고 최대의 이익을 추구하는 교묘한 다자외교를 펼치고 있다. 두 번째 책인 『세계를 경영하는 방법How to Run the World』에서는 정부와 기업, 시민단체, 다른 참가자들이 모두 권력을 위해 경쟁하지만 세계의 변화에 대응하기 위해 새로운 종류의 "메가 외교mega-diplomacy"를 통해 협력하는 신중세neo-medieval 같은 세계 환경에 대해 설명했다. 이 책에서는 기하급수적 확산과 자발적 연결을 통한 "보편적 해방universal liberation"이 글로벌 르네상스로 가는 길이라고 결론지었다. 3부작의 세 번째인 『커넥토그래피』는 말 그대로 그리고 지적으로 보편적 해방에 이르는 방법에 관한 책이다.

이 책은 서로 연결된 몇 가지 주제에 따라 전개된다. 첫째, 연결성은 세계 조직의 새로운 패러다임으로 분할division을 대신한다는 것이다. 인류 사회에서는 기능적 사회기반시설에 의해 근본적인 변화가 일어나고 있는데, 기능적 사회기반시설은 국경에 의한 정치적 지도보다 세계가 움직이는 방법에 대해 더 많은 것을 알려준다. 진정한 세계지도는 국가뿐만이 아니라 거대도시, 고속도로, 철도, 가스관과 송유관, 인터넷 케이블 그리고 떠오르는 세계 네트워크 문명의 다른 상징들을 보여주는 특징을 담고 있어야 한다.

둘째, 권력의 분산과 이양이 우리 시대의 가장 강력한 정치적 흐름이라는 것이다. 제국은 모든 곳에서 분열되고 있고, 권력은 중앙정부에서 재정과 외교 분야까지 자치권을 요구하는 주와 시 정부로 이동하고 있다. 하지만 권력 이양의 반대편에는 집합aggregation이라는 중요한 상대방이 있다. 정치적 단위가 더 작아질수록 생존을 위해 공유자원이 더 큰 연방으로 통합되어야 한다. 이런 경향은 동아프리카에서부터 동남아시아에 이르기까지 공동의 기반시설과 제도를 통해 새로운 역동적 지역연방의 형태로 전 세계에 걸쳐 진행되고 있다. 북아메리카도 역시 하나의 연합된 거대 대륙으로 성장하고 있다.

셋째, 지정학적 경쟁의 본질은 영토 전쟁에서 연결을 위한 전쟁으로 진화하고 있다는 것이다. 연결을 위한 경쟁은 세계 공급망, 에너지 시장, 산업 생산 그리고 가치 있는 금융, 기술, 지식, 인재의 흐름에 대한 주도권 전쟁의 양상으로 전개되고 있다. 주도권 전쟁은 자본주의 대 공산주의 같은 과거의 정치체제 전쟁에서 하나의 집단 공급체계 내부의 전쟁으로 바뀌고 있다. 군대가 참전하는 전쟁은 상존하는 위협이지만, 주도권 전쟁은 영원한 현실이다. 군사적 정책이 아니라 경제적 전략으로 승리해야 하는 전쟁이다. 각 국가들은 세계적으로 주도권 전쟁에서 두각을 나타내기 위해 수천 개의 신도시와 특별경제구역을 건설했다.

이런 경쟁적인 연결이 진행되는 또 다른 방법은 기반시설의 연합이다. 이는 공급체계의 단단한 제휴를 통해 국경과 바다를 가로질러 기반시설을 물리적으로 연결하는 것을 뜻한다. 이런 물리적 연결을 추구하는 중국의 전략은 미국의 세계 안보전략과 맞먹을 정도로 세계 상품시장에서 중국의 기반시설 수준을 향상시켰다. 상호 연결된 세계에서의 지정학에서 영토 정복의 위험성 측면에서의 역할은 감소하는 반면 물리적 기반시설 체계와 디지털 기반시설 체계 측면에서의 중요성은 더욱 증가한다.

연결은 더욱 복잡한 글로벌 시스템을 향한 심층적 변화의 중요한 동인이다. 경제 통합이 가속화되고 인구의 이동성이 높아지며 사이버 영역이 물리적 현실과 통합되면서, 기후 변화가 우리의 일상생활 방식에 엄청난 영향을 미치고 있다. 이런 변화 가운데서 발생하는 중요하고 갑작스러운 반응은 이해하기가 거의 불가능하다. 이처럼 연결은 세계를 더욱 복잡하고 예측 불가능하게 만들지만, 동시에 집단적 복원력을 성취하는 중요한 방법을 제공하기도 한다.

사람들은 불확실성의 시대에 미래에 어떤 일이 벌어질지를 알고 싶어 한다. 하지만 우리가 할 수 있는 최선은 시나리오를 만드는 것이다. 냉전 시대의 시나리오는 안정이 어떻게 적대관계로 변하고 평화가 어떻게 전쟁으로 바뀔 수 있는지를 살펴보는 중요한 방법이었다. 오늘날 우리는 에너지가 풍부해지고 자원 경쟁이 치열해지며 세계의 인구 이동이 급증하고 각종 제한 규정이 강제적으로 실시되면 세계가 어떻게 변할지를 설명하는 시나리오를 만들고 있다. 또한 정책 변화로 자본이 감소하거나 불평등이 광범위한 정치적 불안을 초래하거나 정부가 다시 일자리와 복지 제공에 전력을 다하면 세계가 어떻게 변할지에 관한 시나리오도 작성하고 있다. 이처럼 모든 방향으로 향하는 증거를 찾는 것은 쉽다.

훌륭한 시나리오는 예측에 관한 것이 아니라 과정에 관한 것이다. 관점이 더 다양할수록 시나리오는 더욱 풍부해진다. '세계화의 사망'과 '초세계화'가 동일하게 보일 때, 미래에 대한 정확한 관점을 수립하는 일은 이분법적 선택이—장밋빛 시나리오와 비관적 시나리오—아니라 다양한 비전의 조화를 만드는 것이다. 오늘날 우리는 치열한 권력 경쟁, 세계화된 상호 의존성, 강력한 개인 네트워크 세계 가운데 하나를 선택할 필요가 없다. 우리는 이 세 가지를 동시에 가지고 있다.

이 책은 수백 가지의 시나리오에서 나온 다양한 요소들과 지난 20년 동안 지구촌 곳곳에 대한 여행 경험, 세계 이슈를 분석한 연구와 관찰을 결합한 결과이다. 데이터에 대한 시각화 방법은 획기적으로 발전했다. 그 덕분에 일부 결과들은 이 책에 포함된 그래픽과 독창적인 지도, https://atlas.developmentseed.org의 온라인으로 열람할 수 있는 커넥티비티 아틀라스^Connectivity Atlas에서 찾아볼 수 있다. 앞으로 수십 년 동안 세계가 어떤 형태로 변하더라도 좋은 지도를 대체할 만한 것은 없다.

차례

—

제1부 운명으로서의 연결성

제1장 국경에서 다리로 / 31

세계 여행 | 모든 곳으로 가는 다리 | 보는 것이 믿는 것이다 | 정치적 지리학에서 기능적 지리학으로 | 공급망 세계 | 흐름과 마찰 사이의 균형

제2장 새로운 세계를 위한 새로운 지도 / 73

세계화에서 초세계화로 | 사물에 대한 측정 | 새로운 지도의 범례 | **박스** _ 디플로머시에서 디플로머시티로

제2부 운명으로서의 권력 이양

제3장 거대한 권력 이양 / 121

부족이 승리한다 | 통합을 위한 분열 | 국가에서 연방으로

제4장 권력 이양에서 집합으로 / 143

지정학적 변증법 | 인도의 시대를 향한 새로운 교역로 | 영향권에서 팍스 아세아나로 | 아프리카 쟁탈전에서 팍스 아프리카나로 | 사이크스, 피코 협정에서 팍스 아라비아로 | **박스** _ 이스라엘은 예외?

제5부 글로벌 사회를 향해

세계 최초의 지도로 알려진 고대 바빌로니아인의 이마고 문디$^{Imago\ Mundi}$
와 그리스의 철학자인 아낙시만드로스^{Anaximandros}의 지중해를 중심으로
한 원형지도는 기원전 6세기로 거슬러 올라간다. 그리스의 천문학자인
프톨레마이오스^{Ptolemaeos}는 지도에서 더 정확한 좌표를 나타내기 위해 위
도와 경도를 개발했다. 하지만 이후 수백 년 동안 비잔틴과 이슬람 지도
는 성지를 중심으로 제작되었다. 이 지도들은 지리보다는 신화에 관한
것이었다. 유럽의 학자들은 십자군과, 유럽과 아시아를 잇는 실크로드의
확장을 통해 지리와 기후에 관한 정확성을 추구했다. 그 결과로 도시와
마을, 동물의 종류뿐만 아니라 성서의 이야기를 담고 있는 1천 개의 마
파 문디$^{mappa\ mundi*}$를 제작했다. 15세기 이탈리아의 천재 레오나르도 다

---

* 일반 대중을 위해 제작된 중세의 대형 세계지도로, 지리적 정보뿐만 아니라 역사, 민족, 종교, 신학, 동물 등에 관한 정보를
담고 있다. — 옮긴이

빈치의 지도들에는 고도와 풍경을 나타내기 위해 색상과 명암 기법이 추가로 사용되었다.

하지만 지도 제작 방법이 발달했음에도 지도에 나타내야 하는 지식과 정보는 제한적이었다. 약 5백 년 전 페르디난드 마젤란Ferdinand Magellan의 세계일주 이후 수십 년 동안, 많은 지도들에는 동아시아 지역에 바다 괴물의 그림과 라틴어로 "여기에 용이 있다."라는 표시가 되어 있었다. 17세기 중반 유럽의 아프리카 지도에 그려진 원숭이와 코끼리 그림은 식민지 이전의 남반구 지역에 대한 서구인의 지식 부족을 잘 보여준다. 18세기 중반 제임스 쿡James Cook 선장의 항해 전까지 남태평양의 섬과 하와이에 관해서는 아무것도 알려지지 않았다. 당시 지도에 나타난 가장 중요한 표기는 항해사를 위한 조류의 흐름이었다.

현재의 지도들은 이전 지도의 왜곡을 수정하면서 발전해왔다. 예를 들면 골–페터스Gall-Peters와 호보–다이어Hobo-Dyer 도법에서는 대륙의 크기를 정확하게 표시하기 위해 동일 축척을 사용한다. 그래서 이 지도에서는 그린란드가 아프리카만큼 크게 보이지 않는다. 실제로 아프리카는 그린란드보다 14배 크다. 하지만 좀 더 정확한 축척과 위치를 보여준다는 점을 제외하면, 이런 지도들은 특정한 지리적 장소의 현실을 반영하지 못한다.

이는 오늘날 정치지도에서도 마찬가지이다. 정치지도들은 역사상 가장 중요한 선동도구 가운데 하나였지만, 우리는 역설적으로 이런 신성한 진실을 정치지도의 탓으로 돌리고 있다. 지도는 유혹적이지만 위험하기도 하다. 지도 제작자들이 민족주의적 현실을 강조함에 따라, 경쟁력 있는 지도 제작은 수백 년에 걸친 투쟁이었다. 우리가 지도에 표시하는 것들은 사람들의 사고방식에 영향을 미치는 상징적인 힘을 지니고 있다. 이스라엘의 지도는 국경이 합법적이라는 것을 보여주는 반면, 이웃 국가들은 지도에 이스라엘을 아예 표시하지 않거나 팔레스타인을 '점령지역'으로 표시하고 있다. 하퍼콜린스 출판사는 2014년에 지도에 민감한 아랍 시장에서 판매할 목적으로 이스라엘 전체를 생략한 중동 지도를 제작했다. 인도와 중국은 양국 군대가 분쟁을 벌이는 지역에서 국경의 정확한 위치에 관해 서로 반대되는 지도를 제작하고 있다. 이 때문에 구글 어스Google Earth는 국가의 사법권이 미치지 않는 지역은 어느 한 쪽의 편을 들지 않고 분쟁지역으로 표시하고 있다. 구글 어스가 2010년에 실수로 산후안San Juan 강의 분쟁지역을 코스타리카의 영토로 표시했을 때, 니카라과는 세계에서 군대가 없는 영세 중립국 가운데 하나인 코스타리카에 전쟁을 선포한 적이 있다.

국경은 지속적으로 바뀌기 때문에, 지도에 관해서는 영원한 것이 없다는 점을 가장 잘 보여준다. 실제로 방위를 나타내는 가장 기본적인 문화적 표식의 의미도 시간이 지남에 따라 발전하고 있다. 25년 전에 동방East은 소비에트 연방을 의미했다. 즉, 냉전은 종종 동서의 갈등East-West conflict으로 표현되었다. 하지만 지금은 어느 누구도 동방을 러시아를 지칭하는 의미로 받아들이지 않는다. 진짜 동방은 전 세계 인구의 절반 이상과 세계 경제의 3분의 1을 차지하고 있는 중국 중심의 아시아이다. 이와 유사하게 서방은 서유럽의 유대교와 기독교만을 지칭하거나 조금 더 광범위하게는 북대서양조약기구NATO 가입국들을 의미했다. 하지만 오늘날 서방은 유럽연합의 30개 가입국뿐만 아니라 북미 국가 그리고 심지어 서방세계의 세 번째 기둥인 남미 대륙 전체를 의미하기도 한다.[1] 인도 등 과거의 제3세계를 의미하는 남방^{South}의 많은 국가들이 서방^{West}보다 빠르게 성장하고 있는 가운데 남반구의 외교적 유대관계는 거의 해체되었다. 구세계^{Old World}는 한때 유럽을 의미했고, 신세계^{New World}는 미국을 지칭했다. 지금은 서방이 구세계가 된 반면 아시아는 신세계이다. 최근에 싱가포르를 방문해 아시아의 초고속 성장의 현실을 이해한 한 서구 기자는 대화 도중에 "현대화"가 동쪽에서 시작해 이제 서쪽으로 이동하고 있다고 말했다. 앞으로 미래 시대에는 지구의 기온 상승으로 위도 66도 이상 지역의 인구가 증가하면서 이전에는 존재하지 않았던 북방^{Northern}이라는 용어가 북극 지역을 지칭하는 의미로 탄생할 것이다.

지도는 가장 널리 사용되는 기본적인 정보그래픽^{infographic}이다. 하지만 오늘날 기존의 기반시설을 표시한 현재 지도들의 의미는 점점 감소하고 있다. 따라서 기업 전략가인 오마에 겐니치^{Omae Kenichi}는 기술을 통해 지리적 거리를 극복하는 인간의 능력을 거의 반영하지 못한다는 의미에서 지도를 "지도 제작의 환영^{cartographic illusion}"이라고 주장했다. 영국의 역사가인 제리 브로턴^{Jerry Brotton}은 지도 제작의 역사에 대한 힘든 연구를 끝내면서 "우리는 지도 없이 세계를 알 수 없고 지도를 가지고 세계를 명확하게 나타낼 수도 없다."는 현명한 역설을 주장했다.[2] 하지만 우리는 여전히 지도 제작을 위해 노력해야 한다. 복잡한 세계는 그 어느 때보다 지도를 필요로 하고 있다. 하지만 더 좋은 지도가 필요하다. 지도는 과거의 예술과 신학에서 벗어나 상업과 정치로 이동했다. 그리고 지금은 인구, 경제, 환경, 기술을 더 잘 반영해야 한다.

냉전시대 초기에 미국의 제64측지연대는 미국의 군사작전과 군수품 지원을 돕기 위해 라이베리아에서 리비아까지, 에티오피아에서 이란에 이르는 지역의 정글과 광산 같은 험한 지역을 조사했다. 베트남 전쟁 당시에 지도 제작은 인공위성 사진으로 대체되었다. 우리가 지도 제작 기법을 다시 개발하고 살아 있고 움직이는 세계지도를 만들 수 있도록 지도 제작 기술은 발전하고 있다. 오늘날 우리는 종이 위에 그려진 2차원 지도 대신 디지털 화면이나 홀로그램을 통해 역동적인 3차원 영상으로 세계와 트렌드 그리고 그 안에서 발생하는 다양한 관계를 볼 수 있다. 지도 제작 기술은 엑스레이에서 MRI로 비약적으로 발전하고 있다.

가장 좋은 지도는 물리적 지형과 인간이 만든 연결성을 함께 보여준다. 최고의 지도는 지상의 현실과 가상의 중요성을 반영하는 사진을 지속적으로 업데이트한다. 우리가 지도를 최신 정보로 채울 때마다, 지도는 새로운 천연자원의 발견, 기반시설, 인구 이동, 그 외의 다른 변화를 보여준다. 영국항공의 승객들이 이용하는 항공기 추적 시스템인 지오퓨전 GeoFusion 은 실시간으로 인공위성 데이터를 활용해 터치스크린의 확대와 축소, 고도 변화를 통해 농지, 산맥, 회색의 도시를 자세하게 보여준다. 모든 어린이는 아이패드에 이 프로그램을 가지고 있다. 어린이들은 가장 먼저 세계가 평평하지 않고 둥글다는 사실을 확인할 수 있다.

지오퓨전을 작동하다 보면 세계를 지도상에서 정치적 단위로 분할하는 것이 사람들이 인구가 밀집한 해안의 도시 지대에 거주하고 있다는 것보다 중요성이 떨어진다는 사실이 분명하게 드러난다. 2030년쯤에는 세계 인구의 70퍼센트 이상이 도시에 거주하고, 이들 대부분이 해안에서 50마일 이내의 내륙지역에 살게 될 것이다. 인간이 비옥한 강가의 평원과 해안가에 정착하는 것은 과거의 형태이다. 하지만 오늘날 해안가 거대도시로의 인구 집중 현상과 해안 거대도시의 경제력과 정치력은 국가가 아닌 거대도시를 인간 조직의 핵심 단위로 만들고 있다.

우리가 도시에 사는 종족이라면, 데이터를 기반으로 하는 도시 지도를 만드는 것이 축척을 통해 지도를 만드는 것만큼 중요하다. GPS 기술 기업들은 1980년대에 엄청난 노력을 들여 전 세계의 도로에 위치정보를 부여하는 작업을 시작했고, 현재 거의 모든 차량에 장착된 내비게이션을 위한 데이터를 축적했다. 구글도 곧바로 위치정보 사업에 뛰어들었고, 더 많은 인공위성 사진과 거리 사진을 추가했다. 오늘날에는 거의 모든 사람들이 디지털 지도 제작자가 될 수 있다. 지도의 주도권은 이미 브리태니커Britanica에서 위키Wiki로 넘어갔다. 예를 들면 오픈스트리트맵Open Street Map은 어떤 구조물이든지 필요한 정보를 기입하고 표시를 붙일 수 있는 수백만 명의 사람들에게서 거리 사진을 전송받아 사용할 수 있다. 또한 단순한 교통정보에서 재난 현장에 구호물품을 전달하는 것에 이르기까지 모든 것에 대한 중요한 정보와 지역에 대한 지식을 이끌어낼 수도 있다.* 우리는 심지어 플래닛랩스Planet Labs**의 신발상자 크기의 24개 초소형 인공위성으로부터 받은 최신 인공위성 사진을 3D 지도에 삽입할 수 있고, 자연환경과 도시환경을 공중에서 훑어볼 수도 있다.

이 모든 것이 당신의 손바닥 위에 있다. 구글 지도는 이미 세계에서 가장 많이 다운로드받는 앱이 되었다. 구글 지도는 랜드 맥널리Rand McNally의 지도보다 지상의 현실을 훨씬 더 잘 보여준다. 만물 인터넷Internet of Everything(Internet of Things +Internet of People)으로 불리는 세계 감지 네

---

* 맵티튜드(Maptitude), 스타플래닛(Starplanet), 아이맵퍼(iMapper)는 우리가 문화적, 경제적 데이터를 지도에 삽입할 수 있도록 해주는 지도들이다. 구글의 탱고 프로젝트(Tango project)의 등장과 함께 우리의 휴대전화는 지속적으로 우리의 환경과 벽 뒤의 공간까지 꿰뚫어보는 3D 지도 제작 도구가 될 것이다.
** 작은 인공위성으로 지구의 변화를 거의 실시간으로 보여주는 기업 — 옮긴이

트워크의 발달로, 우리의 지도는 영구적으로 업데이트될 것이고 세계에 대한 활기찬 모습을 있는 그대로 보여줄 것이다. 어느 특정 시점에서 하늘을 운항하는 5천 대의 상업용 비행기와 바다를 가로지르는 1만 대의 선박을 보여줄 수도 있다.* 이것들이 세계 경제의 세포이자 모세혈관이고 동맥과 정맥이다. 세계 경제는 신체만큼 효율적인 네트워크 인프라에 의해 유지되고 있다.

지도 제작 방법의 혁명은 상상을 초월할 것이다. 수중 카메라는 해저의 산맥과 계곡, 해저 광물, 암초의 정확한 모습을 보여준다. 지금까지 조사된 해저는 0.05퍼센트도 안 되지만, 조사 범위가 빠르게 증가하고 있다. 레이저를 이용해 대기의 변화를 감지하고 지하의 광물 매장량을 파악하는 광선레이더Lidar 덕분에 천연자원에 대한 정확한 지도를 만들 수 있다.

인구 데이터와 기후학적 예측, 지진의 발생 양상을 합쳐 보면, 우리는 세계 인구의 절반 이상이 아시아 태평양 지역의 불의 고리에 모여 살고 있다는 것을 알 수 있다. 불의 고리에는 전 세계 450개의 활화산 가운데 75퍼센트가 있고, 세계 강진의 80퍼센트 이상이 이곳에서 발생하며, 해수면 상승도 가장 빠르게 진행되고 있다. 우리는 할리우드의 재난영화처럼 극적으로 우리의 미래와 스스로 초래한 파멸을 그려낼 수 있다.

인간, 자연, 기술이라는 세계를 움직이는 세 가지 가장 큰 힘 사이의 복잡한 역동성의 지도를 만드는 일에는 완전히 새로운 지도 제작 방법이 필요하다. 아마존 열대우림에서부터 중국의 타클라마칸 사막에 이르

---

* 우리에게는 사실상 위치 파악과 길 찾기를 위해 인공위성이 필요하지 않을지도 모른다. 원자에 대한 지구 자기장의 영향력을 측정하는 방법으로 위치를 결정하는, 저비용이지만 매우 정확한 퀀텀－어시스티드 센싱(Quantum－Assisted Sensing) 기술이 등장했기 때문이다.

기까지 최고의 안내자는 정글 식물의 성장이나 사막 모래언덕의 변화를 감지하는 직관을 지닌 나이 든 원주민이나 유목민인 '살아 있는 지도living maps'이다. 하지만 이들의 기술이 점차 사라지면서 우리는 점점 더 과학기술에 의존하게 된다. 새로운 세대의 지도와 모형들은 디지털화된 안내서의 집합 그 이상이다. 새로운 지도는 환경, 과학, 정치, 경제, 문화, 기술, 사회학의 통합을 위한 중심이 되어야 한다.[3] 이는 분열이 아닌 연결에 대한 연구를 통해 체계화된 교과과정이다. 우리는 음성 인식, 동작 인식, 영상 통화기술이 있는 시대에 키보드 자판에 집착하는 것처럼 정적인 정치지도를 이용해서는 안 된다.

오늘날 밀레니엄 세대나 Y세대로 알려진 '디지털 원주민들digital natives'은 이런 새로운 도구를 필요로 한다. 현재 역사상 그 어느 때보다 젊은 세대의 비중이 높다. 세계 인구의 40퍼센트가 24세 이하이다. 이는 세계 인구의 절반 이상에게 식민주의 시대나 냉전시대에 대한 기억이 없다는 의미이다. 조그바이 애널리틱스Zogby Analytics의 조사에 따르면, 이런 첫 번째 글로벌 세대는 연결과 지속 발전 가능성을 최고의 가치로 생각하고 있다. 이들은 태어난 국가에 맹목적으로 충성하지 않고, 다른 국가와 그들을 외부와 분리시키는 국경 안에서 안전함을 느끼지 않는다. 미국에 사는 남미 계통의 밀레니엄 세대는 쿠바와의 관계 정상화에 찬성하고 있다. 한국의 밀레니엄 세대는 북한과의 통일에 찬성한다. 이들은 자신들의 운명이 정치적 국가에 속할 뿐만 아니라 정치적 국가를 넘어서 서로를 연결하는 것이라고 생각한다. 2025년에는 세계의 모든 사람들이 인터넷과 휴대전화를 통해 연결될 가능성이 높다. 생활이 점점 서로 연결되면서 우리의 지도도 바뀌어야만 한다.

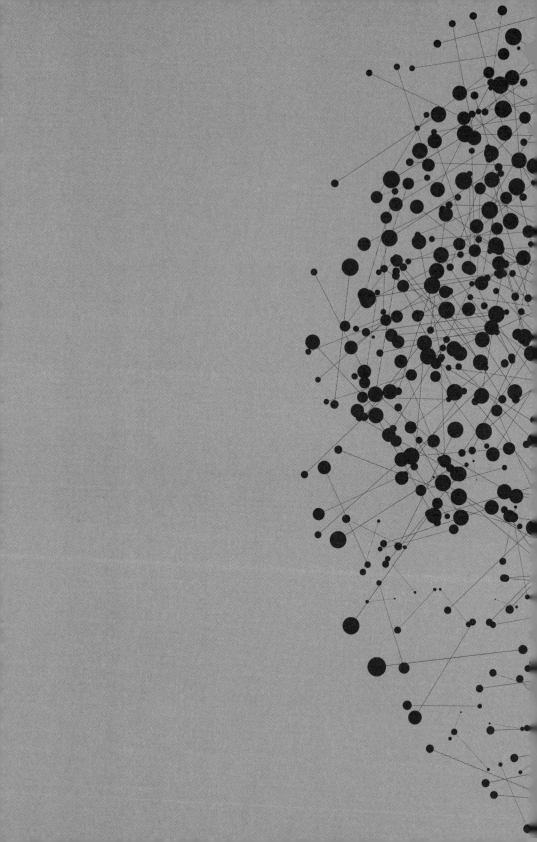

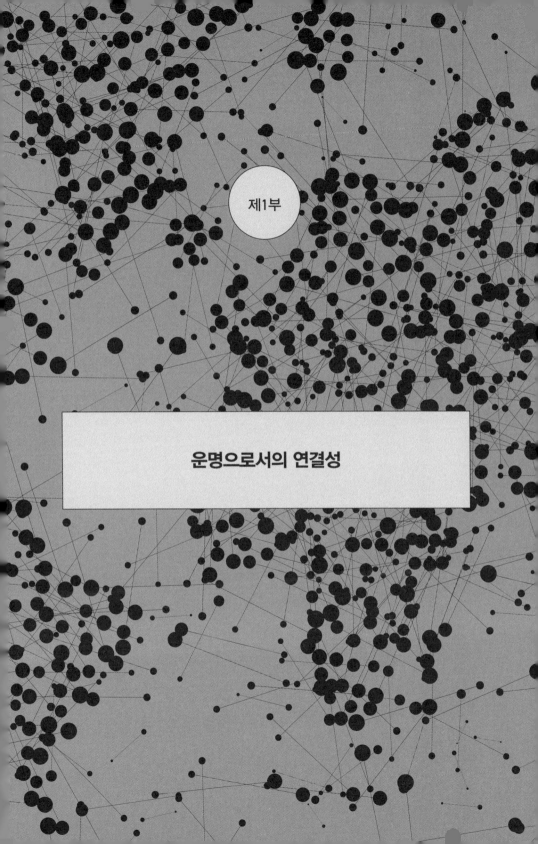

제1부

운명으로서의 연결성

국 경 에 서 다 리 로

세계 여행

비행기를 타지 않고 세계 여행을 떠나보자. 스코틀랜드의 에든버러 Edinburgh에서 일찍 출발한다면 우리는 정오쯤에 런던의 유스턴Euston 역에 도착할 것이다. 그리고 대영도서관을 거쳐 빅토리아 시대 풍으로 개조한 세인트판크라스St. Pancras 역에서 간단하게 점심을 먹게 될 것이다. 여기에서 유로스타Eurostar 기차를 타고 도버Dover 해협을 통해 파리로 간 다음 고속열차인 테제베TGV를 이용해 뮌헨으로 이동하고 독일 고속열차인 이체 ICE를 타고 헝가리의 부다페스트로 향할 것이다. 다뉴브 강을 따라가는 야간열차는 우리를 루마니아의 부쿠레슈티Bucuresti로 데려다줄 것이다. 그리고 흑해 연안을 따라가는 또 다른 야간열차를 이용해 터키의 이스탄불까지 갈 수 있다. 과거에는 이스탄불의 고속유람선이 보스포루스Bosporus 해협을 건너 유럽에서 아시아로 가는 가장 빠른 방법이었지만, 지금은 한두 개의 현수교를 이용하거나 새로 개통된 마르마라이Marmaray 터널을 이용하는 기차를 타면 이란까지 갈 수 있다. 우리는 터키 남동부를 관통하는 헤자즈 철도Hejaz Railway를 이용할 수도 있다. 메디나로 가기 전에 다마스쿠스와 암만에 잠시 머무르거나 이스라엘과 시나이 반도를 거쳐 이집트의 카이로까지 갈 수 있다. 카이로에서부터 우리는 19세기 영국 식민지 시절에 시작된 레드라인Red Line 철도의 연장노선을 타고 아프리카 대륙을 남하해 남아프리카공화국의 케이프타운까지 갈 것이다. 테헤란에서는 아시아의 초원지대를 관통하는, 중국이 새로 건설한 철도를 타고 동쪽으로 향해 투르크메니스탄, 우즈베키스탄, 카자흐스탄의 상업 중심지 알마티Almaty까지 이동할 것이다. 중국의 최대 자치구인 신장웨이우얼新疆維吾爾의 주도 우루무치烏魯木齊를 거쳐 시안西安과 베이징北京으로 향할 것이다.

다시 파리로 돌아가서 우리는 모스크바로 가는 야간열차를 선택할 수도 있다. 모스크바에서 블라디보스토크로 가는 시베리아 횡단열차를 타면 평양과 서울까지도 갈 수 있다. 아니면 만주나 몽골을 경유해 베이징으로 갈 수도 있다. 열대 지방으로 가는 경로를 선택하면, 세계에서 가장 긴 고속철도를 타고 산악지대인 중국 윈난雲南 성과 성도인 쿤밍昆明으로 가게 될 것이다. 쿤밍에서 곧바로 라오스로 들어가 수도인 비엔티안Vientiane을 거쳐 태국 방콕으로 향할 수도 있다. 아니면 베트남의 하노이와 호치민을 연결하는 남중국 해안노선을 따라 남쪽으로 내려와 캄보디아의 수도 프놈펜을 경유해 방콕에 도착할 수도 있다. 여기서부터는 지리적으로 선택의 폭이 좁다. 말레이 반도를 따라 내려가면 아시아 대륙의 남쪽 끝인 쿠알라룸푸르와 싱가포르에 도착한다.

하지만 지금까지의 역사를 보면 바다가 우리를 막지는 못했다. 그래서 말라카Malacca 해협의 해저터널을 통해 기차를 타고 인도네시아의 가장 큰 섬인 수마트라로 간 다음 순다Sunda 해협의 다리를 건너 자바 섬의 자카르타까지 가보자. 자바 섬은 약 1억 5천만 명이 거주하는, 세계에서 인구가 가장 많은 섬이다. 여기에서 조금 더 동쪽으로 멀리 가면 발리Bali 섬의 해변이 나오고, 발리 섬에서 호주로 가는 유람선을 탈 수 있다. 우리가 가장 빠른 경로를 선택해 모든 교통 연결편을 이용한다면, 약 일주일 만에 스코틀랜드에서 싱가포르 그리고 조금 더 멀리까지 횡단여행을 할 수 있다.

하지만 지금까지는 반만 여행한 것이다. 남쪽의 호주로 가는 대신 베이징에서부터 북쪽을 향해 블라디보스토크와 시베리아 동부로 향해보자. 스시가 그립다면, 우리는 다리를 건너 사할린 섬으로 간 다음 약 45킬로미터의 터널을 통해 일본 북단의 홋카이도 섬으로 갈 수도 있다. 홋카이도에서는 초고속열차인 신칸센을 타고 일본을 관통해 남쪽으로 갈 수 있다. 규슈에 도착하면 우리는 120킬로미터 길이의 해저터널을 통해 한국의 부산으로 되돌아갈 것이다. 그리고 한반도의 북쪽으로 향해 시베리아를 거쳐 1만 3천 킬로미터를 더 가면 화산지대인 캄차카Kamchatka 반도에 도달하고, 베링Bering 해협의 해저터널을 통해 알래스카의 페어뱅크스Fairbanks에 도착한다. 페어뱅크스에서 남쪽으로 내려가면 주노Juneau, 밴쿠버, 시애틀, 포틀랜드, 샌프란시스코, 로스앤젤레스까지 이어진다. 캘리포니아, 텍사스, 일리노이, 뉴욕 주 모두가 더 많은 아셀라Acela 고속철도를 원하고 있다(아셀라 고속철도는 일본 신칸센 속도의 절반인 시속 2백 킬로미터로 설계되어 있다). 하지만 우리는 서부 태평양 해안에서 동부까지 미국 대륙을 이틀 만에 횡단할 것이다. 그리고 미국 동부에서 런던까지 가는 빠르고 부드러운 수륙양용 쾌속선hovercraft을 타면 된다. 런던에서 에든버러까지 하루 20편의 정기열차를 이용한다. 이것이 내가 약속한 비행기를 타지 않는 세계일주이다.

우리는 이 여정을 따라 단절 없이 비행기로 이동할 수 있고, 바다를 제외하면 대부분 구간을 자동차로 여행할 수 있다. 또한 옛날처럼 철도를 이용할 수도 있다.* 이 여행 경로의 상당 부분은 이미 존재하고, 나머지 모든 것들도 적절한 시기에 진행될 것이다. 연결이 더 많아질수록 선택의 폭도 그만큼 더 넓어진다.

세계에서 가장 유명한 격언 가운데 하나인 "지리는 운명이다Geography is destiny"라는 말은 점점 구식이 되어가고 있다. 기후와 문화가 일부 사회를 어떻게 망하게 했는지 또는 작은 국가들이 큰 국가들의 변덕에 어떻게 영향을 받거나 큰 국가들의 올가미에 영원히 갇히게 되었는지에 대한 수백 년 된 주장은 이제 뒤집히고 있다. 고속도로, 철도, 공항, 송유관과 가스관, 전기공급망, 인터넷 케이블 등 국제적인 교통, 통신, 에너지 기반시설 덕분에, 미래에는 "연결이 운명이다Connectivity is destiny"라는 새로운 격언이 필요하다.

연결의 렌즈를 통해 세계를 보는 것은 인류가 어떻게 미래를 계획해야

---

* 베링 해 터널이 건설된다면, 우리는 남아프리카에서 중동을 거쳐 유라시아와 북아메리카, 남미의 케이프 혼(Cape Horn)까지 걸어갈 수도 있다. 이를 신유라시아 대륙교(New Eurasian Land Bridge)라고 부른다.

하는지에 대한 새로운 비전을 제시해준다. 세계의 기반시설은 지금 우리가 살고 있는 세상을 분할에서 연결로, 국가에서 접속점으로 변화시키고 있다. 기반시설은 지구의 모든 부분을 연결하는 신경체계와 같다. 자본과 디지털 부호는 이 신경체계를 흐르는 혈구blood cells이다. 연결성이 높아지면 국가를 넘어서는 세계, 즉 국가의 합보다 더 큰 세계 사회global society가 만들어진다.

세계가 수직적으로 통합된 제국에서 수평적으로 통합된 국가로 발전하는 것처럼, 지금은 세계 네트워크 문명으로 발전하고 있다. 세계 네트워크 문명의 연결지도는 국경을 중시하는 전통적 지도를 넘어설 것이다. 각 대륙들은 번영하는 도시국가city-states들 사이의 연결 증대에 따른 자유무역의 증가로 인해 내부적으로 통합된 거대지역mega-region으로—북미, 남미, 유럽, 아프리카, 아라비아, 남아시아, 동아시아—변하고 있다.

동시에 연결지도는 자원, 시장, 브랜드 인지도를 높이기 위해 경쟁하기 때문에, 초강대국, 도시국가, 무국적 기업 그리고 모든 종류의 가상사회 사이의 지정학적 역동성을 더 잘 보여준다. 우리는 도시가 국가보다 중요해지고 공급망이 군대보다 더 중요한 힘의 근원이 되는 시대를 향해 이동하고 있다. 군대의 중요한 목적은 국경 수비가 아니라 공급망을 지키는 일이 될 것이다. 21세기의 군사력 경쟁은 경쟁력 있는 연결competitive connectivity이다.

연결은 집단적 구원으로 가는 경로이다. 연결을 위한 경쟁은 본질적으로 국제적인 국경 분쟁보다 덜 폭력적이고 커다란 권력 분쟁의 역사적 순환으로부터 탈출구를 제공해준다. 더구나 자원과 기술이 필요한 곳으로 더 쉽게 이동하면서, 연결은 과거에는 상상할 수 없었던 발전을 이룩했다. 사람들은 자연재해를 피하거나 경제적 기회를 찾아 더 빠르게 이동할 수 있다. 이런 연결이 더 발전하면 수출과 수입도 다양화된다. 따라서 연결은 우리가 지리를 최대한 활용하는 방법이다. 인류 문명의 위대한 역사는 단지 전쟁과 평화의 비극적인 순환이거나 경제적 호황과 불황의 순환 그 이상이다. 역사의 곡선은 길지만 연결을 향해 굽어져 있다.

모든 곳으로 가는 다리

우리가 사는 시대의 중요한 사실은 모든 국가, 모든 시장, 모든 통신수단, 모든 천연자원이 연결되어 있다는 것이다.

— 사이먼 앤홀트(Simon Anholt), 좋은국가당

연결은 우리 시대의 새로운 메타패턴meta-pattern*이다. 이는 자유나 자본주의처럼 오랜 세월에 걸쳐 만들어지고 확산되며 변화해서 시대적 변화를 불러오는 세계 역사에 관한 아이디어이다. 오늘날 세계에 영향을 미치는 예측 불가능성에도, 우리는 급격한 도시화와 유비쿼터스 기술 등과 같은 현재의 메가트렌드mega-trends에 대해서는 어느 정도 확신을 가지고 있다. 매일 수백만 명의 사람들이 생애 처음으로 휴대전화를 켜고 인터넷에 접속하며 도시로 이동하거나 비행기를 탄다. 우리는 기회와 기술이 인도하는 곳으로 향한다. 따라서 연결은 도구 그 이상이다. 연결은 충동impulse이다.

---

* 과거에 발생했던 일이 또다시 발생할 가능성 — 옮긴이

우리는 어떤 방식으로든 기반시설을 통해 연결된다. 기반시설은 1백 년이 넘은 오래된 용어이지만, 세계의 상호작용을 위한 물리적 능력을 나타낸다. 공학기술의 발전으로 이전 세대에서는 꿈만 꾸었던 새로운 기반시설이 가능해졌다. 1백여 년 전에 건설된 수에즈 운하와 파나마 운하 같은 중요한 지리학적 구조물은 세계의 선박 운항과 교역을 완전히 바꾸어놓았다. 19세기 이후 오스만 제국의 술탄들은 유럽에 위치한 이스탄불 서쪽과 아시아 대륙의 이스탄불 동쪽을 연결하는 터널을 건설하고 싶어 했다. 터키는 2013년에 마르마라이 터널을 개통했고, 유럽과 중국 사이에서 자국의 위치를 견고하게 만들어주는 화물철도, 송유관과 가스관을 건설했다. 터키는 과거에 유럽과 아시아가 충돌하는 국가였지만, 지금은 두 대륙을 연결하는 곳이다. 일본의 다이쇼大正 천황도 20세기 초에 혼슈와 북부의 홋카이도 섬을 연결하려고 했다. 하지만 1980년대에야 두 섬을 연결하는 세이칸靑函 터널이 완성되었다. 23킬로미터의 해저구간을 포함해 54킬로미터에 달하는 이 터널에는 초고속 열차인 신칸센이 지나간다.* 사할린과 한국을 연결하는 터널이 완성되면 일본은 더 이상 섬나라가 아니다.

우리는 급증하는 사람, 원자재, 상품, 데이터, 자본의 이동을 편리하게 하기 위해 세계를 재편하는 초기 단계에 도달했다. 실제로 대륙 사이의 그리고 대륙 내부의 차세대 거대 기반시설 건설 계획은 훨씬 더 야심차다. 브라질의 상파울루에서 페루의 태평양 연안 항구인 산후안 데 마르코

---

* 이와 유사하게 20년 동안의 발파와 굴착을 통해 스위스의 알프스를 관통하는 가장 복잡한 세 번째 터널이 2016년에 개통되었다. 이 터널은 독일과 이탈리아 사이의 화물철도와 취리히와 밀라노 사이의 여객열차의 수송시간을 단축시켰다. 무거운 트럭으로 인한 도로의 정체를 해소했고 탄소 배출량도 감소시켰다.

나^{San Juan de Marcona}까지 아마존을 가로질러 두 대양을 잇는 고속도로, 아라비아와 아프리카를 연결하는 다리, 시베리아에서 알래스카로 가는 터널, 런던과 도쿄를 연결하는 북극 해저 케이블, 지중해를 통해 사하라 태양광 발전소와 유럽을 연결하는 전기 공급망 등이 그것이다. 영국령인 지브롤터는 모로코의 탕헤르^{Tangier}로 가는 지중해 해저터널의 입구가 될 것이다. 탕헤르에서 카사블랑카까지는 새로운 고속철도가 뻗어 있다. 심지어 대륙은 물리적으로 연결되는 곳이 아니지만, 항구와 공항 들은 대륙 사이의 거대한 물자와 사람의 이동을 수용하기 위해 확장을 거듭하고 있다.

이런 거대 기반시설 가운데 어느 것도 연결 기능이 없는 것은 없다. 이미 건설된 기반시설들은 세계 경제에 수조 달러의 부가가치를 더해주고 있다. 산업혁명 시기에 영국과 미국의 성장률을 1백 년 이상 1~2퍼센트 정도로 높여준 것은 생산성 향상과 국제교역의 조합이었다. 노벨 경제학상 수상자인 마이클 스펜스^{Michael Spence}의 주장처럼, 자원, 자본, 기술의 국제교역이 없었다면 국가 내적인 경제성장은 현재의 수준에 이르지 못했을 것이다. 세계 교역의 4분의 1만이 국경을 공유한 이웃 국가 사이의 교역이기 때문에, 연결은 국가 내부와 국제적 성장을 위해 필수적이다. 연결은 인구, 자본시장, 노동 생산성, 기술 등과 함께 세계 경제를 움직이는 중요한 추진력 가운데 하나이다. 이 세계를 운동 에너지에 의해 지속적으로 충전되는 배터리를 가진 시계라고 생각해보라. 당신이 더 많이 걸을수록 배터리의 충전 에너지도 그만큼 많아진다. 따라서 국가 경제의 가치를 계산하기 위해 사용하는 노력만큼 국가 사이의 연결 가치에도 많은 관심을 기울여야 할 것이다.

연결보다 더 좋은 투자는 없다. 도로와 다리 같은 물리적 기반시설—

총고정자본형성이라고 부르는 것—과 의료보험과 교육 같은 사회적 기반 등에 사용하는 정부 예산은 소비가 아니라 투자이다. 이는 장기적으로 비용을 절감하고 사회에 광범위한 혜택을 제공하기 때문이다. 사회기반시설에 대한 대규모 투자는 19세기의 대부분 동안 상대적으로 저조했다. 영국은 GDP의 5~7퍼센트 정도였고, 1차 세계대전 직전에는 10퍼센트로 최고를 기록했다.[1] 미국은 19세기 후반부터 1차 세계대전이 끝날 때까지 사회기반시설 투자를 GDP의 20퍼센트까지 증대시켰다. 그 결과 영국 성장률의 2배를 기록했고 세계 최대의 경제 대국이 되었다. 미국과 캐나다의 대규모 운하와 철도 기업들은 20세기 초에 파산했지만, 현재까지도 대륙 규모의 상업적 확장이 가능한 광범위한 운송 네트워크를 유산으로 남겨주었다.

영국의 유명한 경제학자인 존 메이너드 케인스^{John Maynard Keynes}는 일자리 창출과 집단적 수요를 자극하는 수단으로서 공공투자에 적극적으로 찬성했고 루스벨트 대통령이 실시한 정책들을 지지했다. 2차 세계대전 이후 고정자본 형성은 GDP의 20퍼센트 이하에서 30퍼센트 이상으로 증가했다. 독일의 1950년대 경제 기적, 일본의 1960년대 9퍼센트에 이르는 경제성장률, 1970년대와 1980년대의 아시아 호랑이들(한국, 대만, 싱가포르, 홍콩)이 대표적이다. 그리고 1990년대에 경제 발전을 시작한 중국에서 사회기반시설에 대한 투자는 GDP의 40퍼센트를 넘었고, 지난 30년 동안 10퍼센트에 가까운 지속적인 성장의 원동력이 되었다. 중국은 케인스의 이론을 열심히 받아들였다.

지난 수십 년 동안, 연결은 각 지역이 수십억 달러의 경제에서 수조 달러의 경제로 발전하는 방법이라는 사실이 확실하게 입증되었다. 여기에 더해 사회기반시설은 사회적 신분 이동과 경제적 복원력의 기초이다. 중국 남부와 같이 운송 네트워크가 잘 갖추어진 도시 사회는 사람들이 일자리를 찾아 효율적으로 움직일 수 있는 이점을 가지고 있기 때문에 2007년과 2008년의 금융위기에서 훨씬 빠르게 회복했다. 스페인은 유럽 경기침체의 타격을 가장 심하게 받은 국가들 가운데 하나였지만, 잘 갖추어진 기반시설 덕분에 오늘날 유럽에서 가장 빠르게 성장하는 국가가 되었다. 세계 각국의 부채가 기록적 수준으로 증가하고 금리가 역사적으로 낮은 수준을 유지함에 따라, 세계의 금융은 복잡 미묘한 파생상품보다는 생산적인 연결을 추진하는 방향으로 움직여야 한다.

미국과 같은 거대한 국가는 자칭 그들의 운명에 부응하기 위해 연결에 더 많은 투자를 해야 한다. 미국은 역사적으로 사회기반시설에 1달러를 투자할 때마다 2달러에 가까운 수익을 거두었다. 하지만 투자는 지난 수십 년 동안 점차 감소해왔다.[2] 오늘날 미국의 복잡한 도로와 터널은 교통체증으로 인한 손실을 유발하고, 낡은 교량들은 교통사고와 지연을 초래한다. 그리고 신음하는 항구와 석유 정제시설들은 세계 수요에 대응할 효율성과 능력이 부족하다. 세계 금융위기 이후 예일 대학의 로버트 쉴러Robert Shiller 교수 등 유명한 경제학자들은 사회기반시설 중심의 투자가 일자리 창출과 경제적 신인도를 높이는 방법이라고 주장했다. 미국토목학회The American Society of Civil Engineers는 미국의 교통체계를 대대적으로 정비하는 데 1조 6천억 달러가 필요하다고 주장했다. 국가기반시설 은행을 설립하자는 제안이 나오면서, 이제야 미국의 대대적인 개혁안이 최우선적 국가의제Agenda가 되고 있다.

세계의 다른 국가들도 마찬가지이다. 사회기반시설에 대한 수요와 공급 격차가 지금보다 더 컸던 적은 없었다. 세계 인구가 80억 명을 향해 증가하고 있지만 세계는 30억 명에 맞춘 사회기반시설에 의지해 살고 있다.* 사회기반시설과 그 혜택을 받는 모든 산업은 인구 증가와 도시화가 진행되면서 앞으로 20년 동안 필요할 것으로 추정되는 약 3억 개의 일자리를 창출할 수 있다. 세계은행은 가난, 건강, 교육 그리고 다른 주제들과 관련된 새천년개발목표^{Milennium Development Goals}를 달성하는 데 사회기반시설이 "잃어버린 고리^{missing link}"라고 주장한다. 그래서 2015년에 수정된 최신의 지속가능개발목표에 사회기반시설을 공식적으로 포함시켰다.[3] 수출 주도 경제성장에서 고부가가치 서비스와 소비 경제로의 변화는 사회기반시설의 투자와 함께 시작된다.

우리는 마침내 세계적인 대규모 기반시설 투자에 대한 확고한 의지를 목격하고 있다. 도시, 고속도로, 송유관, 항구, 교량, 터널, 통신탑과 인터넷 케이블, 전기 공급망, 하수도 그리고 다른 고정자산에 대한 투자는 세계적으로 연간 3조 달러에 이른다. 이는 연간 세계 국방비 지출 규모인 1조 7천5백억 달러를 훨씬 넘는데, 그 격차는 점점 더 벌어지고 있다.[4] 2025년이 되면 기반시설 투자 규모는 연간 9조 달러에 이를 것으로 추정된다(아시아가 기반시설 투자를 주도할 것이다).[5]

세계적인 연결 혁명이 시작되었다. 우리는 이미 사람들을 단절시키는 것보다 연결시키는 망을 훨씬 더 많이 가지고 있다. 오늘날에는 약 6천 4백만 킬로미터의 고속도로, 2백만 킬로미터의 송유관과 가스관, 120만 킬로미터의 철도, 중요한 인구밀집 지역과 경제 중심지를 연결하는 75만

---

* 북미와 남미의 인구를 합치면 약 10억 명이지만, 유럽과 중동, 아프리카의 인구는 20억 명에 이른다. 아시아 태평양 지역의 인구는 40억 명으로, 세계 전체 인구의 절반에 가깝다.

킬로미터의 해저 인터넷 케이블과 같은 사회기반시설 망이 구축되어 있다. 이와 반대로 국경의 길이는 25만 킬로미터에 불과하다. 일부 추정치에 따르면, 인류는 앞으로 40년 동안 지난 4천 년 동안 건설했던 것보다 훨씬 더 많은 기반시설을 건설할 것으로 예상된다. 세계는 인터넷과 비슷하게 보이기 시작하고 있다.

보는 것이 믿는 것이다

215킬로미터 상공의 저고도에 있는 우주비행사들은 지구의 놀라운 모습을 사진으로 담았다. 이들은 바다, 산, 만년설, 빙하, 사람들이 만든 구조물을 찍었다. 중국의 만리장성과 이집트 기자의 피라미드는 고성능 줌렌즈가 없으면 찾아내기가 어렵다. 하지만 거대도시, 초대형 교량, 사막을 가로지르는 고속도로 등 현재의 공학기술을 이용한 구조물들은 찾아내기가 쉽다. 유타 주의 케니코트Kennecott 구리 광산과 시베리아의 미르니Mirny 다이아몬드 광산은 수킬로미터에 걸쳐 뻗어 있고 계단과 같은 구조로 되어 있어 쉽게 눈에 띈다. 남부 스페인의 알메리아Almeria에 있는 2백 제곱킬로미터에 달하는 온실은 플라스틱 지붕에 햇빛이 반사되기 때문에 특히 눈에 잘 들어온다. 유럽에서 연간 필요로 하는 과일과 채소 수요의 절반이 이곳에서 생산된다.

국경은 어떤가? 국경 가운데 물리적으로 눈에 들어오는 것이 얼마나 많을까? 많은 정치적 국경은 자연적인 환경적 특징에 의해 형성된다. 이런 환경적 특징들은 인간의 정착과 문화적 차별화에서 자연의 근본적 역할을 상기시켜준다. 남한과 북한 사이의 국경은 해가 지면 가장 잘 보인다. 남쪽의 밝은 불빛이 북한의 암흑과 대조를 이루기 때문이다. 영토가 넓은 두 국가 사이에 가장 잘 보이는 국경은 인도와 파키스탄의 국경이다. 아라비아 해에서 카슈미르^{Kashmir}까지 2천9백 킬로미터에 걸쳐 있는 양국의 국경은 밝은 오렌지 불꽃처럼 보이는 15만 개의 조명 때문에 밤에 우주에서 가장 잘 보인다.

우리의 교실과 사무실에 걸려 있는 지도는 모든 국경이 인도와 파키스탄 사이의 국경처럼 공고하다고 믿게 만든다. 하지만 북아메리카의 두 개의 중요한 국경은 점점 더 깊어지는 연결의 현실을 가면 뒤에 감추고 있다. 3천 킬로미터에 달하는 미국과 멕시코의 국경은 해변과 사막을 가로지르고 리오그란데 강을 따라가다 도시 사이를 통과한다. 양쪽 국경에 걸쳐 있는 노갈레스^{Nogales}, 나코^{Naco}, 테카테^{Tecate} 같은 도시의 이름은 미국과 멕시코 쪽에서 동일하다. 미국 쪽에는 수시로 순찰을 도는 보안장벽이 설치되어 있지만, 이 국경은 세계에서 가장 이동이 빈번한 곳이다. 일 년에 미국 전체 인구보다 더 많은 약 3억 5천만 명이 합법적으로 국경을 넘나든다. 북극에서 태평양과 대서양에 이르는 미국과 캐나다의 국경은 약 9천 킬로미터로, 세계에서 가장 길다. 하지만 20곳의 중요한 출입국 지점을 통해 하루에 30만 명이 이동하고 10억 달러의 교역이 발생하고 있다.

국경이 강화되는 지역도 많다. 이스라엘의 보안장벽, 15킬로미터에 이르는 그리스 에브로스^{Evros} 강의 울타리, 2백 킬로미터에 이르는 불가리아 국경의 철조망의 중요한 목적은 불법 이민자들을 막기 위한 것이다.*

---

* 러시아는 2008년 조지아와의 전쟁 이후 남오세티아(South Ossetia) 지역에 철조망으로 만든 장벽을 설치했다. 그리고 인도는 마약 거래, 인신매매, 기타 불법 거래를 막기 위해 1천6백 킬로미터에 이르는 미얀마와의 동북쪽 국경에 울타리를 만들고 있다. 튀니지도 불법 이민을 막으려고 리비아와의 국경에 장벽을 건설하고 있고, 사우디아라비아도 예멘과의 국경지대에 담장을 쌓고 있다.

하지만 이 모든 국경에는 — 심지어 가장 적대적인 국경조차 — 허점이 많다. 실제로 거의 모든 국경 장벽은 국경이 해결할 수 없는 문제에 대한 비효율적이고 엄청난 비용이 드는 대응책이다.

국경이 테러리스트와 사회를 분리하기 위한 것이라면, 과거보다 더 많은 사람들이 국경 주변에 모여 살고 있는 이유는 무엇일까? 특히 우리가 사용하는 지도들이 많은 지역에서 국경에 반대하는 본질의 결정체인 국경지역의 경제와 인구학 대신 정치적 국경을 보여주는 것은 상당히 역설적이다. 캐나다 국민의 대부분은 미국과의 국경지대에 살고 있고, 미국 시장에 대한 근접성 때문에 혜택을 보고 있다. 미국과 멕시코 국경지역의 인구는 2010년 이후에 20퍼센트 정도 증가했다.[6]

연결이 어떻게 적대관계를 협력관계로 변화시키는지를 가장 잘 보여주는 곳이 국경이라는 점은 훨씬 더 역설적이다. 인도와 파키스탄 그리고 다른 많은 적대국가들 사이의 국경에서 비즈니스가 활발하게 진행되고 있다. 이는 국경이 지도에 표시된 것처럼 단절된 선이 아니라 교역을 위한 투과성이 있는 필터라는 사실을 상기시켜준다. 인도와 파키스탄의 국경지역뿐만 아니라 다른 10여 곳의 국경지대에서도, 우리는 국경을 인정하지 않고 국경을 가로지르는 구조물을 건설하거나 국경지대 주변에서 일하고 있다.[7] 궁극적으로 중국의 만리장성, 잉글랜드 북방의 하드리아누스의 성벽, 베를린 장벽에 이르기까지 — 키프로스의 그린라인과 한국의 비무장지대를 포함해 — 이런 장애물보다 훨씬 더 강력한 힘이 지배하고 있다. 알렉산드라 노보셀로프Alexandra Novosseloff의 주장처럼, 장벽은 만리장성이나 베를린 장벽의 사례처럼 관광지로서 수명을 마치게 될 것이다.[8]

오늘날 영토는 국경의 지리적 특성을 잘 반영하지 못하고 있다. 공항은 내륙 깊숙한 곳에 자리 잡고 있지만, 공항 내부에 또 다른 국경을 포함하고 있다. 반면 사이버 보안당국은 국경을 넘어 다른 지역의 기술기반시설까지 감시하고 있다. 정치적 국경이 물리적으로 공고하더라도, 세계는 점점 더 국경 없는 세상으로 변하고 있다. 국가들이 비자 규정을 완화했고, 현금인출기에서 실시간으로 환전하는 것이 가능해졌다. 세계 모든 곳의 콘텐츠를 온라인으로 접근할 수 있고, 국제전화 비용도 스카이프Skype와 바이버Viber 때문에 무료 수준으로 떨어졌다. 국가 사이의 교역과 교류가 증가할수록 — 국가들은 식량, 물, 에너지를 서로 의존하고 있다 — 국경이 지도 상에서 가장 중요한 선이라는 생각도 약해질 것이다.

지도 위에 인공구조물에 대한 표시가 없는 것은 국경이 다른 모든 지리적 수단보다 더 중요하다는 인상을 준다. 하지만 지금은 오히려 정반대이다. 국경은 국경 자체가 중요한 지역에서만 의미 있고 중요할 뿐이다. 대부분의 경우 지도 위의 다른 선들이 더 중요하다. 국가의 운명을 결정하는 더 중요한 요인은 국경선이 아니라 무엇이 국경을 통과하는가이다. 말 그대로 우리는 새로운 세계 질서를 만들어가고 있다.

정치적 지리학에서 기능적 지리학으로

지리학은 매우 중요하지만 국경의 중요성을 따라가지 못한다. 우리는 가장 중요한 지리학과 일시적인 정치지리학을 혼동해서는 안 된다. 불행하게도 현재의 지도는 자연지리학과 정치지리학을 모두 영구적인 제약 요인으로 묘사하고 있다. 하지만 원래 그렇기 때문에 그렇다는 방식의 완고한 순환논리circular logic*보다 더 어이없는 것은 없다. 지도를 읽는 것은 불변의 운명을 나타내는 손금을 보는 것과는 다르다. 나는 지리학의 심오한 영향력을 믿지만, 획일적이고 변하지 않는 힘으로서의 지리학의 특성은 믿지 않는다. 지리는 우리가 보는 가장 근본적인 것일지도 모른다. 하지만 인과관계를 이해하려면 인구, 정치, 생태학, 기술의 복잡한 상호작용에 대한 이해가 필요하다. 1백 년 전의 위대한 지리 사상가인 핼퍼드 매킨더Halford Mackinder는 정치인들에게 지리를 분석하고 평가해 전략 수립의 한 요소로 활용해야 하지만 지리의 노예가 되어서는 안 된다고 주장했다. 지리적 결정론은 종교에 대한 맹목적 믿음과 비슷하다.

지리학을 수정하는 모든 방법에 대한 좀 더 심층적 연구는 우리가 세상을 어떻게 채웠는지를 깨닫는 데서 시작한다. 1제곱미터의 면적도 모두 조사되고 지도에 표시되어 있기 때문에, 세상에 지정되지 않은 공간은 없다. 하늘에는 비행기, 인공위성 그리고 점점 더 증가하는 드론drone이 산재해 있고, 이산화탄소와 공해 물질이 하늘을 뒤덮고 있다. 또한 레이더와 통신신호들이 대기 중으로 퍼져 나간다. 우리는 단순히 지구에 사는 것이 아니라 지구를 식민지로 만들고 있다. 환경과학자인 바츨라프 스밀Vaclav Smil은 19세기 중반 이후 현대 문명이 만든 세계의 물질적 체계의 규모와 복잡성에 우리가 얼마나 감동을 받았는지를 잘 설명하고 있다. 또한 현대 문명을 유지하고 운영하는 데 필요한 끊임없는 물질적 흐름도 얼마나 인상적인지를 잘 파악하고 있다.9**

---

* 증명을 필요로 하는 전제로 결론을 증명하는 모순된 논법 — 옮긴이
** 또한 스밀은 종종 측정이 불가능한 자원과, 공급망을 통해 한 곳에서 다른 곳으로 이동하며 측정이 가능하고 대체할 수 있

거대한 기반시설은 자연지리학과 정치지리학의 장애물을 극복하고 있다. 이런 기반시설을 지도에 표시하는 것은 정치적 공간에 따라 세계를 구성하는 시대(어떻게 지구를 법률적으로 분할하는가)가 기능적 공간에 따라 세계를 구성하는 시대(어떻게 지구를 이용하는가)로 변하고 있다는 사실을 알려준다. 이런 새로운 시대에 법적인 정치적 국경의 세계는 사실상 기능적인 연결의 세계에 자리를 내주고 있다. 국경은 정치지리학에 의해 누가 누구로부터 분리되어 있는지를 알려준다. 반면 기반시설은 기능적 지리학에 의해 누가 누구와 연결되어 있는지를 보여준다. 우리를 연결시키는 모든 선은 우리를 분리시키는 국경을 초월하기 때문에, 기능적 지리학은 정치지리학보다 점점 더 중요해지고 있다.

현재의 교역로나 미래의 교역로 가운데 상당수는 지리, 기후, 문화에 따라 만들어진 고대의 길에서 기원한다. 이 장의 첫 부분에서 설명한 철도 여정의 대부분은 런던에서 인도로 가는 1960년대 히피 트레일Hippie Trail을 기반으로 건설된 것이다. 이 히피 트레일은 유라시아를 가로지르는 고대의 실크로드를 따라 건설되었다. 시카고에서 로스앤젤레스까지 연결된 미국의 역사적인 66번 도로는 ─ 윌 로저스Will Rogers 고속도로라고도 알려져 있다 ─ 아메리카 원주민의 고대 이동경로를 따라 건설되었다(지금은 애리조나 주의 인디언 보호구역을 관통한다). 대공황 이후 중서부의 초원지대를 떠나는 미국인들이 이 길을 이용했다. 오늘날 이 도로는 주간州間고속도로 40으로 알려져 있는데, 러스트 벨트Rust Belt*를 떠나 빠르게 성장하는 남서부에서 더 좋은 삶을 추구하려는 미국인들이

는 자원의 매장량 사이에 중대한 구분을 하고 있다.

• 미국 북부의 사양화된 공업지대 ─ 옮긴이

이용하고 있다.

고대의 실크로드는 울퉁불퉁하고 먼지가 날리는 비포장도로였지만, 오늘날에는 아스팔트 고속도로, 강철로 만든 철도, 강철관, 방탄섬유인 케블라로 둘러싼 광섬유 인터넷 케이블로 변했다. 더 강해지고 더 넓어지고 더 빨라졌다. 이런 기반시설이 떠오르는 새로운 글로벌 시스템의 초석이 되고 있다. 이런 기반시설을 통해 양쪽 끝에 있거나 길을 따라 있는 실체들이 연결된다. 제국, 도시국가 또는 군주국가와 같은 모든 형태의 국가들은 흥하거나 망하지만, 길의 논리는 영원히 지속된다.

이런 이유로 연결성과 지리학은 서로 반대의 개념이 아니다. 오히려 서로를 보완하고 강화시켜준다. 미국과 멕시코는 대륙의 지리적 공간을 공유하고 있다. 하지만 점점 더 깊어지고 있는 두 국가의 연결성은 정치적 분리를 상호 간의 구조적 공간으로 변화시키고 있다. 따라서 연결은 지리학에서 분리되는 것이 아니라 지리를 최대로 활용하는 것이다. 연결은 자연적으로 지역을 구성하는 것에 대한 우리의 인식을 바꾸어놓는다.* 유럽이 대륙으로 알려진 것은 단지 우랄 산맥의 동쪽에 있는 유라시아 대륙의 3분의 2와 문화적으로 분리되어 있기 때문이다. 하지만 유라시아의 연결성이 증대됨에 따라 지리적으로 유럽만을 지칭하는 용어는 사라져야 한다. 유라시아에 속한 유럽의 운명을 우연이 아닌 의미 있는 일로 만드는 것은 바로 연결이다. 실제로 중국의 자금 지원을 받는 실크로드 경제 벨트^{Silk Road Economic Belt}는 인류 역사상 가장 크고 많은 국가들이

---

* 지리학자인 하름 데 블레이(Harm de Blij)는 세계를 여러 개의 하위 지역을 포함하는 12개의 물리적 지역으로 구별했다. 유럽, 러시아, 북아메리카, 중앙아메리카, 남아메리카, 사하라 이남 아프리카, 북아프리카/서남아시아, 남아시아, 동아시아, 동남아시아, 호주, 태평양 제도.

참여하는 기반시설 건설 계획이다.

정치적 지리학을 초월하고 있는 기능적 지리학의 구체적인 사례 두 가지를 더 살펴보자. 덴마크의 수도 코펜하겐과 스웨덴의 말뫼Malmö의 경제는 고속도로와 철도의 이중 교량인 외레순 다리Øresund Bridge를 통해 밀접하게 연결되어 있다. 많은 사람들이 두 도시를 코마KoMa라고 부른다. 말뫼 시민들에게는 스웨덴 공항보다 코펜하겐 공항이 더 가깝기 때문에, 코펜하겐 공항에는 스웨덴의 택시 정류장이 있다. 발트 해 국가들은 1차 세계대전 직후 우호조약을 추진하려고 노력했지만 소련의 확장주의 때문에 분열되었다. 1세기가 지난 후에 노르웨이에서 리투아니아에 이르는 훨씬 더 큰 발트 해 연합이 생겨났고, 외레순 다리를 통해 서유럽과 연결되었다. 중국 정부와 특별한 법률 조약을 맺고 있는 홍콩, 마카오, 주하이珠海 같은 도시들이 모여 있는 중국의 주강珠江 삼각주 지역*에는 세 도시를 연결하는 Y 형태의 교량이(6킬로미터의 터널과 인공 섬을 통해 연결되어 있다) 2017년에 완공될 예정이다. 이 교량은 남부 삼각주 지역의 관통 시간을 4시간에서 1시간으로 단축시킬 것이다. 비록 정치적 위상은 서로 다르지만, 전체 삼각주 지역이 하나의 거대한 도시 밀집지역으로 변하고 있다.

어떤 선이 가장 중요한가에 대한 답은 세계가 어떻게 조직되고 구성되어 있는가에 관한 가장 심오한 가정에 대한 도전이다. 국가들이 정치적 관점이 아니라 기능적 관점에서 생각할 경우, 토지, 노동력, 자본을 최적화하는 방법과 다양한 자원을 모아 세계 시장과 연결하는 방법에

---

* 중국 주강 하구의 광저우, 홍콩, 선전, 마카오를 연결하는 삼각지대를 중심으로 하는 지역의 호칭 — 옮긴이

집중하게 된다.[10] 국경을 가로지르는 연결을 위한 결합 기반시설connective infrastructures은 단순한 고속도로나 전력선 그 이상의 무엇, 즉 각각의 생명과 같은 특별한 속성을 지니고 있다. 결합 기반시설은 양국의 관리를 받는 공동의 시설로 변하고 있다. 따라서 이런 결합 기반시설은 공동으로 승인받고 건설되었기 때문에 여기에서 나오는 정당성이라는 속성을 지니고 있다. 이런 정당성이 결합 기반시설을 법이나 외교가 아닌 물리적인 실체로 만든다. 예일대 교수인 켈러 이스터링Keller Easterling은 결합 기반시설이 가지고 있는 권위를 "부가적인 국정 운영기술extra-statecraft"이라고 부른다.

기반시설의 원래 소유권자들은 바뀐다. 세계는 중요한 기반시설 확장뿐만 아니라 새로운 기반시설의 사유화 현상을 경험하고 있다. 각국의 정부들이 예산의 균형을 맞추고 새로운 투자를 하기 위한 현금을 확보하려고 노력하기 때문이다. 그래서 세계 각국의 정부는 기반시설에 대한 관리를 민간기업이나 시장의 원리에 따라 운영하는 제3자에게 넘긴다. 그리고 때로는 현지 정부나 지자체가 외국의 정부나 기업이 건설한 기반시설을 수용하거나 인수하는 경우도 있다. 러시아의 국영기업들은 송유관과 가스관, 철도를 건설할 때 국경 분쟁에도 불구하고 기반시설이 통과하는 경로를 개방하고 싶어 한다. 기반시설이 작동하지 않는다면 아무런 가치를 생산하지 못한다는 사실을 생각해보라. 수익 배분, 관리 비용 또는 불법적인 밀수를 둘러싸고 발생하는 긴장은 모두 근본적으로 누가 연결로부터 가장 많은 이익을 얻는가에 관한 것이다.

따라서 연결은 국경의 역할을 변화시킬 정도로 매우 지정학적이다. 교통망, 에너지망, 전진기지, 금융 네트워크, 인터넷 서버 등에 관한 기능적 지도를 만들 경우, 우리는 지도에 힘과 영향력이 미치는 경로도 함께 표시한다. 미국 관리들은 마치 글로벌 체제가 미국의 리더십을 좋아하는 확고한 본질을 가지고 있는 것처럼 중국의 부상을 받아들이는 것에 대해 이야기한다. 하지만 글로벌 체제는 연결이라는 한 가지만을 원한다. 글로벌 체제는 어떤 국가가 가장 잘 연결되어 있는지에 관심이 없다. 하지만 가장 잘 연결된 국가는 가장 큰 영향력을 발휘할 것이다. 중국은 아프리카와 남미에서 인기 있는 국가가 되었다. 중국이 연결성의 향상을 위한 기반시설을 건설하거나 판매하고 있기 때문이다. 소프트 파워soft power 같은 미묘한 개념은 연결의 힘을 대신하는 모호한 단어일 뿐이다.

세계의 기반시설 연결을 지도에 표시하는 일은 주권 국가의 국경이 아니라는 이유로 결코 덜 현실적이거나 덜 중요하지 않다. 이와 반대로 기반시설 연결은 과거에 그려진 우발적이거나 임의적인 선이 아니라 우리가 지금 설치하고 있는 다양한 선들을 대표한다. 유명한 건축가인 산티아고 칼라트라바Santiago Calatrava의 표현처럼, 현재 우리가 건설하는 것은 수백 년 동안 지속될 것이다. 하지만 현재 많은 학자들은 정치적 국경을 인간이 지도 위에 만든 가장 근본적인 선이라고 생각하고 있다. 이는 힘의 근원으로서 영토를 향한 편견, 정치적 조직 단위로서 국가나 정부만이 국가 안에서 명령할 수 있다는 가정, 국가의 정체성은 국민의 충성심에 근원을 둔다는 편견에 사로잡혀 있기 때문이다. 연결성의 증대는 이런 모든 믿음을 붕괴시킬 것이다. 지방 분권화(힘이 지방으로 분산되는 것), 도시화(점점 커지는 도시의 규모와 힘), 희석(대규모 이주를 통한 혼혈), 대규모 기반시설(새로운 송유관과 가스관, 철도, 지형을 바꾸는 운하), 디지털 연결성(새로운 형태의 지역사회 형성) 때문에, 우리는 훨씬 더 복잡한 지도를 그려야 할 것이다.

공급망 세계

지구에서 인류의 생활이 어떻게 형성되는지에 대해 다시 생각해보자. 인간이 수렵채집을 시작한 이후 인간과 함께 한 법은 하나뿐이다. 수요와 공급은 모든 경쟁 이론을 물리치고 제국과 국가를 초월해 미래를 향한 최고의 안내자 역할을 하고 있다.

수요와 공급은 상품의 가격을 결정하는 시장의 원칙 그 이상이다. 수요와 공급은 인간 생활의 모든 면에서 균형을 추구하는 역동적인 힘이다. 세계적인 기반시설 연결과 디지털 연결의 시대가 다가오면서 모든 공급이 모든 수요를 충족시킬 수 있게 되었다. 누구든 또는 무엇이든 물리적으로나 가상적으로 목적을 이룰 수 있다. 물리학자인 미치오 카쿠 Michio Kaku는 우리가 "완벽한 자본주의"를 향해 나아가고 있다고 믿는다.[11] 완벽한 자본주의 시나리오를 설명하는 또 다른 용어가 바로 '공급망 세계supply chain world'이다.

공급망은 원자재(천연자원이나 아이디어)를 가공해 세계의 모든 사람들이 사용할 수 있는 상품과 서비스를 제공하는 생산자, 유통업자, 판매상들로 구성된 전체의 생태계를 말한다.* 잠을 자든 깨어 있든, 우리 일상

---

* 공급망에 대한 좀 더 공식적인 정의는 상품과 서비스를 생산자에서 고객에게 전달하는 과정과 관련된 조직, 사람, 기술 활동, 정보, 자원의 체계이다. 글로벌 공급망(global supply chain)과 글로벌 가치사슬(global value chain)은 종종 서로 비슷한 개념으로 혼용된다. 단순한 수요와 공급이라는 용어에 내재되어 있지 않은 가치 증대 과정을 강조하기 위해서 가치사슬이라는 용어가 선호된다. 일부 다른 학자들은 공급망과 공급망의 상호의존적이고 호혜적 본질과 관련된 광범위한 참여자들을 설명하기 위해 가치망(value web)이나 가치 네트워크(value network)라는 용어를 사용한다.

의 짧은 순간도—아침에 커피를 마시고, 자동차를 운전하고, 통화하고, 메일을 보내고, 음식을 먹거나 영화를 보러 가더라도—글로벌 공급망과 연관되어 있다.

공급망은 전 세계에 널리 퍼져 있지만 그 자제가 물리적 실체가 있는 사물은 아니다. 공급망은 '거래의 체계system of transactions'이다. 공급망은 눈으로 볼 수 없다. 대신 우리는 거래의 참가자와 기반시설을 살펴본다. 기반시설은 수요와 공급을 연결시켜준다. 하지만 공급망의 연결고리를 추적하는 방식을 통해, 우리는 어떻게 이런 작은 거래들이 모여서 거대한 세계적 변화로 이어지는지를 알 수 있다. 우리는 지금 애덤 스미스Adam Smith의 자유시장, 데이비드 리카도David Ricardo의 비교우위, 에밀 뒤르켐Emile Durkheim의 노동 분업의 결과를 목격하고 있다. 이 세계에서 자본과 노동, 생산은 수요와 공급을 효율적으로 연결하기 위해 필요한 곳이면 어디든 그곳으로 이동한다. 시장이 세계에서 가장 강력한 힘이라면, 공급망은 시장에 생명을 불어넣는다.

공급망과 연결은 비록 주권국가나 국경은 아니지만, 21세기 인류 사회의 구성 원칙들이다. 세계화가 지구촌 구석구석으로 확산되는 가운데, 공급망이 국가보다 더 중대한 세계를 조직하는 힘이 아닌지를 자문해야 할 정도로 넓고 깊고 강력해졌다.[12] 공급망은 작은 그물처럼 세계를 에워싸고 있는 최초의 월드와이드웹이다. 공급망은 세계의 배관이자 전력선이고 동시에 모든 사람과 물자가 이동하는 통로이다. 공급망은 스스로 조직하고 유기적으로 연결된다. 또한 공급망은 인간의 집단행동의 결과로 확장되고 축소되며 이동하고 증식하며 다양하게 변화한다. 공급망은 차단될 수 있지만, 본연의 임무를 수행하기 위해 재빨리 대체경로를 찾아닐 것이다. 공급망은 마치 살아 있는 생물과 같다. 이런 주장이 친숙하게 들리는가? 그럴 것이다. 인터넷은 더 많은 공급망 건설의 토대가 되는 최신 기반시설일 뿐이다.

월드와이드웹은 베를린 장벽이 무너진 해와 같은 1989년에 탄생했다. 월드와이드웹의 탄생은 영토 중심의 베스트팔렌Westfalen 세계에서 공급망 중심의 세계로의 이동을 알려주는 타당한 전환점이다.* 17세기의 30년 전쟁은 분열된 중세의 혼란에서 근대 민족국가 체제로의 변화를 대표하는 것이었다. 유럽의 각국은 민족국가 체제에서 서로의 영토를 존중했다. 오늘날 우리는 1648년의 베스트팔렌 조약을 누가 전쟁에서 승리했는지의 관점이 아니라 지난 4백여 년 동안 국제관계의 틀을 규정한 주권국가 체제의 도래를 알린 조약으로 기억하고 있다.

하지만 주권국가 체제와 관련해서 어떤 것도 변하지 않는 것은 없다. 주권국가의 현실은 좀처럼 이론적 야심에 부응하지 못했다. 대신 수요와 공급의 역학관계가 언제나 사회조직을 움직이는 동력이었다. 마지막 빙하기 이후 지난 5만 년 동안 인간의 집단 이동은 수평적 영토에 수직적 권위를 결합하는 형식으로 제국, 칼리프 왕국, 공작 영지, 부족국가에 이르기까지 다양한 형태와 규모로 스스로 정치체제를 형성해왔다. 국가가 아니라 도시와 제국이 역사의 공통분모였다. 동등한 주권국가의 탄생을 알리는 보편적 체제로서 베스트팔렌 조약의 개념은 서구와 비서구 국가들의 역사와 배치된다. 유럽에서 중세주의는 왕들이 외부의 침입으로부터 국경을 지키고 농업 자원과 국민에 대한 더 강력한 통제력을 행사하

---

* 나는 이 책에서 공급망 세계(supply chain world), 수요-공급 세계(supply-demand world), 수요-공급 체제(supply-demand system) 등 조금씩 다른 용어들을 혼용한다.

기 위해 요새를 건설하면서 민족국가에 밀려났다. 하지만 유럽의 제국주의 국가들은 최근 20세기까지 유럽 대륙과 전 세계에 지속적으로 존재했다. 식민주의는 외국의 영토를 법제화했지만, 식민지를 주권국가로 인정하지는 않았다. 세계적인 주권국가 체제는 2차 세계대전 종전 이후 탈식민지화 현상과 함께 본격적으로 수립되었다. 하지만 주권국가들이 평등하다는 개념은 여전히 허구일 뿐이다.

지난 25년은 패권국가에 의한 안정기였다. 이 기간 동안 기반시설, 규제 완화, 자본시장, 통신의 발달이 세계적인 공급망의 발전을 가속시켰다. 세계 각국의 정부가 국가 차원의 규제를 만드는 대신 국제적 규제를 적용하기 시작하면서 세계화는 위로부터 국가의 주권을 약화시켰다. 동시에 지방 분권화, 자본주의, 연결은 주요 도시들의 영향력과 자치 능력을 강화하면서 아래로부터 국가 주권을 침해하고 있다. 주요 도시들은 기업들과 마찬가지로 점점 더 침투가 쉬워지는 국경을 가로질러 자신들의 이익만 추구하고 있다. 그리고 정부 기관들이 해체되고 민영화되면서 공급망이 새로운 서비스 제공자로서의 기능을 대신하고 있다. 공급망은 정부를 제거하지 않는다. 즉, '국가의 종말'에 관한 것이 아니다. 시장 규제와 정부 당국이 공동의 통치자가 되면서 공급망은 국가를 재구성하고, 하위 도시와 주 정부가 국가 내부와 외부에서 경쟁하면서 정부의 규모도 변화시킨다.[13]

국가에 대한 설명은 세계가 질서정연한 것처럼 보이게 만든다. 하지만 세계가 제대로 기능하도록 만드는 것은 국가가 아니다. 정치지리학이 제 기능을 하지 못함에도, 세계를 움직이는 것은 기반시설과 공급망이다. 경제학자인 로버트 스키델스키Robert Skidelsky의 주장처럼, 전쟁과 국경은 자본을 부족하게 만드는 반면 안정과 개방은 자본이 자유롭게 움직이도록 한다.

공급망의 경로를 순조롭게 만드는 일은 세계 경제에 커다란 이익을 가져온다. 역사학자인 마르크 레빈슨^{Marc Levinson}은 1950년대에 선박용 컨테이너의 등장이 세계를 더 작게 만들고 경제 규모를 더 크게 했다고 주장했다. 단순한 컨테이너 크기의 표준화가 세계 공급망의 흐름을 빠르고 원활하게 만들었다. 세계경제포럼에 따르면, 오늘날 국제 관세 장벽을 가장 앞선 기준의 절반 수준으로 낮추면 세계 교역은 15퍼센트, 세계 GDP는 5퍼센트 정도 성장하는 것으로 나타났다. 이와 반대로 전 세계의 모든 수입 관세를 폐지하면 세계 GDP가 단지 1퍼센트 정도 성장하는 것으로 추산되었다. DHL 같은 기업들은 개발도상국가의 세관에 전문기술을 무료로 제공하면서 자신들의 통관 절차를 빠르게 진행하고 있다. 항공 화물업계에서만 전자문서를 채택해도 화물을 지연시키는 불필요한 서류의 제거는 물론 연간 120억 달러의 비용을 절감할 수 있다. 우리가 국경의 병목 현상을 제거할 경우, 생산업자들은 대규모 재고를 유지하는 대신 세계 시장에 상품을 판매하는 일에 집중할 수 있다. 공급망 세계에서 적은 바로 비효율성이다.

공급망은 개인적인 신뢰관계가 없는 멀리 떨어진 시장 참여자들을 연결시켜주기 때문에 이른바 '한 가지의 진실'을 요구한다. 즉, 정확한 데이터를 실시간으로 공유해 네트워크에 속한 모든 사람들이 언제나 모든 상황을 파악할 수 있도록 하는 것이다.¹⁴ 월마트^{Walmart}의 최고경영자인 더글러스 맥밀런^{Douglas McMillon}은 자신은 프록터앤갬블^{Procter & Gamble} 같은 공급자로부터 매출과 재고 관련 자료를 지속적으로 주고받는 '기술기업'

을 경영한다고 말했다. 유니레버Unilever는 끊임없이 현지의 수요 상황을 파악하고 세계 각국의 생산체제를 이용해 좀 더 유연하게 시장에 제품을 공급한다. 많은 MBA 프로그램들은 유통, 국방, 정보기술 등 다양한 분야에서 고용주들의 요구가 증가하는 상황에서 공급망 관리를 핵심 경쟁력으로 생각하고 있다.[15]

기업 외부에서 보면 더 좋은 삶을 추구하는 보통 사람들의 행동이 우리가 공급망 세계에 진입해 있다는 사실을 보여주는 가장 명백한 증거이다. 1960년대에는 7천3백만 명이 고국을 떠나 해외에 거주했다. 지금은 해외 거주자들의 수가 3억 명에 이르는데, 특히 세계 금융위기 이후 급격하게 증가하고 있다. 이주민들은 위로는 다국적 기업의 최고경영자에서부터 아래로는 제3세계의 노동자들에 이르기까지 세계 경제의 모든 계층에 걸쳐 있다. 이들은 일시적 또는 영구적으로 고국을 떠나 이민 생활을 하고 있다. 과거에는 후진국에서 선진국으로의 이민이 많았지만, 지금은 일자리와 실업률에 따라 전체 이민 가운데 절반은 개발도상국가 사이에서 발생하고 있다. 아프리카와 인도의 많은 젊은이들은 실패한 국가 재건을 위해 식민지에서 독립한 국가들로 집단적으로 이주하고 있다. 중동 지역의 국가들이 아시아 노동자 이주의 가장 큰 수혜자이다. 건설 노동자, 가사 도우미, 어린이나 노인 도우미 그리고 다른 필수적인 서비스가 요구되는 곳이라면 어디에서나 국경이 무너지고 공급이 수요를 따라간다.

미국인도 세계적인 해외 이주 대열에 참가했다. 현재 6백만 명 이상의 미국인이 해외에 거주하고 있는데, 이는 사상 최대이다. 여러 조사에 따르면, 18세에서 24세 사이의 젊은 미국인 사이에서 해외 이주를 계획하고 있는 사람들의 비율이 12퍼센트에서 40퍼센트로 크게 증가했다. 해외 이주민은 더 이상 투자은행가, 교환학생, 언론인, 평화봉사단원에 국한되어 있지 않고 전반적인 미국 사회의 구성원을 포함하고 있다. 이들은 특히 세계 금융위기 이후 경제적인 이주민이 되었다.

공급망이 사람들에게 다가오지 않는 경우에는 사람들이 공급망에 접근한다. 샌프란시스코에서 요하네스버그까지 19세기 금광의 발견은 농촌 마을을 복잡한 도시로 바꾸어놓았다. 지난 10년 동안 5만 명의 캐나다인이 오일샌드 지대에서 일하기 위해 앨버타Alberta 주의 새로운 유전도시인 포트맥머리Fort McMurray로 이주했다. 아프리카의 자원채취 산업 분야에서는 노예처럼 일을 해야 하지만, 수십만 명의 광부들이 텅스텐과 콜탄 등 휴대전화 제조에 필수적인 광물 채굴 기업으로 몰려들고 있다. 아프리카의 최대 국가인 콩고와 주변의 더 작은 국가들에서 공급망은 정부의 실패에서 벗어나기 위한 잠재적 탈출구이다. 지금으로부터 수십 년 후에도, 우리는 여전히 명목상의 국경 안에서 거주하고 있을 것이다. 하지만 더욱 중요한 것은 세계 인구의 대부분이 기반시설이 밀집된 지역과 물리적 또는 가상의 공급망을 따라 거주하고 있을 것이라는 점이다.

도시화도 공급망 세계로의 변화를 보여주는 또 다른 증거이다. 하버드 대학의 닐 브레너Neil Brenner와 뉴욕 대학의 솔리 엔젤Solly Angel은 21세기에는 도시 지역이 3배로 증가할 것이라고 주장했다. 세계 인구의 대부분은 이미 도시에 거주하고 있다. 개발도상국가들에서는 하루에 약 15만 명, 한 달이면 로스앤젤레스의 인구와 맞먹는 사람들이 도시로 이동하고 있다. 개발도상국가들에서는 2030년까지 최소 20억 명 이상의 사람들이 도시로 이주할 것으로 예상된다. 도시화의 통계는 국가들 사이의 이주

통계보다 훨씬 더 흥미로운 사실을 보여준다. 도시로 새로 이주한 사람들은 국경을 넘지 않고도 산업이나 서비스 공급망에 고용된 수십억 명의 대열에 합류한다는 것이다.

사실 세계 인구의 상당수는 자신들이 태어난 나라를 물리적으로 벗어나지 않는다. 하지만 도시화는 위치와 관계없이 연결의 정도를 크게 증가시킨다. 유럽과 아시아의 도시에서 살고 있는 어떤 두 사람의 생활은 동일한 국가의 농촌 지역에 살고 있는 사람들보다 더 비슷하다. 기초적 서비스에 대한 접근성이라는 관점에서 자카르타의 시민은 멀리 떨어진 말루쿠Maluku 제도의 주민보다 런던 시민과 더 많은 공통점을 가지고 있다. 인도 뭄바이Mumbai 시의 다라비Dharavi와 케냐 나이로비의 키베라Kibera 같은 빈민가 거주자가 농토가 없는 농민보다 수입이 훨씬 더 많다.

다양한 지역에 사는 사람들이 같은 지역에 거주하는 사람들보다 공통점이 더 많은 세계는 감출 수 없는 공급망 세계의 증거이다. 컬럼비아 대학의 사스키아 사센Saskia Sassen 교수의 주장처럼, 세계화는 각각 생명이 있어 빠르게 증식하는 일단의 네트워크를 가능하게 만들었다. 사센 교수는 이를 "서킷circuit"이라고 불렀다. 뉴욕과 런던의 금융 투자자들과 아시아와 스위스에서 그들이 운용하는 자본, 싱가포르 원자재 시장 중개인과 이들이 아프리카와 남미에서 통제하는 자원, 실리콘밸리와 인도의 방갈로르Bangalore에 있는 컴퓨터 프로그래머들과 그들의 고객들, 독일과 미국의 자동차 제조사와 멕시코와 인도네시아에 있는 자동차 공장들, 이 모든 것이 공급망을 통해 연결된 국경을 초월한 서킷이다. 가치사슬의 상층부로 올라가는 것은 국가 전체가 아니라 세계와 접속점에 있는 사람들의 서킷이다. 방글라데시의 다카Dhaka와 에티오피아의 아디스

아바바^{Addis Ababa} 같은 의류 생산 중심지는 경제 성장의 핵심 동력이지만, 국가로부터 분리되어 있다는 느낌이 든다. 다시 말해 이런 도시들은 한 국가에 속해 있는 동시에 세계 공급망과 밀접하게 연결되어 있다.

세계의 공급망은 서로 긴밀하게 동기화되어 있어 확장된 연결 구조의 지진계처럼 작동한다. 강력한 여진을 유발하는 지진처럼, 2008년의 금융위기는 세계의 교역 규모를 GDP 감소 규모보다 5배나 더 감소시켰다. 신용 경색은 가장 먼저 수요의 충격을 불러왔고, 이는 내구재 판매의 심각한 감소로 이어졌다. 그리고 재고 조정은 거의 모든 상품의 거래를 일제히 감소시켰고, 독일에서 한국, 중국에 이르기까지 산업 생산 주기를 축소시켰다. 2014년에 국제 유가가 폭락했을 때에도 동일한 현상이 발생했다. 포트맥머리에서 말레이시아까지 유전에 대한 신규 투자가 크게 감소했다. 석유 자원이 풍부한 브루나이 왕국조차 재정긴축을 이야기할 정도였다. 공급망은 전파의 경로이다. 공급망은 연결된 모든 사람들에게 영향을 미치지만, 공급망 체계를 통해 어려움을 분산하거나 해소시킨다.*

공급망은 인류 문명을 위한 가장 훌륭한 축복이자 저주이다. 공급망은 지역이라는 감옥에서 탈출해 기회가 없는 곳에 기회를 만들어준다. 또한 좋은 기후와 토양 또는 다른 우호적인 환경 변수의 이점이 없는 지역에 아이디어, 기술, 기업 활동을 불러일으킨다. 노벨 경제학상 수상자인 프린스턴 대학의 경제학 교수 앵거스 디턴^{Angus Deaton}은 『위대한 탈출^{The Great Escape}』에서 수십억 명의 사람들이 열악한 지리적 환경과 제도에도 불구하고 연결을 통해 세계 시장에 합류하게 되었다고 주장한다. 열대 지역

---

* 나심 탈레브(Nassim Taleb) 교수는 저서 『안티프래질(Antifragile)』에서 볼록성 원칙(convexity principle)을 통해 퇴화 효과(degradation effect)가 일련의 작은 단위를 거치면서 감소한다는 사실을 증명했다.

의 국가들이 비생산적인 농업과 노동력으로 어려움을 겪거나 내륙 국가들이 더디게 발전할 수밖에 없다는 운명론은 더 이상 유효하지 않다. 싱가포르와 말레이시아는 적도 인근에 위치하고 있지만 번영을 누리고 있고, 르완다, 보츠와나, 카자흐스탄, 몽골은 내륙 국가이지만 유례없는 성장과 발전을 보여주고 있다. 국가는 지리적 위치를 바꿀 수 없지만, 연결은 지리적 운명에 대한 대안을 제공한다.

따라서 공급망은 수십억 명에 달하는 개발도상국 빈곤층에게 일종의 구원이다. 개발도상국들은 공급망을 유치하기 위해 모든 노력을 다하고 있다. 특정 산업에 투자를 유치하기 위해 만든 지역이나 도시인 특별경제구역의 등장은 근대 국가의 탄생 이후 수십 개의 국가들의 국가 운영에서 가장 의미 있는 혁신이다. 특별경제구역은 현지의 중심지이자 세계와의 접속점이다. 점점 더 많은 도시들이 제퍼슨Jefferson이나 오션뷰Ocean View처럼 인물과 경치가 아니라 세계 경제에서의 도시의 역할에 따라 이름을 짓는다는 사실도 정치적 세계에서 공급망 세계로의 이동을 보여주는 또 다른 상징이다. 두바이 인터넷 시티Dubai Internet City, 방글라데시 수출 촉진 지역청Bangladesh Export Processing Zones Authority, 케이먼 기업 도시Cayman Enterprise City, 광저우 지식 도시廣州 Knowledge City, 말레이시아 멀티미디어 슈퍼 코리더Malaysian Multimedia Super Corridor 등 역할에 따른 도시 이름만 4천 개가 넘는다.

나는 전통적 지도에 존재하지 않는 곳에서 지난 5년을 보냈다. 산업단지든 스마트 시티든 공급망 세계와 접속점들은 매우 빠르게 생겨나기 때문에 대부분 지도에 표시되지 않는다. 이런 지역들은 과거에는 사람들이 일하기 위해 출근하는 장소였다. 하지만 지금은 사람들이 거주하는 지역사회가 되었다. 수억 명의 근로자와 그들의 가족에게 공급망은 하나의 생활방식이자 세계 경제에 연결되고 싶은 사회의 열망과 세계 경제를 위해 일하는 포괄적인 실체가 되었다. 세계에서 가장 빠르게 성장하는 도시는 하나의 중요한 기업이나 산업을 기반으로 형성된 인구 1백만 명 정도의 도시이다. 이런 도시들은 공급망 세계에서 새로운 '공장 도시factory town'이다. 이렇게 새로 생겨난 도시들은 세계의 대중과 생산적으로 연계되고, 과거의 어떤 원조 프로그램도 상상할 수 없을 정도로 성장을 전파하는 최고의 희망이다.

이제 나쁜 점에 대해 이야기해보자. 공급망은 시장이 세계를 약탈하는 방법이다. 공급망은 열대우림을 파괴하고 배기가스를 대기 중으로 뿜어내는 통로이다. 남극의 천연가스와 북극의 석유, 볼리비아와 아프가니스탄의 리튬 광산, 남미와 중앙아프리카의 열대우림, 남아프리카와 시베리아의 금광 등 공급망 세계에서 천연자원을 개발하지 않는 경우는 거의 없다. 세계 각국의 정부들은 자국이 소유하고 있는 자원을 보존하지 않고 자연을 희생시키는 데 기꺼이 공모해왔다. 바다에서도 어류 남획이나 해저자원의 과도한 채취가 진행되고 있고, 기름 유출과 폐기물 투기로 바다가 오염되고 있다. 또한 공급망은 마약, 무기, 사람들을 밀거래하는 경로이기도 하다. 역사상 그 어느 때보다 많은 인신매매가 바다를 통해 이루어지고 있다. 세계 5대 범죄 조직들은—일본의 야쿠자Yakuza, 러시아의 브라트바Bratva, 이탈리아의 카모라Camorra와 은드랑게타Ndrangheta, 멕시코의 시날로아Sinaloa—활동 영역을 국제무대로 넓혀 1년에 1조 달러를 벌어들이고 있다. 이들은 코뿔소 뿔, 위조화폐, 성매매 등에 대한 수요와 공급을 연결시켜주고 있다. 시장과 기반시설 그리고 이 모든 것에 대한

특별경제구역 설치 국가 수 : **130**
특별경제구역의 수출 추정치 : **2천억 달러**
전 세계 특별경제구역 수 : **3천5백 곳 이상**

아시아
세계 수출가공지역 근로자의
85퍼센트가 아시아에 있다.

유럽

미국
특별경제구역이 중미
수출의 50퍼센트를 책
임지고 있다.

특별경제구역은 중
국 GDP의 22퍼센
트, 외국인 직접투
자의 46퍼센트, 수
출의 60퍼센트를
차지한다.

미국이 주요 수출시장이
되면서, 도미니카공화국에
는 10만 개 이상의 제조업
기업이 생겨났다.

인도에는 143개의
기능적 특별경제구
역이 있는데, 이 가
운데 4분의 1은 정
보통신 분야야다.

중미와 멕시코

카리브 해 지역

중동

수출가공지역 수
600 - 900+
300 - 600
100 - 300
50 - 100
1 - 50
0

북아프리카

2만 개 이상의 기업이
2백여 곳의 아랍에미
리트 특별경제구역, 무
역과 투자 관련 지역에
참여하고 있다.

남아메리카

인도양

근로자 추정치
6천만
2천만
1백만
50만
10만

사하라 남부 아프리카

중국은 2000년 이후 중국의 특별경제
구역으로 알려진 사하라 남부 아프리
카의 12개 이상의 특별경제구역 건설
에 50억 달러를 투자해왔다. 아프리카
의 특별경제구역에는 2백 개 이상의
중국 기업이 영업 활동을 하고 있다.

태평양

| 지도 1 | **새로운 교역거점**

특별경제구역이 전 세계에 걸쳐 속속 생겨나고 있다. 약 4천 곳의 특별경제구역, 수출가공지역, 자유무역
지대 그리고 다른 산업 중심지들이 세계 공급망을 놓고 경쟁하고 있다. 4천 개의 새로운 교역거점은 수출
을 증대시키고 경제가 가치사슬 상층부로 발전하는 것을 도와준다.

공급망을 운영하는 중개인이 없다면 전 세계적으로 자연과 사람을 이용
하는 것이 더욱 어려웠을 것이다. 인간 사회의 운명은 우리가 어떻게 공
급망을 운영하는지와 불가피하게 연관되어 있다.

　세계 공급망 체제는 세계 문명의 중심으로서 모든 강대국의 기능을
대신해왔다. 미국이나 중국 어느 국가도 혼자서는 새로운 질서를 유지
할 수 없고, 이를 정지시킬 수 있는 능력을 가지고 있는 국가도 없다. 대

신 17세기에 30년 전쟁이 새로운 세계 질서를 만든 것처럼, 강대국들은 21세기의 지도를 새로 그릴 공급망 대전^{Great Supply Chain War}에서 경쟁하고 있다. 공급망 대전은 정복을 위한 경쟁이 아니라 세계에서 가장 중요한 원자재 공급, 첨단기술, 빠르게 성장하는 시장을 물리적이고 경제적으로 연결하려는 경쟁이다. 공급망 대전은 일회성 사건이나 이야기 또는 하나의 단계가 아니다. 강대국들을 자멸로 이끌 수 있는 군사적 충돌을 의도적으로 회피하려고 노력하는 반영구적인 상태이다. 군사적 충돌로 필수적인 공급망이 파괴될 수 있기 때문이다. 공급망 대전에서 기반시설과 공급망, 시장은 영토와 군대, 전쟁 억지력만큼 중요한 요소이다. 이 전쟁에서는 가장 힘이 센 국가가 언제나 승리하는 것이 아니라 가장 잘 연결된 국가가 이긴다.

미국은 세계 공급망 대전의 새로운 지리학을 알고 있을까? 미국지리학회의 전 회장인 제리 도브슨^{Jerry Dobson}은 "미국은 2차 세계대전 이후 지리 교육을 포기했고 지금까지 전쟁에서 이기지 못했다."라고 냉정하게 말했다.[16] 미국은 이제 전통적 지리학의 영토적 관점뿐만 아니라 훨씬 더 미묘하고 복잡한 전쟁터인 지리경제학[*]의 상업적 분석 틀을 이해해야 한다.

우리는 전통적으로 강대국 사이의 관계, 공공과 민간 부문의 균형, 경제 성장과 불평등의 미래, 생태계의 미래 등에 대해 정부의 답변을 요구해왔다. 이런 질문들은 세계의 공급망에 대한 이해를 통해 최선의 해답을 찾을 수 있다. 20세기의 영토적 지정학은 "중심 지역을 지배하는 자

---

* 지리적 특성이나 인구가 경제, 특히 대외 경제정책에 미치는 영향 등을 연구하는 학문 — 옮긴이

가 세계를 지배한다."는 매킨더의 금언에서 영감을 받았지만, 21세기에는 "공급망을 지배하는 자가 세계를 지배한다."로 바뀌게 될 것이다.

공급망 세계에서는 누가 영토를 소유하고 있는지보다 누가 영토를 사용하는지가 더 중요하다. 중국은 국경에서 너무 멀리 떨어져 있어 지배력이 미치지 못하는 지역에서 광물을 채굴하고 있다. 따라서 중국은 국제법이 규정하고 있는 형식상의 지도보다 국경의 재배열이 가능한 사실상의 지도를 선호한다. 국제법에서 오랫동안 준수된 규범은 "이 땅은 내 땅이다."이다. 하지만 실질적인 공급망 세계에서 새로운 좌우명은 "사용하라. 그렇지 않으면 잃게 된다."이다.

흐름과 마찰 사이의 균형

근대 국제관계학의 아버지로 불리는 17세기의 사상가 토머스 홉스Thomas Hobbes는 세계가 상당히 단순한 기계적 법칙에 따라 움직이는 것으로 생각했다. 그는 모든 현상은 움직이는 물체의 상호작용으로 귀결될 수 있다고 믿었다. 그 이후 지정학의 원칙들은 모든 사람들의 행동이 되는 궁극적인 기준인 변하지 않는 세계 질서의 토대가 되었다. 영토에 대한 정복과 통제는 다른 모든 것을 앞선다. 다수의 힘이 서로 충돌할 때 하나는 물러나야 한다.

하지만 복잡성의 물리학이 전통적 지정학의 역학관계를 대체하고 있다. 우리 시대는 양자역학의 새로운 발견이 아이작 뉴턴Isaac Newton의 전통적인 물리학의 합리주의를 뒤흔들었던 1백 년 전과 비슷하다. 물체의 기초 단위는 수량화하기가 어렵고 영원히 움직인다. 눈에 보이지 않는 물체들이 공간을 차지할 수 있다. 중력이 위치보다 더 중요하다. 인과관계의 확실성은 없고 단지 확률만 존재한다. 그리고 의미는 절대성이 아니라 상관관계에서 나온다.

오늘날의 세계를 이해하기 위해서는 18세기의 계몽주의, 19세기의 제국주의, 20세기의 자본주의, 21세기의 기술 등 17세기의 주권국가 이후 축적되고 있는 영향력을 이해해야 한다. 젊고, 도시적이고, 이동성이 있고, 기술적으로 포화된 세계는 무정부 상태, 주권, 영토권, 민족주의, 군사적 우선주의 같은 수백 년 전의 논리보다 불확실성, 중력, 관계성, 영향력이라는 개념을 통해 훨씬 더 잘 설명된다.

가장 중요한 양자역학의 통찰 가운데 하나는 변화의 본질 자체가 변하고 있다는 것이다. 우리는 변화 속의 변화를 경험하고 있다. 단지 하나의 강대국에서 다수의 강대국으로 가는 구조의 변화가 아니라, 국가에 기초한 질서state-based order에서 다중 행위자 체제multi-actor system로의 훨씬 더 심오한 변화이다. 고대 세계의 분열된 제국들은 혼란스러운 중세로 이어졌고, 근대의 주권국가 질서가 뒤를 이었다. 그리고 지금은 복합적인 세계 네트워크 문명으로의 변화가 진행되고 있다. 구조적 변화는 수십 년마다 일어난다. 체제의 변화는 수백 년마다 발생한다. 구조적 변화는 세계를 복잡하게 만든다. 체제의 변화는 세계를 복합적으로 만든다. 국가들 사이의 국제관계는 복잡하다. 반면 오늘날의 세계 네트워크 문명은 복합적이다. 금융의 순환고리는 시장을 불안정하게 하고, 기업들의 영향력은 국가보다 더 강해질 수 있다. 아이시스ISIS, 월가 점령 시위Occupy Wall Street, 위키리크스WikiLeaks는 모두 양자역학적 속성을 지니고 있다. 어디에나 존재하지만 어떤 곳에도 없고 지속적으로 전이되며 급격한 위상 변화도 가능하다. 만일 지구가 페이스북 계정을 가지고 있다면, 지구 계정의 상태 메시지는 "복합적이다."일 것이다.

연결이 이런 복합성의 가장 중요한 원인이다. 세계화는 거의 모든 경우 어떻게 새로운 질서를 만들어내는지보다 기존의 질서 안에서 어떻게 작동하는지의 관점에서 기록되어왔다. 하지만 연결은 체제 내부로부터 나타나고 있는 변화로, 궁극적으로 체제 자체를 변화시킨다. 연결의 네트워크는 단순한 연결의 통로가 아니다. 네트워크의 힘은 메트컬프의 법칙Metcalfe's law*에 따라 접속점의 수가 증가하면서 기하급수적으로 증가한다.

어떤 강대국도 체제 밖에서 생존할 만큼 강하지 못하다. 미국국가정보위원회NIC의 『글로벌 트렌드 2030』 보고서를 보면, 미국은 더 이상 예측 가능한 안정장치가 아니라 불확실한 변수로 기록되어 있다. 2030년에 미국은 얼마나 큰 힘을 가지고 있을까? 미국은 국내 질서를 유지하고 있을까? 미국은 세계적으로 영향력을 행사할 수 있을까? 미국은 자국의 운명을 온전히 통제할 수 없기 때문에 이 가운데 어느 것도 보장할 수 없다. 복합적인 세계에서는 미국조차 가격 수용자price taker일 뿐이다.

우리가 물리학에서 차용해야 할 또 다른 역학 개념이 있다. 그것은 흐름flow과 마찰friction이다.** 연결된 세계 체제에서는 자원, 상품, 자본, 기술, 사람, 데이터, 아이디어 등 많은 것들이 이동한다. 그리고 국경, 갈등, 제재, 거리, 규제 등 다양한 종류의 마찰이 존재한다. 흐름은 우리가

---

* 네트워크의 가치는 대체로 사용자 수의 제곱에 비례한다는 법칙 ― 옮긴이
** 고체, 액체, 기체는 개방된 공간이나 폐쇄된 공간에서 움직일 때 이동과 마찰을 경험한다. 유체 역학에서 마찰은 점성의 형태로 나타난다. 이는 형태 변화에 대한 물질의 저항이라는 의미이다.

생태계와 문명의 위대한 에너지를―원자재, 기술, 인력, 지식―분배하고 전 세계에 걸쳐 작용하도록 하는 방법이다. 마찰은 전쟁, 전염병, 불황 등 흐름을 방해하는 장벽, 장애물 또는 시스템의 실패이다. 장기적으로 볼 때, 흐름이 마찰을 이긴다. 공급은 수요와 연결되고, 추진력은 무기력을 극복한다.

이런 주장은 혁명적이 아니라 점진적이다. 듀크 대학의 수학자인 에이드리언 베잔Adrian Bejan은 『자연 속의 디자인Design in Nature』에서 모든 체제의 본질적 속성은 체제의 모든 부분이 다른 부분과 연결되는 이동이나 흐름을 최대화하는 것이라고 설명했다. 이런 물리학의 기본 원칙은 생물학적 진화를 향한 나무의 형태에서 세계화를 지향하는 공항의 배치에 이르기까지 모든 것을 설명해준다. 새로 등장하는 세계 네트워크 문명의 역사는 엄청난 규모로 확장하는 흐름과 마찰의 역사이다.

흐름과 마찰은 세계의 음과 양이다. 즉, 서로 보완해주고 균형을 유지한다. 음과 양은 영원한 협상 상태에 있고 전략적 목적에 맞추어 끝없이 조정된다. 미국은 기반시설 강화에 필요한 외국인 투자를 유치하기 위해 중국 자본이 민감한 분야로 진출하는 것을 금지한 규정을 완화해야 했다. 중국은 위안화를 국제 통화로 만들기 위해 자본 계정의 자유화를 더 강력하게 추진해야 한다. 미국과 중국은 모두 더 많은 흐름을 위해 마찰을 줄여야 한다.

하지만 대규모 이동과 흐름은 위험을 증대시킬 수 있다. 이민자들이 테러리스트가 될 수 있고, 가난한 사람들에게 송금하는 하왈라hawala* 네

---

* 아랍 세계의 전통적인 비공식 송금 방법 ― 옮긴이

트워크가 범죄조직의 자금줄이 될 수도 있다. 또한 여행객과 가축이 전염병을 퍼트리고 이메일이 바이러스를 유포하거나 금융 투자가 거품을 부추길 수도 있다. 이런 다양한 이동과 흐름이 체제를 붕괴시키는 시점은 번개가 떨어지는 지점만큼 예측하기가 불가능하다.*

이 모든 것들이 일상의 심각한 현실이다. 하지만 국경을 설치하는 것이 해결책이 될 수는 없다. 심하게 표현하면, 마찰은 자멸의 길이 될 수 있다. 예를 들면 미국의 이민제한 정책은 해외에서 고도의 숙련된 프로그래머를 채용하려는 실리콘밸리의 노력을 좌절시켰다. 이와 유사하게 2013년에 멕시코가 광산 산업의 수익에 대해 법인세를 인상하기로 결정했을 때 다수의 글로벌 기업들이 더 이상 투자를 하지 않겠다고 선언했고, 그 결과 중요한 외국 자본과 기술이 빠져나가면서 멕시코의 광산업이 타격을 받았다.

이동과 흐름에 개방적이지 않은 국가는 실패할 것이다. 하지만 국가는 나쁜 점을 최소화하면서 이득을 얻기 위해 합리적인 마찰을 필요로 한다. 예를 들면 투기자본에 대한 자본 통제, 국내 산업의 경쟁력을 확보하기 위한 제한적 자유화, 항구의 엑스선 투시기, 공공 서비스의 과부하를 피하기 위한 이민 한도 설정, 인터폴 데이터베이스와 공동여권 검색, 컴퓨터 바이러스 탐지를 위한 인터넷 서비스 사업자의 감시 같은 조치들이다. 정부는 국경을 교통 신호등처럼 생각해야 한다. 국가로 들어오고 나가는 이동과 흐름을 관리하기 위해 신호등의 색깔만 조정하면 된다. 중국은 미얀마로부터 광물자원과 에너지가 들어오기를 바라지만 마약의

---

* 실제로 번개를 전도하는 경로인 대기의 이온화 비율은(음극을 띤 이온들이 대기의 분자 구조를 불안정하게 만든다) 양자역학을 통해서만 예측할 수 있다.

유입은 원하지 않는다. 또한 아프가니스탄으로부터 구리와 리튬을 들여오기를 원하지만 극단주의 무슬림의 유입을 바라지는 않는다. 유럽은 중동과 아프리카로 상품을 수출하고 싶어 한다. 하지만 가난하고 핍박받는 난민이 오는 것을 반가워하지는 않는다. 승객이 오클랜드 공항 출구를 나서기 전에 네 차례나 수하물의 냄새를 맡는 훈련된 탐지견들은 뉴질랜드의 농업 경제를 망치기 전에 병원균을 찾아내는 데 반드시 필요하다. 태국과 북한으로부터 엄청난 양의 메타암페타민이 유입된다는 사실을 감안하면, 마약에 대한 싱가포르의 엄격한 통제도 이해할 수 있다.

가장 위험한 몇몇 흐름을 통제하고 관리하는 방법도 발전하고 있다. 14세기에 어떻게 흑사병이 실크로드를 따라 서방으로 퍼져 유럽 인구의 절반 정도가 사망했는지 생각해보라. 1917년과 1918년의 독감은 5천만 명의 목숨을 앗아갔다. 이와 대조적으로 2003년의 사스^{SARS} 바이러스는 24개국에 확산되었지만 큰 피해 없이 소멸되었다. 에볼라^{Ebola} 바이러스는 2014년에 서부 아프리카에서 유럽과 미국으로 항공기를 타고 확산되었지만 발 빠르게 통제되었다. 의료 검진, 검역, 발병 지역에 대한 신속한 치료 조치가 에볼라 피해를 최소화했다. 이와 유사하게 우리는 사전예방 원칙에 따라 세계 경제의 고위험 분야에서 거시적 안전조치를 실행하고 있다. 상업은행과 투자은행의 분리, 자산담보부증권의 재증권화와 교환거래에 대한 제한, 고객의 거래에 대한 은행의 자기자본 투자 의무화 등 다양한 안전판들이 있다. 금융 체제가 점점 더 통합되고 있지만, 이런 안전조치들 덕분에 우발적 사고가 금융권 전체로 확산되지는 않는다.

세계는 앞으로도 계속해서 마찰로 가득할 것이다. 하지만 미래에 발생하는 마찰은 흐름을 통제하는 것이다. 서로를 분리하는 선을 둘러싼 갈등이나 전쟁이 서로를 연결하는 선에 대한 갈등보다 더 줄어들 것이다. 좀 더 정확하게 말하면, 미래의 갈등은 더 이상 국경의 설정에 관한 것이 아니라 연결의 통제에 관한 것이다. 그렇기 때문에 전 세계의 모든 국경 분쟁은 평화적 또는 공격적 방법을 통해 해결되고 있다. 오늘날 모든 국가가 일정 형태의 '국가 자본주의' 정책을 실행하는 것도 이 때문이다. 전략적 산업에 보조금을 지원하거나 핵심 분야에 대한 투자를 제한하는 것, 국내에 더 많이 투자하기 위해 금융기관의 설립을 의무화하는 정책 등이 국가 자본주의 관행에 속한다. 이런 산업 정책은 현지의 필요성과 세계 경제와의 연결성 사이에서 균형을 찾으려는 조심스러운 노력의 일부이다. 예를 들면 브라질은 현재 외국 자동차 제조사들이 현지의 재생에너지 연구에 투자하도록 하고 있고 '핫머니'를 막기 위한 자본 통제를 실행하고 있다. 인도네시아 같은 몇몇 국가는 법인세와 기업 비용의 인상을 고집하고 있지만, 자원에 대한 통제권이 있기 때문에 여전히 투자 자금이 몰려들고 있다. 인도는 저렴하고 재능이 있는 IT 인력을 보유하고 있기 때문에 소프트웨어 산업에서의 자유무역을 환영한다. 하지만 농민에게 손해를 끼칠 수도 있는 농산품에 대한 수입 자유화에 대해서는 매우 조심스러운 입장을 취하고 있다.

　세계 전체가 자유시장이 될 확률은 거의 없다. 대신 성장하는 세계 경제는 그 어느 때보다 치열한 전략적 전쟁터가 될 것이다. 실제로 많은 국가들이 경제를 개방하고 있지만 반드시 모두가 동일한 규칙을 따르는 것은 아니다. 아직은 비용효율성을 최적화지 못한다고 하더라도, 자국에 유리하고 자국 산업의 근간과 고용을 보존하는 이기적인 마찰을 인정하는 합의가 등장하고 있다.

　순수 자유시장주의자들은 이런 조치들을 보호주의라고 비난한다. 하지만 생존력을 증대시키는 조치를 취하지 못하면 국가는 세계 경제에서 부가가치를 창출하는 참여자가 될 수 없다. 브라질의 사례에 대해 생각해보자. 브라질 정부는 전력산업의 상당 부분을 아마존 열대우림 지역의 깊숙한 곳에 있는 마나우스Manaus 자유무역지대로 끌어들였다. 그 이유가 무엇일까? 이는 그렇지 않으면 벌목산업에서 일자리를 얻었을 수도 있는 지역 주민에게 전력산업이 일자리를 제공하기 때문이다. 그 결과 브라질은 가치사슬의 단계를 상승시켰고 동시에 열대우림의 파괴를 억제할 수 있었다. 아프리카 국가들은 일자리를 보존하고 값싼 중국산 제품에 의해 자국 제품이 밀려나는 것을 방지하기 위해 유치산업infant industry* 을 보호하고 있다. 또한 외국 자본의 토지 수탈로 자원이 빠져나가는 것을 막기 위해 천연자원에 대한 외국인의 1백 퍼센트 소유권을 금지하고 있다. 이런 조치들은 세계화에 대한 반대가 아니라 현명한 마찰의 사례이다. 그리스의 격언처럼 "모든 것에는 중용이 있다."

---

* 장래에는 성장이 기대되나 지금은 수준이 낮아 국가가 보호하지 않으면 국제 경쟁에서 견딜 수 없는 산업 ― 옮긴이

새로운 세계를 위한
새로운 지도

세계화에 반대하는 것은 중력의 법칙을 거스르는 것과 같다.
– 코피 아난 Kofi Annan, **전 유엔 사무총장**

세계화에서 초세계화로

세계 네트워크 문명의 발전은 지난 5천 년 동안 가장 확실한 흐름이었다. 세계화는 고대 메소포타미아 도시국가들이 서로 교역을 하고 멀리는 이집트와 페르시아와 정기적인 교역을 시작했던 기원전 3천 년에 시작되었다. 기원전 5백 년쯤에 페르시아 제국 아키메네스 왕조의 키루스 대왕은 페르시아를 유럽에서 중국에 이르는 제국 네트워크의 중간지점으로 선언했다. 페르시아의 제국 네트워크는 그리스와 로마의 상단이 유라시아의 실크로드를 따라 개척한 연결의 경로였다. 연결은 부富와 종교를 모든 곳으로 전파한다. 사회학자인 크리스토퍼 체이스던Christopher Chase-Dunn의 주장처럼, 오늘날 세계 문명 네트워크는 새로운 기술, 자본의 원천, 지정학적 야심의 결합이 연결을 심화시키면서, 과거에는 분리되었던 지역과 문화 체제의 상호 교류를 통해 확장되었다. 기원전 5백 년경의 아랍의 정복자들과 13세기 몽골의 정복자들은 조직화된 기동성을 이용해 광대한 제국을 건설했다. 중세 후반의 십자군과 상업혁명은 해상교역을 번영시켰고, 수백 년에 걸친 유럽 식민주의 시대의 토대를 만들었다. 유럽 식민주의 시대에 지도가 만들어지면서, 세계 영토 대부분의 경계가 확정되었다.

세계화는 15세기와 16세기의 스페인과 포르투갈의 항해, 17세기 네덜란드, 18세기 영국의 동인도회사의 경우처럼 유럽의 제국들이 연결을 확대하면서 빠르게 진행되었다. 19세기 영국의 산업혁명을 통해 우후죽순처럼 등장한 공장들은 멀리 떨어진 식민지로부터 이전보다 훨씬 더 많은 면화와 기타 원자재를 필요로 했다. 섬유산업과 농업은 세계 공급망과 세계적인 노예무역을 유발했다. 식민지에서의 철도와 해상 운송의 확장과 함께 19세기 후반 독일과 미국의 철강 생산과 산업 생산의 증가는 이전에는 경험해본 적이 없는 상호 연결된 세계 경제체제를 만들어냈다.

존 메이너드 케인스는 1919년에 출판된『평화의 경제적 결과The Economic Consequences of the Peace』라는 유명한 논문에서 이런 평온한 시대를 설명했다. "런던의 시민이 침대에서 아침 차를 마시면서 전 세계에 있는 다양한 상품을 적당하다고 생각되는 양만큼 전화로 주문할 수 있었다. 그리고 집 앞까지 상품이 빨리 배달되기를 기대했다." 케인스는 이런 상태를 정상적이고 확실하며 영구적인 것으로 생각했다. 그리고 더 발전된 방향이 아니라면 이 상태에서 벗어나는 것은 어떤 것이든 비정상적인 일탈이나 언어도단이자 피할 수 있는 것으로 생각했다.[1]

1차 세계대전 이전 시대는 세계화의 황금기였다. 하지만 세계화의 주역에게만 좋은 시대였다. 국경이 없는 제국주의의 중상주의적 역학은 남미, 아프리카, 아시아에서 거의 비용을 들이지 않고 자원을 약탈해 유럽으로 가져갔다. 아프리카의 노예들과 아시아의 저임 계약 노동자들은 쿠바에서 남태평양의 섬나라에 이르기까지 농장과 광산에서 일하기 위해 전 세계로 송출되었다. 전 세계의 대륙들은 속국으로 변했고, 독립 후에도 열강들의 연합세력에 종속적인 국가로 남아 있었다. 1백여 년 전의 서구 지배 중심의 세계화는 세계를 취약하게 만들었다. 1차 세계대전, 무역장벽, 이민 제한, 재정긴축, 정치적 민족주의가 1930년대의 지정학적 위기를 유발했고, 이는 2차 세계대전으로 막을 내렸다.

전쟁은 세계화의 가장 큰 인과응보였지만, 세계화의 확산을 늦추기만 했을 뿐 중단시키지는 못했다. 14세기의 흑사병, 20세기의 세계대전, 21세기 초의 금융위기에도 불구하고, 인류의 탐사, 자본주의 본능, 기술의 혁신은 시간이 지나면서 더 커지고 더 빠르고 더 회복력 있는 상호작용의 세계 체제를 만들어냈다. 오늘날 세계화는 그 어느 때보다 더 널리 퍼져 있고 더 많은 수단과 참여자들이 존재하며 강력하고 포괄적이다. 그래서 훨씬 더 안정적이기도 하다.

'세계화'라는 단어는 냉전이 끝나기 직전인 1980년대 말에야 널리 회자되었다. 이후 세계적으로 연결이 급격하게 확산되었지만, 세계화는 지난 10년 동안 세 번이나 사형선고를 받았다. 첫 번째 사형선고는

2001년에 발생한 워싱턴과 뉴욕에 대한 테러 공격이었다. 그래서 서구와 아랍세계 사이의 신뢰 결여가 국경의 경비를 강화시키고 이라크와 아프가니스탄에서 벌어지는 전쟁의 지정학적 혼란이 세계 경제를 서서히 멈추게 할 수 있다는 주장이 제기되었다. 그리고 2006년에 세계무역기구^{WTO}의 도하 라운드$^{Doha\ round}$ 협상이 실패로 돌아갔다. 당시에는 하나의 포괄적인 규정에 대한 합의가 없으면 세계무역이 위축될 것이라고 생각했다. 그리고 가장 최근에 발생한 2007~2008년의 금융위기로 수출이 둔화되었고 국제자금 거래가 감소했으며 서구 자본주의 모델이 세계화의 와해 증거로 공격을 받았다. 현재 미국의 금리 상승과 중국의 성장 둔화, 저렴한 에너지와 첨단 제조기술이 생산의 자동화와 자국 회귀를 가능하게 하면서 '세계화의 종말'이라는 네 번째 전쟁이 진행되고 있다.

하지만 나는 세계화가 새로운 황금기로 접어들고 있다고 생각한다. 전략적 야심, 새로운 기술, 저비용의 자금, 국제 이민의 복합 작용으로 세계화는 모든 측면에서 지속적으로 확산되고 심화되고 있다. 2002년 이후 세계의 상품과 서비스 수출은 세계 GDP의 20퍼센트에서 30퍼센트 이상으로 증가했다. 일부는 앞으로 수년 안에 세계 GDP에서 차지하는 수출 비중이 50퍼센트를 넘어설 것으로 추정하고 있다. 미국의 GDP에 대한 수출 비중도 증가했다. 미국의 하드웨어, 소프트웨어, 자동차, 의약품 그리고 기타 기업들이 모두 해외 매출에 성장을 의존하고 있다. S&P 5백 기업 매출의 40퍼센트가 국제 거래에서 발생하고 있다.

아프리카와 아랍, 페르시아, 인도, 중국, 동남아시아 국가들을 연결했던 고대와 중세의 교역로 또한 다시 부활하고 있다. 오늘날 신흥국가들 사이의 상품과 서비스, 금융 거래는 전체 교역량의 4분의 1을 차지하고 있고, 다른 어떤 국가들 사이의 거래보다 빠르게 성장하고 있다.* 성장률이 높은 두 지역 사이의—중국과 아프리카, 남미와 중동, 인도와 아프리카, 동남아시아와 남미—교역 규모는 지난 10년 동안 최소 5백 퍼센트에서 1천8백 퍼센트까지 증가했다. 처음에는 규모가 작았지만 연간 2천5백억 달러에 이르는 중국과 아프리카의 교역 규모는 미국과 아프리카 교역 규모의 거의 2배에 달하고 유럽연합과 아프리카의 교역 규모를 따라잡을 것으로 추정된다.

항공기들이 장거리 비행을 늘리고 인터넷 케이블이 모든 대양을 가로질러 연결되면서 국제여행과 연결 비용이 더 저렴해졌다. 이 때문에 남미, 아프리카, 아시아의 중소기업들도 공급망 서비스를 이용할 수 있게 되었다. 이제는 누구나 세계 어느 곳에 있는 어떤 사람과도 비즈니스를 할 수 있다.

외국인 투자 규모도 세계 GDP의 3분의 1 이상의 수준으로 증가했다. 미국의 해외 투자는 지속적으로 증가해 2013년에는 5조 달러에 달했다. 2013년에 미국으로 유입된 외국인 직접투자도 3조 달러로 증가했다. 2012년 현재 개발도상국에 대한 외국인 직접투자는 세계 전체 외국인 투자의 절반 이상을 차지한다. 이는 선진국에 대한 외국인 직접투자보다 많다. 2014∼2015년의 신흥국가들의 경기둔화에도, 중국은 외환보유고와 외국인 직접투자 측면에서 세계 최대의 해외투자 국가로 변신하고 있다. 중국의 전체 해외자산 보유고는 2020년에 20조 달러에 이를 것으로

---

* 2000년 이후 국제은행간통신협회(SWIFT)를 통한 금융거래 규모는 1년에 20퍼센트 이상 꾸준히 증가했다. 이는 주로 신흥국가들 사이의 거래 증가에 따른 것이다.

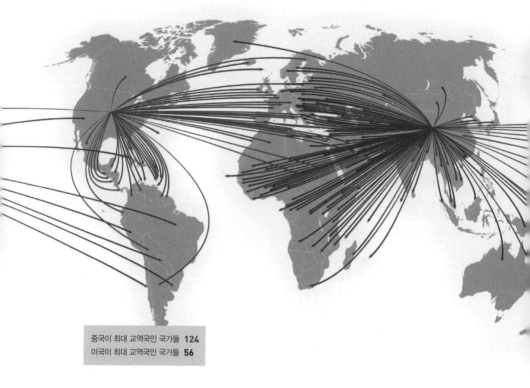

중국이 최대 교역국인 국가들 **124**
미국이 최대 교역국인 국가들 **56**

| 지도 2 | **전 세계에 걸쳐 공급망의 상호 보완성을 구축하고 있는 중국**
중국이 최대 교역국인 국가는 미국보다 2배 이상 많다.

추정된다. 케임브리지 대학의 피터 놀런^{Peter Nolan} 교수는 중국이 세계에 투자하고 있는 것보다 서구가 중국에 더 많이 투자하고 있다고 주장했다.[2] 하지만 상황이 빠르게 변하고 있다. 실제로 이제는 더 많은 자본이 중국에서 흘러나와 서구 세계로 들어가고 있다.[3]

세계화는 이미 바다를 가로질러 여러 방향으로 퍼지는 거대한 해일이 되었다. 중국의 은행들은 태평양 반대편으로 수출을 촉진하기 위해 남미에 돈을 빌려주고 있고, 아프리카에서 생산되는 상품의 아시아 수출을 늘리기 위해 인도가 만든 트랙터가 수출되고 있다. 유럽의 은행들은 중국 시장에 수출하기 위해 동남아시아에서 생산을 확대하는 기업들에게 자금을 지원하고 있다. 미국의 소프트웨어 기업들은 아시아 시장을 겨냥해 일본에서 프로그램을 개발하고 있다. 그리고 모든 대륙의 중요한 도시들 사이에는 직항노선이 운항되고 있다.

오늘날의 다극화된 세계 질서 속에서는 모든 지역이 중요하고 서로 교류하려고 한다. 하지만 이런 세계 질서의 규모, 심도, 강도에 관한 의미 있는 선례들은 없다. 과거 5세기에 걸친 서구 중심의 지정학 질서와 경제적 지배 이후 식민지에서 독립한 지역들은 좀 더 공평한 조건에서 세계 질서에 참여할 수 있는 기회를 갖게 되었다. 무력에 의한 위협 때문에 자원을 빼앗기는 대신 세계 시장에 팔 수 있는 기회를 얻게 된 것이다. 남미와 중국은 농업에 관해 정기적인 월례 협의를 하고, 아프리카와 중동 국가들은 기반시설 서비스와 관련된 회의를 개최하고 있다. 유럽과 동남아시아 국가들도 자유무역에 대한 협의를 진행하고 있고, 미국과 아프리카 국가들은 에너지 개발, 중국과 유럽은 북극 지역의 개발을 위해 협력하는 등 많은 국가들이 상호협력 관계를 유지하고 있다. 만일 이것이 '문명의 충돌'이라면, 우리에게는 훨씬 더 많은 문명의 충돌 사례들이 필요하다.

세계화가 이미 정점에 도달했다고 믿고 싶을 수도 있다. 하지만 지난 2008년 이후 국제 자본 흐름에서 감소를 기록한 유일한 분야는 은행 대출이었다. 이는 전적으로 유럽 내부의 금융위기 때문이었다.[4] 세계화는 이제 더 이상 미국화가 아니다. 그보다는 인재 유입과 상품 서비스, 고수

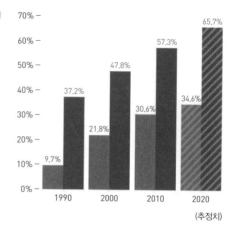

| 도표 1 | **지속적으로 증가하고 있는 국제 교역과 투자 규모**

상품과 서비스 교역이 세계적으로 증가하면서 2020년이면 세계 GDP의 3분의 2에 이를 것으로 추정된다.
외국인 투자 총가치는 세계 GDP의 3분의 1에 달할 것으로 예상된다.

익을 추구하는 자본 유출과 관련해 세계화에 대한 미국 경제의 의존도는
계속 증가하고 있다. 특히 아시아에 대한 의존도가 높아지고 있다. 세계
화를 위해 더 이상 월가와 미국 연방준비은행의 보증을 받을 필요가 없
다. 아시아 시장이 커지고 관리하는 자산과 외환 거래가 증가하면서, 홍
콩과 싱가포르는 세계 금융의 중심지로서 뉴욕, 런던과 경쟁하고 있다.
국제여행과 이주, 국제적 인수합병, 이동 데이터의 규모 등 모든 것이 증
가하고 있다.

연결된 세계에서 한 분야에서의 흐름이나 이동의 감소는 훨씬 더 큰
규모의 더 안정적인 흐름으로 대체된다. 예를 들면 미국의 점진적인 금
리 인상은 신흥국가로 가는 투자자본을 감소시켰지만, 아시아 채권시장
의 발달은 미국 연금펀드의 유입을 증대시켰다. 미국의 에너지 혁명은

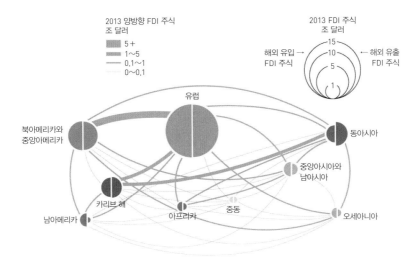

| 도표 2 | 외국인 직접투자 흐름과 주가 상승
미국, 유럽, 동아시아가 세계 외국인 직접투자의 대부분을 차지하고 있는 가운데, 남미, 아프리카, 중동, 남아시아와 같은 성장시장들이 점차적으로 투자를 유치하고 있다.

원유 수입의 감소를 의미하지만, 최첨단 프래킹^{fracking} 공법*, 정유시설, 화학공장에 대한 유럽과 아시아 자본의 유입을 촉진했다. 이는 세계화의 심화를 뜻한다. 중국에 대한 외국인 직접투자는 감소하기 시작했지만, 위안화가 절상되면서 중국의 해외 직접투자는 급격하게 증가했다(중국의 해외 직접투자는 2014년의 외국인의 대중국 직접투자 규모를 초과했다). 똑똑한 글로벌 투자가들은 추세^{trend}를 고립된 개별 사건으로 보지 않고 전체 그림을 파악한 다음 2차와 3차 결과에 대응한다.

1백만 개 또는 2백만 개의 제조업 일자리를 회복하려는 미국의 노력

---

* 천연가스와 석유 등의 채굴에 사용되는 공법 ─ 옮긴이

은 미얀마, 방글라데시, 에티오피아 그리고 다른 저임금과 비숙련 노동 국가로 빠져나가는 1억 개의 중국 일자리와 비교하면 아무것도 아니다. 2020년이 되면 새롭게 세계 노동인구에 편입되는 사람들의 대부분은 아시아와 아프리카의 다른 개발도상국가들에서 나올 것이다. 이런 프런티어 시장frontier market*에서 기반시설이 발전하면서 제조업체들은 신속하게 생산 거점을 옮길 것이고 경쟁도 그 어느 때보다 치열해질 것이다. 노동집약 산업, 저임금 제조업 분야에서는 언제나 중국을 대체할 국가next-China들이 나타날 것이다. 세계 최대의 의류기업 가운데 하나인 화지안 슈즈Huajian Shoes 같은 중국 기업은 중국에서 에티오피아의 특별경제구역인 '어패럴 시티apparel cities'로 생산공장을 이전하고 있다.[5] 흐름이 변하고 있고 밀물처럼 급격하게 밀려온다는 것에는 의심의 여지가 없다.

통상 이론가와 투자은행가, 기술기업들은 모두 지금을 초세계화의 시대라고 말한다. 세계화가 풍선이라면, 아직은 충분히 더 팽창할 수 있는 초기 단계에 있다. 서구 담론의 주류를 이루는 근시안적 시각은 산업과 순환 주기에 크게 의존하는 국제화internationalization와 세계와의 상호작용을 위해 끊임없이 성장하는 능력인 세계화를 완전히 혼동하고 있다. 세계화는 어떤 한 종류의 통계보다 더 심오하다. 거래의 규모는—외환거래, 운송 물량 또는 수출영수증 등—언제나 끊임없이 변하지만, 국제적 활동을 위한 체제의 능력은 세계화가 나아가는 방향을 가늠하는 훨씬 더 훌륭한 지표이다. 사실 미래시제로 세계화에 대해 이야기할 이유가 없다. 세계화는 단지 연결의 정도만 나타내기 때문이다.

---

* 아직 투자자들의 관심을 끌고 있지는 못하지만 향후 성장 가능성이 커 '제2의 신흥시장'으로 불리는 국가들을 지칭하는 용어 — 옮긴이

사물에 대한 측정

인도와 아프리카는 약 10년 전에 왜 10억의 인구를 무시할 수 없는지에 대해 이야기했다. 그들은 단지 인구 규모 하나가 유엔안전보장이사회의 자리를 확보할 정도의 중요성이 있다고 생각했다. 하지만 인도와 중국이 가난하고 국제사회와 분리되어 있는 데다 국제사회에서 투표권도 없을 경우 세계는 10억의 인구를 외면할 수 있다. 세계는 10억의 아프리카인과 10억의 인도인이 세계 경제와 연결되어 있을 때에만 이들을 진지하게 받아들인다.

전통적으로 전략적 중요성은 영토의 크기와 군사력에 의해 측정되었다. 하지만 오늘날 힘은 연결의 범위를 통해 행사할 수 있는 영향력에서 나온다. 국가의 중요성을 결정하는 가장 중요한 요인은 위치나 인구가 아니라 자원, 자본, 데이터, 인재 그리고 다른 가치 있는 자산과 ─ 물리적으로, 경제적으로, 디지털 방식으로 ─ 연결성이다. 중국과 인도 모두 15억에 가까운 인구를 가지고 있지만, 중국은 세계 수입의 10퍼센트를 차지하는 반면 인도는 단지 2.5퍼센트에 불과하다는 점을 생각해보라. 중국은 1백 개가 넘는 국가들의 최대 교역 상대국이지만(미국보다 많은 수치이다) 인도는 네팔과 케냐의 최대 교역국이다. J. P. 모건의 연구에 따르면, 중국의 GDP가 1퍼센트 감소하면 국제 유가가 10퍼센트 하락하는 것으로 조사되었다. 인도의 인구가 중국보다 더 많아지더라도 세계적인 관점에서 볼 때 인도를 중국만큼 중요하게 생각하는 국가는 거의 없을 것이다.

중국의 GDP가 미국을 추월하고 위안화가 국제통화기금IMF의 준비통화바스켓$^{reserve basket}$에 포함되어도, 미국은 여전히 3백조 달러에 달하는 세계 전체 금융자산의 절반을 책임지는 최고의 금융시스템을 통제하는 국가이다. 미국 달러는 세계준비통화의 핵심을 차지하고 있고, 12조 달러에 이르는 미국의 국채시장은 세계 최대 규모이다. 미국은 70조 달러 규모의 세계 주식시장의 절반 정도를 차지하고 있는 동시에 세계에서 가장 난해한 회사채 시장이다(또한 압도적인 유로화 회사채 발행 시장이기도 하다). 전 세계의 정부, 은행, 기업, 시민들은 다른 어떤 국가보다 미국의 금융시스템에 더 많이 투자하고 있다.

연결성에 대한 측정은 영토의 크기와 영향력의 불일치를 설명하는 데 도움이 된다. 러시아는 세계에서 영토가 가장 넓은 국가이지만, 경제 대국들 가운데 가장 연결성이 떨어진다.[6] 러시아 경제는 원자재 수출에 거의 전적으로 의존하고 있다. 하지만 전 세계적으로 석유와 가스 공급이 증가하면서 과거 소비에트 연방 이외의 국가들에 대한 영향력은 지속적으로 감소할 것이다.

러시아는 연결성이 떨어지는 국가들이 얼마나 예측이 어렵고 변동성이 높은지를 보여주는 중요한 사례이다. 이란, 북한, 예멘은 고립되어 있을 뿐만 아니라 나이지리아와 중앙아프리카공화국만큼 폭력적인 국가이다. 이 국가들은 연결성 측면에서 매우 뒤떨어져 있고 위험성이 상당히 높다. 이 때문에 우리는 국가들을 더 고립시키는 대신 좀 더 긍정적인 형태의 연결에 참여시켜야 한다. 예를 들면 아프가니스탄은 마약과 테러리스트의 중요한 수출국이었다. 하지만 구리와 리튬 수출을 통해 건설적으로 세계 경제와 연결되고 중국과 중동, 중앙아시아와 아라비아 해를 연결하는 실크로드 국가의 역할을 담당함으로써 좀 더 건설적으로 세계와 연결될 잠재력을 지니고 있다.

전통적으로 가장 연결성이 좋은 국가들은 서방 국가들이었다. 수백 년에 걸쳐 멀리 떨어진 식민지와의 유대, 긴밀한 지역관계, 오래된 자본시장, 기술적 우위가 지난 수백 년 동안 축적되었다. 매킨지글로벌연구소의 연결성지수Connected index에 따르면 — 상품, 금융, 사람, 데이터 흐름의 밀도를 측정하는 지수 — 무역 강국인 독일의 흐름강도는flow intensity는 — GDP 규모와 비교한 경제적 연결의 가치 — 110퍼센트로 나타났다. 이는 세계 최고의 교역국가 가운데 하나인 독일에 연결성이 얼마나 중요한지를 상기시켜주고 있다. 미국과 중국은 거대한 내수시장 때문에 독일보다 흐름강도가 낮지만 그래도 상당한 수준을 기록하고 있다. 미국은 36퍼센트이고 중국은 62퍼센트이다. 연결된 국가들은 다른 국가들로부터 존경을 받는다. 독일은 매킨지 연결성지수와 퓨Pew/글로브스캔GlobeScan의 세계에서 가장 존경받는 국가 조사에서 모두 1위를 차지했다.

최고의 연결성은 작은 국가들이 국제사회에서 영토 규모보다 훨씬 더 큰 중요성을 갖도록 도와준다. 싱가포르와 네덜란드는 상품, 서비스, 금융, 사람, 데이터의 유입과 유출에 대한 의존도가 더 크기 때문에, 영토가 큰 국가들보다 흐름강도가 높다. 노르웨이는 상대적으로 국토가 작고 북극에 가까운 외진 국가이지만, 석유 수출로 벌어들인 국부펀드는 세계에서 가장 규모가 커서 세계 시가 총액의 1퍼센트와 유럽 시가 총액의 3퍼센트를 차지하고 있다. 노르웨이 국부펀드가 신흥시장에 대한 투자 비중을 10퍼센트로 확대하면서 수백 개의 국제기업들에 대한 영향력도 커질 것이다.[7]

연결성이 높다는 것은 더 많은 성장과 더 많은 흐름을 의미한다. 이

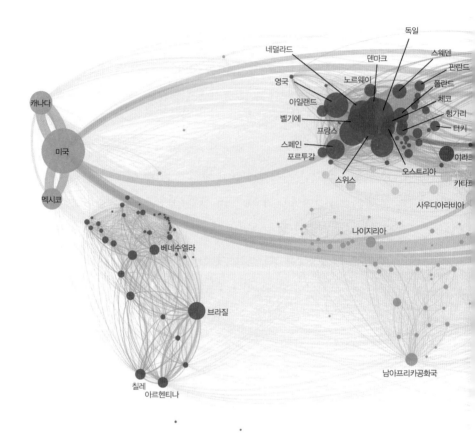

미 세계 GDP의 40퍼센트와 세계경제성장의 25퍼센트는 상품, 서비스
의 국제 교역과 자본의 국제적 이동에서 나오고 있다.[8] 연간 13조 달러에
달하는(모든 국제적 흐름의 약 절반에 해당한다) 디지털 서비스와 같은 지식
산업의 교역도 매우 빠르게 성장하고 있다. 이는 세계화를 제조업의 관

| 지도 3 | **연결의 증대를 보여주는 세계 교역 연계도**

DHL의 세계연결성지수(2014)는 유럽이 여전히 세계에서 가장 연결도가 높은 지역이라는 사실을 보여준다. 그뿐만 아니라 동아시아가 세계 공급망과 교역 네트워크에서 어떻게 세계의 중심 지역으로 떠오르고 있는지도 보여준다. 상품, 자본, 사람, 정보의 흐름은 가장 소외된 지역과 사람들에게까지 확대되고 있다.

러시아

중국　한국　일본

홍콩　대만

랍에미리트　인도　필리핀

태국

말레이시아　베트남

싱가포르　인도네시아

오스트레일리아

점에서만 조망하면 전체 흐름을 파악할 수 없다는 의미이다.* '중력모형

---

* 지식집중 상품의 교역은 반도체, 컴퓨터, 소프트웨어 등 첨단기술 제품과 의약품, 자동차, 기계, 비즈니스 서비스(회계, 법, 공학)가 대표적이다. 또한 경영관리와 노하우를 전수해주는 외국인 투자, 상표권과 특허권에서 발생하는 수입, 비즈니스 출장비용, 국제 통신료 등도 포함된다.

gravity model[1]에 따르면, 두 국가 간의 교역 규모는 국가와 지역의 크기에 비례해 증가하고 두 지역 간의 거리에 반비례한다. 하지만 디지털 방식을 통한 연결 덕분에 공급망은 물리적 연결에서 벗어나게 되었다. 즉, 인터넷망이 구축되면서 서비스를 전달하는 한계비용이 거의 제로 수준으로 떨어졌다. 디지털 방식으로 연결된 국가들 사이에는 정치적·문화적 거리만 존재할 뿐이다.

따라서 지형을 극복하는 연결성을 보여주는 지도 소프트웨어는 유용한 설명 도구이다. 예를 들면 월드매퍼 연구컨소시엄The Worldmapper research consortium과 판카즈 게마와트Pankaj Gemawat 교수의 CAGE 프로그램*은 경제 규모, 교역 상대국가 그리고 다른 요인들을 기초로 국가와 지역의 세계화에 대한 시각화를 가능하게 했다. 이 프로그램은 세계화의 깊이, 분포, 방향성을 강조하고 있다. 이를 통해 우리는 거대한 크기의 아프리카가 세계 경제에서 비중이 작게 보이지만 천연자원 측면에서는 어떻게 위상이 커지는지를 쉽게 알 수 있다. 또한 유로존eurozone** 내에서 독일의 수출이 50퍼센트에서 35퍼센트로 하락한 반면 어떻게 아시아 지역으로 수출이 증가하고 있는지도 알 수 있다. 경제적 관계는 이웃 국가들과 가장 가깝다고 추정하는 대신, 우리는 인도의 방갈로르와 미국의 소프트웨어 산업이 얼마나 밀접하게 연결되어 있는지를 보여주는 구체적인 공급망의 연계성을 강조하면서 지리적 거리와 기능적 근접성을 비교할 수 있다. 물리적 거리가 아직 수명이 다한 것은 아니지만, 점점 더 좁혀지고 있는 것은 확실하다.

---

* 국가들 간의 문화, 행정, 지리, 경제적 차이와 거리를 구분하는 거리 체계 — 옮긴이
** 유로화를 통화로 사용하는 유럽연합 국가들 — 옮긴이

새로운 지도의 범례

모든 지도에는 모서리에 범례^{legend}라고 부르는 사각형이 있다. 사각형 안에는 지형의 차이를 파악하는 데 도움을 주는 상징 부호, 색상, 화살표, 선, 점, 다른 부호들이 있다. 우리는 공급망 세계의 지도를 만들기 위해 권력에 대한 훨씬 더 정교한 용어 해석을 필요로 한다.

첫 번째 단계는 국가와 국가의 분할만을 표시하는 대신 권위와 연결성을 지도에 나타내는 것이다. 우리는 가장 응집력 있는 단위, 가장 구체적인 연결성, 가장 강력한 영향력을 강조해야 한다. 경험칙으로 볼 때, 이런 요인들은 다음 5개의 C 가운데 하나에 속한다. 영토에 근거한 국가^{countries}, 네트워크로 연결된 도시^{cities}, 지역적 연합^{commonwealths}, 클라우드^{cloud} 지역사회^{communities}, 국적 없는 기업^{companies}이다.

국가

전통적인 지도의 가장 큰 오류는 국가를 통일된 전체로 묘사하면서 정치적 지형을 주권과 동일시한다는 것이다. 하지만 우리는 형식적인 법적 주권을 표시하는 대신 실질적인 권위를 지도에 나타내야 한다.

일부 국가들은 문화적으로나 정치적으로 분열된 상태이지만, 단지 지리적으로 하나의 국가로 표시되어 있다. 예를 들면 인도는 민주주의 정치가 아니라 지리적으로 통일된 하나의 국가이다. 반도에서는 탈출하기가 어렵기 때문이다. 인도 북부의 카슈미르 주와 마니푸르^{Manipur}와 나갈랜드^{Nagaland} 같은 북동부의 주에서는 간헐적으로 분리주의 운동이 격렬하게 일어나고 있다. 지리적으로는 분열되어 있고 단지 명목상으로만 통

| 지도 4 | 대륙별 부의 분포
세계 전체 경제적 부의 대륙별 비례 배분(2013)

합된 국가들도 있다. 인도네시아의 가난한 작은 섬들은 단합을 유지하는데 필요한 교통과 통신 기반시설이 매우 낙후되어 있다. 1만 4천여 개의 섬들 가운데 상당수는 자카르타 정부의 통치를 받지 않고 싱가포르나 말레이시아의 영향권에 속해 있다. 자연적 경계선은 훌륭한 정치적 국경을 형성하지만, 추가적인 노력을 통해 통일을 유지하도록 국가를 갈라놓기도 한다.

물리적으로 통합되지 않은 국가들은 정치적으로 통합되기가 어렵다.

아프리카에서 가장 큰 콩고민주공화국의 포장도로는 겨우 1천 킬로미터
에 불과하다. 저명한 학자들이 콩고는 법적으로 국가이지만 말 그대로
콩고라는 국가는 "존재하지 않는다."라고 말하는 것도 놀라운 일이 아니
다. 7천 5백만 콩고 국민의 삶을 더 잘 표현하는 것은 상인, 가족, 난민,
가축, 팜유 용기, 자동차 그리고 옷으로 가득한 예인선과 바지선이다. 킨
샤사Kinshasa와 키상가니Kisangani 사이의 콩고 강을 따라 1천 킬로미터를 이
동하는 데는 여러 주가 걸린다. 물리적으로 통합된 국가들은 지속되지

만, 연결되지 않은 공간들은 사라진다.

공간적인 거리는 양날의 검이다. 지형적으로 국민을 방어할 넓은 완충지대를 제공하지만, 통일을 유지하려면 훨씬 더 많은 투자가 필요하기 때문이다. 1924년 레닌의 사망 이후 스탈린이 소비에트 연방에 대한 통제권을 넘겨받았을 때 가장 긴급한 관심사는 소련의 뒤처진 기반시설이었다. 그래서 시베리아의 노보시비르스크Novosibirsk에서 우즈베키스탄의 타슈켄트Tashkent에 이르는 철도 건설 등 대규모 근대화 운동을 시작했다. 하지만 오스만 제국과 마찬가지로 다양한 인종과 지역에 걸친 광범위한 불평등은 불가피하게 연방의 분열로 이어졌다. 오늘날 러시아는 세계에서 가장 큰 국가이지만 통합을 위한 투자를 거의 하지 않았다. 그 결과 일부 지역들은 훨씬 더 크고 인구가 많은 중국이나 유럽과 가까워지고 있다. 자동차로 러시아를 횡단하는 방법을 알게 되었을 때 도로를 표시한 지도가 정치적 지도보다 더 많은 것을 알려주는 경우가 많았다.

바츨라프 스밀에 따르면, 중국은 2010년과 2013년 사이에 미국이 20세기의 1백 년 동안 사용한 양보다 더 많은 시멘트를 소비한 것으로 나타났다. 하지만 세계에서 가장 큰 개발도상국가들 가운데 상당수가 지도상에 보이는 것보다 훨씬 더 분열되어 있다. 통합을 촉진하는 데 필수적인 기반시설이 없기 때문이다. 이 가운데 브라질, 인도네시아, 나이지리아, 인도 4개 국가의 인구는 20억 명에 달한다. 하지만 이 국가들은 지역들이 거의 연결되어 있지 않기 때문에 지역의 합보다 생산 능력이 떨어진다. 이런 국가에서 중앙정부의 통치력은 수도에서부터의 거리에 비례해 급격하게 감소한다.

현재의 지도를 액면 그대로 받아들이면, 사람들은 콩고, 소말리아, 리비아, 시리아, 이라크가 실질적인 지정학적 블랙홀이 아니라 중요한 국가로 존재한다고 믿게 될 것이다. 이들 국가의 취약성을 보여주기 위해 지도에 흰색에 가깝게 흐릿하게 표시한다면 어떨까? 쿠르드 자치구나 팔레스타인 같은 유사국가들은 지도에는 존재하지 않지만 정치적 · 지리학적 관점에서 볼 때 지도에 표시되어야 한다. 또한 레바논의 헤즈볼라Hezbollah, 나이지리아의 보코하람Boko Haram, 아프가니스탄과 파키스탄 두 국가에 걸쳐 있는 탈레반Taleban처럼 국가 속의 또 다른 국가들도 존재한다. 아이시스는 국가로 인정받지 못하지만 영토를 가지고 있고 시리아와 이라크에서 유사국가 체제를 확장해왔다. 미들베리국제학연구소Middlebury Institute of International Studies의 이타마라 로카드Itamara Lochard 교수는 세계에는 주권국가 수의 65배에 달하는 1만 3천 개의 민병대가 있다는 사실을 발견했다. 이들의 실질적인 활동 범위를 알아내는 것도 도움이 될 것이다.

몇몇 정부의 영향력은 수도에서 멀리 떨어진 곳까지 미치지 못하는 경우가 있고, 어떤 국가들은 국경을 훨씬 넘는 지역까지 영향력을 행사하기도 한다. 실제로 워싱턴과 브뤼셀, 베이징의 발언과 행동의 세계에 대한 영향력은 다른 어떤 국가의 수도들보다 강하다. 사실 우리는 이런 도시들이 어느 한 국가의 수도로만 표시되지 않도록 영향력의 반경을 묘사해야 한다. 예를 들면 국제적인 기반시설 투자에 관한 지도를 그린다면, 우리는 중국이 거의 모든 이웃 국가들의 깊숙한 곳까지 침투하는 강력한 촉수를 어떻게 운영하고 있는지 알 수 있을 것이다. 중국은 다른 어떤 나라보다 더 많은 이웃 국가들을 주변에 두고 있다. 중국은 지난 3천년 동안 지속된 아시아 역사의 가장 큰 특징 가운데 하나인 문명제국 중심의 조공 모형tributary model을 다시 창조하기 위해 강력한 촉수를 활용하

세계 인구의 절반 이상이 아시아에 거주
세계 전체 인구 분포(2013)

고 있다.

강력한 수직적 통제를 받는 제국인 미국과 중국 두 나라의 중앙정부의 정치적 권위조차 훨씬 더 분열된 현실을 드러내고 있다. 영토가 넓은 국가들은 계층구조를 통해 안정을 제공하지만, 미국, 중국, 인도, 브라질, 러시아, 나이지리아, 인도네시아, 방글라데시, 파키스탄은—일본을 제외한 세계 10대 인구 대국—세계에서 가장 불평등한 국가들이다. 정확

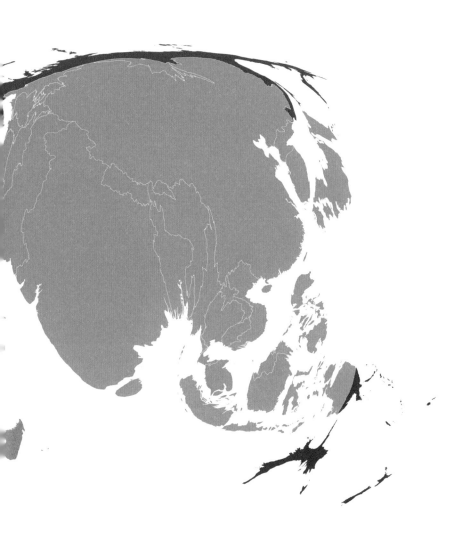

하게는 많은 국가들의 경우 불평등을 완화하는 데 필요한 정책들이―교육과 공중보건에 대한 보편적 접근권, 노동자 보호 장치가 있는 유연한 노동시장, 자본에 대한 폭넓은 접근권―결여되어 있고 표면적으로 불가능해보인다. 너무 많은 부가 한두 개의 도시에 집중되어 있어 대중에게 부가 거의 분배되지 않는다. 국가 성장의 토대가 된 좁은 경제적 기반을 직접 체험할 수 있는 곳도 이런 도시들이다. 가까이 있는 장소들이 실제

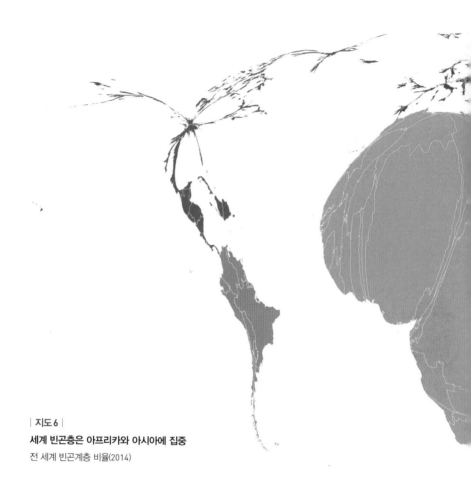

| 지도 6 |
세계 빈곤층은 아프리카와 아시아에 집중
전 세계 빈곤계층 비율(2014)

로는 아주 멀리 떨어진 곳처럼 느껴질 수 있다. 중국이나 콜롬비아처럼 기반시설과 사회적 계층 이동에 대규모 자본을 투자한 신흥시장과 브라질과 터키처럼 저렴한 소비자 대출로 성장한 신흥시장 사이에는 큰 차이가 있다. 인도네시아의 자카르타 이외 지역의 생산성은 너무 낮아서 측정이 불가능할 정도이다. "카이로가 이집트이다."라는 표현은 낭만적으로 들릴지도 모르지만 건전하지는 않다. 이런 불평등이 거의 모든 국가

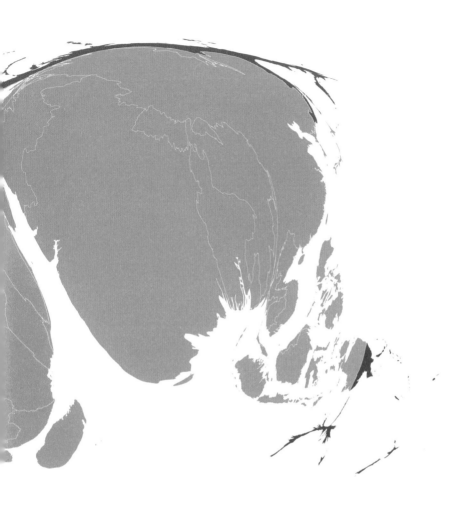

들을 괴롭히기 때문에, 우리는 국가 내부에서 연결된 사람들과 그렇지 않은 사람들을 구분하는 좀 더 세분화된 지도를 필요로 한다.

우리는 부에 따라 주와 도시의 색깔에 음영을 주는 방식을 포함해 모든 국가의 경제적 격차를 세밀하게 나타내는 지도를 만들어야 한다. 뉴욕과 실리콘밸리의 부와 인재의 집중을 보여주는 단계구분도^{choropleth map}는 미국 경제의 진정한 본질을 좀 더 정확하게 나타낸다. 중국의 단계

| 지도 7 |

인구와 부의 증가에 따른 온실가스 증가

화석연료 소비와 시멘트 생산에서 나오는
전체 이산화탄소 배출(2013)

구분도는 동부 해안의 도시 지역은 한국만큼 잘살지만 서부 내륙 지역
은 과테말라만큼 가난한 중국의 현실을 보여준다. 극단적인 불평등은
응집력 있는 국가 단위 개념에 대한 의문을 제기한다. 오늘날의 세계에
서는 중위소득median income이 평균소득average income보다 우리에게 더 많은
것을 알려준다. 그리고 미국의 실질 중위소득은 1980년대 수준에 멈추
어 있다.

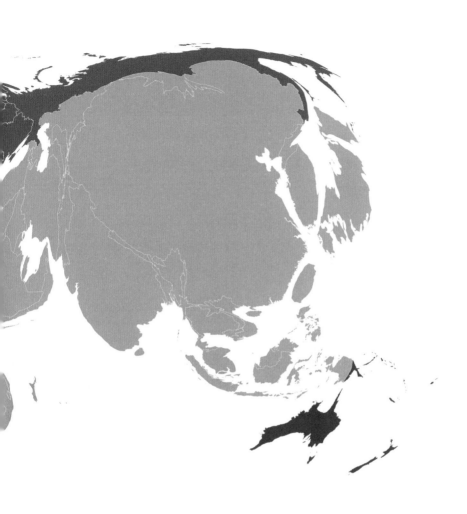

도시

1백 개 이상의 국가를 모두 합쳐도 세계 GDP의 3퍼센트에 불과하다. 이런 국가들은 기본적으로 영토가 작고, 상대적으로 가난한 도시들은 다양한 내륙 지역에 둘러싸여 있다. 이런 상태는 원자와 비슷하다. 원자핵(수도)은 원자(국가)의 작은 일부이지만 대부분의 질량(비중)을 차지하고 있다. 따라서 연결성이 크기보다 더 중요한 세계에서 도시들은 지도 위에 표시된 똑같은 하나의 검은 점 이상의 의미를 부여받아야 한다.

도시는 인류의 가장 오래되고 안정적인 사회조직의 형태로, 도시가 지배했던 모든 제국과 국가보다 더 오래 존속하고 있다. 예를 들면 비잔틴 제국과 오스만 제국은 오래전에 멸망했지만, 콘스탄티노플은—지금의 이스탄불—상업과 문화의 중심지로 살아남았다. 더 이상 터키의 수도는 아니지만, 콘스탄티노플의 영향력이 미치는 범위는 과거 제국들의 영향권보다 훨씬 넓다. 도시는 진정으로 시대를 초월한 세계적인 조직 형태이다.

21세기에 도시는 인류가 건설한 가장 심오한 기반시설이다. 도시들은 우주 공간에서 볼 때 눈에 가장 잘 보이는 인간의 기술이다. 도시는 마을에서 소도시로, 카운티^{county}에서 거대도시로, 수백 킬로미터에 걸쳐 있는 슈퍼코리더$^{super-corridors}$로 발전하고 있다. 1950년대에는 인구 1천만 명 이상의 도시가 뉴욕과 도쿄 두 곳뿐이었다. 2025년이 되면 이런 대도시가 40개로 증가할 것이다. 멕시코시티와 인접 수도권의 인구는 호주보다 많고 중국의 충칭重慶과 비슷하다. 멕시코시티 수도권은 오스트리아와 비슷한 면적에 걸쳐 있는 소수민족 거주지들이 연결된 도시들의 집합체이다. 과거에 수백 킬로미터 정도 떨어진 도시들이 지금은 효율적으로 연결되어 거대한 도시 밀집지대로 합쳐지고 있다. 이런 도시 밀집지대 가운데 가장 큰 곳은 일본의 태평양 벨트이다. 도쿄, 나고야, 오사카를 연결하는 일본의 동해안 도시 밀집지대에는 일본 인구의 3분의 2가 거주하고 있다. 중국의 주강 삼각주, 상파울루, 뭄바이–푸네 지역도 기반시설을 통해 점점 더 통합되고 있다. 적어도 10여 곳의 거대도시 밀집지대가 이미 생겨났다. 중국은 최대 인구가 1억 명에 이르는 20여 개의 거대도시 밀집지대로 재편되는 과정을 겪고 있다.* 2030년이 되면 도쿄에 이어 세계에서 두 번째로 큰 도시는 중국에 있는 도시가 아니라 필리핀의 마닐라가 될 것으로 예상하고 있다.

인구가 더 적기는 하지만, 미국의 신흥도시 밀집지대도 일본과 중국의 도시 밀집지대만큼 중요하다. 보스턴에서 뉴욕을 거쳐 워싱턴에 이르는 동부 해안의 도시 밀집지대는 미국 학문의 중심지, 금융 중심지, 정치적 수도를 포함하고 있다(이 지역이 유일하게 갖추지 못한 것은 각 도시를 연결하는 고속철도이다). 샌프란시스코에서 새너제이San Jose에 이르는 실리콘밸리는 280번 고속도로와 101번 국도 사이에 길게 펼쳐진 지역으로, 6천 개 이상의 기술기업들이 몰려 있다. 실리콘밸리 지역의 기업들은 미국 전체 GDP에서 2천억 달러 이상을 차지하고 있다. 샌프란시스코, 로스앤젤레스, 샌디에이고를 연결하는 고속철도가 있다면, 캘리포니아의 서해안은 동부 연안과 맞먹는 서부의 도시 밀집지대가 될 것이다. 엘론 머스크Elon Musk의 테슬라Tesla는 이 구간에 초고속 하이퍼루프hyperloop** 터널공사를 제안했다. 미국 남부에서 가장 큰 댈러스-포트워스Dallas-Fort Worth 거대도시 밀집지역에는 엑손Exxon, AT&T, 미국항공과 같은 거대 기업들이 위치하고 있다. 남부 도시 밀집지역의 경제 규모는 남아프리카공화국보다 크다. 그리고 이 지역에는 텍사스 중앙철도와 고속철도 사업자인 일본 중앙철도가 2014년에 제안한 계획에 따라 석유산업의 중심지인 휴스턴까

---

* 이런 거대도시 밀집지대 가운데 하나는 충칭, 청두(成都) 그리고 쓰촨(四川) 성의 13개의 도시를 포함하고 있는 촨위(川渝) 지역이다. 환보하이권(Bohai Rim)으로 알려진 베이징 주변의 거대도시 밀집지대는 베이징, 텐진(天津) 그리고 허베이(河北) 성의 다른 도시들을 포함하고 있다. 양쯔 강 삼각주 지역은 상하이(上海), 난징(南京), 항저우(杭州), 쑤저우(蘇州) 그리고 다른 도시들을 포함하고 있는데, 인구가 8천8백만 명에 달한다.

** 미국의 전기차 회사 테슬라모터스와 스페이스X의 창업자인 엘론 머스크가 2013년에 제안한 진공튜브 터널 속으로 운행하는 캡슐형 초고속 열차 시스템 — 옮긴이

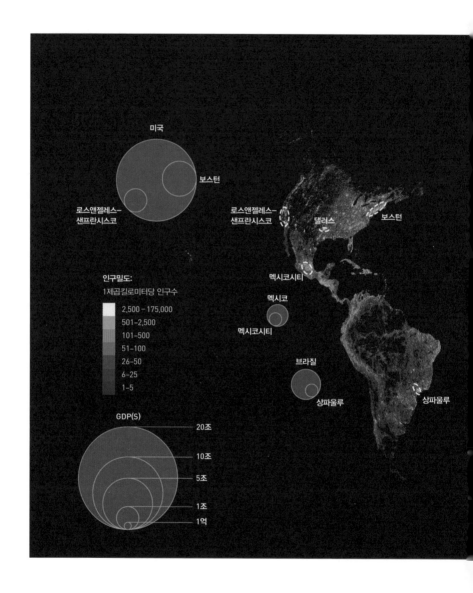

지 연결하는 트랜스 텍사스 코리더^{Trans Texas Corridor} 고속철도가 건설되고
있다(실제로는 시속 120킬로미터로 달리는 열차이다).

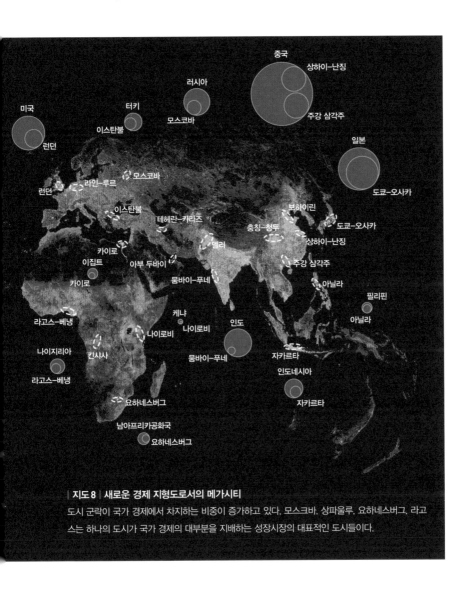

| 지도 8 | **새로운 경제 지형도로서의 메가시티**
도시 군락이 국가 경제에서 차지하는 비중이 증가하고 있다. 모스크바, 상파울루, 요하네스버그, 라고 스는 하나의 도시가 국가 경제의 대부분을 지배하는 성장시장의 대표적인 도시들이다.

사람, 부, 재능이 글로벌 도시로 집중되면서 글로벌 도시들은 세계의 구심점으로서 국가보다 더 중요한 역할을 하고 있다. 오늘날 도시들은 크기가 아니라 글로벌 네트워크에서의 영향력으로 평가받는다. 글로벌 도시들에는 금융과 기술, 다양성과 활기, 점점 더 증가하는 상대 도시들과의 완벽한 연결성이 중요하다. 크리스토퍼 체이스던의 주장처럼, 글로벌 도시의 지위를 부여하는 것은 인구나 면적이 아니라 경제적 비중, 성장 지역과의 인접성, 정치적 안정성, 외국 자본을 끌어들이는 매력이다. 다시 말해 연결성은 규모, 심지어 주권보다 더 중요하다는 것이다. 뉴욕, 두바이, 홍콩은 국가의 수도가 아니다. 하지만 이 도시들을 거쳐가는 상품, 서비스, 자본의 흐름을 기준으로 하면 세계 상위 5대 도시에 속한다.

도시의 인구 규모와 경제적 중요성은 정책 결정 과정에서 더 큰 영향력과 더 많은 자율권을 허용해주고 다른 도시들과의 직접적인 외교를 가능하게 한다(이런 도시들 사이의 외교를 디플로머시티diplomacity라고 부른다). 사스키아 사센은 잘 연결된 거대도시들은 정치적 지도에 표시된 국가뿐만 아니라 글로벌 네트워크에도 속한다고 주장한다. 글로벌 네트워크 속에서 도시들은 분리된 서킷*의 부품들이다. 세계 네트워크와 더 연결되어 있을수록 도시들은 세계적인 추세에 따라 자원을 재배분하고 기반시설을 재편하기 때문에 도시의 복원력도 그만큼 커진다. 오늘날 세계에서 가장 부유한 20개 도시들은 자본, 인재, 서비스에 의해 움직이는 슈퍼서킷super-circuit을 구축했다. 세계 대기업의 75퍼센트 이상이 슈퍼서킷에 속한 20개 도시에 본사를 두고 있고, 기업들은 도시의 확장과 도시 사이의 네트워크를 확장하는 데 더 많은 자금을 투자하고 있다. 실제로 세계적

---

* 사스키아 사센에 따르면, 서킷은 세계화에 따라 빠르게 증식하는 일단의 네트워크를 지칭한다. 제1장 '공급망 세계' 부분 참조 — 옮긴이

인 도시들은 포뮬러 원$^{Fomula One}$ 경주 팀처럼 그들만의 연합을 만들고 같은 경기장에서 경쟁하면서 세계 곳곳에서 인재들을 유치하고 도시에 투자할 자본을 끌어들이고 있다.

지역의 부와 인재를 끌어들이는 자석으로서 신흥국가 도시들의 성장은 세계 경제 활동의 중심을 이동시키는 데 가장 중요한 역할을 했다. 매킨지글로벌연구소는 지금부터 2025년까지 세계 성장의 3분의 1은 서구의 핵심도시와 신흥시장의 거대도시에서 나오고, 또 다른 3분의 1은 신흥시장의 인구가 많은 중간 규모 도시에서 그리고 나머지 3분의 1은 개발도상국의 중소도시와 농촌 지역에서 나올 것이라고 주장한다. 중국과 인도에서는 2군이나 3군 도시의 상품 가격이 훨씬 더 저렴하기 때문에, 소비 증가의 기준선으로 추정되는 1인당 GDP 8천 달러(구매력 평가 기준)에 도달하기 훨씬 전에 이미 수억 명의 소비자들이 존재한다. 기업들이 성장률이 높은 도시들을 주요 공략 목표로 정하고 투자자들이 도시 가구의 채무를 국가 경제 건전성의 핵심 요인으로 간주하는 것도 놀라운 일이 아니다.

오늘날 세계에는 성장 잠재력이 있는 국가들보다 기능적인 도시들이 훨씬 더 많다. 실제로 도시보다 힘이 약한 국가들에서 기능적인 도시들은 통치와 질서 측면에서 고립된 섬인 경우가 많다. 이런 도시들은 중립적 관계를 유지하면서 주변 국가들로부터 이득을 얻어낸다. 나이지리아의 라고스^{Lagos}, 파키스탄의 카라치^{Karachi}, 인도의 뭄바이가 여기에 해당한다. 이런 도시들은 중앙정부의 간섭이 적으면 적을수록 더 좋다고 생각한다. 특히 국가의 수도가 영토 전체에 대한 통치권을 행사하기 위해 브라질리아^{Brasilia}와 아부자^{Abuja}처럼 중심 지역에 위치했을 경우, 세계 경

● 유네스코 글로벌 학습도시 네트워크
● 선도적 스마트시티
● 유엔 HABITAT 더 안전한 도시 글로벌 네트워크
● C40 도시 기후 리더십 그룹
● 록펠러 재단의 1백 개 재난 회복력 도시

| 지도 9 | **도시외교의 증가와 함께 번창하는 도시 연결망**
온실가스 배출 감소, 환경과 감지기술의 통합, 공공안전 강화, 자연재해에 대한 사회의 복원력 증대 분야에서 교훈을 공유하는 도시들 사이에 학습 네트워크가 급속하게 증가하고 있다. 현재는 국제기구의 수보다 도시 간의 학습 네트워크가 훨씬 많다.

제가 인구가 많고 연결성이 좋은 해안 도시들에 특혜를 주면서 내륙 수도는 스스로를 소외시키는 결과를 낳았다.

물론 도시와 국가 간의 상호 의존 관계를 영토, 인구, 경제, 환경 또는 사회적 측면에서 분리하는 것은 불가능하지는 않지만 매우 어렵다. 내가 말하고자 하는 핵심은 이것이 아니다. 전 세계적으로 도시의 지도자들과 중요한 기업들은 특별경제구역을 설립하고 시민들이 일자리를 얻고 그 혜택이 국가가 아니라 도시 지역에 축적되도록 투자자들을 직접 끌어들인다. 이것이 도시가 원하는 주권이다. 이런 목적을 달성하기 위해 도시의 교통체증을 피하고 좀 더 효율적으로 세계 공급망과 시장에 연결되는 완전히 새로운 지역이 공항 주변에 들어선다(이런 도시는 에어로트로폴리스aerotropolise라고 불리기도 한다). 시카고의 오헤어O'Hare 공항과 워싱턴 – 덜레스Washington-Dulles 공항, 서울의 인천 공항은 연결의 내재적인 가치를 잘 보여주고 가장 빠르게 성장하는 경제 지대가 되었다. 공항은 본사를 에어로트로폴리스로 이전하는 기업들에게 세계 시장으로 향하는 관문이다. 이와 동시에 인접 도시는 규모가 아무리 커도 또 다른 판매 시장일 뿐이다.

연합

더 많은 도시들이 각 지역의 다른 중요한 중심지와 연결될수록 더 많은 지역들이 집단세력으로 변한다. 미국국가정보위원회의 『글로벌 트렌드 2030』 보고서에 따르면, 거대도시와 지역단체들은 ─ 유럽연합, 북미동맹, 중화권 등 ─ 점점 더 큰 영향력을 갖게 되는 반면, 정부와 세계적인 다자기구들은 급속한 권력의 분산을 따라잡으려고 노력하게 될 것이다.[?] 따라서 지역적 연합이 멀리 떨어진 중앙집권적 국제기구보다 집단행동을 조직하고 능력을 공유하는 더 현실적인 방법이다. 유럽연합이 3천억 달러의 기금을 통해 기반시설 업그레이드, 인적자본 육성, 디지털 전환 그리고 다른 분야를 지원한 것처럼, 지역연합은 뒤떨어진 회원국의 현대화를 도와준다. 유럽연합 회원국이 되는 것은 이런 국가들을 투자 적격으로 만들어주고 분명하고 신뢰할 수 있는 법을 제공함으로써 세계 공급망에 더 가까워지도록 만든다. 이런 현상이 아세안의 경제공동체^{ASEAN} Economic Community와 범아시아경제동반자협정을 통해 이루어지고 있다. 아세안이나 범아시아경제동반자협정 국가들은 각국의 비교우위를 보호하고 고용을 증대하기 위해 자신들에 맞는 속도로 경제를 개방하고 있다. 오늘날 세계의 각 지역에서 진행되고 있는 기반시설 통합과 시장 통합은 국가보다 더 중요한 세계 질서의 구성요소가 되고 있다. 더욱 중요한 것은 근동과 중앙아시아처럼 국가들을 집단적 기능 지역^{functional zones}으로 결합시키지 못하고 있는 지역에는 일반적으로 가장 실패한 국가들이 있다는 사실이다.

거대 지역^{Mega regions}은 하나로 연합된 지역이 아니라 소위 학자들이 말하는 '혼성제국^{composite empire}'이다. 즉, 공식적이고 제도화된 것이 아니라 비공식적이고 거래에 의한 연합이다. 혼성제국은 명목상으로 중앙정부의 권위를 인정하지만, 대부분의 지역에서 상당한 자치권을 인정받고 있다. 로마, 비잔틴, 오스만 제국은 지리적으로 방대하고 군사적으로 지배력을 행사했으며 경제적으로 부유했다. 그러나 매우 불평등한 국가였고 정치적으로 분권화되었으며 문화적으로는 분열되어 있었다. 약한 지역주의조차 제국주의를 무너트리는 중요한 수단이 된다. 1차 세계대전 발발 하루 전에 발생한 것처럼 전쟁 발발의 한 원인이 대리 적대관계를 둘러싼 불확실성이라면, 외부의 교묘한 조종에 대응하는 강력한 지역적 집단화는 환영받을 만한 현상이다.

이런 지역연합은 하버드 대학의 새뮤얼 헌팅턴^{Samuel Huntington} 교수가 『문명의 충돌^{The Clash of Civilization and the Remaking of World Order}』에서 설명한 문화적

지역사회^{cultural communities}보다 더 크고 더 응집력이 있으며 더 강력하다. 가톨릭 신자들은 로마를 존경하고, 러시아정교회 신도들은 모스크바를 정신적 지주로 생각한다. 하지만 이들 모두가 통일된 지정학적 대리인으로 행동하지는 않는다. 급진세력들이 이슬람의 이름으로 더 많은 폭력 사태를 유발할수록 이슬람 세계는 그만큼 더 분열된다. 중동 지역에서 아이시스가 점령한 지역과 수니파 정권에 대한 그들의 공격이 좋은 사례이다. 이슬람 내부의 국경이 이웃 국가와의 국경보다 훨씬 더 폭력적이다.

지역연합보다는 경제적으로 통합된 광역권의 실현이 훨씬 더 설득력이 있다. 북미동맹은 서구와 남미의 문화적 국경에 걸쳐 있다. 유럽연합은 아랍의 일부와 동방정교, 터키 문화권을 포함하고 있다. 점점 확대되는 중국의 영향력은 동남아시아의 토착문화 속으로 깊이 확산되고 있고 고대 일본과 한국 문화에 침투해 있을 뿐만 아니라 동방 정교회와 터키 문화권에도 영향력을 미치고 있다. 페르낭 브로델^{Fernand Braudel}은 그의 역작 『지중해의 기억^{Les-Memories de la Mediterranee}』에서 대지중해권^{Greater Mediterranean}은 바다로 분리된 것이 아니라 지중해를 중심으로 통일되어 있다고 주장했다. 레바논의 베이루트에서 수니교도나 트리폴리 출신의 상인을 만나본 사람은 이들이 이슬람보다 페니키아의 역사와 지중해 문화에 더 친숙한 사람들이라는 사실을 발견하게 될 것이다. 문명은 충돌하는 것이 아니라 훨씬 더 깊이 연결되어 있다.

지역사회

개인의 정체성과 충성심이 어떻게 지리를 초월하는지를 이해하는 것도 매우 중요하다. 가장 좋은 사례가 바로 디아스포라^{diaspora*}이다. 역사적으로 볼 때 해외 거주자들과 고국과의 관계는 단순한 양방향 도로이다. 다시 말해 고국에서부터 멀리 떨어진 해외 거주지로 문화가 전파되는 반면 해외 거주지에서 고국으로는 돈이 전송된다. 2014년 한 해 해외 거주자들이 고국으로 송금한 자금은 자그마치 5,830억 달러에 달한다. 이런 막대한 송금 규모는 해외 거주자들이나 이들의 지역사회가 조국에서 얼마나 강력한 변화의 동인이 될 수 있는지를 대변해준다. 하지만 오늘날 해외에 있는 소수민족들의 집단 거주지는 금융, 통신, 수십 개의 국가와 정치적 네트워크가 다양한 방향으로 작용하는 영구적인 흐름이다. 중국인은 중국에만 있지 않고 인도 사람들도 인도에만 거주하지 않는다. 또한 브라질 사람도 브라질에만 속하지 않는다.

디아스포라의 네트워크 지도는 그것이 어떤 힘의 승수효과를 가지고 있는지를 알려준다. 미국, 중동, 동아프리카, 동남아시아에서 인도인 디아스포라는 인도 정부의 지시가 없어도 과거 영국의 식민지 지역의 부동산, 학교, 공장, 금광에 대한 자금을 지원하는 상업적 영역에서 번창하고 있다. 각국의 정부들은 자국민의 디아스포라와의 연계를 충성도가 높은 장기자본의 원천으로 활용하고 있다. 인도, 이스라엘, 필리핀 정부는 똑똑한 해외 거주자들에게 특별히 정해진 프로젝트에 대한 투자나 투명한 자금 추적이 가능한 공공기반시설채권 같은 금융상품을 제안하고 있다. 동시에 과거 수십 년 동안 교육을 위해 해외로 이주해서 돌아오지 않고 있는 해외 거주자들이 고국의 생활수준이 향상됨에 따라 되돌아오는 사

---

* 본토를 떠나 외부에서 규범과 관습을 유지하며 살아가는 민족 집단 또는 그들의 거주지 — 옮긴이

례가 크게 증가하고 있다. 해외 거주자들의 귀국으로 고급 인재들도 함께 유입되고 있다. 고국에 정착한 해외 거주자들은 고국의 더 경직된 사회와 전통적인 권력구조에 서구의 아이디어를 도입하기 때문에 혁신의 촉매제 역할을 한다. 실제로 고국에 돌아온 해외 거주자들은 수많은 국가에서 중요한 정치적 역할을 하고 있다.

　5천만 명 이상이 거주하고 있는 아시아와 오세아니아의 화교 지역사회는 독자적인 구심점이 되고 있다. 덩샤오핑鄧小平은 1980년대에 대만, 홍콩, 말레이시아, 태국의 화교 기업가들로부터 초창기 중국의 특별경제구역에 대한 투자자금을 지원받았다. 중국 정부가 4천만 명의 회원 가운데 일부에게 이중국적을 제안한다면, 더 많은 화교들과 새로운 고급 인재가 몰려들고 이로 인해 인구 고령화 문제를 해결할 수 있을지도 모른다. 국공내전國共內戰과 해외 망명 이후 지금까지 여러 세대가 지난 화교들은 아직도 종종 고국의 정치 체제에 대해 분개하고 있다. 하지만 이들은 여전히 중국 문명의 세계화를 위한 중요한 접속점으로 활동하고 있다.

　영토가 아니라 생각을 공유하고 있는 해외 거주자들의 지역사회는 수직적 권위에서 수평적 권위로 변화하는 세계를 보여주는 전조이다. 해외 거주자들의 지역사회는 민족국가가 아니라 '관계국가relational states'이다. 이들의 물리적 발자취나 공동체에 속한 회원 숫자도 가상세계와 현실세계에 걸쳐 활동하는 능력만큼 중요하지 않다. 1990년대에 인터넷의 중요성이 커지면서, 사회학자인 마누엘 카스텔Manuel Castells은 공간을 '장소의 공간space of places'과 '흐름의 공간space of flows'으로 구별했다.[10] 오늘날 이 두 공간은 과거에 없던 방식으로 서로 섞여 있다. 인구의 흐름과 기술의 흐름이 만나는 교차점은 페이스북의 그룹과 다른 가상 공동체들이 더 빠르게 그리고 세계적으로 더 많이 등장할 수 있는 새로운 기회를 창출한다. 그리고 국가를 초월하는 정치적 개념들을 발전시키도록 만드는 플래시몹flash mob*을 만들어낸다. 소셜네트워크는 구성원에게 동기를 부여하고 활동자금을 지원하며 정치적 행동을 유발함으로써 사람들에게 복지정책을 만들어가는 도구를 제공하고 있다. 위키리크스의 설립자인 줄리언 어산지Julian Assange는 인터넷을 통해 연결된 단체들이 능력 있는 집단으로 성장해 그들의 원칙에 따라 행동할 수 있게 되었다고 주장했다. 이에 따라 영향력 있는 행위자들의 분류 목록에는 테러조직, 해커단체 그리고 어디에 있는지가 아니라 무슨 일을 하는지로 자신들을 정의하는 종교적 근본주의 단체들까지 포함되어 있다.

세계적 연결성은 점차적으로 국가의 근간을 약화시키고 초국가적 연대와 정체성을 통해 국가 기반을 대체하고 있다. 사람들이 국가가 아니라 도시와 세계 공급망에 충성하고, 시민권보다 신용카드와 전자화폐를 더 가치 있게 생각하며, 국가보다 가상공간의 공동체를 추구하는 세계를 상상해보라. 미국 해군대학원의 새로운 전쟁 패턴 전문가인 존 아퀼라John Arquilla 교수는 현재 이런 네트워크들이 과거에 민족국가가 제국과 대결을 펼쳤던 것처럼 국가와 전쟁을 벌이고 있다고 주장했다. 이들은 설득력 있는 화법으로 힘을 모으고 기술을 활용해 단결력을 높인다. 마이크로블로그micro blog는 단순한 의사소통의 도구가 아니라 정부의 명령과 국가 정체성에 도전하는 가상 공동체의 씨앗이다.

---

* 미리 정한 장소에 모여 아주 짧은 시간 동안 약속한 행동을 한 후 바로 흩어지는 불특정 다수의 군중 행위 ─ 옮긴이

기업

막강한 거대 기업들도 공급망 세계에서 독자적 자율권을 가진 참가자로 변하고 있다. 냉전시대의 다국적 기업들은 자국 시장에 기반을 두고 있었지만, 오늘날에는 점점 더 많은 기업들이 국경을 초월해 하나의 시장, 투자자, 본부 또는 종업원들의 위치에 대한 과도한 의존을 피하고 있다. 세계 금융위기 이후에 생겨난 대규모 기업 구제와 새로운 금융 규제들은 월가에서 지배권을 확보하려는 의도였다. 하지만 금융안정위원회Financial Stability Board가 기업 규모와 위험노출 정도를 기준으로 발행하는 체계적으로 가장 건전한 금융기관 목록에 따르면, 30개 이상의 은행이 각각 5백억 달러 이상의 자산을 확보하고 있는 것으로 조사되었다. 이는 전 세계 국가의 3분의 2를 합친 것보다 더 많은 금융자산을 가지고 있다는 의미이다. 영업이 축소되고 면밀한 감시 아래에 있지만, 거대 은행들은 해외 합병과 조세 차익을 통해 조직을 재편하고 있다. HSBC 은행은 본사를 런던에서 홍콩으로 이전하는 문제를 고려했다. 원자재 분야의 글렌코어 엑스트라타Glencore Xstrata, 물류 분야의 DHL, 경영정보 서비스 기업인 액센추어Accenture, 민간군수 서비스 기업인 아카데미Academi는 상장기업으로 주식이 거래되고 있지만, 기업을 분할해 전 세계 현지 기업들과 합작회사를 설립했다. 이런 기업들은 국가를 복종해야 할 주인이 아니라 관할권을 가진 협상 대상으로 보고 있다.

세계의 연결성이 높아질수록 더 많은 기업들이 연결의 활용을 통해 경쟁력을 강화할 수 있다. 실리콘밸리의 기술기업조차 클라우드cloud 서비스를 통해 점점 더 많은 상품을 만들고 심지어 자금도 보관하고 있다. 애플이 전 세계 주식시장에서 보유하고 있는 2천억 달러의 현금 유동성도

다 GDP가 더 큰 국가들은 5개가 안 된다. 이는 애플이 상당수 국가들의 부채를 제외한 총생산을 살 수 있다는 의미이다. 10억 명의 사람들에게 20억 개의 상품을 판매한 애플은 대부분의 국가들보다 돈이 더 많을 뿐만 아니라 더 많은 사람들과 생각을 공유하고 있다.

공급망, 독립적인 도시, 국경이 없는 가상 지역사회, 정부보다 더 영향력이 큰 기업들은 다원화된 새로운 세계 체제를 향한 변화의 증거들이다. 우리의 연결 지도에 나타난 세계적 권위를 가진 집단들은 빠르게 성장하고 있다. 이런 변화는 끊임없이 변하는 세계에서 연결의 지도가 결코 완성되지 않는다는 사실을 상기시켜주고 있다.

디플로머시에서 디플로머시티로

학자들은 세계의 연결관계에 대한 지도를 연구하기 시작했을 때 도시로부터 출발했다. 역사가인 피터 스퍼포드Peter Spufford는 13세기와 14세기의 유럽 도시화는 국제교역에 종사하는 상인들을 위한 보험과 신용거래의 증가를 통해 자본주의의 확장을 견인했다고 지적했다. 유럽의 상업혁명도 대륙의 핵심도시 시장과 콘스탄티노플과 인도의 캘리컷Calicut 같은 아시아의 교역 중심지를 연결시켜주었다. 도시들이 더 활발하게 국제협력을 할 수 있는 이유가 세계화로 인해 국경이 축소되었기 때문인 것은 분명하다.

오늘날 도시 활동의 영향력은 수십 배 더 크다. 뉴욕 시가 1953년에 최초로 해외활동을 위한 사무소를 설립한 이후 2백 개 이상의 미국의 주와 도시들이 전 세계에 해외사무소를 개설했다. 매사추세츠 주는 1983년에 처음으로 중국의 광둥廣東 성과 국제협약을 체결했고, 이후 국제교역투자사무소를 통해 30개 이상의 국가들과 직접적인 협력관계를 맺었다. 상파울루나 두바이 같은 국가의 수도가 아닌 도시들도 국제 교류를 위한 사무소를 운영하고 있고, 미국, 영국, 독일 등 여러 국가들과 공식적인 자매관계를 유지하고 있다. 미국 버지니아 주 페어팩스fairfax 카운티의 경제개발국은 워싱턴 외곽지역에 기업들을 유치하기 위해 방갈로르, 서울, 텔아비브에 사무실을 두고 있다.

어떤 제국도 세계에 대한 직접적 접근의 혜택을 대체할 만큼 그렇게 광활하지 않다. 사회주의 국가인 중국의 도시들도 지정학적 관계에 대한 고려를 하지 않고 경쟁력을 기반으로 국제경제관계를 적극적으로 추진하고 있다. 쓰촨 성의 가장 큰 교역 상대국들의—미국, 유럽, 아세안—연간 교역 규모는 각각 1백억 달러에 달한다. 이 때문에 쓰촨 성은 가능한 한 각각의 교역 상대국과 현재의 연결 관계를 유지하고 싶어 한다. 이 같은 도시들의 상업 외교는 정치적 세계가 아니라 기능적 세계functional world로의 대대적인 전환을 대표하는 것이다.

런던 등 국가의 수도들도 독립적인 주처럼 행동한다. 존 국왕은 13세기 초에 잉글랜드의 통일을 유지하기 위해 약 2.7제곱킬로미터에 해당하는 현재의 런던시지자체City of London Corporation 지역에 대한 특별한 권리를 보존하는 조항을 대헌장Magna Carta에 포함시키는 것에 동의했다. 오늘날에는 2만 4천 개의 기업들이 그들의 경영자와 시장을 선출한다. 이들은 영국 외무부와 런던 시장의 전폭적인 지원 아래 각종 금융협정을 체결하기 위해 브라질에서부터 중국에 이르기까지 세계 곳곳을 사업가처럼 여행한다. 무식한 유권자들로부터 표를 얻기 위해 반反 유럽연합 구호를 외치는 영국의 대중영합 정치인들과 달리, 런던 시의 지도자들은 런던의 경제가 생존하고 영국의 나머지 지역에 대한 재정적인 보증을 하기 위해 유럽연합과의 교역과 투자가 필요하다는 사실을 너무도 잘 알고 있다.

지금 역사상 그 어느 때보다 많은 전직 시장들이 국가의 최고 지도자로 일하는 것에도 다 이유가 있다. 기후 변화와 같은 큰 문제에 관해 도시가 정부보다 더 많은 일을 하고 있다. 세계 40대 도시들은 정부 간 협상을 우회하는 자체 온실가스 감축 계획을 발표했다. 중국의 시장들과 관리들은 도시의 경쟁력 확보를 위해 혁신과 거주 편의성을 결합하는 방법을 배우려고 코펜하겐, 도쿄, 싱가포르로 출장을 간다. 실제로 오늘날 중국에 대한 유럽 외교의 본질은 중요한 도시들의 기업협회 사이의 직접적인 교류와 중국의 효율성과 지속 발전 가능성을 증대시키는 상업적 기술 분야에서의 교역이다. 관리들은 세계가 인정하는 지속 가능한 도시화 방법을 배우기 위해 유엔총회가 아니라 싱가포르에서 열리는 세계도시정상회의World City Summit나 바르셀로나의 세계 스마트시티 박람회Smart City World Congress 에 참석하거나 세계 수백 개 도시의 전문가와 활동가, 관리자들이 정보를 공유하는 온라인 포털에 접속한다. '디플로머시티(도시외교)'는 세계지방자치단체연합United Cities and Local Governments과 전 세계의 국제기구 수보다 더 많은 2백여 개의 도시간학습네트워크intercity learning networks 같은 다양한 조직에 이미 내재되어 있다.[11] 도시들이 주권보다 연결에 근거해 스스로를 정의하기 때문에, 우리는 국가들의 관계보다 도시 사이의 관계에서 나타나는 국제사회를 예상할 수 있다.

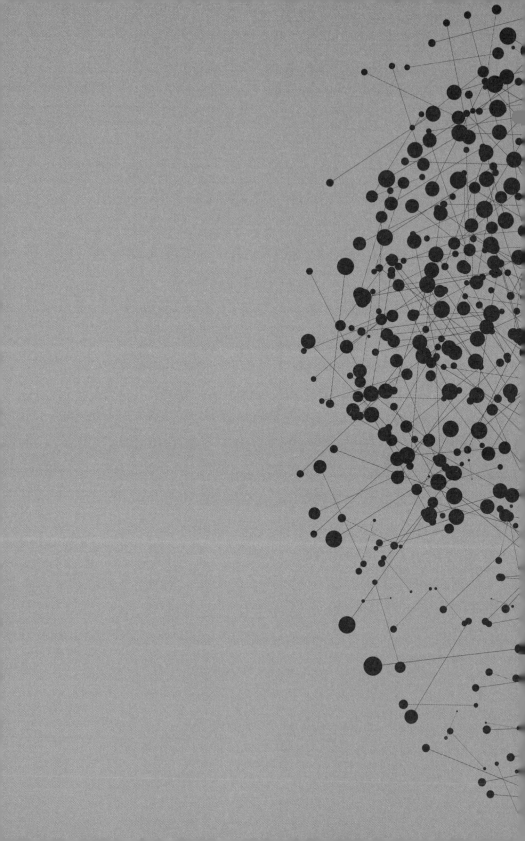

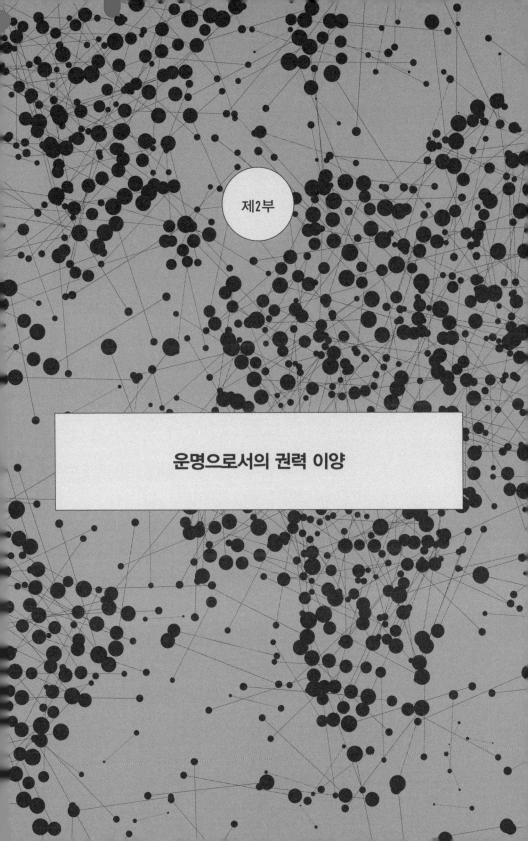

제2부

운명으로서의 권력 이양

거대한 권력 이양

그것은 열역학 제2의 법칙이다. 곧 모든 것이 쓸모없는 것으로 바뀐다. 이것은 브리태니커 백과사전이 아니라 나의 말이다.
— 샐리, 우디 앨런의 「남편과 아내Husbands and Wives」, 1992

부족이 승리한다

우리를 연결의 세계로 이끌고 가는 가장 강력한 정치적 추진력은 정확히 반대 방향을 향하고 있는 권력 이양devolution이다. 권력 이양은 제국에서 국가로, 국가에서 주로, 주에서 도시로 더 작고 더 많은 권력 단위로 향하는 지속적인 영토의 세분화이다. 중앙정부에서 지역으로의 권력 이양은 각각의 영역을 통제하려는 부족적이고 지역적이며 편협한 욕구의 궁극적인 표현이다. 영역에 대한 통제 욕구가 우리를 연결의 운명으로 이끄는 것도 이 때문이다.

권력 이양은 모든 체제는 최대 엔트로피entropy를 향해 움직이는 경향
이 있다는 열역학 제2법칙을 지정학적으로 구현하는 것이다. 지난 수 세
기 동안 대규모의 권력 이양이 진행되었다. 영국으로부터 미국의 독립은
유럽 제국주의의 붕괴를 보여주는 중요한 이정표였다. 미국의 독립 이
후 멕시코에서 콜롬비아에 이르기까지 남미의 중요한 국가들이 스페인
으로부터 독립하기 시작했다. 정복 전쟁은 역사적으로 더 큰 제국주의
사회를 만들었지만, 2차 세계대전 이후 시작된 탈식민지화는 아프리카
와 아시아 지역에서 독립과 분리 전쟁으로 이어졌다. 20세기의 최대 권
력 이양인 소비에트 연방의 붕괴는 10여 개의 국가를 탄생시켰다. 대부
분의 서양인은 1991년 이전에는 이런 국가들의 존재를 알지 못했다. 권
력 이양의 확산으로 인해 유엔 회원국은 1945년에 50개 국가에서 현재
는 약 2백 개로 늘었다. 21세기 중반이 되면 유엔 회원국은 250개 국가
로 증가할 수도 있다. 정치학에서 운명이라는 것이 있다면, 그것은 아마
도 민주주의가 아니라 권력 이양일 것이다.

　　국제관계는 주권에 대한 외부 위협에 집착하고 있지만, 주권은 내부로
부터 와해되고 있다. 실제로 주와 도시들의 권력 증대와 연결성의 확대
는 20세기의 탈식민지화 운동만큼 21세기의 권력 이양을 촉진시키고 있
다. 권력 이양은 자본주의와 시장의 확산, 교통과 통신의 확대, 정보에
대한 보편적 접근, 자치를 요구하는 대중운동의 증가와 같은 돌이킬 수
없는 추세에 토대를 두고 있다. 도시들은 세계와의 관계를 통제하는 국
가의 수도를 더 이상 필요로 하지 않게 되었다. 모든 도시들이 투자 유치
를 위해 경쟁할 수 있고, 중앙정부도 돈이 어떻게 사용되는지에 대한 정
보를 더 이상 통제하지 않는다. 권력 이양의 시험대는 주권이 아니라 권

한이고 법적인 독립이 아니라 자신의 이익을 추구하는 자치권이다. 시장이든 반군이든 국가적 지위라는 강요된 감옥을 우회할 수 있는 방법들은 많다. 따라서 주권 국가를 나타낸 지도는 상대적으로 자치권을 가지고 있는 훨씬 더 모호한 수백 개의 자치단체들의 현실을 외면하고 있다.[1]

지난 2세기에 걸친 국가 건설 노력은 다양한 인종과 언어를 가졌지만 문화적으로 유사한 사람들을 하나로 통합하는 데 실패했다. 이탈리아가 1861년에 통일되었을 때 국민의 10퍼센트만이 이탈리아어를 사용했다(이탈리아의 제1대 왕인 빅토르 엠마누엘 2세는 프랑스어의 방언을 사용했다). 20세기 중반에 스페인의 독재자 프란시스코 프랑코는 언어를 통해 하나의 국민적 특성을 만들려고 노력했다. 하지만 소수집단을 강제로 통합하는 이런 '강압적인 동질화(하버드 대학의 경제학자인 알베르토 알레시나Alberto Alesina가 말했듯이)'는 필연적으로 부작용을 유발시킨다.[2] 스코틀랜드, 바스크, 카탈루냐, 베네치아의 경우, 골리앗과의 오랜 전투에서 다윗이 승리하고 있다.

중동에서 발생하는 주요 뉴스들은 이미 3세대 전에 끝난 식민주의가 무리하게 정한 국경을 바로잡기 위해 힘든 노력을 하고 있다는 사실을 상기시켜준다. 이라크와 시리아에서 숨진 수십만 명에게 하나의 희망이 있다면, 그들이 세계사에서 정치적 국경을 놓고 전쟁을 벌였던 중요한 시대의 마지막을 대변한다는 것이다. 실제로 권력 이양은 전통적인 국가 간의 전쟁을 서서히 소멸시킨 중요한 원인이었다. 2차 세계대전 이후 탈식민지화를 통해 독립 국가들의 수가 배로 증가했지만 국제 분쟁이 감소한 것은 우연이 아니다. 식민지 시대가 끝났는데 반식민지 전쟁을 할 이유가 있을까? 냉전시대 이후 중요한 국제 분쟁은 거의 제로 수준으로 감소했다. 대부분의 국경 분쟁들은 해결되었거나 아니면 교착상태에 빠졌고, 남아 있는 소수의 분쟁들은 전략적 지형에 관련된 것이다. 따라서 다민족 간의 조화 유지라는 헛된 희망으로 인한 추가적 인명 손실을 방지하는 훨씬 더 실용적인 방법은 부족의 독립이다. 합의는 회유와 다르다. 그보다는 국가 건설이라는 내부적인 우선과제가 지도상에서 적대적 국경의 긴장감을 대체할 수 있는 길을 열어준다. 새로 탄생한 힘없는 국가들은 내치를 안정화시키는 동안에는 국제 분쟁을 일으킬 여력이 거의 없다.[3] 동시에 집중적인 외교와 평화 유지 노력은 중앙아메리카, 발칸 지역, 아프리카의 경우처럼 분쟁을 억제하고 국경을 안정화시킬 수 있다. 각 부족에게 그들만의 국가를 허용하는 것은 국제 평화로 가는 가장 확실한 방법이다.

권력 이양은 세계의 안정에서 민주주의보다 더 중요한 요인으로 입증되고 있다. 민주주의는 선거를 가장 중요하게 생각하는 반면, 권력 이양은 정치적 안정을 위한 국경을 만들어준다. 정치적 안정이 없다면, 권력 이양은 이란의 경우처럼 양극화된 민족 정치와 갈등의 재발로 이어질 수 있다. 우리는 사회를 민주화시키려는 성급한 생각에 사로잡혀 가장 먼저 올바른 국가 조직을 수립해야 한다는 사실을 잊고 있었다. 민주화의 성과는 권력 이양을 촉진한다. 민주화는 사람들에게 불만을 표현하고 더 많은 자치를 요구할 수 있는 기회를 주었다. 보스니아헤르체고비나와 우크라이나, 나이지리아와 수단, 인도와 파키스탄의 경우처럼 독립을 원하거나 이웃 국가에 합류하고 싶은 사람들이 살고 있는 지역을 계속 자국 영토로 유지하려는 노력은 엄청난 스트레스를 유발시킨다. 이들 국가는 국가의 선거, 지역의 국민투표, 다른 정치적 전략들 때문에 권력 이양의 압력에 굴복하고 있다. 우크라이나에서 권력 이양은 중앙정부가 러시아의 지원을 받는 동부 지역의 분리주의자들을 국가라는 테두리 안에 묶어 둘 수 있는 유일한 무기이다.

남수단처럼 작은 신생국가들은 치안 안정에 집중하기 때문에 권력 이양이 즉각적으로 민주주의로 이어지지 않을 수도 있다. 하지만 권력 이양은 우리에게 숲보다는 나무를 보아야 한다는 사실을 상기시켜준다. 예일 대학교의 제임스 스콧James Scott 교수의 지적처럼, 권력 이양은 지역의 정서를 무시하고 부당하게 국가적 선호를 강요하는 국가의 성향을 변화시킨다. 따라서 권력 이양은 적어도 민주주의만큼 권력 남용에 대한 중요한 견제 수단이다.

나이지리아, 수단, 시리아, 이라크에서 매년 30만 명의 목숨을 빼앗아가는 내전을 중단시키기 위해 권력 이양은 그 어느 때보다도 중요하다. 존 키건John Keegan 같은 전쟁인류학자는 갈등이 인간 본성에 내재된 사회적 활동이라는 사실을 상기시켜준다. 약 1백 년 전의 1차 세계대전에서 사망자의 10퍼센트는 민간인이었다. 하지만 냉전시대 이후 분쟁이나 전쟁에 의한 사망자의 90퍼센트가 민간인이었고 단 10퍼센트만이 전쟁터에서 사망한 사람들이었다.[4] 더구나 내전이나 국제 분쟁으로 현재 5천만 명에 가까운 사람들이 난민 생활을 하고 있는데, 이는 2차 세계대전 이후 가장 많은 수치이다. 역발상 전략가인 에드워드 루트워크Edward Luttwak가 20여 년 전에 주장한 것처럼, 우리는 국토의 분할을 적극적으로 권장해 폭력을 완화시키고 화해의 과정을 가속화해야 한다.[5] 하지만 1947년의 인도와 파키스탄처럼 외부세력에 의한 마구잡이식 분할과 달리 유고슬라비아와 이라크에서의 최근의 분할은 서구에 널리 퍼졌던 조화로운 다민족 민주주의의 신화가 없었다면 보통 사람들이 종파적 순수성이라는 명목으로 서로를 죽이고 있는 동안에 선제적 협상으로 해결될 수도 있었다.

민족의 자결을 주장한 우드로 윌슨^{Woodrow Wilson}의 14개 조항 이후 1백 년이 지난 지금, 권력 이양의 필요성이 그 어느 때보다 중요해졌다. 과거의 전통적인 공격적 군사 행동은 사태를 더 악화시킨다. 자치나 연방주의에 대한 진정한 요구가 무시당하면 폭력적인 분리주의 운동이 발생할 확률이 높다. 분리주의자들은 자신들의 방식으로 세계에 말하기 위해 한 지역에서 자신들의 주장을 기꺼이 포기할 것이다. 하지만 자치에 대한 그들의 정당한 갈망을 빼앗기지는 않을 것이다. 실제로 민족 자결은 기존 국가에 편향적인 국제법보다 사람들의 의지를 반영한다는 점에서 법보다 우선하는 것으로 받아들여져야 한다. 하지만 국가 탄생의 정치적인 실행 계획상의 번거로움 때문에, 많은 외교관과 학자 들은 국가를 가능하게 만드는 민족주의보다는 현재 상태의 국가를 더 믿는 것처럼 보인다. 이는 잘못된 것이다. 과거의 실수를 수정하지 않고 세계의 정치 지도를 현재의 상태로 고착시키려는 시도는 위선적이고 변화에 역행한다. 현재 남아 있는 두 곳의 국경 분쟁은—팔레스타인과 카슈미르—영국의 잘못된 통치에서 시작되었다. 지금 역사를 되돌아보면 1940년대 말에 두 국가에 독립을 부여했다면 지난 수십 년 동안의 유혈 사태를 피할 수 있었으리라는 생각이 든다. 민족주의를 찬양하든 아니면 혐오스럽게 생각하든, 더 많은 국가들이 탄생한 이후에는 민족주의의 정치적 힘이 약화될 것이다.

민족국가들의 세계지도는 단정하게 보인다. 하지만 정당한 차이를 인정하는 지도는 훨씬 더 인도적일 것이다. 수단과 인도네시아는 지역의 소수민족을 무자비하게 억압했고 결국 남수단과 동티모르의 독립으로 이어졌다. 2011년 독립 직후 남수단의 파벌 사이에 폭력적인 권력 투쟁이 발생했다는 사실이 남수단이 오마르 바시르Omar Bashir 같은 무자비한 지도자의 통치 하에 남아 있었어야 했다는 것을 의미하지는 않는다. 마찬가지로 동티모르가 가난하다는 사실이 인도네시아의 지배하에 있었다면 더 잘살았을 것이라는 의미도 아니다. 쿠르드 자치구도 마찬가지이다. 사담 후세인에 의해 고문을 당하고 독가스로 학살을 당한 쿠르드족은 1990년 1차 걸프전 이후 조용히 자치지구를 건설해왔다. 쿠르드족이 자신들의 국가를 건설할 자격이 있다는 것은 두말할 필요도 없다.

민족 자결은 후진적인 부족주의의 상징이 아니라 성숙한 진화의 상징이다. 영토 국가는 인간의 '자연적natural' 구성단위가 아니라는 점을 기억하라. 사람과 사회가 인간의 자연적 구성단위이다. 분리주의가 본질적인 부족 성향을 인정하더라도 우리는 분리주의가 도덕적인 실패라고 실망해서는 안 된다. 권력이 분산된 지역 민주주의의 세계는 커다란 사이비 민주주의의 세계보다 더 바람직하다. 부족이 승리하도록 하라.

국가가 많아질수록 국가의 크기는 더욱 작아진다. 오늘날 150개 정도 국가들의 인구는 1천만 명이 채 안 된다. 이 국가들은 강성한 국가보다는 도시에 더 가깝다. 다른 국가와의 연결이 없다면 어떻게 생존할 수 있을까? 이런 국가들에서는 정치적 자치는 가능하지만 경제적 자급자족은 불가능하다. 21세기의 국가는 기본적인 농업과 적당한 규모의 군대만으로는 충분하지 않기 때문이다. 실제로 정반대 현상이 진실이지만, 수백 개의 자치 도시와 주를 지도에 표시하는 극단적 시나리오는 정치적 갈등이 승리했다는 인상을 심어줄 것이다. 이것이 연결된 세계의 등장을 제대로 평가하기 위해 자치권이 있는 도시와 주 사이의 네트워크 지도를 만들어야 하는 이유이다. 분열은 세계화의 반대가 아니라 부산물이다.

국경 없는 세계에 가장 많은 국경이 존재한다는 것은 점점 국경이 사라지는 세계에서 믿기 어려운 역설이다. 새롭게 떠오르는 공급망 세계에서는 단 하나의 국경도 사라질 필요가 없다. 그보다는 정확하게 말하면 점점 더 많아지고 있는 정치적 국경 때문에 그 어느 때보다 기능적 연결의 필요성이 높아지고 있다.*

권력 이양은 현재의 정치적 지도보다 더 최적화된 국가의 크기를 보여줄 것이다. 이상적인 세계라면, 각각의 정치적 기초 단위는 고립된 영토를 연결하는 교통의 부담을 피하기 위해 지리적으로 인접해 있고, 충분한 내수시장 확보를 위해 5백만 명에서 2천만 명 규모의 인구를 가지고 있을 것이다. 또한 인접한 도시와 국가 들과 강력한 연결성을 가지고 있는 도시들을 포함하고 있고, 자원에 대한 다양한 접근과 재산권, 법치를 보장하는 효율적이고 책임 있는 통치체제를 갖추고 있을 것이다. 싱가포르 같은 도시국가나 스위스, 이스라엘, 아랍에미리트처럼 도시와 주로 구성된 국가들은 이런 기준을 이미 충족시키고 있다. 에스토니아, 슬로베니아, 우루과이도 민족의 단일성, 안정된 통치, 국제적인 연결성 덕분

---

* 뉴잉글랜드복잡계연구소(New England Complex System Institute)의 연구는 "좋은 경계가 좋은 이웃을 만든다."는 접근법을 뒷받침해준다. 이 접근법에 따르면, 언어적·종교적 단체들 사이의 분명한 경계는 강요된 공존보다 안정으로 이끈다. 예를 들면 스위스 각 주(canton)의 문화적 공동체들은 역사적으로 강, 산, 호수에 의해 분리되어 있었다. 그러나 프랑스 가톨릭 신자들이 독일 개신교도에 의해 박해를 당한 쥐라(Jura) 주는 예외였다. 쥐라 주에서는 1979년에 베른(Bern) 주에서 분리될 때까지 방화와 정치적 소요가 잇따랐다. 하지만 스위스의 잘 갖추어진 사회기반시설은 각 주에 거주하는 수십만 명의 주민들이 다른 주로 매일 출퇴근할 수 있도록 만들었다. 몇몇 사람들은 수십 년 동안의 내부적 조화가 계속되면 스위스의 주가 20여 개에서 2~3개로 줄어들 수 있을 것이라고 예측한다.

에 인구와 영토가 작음에도 번영하고 있다. 레바논과 보스니아헤르체고비나 같은 국가들은 너무 작고 종교적으로 혼합되어 있어 더 이상 나누어질 수가 없다. 이 국가들이 우호적인 민족 공존의 모범 사례는 아니지만, 주요 도시인 베이루트와 사라예보는 작은 국가에 등장하는 독립적인 중심 도시의 훌륭한 사례이다. 이 때문에 연결된 세계에는 역설적인 구호가 있다. 국경은 많을수록 더 좋다는 것이다.

통합을 위한 분열

세계에서 가장 큰 국가들은—인구가 많거나 영토가 넓은—역설적으로 더 많은 권력을 이양해야만 단일국가를 유지할 것이다. 인도, 나이지리아, 파키스탄, 미얀마의 경우 가장 까다롭고 해결이 어려워 보이는 국내의 폭력은—테러, 암살, 외부의 침입이나 인종적 분리주의에 의해 촉발된다—근본적으로 식민지 시대 이후 정해진 영토에서 여러 인종 집단을 어떻게 지리적으로 배치하고 조직화하는가에 관한 것이다. 9 · 11 테러를 제외하고 해마다 전 세계에서 발생하는 테러 사상자의 대부분은 인종 분쟁이나 종파적 갈등, 영토 분쟁에 따른 것이다. 테러 공격에 시달리는 국가들의 목록은 민족 분쟁을 해결하지 못한 국가들과 거의 동일하다.*

에티오피아의 오가덴^{Ogaden}과 나이지리아의 오고니족^{Ogoni}, 파키스탄의 발루치족^{Baluchis}과 신드족^{Sindhi}, 인도의 카슈미르, 미얀마의 몽족^{Hmong}과 로힝야족^{Rohingya} 그리고 자신들의 요구를 주장하는 다른 민족 집단이나

---

* 지속적으로 매우 많은 테러 공격을 경험하고 있는 국가들에는 인도, 파키스탄, 팔레스타인, 이라크, 나이지리아, 예멘, 소말리아가 포함되어 있다.

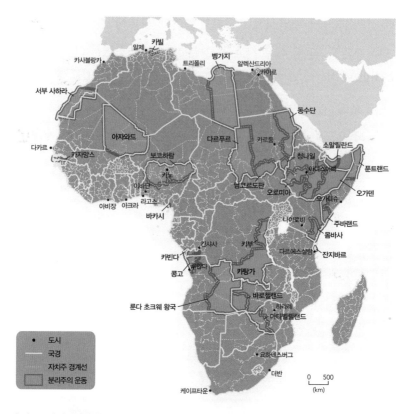

	도시
	국경
	자치주 경계선
	분리주의 운동

| 지도 10 | **아프리카에 잔존하는 분리선**
새로운 국가의 창설로 이어질 수 있는 분리주의 운동과 국가 내에서 효율적인 자치를 하고 있는 상당수의
자치지역을 보여주는 아프리카 지도

단체들이 그 목록에 포함되어 있다.[6] 이런 민족분리주의자들 가운데 스스로 생존할 수 있는 집단은 거의 없다. 동시에 민족분리주의자들이 있는 큰 국가들 가운데 어느 나라도 다민족 민주주의의 모범사례가 되지 못할 것이다. 이런 국가들이 번영할 수 있는 유일한 방법은 권력 이양이다. 더 많은 자치를 허용할수록 더 큰 안정을 가져올 것이다.

이라크의 쿠르드족, 사우디아라비아의 시아파, 이란 후제스탄^{Khuzestan}주의 아랍인들은 민족 갈등에다 풍부한 천연자원 문제까지 겹쳐 더 많은 핍박을 받고 있다. 옥스퍼드 대학의 폴 콜리어^{Paul Collier} 경제학 교수의 지적처럼, 이런 사례들에는 정체성, 자원, 영토 문제가 동시에 얽혀 있다. 다시 말하면 이 모든 것은 지도에 관한 것이다. 수십 년 동안의 내전이 일방적이고 냉혹한 강요에 의해 끝난 지역에서는 — 콜롬비아, 앙골라, 스리랑카 — 기반시설이 사회 안정과 경제 성장(광범위한 균형 발전은 아니더라도)에 매우 중요하다. 콜롬비아는 산악 정글지대에 군대와 경찰을 파견할 수 있는 도로망을 건설하고 나서야 수십 년 동안 지속된 콜롬비아 무장혁명군^{FARC}과의 내전에서 유리한 고지를 점령했다. 아프가니스탄도 도로망을 구축한 후에야 안정을 찾았다. 아프가니스탄 대통령인 아슈라프 가니^{Ashraf Ghani}가 파키스탄과의 국경에 15개의 국경사무소를 신설하고 남아시아와 중앙아시아로 진출하는 수송로를 확보하려는 이유도 이 때문이다.

취약한 다민족 사회를 가진 정부들은 기반시설 건설이 핍박을 받던 소수민족들에게 독립이나 분리를 추구하는 내재된 분열 성향을 촉진시키지 않을까 두려워하고 있다. 하지만 권력 이양과 개발의 조화는 필리핀과 인도네시아가 영토 문제를 해결하는 데 도움을 주었고, 그 결과 취약국가지수^{Fragile States Index}*도 빠르게 개선되었다.

필리핀 남부의 민다나오^{Mindanao} 섬에 거점을 둔 무슬림 모로 해방군^{Muslim Moro insurgency}을 패퇴시킬 수 없었던 필리핀 정부는 2014년에 방사모

---

* 미국의 외교 전문매체 「포린폴리시(Foreign Policy)」와 초당파적 연구단체인 평화기금이 인권, 치안, 경제 상황 등 12개 항목을 토대로 국가별 불안정 정도를 평가해 산출하는 지수 — 옮긴이

로^{Bangsamoro}라는 새 이름으로 일부 남부지역에 자치권을 허용했다. 투자자들이 석탄, 철광, 기타 자원에 대한 접근과 이용을 원한다는 사실을 잘 알고 있었기 때문이다. 이런 연방주의는 소수민족이 지역의 다수가 되고 연방 내에서 더 안정을 느끼도록 만들었고 무장 해제를 촉진했다. 또한 천연자원에 대한 몫을 공평하게 나누어주고 세금 부담도 줄였다. 투자의 혜택을 받고 대부분의 예산을 지원하는 필리핀 정부에 대한 의존을 줄이기 위해 안정을 추구하는 것은 이제 방사모로 정부의 일이 되었다. 이와 유사하게 2002년 동티모르의 독립은 인도네시아 정부에 대한 경고였다. 동티모르 독립 이후, 인도네시아 정부는 삼림과 다른 자원에서 얻는 이익을 더 많이 배분해주지 않으면 수마트라의 아체^{Aceh} 주가 독립할 것이라는 사실을 깨닫게 되었다. 현재 인도네시아의 현대화 물결은 산재해 있는 인도네시아 섬들을 서로 연결된 공급망 접속점의 집합체로서 하나로 묶어두지 못할 수도 있다.*

인도, 파키스탄, 미얀마 같은 거대한 다민족국가들도 자원을 이용하고 집단의 이익을 대변하며 분리주의 충동을 최소화하기 위해 경제적 부를 재배분한다면 번영할 수 있을 것이다. 인도 동부의 낙살라이트^{Naxalites} 반군, 파키스탄의 발루치족과 파슈툰족^{Pashtuns}, 미얀마의 카친족^{Kachin}과 카렌족^{Karen}은 명목상 그들을 지배하고 있는 정부와 정기적으로 유혈투쟁을 벌이고 있다. 이런 국가에서 자원과 관련된 수많은 반군 활동과 무장투쟁을 해소하려면 기반시설 개발을 동반한 권력 이양이 필요하다. 인도

---

* 이 지역의 또 다른 내전인 파푸아뉴기니의 부건빌(Bougainvill) 섬 내전도 유사한 방식으로 해결되었다. 부건빌 섬은 1970년대에 리오틴토(Rio Tinto)가 운영하는 세계 최대의 구리광산을 가지고 있었지만 20년 동안의 내전에 휘말렸다. 부건빌 섬은 21세기 초에 수년 동안의 평화협상을 통해 휴전과 더 많은 자치권을 얻게 되었다.

의 중앙정부는 이런 사실을 잘 알고 있다. 1947년에 독립한 이후, 인도의 주는 14개에서 29개로 늘었다. 이런 사례들이 주는 교훈은 일반적으로 국가를 유지하기 위해서는 권력 이양, 기반시설 투자, 서로에게 이익이 되는 자원 개발이 필요하다는 것이다.

러시아 같은 거대한 과도사회도 마찬가지이다. 소비에트 연방이 1990년대에 붕괴되었을 때, 일부 주들은 자체적으로 여권을 발행하기 시작했다. 모든 관심은 지난 수 세기 동안 러시아와 정치적 갈등을 빚었던, 유전이 풍부한 무슬림 거주지역인 타타르스탄^{Tatarstan}에 쏠렸다. 인종적으로 순수한 나라를 추구하는 러시아 민족주의자들은 소수민족 공화국들의 추방을 요구했다. 하지만 인구가 감소하고 있고 인구의 5분의 1이 무슬림인 러시아는 체첸^{Chechen} 방식의 분리주의나 인구가 많은 지역의 손실을 겪고 싶지 않았다. 양국은 모스크바의 승인을 받은 루스탐 미니하노프^{Rustam Minikhanov}를 대통령으로 선출하고, 상당한 수준의 경제적 자율권을 허용하는 타협안을 받아들였다. 미니하노프는 경호원과 통역사, 특별경제구역청장 등 경제인을 포함한 사절단을 이끌고 대통령처럼 세계를 돌아다닌다. 타타르스탄 특별경제구역에는 서구의 자동차 제조사가 공장과 물류기지를 이미 건설하고 있다.

타타르스탄과 모스크바의 지리적 근접성은 타타르스탄이 독립을 하지 못할 것이라는 사실을 의미한다. 타타르스탄의 수도 카잔^{Kazan}은 러시아의 모든 종교인에게 선망의 도시이다. 타타르스탄은 유라시아 철의 실크로드의 중심 도시로 변하고 있다. 러시아와 중국은 2014년 10월에 모스크바-카잔 구간을 베이징까지 연결될 고속철도의 첫 번째 확장노선으로 건설하는 데 합의했다. 세계 최대 국가의 공식적인 이름이 러시아 연방^{Russian Federation}이라는 사실을 명심하라.

국가에서 연방으로

강력한 요시프 브로즈 티토^{Josip Broz Tito} 대통령 치하의 유고슬라비아는 안정적인 다민족 연방국가이자 냉전시대에는 좌우를 오가는 비동맹 국가였다. 티토의 사망 직후 민족과 종교적 정체성에 대한 조작과 대량학살은 유고 연방을 조각조각 갈라놓았다. 하지만 여기에는 새로운 끝이 있다. 극단적 민족주의자들인 세르비아와 크로아티아는 단독으로 생존할 수 없다는 것을 깨달았다. 그 결과 분리한 지 20년이 지난 후에 과거의 유고 연방과 동일한 6개 국가에 2천만 명의 인구를 가진 발칸자유무역지대^{Balkan free trade zone}가 탄생했다. 고속도로와 철도 프로젝트가 중부유럽과 남부 발칸지대를 이어주고 있다. 과거 유고 연방에 속했던 국가들이 하나씩 차례로 유로 통화권과 유럽연합에 가입하고 있다. 이상적으로는 과거의 유고 연방 국가들이 이런 해법을 활용했겠지만, 정치적 논리는 기능적 논리가 이기는 방향으로 나아갈 수밖에 없었다.

과거 유고 연방의 문제는 아직 끝나지 않았다. 오늘날 보스니아헤르체고비나는 불안정한 다민족 연방으로 남아 있다. 민족에 따라 구성된 3인의 복잡한 대통령제에서 벗어나는 일은 피비린내 나는 내전의 기억을 떠오르게 한다. 기본적인 민족과 영토 문제가 해결되지 않는다면 적정 수준의 안정과 민주주의는 불가능해 보인다. 세르비아와 가까운 스릅스카공화국^{Srpska Republika}과 모스타르^{Mostar}를 포함한 크로아티아와 가까운 서부 지역이 서로 더 친밀한 국가로 편입하는 것이 보스니아헤르체고비나가 유럽연합의 회원국이 되거나 회원국으로 가는 지름길이다. 이렇게 되면 보스니아의 무슬림들은 민족 정치에 대한 핍박을 받지 않고 마침내 자신들의 터전을 갖게 될 것이다. 국경 협정이 양쪽을 모두 만족시키는 경우는 거의 없다. 하지만 국경 협정의 장점은 정착과 안정 그리고 국경이라는 선을 초월하는 기반시설과 교역을 가져다준다는 것이다.*

갈등 해결을 위한 과거의 노력은 하나의 국가 안에 다민족 민주주의 체제를 유지하려는 생각으로 다양한 해법들을 지니고 있었다. 하지만 오늘날에는 더 많은 국경을 만들고 동시에 더 많은 국경이 사라지는 새로운 해법이 떠오르고 있다.

냉전의 종식 이후 유럽에서 권력 이양은 대체적으로 평화스러운 방식으로 진행되었다(우크라이나와 러시아의 전쟁은 예외적이다). 체코슬로바키아는 1993년에 두 국가로 분리되었는데, 이들 모두 유럽연합에 가입했다. 스페인의 바스크 지역과 영국의 북아일랜드에서의 권력 이양은 무장 해제와 함께 진행되어 정치적 안정으로 이어졌다. 벨기에는 단일 국가로 존재하는 것이 아니라 사용 언어에 따라 분리되어 있다. 독일어를 사용하는 지역은 네덜란드로, 불어 사용 지역은 프랑스를 중심으로 움직인다. 플라망어Flemish**를 사용하는 사람들은 그들의 정체성을 유지하고 외교를 펼친다. 브뤼셀은 유럽연합의 수도로서의 역할을 한다.

현재 서구 다민족 자유민주주의 국가의 전형은 도시city와 주province가 세금만 걷어가는 중앙정부와의 관계에 대해 구체적인 계산을 하면서 점

---

* 세르비아와 코소보 사이의 국경에는 논란이 많지만, 현재 합당한 해법이 추진되고 있다. 코소보 정부는 세르비아 사람들이 거주하는 북부지역에서 들어오는 수입품에 대해 세금을 부과하지만, 수익을 세르비아 지역 도시들을 위한 특별개발기금으로 적립하고 있다. 이 기금은 양국의 재무부장관과 유럽연합의 재무부장관이 관리하고 있다.
** 벨기에 북부에서 사용되는 네덜란드어 ― 옮긴이

차 사라지고 있다. 국가는 강력한 지역 행정부의 연합으로 변하고 있다. 최근에 카탈루냐와 스코틀랜드는 형태에 구애받지 않고 더 많은 자치를 추구하는 방향으로 독립을 추구했다. 이들은 권력을 최대한 넘겨받는 데 성공했다. 이 싸움에서 중앙정부는 승리할 수 없다. 토니 블레어^{Tony Blair} 전 영국 수상이 1997년에 스코틀랜드에 자체 의회를 허가할 때 말한 것처럼, 연방정부가 하나를 주면 스코틀랜드는 전부를 달라고 지속적으로 요구하고 있다. 중앙정부가 국민의 뜻을 억압하면―카탈루냐가 바스크와 동일한 수준의 자치를 요구했을 때 억압당한 것처럼―분노의 물결이 일어난다. 2014년에 스코틀랜드 독립을 위한 국민투표가 실시되기 전에, 데이비드 캐머런^{David Cameron} 수상과 내각은 스코틀랜드의 독립 쪽으로 국민의 정서가 기울자 에든버러, 웨일스, 북아일랜드에 세금 결정권 등 일련의 추가적인 권한 양보를 약속했다. 이는 스코틀랜드 의회가 요구한 것보다 훨씬 더 많은 권한 양보였다. 그리고 6개월 뒤에 실시된 영국 총선에서 스코틀랜드국민당^{Scotland National Party}이 거의 모든 의석을 휩쓸면서 대부분의 정책에 관해 최대의 권력 이양을 보장받았다. 또한 동시에 투자유치를 위한 자체적인 교역 정책을 확대했다. 런던의 중앙정부가 기대할 수 있는 최선은 책임과 생각을 연방정부와 공유하는 협조적인 연방주의이다.

런던 시민들은 전체 국가를 운영한다는 성스러운 권리와 특권을 누렸다. 하지만 머지않아 그런 특권과 이별할 것이다. 영국 경제에 기여하는 런던의 1인당 총부가가치는 15만 달러가 넘는다. 이는 2위인 스코틀랜드의 에든버러보다 3배 이상 많다. 스코틀랜드가 영국에서 점점 더 이탈할수록, 런던은 영국의 낙후된 지역을 지원하는 부담을 더 많이 지게 될 것이다. 세계 금융위기 이후 영국에서 새로 생겨나는 일자리의 80퍼센트 정도가 런던에 집중되어 있다. 런던의 인구는 10년에 1백만 명 정도 증가한다. 영국 전체 대학생의 절반 이상은 졸업 후에 런던으로 몰려든다. 이는 런던 시민들에게 지불할 만한 대가가 아니다. 수년 전에 영국의 언론인, 외교관, 지식인 들과의 만찬에서, 나는 상당수의 참석자들이 런던 이외의 영국을 전략적 자산이 아니라 런던 금융산업의 혜택으로 먹고 사는 부담으로 인식한다는 사실에 충격을 받았다. 그날 저녁에는 "런던은 영국으로부터 분리 독립해야 한다."라는 비공식 발언이 주요 뉴스가 되었다.

더 많은 주변 지역들이 중심부의 성공을 목격할수록 그만큼 더 자신들의 문제에 대한 통제권을 얻으려고 노력할 것이다. 1980년대 이후 보수 정부들은 영국의 산업을 해외시장에 헐값에 매각했고, 이 때문에 스코틀랜드가 특히 피해를 입었다. 세계 금융위기가 발생하기 10년 전에 영국의 상위 5대 은행들은 자산의 84퍼센트를 런던에 있는 부동산과 금융에 투자했고 나머지 지역들을 무시했다. "빅 소사이어티Big Society"라는 구호 아래 실시된 런던의 새로운 권력 이양 계획은 도심 재생 계획과 기술 프로그램을 개발하는 맨체스터와 셰필드 같은 도시에 기반시설 자금을 빌려주는 것이다. 하지만 이런 자금은 보조금이나 투자가 아니라 나중에 갚아야 하는 대출금이다. 골드만삭스의 전 최고경영자인 짐 오닐Jim O'Niel은 "맨셰프리즈풀ManSheffLeedsPool"이라고 부르는 거대 지역을 만들고 스코틀랜드와 같은 자치를 허용하는 대신 맨체스터, 셰필드, 리즈, 리버풀을 연결하는 철도에 투자하라고 주장했다.

인구 통계는 권력 이양이 영국을 지속적으로 재편할 것이라는 사실을 더 확실하게 각인시켜준다. 지난 수십 년 동안 영국이 통치하려고 전쟁을 치렀던 지역에서도 인구 변화가 영국을 재편하고 있다. 20세기 후반 북아일랜드의 정치적 소요(IRA 무장군과 영국의 대테러부대의 교전)는 개신교 신자들이 다수를 차지했을 때 정점에 달했다. 하지만 오늘날에는 가톨릭 신자가 다수를 차지하고 있다. 이런 상황은 완전한 독립이나 아일랜드와의 통합은 아니더라도 북아일랜드에 더 큰 자치권을 가져다주고 있다. 영국이 하나의 연방으로 유지된다면, 그것은 지금보다 훨씬 더 권력이 분산된 왕국일 것이다.

세금을 어떻게 집행하고 분배하는지에 대한 투명성의 증가는 권력 이양 투쟁을 격화시킨다. 펠리페 2세가 16세기에 왕궁을 마드리드로 이전한 이후, 마드리드는 스스로를 세계의 중심으로 생각했고 분배에 앞서 모든 수익을 마드리드로 가져오도록 했다. 지금도 스페인 중앙정부는 바르셀로나^{Barcelona}나 빌바오^{Bilbao}로 가기 전에 모든 항공기들이 마드리드에 먼저 착륙하도록 노력한다. 하지만 풍부한 문화유산을 고려하면 양쪽 두 도시 모두 2류가 되기를 원하지 않는다. 그 대신 두 도시는 경제적 성과를 나중에 나누는 도구로 권력 이양을 이용하고 있다. 즉, 바스크와 카탈루냐 지역은 우선 마드리드로부터 얻는 혜택을 최대화한 다음에 스페인에서 가장 잘사는 지역이 되었다. 관광 수입이 풍부한 카탈루냐는 마드리드에서 얻는 혜택의 2배를 연방금고에 공헌하고 있다. 카탈루냐는 2014년에 국민투표를 실시했는데, 80퍼센트 이상의 주민이 독립을 지지했다. 2015년에는 독립 찬성 단체들이 카탈루냐 의회의 절반 이상을 차지했다. 카탈루냐의 독립을 이끌고 있는, 하버드와 MIT 출신 경제학자들로 구성된 전문위원회는 자신들을 윌슨 이니셔티브^{Wilson Initiative}라고 부른다. 또 다른 권력 이양의 도구는 카탈루냐를 나타내는 .cat와 바스크를 표시하는 .eus 같은 인터넷 도메인의 이용을 활성화하는 것이다.

스페인과 이탈리아에서는, 투표권을 위임받아 추진된 지방투표를 통한 독립이라도, 헌법에 위배된다. 하지만 이런 도시들은 권력 이양과 연결을 통해 독립적인 전통과 유산을 되찾을 수 있다. 베네치아는 중세에 아드리아 해안을 따라 독립적인 교역왕국을 건설하고 비잔틴 제국과 강력한 경제관계를 추구했다. 그리고 2백 척의 배를 시리아 해안까지 보냈다. 전근대 세계의 다른 유럽 도시국가들과 마찬가지로 베네치아도 사실상 민족국가의 질서 체계에 포함되었다. 하지만 오늘날 이탈리아의 국가 경제가 큰 혼란에 빠진 상황에서 베네치아의 독자노선을 막을 수 있는 수단은 거의 없다. 이탈리아의 베네토^{Veneto} 주는 2014년에 실제로 독립을 선언했다. 베네토 주는 중앙정부의 서비스 대가로 지불하는 세금 7유로 가운데 단지 5유로만 돌려받고 있다고 주장했다.

이탈리아의 북부동맹^{Northern League}도 유명무실한 로마의 중앙정부로부터 더 큰 자유를 원하고 있다. 로마로서는 더 많은 권력을 이양하는 것 외에 다른 선택의 여지가 없다. 이탈리아는 2014년에 메트로폴리탄 시티^{metropolitan city}라고 불리는 새로운 14개의 관할구역으로 재편되기 시작했다. 세금을 거두고 행정적 책임을 지고 있는 메트로폴리탄 시티는 로마로부터 오는 지원금을 차단하고 있다(프랑스도 2015년에 역사적·문화적 자부심보다 경제적 생존력을 근거로 행정구역을 재편했다). 자치권이 있는 사르데냐^{Sardinia} 섬에서는 이탈리아 정부가 경제적으로 주민들을 만족시키지 못하자 이탈리아에서 독립해 스위스의 27번째 주로 편입하자는 운동이 벌어졌다. 사르데냐가 스위스의 27번째 주가 되면, 사방이 육지로 막힌

알프스 국가는 오염되지 않은 지중해 해변과 전략적인 해양 영토를 갖게 된다.[7]

권력 이양 운동은—더 큰 자치권을 위한 것이든 완전한 독립을 위한 것이든—세금과 재정 수입이 부패한 수도를 통해 덜 효율적인 지역으로 이전되는 것보다 지역 주민들을 위해 사용되도록 노력한다. 하지만 권력 이양 운동은 암묵적으로 방위비를 절감시켜주는 더 큰 연방으로부터의 보호를 추구하기도 한다. 퀘벡의 분리주의는 1990년대와 21세기 첫 10년 동안 모든 캐나다 국민의 머리를 떠나지 않는 골치 아픈 문제였다. 세계에서 두 번째로 큰 국가를 유지하고자 하는 열정적인 탄원도 많았다. 하지만 캐나다 국민의 50퍼센트는 2012년에 퀘벡에 어떤 일이 발생하든지 상관없다고 답했다. 국민투표에서 여러 차례 박빙으로 패배한 퀘벡은 친 프랑스 국가로 행동했지만, 캐나다로부터 독립하려는 의지는 점점 감소하고 있다. 서부 캐나다와 웨스턴오스트레일리아Western Australia 지역에서 독립의 가능성은 없다. 독립은 돈에 관한 것이다. 유전이 풍부한 앨버타 주와 가스가 풍부한 웨스턴오스트레일리아(호주에서 가장 큰 이 주는 가스 수출의 절반을 차지한다) 주는 오타와와 캔버라에 있는 중앙정부와 수익을 나누기에 앞서 자원에서 얻은 수익을 보전하는 자체적인 국부펀드를 만들었다.

유럽의 권력 이양 운동은 수 세기에 걸친 유혈전쟁 이후 지리적 차익 거래로 발전했다. 유럽연합이 새로운 국가들이 참여하는 더 큰 제도적인 틀을 제공하기 때문에 권력 이양은 단지 더 큰 어떤 것을 향한 첫걸음일 뿐이다. 이런 의미에서 유럽연합은 거대한 독일이다. 다시 말해 여러 개의 강력한 중심지로 구성된 느슨한 형태의 연방이라고 할 수 있다. 유럽

│ 지도 11 │ 성장에 따른 유럽의 파편화
유럽에는 분리주의 운동이 빈번했다. 분권화가 진행되면서, 새로운 국가들은 유럽연합의 회원국이 될 수 있다.

연합은 스트라스부르Strasbourg에 있는 유럽연합 의회를 통해 회원국의 지역에 힘을 강화하는 동시에 브뤼셀에 기능적 권위를 집중시킴으로써 국가 수도의 힘을 약화시키고 있다. 하지만 이웃 국가와 평화를 유지할 수밖에 없는 가장 작은 기초단위로 분열하고 있기 때문에, 유럽은 거대한 다국 사회로 재결합할 수 있었다. 스코틀랜드나 카탈루냐가 영국이나 스페인에서 독립한 후에 유럽연합에 가입할 것이라는 점은 두말할 필요도 없다. 유럽연합 전체는 지역적 독립운동이 고결한 탈민족 세계화postnational globalization에 대한 반대가 아니라 세계화로 가는 필수 경로라는 사실

을 상기시켜준다.

권력 이양에서
집합으로

지정학적 변증법

권력 이양은 정체성, 도시화, 회계 투명성 그리고 다른 요인들에 의해 이미 세계적인 현상이 되었다. 하지만 이와 반대로 공공 기반시설의 연결성, 경제적 통합, 노동력의 이동, 정치적 화해 그리고 좀 더 근본적인 추세를 통해 발전하는 집합 현상도 보편화되어 있다. 권력 이양은 단기적으로는 지역적 민족주의로 구체화되지만 장기적으로는 집단화를 유발한다. 권력 이양 – 집합의 역학은 독일 철학자 헤겔의 주장처럼 변증법적이다. 반대를 통해 발전하고 한 단계 더 발전하는 것이다. 권력 이양 – 집합은 분열을 통해 세계가 하나가 되는 방법이다.

집합은 정치적 분열을 넘어서는 그 다음의 역사적 단계이다. 세계 모든 지역은 분열과 통일을 통해 발전하고 있다. 18세기 유럽에서는 여러 작은 공국들을 포함하는 4개의 주요 강국이 지배했다. 나폴레옹 전쟁 이후 19세기 유럽 협조체제Concert of Europe는 5개 국가가 서로를 견제하면서 1차 세계대전이 일어나기 전까지 비교적 안정을 유지했다. 2차 세계대전 이후 유럽을 지배한 제국주의 활동은 제국의 해체로 이어졌다. 오늘날 유럽에는 민족국가의 융합으로 40개 이상의 독립국가가 등장했고, 하나의 초국가적인 유럽연합으로 뭉치고 있다.

아프리카의 역사도 분열과 통합의 순환과정을 잘 보여준다. 유럽의 식민지화 이전에 아프리카에는 20여 개의 부족 왕국이 존재했다. 19세기에는 아프리카 대륙 전체를 유럽의 5개 국가가 통치했다. 탈식민지화 이후 아프리카의 지도는 또다시 54개의 주권국가로 분열되었다. 하지만 이 가운데 상당수 국가들은 재통합의 방법을 찾고 있고, 오늘날 아프리카의 진정한 기능적 지도는 4개의 하위 지역으로 구성되어 있다. 아프리카의 국가 지도자들은 2017년까지 대륙 전체를 아우르는 자유무역지대 계획을 공표했다.

식민지 시대 이전에 동남아시아는 수마트라 스리비자야Sumatran Srivijaya, 타이 아유타야Thai Ayutthaya, 크메르Khmer 같은 여러 토착 왕국이 지배하고 있었다. 이후 영국이 동남아시아를 지배했고, 이어 프랑스와 네덜란드가 인도차이나와 인도네시아에 각각 식민지를 건설했다. 오늘날 동남아시아는 10여 개의 국가로 나뉘어 있지만 유럽연합과 비슷한 아세안 공동체를 향해 사회기반시설과 제도를 빠르게 통합하고 있다.

권력 이양과 집합이라는 새로운 변증법에서, 세계의 각 지역은 식민지 시대 이후 폭력적인 분리 운동에서 집단적인 기능 통합에 이르기까지 다양한 지점에 위치하고 있다. 지정학적 진전은 집합을 향한 발전에 의해 측정되어야 한다. 오늘날 유럽은 법적으로 가장 권력이 분산되어 있고 동시에 가장 초국가적으로 통합된 지역이다. 반면 아프리카는 아직도 일부 지역에서 분열이 지속되는 반면 다른 지역에서는 통합이 추진되고 있다. 목표에 도달하는 방법은 다르지만, 결국 세계의 모든 지역은 기능적 지도가 정치적 지도보다 더 중요한 마지막 단계에 도달해 있는 것인지도 모른다.

지금 세계에서는 두 종류의 새로운 재편이 진행되고 있다. 그것은 배타적인 재편과 통합적인 재편이다. 우리는 국경이 변하거나 새로운 국경이 생기는 배타적인 재편에 대해서는 잘 알고 있다. 분리주의 단체들이 자신들의 영토를 선포할 때—코소보, 동티모르, 남수단처럼—새로운 국가의 이익은 이전 국가의 손실로 나타난다. 한 국가가 일방적으로 자국의 이익을 위해 다른 국가의 영토를 점령한다면—러시아의 우크라이나 크림^{Crimea} 지역 합병이나 조지아의 남오세티아 지역 합병—그것도 배타적인 재편이다.

특히 러시아의 우크라이나 분할 점령은 세계가 다시 제로섬^{zero-sum} 영토 논리로 퇴보하고 있다는 경종을 울렸다. 과거 소비에트 연방 지역은 생생한 사례들을 보여준다. 에스토니아에서 몰도바, 캅카스^{Kavkaz}, 중앙아시아에 이르기까지, 러시아는 여권과 선전 선동을 통해 러시아 소수민족들을 조종하고 있다. 캅카스 지역에서 아제르바이잔의 나고르노카라바흐^{Nagorno-Karabakh} 분쟁지역을 둘러싼 아르메니아와 아제르바이잔의 무력 충돌은 점점 더 악화되고 있다. 하지만 변동성이 높은 과거 소비에트 연방 지역에서조차 이와 반대되는 강력한 사례들이 나타나고 있다. 조지아와 아제르바이잔은 단순한 문화적 협력에서 바쿠 – 트빌리시 – 제이한 Baku-Tbilisi-Ceyhan, BTC 파이프라인을 통한 동반성장으로 발전했다.*

우크라이나의 사례는 과거 소비에트 연방 지역의 재편에 수십 년이 걸릴 수도 있다는 사실을 상기시켜준다. 동시에 소비에트 연방의 재편은 세계적 기준을 뛰어넘고 미래 지정학 질서에 더 큰 의미가 있는 포괄적인 재편이다. 포괄적 재편은 국가들이 공동의 기반시설, 관세 협정, 은행 네트워크, 에너지 공급망을 활용해 정치적 공간을 기능적 공간으로 발전시키는 과정에서 이루어지고 있다.

유럽은 포괄적 재편의 전형이 되었다. 19세기 중반에 독일의 관세동맹 Zollverein이 근대 독일 국가로 발전하는 데 거의 30년이 걸렸다. 유럽 공동체가 전후 유럽의 폐허에서 벗어나 구체화될 때까지도 비슷한 시간이 걸렸다. 특히 냉전 종식 이후 유럽은 장벽과 참호보다 다리와 터널 건설에 더 많은 힘을 쏟았다. 독일과 프랑스 국경에는 군 검문소가 더 이상 존재하지 않는다. 사실 당신이 아우토반에서 전속력으로 운전을 하는 동안에 역사상 가장 참혹했던 전쟁터를 지났다는 사실을 알려주는 공식적인 표지는 유럽연합 국기와 환영 표지판Bienvenue sign뿐이다. 마찬가지로 도버 해협에는 바다를 순찰하는 영국과 프랑스 해군 대신 매 시간마다 런던과 파리를 운행하는 고속철도가 다니는 해저터널이 건설되었다.

유럽연합 국가들은 다시 원래대로 되돌릴 수 없는 계란 프라이처럼 기

---

* 아르메니아가 BTC 경로에 포함되어 있지 않기 때문에, 나고르노카라바흐를 둘러싼 아제르바이잔과의 영토 분쟁을 완화시키는 연결 기반시설이 없다.

능적으로 분리할 수 없다. 유럽연합 국가들의 통화체제, 운송경로, 에너지 공급망, 금융 네트워크, 제조 공급망은 긴밀하게 통합되어 있다. 각 회원국은 국가 주권보다 우선하는 공동의 규제 틀 안에서 움직이는 행정부이다. 그리고 각각의 국가는 유럽연합을 더 발전시킴으로써 더 많은 이익을 얻게 될 것이다. 그리스는 자신들을 구제하는 데 독일이 엄격한 잣대를 적용한 것에 분개할지도 모른다. 하지만 그리스 국민은 일자리를 찾기 위해 독일로 이주할 수도 있다. 지중해 국가들에 대한 구제금융 비용의 배분을 둘러싼 유럽연합 국가들의 갈등은 연결적인 통합이 각 국가가 개별적으로 성취했던 것보다 더 큰 집단 성장으로 이끈다는 장기적인 현실을 반영하지 못했기 때문에 생긴 것이다. 실제로 유럽은 여전히 통합의 과정에 있다. 유럽은 예산의 통합이 아닌 부분적 통화의 통합이 구조적인 경기침체로 이어진다는 사실을 배웠다. 현재 진행하고 있는 은행연합, 자본시장 연합, 단일 디지털 시장은 유럽의 집단적 유동성, 시장의 깊이$^{market\ depth}$와 글로벌 영향력을 증대시킬 것이다.

유럽연합 설립의 아버지이자 선견지명이 있으며 지칠 줄 모르는 행동주의 외교관인 장 모네$^{Jean\ Monnet}$의 주장이 전 세계의 여러 지역에서 승리를 거두고 있다. 다시 말해 모든 국가들이 내부의 분열을 치유하고 공동의 기능적 제도의 지원을 받는 국경 기반시설을 통해 국경을 허물고 있다. 유럽 국가들은 마찰 대신 흐름을 선택하고 있는 것이다. 국가들이 더 깊이 연결될수록 해체도 그만큼 어려워진다. 권력이 완전하게 이양된 정치 지형을 보여주는 지도조차 완전히 잘못된 정보를 전하고 있다. 국가들을 원자들^{atoms}처럼 더 큰 복합체로 융합하는 지역연합의 형성을 외면하고 있기 때문이다.

주권 공간sovereign space에서 행정 공간administrative space 으로의 변화는 더 이상 작아질 수 없는 최소 정치단위로 분열하는 세계의 논리적 결과이다. 일단 국경이 정해지면, 국가들은 전기, 수도, 통신, 인터넷망, 도로, 철도 서비스를 위한 최적의 지역을 찾는다. 여러 종류의 기능지역 설립을 통해 경제가 지리적 한계를 뛰어넘어 확장된다.

특히 배타적인 재편이 지속적 위협으로 남아 있는 이른바 갈등 동결frozen conflicts 지역에서 포괄적 전략은 긴장을 완화시킬 수 있다. 양국이 공동의 기반시설을 활용해 연결에서 이익을 얻기 때문이다. 예를 들면 키프로스에 거주하는 터키와 그리스계 국민은 수도 니코시아Nicosia를 분할하고 있는 그린라인을 자유롭게 넘나들기를 원한다. 훨씬 강력한 터키가 키프로스 섬의 북부지역에 대한 지배권을 포기하지는 않을 것이다. 하지만 두 나라 모두 유럽과 북아프리카로 향하는 아시아 지역의 화물을 수용하기 위해 더 큰 지중해 지역의 물류 항구를 추진함으로써 막대한 이익을 얻을 수 있다. 카슈미르도 통제선을 따라 인도와 파키스탄 통치지역으로 나뉘어 있지만, 정상적인 국경을 통한 교역은 급증하고 있다. 심지어 위험한 국경 지역에서도 교역이 가능하다.

결과적으로 배타적 재편조차 포괄적 재편으로 이어진다. 실제로 우리는 배타적 재편이 포괄적 재편이 되도록 노력해야 한다. 해법을 찾지 못한 영토 분쟁, 임의로 결정된 국경선, 종종 수백 년 전으로 거슬러 올라가는 민족주의 갈등 등은 중동지역과 극동 그리고 다른 지역을 괴롭히는 문제이다. 일부 국가들이 분열되는 과정에서 다른 국가들이 새로 탄생한다. 이런 지역들은 국가 간의 불일치와 국경 분쟁이 더 빨리 해결될수록 영토 분쟁을 끝내고 연결에 집중하면서 배타적 재편에서 포괄적 재편으로 이동할 수 있다. 두 경로는 사실상 같은 목적지로 향한다.

　포괄적인 집합은 과거의 식민지 지역에서 특히 두드러지게 나타난다. 상당수의 국가들과 세계 인구의 대부분이 이곳에 거주하고 있다. 2차 세계대전 이후 탈식민지화는 자유를 가져왔지만, 동시에 자립 상태가 되면서 심각한 치안 불안을 초래했다.* 탈식민지 시대 이후부터 동남아시아, 남아시아, 동아프리카, 중동을 포함한 과거 영국의 식민지 지역에서 뚜렷한 유형이 나타났다. 독립시대의 1세대 지도자들은 민족주의자였고 과거 식민지 시대의 동료들에 대한 의심이 많았다. 그래서 영토를 철저히 지키고 외부의 침략을 두려워했다. 2세대 지도자들은 1세대 지도자들과 달리 차이점을 해결하고 필요한 경우에는 신중하게 국경 문제에 개입했다. 3세대에 이르면 역사적 적대감이 기억에서 점차 사라지고 독립운동 시대의 역경을 기억하는 사람들도 거의 사라진다. 3세대 지도자들은 분열의 책임을 영국으로 돌리고 국경을 넘는 기반시설 프로젝트, 교역과 투자 협정 그리고 다른 협력 프로젝트들을 추진한다. 지도자들의 세대교체는 적대감이 우애로 변하는 점진적 발전에 유기적인 불가피성을 더해준다. 문제들을 미래로 미루지 않고 갈등의 위협을 미래 세대에게 전가하지 않는 새로운 태도가 나타난다. 일단 정치적 지형도가 완성되면 기능적 지형도가 이를 대신한다. 흐름이 마찰이 해결하지 못한 문제들에 대한 해법이 되는 것이다.

---

* 예일 대학의 정치학자인 브루스 러셋(Bruce Russet)이 입증한 것처럼, 갈등은 지역 내부의 교역이 거의 없고 독재정치 국가들이 많은 중동과 중앙아시아에서 가장 빈발한다.

인도의 시대를 향한 새로운 교역로

그랜드 트렁크 로드^{Grand Trunk Road*}는 더 이상 세계에서 가장 장엄한 도로
가 아니다. 현재 아프가니스탄의 새로운 고속도로의 일부인, 카불^{Kabul}에
서 자랄라바드^{Jalalabad}에 이르는 구간은 10년 이상 나토^{NATO}의 수송차량을
공격하는 자살 폭탄공격을 견뎌냈다. 웅장한 카이베르 고개^{Khyber Pass**}를
지나 자랄라바드에서 동쪽으로 향하면 파키스탄의 반군 부족지역에 진
입한다. 파키스탄 정부는 탈레반 반군과 봉건 통치자에 의해 포위된 이
지역에 도로, 전기, 관개수로를 건설하려고 노력하고 있다. 수도 이슬라
마바드^{Islamabad}를 지나 자동차로 4백 킬로미터 정도 남쪽으로 가면 문화
중심지인 라호르^{Lahore}와 군인들의 국기 하강식으로 유명하며 인도와 파
키스탄의 국경지대인 와가^{Wagah}에 도달한다. 그랜드 트렁크 로드는 인도
구간이 가장 길다. 인도 정부는 델리^{Delhi}에서 콜카타^{Kolkata}에 이르는 황금
사각형^{Golden Quadrilateral} 고속도로의 북부 구간을 개선했지만, 1천5백 킬로
미터 도로의 상당 부분은 매연을 내뿜는 트럭, 인력거, 배회하는 소들로
혼잡하다. 국경 검문소를 지나 방글라데시로 진입하면 마지막 5백 킬로
미터 구간에 도달한다. 이 구간에는 치타공^{Chittagong} 항구로 향하는 무질
서한 차량과 고장 난 트럭들이 즐비하다.

나는 지난 수년 동안 힌두쿠시^{Hindu Kush} 산맥에서부터 벵골^{Bengal} 만까지
여러 국가에 걸쳐 있는 그랜드 트렁크 로드의 일부분을 자동차를 타고
다녔다. 그리고 그랜드 트렁크 로드가 주변 국가들보다 2천 년 정도 더

---

* 16세기에 인도의 무굴제국이 완성한, 카불과 델리, 콜카타를 연결하는 간선도로 — 옮긴이
** 파키스탄과 아프가니스탄을 연결하는 주요 산길 — 옮긴이

앞선 시대에 건설되었다는 사실을 알려주는 고고학적이고 건축학적 증거들을 발견했다. 고대 마우리아^{Mauryan} 왕조에서 영국 식민지 시대까지 그랜드 트렁크 로드는 수백 년마다 더 좋아졌고 이름도 바뀌었다. 어떤 이름으로 불렸든 남아시아의 모든 사람들은 이 교역로를 단순하게 GT 로드라고 알고 있다. 영국의 소설가 키플링^{Kipling}은 더 우아하게 이 위대한 교역로를 "생명의 강"이라고 불렀다.

이 도로를 따라 비행을 하다 보면 아래쪽으로 라호르 동쪽의 인도와 파키스탄을 갈라놓고 있는 편파적인 래드클리프 라인^{Radcliffe Line*}을 볼 수 있다. 래드클리프 라인은 유기적으로 완벽한 자연지형을 무의미하게 두 지역으로 갈라놓고 있다. 라호르와 카라치, 델리와 콜카타, 다카와 치타공은 서로 다른 3개 국가에 위치하고 있다. 하지만 이 비옥한 인도 갠지스 평원의 농작물을 통합해 수확하면 세계 최대의 곡창지대를 형성하게 될 것이다. 이 평원지대에 대한 파키스탄, 인도, 방글라데시 3개 국가들의 의존도를 고려하면, 그랜드 트렁크 로드의 부활은 — 상업적인 연결성, 수자원 공유 협정, 문화적 장점 — 임의로 정해진 식민지 시대의 국경을 지키는 것보다 더 좋은 투자처럼 보인다.

인도는 페르시아 만에서 말라카 해협까지 뻗쳐 있는 광활한 대영제국 식민지의 중심에 위치한 보석이었다. 분할 이전에는 길게 펼쳐진 철도가 인도 전역을 연결했고, 인도의 뭄바이와 파키스탄의 페사와르^{Peshawar}를 오가는 프런티어 메일^{Frontier Mail} 기차가 유명했다. 오늘날 이 구간의 열차는 인도 펀자브의 암리차르^{Amritsar}에서 멈추어 국경을 넘지 못하고

---

* 1947년에 만들어진 인도와 파키스탄의 국경 — 옮긴이

있다. 종교적 근본주의를 남용한 과거의 기록이 있기는 하지만, 파키스탄의 나와즈 샤리프Nawaz Sharif 대통령과 인도의 나렌드라 모디Narendra Modi 총리는 카라치에서 아마다바드Ahmadabad까지 연결된 기존의 철도노선을 확장하고 새로운 철도노선을 개설하겠다고 약속하면서 경제적, 외교적 실용주의자처럼 행동했다. 프렌드십 익스프레스Friendship Express로 알려진 가장 자주 운행하는 노선은 델리와 라호르 구간을 연결한다. 인도와 파키스탄의 만성적 에너지 부족을 고려할 때, 앞으로 이란과 투르크메니스탄에서 오는 가스관처럼 국경을 횡단하는 더 많은 에너지 파이프라인들이 건설될 것이다. 청동기 시대에 인더스 문명이 시작된 이후 5천 년이 흐른 지금 새로운 인도의 시대Pax Indica가 도래하고 있다.

그랜드 트렁크 로드는 방글라데시에서 멈춰서는 안 된다. 남아시아 국가들은 인도양, 히말라야, 힌두쿠시 산맥 등 극복하기 어려운 장애물로 둘러싸여 있어 인도조차 인접 국가를 제외하면 영향력을 거의 행사할 수 없다. 이웃 국가를 통하는 것만이 중앙아시아와 동남아시아의 시장과 에너지 공급망에 도달할 수 있는 유일한 방법이다. 이에 따라 미얀마는 중국이 투자와 교역 금지를 해제하면서 외교적 영향력을 발휘해야 하는 중요한 국가가 되었다. 인구가 5천만 명이 넘는 불교 국가인 미얀마는 2차 세계대전 이전까지 영국의 식민지였는데, 조만간 그랜드 트렁크 로드를 양곤Yangon까지 확장할 수도 있다. 인도-미얀마의 연결 계획은 벵골 만의 시트웨Sittwe에서 인도 북동부의 미조람Mizoram과 트리푸라Tripura, 중부 방글라데시를 거쳐 인도의 콜카타까지 가스관을 건설하는 계획도 포함하고 있다.

또한 미얀마는 어떻게 하면 동남아시아에서 인도와 중국의 제로섬 경쟁이 핵을 배경으로 한 전쟁으로 전개되지 않을 것인지를 잘 알고 있다. 중국 국민당의 장제스蔣介石의 물자보급 경로였던 스틸웰로드Stilwell Road는 남아시아와 동아시아를 이어주는 새롭고 중요한 연결 동맥으로 떠오르고 있다. 오늘날 인도 북동부, 방글라데시 북부, 미얀마 북부, 중국 남부는 4개 국가에서 가장 가난한 지역이다. 불교도, 무슬림, 애니미즘을 믿는 부족들이 뒤섞여 있는 이 지역에 대한 멸시는 멀리 떨어진 중앙정부에 대한 분개와 소외를 더욱 부채질하고 있다. 하지만 이들 4개 국가는 인도 콜카타에서 방글라데시의 실렛Sylhet, 미얀마의 만달레이Mandalay, 중국의 쿤밍까지 2천 킬로미터를 연결하는 다국적 수송경로에 투자하기 위해 최근에 BCIM 포럼을 결성했다(BCIM은 대륙간탄도탄 ICBM처럼 들리지 않도록 방글라데시, 중국, 인도, 미얀마 순서로 첫 글자를 따서 만든 약어이다). 이 포럼은 2013년에 BCIM 콜카타 – 쿤밍 자동차 랠리에 참가했던 운전자들의 말처럼 더 좋은 도로와 소외되고 가난한 지역에 대한 투자를 위해 반드시 필요하다.

2천 년 전에 승려들은 인도에서 동아시아로 불교를 전파하기 위해 험준한 산악지대를 횡단했다. 오늘날 이런 고대의 유기적 연결이 조금 더 견고한 형태로 다시 등장하고 있다. 식민지 시대의 상처를 치료하려면 여러 세대가 지나야 한다. 하지만 최종 단계는 임의로 그어진 식민지 시대의 국경을 받아들이는 것이 아니라 연결을 위한 기반시설에 유리하게 과거의 국경을 극복하는 것이다.

영향권에서 팍스 아세아나로

과거에 영국의 식민지였던 싱가포르와 말레이시아는 독립운동 시대의 적대감을 극복한 대표적인 탈식민지 시대의 형제 국가가 되었다. 싱가포르의 리콴유李光耀 수상은 1960년대에 말레이시아와의 합병을 통한 독립을 추구했다. 규모를 통해 힘을 키우려는 것이었다. 하지만 1965년의 험악한 결별 이후 두 나라는 수십 년 동안 적대국으로 지냈다. 말레이시아의 침략을 두려워한 싱가포르는 이스라엘과 같은 엄격한 징병제를 도입했다. 하지만 싱가포르가 선진국으로 발전하고 말레이시아가 석유와 삼림자원을 통해 경제발전을 추진하면서, 두 나라는 의심에서 벗어나 상업적 통합, 기반시설 통합 등 조심스러운 상호 의존 관계로 발전했다. 두 나라는 50년 전에 정치적 연방을 구성하는 데 실패했지만, 지금은 기능적인 연방국가로 변하고 있다.

싱가포르의 중심에는 20킬로미터 길이의 좁은 녹지대가 관통하고 있다. 아르데코 스타일art-deco-style*의 탄종파가Tanjong Pagar 역에서부터 녹슬고 오래된 철도 그리고 과거에 대합실로 사용했던 황폐한 나무 오두막까지 과거에 말레이 반도가 하나였다는 사실을 보여주는 식민지 시대의 증거들이 2~3킬로미터마다 있다. 탄종파가 역은 지금은 박물관이지만, 싱가포르와 말레이시아의 21세기 통합은 빠른 속도로 계속되고 있다. 말레이시아의 조호르Johor 지역을 오가는 관광객과 사업가들을 수용하기 위해 3개의 교량이 싱가포르와 말레이 반도를 연결하게 될 것이다. 또한

---

* 1920~1930년대에 유행한 장식미술의 한 양식. 기하학적 무늬와 강렬한 색채가 특징이다. — 옮긴이

경제 영역을 확장하는 싱가포르

| 지도 12 | 경제 영역을 확장하는 싱가포르

싱가포르는 영토를 확장할 수 없다. 하지만 인근의 말레이시아 남부와 인도네시아 도서 지역에 대한 투자를 통해 산업과 국토개발을 확산시키는 성장 삼각지대가 등장했다.

디지털 방식의 통관이 양국의 교류를 원활하게 할 것이다.

싱가포르 면적의 3배에 달하는 조호르는 개발할 땅이 거의 없는 싱가포르의 부동산 개발업체들이 교외 개발과 놀이공원을 건설하기에 최적의 입지를 갖추고 있다. 싱가포르는 2013년에 은퇴자들이 말레이시아에서 저렴한 의료서비스를 받는 데 연금을 사용할 수 있도록 허용했다. 조호르의 협력 모델은 2006년 이후 5백억 달러 이상 투자가 유입되면서 섬유, 식품가공, 전자산업이 발전하고 있는 북서쪽의 바투 파핫^{Batu Pahat}까지 확대되었다. 바투 파핫-말라카 지역에는 새로운 공과대학과 공항이 들어서고 항구도 확장될 예정이다. 연결지대를 따라 개발이 확장되고 있는 것이다.

싱가포르와 말레이시아는 싱가포르, 조호르 그리고 인도네시아의 바탐^{Batam} 섬과 빈탄^{Bintan} 섬이 있는 리아우^{Riau} 제도를 연결하는 성장 삼각지대^{Growh Triangle}의 창설을 통해 발전의 축에 인도네시아를 포함시키기 시작했다. 세 나라의 지도자들이 국경을 중요하게 생각하지 않고 노동과 자본을 더 중요하게 생각하게 될 때까지, 현대 인도네시아의 초대 대통령인 수카르노^{Sukarno}의 군부 적대정책 이후 한 세대가 걸렸다. 싱가포르는 1인당 국민소득의 자릿수가 다를 정도로 말레이시아보다 잘살고, 말레이시아는 인도네시아보다 훨씬 더 부유하다. 하지만 세 나라의 전체 경제 규모는 반대이다. 싱가포르는 대규모 공장과 항구가 들어서기에는 너무 작다. 그래서 대규모 시설은 배로 45분 거리에 있으며 훨씬 더 큰 바탐 섬에 위치하고 있다. 모든 뉴욕 사람들도 이런 현상을 이해한다. 맨해튼이 너무 붐비고 비싼 사무실과 사람들이 뉴저지로 이주하고 있기 때문이다. 역외 공업지역은 싱가포르가 사회적 부담을 추가로 짊어지지 않고 노동력 부족을 해소할 수 있도록 도와주고 있다. 그리고 바탐 섬의 공업지대는 인도네시아의 독재나 민주주의가 하지 못한 개발을 촉진하고 있다. 나는 2014년에 바탐 섬을 자전거로 여행하다가 수마트라 섬에서

2~3년 전에 이주해온 노동자 가족들을 위해 수십 채의 2층 아파트를 짓고 있는 모습을 목격했다.

싱가포르에는 자연적인 내륙지대가 없다. 하지만 지금은 땅을 사서 내륙지역을 건설하고 있다. 홍콩이 주강 삼각주 지역에 통합된 것처럼, 싱가포르, 말레이시아, 인도네시아 세 나라가 더 많은 투자와 생산 그리고 다른 서비스들을 통합할수록 사람과 자본의 이동을 최대화하기 위한 기반시설 계획과 관련된 협조도 더 많아질 것이다. 국가들이 외국에 상품을 판매하고 거래하거나 대규모로 영토를 기꺼이 개방하려고 한다면, 이는 경제적 지형이 영토적 주권보다 우선하는 세계 공급망으로 통합되고 있다는 신호이다.

동남아시아의 모든 국가들이 동일한 논리에 따라 결합하고 있다. 지역 외교집단인 아세안은 "함께 번영하자."라는 슬로건 아래 40년 전에 설립되었다. 하지만 냉전시대의 정치는 이런 동지애를 금지시켰다. 1997년과 1998년의 아시아 금융위기 이후 아세안 경제공동체는 전체 GDP가 2조 달러가 넘는 세계 5위의 경제 블록으로 성장하면서(유럽연합, 미국, 중국, 일본 다음이다.) 6억 5천만 명의 젊은 인구를 자랑하는 중국보다 더 많은 외국인 직접투자를 유치하고 있다. 아세안은 중국과 경쟁하면서 아시아가 세계 공급망에 대한 지배를 강화하는 데 도움을 주고 있다.[1] 1990년부터 2013년까지 세계 제조업에서 차지하는 아시아의 비중이 25퍼센트에서 50퍼센트로 증가했고, 앞으로 10년 동안에는 지속적으로 증가할 것이다.

경제적 격차는 일종의 기회이다. 아시아에서 가장 부유한 1군 국가들은(일본, 한국, 중국 동해안, 싱가포르) 생산시설을 베트남, 태국, 말레이시아 같은 2군 국가나, 필리핀과 인도네시아, 인도가 속한 3군 국가 또는 캄보디아, 라오스, 미얀마로 구성된 4군 국가로 이전해 노동비용을 절감하는 동시에 현지에 일자리와 시장을 창출할 수 있다. 도요타는 태국에서 전체 자동차의 20퍼센트를 생산하고 있지만 인도네시아로 생산시설을 확장해 이미 인도네시아 자동차 시장의 절반을 점유했다.* 세계 최대의 면 셔츠 제조사인 홍콩의 에스켈Esquel 기업은 고급 제품을 중국에서 생산하고 일반 제품은 베트남에서 만든다. 무역업체들이 편리하게 영업할 수 있도록 하는 단일창구 통관 시스템이 아세안 지역에 보급되고 있다. 각자의 경쟁력을 발견하고 활용함으로써—미얀마의 식품 생산, 태국의 제조업, 인도네시아의 원자재와 저임 노동력, 싱가포르의 기업 경영과 자본—아세안 국가들은 마침내 부분의 합보다 더 큰 전체가 되어가고 있다. 아세안 각국은 노동 분업 분야에서 별명을 갖고 있다. 미얀마는 "가든", 태국은 "주방", 라오스는 "배터리"라고 불린다. 아시아는 각 국가 사이에 아웃소싱을 할 때에도 여전히 유리하다.

중요한 것은 장기투자에 필요한 유동성을 확보하고 서구 포트폴리오 자본이 갑작스럽게 빠져나갈 때 발생하는 충격을 방지하기 위해 아세안 국가들이 자본시장을 통합하고 있다는 점이다. 아세안 국가들은 자국에 투자하는 미국의 펀드에 더 이상 투자할 필요가 없어졌다. 아세안 국가의 주식거래소가 여러 도시에 진출하면서, 싱가포르는 물론 호치민, 마

---

* 부품 수의 단순화와 적기공급 생산이라는 도요타의 두 가지 혁신은 세계 공급망에서 린 경영(lean management)⁺ 시대를 불러왔다. 하지만 1999년의 대만 지진과 2011년의 동일본 대지진 이후 기업들은 중요한 핵심 부품의 생산을 지나치게 한 지역에 집중시켜서는 안 된다는 사실을 깨달았다. 예상치 못한 손실이 시스템 전체에 충격을 미치기 때문이다. 현재 일본과 대만의 기업들은 자연재해에 대비한 백업 시설을 포함해 산업 생산 능력을 분배하고 있다.

+ 자재구매에서 생산, 재고관리, 판매에 이르기까지의 전 과정에서 낭비요소를 최소화한다는 개념 — 옮긴이

닐라, 쿠알라룸푸르, 자카르타 등이 역내 기업과 프로젝트에 자본을 공급하는 프랑크프루트와 유사한 중앙경제지구를 설립했다. 기반시설, 금융, 공급망은 팍스 아세아나^{Pax Aseana}를 실현하는 중요한 요인이다.

당신이 동남아시아에 살고 있다면, 일주일이 멀다 하고 국경횡단철도 건설과 관련된 뉴스를 접하게 될 것이다. 중국은 세계 고속철도 건설 산업을 이끌고 있고, 북부와 서부로 고속철도를 확장한 것처럼 남쪽 방향으로도 철도를 확장하고 있다. 라오스를 관통하는 쿤밍 – 방콕 노선 — 라오스의 총 GDP보다 가치가 있는 62억 달러의 프로젝트 — 은 이미 승인을 받았고, 5만 명의 중국 노동자들이 6개의 교량과 76개의 터널 공사에 참여할 것이다.* 라오스는 키르기스스탄이나 몽골처럼 정치적 지도가 실제로 국가가 어떻게 운영되는지에 대한 정보를 거의 알려주지 못하는 국가이다. 태국과 국경을 접하고 있는 메콩^{Mekong} 강과 베트남과의 접경지대에 있는 안남^{Annamite} 산맥은 자연적인 경계를 구성하고 있다. 하지만 외국 자본이 건설한 수력발전소에서 공급받는 전력과 철도가 과거에 고립되었던 지역을 교차하면서, 라오스는 태국에 대한 중요한 전기 공급원이 될 것이다. 일본의 자동차 생산기지에서 한 해에 약 2백만 대의 차량을 생산하는 태국은 지난 수십 년 동안 반복되는 정전을 방지하기 위해 필사적인 노력을 하고 있다. 쿤밍 철도가 라오스를 가로질러 방콕에 도달하면 쿠알라룸푸르와 싱가포르로 가는 또 다른 고속철도와 자연스럽게 연결될 것이다. 또한 쿤밍 철도가 미얀마의 양곤 항으로 연결되면 안다만^{Andaman} 해에서 태국을 거쳐 중국으로 향하는 수송 경로의 역할을 하

---

* 중국은 라오스 공사 구간에 대해 자금을 지불할 수도 있지만, 광산 채굴권을 통해 회수할 수 있는 차관을 제공했다. 또한 인도네시아에 고속철도 건설과 관련해 상당한 규모의 자금을 제공할 계획이다.

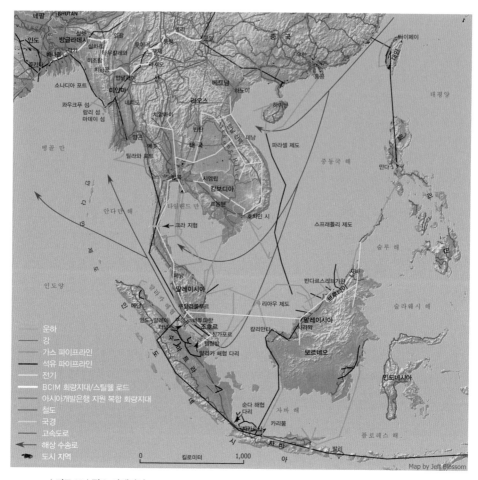

| 지도 13 | 팍스 아세아나

동남아시아는 수송과 에너지 기반시설, 무역협정, 공급망의 상호 보완을 통해 기능적 통합으로 향하는 발전에서 과거 식민지였던 지역들 가운데 가장 앞서나가고 있다.

Map by Jeff Blossom

게 될 것이다.

아시아의 최남단인 싱가포르와 아시아 동북부의 중심 도시인 상하이와 베이징을 연결하는 남북의 철도 동맥은 동부 유라시아의 수직축이 될 것이다. 티베트에서 시작해 베트남을 향해 남쪽으로 흐르는 메콩 강 경제구역은 동부 유라시아 경제축에 상응하는 또 다른 경제축이 될 것이다. 6개 국가로 구성된 광역메콩강지대^{Greater Mekong Subregion}는─실질적인 수도는 태국의 방콕이다─미국의 3분의 1 크기로 70만 킬로미터의 도로와 1만 5천 킬로미터의 철도가 깔려 있고 역내 GDP도 1조 달러에 육박한다. 아시아개발은행의 자금 지원을 받는 미얀마에서 베트남에 이르는 동서 수송 경로는 인도차이나 반도의 유기적 통일성을 증대시킬 것이다.

작은 이웃 국가에서 자원을 채굴하고 벵골 만과 안다만 해로 가져가기 위해 동남아시아의 병목을 제거하는 중국의 남방 진출 전략은 아직도 변하지 않았다. 미얀마는 수십 년 동안의 세계 경제 제재가 끝난 이후 중국, 동남아시아, 인도와 접한 3면의 국경지역을 빠른 속도로 개방했다. 미얀마의 국경 교역이 1980년대에 합법화되었을 때 가장 먼저 접근한 중국은 미얀마의 샨^{Shan} 주에서 수백 년 동안 지속된 중국-미얀마 국경지대의 계절적 주민 이동을 활용했다. 중국의 기업들은 샨 주에서 광산, 파이프라인을 운영하고 있다. 이곳에서는 중국의 위안화가 통용되며 국제결혼도 증가하고 있다.* 동남아시아에서는 국경이 아니라 사람과 물자의 이동과 갈등에 대한 관리가 중요해지고 있다.

아세안의 기업인, 노동자, 학생, 관광객 들은 에어아시아^{AirAsia}와 같은 저비용 항공사 덕분에 역내 국가들을 기록적으로 많이 방문하고 있다.

---

* 또한 중국은 국경지대에 거주하는 반군인 코캉족(Kokang tribe)의 와주 연합군(United Wa State Army)을 지원하고 있다는 비난을 받았다.

에어아시아는 그 어떤 국제기구보다 아세안 통합을 위해 많은 일을 했다. 인구 이동을 보면 아시아의 융합은 지속될 것으로 예상된다. 싱가포르와 대만 등 과거의 아시아 호랑이들은—중국과 일본은 말할 필요도 없이—늙어가고 있는 반면, 인도네시아와 필리핀에는 젊은 노동력이 풍부하다. 태국에만 25만 명이 넘는 미얀마 사람들이 거주하고 있다. 미국의 도시들이 멕시코의 저임 노동자들이 없으면 제 기능을 못하는 것처럼, 미얀마 사람들이 없으면 태국의 지역경제도 멈출 것이다. 유럽과 마찬가지로 동남아시아에서도 탈민족국가post-national의 1세대가 탄생하고 있다.

아프리카 쟁탈전에서 팍스 아프리카나로

아프리카의 해체

모든 사람들이 민주주의, 분리주의, 소액대출, 문맹, 백신처럼 오늘날 아프리카가 가지고 있는 어려움에 대해 한 단어로 된 해법을 가지고 있는 것처럼 보인다. 하지만 아프리카 국가들은 기초적인 기반시설이 없이는 생존하지 못할 것이다. 아프리카에서 독립을 축하하는 것과 성공을 이룩하는 것의 차이를 만드는 것은 정치적인 국민국가 건설이 아니라 국내와 국제적으로 물리적인 국가 건설이다.

아프리카는 외부의 간섭을 받지 않고 국가를 가장 잘 건설하는 방법에 대해 숙고하고 결정하는 시간을 갖지 못했다. 아프리카의 지정학적 복잡성은 2세기에 걸친 유럽의 식민지 지배, 2차 세계대전 이후 수십 건의 독립운동, 일부 국가에 대한 지원과 방해, 막강한 외국 공급망 운영자를 불러들인 원자재 산업의 세계화라는 결과를 낳았다.

아프리카 국가들 사이의 국경 가운데 상당수는 위도와 경도를 적용할 때에만 눈에 보인다. 유럽의 식민주의자들은 문화적 지형을 존중하지 않고 위도와 경도를 이용해 직선으로 국경을 정했다. 식민지 열강들은 서로 응집력이 있는 사회를 결합시키지 않고 국가들을 아무렇게나 정렬시켰다. 아프리카를 차지하기 위해 쟁탈전을 벌인 19세기 유럽에서 자연지형, 인구, 공통점, 경제적 생존력 등 행정구역을 만들 때 고려해야 하는 조건들은 대부분 무시되었다. 분리 지배라는 식민주의 원칙이 적용된 결과로, 850여 개의 부족 집단은 통일된 국가 집단을 이루지 못하고 수많은 내전과 갈등에 시달리고 있다.[2] 예를 들면 마사이족Masai은 케냐 인구의 3분의 2를 차지하고 있고 탄자니아 인구의 3분의 1을 구성하고 있다. 가나 인구의 60퍼센트는 안이족Anyi이고, 코트디부아르 인구의 40퍼센트는 안이족이다. 체와족Chewa은 모잠비크, 말라위, 짐바브웨에 흩어져 살고 있다. 하우사족Hausa은 나이지리아와 니제르에 살고 있다. 말리, 부르키나파소, 세네갈, 감비아 그리고 다른 아프리카 국가들은 엉터리 국경과 분리된 민족이 어떻게 만성적인 지리학적 스트레스를 유발하는지를 보여준다. 이런 지리학적 스트레스가 아프리카 국가들의 집중력을 국가개발 의지로부터 분산시키고 있다. 소말리족Somali은 이탈리아, 영국, 에티오피아 세 나라의 식민지로 분리되었고, 지금은 소말리아, 케냐, 에리트레아, 지부티에 흩어져 대소말리아를 위한 민족통일운동을 벌이고 있다. 소말리아의 내전은 이웃인 케냐로 확산되고 있다. 국제 판결에 의해 에리트레아로 넘겨진 지역에 집착하는 에티오피아의 경우처럼, 아프리카에는 전통적인 국경 분쟁도 존재한다.

다른 어떤 대륙보다 내륙 국가가 많은 아프리카 대륙에는 12개 나라가 내륙에 갇혀 있다. 아프리카의 민족적·영토적 균열은 국경 무역을 촉진하는 내륙의 강이 없다는 점 때문에 더욱 복잡해지고 있다. 내륙 수로의 부재는 아프리카를 하나의 응집력 있는 대륙이 아니라 이질적인 하위지역의 집합으로 만들고 있다. 아프리카의 정확한 모습은 현재 54개의 명목상의 독립국가로 구성된 지도보다 훨씬 더 분열되어 있다. 아프리카 대륙의 최대 국가인 콩고는 "아프리카의 중앙에 있는 구멍"으로 널리 알려져 있다. 아프리카 대륙의 현실은 응집력 있는 국가가 아니라 고립된 소수민족 집단의 거주지에 더 가깝다.

아프리카의 국가들은 크고 약하거나 아니면 작고 약하다. 하지만 좀 더 정확하게 말하면, 54개 국가 모두 힘이 없다. 식민지에서 벗어난 지 70년이 지나 기반시설이 쇠퇴했지만 인구는 3배로 늘었다. 세계에서 가장 취약한 20개 국가 가운데 15개가 아프리카 대륙에 있다. 아프리카 대륙의 가장 오랜 실력자인 남아프리카공화국, 리비아, 이집트는 냉전시대가 끝난 이후 쇠락했고, 나이지리아, 앙골라, 르완다, 케냐, 에티오피아 같은 새로운 실력자들은 민족 갈등, 파벌주의, 자원 또는 정치적 분열에 취약하다. 작고 가난한 차드와 르완다 두 국가가 아프리카에서 가장 큰 국가인 나이지리아와 콩고에 군사적으로 개입했다는 사실은 아프리카에 관해 무엇인가 특별한 점을 이야기해준다.

역사의 우발적 사건들을 극복하는 유일한 방법은 생산성과 효율성을 높여주는 외국인 투자와 기반시설 개발이다. 지난 10년 동안 높은 원자재 가격 덕분에 사하라 남쪽 지역의 7개 자원 부국은—내륙의 르완다, 보츠와나, 잠비아와 해안 지역의 가나와 앙골라 등—세계에서 가장 빠

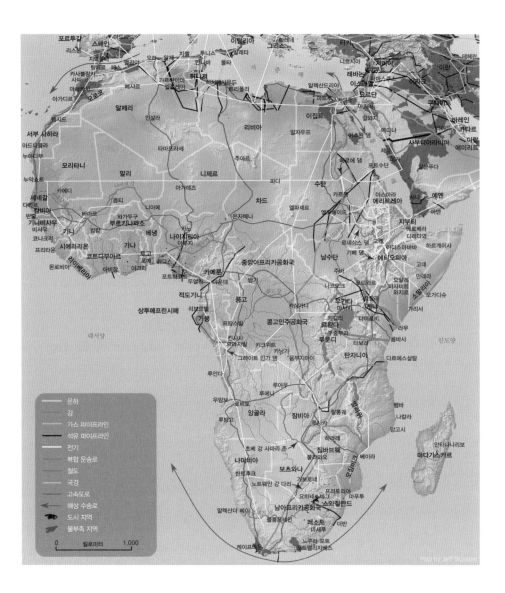

| 지도 14 | 팍스 아프리카나

아프리카는 아직도 하나의 통일된 대륙이 아니라 작은 지역의 집합에 가깝다. 하지만 새로운 대륙횡단 고속도로와 철도, 수력 발전 댐과 전기 공급망, 석유와 가스 파이프라인이 탈식민지 시대에 임의로 만들어진 지도를 아프리카 국가들이 서로 더 긴밀하게 연결되는 지도로 바꾸어놓고 있다.

르게 성장하는 국가 목록에 이름을 올렸다. 자원 부국들은 모두 세계 공급망과의 연결을 통해 발전을 이룩했다. 현재 케냐, 모잠비크, 탄자니아는 에너지에 목마른 인도양 반대편의 아시아 국가들과 유대관계를 증진시킬 막대한 근해 에너지 자원을 개발하고 있다.

많은 탈식민지 국가들이 분열되면서 기능적 민주주가 마법처럼 그 자리를 대체하지는 못할 것이다. 대신 특별경제구역과 같은 기능적 지역들이 유례없는 규모로 우후죽순처럼 등장하고 있다. 이 지역들은 중앙정부의 통치를 받는 것이 아니라 국내외 그리고 공공과 민간 공급망에 의한 통제를 받는다. 아프리카 국가들은 탈식민지 시대에 잔존하는 의심과 무역장벽 때문에 이웃 국가들보다 세계 다른 지역의 국가들과 더 많은 교역을 해왔다. 하지만 아시아와 마찬가지로 공급망 건설은 상업적 통합으로 이어지고 있다. 아프리카 국가들이 식민지 시대 국경을 넘어 더 큰 집합체로 발전한다면 더욱 강력한 국가가 될 수 있다. 아프리카는 영토가 매우 넓어 이런 통합이 한 번에 진행되지는 않고 하위집단을 통해 이루어질 것이다. 아프리카 대륙은 수많은 작은 경제들이 소수의 대규모 경제로 융합할 때에만 광범위한 부활을 성취할 수 있을 것이다. 기반시설이 아프리카의 지도를 제대로 된 모습으로 바꾸어놓고 있다.

사랑하는 중국으로부터

지난 수 세기 동안 유럽의 식민주의 국가들은 기반시설 프로젝트에 자금을 지원함으로써 아프리카의 지배에서 우위를 추구했다. 지금은 중국이 아프리카의 자원을 수탈하면서 자국의 위험을 줄이는 방법을 찾고 있다. 중국은 이미 1970년대에 탄자니아의 인도양 해안도시 다르에스살람^{Dar}

es Salaam과 내륙의 잠비아를 연결하는 2천 킬로미터의 철도를 건설했다. 현재 중국은 수단의 메로웨Merowe 댐, 남수단에서 인도양으로 가는 철도와 파이프라인을 건설하고 있고 빅토리아 호수로 가는 케냐의 철도를 재건하고 있다(빅토리아 철도는 1백 년 전에 영국령 인도의 노동자들이 건설했다). 막대한 자원과 기반시설 프로젝트 계약들은 수백만 톤의 원자재를 대가로 중국이 건설을 제공하는 효율적인 교환협정을 통해 진행되고 있다. 아프리카의 취약한 국가들은 사회를 현대화하고 인구 변화에 대처하는 것은 물론 국가 경제를 전체적으로 개발하기 위해 중국이 건설하는 공공 기반시설을 필요로 한다. 세계은행은 2차 세계대전 이후 국가 재건을 위한 자금을 지원했지만, 1960년대에 지원 중점 대상에서 기반시설을 제외하면서 관개, 교통, 전기 공급시설 등은 개발되지 못한 상태로 남아 있었다. 중국이 이 틈새를 비집고 새로운 공생의 파트너로 등장했다. 중국은 돈으로 세계를 사들이는 것이 아니라 천연자원을 대가로 세계를 건설하고 있다.

현재 중국은 아프리카 국가들이 유럽의 식민지 시대에 작위적으로 설정된 국경을 초월해 발전하도록 가장 큰 영향력을 발휘하고 있다. 중국은 콩고와 잠비아처럼 내륙 깊은 곳에 위치한 국가까지 도달하는 견고한 기반시설을 아프리카 전역에 건설하고 있다(또한 서아프리카를 가로지르는 광케이블 망을 설치하기 위한 공사도 하고 있다). 독립 시대의 독재자들에 의해 단절된 철도 노선도 중국의 전폭적인 해외산업 지원을 통해 복구되고 있다. 가장 야심찬 기반시설은 중국이 자금을 지원하는 케냐의 라무Lamu 항 – 남수단 – 에티오피아 수송로이다. 새로 발견된 가스전의 가스 수출을 위한 이 수송로는 케냐를 가로질러 북쪽으로는 에티오피아의 아디스

아바바, 남쪽으로는 남수단의 주바^{Juba}, 서쪽으로는 우간다에 이르는 다국적 철도 노선이다. 하지만 중국은 새로운 식민지 국가가 아니라 새로운 상업주의 국가이다. 중국은 영토가 아니라 단지 공급망만을 원하기 때문이다.

카이로에서 남아프리카공화국의 케이프타운에 이르는 두 번째 철도가 영국이 아니라 중국에 의해 건설된다고 하더라도, 이 노선은 "아프리카인을 위한 아프리카" — 팍스 아프리카나$^{Pax\ Africana}$ — 라는 목표 달성을 위한 것일 터이다. 훌륭한 기반시설과 조직은 열악한 지형에 대한 유일한 치료방법이다. 케냐, 우간다, 르완다는 아프리카의 베네룩스와 같은 국가가 되었고, 이웃 국가들을 더 가깝게 묶어두는 통합 중심체를 건설했다. 항구의 위치, 투자촉진위원회의 구성, 잠재적 통화 연맹의 구조 등과 같은 집단적 문제들을 주도하는 국가에는 상업, 외교, 법률을 담당하는 부서가 등장했다. 르완다와 부룬디는 중요한 철도, 파이프라인 그리고 케냐와 탄자니아를 가로질러 인도양까지 자원을 수송할 내륙 수로 프로젝트의 중심지이다. 몸바사^{Mombasa} – 캄팔라^{Kampala} – 키갈리^{Kigali} 철도는 대부분의 구간을 차지하는 탄자니아 등 4개 국가를 지나 1천5백 킬로미터에 걸쳐 있다. 호주가 주관하는 므쿠주^{Mkuju} 강 프로젝트는 탄자니아를 세계 최대의 우라늄 생산국으로 변화시키고 있다. 내륙에서 생산되는 아프리카의 원자재가 인도양으로 운송되면서, 몸바사와 다르에스살람 같은 항구들은 수시로 발생하는 화물 선적 지연을 없애기 위해 시설 현대화를 빠르게 추진해야 한다.*

---

* 남아프리카공화국 수출품의 96퍼센트가 항구를 통해 나가지만, 항구의 지체가 참을 수 없을 정도로 심하다. 이 때문에 2010년부터 이스턴케이프 주의 응쿠라(Ngqura) 항구에 코에가(Coega) 산업개발지역을 설립했고, 개선된 물류 분야에서 2

동아프리카의 기반시설이 철도에서 전력 공급망에 이르기까지 한 국가가 아니라 지역적인 시설로 변하면서, 내륙에서 바다에 도달할 때까지 이웃 국가를 통한 국가의 상품 수송과 거래는 새로운 단계로 발전했다. 범아프리카기반시설개발기금Pan-African Infrastructure Development Fund은 1년에 5백억 달러를 공항, 댐, 고속도로뿐만 아니라 국경지대의 수송 연계, 전기, 농업, 제조 공급망 건설에 지원하기 시작했다. 아프리카 사람들은 지금 유럽 다음으로 아프리카에 투자하고 있다. 아프리카개발은행African Development Bank은 2008년 이후 공공과 민간 기반시설 프로젝트에 1백억 달러의 자금을 지원했고, 2014년에 나스닥에 상장된 기반시설 펀드를 조성했다. 앞으로 10년 동안 아프리카의 얼굴을 바꿀 수십 개의 새로운 다국적 프로젝트가 시작될 것이다. 에티오피아의 르네상스 댐은 최고 6천 메가와트의 전기를 생산할 수 있는데, 이는 에티오피아 전력 공급량의 3배에 해당한다. 콩고 강에 있는 그레이트 잉가Great Inga 댐은 4만 메가와트의 전력(중국의 싼샤三峽 댐 이상으로)을 생산해 수백만 명의 사람들에게 전기를 공급할 수 있다.

연결의 통로는 수송과 전기 공급망을 외국 투자자와 운영 기업뿐만 아니라 모든 당사자들이 공동으로 소유하는 하나의 시스템으로 통합한다. 따라서 중국은 아프리카를 정복하기보다는 자국을 포함한 세계 투자자들에게 더 매력적인 대상이 될 수 있도록 도와주고 있다. 국경을 허무는 일은 중요한 현금 수입원인 관광객들에게 아프리카를 더욱 매력적인 곳으로 만든다. 잠비아, 짐바브웨, 보츠와나, 나미비아가 합쳐지는 초베

___

만 5천 명의 고용을 창출했다.

Chobe 강 지역에서 국경 통과절차가 완화되면서, 방문객들은 비자 도장을 받는 대신 야생 코끼리 관광에 더 집중할 수 있게 되었다.

중국의 투자와 공급망이 없는 1억 명의 에티오피아 사람들의 삶을 상상해보라. 에티오피아는 유럽의 식민지화를 막아내는 데 성공한 국가이지만, 아프리카에서 두 번째로 인구가 많은 내륙 국가이자 인간개발지수가 가장 낮은 국가이다. 하지만 중국은 에티오피아를 아프리카 진출의 교두보로 만들면서 수출을 활성화하기 위해 아디스아바바와 지부티의 항구를 연결하는 780킬로미터의 철도를 건설했다. 에티오피아의 도로에 대한 중국의 투자는 영양실조에 시달리는 주민들에게 음식을 배분해주고 농부들에게 혜택을 주는 수송망을 구축해주었다. 또한 관광객들이 아디스아바바를 벗어나 악숨Axum과 1천 년 전에 바위를 깎아 만든 에티오피아 정교회가 있는 다른 도시들을 구경할 수 있도록 했다. 외국의 투자, 기반시설 개발, 일자리 창출, 진보적 리더십이 함께 작용하면서, 과거에 아프리카의 기아를 상징하는 어린이 포스터에 나왔던 에티오피아는 아프리카의 차세대 경제강국으로 알려지고 있다.

하지만 아프리카는 중국이 시작한 도로망을 더 건설하고 항구와 철도 같은 기반시설을 관리하는 젊은이들을 훈련시키며 지속 가능한 개발에 자금을 투자할 때에만 시장에 대한 공급자의 위치에서 벗어날 수 있다. 그리고 민주적인 통치에 대한 서방의 요구와 자원에 대한 아시아의 수요가 합쳐지는 곳이 공급망이 되고, 중국의 연결성이 서방 국가들의 정치적 목표를 달성할 수 있게 할 것이다.

중국은 아프리카의 공급망이 원활하게 작동하기 시작한 이후에 공급망을 보호하는 방법을 찾고 있다. 중국은 이미 아프리카의 평화 유지 작전에 공헌하고 있고, 민간 군사기업 수십 곳이 아프리카 전역에서 중국의 자원 시설을 보호하고 있다. 하지만 최근에 나이지리아와 수단 등에서 중국인 근로자들에 대한 살해와 납치 사건이 발생했다. 약 30만 명의 중국 근로자들이 일하고 있는 앙골라에서 유가 하락으로 현지인 일자리가 사라지자 외국인들에 대한 무자비한 폭력사태가 발생했다. 아프리카 국가들은 반중 감정이 강해지면 중국인을 추방하고 그들이 건설한 국가 간의 도로, 철도, 파이프라인에 대한 새로운 보호자로 등장할 수도 있다. 아프리카가 하나로 함께 협력할 것인지 아니면 또다시 분할 통치에 굴복할 것인지를 예견하기에는 너무 이르다. 이에 대한 답은 공급망에 대한 주도권 전쟁을 지켜보아야만 알게 될 것이다.

사이크스, 피코 협정에서 팍스 아라비아로

2007년에 미국 특수전 부대에 파견되었던 나는 전쟁에 신기술을 적용하는 미국의 놀라운 능력을 경험했다. 이라크의 지형도 위에 겹쳐 있는 디지털 지도에는 인공위성 사진, 드론 감시정보, 지역폭동 지도, 지상군이 전송한 실시간 상황, 인지 정보^{human intelligence}와 다른 형태의 디지털 정보들이 표시되어 있었다. 미국의 특수작전팀은 2시간 전에만 통보해주면 이라크의 어떤 지역도 공격할 수 있었다. 작전은 대규모 병력 증원 기간 동안 끊임없이 전개되었지만, 이라크를 하나로 통일하려는 연합군의 능력은 기껏해야 잠시 동안만 유지되었다. 어느 날 밤 이라크 북서쪽에 있는 발라드 공군기지에서 군 고위 간부와 함께 산책을 하는 동안, 나는 단도직입적으로 "당신이 아랍어를 할 수 없어서 이 모든 첨단장비들이 필

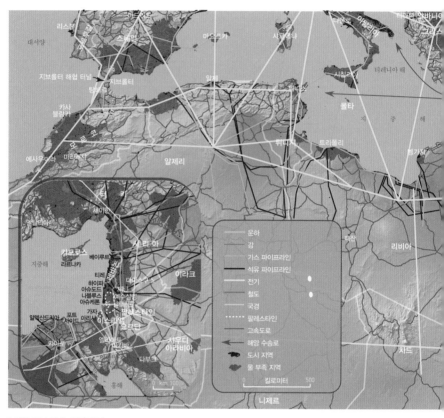

| 지도 15 | **팍스 아라비아**

이미 많은 국가들이 붕괴된 아랍 세계에 재편의 시기가 왔다. 새로운 에너지와 물 관련 기반시설들은 자원이 풍부한 국가와 자원 빈곤국 사이의 자원 공유를 촉진시킬 수 있다. 동시에 개선된 수송 경로들은 아랍 세계를 유럽, 아프리카, 중앙아시아와 더 긴밀하게 연결된 도시 오아시스의 집단으로 변화시킬 수 있다. 연결은 아랍과 이스라엘, 터키, 이란의 관계를 바꾸어놓고 있다.

요한가요?"라고 물었다.

지구 반대편에 있는 국가가 문화적으로 복잡한 지역에 강요한 정치적 목표는 지속 가능성이 1년도 안 된다. 미군 지휘관들은 통일된 다민족 친

Map by Jeff Blossom

미 이라크 정부 수립의 필요성에 대한 부시 정부의 맹목적 믿음이 잘못
되었다는 짧은 보고에 전혀 놀라지 않았다. 실제로 존재하지 않는 국가
의 한가운데 앉아 있는 이들은 알카에다와 다른 무장단체들에 대한 두더
지 잡기 방식의 작전을 펼치는 것만큼 대안 작전을 이해하고 싶어 했다.

　아랍의 봄과 중동 지역에서의 갑작스러운 국가의 붕괴는 많은 중동 국
가들에게 큰 충격을 던져주었다. 수십 년 동안의 부패 정치, 기반시설 부

재, 인구 급증, 사회적 퇴보가 독재정권과 국가 자체를 취약하게 만들었다.* 이른바 군부와 정보 엘리트의 국가가 사라지자, 혼란과 급진주의 또는 정치적 분쟁이 대신하는 권력 공백 상태만 남았다. 리비아는 가동하고 있는 원유 수출항, 어떤 부족과 무장단체가 어떤 도시와 마을을 지배하고 있는지, 반군과 무장단체가 어느 국가로부터 유입되고 있는지에 대한 자세한 정보가 부족했기 때문에 결속력 있는 국가가 되지 못했다.** 미군은 리비아와 예멘 두 국가에서 유조선의 안전한 통과를 위해 반군과 협상을 했다. 공급망은 국가보다 오래 지속되고, 공급망에 대한 통제가 나머지에 대한 통제권을 누가 가질 것인지를 결정한다.

세계 무슬림의 대부분은 중동에 거주하는 것이 아니라 파키스탄에서 인도네시아에 이르는 남아시아와 태평양 지역에 거주한다는 사실에 주목하는 것이 중요하다. 이 지역에서는 아랍과 달리 터무니없을 만큼 대규모의 종교적 폭력이 발생하지 않고 있다. 따라서 문제와 해법 모두가 종교만큼 정치적 지형과 통치와 관련되어 있다. 실제로 중동의 종파는 종교적이라기보다 훨씬 더 정치적이다. 거의 이해할 수 없는 교조주의적 차이를 과장함으로써 노골적인 정치적·영토적 목적을 가면 뒤에 숨기고 있을 뿐이다.

리비아, 시리아, 이라크 등 주요 아랍 국가의 분열은 중동의 지형을 규정하는 원칙적인 선들에 대해 다시 생각해볼 수 있는 기회이다. 이라크와 시리아의 내전에서 수십만 명이 사망하고 이웃 국가인 레바논과 요르

---

* 1970년 이후 발생한 내전 가운데 5분의 4는 아랍 세계의 인구 통계로 볼 때 중위 연령(Median age)이 25세 이하인 국가들에서 발생했다.
** 튀니지는 2015년에 리비아와의 국경에 120킬로미터에 걸친 철조망 건설 공사를 시작했다.

단이 정치적 소용돌이에 빠지면서, 현재 아랍의 격변은 유럽의 30년 전쟁과 비슷해졌다. 아랍 국가들은 외부적 위협보다는 내부적인 안정에 더 관심이 많다. 그래서 차세대 지도를 완성하는 일은 수십 년이 걸릴지도 모른다. 실제로 리비아, 시리아, 이라크의 정국은 아직도 매우 혼란스러워 합리적 분할이 불가능하다. 하지만 이슬람 칼리프의 통치, 외국의 식민 지배, 제국주의 종주권, 불안정한 국가, 변덕스러운 범아랍주의, 비극적인 내전, 현재의 광범위한 국가 붕괴 등 아랍 세계가 겪은 경험들에 비추어볼 때, 과거를 반복하기보다는 과거에서 교훈을 얻는 것이 현명할 것이다.

아랍 세계에서는 국가 재편을 위한 기회가 무르익었다. 아랍 국가들은 부패한 독재자 아래에서 인위적인 국가의 틀을 만드는 헛수고를 하는 대신 국가 내부의 연결성을 보여준 역사상의 지도 제작법을 다시 찾아야 한다. 식민지 시대 이후 아랍의 퇴보는 너무 심각해서, 터키뿐만 아니라 다른 많은 아랍 국가들도 오스만 제국을 동경하고 있다. 역사가인 필립 맨셀Philip Mansel의 주장처럼, 오스만 제국은 3백 년 동안 이슬람 사원, 유대교 사원, 교회가 공존하고 여러 언어와 종교가 혼재하는 반反문명충돌의 국가였다. 이집트의 알렉산드리아에서 터키의 스미르나Smyrna(현재의 이즈미르Izmir), 베이루트에 이르기까지 대화가 갈등을 이겼고 합의가 이상보다 앞섰다.[3] 오스만 제국의 개방성에 대한 언급이 본질적으로 수니파의 지배를 의미한다 해도, 이것이 광범위한 지역적 평화와 양립할 수 없지는 않다. 오스만 제국과 페르시아 제국의 사람들은 18세기 초 이후 이슬람 공동체ummah의 틀 안에서 공존했다. 오스만 제국과 이란의 카자르Qajar 왕조는 오래 지속되고 있는 평화 관계를 성문화하는 에르주룸 협정

Treaty of Erzurum을 1847년에 체결했다. 국경 협상이 수 세기에 걸쳐 지속되었지만 국경은 개방되어 있었다. 이런 과거의 역사를 현재의 이란 문제를 해결하는 지침으로 생각해보라. 핵무기와 테러에 초점을 맞춘 지난 수십 년 동안의 실패한 고립정책 대신—핵 프로그램이 계속되는 동안 이란의 영향을 받은 이런 일은 레바논, 시리아, 이라크에서 증가했다—더 광범위한 개방정책이 아랍과 페르시아 전역에 교역을 더 활성화시키고 상호 이해를 증진시킬 수 있다. 각자가 좋아하는 지도 재편과 공급망의 상호 의존성이 조화를 이루면서 관용과 공존의 미덕이 중동에 등장할 것이다.

미래를 위한 유사한 패러다임은—팍스 아라비아—아랍 지역 전체를 부유하게 만들기 위해 도시들 사이에 이런 유동적인 연결성을 의도적으로 증대시킬 것이다. 북아프리카의 카르타고와 남부 스페인, 시칠리아 같은 에게 해와 지중해의 섬에 식민지를 만들기 위해 상인들과 탐험가를 보낸 곳이 지금의 레바논에 있는 티레Tyre 같은 고대 페니키아의 도시국가였다는 사실을 기억하라. 실제로 튀니스, 베이루트, 다마스쿠스, 바그다드 등 역사적으로 가장 성공한 무역 중심지는 아랍의 도시였다. 이는 아랍 세계가 거의 도시화되어 있다는 사실을 다시 한 번 일깨워준다. 본래 아랍의 지도는 유럽, 터키, 페르시아 지역과 관계를 맺고 있는 상업도시들의 중심 지역을 나타냈다. 이는 지난 20세기가 남긴 것보다 훨씬 더 풍부한 유산이다.

1916년에 체결된 사이크스, 피코Sykes-Picot 협정과 1920년의 산레모San Remo 협정은 중동을 탄생시켰고, 오스만 제국을 나약한 서구 의존 국가로 만들었다. 오스만 제국의 붕괴 이후 중동 국가들은 독재국가로 변했다. 하지만 레바논 내전, 이란–이라크 전쟁, 미국의 이라크 침공, 아랍의 봄, 리비아의 무정부 상태, 시아파의 바스라Basra 지배와 바그다드에 대한 종파적 정화, 쿠르드족의 독립운동, 시리아의 내전은 아랍의 진짜 지도를 원형을 알아볼 수 없을 만큼 분열시켰다. 2014년에 당시 이란의 수상이었던 누리 알말라키Nouri al-Malaki는 터키인과 기독교인들을 달래기 위해 4개 주의 창설을 제안했다. 그러나 터키인과 기독교인들은 1년도 안 되어 아이시스의 공격을 받았다. 아이시스는 주권의 여부와 상관없이 아랍의 여타 국가들처럼 기능적으로 활동하는 국가가 되었다. 이들은 자금을 조달하고 자체 화폐와 여권을 발행하며 전 세계 수백만 명의 모험을 추구하거나 소외된 젊은이들에게 체제 선전방송을 내보내고 있다. 이런 젊은이들 가운데 수천 명이, 심지어 미국이나 호주 같은 먼 국가에서도 아이시스에 합류했다. 종파적 갈등과 과격한 성전Jihad은 아랍 전역으로 확산되어 요르단과 같은 약한 국가들을 붕괴시킬 수 있다. 이라크에서 벌어지는 사우디–이란의 대리전은 얼마 남지 않은 기반시설도 모두 파괴시킬 수 있다.

아이시스는 시리아의 데이르알조르Deir al-Zor와 이라크의 안바르Anbar 주를 시리라크Syriraq로 결합시킴으로써 국경 없는 아랍이 어떤 것인지를 보여주었다. 아이시스는 역사적으로 실체가 없었던 알샴Al-Sham(대시리아) 지역을 모두 차지하려는 야심을 가지고 있다. 그리고 아프가니스탄에서 국경지대에 걸쳐 있는 광활한 호라산Khorasan 지역에 대한 세력권 확대를 선언했다. 이들은 국가와 같은 칼리프 통치구역을 건설하고 싶어 한다. 하지만 아이시스의 전략은 댐, 파이프라인, 정유소, 도로 등 기반시설을 통제함으로써 이라크 도시에 공급되는 물과 같은 공공재를 차단하는 것이다. 아이시스 점령지역의 지도는 2차원 지도가 아니라 안바르 주의 거점으로부터 외부로 확산되는, '성전의 고속도로'를 따라 뻗어나가는 문어발처럼 보인다. 사이크스, 피코 협정에 의해 그려진 중동의 정치적 지도는 미국지리공간정보국National Geospatial Intelligence Agency이 제공하는 원유 수송차량에 대한 실시간 인공위성 추적 정보와 아이시스의 보급로를 찾아내기 위한 석유 암시장의 금융 데이터에 의해 밀려나고 있다. 지금으로서는 안바르 지역이 아이시스의 거점으로 남아 있을 것인지, 이라크의 지배로 돌아갈 것인지 아니면 사우디아라비아의 북부 국경지대로 남아 있을 것인지 알 수 없다. 또한 아이시스가 사우디아라비아의 분할에 성공할 것인지도 알 수 없다.

국경이 붕괴되면서 사람들도 서로 섞이고 있다. 쿠웨이트에 있는 50만 명의 팔레스타인 주민에서 리비아에 있는 1백만 명의 이집트 사람들까지 아랍 노동력의 유동성은 아랍 지역의 물리적 국가 건설에 매우 중요하다. 하지만 지난 10년 동안에 벌어진 이라크와 시리아의 내분은 유엔 난민기구가 "점진적 추세가 아니라 폭발적 증가"라고 표현한 난민 위기를 불러왔다.[4] 이라크와 시리아에는 최소 1천5백만 명의 난민과 국내 실향민이 존재한다. 6백만 명의 팔레스타인 후손 가운데 3분의 1과 1백만 명에 가까운 시리아와 이라크 난민들이 거주하는 요르단은 거대한 난민 캠프가 되었다. 시리아에서는 반영구적으로 도시가 된, 국가가 없는 행정구역에 대규모로 난민들을 수용하고 있다. 10만 명 이상의 시리아 난민을 수용하고 있는 요르단 북부의 자타리Zaatari는 시리아에서 네 번째로 큰 도시가 되었다. 세계식량기구의 책임자는 자타리를 난민캠프가 아니라 지역자치단체나 도시로 간주한다고 말했다.[5]

중동 문명의 중심지 사이에 있는 지역은—터키, 사우디아라비아, 이집트, 이란—지금은 누구나 차지할 수 있는 곳이다. 이라크의 민족주의는 의미가 없고, 시리아는 인위적으로 실패한 국가가 되었다. 종파적 다양성과 험한 지형을 고려할 때, 시리아는 다마스쿠스와 알레포가 상업적 자치 중심지로 남는 상태로 더 분열될 운명에 처해 있다. 중동 전체가 레바논화를 경험하고 있다. 레바논에는 다민족으로 구성된 수도에서부터 다양한 거리를 두고 여러 개의 종파적인 도시들이 산재해 있다. 중동은 단지 "국기를 걸고 있는 부족들의 집합"이라고 불려왔다. 현재 국가가 없는 쿠르드족 같은 부족들에게 민족주의는 국가가 있는 요르단이나 레바논 국민보다 훨씬 더 중요한 의미를 가지고 있다. 실제로 쿠르드 자치구와 이스라엘처럼 영토를 점유하고 있는 부족 국가들은 중동의 미래 지도에서 중심부가 될 것이다.

세계에서 가장 오래된 주거도시 가운데 하나인 이라크의 아르빌Arbil은 쿠르드 자치구의 중심 도시이다. 쿠르드족의 정치적 지도는 이라크의 쿠르드 자치지역에 국한되어 있지만, 실질적으로는 이라크의 국경을 넘어 터키, 시리아, 이라크와 이란의 쿠르드족 거주지역까지 영향을 미치고 있다. 이와 반대로 쿠르드 자치구는 시리아의 쿠르드족들의 터키를 통한 국경 밀무역을 억제하고 그들에 대한 영향력을 확대하기 위해 시리아 국경에 참호를 파고 있다. 쿠르드 자치구는 최근에 자치구를 지배했던 이라크의 사담 후세인Saddam Hussein보다 오래 살아남아 키르쿠크Kirkuk 유전에 대한 통제권을 확대했다. 바그다드 중앙정부의 승인을 얻기 훨씬 전에 쿠르드 자치정부는 엑슨 등 서방의 석유 대기업과 계약을 체결했고, 키르쿠크로부터 쿠르드 자치구, 시리아, 터키를 거쳐 지중해 항구도시인 제이한으로 원유를 수출하고 있다. 아랍의 정정 불안에 대한 완충지대를 찾고 있는 터키는 지난 수십 년 동안 쿠르드의 독립적인 정체성을 부인하고 있지만 실질적으로는 쿠르드 지치구의 후원자가 되었다(쿠르드인들은 산악지대 터키인으로 불리고 있다). 쿠르드 자치구는 내륙에 갇힌 영토이지만, 자율 통치권과 석유 수출을 위해 터키와 이라크에 2곳의 출구를 가지고 있다. 쿠르드 자치구는 국가를 공유하지는 않지만, 터키와 이란 두 나라와 공급망을 공유하고 있다. 현재로서는 이런 연결 경로를 유지하는 것이 국가를 수립하는 것보다 더 중요하다.

아랍 지역의 엉성한 국가들은 다시 원래 상태로 돌아가지 못할 것이다. 아랍은 더 많은 권력을 이양하는 과정에 있기 때문에 통합 상태까지는 갈 길이 멀다. 현재의 붕괴 상태에서 아랍의 자주적인 조직 결성이라는 더 높은 단계로 올라서는 일은 긴 여정이 될 것이다. 현재로서는 석유 권력의 핵심인 걸프협력회의Gulf Cooperation Council만이 통합과정을 시작했다. 사우디아라비아는 바레인을 효율적으로 합병해서 카타르와 아랍에미리트를 연결하는 교량의 공사를 중단시키려고 노력했다.*

하지만 페르시아 만 남부지역을 연결하는 고속철도 계획과 카타르에서 오만까지 이어지는 돌핀 파이프라인Dolphin pipeline 같은 중요한 사업은 노동 이동성의 확대, 통관 절차의 간소화, 실질적인 통화연맹 결성과 함께 잘 진행되고 있다. 걸프협력회의 국가들은 시리아와 예멘의 폭동으로 자국의 안정이 위협받자 범아랍군 창설을 논의하는 한편 레바논과 시리아뿐만 아니라 이집트의 정치적 파벌과 민병대를 교묘하게 조종하

---

* 소수의 수니파가 다수의 시아파를 지배하는 바레인은 2010년 말에 시작된 아랍의 봄 이후 걸프 만 지역의 부국 가운데 유일하게 대규모 소요사태에 직면한 국가였다.

고 있다.

정치적 상황이 유동적인 가운데, 아랍 국가들은 새로운 기능적 연결을 추진할 문화적 공통점과 부를 가지고 있다. 요르단, 시리아, 이라크는 로마 제국의 동쪽 국경과 칼리프 제국의 중심지, 유럽의 중동 분쟁의 중심 대상이었다. 아랍은 하나로 통일되었을 때에만 강력한 영향력을 발휘했다. 하지만 칼리프 시대와 달리 미래의 팍스 아라비아는 카이로, 두바이, 바그다드 등 여러 개의 수도가 존재하고 국경이 없이 서로 연결된 도시들의 밀집지대가 될 것이다. 반란에 대응하는 유일한 규칙이 안정적인 소수민족 집단 거주지를 건설하고 보호하는 것이라면, 이는 아랍의 식민지 시대 지도를 중심 도시와 교역 경로로 대체하는 데 올바른 상향식 해법이 될 것이다. 이스탄불에서 메카로 이어지는 오스만 제국 시대의 헤자즈 철도는 팍스 아라비아의 건설을 구현하는 도시 간 연결 모형이다. 헤자즈 철도는 이집트의 카이로와 현재 이스라엘의 하이파^{Haifa}까지 지선으로 연결되어 있다. 아랍 국가들은 터키나 페르시아의 주도권 회복을 거부하고 있다. 하지만 1천 년 전에 누렸던 광활한 지리적 힘을 회복하고 싶다면 연결의 지도를 만들어야 할 것이다.

프랑스의 알제리 식민정부가 모로코와 국경을 정하기로 합의한 1845년에 양국은 "물이 없는 영토에는 사람이 살 수 없으니 경계선이 필요 없다."는 이유로 지중해에서 남쪽으로 165킬로미터 지점의 사막지대에 대해서는 협상을 중단했다. 그리고 실제로 경계선은 불필요했다. 알제리와 모로코는 1963년에 사막 전쟁^{Sand War}을 벌인 이후에도 틴두프^{Tindouf} 지역의 철광 수입을 계속해서 서로 나누어 갖고 있다. 2006년에는 비자 규정도 없애버렸다. 아랍에서 가장 적대적인 두 나라가 협력을 배우고 있는 것이다.

아랍 국가들에게 지리적 특성은 정치적 특성보다 더 중요하다. 지리적 특성은 석유가 풍부하거나 없거나, 물이 풍부하거나 부족하다는 사실을 뜻하기 때문이다. 물 부족은 예멘이나 요르단의 경우처럼 생존을 위협하기 때문에, 아랍과 이웃 국가들은 경비초소보다 수로, 파이프라인, 철도를 더 많이 건설해야 한다. 예를 들면 이스라엘, 요르단, 팔레스타인은 모두 식수와 농업용 관개수를 제공하기 위해 이스라엘 – 요르단 국경을 따라 흐르는 홍해 – 사해Red Sea-Dead Sea 운하의 건설을 지지하고 있다(지중해에서 사해까지 연결되는 운하에 대해서도 현재 타당성 연구를 하고 있다).

스탠더드오일Standard Oil과 쉐브론Chevron이 1940년대에 건설한 트랜스아랍파이프라인은 사우디아라비아 동부 아브카이크Abqaiq에서 레바논에 이르는 1천2백 킬로미터 길이의 세계 최장 파이프라인이었다. 지난 수십 년 동안 트랜스아랍파이프라인은 주권 국가들 사이의 협력에 대한 어려움과 분열을 상징했다. 시리아가 1970년대에 파이프라인 통과비용에 대한 갈등으로 파이프라인 가동을 중단했고, 1990년에는 요르단이 걸프전에서 이라크에 대한 지원 표시로 원유 공급을 중단했다. 그리고 지금은 사우디아라비아에서 아사드Assad 정권 이후의 시리아를 연결하는 새로운 남북 파이프라인이 북부 중동 지역의 부활에 중요한 역할을 하게 될 것이다. 이런 가운데 터키는 시리아에 대한 훨씬 더 중요한 전기 공급원과 기반시설 투자국이 될 수 있다. 터키의 건설회사들이 이미 쿠르드 자치구의 기반시설 건설을 주도하고 있고, 터키를 통해 제이한까지 도달하는 쿠르드 파이프라인을 지원하고 있다. 쿠르드 자치구는 이 파이프라인을 통해 유럽으로 석유를 수출하고 있을 뿐만 아니라 이라크의 반대에도 이스라엘의 아슈켈론Ashkelon 항구로 석유를 수송하고 있다.* 문서상으로 1인당 국민소득이 가장 높은 국가인 카타르는 식품을 거의 생산하지 못하고 담수시설 3곳에서 겨우 하루 사용에 충분한 정도의 물만 공급하고 있다. 카타르는 요르단과 시리아에서 농지를 사들이고 있다. 요르단과 시리아에서 식량 생산을 늘리기 위해 현대적인 담수시설과 관개수로 건설을 지원해야만 한다. 이런 방식을 통해 기반시설의 연결은 정치적 국경이 처음부터 금지하고 있는 근본적인 인접성을 만들어낸다.

또한 새로운 기반시설은 강대국들이 추구하는 전략적 복원력을 가져다준다. 중국은 인도양을 오가는 화물선박의 공급망 단절을 최소화하기 위해 지중해에 해군 진출을 늘리고 있다. 2014년에 중국항만공정유한공사China Harbor Engineering Company는 이스라엘의 아슈도드Ashdod에 하이파 항구보다 더 큰 배가 정박할 수 있는 신항만 공사를 시작했다. 이스라엘은 수에즈 운하가 봉쇄될 경우 이를 우회할 수 있는, 아슈도드와 홍해의 에일라트Eilat를 연결하는 새로운 화물철도 건설을 약속했다.

이스라엘의 남단은 요르단, 이집트, 사우디아라비아를 동시에 접하고 있다. 아카바Aqaba 만에 있는 홍해의 전략적 관문인 에일라트는 이 지역의 지정학을 재편할 새로운 에너지 연결의 중심으로 떠오르고 있다. 트랜스이스라엘파이프라인Trans-Israel pipeline은 1950년대 이후 에일라트와 이스라엘의 지중해 항구인 아슈켈론을 연결해주고 있다. 하지만 1979년의 이란 혁명 전까지 약 20년 동안 이란의 석유를 유럽으로 수송했던 것과는 달리 지금은 러시아 석유를 반대 방향에 있는 아시아로 수송하고 있

---

* 이스라엘은 2015년을 기준으로 75퍼센트 이상의 원유를 쿠르드 자치구에서 수입하고 있는 것으로 알려졌다.

다.* 트랜스이스라엘파이프라인은 머지않아 이라크를 포함하고, 요르단 같은 에너지가 부족한 이웃 국가에 석유와 가스를 공급하는 순환 파이프라인 네트워크의 일부가 될 것이다. 최근까지 요르단은 이집트의 지중해 항구인 알아리시Al-Arish에서 아카바 그리고 요르단과 시리아를 통해 북쪽으로 향하는 아랍가스파이프라인Arab Gas Pipeline에 연료를 의존하는 발전소에서 모든 전기를 공급받았다. 하지만 가스 파이프라인에 대한 시나이 반도의 베두인족Bedouin의 집요한 공격 때문에 이집트와 요르단의 심각한 연료 부족 사태가 초래되었다. 이 때문에 이집트와 요르단은 디젤과 중유重油에 수십억 달러를 소비해야 했다.

위험을 감수하는 기업들은 중동 지역의 에너지 안정에 중요한 역할을 한다. 미국 텍사스 주의 휴스턴에 본사를 둔 노블에너지Noble energy는 지중해 동부에 있는 이스라엘의 타마르앤드리바이어던Tamar and Leviathan 가스전에 35억 달러를 투자해 약 8천억 세제곱미터의 가스를 채굴할 수 있는 권리를 얻었다. 타마르 가스전은 이미 이스라엘 전력 생산의 절반을 담당하고 있고, 노블에너지는 이집트, 요르단, 팔레스타인 자치정부에 가스 판매를 시작했다. 아슈켈론 인근의 발전소들은 이스라엘의 이웃 국가들에게 전력을 판매할 정도로 충분한 전기를 생산하고 있다. 하지만 노블에너지의 시추선은 해안이나 고속정에서 로켓으로 공격할 수 있는 취약한 곳에 위치하고 있다. 이는 이스라엘이 위태로운 국경을 지키는 것만큼 해양 가스전을 철저하게 방어해야 한다는 뜻이다.[8]

---

* 이란은 유럽 시장에 가스를 공급하기 위해 이라크와 시리아를 가로질러 지중해로 가는 새로운 파이프라인의 개발을 진행하고 있다. 일부는 이 프로젝트를 이슬람파이프라인이라고 부르면서 아제르바이잔에서 오스트리아로 가스를 수송할 나부코 (Nabucco) 파이프라인의 경쟁 파이프라인으로 간주하고 있다.

2011년에 무바라크^{Mubarak}가 축출되기 이전까지, 이스라엘은 알아리시-아슈켈론 파이프라인을 통해 이집트에서 가스를 수입하는 최고의 고객이었다. 하지만 지금 이집트는 똑같은 파이프라인을 통해 이스라엘로부터 가스를 수입해야 하는 처지이다. 요르단과 이집트에 그나마 다행인 것은 이라크가 1980년대의 이란-이라크 전쟁 동안 가스를 공급해준 아카바의 호의를 갚을 준비가 되어 있다는 점이다. 페르시아 만의 가스 수출 경로에 대한 대안을 찾고 있는 이라크는 바스라에서 요르단의 아카바로 가는 가스 파이프라인을 건설하고 있다. 이라크는 이 가스 파이프라인을 통해 요르단 시장은 물론 여유분의 가스를 이집트까지 운송할 계획이다. 이라크 석유의 80퍼센트 이상을 보유하고 있는 바스라는 쿠르드 자치구와 유사한 분리 독립을 추진할지도 모른다. 아카바도 요르단의 유일한 항구로서 전략적 가치를 지니고 있고, 실제로 수도 암만^{Amman}만큼 중요한 도시이다. 아카바는 2000년 이후 암만 중앙정부로부터 간섭을 받지 않는 특별경제구역으로 운영되어 왔고, 원자력 발전소 건설, 대규모 담수화 시설 건설, 20여 개 도시와 연결되는 공항 확장, 요르단을 횡단하는 추가 파이프라인 건설을 추진하고 있다. 이렇게 볼 때 준자치권을 갖고 있는 두 항구 도시 사이에 위치한 바스라-아카바 에너지축은 중동 전체의 다른 어떤 국경보다 더 중요한 의미를 지니고 있다.

이집트의 시나이 반도에서 홍해를 건너 요르단으로 가려면 시간이 오래 걸린다. 장시간 배를 타고 바다를 건넌 다음 과도한 수색을 하는 검문소를 거쳐야 한다. 서로에게 필요하고 가까이 있는 국가들에게 이는 상식을 무시하는 부끄러운 일이다. 아랍의 독재자들은 1950년대에 이집트-시리아 아랍연합공화국^{Egyptian-Syrian United Arab Republic}과 이라크-요르단

아랍연방Iraqi-Jordanian Arab Federation 같은 단명한 이데올로기적 통합을 선언했다. 현재는 공동의 기반시설 때문에 이런 통합이 상징이 아니라 현실이 되고 있다.

지중해와 티그리스Tigris 강 사이의 지역은 유럽과 아시아를 잇는 신흥 실크로드가 될 수 있다. 아랍 국가들에게는 미국과 중국이 아랍의 석유와 가스로부터 점차 벗어나고 있다는 이유만으로도 장기적 성장 동력으로서의 연결이 필요하다. 아랍 국가들은 아프리카를 포함한 주변 모든 대륙을 연결해 발전하는 중심 도시들이 되어야 한다. 서방 국가들은 지난 20세기에 자신들이 만든 중동 지역에 대한 지도를 더 이상 그리고 싶어 하지 않는다. 반면 현재 정권을 잡고 있는 아랍 정부들은 지역 세력들을 배후 조종하는 데 너무 바빠 중동 지역에 대한 장기적 비전을 내놓지 못하고 있다. 하지만 사이크스, 피코 협정이 중동 국가들을 계속 실망시키고 혼란이 중동을 휩쓴다면, 아랍 국가들은 원하는 무엇인가를 얻기 위해 그들만의 팍스 아라비아 지도를 그려야 할 것이다.

이스라엘은 예외?

이스라엘은 1948년에 영토 회복과 독립을 선언한 이후 서방으로의 민족 이주, 미국과의 연합, 유럽과의 연대, 지중해 에너지 연결 등을 통해 지형을 극복하려고 지속적으로 노력한 유일한 국가이다. 하지만 기반시설, 인구, 경제가 이웃 국가들과의 융합 방법을 더욱 복잡하게 만들고 있다. 실제로 중동 지역에 대한 이스라엘 영향력은 5억 달러에 달하는 소프트웨어 수출과 걸프협력기구 국가들(이들은 또한 '가상의 대사관'을 열었다)에 대한 농업과 의료장비 수출, 쿠르드 자치구의 에너지 기반시설에 대한 강력한 지원, 요르단과 이집트, 레바논까지 연결되는 철도에 대한 70억 달러의 투자 등 다양한 방면에 걸쳐 있다.

이스라엘과 팔레스타인의 역학관계는 이런 복잡한 흐름과 마찰을 포함하고 있다. 요르단 강 서안 지구의 거의 침투가 불가능한 보안장벽은 이스라엘의 요새화를 상징한다. 하지만 가자의 하마스 Hamas*(그리고 레바논의 헤즈볼라)가 이스라엘 국경의 지하로 터널을 뚫어 이스라엘군을 공격하고 병사들을 납치했다. 지상에서는 통과할 수 없지만, 이른바 수십 개의 테러 터널을 통해 지하로 침투한 것이다. 하지만 이 보안장벽은 결코 미래의 국경을 의미하지 않는다. 이와 반대로 이스라엘은 2014년에 보안장벽이 국제적인 국경

* 팔레스타인의 이슬람 저항운동단체 — 옮긴이

이 아니라 국내 치안유지를 위한 것이라며 유대인만의 민족국가를 선언하는 법안을 통과시켰다. 결국 2개의 국가를 통한 해법을 택한 것이다.[6] 하지만 이스라엘 내부에는 정착촌과 과거의 성지를 통과해 1948년에 설정된 그린라인을 따라 운행하는 예루살렘의 경철도 확장 노선처럼 흐름을 촉진하는 새로운 이동 경로들이 있다. 이 노선은 정통파 유대인과 팔레스타인 젊은이, 이스라엘 병사를 함께 수송한다. 경제를 중요하게 생각하는 예루살렘의 시장은 교통 기반 시설을 팔레스타인 사람들에게 균등한 기회를 주고 합당한 대우를 가져다주는 수단으로 생각하고 있다. 이스라엘은 요르단 강 서안 지구에 논란이 많은 정착촌뿐만 아니라 식품가공, 섬유, 가구 조립 등 이스라엘과 팔레스타인 근로자들과 경제에 도움이 되는 바람직한 공업지구를 건설하고 있다.[7] 팔레스타인의 수도인 라말라Ramallah는 독립 국가는 아니지만 국가의 행정 중심지 역할에 가까워지고 있다. 라말라에는 라와비Rawabi로 불리는 저렴한 주거단지와 상업지구의 건설이 진행되고 있다.

팔레스타인이 파벌주의 때문에 독립을 추진하지 못한다면, 팔레스타인 사람들은 환상 도로망과 철도를 통한 기반시설 연결을 추진할 수 있다. 팔레스타인 사람들은 예닌Jenin, 라말라, 동예루살렘East Jerusalem, 베들레헴Bethlehem, 헤브론Hebron과 이스라엘을 관통해 가자까지 연결하는 남북 연결 철도를 통해 공항과 항구에 접근할 수 있다. 이런 기능적인 연결 통로는 법적인 불완전성에도 팔레스타인의 경제를 강화시킬 뿐만 아니라, 이집트에서 시나이 반도, 팔레스타인 영토를 거쳐 요르단으로 가는 더 넓은 아랍의 지도를 완성시킬 수 있다.

새롭고 명백한 운명

미국 또는 서민의 비극?

미국인들이 미국에 대해 어떻게 생각하는지에 관한 몇 가지 놀라운 사실이 있다. 미국인의 60퍼센트는 혼자 힘으로 아메리칸 드림을 이룰 수 없다고 믿고 있다. 또한 18세에서 24세의 젊은이들 가운데 40퍼센트는 일자리를 찾기 위해 해외로 이주해야 할 것이라고 생각한다. 2014년의 조사 대상의 상당수는 2008년 금융위기 당시 연금의 상당 부분이 사라진 베이비부머 세대였다. 금융위기 이후 지속된 초저금리는 연금이 회복될 것이라는 희망도 빼앗아갔다. 적은 비용으로 노년을 보내려는 수많은 은

퇴자들이 멕시코, 파나마 그리고 다른 지역으로 이주했다. 하지만 미국 실업자의 절반을 차지하고 있는 더 많은 미숙련 젊은 노동자들이 미국을 떠났다. 몇몇 미국 학자들은 미국이 구조적 실업자를 수출해 정부의 복지지출을 줄여야 한다고 제안했다. 탈산업화와 부실 주택담보 대출이 함께 작용하면서 심각한 국내적 혼란을 불러왔고, 나이와 상관없이 모든 연령대의 실업자와 노숙자들이 일자리를 찾아 미국의 350여 개 도시로 몰려들고 있다.

가치사슬의 더 높은 곳으로 올라간 미국의 부유층과 인재들은 미국에 남아 있는 것에 관한 모순을 인식하고 이를 행동에 옮기고 있다. 미국은 4억 명의 회원을 보유하고 있는 세계 최대 비즈니스 인맥사이트인 링크드인^{LinkedIn} 회원들의 신흥시장 유출 순위에서 프랑스, 영국, 스페인에 이어 4위를 차지하고 있다. 매년 4천여 명의 미국인들이 미국 시민권과 영주권을 포기하고 있다. 지금은 사상 최대인 9백만 명의 미국인들이 해외에 거주하고 있다. 이들은 더 적은 세금, 더 좋은 일자리 기회 등 미국 밖에서 더 좋은 삶의 질을 찾아 스스로 미국을 떠났다. 기업들도 미국인이 되는 것이 짐이 될 경우 미국을 떠난다. 35퍼센트에 달하는 높은 송금세 repatriation tax* 를 피하려는 해외의 미국 기업들은 2014년을 기준으로 사상 최대인 5조 달러의 현금을 보유하고 있다. 이런 해외 기업들은 본국으로 송금하는 대신 해외 합병, 기업 재배치 그리고 당국의 규제 압력에서 벗어나기 위한 자사주 매입에 자금을 사용하고 있다.

미국은 세계에서 가장 부유하고 안전하며 기술적으로 가장 선진화된

---

* 미국의 조세 중 하나로, 조세회피 지역 등에서 세금을 내지 않았던 자금이 미국 영토 내로 송환되어 올 때 한꺼번에 세금을 부과하는 제도 — 옮긴이

사회를 대표했다. 하지만 우리는 환경의 우연한 조합을 운명과 혼동해서는 안 된다. 2차 세계대전 이후 한동안 진실이었던 것의 상당 부분은 더 이상 유효하지 않게 되었다. 미국이 세계의 중심적인 강대국으로 남아있는 것은 미국이 왕국을 보존했다는 사실만을 보장하는 것이지 미국의 제도와 생활방식이 승리했다는 의미는 아니다. 실제로 최근 몇 년 동안에 미국의 세계적 위상의 취약성과 통치 모형의 효율성이 모두 노출되었다. 미국이 신흥 강국들의 미국 투자와 이들 국가로의 수출, 금융 중심지와 세계 시장에서 경쟁하는 기업 중심지에 더욱 의존하게 되면서, 미국의 위상과 통치 모형은 계속해서 혹독한 시험을 치르게 될 것이다.

다음과 같은 2020년의 장밋빛 시나리오를 상상해보라. 미군은 20여년 동안 외교정책의 실패를 경험한 이후 대부분 국내에 주둔하게 될 것이다. 미국은 러시아와 이란이 생산하는 것보다 더 많은 석유와 가스를 셰일층에서 생산할 것이다. 그리고 캘리포니아의 거대 기술기업들이 세계 최초로 1조 달러 기업을 탄생시키는 혁신적인 프로그램을 개발할 것이다. 경제는 꾸준히 3퍼센트 대의 성장률을 기록하며 순항하고, 주택 담보대출 기준이 완화되면서 미국인의 70퍼센트가 자신의 집을 갖게 될 것이다.

성장의 회복이 미국인과 기업들이 현금과 충성심을 가지고 미국으로 돌아온다는 것을 의미할까? 텍사스와 다코타 주의 에너지 붐이 경제적으로 빈곤한 다른 주와 부를 공유한다는 의미일까? 기술 분야의 성공이 많은 미국인들에게 좋은 일자리의 보장을 의미하는 것일까? 이런 질문에 대한 답은 미국이 전체적으로 발전하는지 아니면 서민들의 비극으로 퇴보하는지, 위대하지만 비틀거리는 제국으로 지속되는지 아니면 진정한 미합중국으로 부활하는지를 알려줄 것이다. 하지만 한 가지는 분명하다. 경쟁이 매우 치열한 공급망 세계에서는 단지 미국인이라는 것만으로 충분하지 않다는 것이다.

2013년의 한때 미국에서 가장 부유했던 디트로이트 시의 파산은 단순한 사건이 아니라 세계적인 경쟁력을 갖춘 국가에서 사는 것이 도시의 경쟁력을 보장하지 않는다는 현실을 상징하는 사건이다. 미국의 와해는 ―어떤 시, 기업, 지역사회는 성장하는 반면 다른 도시들은 쇠퇴하는― 긍정적인 면이나 부정적인 면에서 모두 권력 이양 추세의 징후를 보여준다. 뉴욕, 마이애미, 댈러스, 로스앤젤레스, 샌프란시스코, 시카고, 보스턴, 애틀랜타는 다양한 측면에서 미국의 중심도시이고 지역의 중심이자 세계의 중심이다. 이 도시들은 학술, 기술, 금융, 에너지 분야에서 세계 공급망에 속한다. 캘리포니아는 대부분의 국가들보다 인구가 많다. 제리 브라운Jerry Brown과 아놀드 슈워제네거Arnold Schwarzenegger 지사 시절에 캘리포니아는 수출을 늘리고 투자를 유치하기 위해 대표단을 세계 곳곳으로 보냈다. 다른 주들도 어떤 국가로 수출함으로써 얼마나 많은 일자리가 새로 생겼는지 계산한 다음 경제적 연결 관계를 촉진하기 위해 그 국가들과 직접 교류를 한다.

하지만 많은 미국의 주와 도시 들에서는 권력 이양의 부작용이 나타나고 있다. 연방정부로부터 권한을 넘겨받았지만 돈을 받지 못해 독자적으로 충분한 투자를 할 수가 없다. 지자체들의 규모가 너무 작기 때문이다. 미국은 주요 서방국가 가운데 도시화 비율이 가장 낮다. 이런 도시들에게 미래의 전망은 암울할 뿐이다. 2013년의 보고서에 따르면, 오하이오 주의 클리블랜드Cleveland는 발칸화되어 있다. 즉, 사람과 아이디어의 세계적 흐름에서 제외되어 있다는 것이다.[1] 뉴욕 주의 버팔로Buffalo 시는 한때 오티스Otis 엘리베이터 생산공장과 원더Wonder 브레드공장으로 북적였지만 지금은 텅 빈 도시가 되었다. 전문가들은 인재, 기업, 투자를 보스턴에 빼앗기고 있는 미시간, 오하이오, 펜실베이니아, 일리노이, 뉴욕, 뉴잉글랜드 도시들 등 러스트 벨트 사이에 연쇄적인 파산이 일어날 것으로 예상하고 있다. 미국과 같은 거대한 제국에게 도시의 몰락은 국가의 파산과 마찬가지이다.

많은 사람들이 디트로이트 시 몰락의 원인이 저임금을 노린 자동차공장의 중국 이전 때문이라고 하지만, 중국에도 디트로이트와 유사한 둥관東莞이라는 도시가 있다는 사실에 주목해야 한다. 중국 남부 광둥 성의 '네 마리의 작은 호랑이' 가운데 하나인 둥관 시는 전자제품 제조업에 특화되어 있다. 둥관 시는 광둥 성의 전체 교역 규모 가운데 선전에 이어 2위를 기록했다.[2] 하지만 2008년의 세계 금융위기로 인해 수출이 몰락하면서 공장이 문을 닫고 근로자들이 도시를 떠났다. 미국 미네소타 주의 아메리카 몰Mall of America보다 2배나 큰 새로 개장한 뉴사우스 차이나 몰New South China Mall은 빈 건물로 남아 있었다.

하지만 둥관 시는 디트로이트 시에는 없는 몇 가지 장점을 가지고 있다. 우선 8백만 명이 넘는 인구이다. 근로자들은 다른 인근 대도시로 재빠르게 이주해 그곳에서 수출의 감소에 따른 어려움을 극복했다. 둥관 시의 기반시설은 비교적 새로 건설된 것이어서, 식품 가공공장, 물류센터 또는 고급 가전제품 공장으로 전환될 수 있었다. 또한 식당과 호텔 같은 서비스 산업이 제조업보다 경제에서 차지하는 비중이 더 높은 것도 디트로이트 시와 다른 점이다. 마사지 숍과 가라오케 주점 등 둥관의 성매매 산업은 전성기 시절의 디트로이트 시 전체 인구보다 많은 사람들을 고용했다. 오늘날 뉴사우스 차이나 몰은 정상적으로 영업하고 있다.

이 두 도시의 또 다른 중요한 차이점은 디트로이트 시와 달리 금융시장이 둥관 시를 상대로 폭리를 취하지 않았다는 것이다. 중국의 지자체 빚은 막대했고, 국영기업들도 구조조정이 필요한 상태였다. 하지만 지자체와 국영기업 모두 인민은행으로부터 4조 달러를 지원받았다. 이와 반대로 디트로이트 시는 파산 며칠 전에 금리 스와프$^{interest\ rate\ swap*}$ 협약 때문에 불어난 2억 5천만 달러의 이자를 UBS**와 뱅크오브아메리카에 지불했다. 이 때문에 디트로이트 시는 연금과 의료서비스 비용을 부담할 수 없었다.

중국이 미국보다 중앙정부와 도시의 관계를 관리하는 더 좋은 모델을 가지고 있는 것일까? 중국은 정치적 민주화보다 경제적 민주화를 더 빨리 시작했다. 하지만 중앙정부가 지방정부에 대한 권력 이양을 어떻게 관리하는지가 장기적 안정에 똑같이 중요하다는 사실이 입증되고 있다. 베이징은 중국 도시들의 주도권 전쟁 팀의 대장이다. 다시 말해 중앙정부는 실험을 권장하고 실패에 대한 안전판 역할을 한다. 중국은 투자, 산업, 인재를 유치하기 위해 서로 경쟁하는 거대한 도시들의 연합체가 되어가고 있다. 이것이 광범위한 안정을 확보하는 데 필요한 역동성을 창출한다. 베이징, 상하이, 톈진天津, 충칭조차 — 정치적으로는 모두 당의 통제를 받는다 — 자체적인 경제계획을 수립하기 위해 재량권을 확대하고 있다. 중앙정부가 지방의 성과 도시의 최고 책임자를 임명하지만, 이

---

* 이자의 지급 조건을 일정 기간 바꾸는 것. 고정금리와 변동금리의 교환이 대표적이다. — 옮긴이
** 스위스의 금융기업 — 옮긴이

들은 로스앤젤레스와 뉴욕처럼 외국인 투자자들을 고용하고 자본 배분과 투자 유치에 대해 광범위한 재량권을 가지고 있는 지주회사의 회장들이다. 상하이는 최근에 자유무역지대를 설립하고 외국 기업들이 다양한 통화로 영업을 할 수 있도록 했다. 충칭 시의 전 공산당 서기장인 보시라이(薄熙來)의 혜성 같은 등장과 부패로 인한 축출은 중요한 도시와 공무원들이 어느 정도 자율권을 가지고 있는지를 보여주는 좋은 증거이다. 또한 중앙정부가 어느 정도까지 권력 이양을 용인할 수 있는지도 함께 보여준다. "산은 높고 황제는 멀리 있다(山高皇帝遠)"*라는 옛 격언이 자주 인용되는 것도 놀라운 일이 아니다.

중국은 강력한 국가의 시대는 물론 강력한 도시의 시대에도 모두 확실하게 발전하고 싶어 한다. 중앙정부가 상징적인 권력으로 전락했던 고대 춘추전국시대와 달리 오늘날의 중국 중앙정부는 각 성과 지방에 옛날 송나라가 했던 것처럼 각종 지원을 제공하고 있다. 2천 개가 넘는 각 자치단체들이(인구가 5만 명이 안 되는 곳도 있고 3백만 명이 넘는 곳도 있다) 중앙정부의 5개년 개발계획에 포함되기 위해 온갖 수단을 다 동원하고 있다. 거대도시의 구(區)로서 5개년 계획에 참여하거나 공장의 배출가스를 줄이기 위해 정부의 예산 지원을 받는 실험계획에 참여할 수도 있다. 지방자치단체들이 중앙정부 예산의 70퍼센트를 집행하면서, 학자들은 중국이 이미 사실상의 연방국가가 되었고 앞으로 연방화가 더 공식화될 것이라고 주장한다.³ 실제로 중앙정부는 더 이상 지방정부의 성장률에 대한 목표를 설정하지 않는다. 이는 지방정부들이 스스로 경제발전 전략을 결정

---

* 중앙에서 멀리 떨어진 곳에 있는 관료는 중앙정부의 눈치를 보지 않고 맘대로 할 수 있다는 뜻 ― 옮긴이

하기를 기대하기 때문이다.[4] 내륙의 지방자치단체들은 개선된 기반시설을 활용해 임금이 높은 동부 해안도시에서 임금이 낮은 내륙도시로 기업을 유치하고 있다.

이런 가운데 1980년대의 아시아를 연상시키는 제조업 일자리를 위한 경쟁이 미국에서 벌어지고 있다. 테네시 주는 한국의 한국타이어가 클라크스빌Clarksville에 미국 최초로 건설할 공장에 필요한 초기 자금의 상당 부분을 되돌려주고 있다. 한국타이어 공장은 클라크스빌의 최대 고용 기업이 될 것이다. 클라크스빌 반대편에는 1983년에 닛산Nissan이 진출하기 전에는 존재하지도 않았던 스머나Smyrna라는 도시가 있다. 일본의 닛산자동차가 입주한 이후에 인구가 4배 이상 증가해 4만 명으로 늘었다. 현재 닛산은 추가수당 없이 초과근무를 시키는 미국 기업에 하도급을 주고 있다. 또한 주말에 장기근무 교대를 요구하고 추가적인 혜택을 제공하지 않는다. 하지만 테네시 주의 하원의원인 마이크 스파크스Mike Sparks는 주 정부가 이를 묵인할 수밖에 없다고 생각한다. 전미자동차노조가 닛산 공장에서 집회를 벌인다면, 닛산자동차는 앨라배마로, 조지아로 또는 미시시피로 이전할 것이다.[5]

공급망 세계에서 미국의 주들은 멕시코, 태국, 중국에서 경쟁하는 것처럼 미국 안에서도 서로 경쟁하고 있다. 하지만 미국에 남아 있는 제조업 일자리는 2천만 개에 못 미친다. 오늘 미시간과 테네시 주가 하는 그어떤 것도 내일 일자리가 사라지는 것을 막을 수 없다.

내부에서의 권력 이양

미국은 공급망 전쟁에서 앞서가고 있지만 승리하고 있는 것은 아니다. 실리콘밸리는 부유한 첨단기술의 중심지이고, 뉴욕은 세계 금융의 중심이며, 휴스턴은 에너지 산업의 최강자이다. 미국의 지리는 자산인 동시에 광대한 규모 때문에 부채가 될 수도 있다. 고속도로와 교량이 서서히 허물어지고 있고, 철도는 너무 느리며, 광대역 인터넷망은 충분하지 못하다. 소프트 인프라스트럭처^{soft infrastructure}* 도 문제이다. 교육 수준은 하락하고 있고, 이민 정책은 인재들을 끌어들이지 못하고 있다. 공급망 세계와 연결된 부자와 공급망 세계로부터 단절된 빈자들 사이의 경제적 불평등도 심각하다. 은행과 기업들은 어려움을 겪고 있는 기업이나 주 정부에 돈을 빌려주거나 투자하고 싶어 하지 않는다. 이 때문에 주 정부와 기업들은 자신들의 신용조합을 설립하거나 온라인 대출 기업을 만들어 자금을 조달하고 있다.

세계적인 연결의 중심 도시들과 러스트 벨트의 작은 도시 사이의 격차가 점점 더 벌어지고 있다. 사실 미국인들이 완전히 다른 세계 공급망에 속한 상황에서 미국을 하나의 연합국가로 생각하는 것은 잘못되었다. 미국은 공화당을 지지하는 주와 민주당을 지지하는 주로 나누어지는 것이 아니라 도시와 농촌으로 분열되어 있다. 유권자들의 선호도는 지역이 아니라 직업에 따라 — 공장 근로자, 교사, 경영컨설턴트, 은행가, 농부 — 달라진다.

---

* 의료서비스, 교육, 사회복지 등 눈에 보이지 않는 서비스 공공재 — 옮긴이

인구가 3백만 명에서 8백만 명 정도인, 다양한 산업이 발달한 도시들은 디트로이트처럼 한 종류의 산업에 의존하는 도시들보다 충격을 훨씬 더 잘 견뎌낸다. 뉴욕과 로스앤젤레스 같은 인구 밀집지역의 대도시들은 경기침체, 높은 범죄율 그리고 세계 최고의 인재를 유치하는 산업 경쟁에서 다시 살아났다. 이 도시들의 회복력은 도시의 크기, 변화를 만들고 새로운 직업을 위해 교육하며 가치사슬의 상층부로 올라가기 위한 지속적인 새로운 기회의 창출에서 나온다. 이 때문에 뉴욕 시는 금융위기 이후 기술을 적극 유치하는 도시가 되었고, 한때 황폐했던 로스앤젤레스의 플레이야비스타Playa Vista 지역은 첨단 우주항공과 미디어 복합단지로 변했다.

미국의 중요한 대도시들이 GDP의 85퍼센트를 차지하고 있고, 뉴욕 시 홀로 미국 경제에서 차지하는 비중도 8퍼센트에 달한다. 하지만 부유한 대도시들과 나머지 도시들 사이의 격차가 벌어지는 것처럼, 같은 도시 내부에서도 격차가 벌어지고 있다. 뉴욕 시의 소득 불평등은 제3세계 국가들의 소득 불평등만큼 심각하다. 미국에서 네 번째로 인구가 많은 댈러스포트워스Dallas-Fort Worth는 마이클 롤링스Michael Rawlings 시장의 말처럼 미국에서 가장 불쌍한 부자도시이다.[6] 하지만 부유한 도시들은 파산 상태에서도 성장할 수 있다. 람 이매뉴얼Rahm Emmanuel 시카고 시장은 대규모 차입금을 이용한 시카고 부흥 프로젝트를 추진했다. 하지만 과도한 지출로 일리노이 주의 경제 전망은 50개 주 가운데 최하위로 떨어졌고, 개인과 기업들을 쫓아낼 수 있을 정도로 세금이 인상되었다.

일리노이는 정치적으로 정의된 주라는 개념이 오늘날 얼마나 시대착오적인 것인지를 여실히 보여준다. 「시카고 트리뷴Chicago Tribune」의 칼럼니스트이자 도시 전문가인 리처드 롱워스Richard Longworth는 중서부 주들이 정부의 조직으로서 아무런 역할도 하지 못하고 있다고 주장했다.[7] 캔자스 시티Kansas City는 캔자스 주와 미주리 주 양쪽에 속해 있다. 하지만 이들 주는 글로벌 경쟁에 대응해 하나로 힘을 합치기보다 기업들을 주 경계선인 스테이트라인로드State Line Road를 건너 각자의 주로 끌어들이기 위해 서로 경쟁하고 있다. 인디애나 주의 도시들도 저임금 일자리를 유치하기 위해 테네시 주 방식의 경쟁에 뛰어들었다. 그리고 이 때문에 고임금의 기술 중심 도시로 변신하려는 인디애나폴리스Indianaplois의 노력이 훼손되었다.

몇몇 2류 도시들은 효율적인 민영화를 통해 살아남았다. 예를 들면 코퍼스크리스티Corpus Christi 항구는 상무부가 1985년에 미국에서 최초로 대외자유무역지대로 지정한 곳이다. 코퍼스크리스티는 시에서 독립한 민간자치기구가 되었고, 연방세, 주세, 도시세를 거두지 않았다.* 지난 수십 년 동안 수출을 거의 하지 못하고 중요한 석유 수입 항구 역할만 했던 코퍼스크리스티는 최근에 약 1백 킬로미터 떨어진 이글포드Eagle Ford 셰일 분지에서 생산된 셰일 석유를 수출하는 중요한 관문으로 변했다.** 코퍼스크리스티는 2009년에 연간 50만 톤의 이음매가 없는 강관을 생산하기 위해 톈진파이프공사와 10억 달러 규모의 합작투자를 시작했다. 이 강관은 가스와 석유 개발에 필수적인 장비이다. 미국에서 가장 큰 중국의 제조시설 투자인 이 프로젝트는 수백 개의 건설 일자리를 만들었고, 공장이 완공되면 더 많은 일자리가 생겨날 것이다. 다만 공장의 주인

---

* 대외자유무역지대에서는 창고와 보관 같은 다목적 역할과 기능이 허용되는 반면, 하위 지역에서는 개별 기업을 기준으로 혜택이 주어진다.
** 코퍼스크리스티에서 나가는 물량은 2011년 이후 해마다 배로 증가해, 2013년에는 1억 3천만 배럴에 달했다. 이 물량은 처음에는 걸프 지역 해안의 정유시설로 보내지고 그 다음에는 전 세계로 수출된다.

들과 중국어로 이야기할 수 있는 미국인들이 부족하다는 것이 유일한 문제이다. 세계적인 에너지 수요 증가를 재빠르게 활용하는 융통성이 있었던 코퍼스크리스티는 어떻게 단기간에 세계적인 연결망의 접속점이 될 수 있는지를 알려주는 최고의 모범사례가 되었다.

다른 도시들은 스스로 자금을 조달할 수 없거나 세계 에너지 시장을 쉽게 이용할 수 없다. 미국의 은행들이 덴버 시의 도심 재개발 사업에 대한 자금 지원을 꺼렸기 때문에 시 당국은 캐나다 은행에 지원을 요청했다. 하지만 중간층에 속한 도시들이 생존을 위해 더 많은 민간재정 지원을 요청할수록 교육과 치안 등의 서비스를 민간기업의 외주에 의존하는 특별경제구역과 더욱 비슷해진다. 기업들은 덴버기업지구에 새로운 운동장, 박물관, 철도를 건설하는 대가로 세금 혜택을 받고 공원 회원권과 병원 입원실에 대한 시설 이용료 등 모든 것에 추가 비용을 부과할 권한을 얻었다. 콜로라도 주에는 다른 정책도 있다. 마약 근절 교육을 위한 자금을 모으기 위해 의료용 마리화나와 오락용 마리화나를 합법화함으로써 많은 세금을 걷어들이고 있다.

미국 정치의 미래에 관해 덴버 시의 민영화가 보여준 것은 훨씬 더 역설적이다. 미국 대부분의 도시 시장들은 민주당 소속이다. 댈러스, 휴스턴, 오스틴은 공화당의 성향이 강한 텍사스 주에서 민주당 시장이 있는 도시들이다. 이 도시들은 민간기업들이 운영하는 사회기반시설에 대한 자금 지원 문제에 관한 국민투표를 실시함으로써 자신들도 모르게 공화당처럼 행동하고 있다. 댈러스 시는 2015년에 이름과 로고를 하수 쓰레기 보험회사에 50만 달러를 주고 팔았는데, 시민들은 시의 공식 통지서처럼 보이는 우편물을 받고 혼란스러워했다. 미국의 초당적 합의는 견해 차이를 접어두고 일을 먼저 추진하는 것이다. 하지만 이것이 대중의, 대중에 의한, 대중을 위한 정치일까?

미국에서 자치단체로의 권력 이양은 다양한 형태와 규모로 지속될 수밖에 없을 것이다. 이는 미국이 권력 이양에 성공한 다른 국가들의 교훈을 배워야 한다는 뜻이다. 독일의 도시들은 훌륭한 축구장을 가지고 있지만, 이는 공공서비스의 민영화를 대가로 한 것은 아니다. 각 도시는 최신기술과 세계적인 기회를 이용하기 위해 근로자들을 교육시키고 교역과 투자 전략을 지속적으로 조정하는 정부 관리, 기업 지도자, 교육기관이 공동으로 수립한 경제 계획을 가지고 있다. 중국이 활기찬 경제 중심 도시, 세계적 수준의 기반시설, 경쟁력 있는 수출 상품, 사회지향적인 정책을 배우기 위해 미국이 아니라 독일을 모방하는 것도 이 때문이다. 독일에는 인구 1인당 가장 많은 백만장자가 있다. 하지만 다른 경제 대국들과 비교해 불평등성은 가장 낮다. 도시들 사이의 권력 이양 경쟁에서 한국, 일본, 독일은 가지고 있지만 미국이 갖지 못한 것은 국가의 단결을 촉진하는 정책이다. 동독과 서독의 통일 이후 지난 25년 동안 동독의 사회기반시설을 서독 수준 이상으로 향상시킨 통일연대세라는 것이 두 나라의 차이점을 단적으로 말해준다.

미국 사회에는 이런 단결과 단합이 없다. 부유한 도시와 주는 부를 나누지 않고 자신들만을 위해 사용한다.* 실제로 워싱턴을 좀 더 책임 있고 효율적 정부로 만들기 위한 공공데이터운동data.gov movement은 뉴욕과 로스앤젤레스의 권한을 — 바르셀로나와 베네치아처럼 — 강화시켰고, 두 도

---

* 억만장자 벤처투자가인 팀 드레이퍼(Tim Draper)는 워싱턴 의회에서 캘리포니아의 표를 최대로 늘리고 실리콘밸리의 부담을 최소화하기 위해 캘리포니아를 6개 주로 분할하자는 청원운동을 하고 있다.

시는 자신들의 세금이 어디로 가고 어떻게 사용되는지를 알게 되었다. 그 결과 캘리포니아, 텍사스, 뉴욕 그리고 다른 일부 주들은 사우스다코타, 애리조나, 뉴멕시코, 루이지애나, 앨라배마, 메인 등 지리적으로 가장 넓은 주, 인구가 가장 적은 주 또는 경제적으로 가장 가난한 주들의 복지를 워싱턴에 떠넘긴 채 자신들의 부를 지키면서 국제적인 연결관계를 구축하고 있다.[8]

형식적인 주 경계가 아니라 통상과 인재를 끌어들이는 기능적 구심력에 의한 새로운 미국의 지도가 등장하고 있다. 도시학자인 조엘 코트킨Joel Kotkin에 따르면, 미국은 50개의 주로 구성된 나라가 아니라 샌프란시스코, 댈러스, 휴스턴, 시카고, 워싱턴, 덴버, 애틀랜타를 중심으로 한 7개의 지역국가와 로스앤젤레스, 뉴욕, 마이애미라는 준독립적 도시국가들의 연합이다. 앞에서 언급한 7개의 도시들은 석유, 농업, 산업, 기술 등을 중심으로 한 광역경제권의 수도이고, 3개의 도시국가들은 세계적 수준의 인구 변동, 경제, 연결성을 가지고 있다. 도시학자들은 피닉스에서 투손에 이르는 애리조나 주의 선코리더Sun Corridor, 포틀랜드에서 시애틀을 거쳐 밴쿠버에 이르는 미국 서부 해안의 캐스캐디아 벨트Cascadia Belt, 동부 지역의 조지아 주 애틀랜타에서 노스캐롤라이나의 샬럿에 이르는 대서양 산록지대Piedmont Atlantic가 또 다른 광역경제권이 될 것으로 예측하고 있다. 이런 기능적인 광역경제권 지도는 미국이 실제로 어떻게 움직이고 더 큰 연결을 통해 어떻게 발전하는지를 알려준다.*

---

* 힐러리 클린턴은 지역사회에 권한을 부여하고 지역사회를 연결시키는 '유연한 연방주의'를 요구했다.

태평양의 흐름

그렇다면 디트로이트에서 무슨 일이 벌어진 것일까? 도시의 부활이나 생존에 대한 하나의 본보기는 없다. 퀴큰론즈Quicken Loans의 댄 길버트Dan Gilbert 같은 충성스러운 디트로이트의 억만장자들은 도심의 사무실을 매입하고 경전철 프로젝트의 자금을 지원하며 황폐한 주거 지역과 산업 지역의 철거 작업에 대한 비용을 지불하고 있다. 이런 작은 노력이 디트로이트의 황폐화된 도심에 활기를 불어넣으면서, 디트로이트는 과거의 영욕을 뒤로한 채 지금까지 남아 있는 본래의 시민에게 단정하고 살 만한 도시로 변하고 있다. 디트로이트를 과거의 규모와 목표에 맞는 도시로 되살리기 위해 더 과감한 제안들도 쏟아져 나오고 있다. 디트로이트를 면세지역으로 만들거나 근면한 남미와 아시아 이민자들을 끌어들이기 위해 디트로이트에서만 거주할 수 있는 비자를 발급하거나 디트로이트를 캐나다에 귀속시키자고 주장하는 사람들도 있다. 캐나다는 디트로이트 시 전체 예산의 20퍼센트 정도를 지원하고 있는데, 이는 10퍼센트도 안 되는 미국 정부의 지원보다 훨씬 더 많다.

수십 개의 다른 도시들도 막대한 부채의 늪에 빠져 있거나 성공 가능한 비즈니스 모델 없이 생명 보조장치에 의존하고 있다. 지자체의 복지는 재정적인 압박 때문에 허울뿐인 것으로 변하고 있다. 이런 도시들 가운데 상당수는 부와 인종에 의해 양분되어 있어 언제 터질지 모르는 시한폭탄과 같다. 2014년에 발생한 미주리 주 퍼거슨Ferguson 시의 폭동은 널리 알려진 한 가지 사례에 불과하다. 이런 도시들은 너무 가난하고 불평등해 저개발국가와 비슷한 대우를 받고 있다.[9] 연방정부는 이런 도시들의 치안 유지를 위한 경찰 예산과 대중교통 예산을 주먹구구식으로 지원하고 연금 채권에 대한 지급 보증을 서주고 있다. 그리고 투자 환급, 일자리 창출, 창업에 대한 세금 감면 혜택을 제공하고 있다. 하지만 몇 개의 새로운 일자리를 만드는 것은 지속 발전 가능한 경제 전략이 아니다. 절대적으로 필요한 기반시설 개선과 세계적인 경쟁력을 가진 산업에 대한 투자가 필요하다. 예를 들면 디트로이트는 자동차 도시로서는 정상의 자리에 올랐다. 하지만 일거리가 부족한 많은 기업가들은 미국 정부가 건설해야 하는 고속철도 차량 같은 교통공학 시스템 분야로 즉각적으로 재배치되었어야 했다. 미국의 태양광산업은 현재 20만 명 이상을 고용하고 있고 해마다 20퍼센트씩 성장하고 있다. 미국 상무부의 셀렉트 USA 프로그램은 기업 친화적인 미국의 도시들에 대한 투자를 유치하기 위해 폴란드와 인도네시아 등 세계 곳곳으로 대표단을 파견하고 있다. 셀렉트USA는 미국을 세계에서 가장 매력적인 투자처로 만들기 위해 반드시 필요한 프로그램이 되었다.

따라서 미국은 근로자들이 기술을 향상시키고 일자리가 있는 곳으로 이주할 수 있도록 하는 대규모 고용 전략을 필요로 한다. 『클리블랜드 연구Cleveland study』의 저자들은 이주가 경제 발전이라고 주장한다. 클리블랜드 시는 신생 기술기업에게 인센티브를 제공하고 텍사스 주의 오스틴과 워싱턴 주의 시애틀로부터 대학 졸업자들을 유치하려고 노력하고 있다. 카네기멜론대학을 중심으로 연구단지를 조성한 피츠버그 시에는 철강 산업의 쇠퇴로 인한 인구 감소 현상이 나타나고 있지만, 동시에 소프트웨어, 바이오테크, 첨단 신소재 분야에서는 소득이 증가하고 있다. 자동차나 항공기의 부품이 아니라 전자장비와 센서가 탑재된 광학제품을 제조하는 젠텍스Gentex 같은 기업이 있는 미시간에는 숙련된 기술자들이 몰려든다.

미국은 아시아에 일자리를 빼앗기고 있을지도 모른다. 하지만 미국으로 들어오는 자본을 활용함으로써 경쟁 우위를 유지할 수도 있다. 중국은 제품만 수출하는 것이 아니다. 중국은 자본과 함께 사람도 수출한다. 중국개발은행China Development Bank은 오랫동안 중단되었던 샌프란시스코의 부동산 개발사업에 자금을 지원하기 위해 미국의 최대 주택건설사인 레너Lennar에 약 20억 달러를 투자하기로 약속했다. 2만 채의 주택과 새로운 사무실과 상가를 건설하는 샌프란시스코 시 당국의 트레저아일랜드Treasure Island와 헌터스포인트십야드Hunters Point Shipyard 개발사업은 새로운 사무실과 상가뿐만 아니라 수천 개의 일자리를 만들어낼 것이다. 과거에 중국의 기술과 자금은 샌프란시스코와 뉴욕을 영국의 런던처럼 세계의 부호들을 위한 거주지로 만들었다. 하지만 지금은 역설적으로 중국의 자금을 통해 샌프란시스코는 다시 일반인이 살 만한 도시로 바뀔 수 있다.

중국 기업들이 미국 전역의 도시에 투자한 금액은 모두 130억 달러에 달한다. 과거에 미국의 유리 도시로 알려졌던 오하이오 주의 털리도Toledo는 유리산업을 중국에 빼앗긴 이후 중국 기업가들에게 호텔과 공장을 팔기 시작했다. 그리고 시카고와의 인접성을 강조하면서 중국 대학과 제휴 관계를 맺고 예술 분야의 교류를 추진했다. 시카고도 미국에서 가장 친중국적인 이미지를 내세우는 캠페인을 시작했다. 중국은 수입 관세를 피하기 위해 각각의 주에 선전 같은 특별경제구역 건설 계획을 수립했다. 미국 내의 특별경제구역에는 중국 산업 공급망의 마지막 단계인 조립 공정을 설립할 계획이다. 중국국가기계공업회사Sinomach는 아이다호 주 보이시Boise 공항 근처에 제조시설과 근로자들의 숙박시설이 있는 50제곱마일에 달하는 자급이 가능한 특별기술구역을 제안했다. 이런 중국의 교역 교두보들은 앞으로 수년 안에 미국 전역에 일반화되고 많은 미국의 주들이 이를 환영할 것이다. 아이다호 주의 부지사인 브래드 리틀Brad Little의 말처럼, 아시아 국가에게는 돈이 있기 때문이다.[10]

아시아에는 인구도 많다. 금융위기, 점증하는 교육 부채 그리고 다른 요인들이 복합적으로 작용해서 미국 가정의 자녀수를 감소시켰다. 그 결과 노인복지에서 신생 첨단 기술기업에 이르기까지 거의 모든 분야에서 더 많은 이민자들이 필요하게 되었다. 주목받지 못했던 남부의 주들은 사람들이 어디든 이주해서 새롭게 삶을 시작할 수 있다는 점에서 운이 좋다고 할 수 있다. 중국인들은 미국에 더 많은 주택을 매입하는 방법으로 자국 부동산 거품 붕괴와 반부패 단속에 대한 위험을 회피하고 있다. 중국인들은 캐나다 사람들보다 더 많은 주택을 사들이고 있다. 또한 연방정부의 승인을 받은 프로젝트에 50만 달러 이상 투자하면 영주권을 주는 EB-5 프로그램에 가장 많이 투자하고 있다.* EB-5 센터들은 루이지애나, 미시시피, 외국 자본에 목마른 남부 여러 주에 걸쳐 우후죽순처럼 생겨나고 있다. 투자자들은 미국 이민 허가를 위해 지불한 자산의 가치에 대해 거의 신경을 쓰지 않는다. 이들이 원하는 것은 미국 여권이고, 특히 장차 태어날 2세들이 미국 국적을 갖게 하는 것이다.**

---

* 한 해 약 22억 달러에 달하는 중국인의 투자는 지금까지 전체 EB-5 투자의 절반을 차지한다. 중국과 비슷하게 멕시코, 나이지리아, 프랑스, 한국의 투자자들도 1천여 개의 건설 일자리를 창출하는 고급 콘도미니엄을 건설하는 휴스턴 부동산 개발 사업에 각각 1백만 달러를 투자하고 있다.
** 2015년에 한 자녀 정책이 취소되기는 했지만, 중국의 가정들은 자신들의 자식을 대리 출산해줄 캘리포니아 대리모들에게 12만 달러를 지불하기 위해 줄을 서 있다.

하지만 캐나다는 미국보다 10배나 많은 중국의 부자 이민자들을 받아들이고 있다. EB－5 프로그램에는 일 년에 6천 명이 지원하지만, 캐나다의 이민 투자 프로그램에는 6만 명이 참여한다.* 캐나다는 교묘한 방법으로 한 가족당 160만 달러의 투자를 요구하고 있다. 그렇지 않으면 1백만 달러를 캐나다의 기술기업 펀드에 투자할 때마다 비자 1개를 발급해준다. 브리티시컬럼비아^{British Colombia} 주 정부는 중국 본토와의 관계를 증진시키기 위해 위안화로 발행되는 채권을 제안하고 있다. 밴쿠버는 많은 사람들이 홍쿠버^{Hongkong+Vancouver}라고 부르는 것처럼 이미 중국인 요트피플^{Yacht people}이 가장 많이 거주하는 곳이 되었다. 요트 피플은 20세기의 베트남 보트 피플보다 훨씬 더 부유한 사람들을 지칭하는 말이다. 이들이 밴쿠버 시내의 부동산 가격을 천정부지로 치솟게 만드는 바람에 현지인들은 교외로 내몰리고 있다. 밴쿠버의 스카이라인이 홍콩을 닮은 것처럼, 밴쿠버 시민들의 피부색도 토론토보다 홍콩과 더 비슷하다. 중국의 속담처럼 "현명한 토끼는 3개의 토끼굴을 가지고 있다."

미국 서부 해안의 아시아화는 지구에서 가장 넓은 바다인 태평양을 가로질러 자본과 사람의 이동을 확산시키고 있다. 외국으로의 자본 도피에 대한 중국 당국의 단속과 미국과 캐나다의 이민 제한은 아시아화 추세에 제동을 걸 수 있다. 하지만 중국의 화폐 자유화는 중국 돈의 해외유출 방지를 더욱 어렵게 만들 것이다. 중국 여권은 현재 귀빈 대우를 받고 있다.

---

* 이는 호주, 영국, 미국의 유사 프로그램에 투자하는 중국인을 모두 합친 것보다 2배나 많은 수치이다.

세계 최장 국경을 가로지르는 석유와 물

지난 수백 년 동안 천연자원의 공급은 일자리와 부를 추구하는 경제적 이민의 물결을 일으켰다. 오늘날 캐나다 앨버타 주의 포트맥머리는 북미의 새로운 오일러시oil rush를 꿈꾸는 이주민들이 몰려드는 도시 가운데 하나이다. 캐나다는 1973년 석유수출국기구OPEC의 석유수출금지 파동 이후 유일하게 오일샌드를 개발했다. 포트맥머리는 도시 전체가 급격하게 기업처럼 변했고, 1980년에는 인구가 3배로 증가해 3만 명을 기록했다. 최근 10년 동안 또다시 인구가 배 이상 늘어 8만 명으로 증가했다.

하지만 이는 단지 공식적인 통계일 뿐이다. 세계 임시 노동자 시장은 일반적으로 필리핀 사람들이나 두바이의 파키스탄 노동자들과 연결되어 있다. 이 시장이 포트맥머리로 이동해서 석유기업들이 소유한 시 외곽 지역에는 5만 명의 임시 노동자들이 거주하고 있다. 이들은 이동식 주택에 거주하면서 혹한이 몰아치는 겨울에도 에너지 수준을 유지하고 석유를 생산하기 위해 석유 시추 노동자, 전기공, 트럭 운전사, 식당 종업원, 바텐더, 성매매자 그리고 다른 잡역부로 일하고 있다.* 최근의 유가 하락이 포트맥머리의 경제 발전 속도를 떨어뜨렸지만 추세가 바뀐 것은 아니다. 포트맥머리는 새로운 현대판 서부 개척지이다. 하지만 안정적인 인구, 통제된 지역사회, 더 큰 공항 그리고 새로운 세계 공급망의 중요한 연결지점인 포트맥머리에 혜택을 주는 다른 편의시설들도 들어서게 될 것이다.

---

* 남반구 아르헨티나의 거대한 바카 무에르타(Vaca Muerta) 셰일지대에 있는 링컨 데 로스 소스(Rincon de los Sauces)는 포트맥머리의 복사판이다. 이 지역도 인구가 늘고 환락 산업이 발전하면서 가스 산업의 중심지로 발전하고 있다.

또한 포트맥머리는 캐나다 서부 지역이 — 오일샌드, 칼륨, 다이아몬드, 기타 광물 자원이 풍부하다 — 캐나다 경제의 중심지로서 점진적으로 동부를 어떻게 대체할 것인가에 대한 상징이 되었다(포트맥머리의 북쪽에는 옐로나이프^{Yellowknife}라는 다이아몬드 광산이 있는데, 주민들의 1인당 소득이 10만 달러를 넘는다). 사상 처음으로 온타리오^{Ontario} 서쪽에 거주하는 캐나다인들이 동쪽에 거주하는 사람들보다 많아지면서 캐나다는 이미 서부의 시대가 되었다. 유콘^{Yukon}, 앨버타, 서스캐처원^{Saskatchewan}, 매니토바^{Manitoba}, 브리티시컬럼비아가 의회에서 차지하는 의석수가 점점 더 많아지고 있다. 2006년부터 2015년까지 캐나다 수상을 지낸 스티븐 하퍼^{Stephen Harper}는 앨버타 출신이고, 캘거리^{Calgary}의 무슬림계 인도탄자니아 혈통인 나히드 넨시^{Naheed Nenshi} 시장도 언젠가는 수상이 될 것이다.

미국인들은 자신들이 사용하는 물의 근원이 될지도 모를 이런 캐나다의 거대한 주들의 이름을 알고 있어야 한다. 미국의 물, 농업, 인구 생태계는 점점 더 취약해지고 있다. 수많은 은퇴자들과 러스트 벨트에서 선 벨트^{Sun Belt}로 이주하는 사람들이 몰려들면서 빠르게 성장하고 있는 네바다와 애리조나 등 남서부 지역은 특히 더 취약하다. 애리조나의 피닉스 시의 인구는 이미 4백 만 명을 넘었고, 라스베이거스, 스코츠데일^{Scottsdale}, 멕시코의 바하^{Baja} 등 인구가 증가하는 다른 도시들도 콜로라도 강에 물을 의존하고 있다. 콜로라도 강은 최근에 물 부족과 가뭄이 계속되면서 과일과 땅콩뿐만 아니라 다른 농산품의 생산량이 줄어든 캘리포니아 주가 가장 먼저 물을 끌어다 쓰는 곳이다. 캘리포니아의 식수가 점점 고갈되고 있지만, 인구는 점점 더 증가하고 있다. 여기에 가뭄으로 더 맹렬해진 산불을 진화하는 데에도 점점 더 많은 물이 사용되고 있다. 후버 댐 건설로 만들어진 거대한 미드^{Mead} 호의 수위는 거의 기록적인 수준으로 낮아졌고, 이 때문에 2천만 명에게 물을 배급해야 할 상황이 되었다. 라스베이거스 시의 한 공무원은 미드 호가 없다면 라스베이거스도 없었을 것이라고 말했다.[11]

미드 호의 물이 다 말라버리면 캐나다가 미국에 수출하는 막대한 규모의 생수도 충분하지 않을 것이다. 물이 21세기의 석유가 될지도 모른다. 하지만 캐나다는 물과 같은 귀한 자원이 상품화되는 것을 원하지 않기 때문에 물에 대해 가격을 정하는 것을 꺼려했다. 미국의 8개 주와 캐나다 2개 주 사이에 2008년에 체결된 5대호협약^{Grate Lakes Compact}은 5대호의 수자원을 다른 곳으로 우회하는 행위를 금지하고 있다. 한때 수자원이 풍부했던 위스콘신 주의 워케샤^{Waukesha}도 도시 규모가 커지고 산업 활동이 증가하면서 물 부족 문제가 대두하고 있다. 캐나다의 물이 없다면 미국이 세계 옥수수와 콩 수출 물량의 3분의 1을 생산하는 것은 상상할 수가 없다. 특히 미국의 옥수수 보조금은 미국 대평원지대의 관개용수의 3분의 1을 공급하는 오갈랄라 대수층^{Ogallala aquifer}의 급속한 고갈을 조장하는 동시에 농약으로 지하수를 오염시켰다. 그리고 미국의 도시들은 사용량에 따른 가격이 아니라 용량으로 배분되는 물을 여전히 지나치게 많이 사용하고 있다. 심지어 캘리포니아와 플로리다에 건설하고 있는 20여 개의 담수시설도 수자원의 수요와 공급의 불일치를 해소하기에 충분하지 않을 것이다.

이제는 캐나다의 유명한 엔지니어인 톰 키에란^{Tom Kieran}의 대재순환과 북부개발운하 계획과 1970년대에 폐기했던 북미물전기동맹^{NAWAPA}을 다시 생각해볼 때가 되었다. 네덜란드와 중국의 운하와 제방 활용 경험을 빌려온 두 계획은 캐나다 북쪽의 유콘과 허드슨 만으로 흘러가는 강물과 지표수를 1천6백 킬로미터에 달하는 로키 산맥 수로와 5대호를 통해 오갈랄라 대수층과 콜로라도 강에 물을 공급할 수 있는 인공 저수지와 유역 분지 사이의 운하로 보내는 것이다. 앞으로 20년 동안 몬태나 국립공원에 남아 있는 마지막 빙하가 녹아내리면, 홍수를 예방하고 남쪽에 더 많은 물을 공급하기 위해 새로운 지표수 공급 계획이 필요할 것이다.

이런 계획들은 규모와 비용 측면에서 각 주를 연결하는 고속도로 시스템과 동일한 수자원 공급 시스템이 될 것이다. 미국은 텍사스, 애리조나, 조지아, 플로리다까지 송수관을 설치하는 관개문명^{hydraulic civilization}이 — 고대 중국의 운하와 수로 구조를 설명하기 위해 조지프 니덤^{Joseph Needham}이 만든 용어 — 될 것이다. 이들 4개 주는 지하수가 빠르게 고갈되면서 바닷물에 대한 대체재를 찾고 있다. 심지어 북미물전기동맹은 핵폭발을 이용해 지하에 수로와 저수지를 만들고 핵발전소의 전기를 활용해 펌프로 미국 전역에 물을 공급하게 될 것이라고 예견했다. 대규모 도시화가 대규모 물 부족 사태와 동시에 발생하면서, 북미물전기동맹의 이 같은 예측이 핵무기와 핵발전소의 가장 실용적인 활용법이 될 수도 있다.

수자원은 미국과 캐나다 사람들이 국가가 아니라 훨씬 더 지리적인 관점에서 북미 대륙을 생각해야 하는 새로운 이유이다. 에너지도 또 다른 이유이다. 2003년에 발생한, 토론토에서 볼티모어에 이르는 북동부 지역의 정전 사태 이후 캐나다 기업들은 퀘벡과 뉴잉글랜드의 풍부한 수력과 풍력 전기를 전송하는 수중케이블과 지하케이블을 건설하고 있다. 미국과 캐나다 국경에는 이미 30여 개의 송유관과 가스관이 설치되어 있고, 앞으로 10여 개가 더 건설될 예정이다. 이들 가운데 가장 잘 알려진 트랜스캐나다사TransCanada Corporation의 키스톤 연장Keystone XL 파이프라인은 미국의 네브라스카 주를 통해 캐나다의 앨버타 주를 미국 텍사스까지 연결해 미국에 추가적으로 석유를 공급하게 될 것이다. 또한 사우스다코타의 셰일 석유를 남쪽으로 공급하고, 캐나다의 석유를 휴스턴 인근의 포트아서Port Arthur를 통해 대서양 반대편으로 수출할 수 있게 될 것이다. 포트아서는 이미 로스앤젤레스와 뉴욕을 능가하는, 미국에서 가장 물동량이 많은 항구가 되었다. 에너지 가격이 어떻게 변하든 연결은 유익한 것이다. 기업 가치가 1천5백 억 달러에 달하는 미국 대륙의 최대 파이프라인 운영회사인 킨더모건Kinder Morgan은 석유와 가스를 수송하고 저장하는 거대한 제국을 건설했다.

모든 사우디아라비아 국민이 세계 최대의 유전인 가와르Ghawar에 자부심을 가지고 있는 것처럼, 미국인들은 지리적으로 셰일 암반층에 대해 매우 잘 알고 있다. 미국 텍사스의 이글포드, 텍사스와 뉴멕시코 사이의 퍼미언Permian, 몬태나와 노스다코타 사이의 바켄Bakken, 캐나다의 매니토바와 서스캐처원이 대표적인 셰일 암반층 지대이다. 규제가 다르기는 하지만, 위도 49도선을 따라 미국과 캐나다를 분리하는 정치적 국경은 두 나라를 하나로 결합시키는 기본적인 암반층이 생산하는 에너지와 물보다 중요성이 떨어진다.

북미동맹

자원 독립은 '나 홀로 미국'을 추구하는 것이 아니라 북미 대륙에 있는 이웃 국가들과 함께 추구하는 목표이다. 20년 전에 체결한 북미자유무

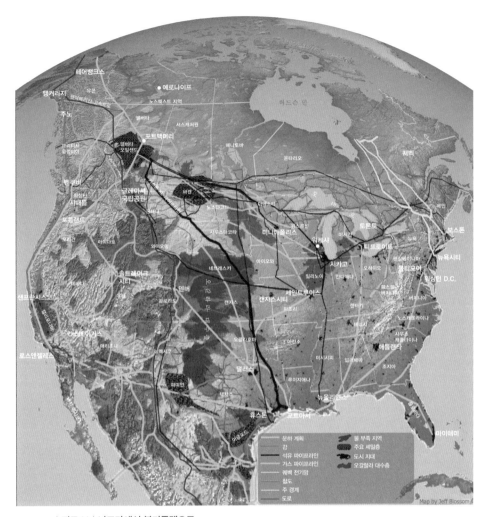

| 지도 16 | 나프타에서 북미동맹으로

캐나다, 미국, 멕시코는 국경을 가로지르는 기반시설, 자원 공유, 교역, 투자를 통해 점차적으로 하나로 통합되고 있다.(위 지도의 척도는 일정하지 않다. 포트맥머리에서 포트아서까지의 거리는 약 3천3백 킬로미터이다.)

역협정^{NAFTA}은 북미동맹이라고 부르는 유럽 형태의 도시 제국을 향해 나아가고 있다. 자원이 통합되면서, 북미 대륙의 지정학적 중요도는 미국 혼자일 때보다 더 높아지고 있다. 러시아와 미국은 연간 비슷한 양의 천연가스를 생산하지만, 미국은 캐나다가 생산하는 천연가스의 절반 이상을 수입한다. 동시에 미국은 멕시코에 천연가스를 수출함으로써 전기 부족에 시달리는 멕시코를 돕고 있다. 멕시코의 국영 석유회사인 페멕스 Pemex는 2015년에 미국의 블랙록BlackRock과 퍼스트리저브First Reserve와 미국에서 멕시코 중부까지 이어지는 새로운 가스관을 건설하는 계약을 체결했다. 멕시코의 에너지 시장 자유화는 석유와 가스 생산을 증대시킬 것이고, 그 결과 멕시코는 미국과 캐나다와 함께 유럽과 아시아에 에너지를 수출하게 될 것이다. 이는 중국이 원하는 일이기도 하다. 다시 말하면 중국은 말라카 해협 같은 지리적 병목이 없는 북미 지역에서 더 많은 에너지를 수입하고 싶어 한다. 세계 금융위기 이전과 달리 북미 지역의 에너지 생산에 대한 중국의 투자 활동은 커다란 갈등을 불러일으키지 않고 있다.* 북미 국가들은 아시아의 에너지 생산이 증가하기 전에 수평파쇄공법이 가진 경쟁력을 최대한 활용해야 한다. 업계의 추정에 따르면, 중국은 미국보다 셰일 가스층을 최고 50퍼센트 정도 더 보유하고 있는 것으로 알려졌다.

북미 대륙의 내적인 안정은 좀 더 통합적인 연합을 결성하는 데 달려 있다. 옥수수 보조금과 같은 미국의 정책 때문에 멕시코 농부들은 농사를 포기하고 간접적으로 마약 카르텔로 내몰리고 있다. 2007년 이후 마약 카르텔의 무장 봉기로 거의 10만 명에 가까운 멕시코 사람들이 사망했다. 2014년에는 엘살바도르, 온두라스, 과테말라의 이주민과 마약, 무

---

* 2005년의 중국해양석유총공사(CNOOC)의 유노컬(Unocal) 매수 입찰은 국가 안보 문제 때문에 무산되었지만, 2010년 22억 달러에 이르는 체서피크(Chesapeake)의 지분 인수에는 거의 반대가 없었다. 중국해양석유총공사가 2013년에 151억 달러를 주고 캐나다의 넥센(Nexen)을 인수할 때도 마찬가지였다.

기들이 멕시코를 통해 미국으로 유입되는 것이 국가 안보에 대한 심각한 위협이 되고 있다는 미국 남부군 사령관 존 켈리^{John Kelly} 장군의 주장이 언론을 통해 주요 기사로 보도되었다. 거대한 장벽, 무장 군인의 국경 순찰, 무인기 감시, 대규모 추방 조치에 따라 불법 이민자들이 크게 감소했다. 하지만 불법 이민자 감소의 더 큰 원인은 멕시코 사람들이 자국의 경제 성장에서 기회를 찾기 위해 자발적으로 되돌아갔기 때문이다. 미국이 할 수 있는 가장 현명한 일은 일자리를 만들고 사회적 안정을 가져오는 공급망을 멕시코에 설립하는 것이다. 즉, 과거에 중국으로 이전했던 일자리를 미국과 멕시코로 다시 가져오는 것이다.

외국인들은 이미 멕시코에 투자하고 있다. 2009년에서 2014년 사이에 한국, 독일, 일본의 자동차 제조사들이 190억 달러를 투자해 멕시코의 자동차 생산량은 연간 3백만 대로 2배 증가했다. 자동차 산업 분야에서 5만 개 이상의 새로운 일자리가 생긴 멕시코의 아과스칼리엔테스^{Aguascalientes} 주는 제2의 디트로이트가 되었다. 멕시코에 대한 투자 증가에는 단지 값싼 임금뿐만 아니라 브라질과 같은 거대시장에 대해 미국 기업보다 더 좋은 시장 접근권을 제공하는 멕시코의 적극적인 자유무역정책도 한몫했다. 멕시코에서 더 많은 미국 제품을 생산하는 것은 저비용 생산뿐만 아니라 다른 남미 국가들에 대한 수출 증가를 의미하기 때문이다. 멕시코가 미국과 캐나다 자동차 산업의 일자리를 빼앗아갔지만, 외국 자동차 제조사들은 자동차 부품의 3분의 2를 미국을 포함한 북미 기업으로부터 조달할 수밖에 없다. 공급망 세계에서 이웃 국가의 경쟁력은 미국의 경쟁력이기도 하다.

캐나다, 미국, 멕시코의 도시들은 각자를 서로에게 필요한 협력자로

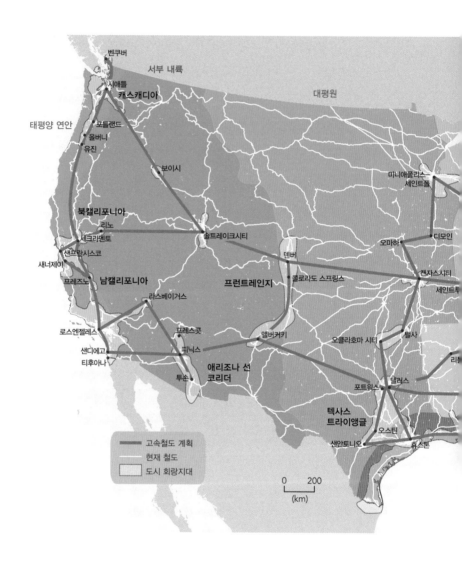

받아들여야 한다. 북미 대륙에서는 자동차, 항공기, 전자제품, 의약품 등
주요 산업의 중심지인 20여 개의 독립적인 도시들이―뉴욕, 토론토, 새

미국의 기능적인 경제지역은 전통적인 50개 주로 구성된 지도보다 더 광범위한 지형을 포함한다. 하지만 중요한 도시를 중심으로 구성되어 있다. 고속철도와 인터넷 케이블이 미국의 도시들을 효율적으로 연결하면서 아메리카 도시연합 국가(United City–States of America)를 만들어내고 있다.

몬트리올
포틀랜드
토론토
올버니
보스턴
버펄로
시러큐스
프로비던스
그랜드래피즈
디트로이트
뉴헤이븐
5대호 지역
동북지대
시카고
클리블랜드
뉴욕시티
톨레도
피츠버그
필라델피아
콜럼버스
나폴리스
볼티모어
워싱턴 D.C.
신시내티
리치몬드
버지니아비치
루이빌
대서양
산록지대
내슈빌
롤리
그린빌
샬럿
애틀랜타
콜럼비아
남서 제조업 지대
버밍햄
서배너
모빌
탤러해시
잭슨빌
걸프 연안
올랜도
플로리다
탬파
마이애미

너지이, 멕시코시티, 시애틀, 몬트리올―교역을 지배하고 있다.* 적대적

---

* 북미 대륙에서 25쌍의 도시들의 연간 교역 규모는 10억 달러를 넘는다. 미국, 캐나다, 멕시코의 거대도시 지역 사이의 교역 규모는 세 국가 전체 교역금액 8,850억 달러 가운데 58퍼센트를 차지한다. 2013년 브루킹스(Brookings) 연구소의 메트

역사를 가진 인접 도시들조차 의심을 협력으로 대체하고 있다. 샌디에이고와 티후아나Tijuana는 두 도시 사이의 국경을 20억 달러의 손실을 가져오는 방해물로 생각하고 있다. 이들의 새로운 구호는 "두 도시, 그러나 하나의 지역"이다. 샌디에이고의 시장은 티후아나에 지역 사무실을 설치하고 공항을 연결하며 2024년 올림픽을 공동으로 개최하는 계획을 제안했다. 이 지역의 범죄, 불법 이민, 마약 밀거래는 엄격한 국경 경비가 아니라 더 많은 투자와 일자리 때문에 현저하게 감소했다.

파이프라인, 운하, 화물 철도, 전기 공급망 그리고 다른 기반시설이 북미 대륙의 국경지대에 있는 수백 개의 경제 중심지들을 연결하고 있다. 미국은 스스로를 통합된 북미 대륙의 중심으로 생각해야 한다. 실제로 미국은 지난 150년 동안 가장 큰 주인 알래스카를 물리적으로 단절시켰다. 하지만 지금은 팬아메리칸 하이웨이Pan-American Highway를 확장해 알래스카의 밸디즈Valdez와 포트맥머리를 연결하는 철도와 알래스카 북단의 노스슬로프North Slope에서 캐나다로 이어지는 새로운 천연가스 파이프라인 건설을 계획하고 있다. 철도와 가스관의 건설은 알래스카를 지역 에너지 공급망과 수송망에 더 깊이 연계시키는 동시에 아시아에 대한 석유와 가스 수출을 증가시킬 것이다.

북미 대륙에서 기반시설, 경제, 문화, 전략적인 연계는 돌이킬 수 없는 사실이다. 캐나다에는 석유와 물이 풍부하지만 인구가 적다. 미국과 멕시코에는 4억 명의 인구가 있지만 물이 부족하고 거대한 시장이 있다. 기후 변화가 캐나다의 광대한 북극 지역을 녹이면서, 일부 사람들은 언

로모니터(Metro Monitor)를 참조하라.

젠가 캐나다의 거주 인구가 현재 3천만 명에서 최대 1억 명으로 증가할 수 있다고 생각한다. 북부 캐나다의 농경지 경작과 셰일 석유 채굴에 필요한 노동력과 북부 캐나다 지역을 개척하는 사람들은 대부분 아시아와 남미 사람들일 것이다.

북극 지방의 빙하 해빙은 그린란드와 같은 새로운 국가를 탄생시킬 것이다. 그리고 그린란드의 대륙 빙하 해빙은 해수면 상승의 가장 큰 원인이 될 것이다. 덴마크에서 독립하는 국민투표가 가결되면, 그린란드는 기후 변화로 인해 탄생한 최초의 국가가 될 것이다. 그리고 풍부한 우라늄과 다른 희귀 지하자원 때문에 극지방의 강대국이 될 것이다.* 그린란드와 캐나다의 이누이트 주민들이 서로 연결되어 있다는 사실은 그린란드의 지리적 위상이 과거 식민지 시대의 유럽 유산에서 어떻게 북미동맹의 회원국으로 발전할 것인지를 암시해준다.

미국의 전 국무장관인 윌리엄 수어드$^{William\ Seward}$가 1867년에 러시아로부터 알래스카를 사들였을 때, 그는 멕시코시티를 제2의 수도로 하는, 그린란드에서 가이아나^{Guyana}에 이르는 통일된 반구半球를 꿈꾸었다. 그리고 이런 19세기 미국의 "명백한 운명$^{Manifest\ Destiny}$"**은 정복이 아니라 통합을 통해 마침내 현실이 되고 있지만 야심을 충족시키기에는 부족해보인다. 냉전시대가 끝난 이후 닉슨 정부의 내무장관과 알래스카의 주지사 월터 히켈$^{Walter\ Hickel}$은 베링 해협 해저에 80킬로미터에 이르는 터널을 뚫

---

* 그린란드는 이미 광산기술 수출국(호주)과 대규모 자원 소비국(중국)으로부터 투자 관심을 받고 있고, 캐나다의 배핀(Baffin) 섬과 그린란드 사이 지역에서 석유와 가스 탐사권을 발급하기 시작했다. 유럽의 엔지니어링 기업들은 아프리카에 담수를 공급하기 위해 그린란드의 빙하들을 견인해가는 방법을 탐구했다.

** 19세기 중반에서 후반의 미국 팽창기에 유행한 이론으로, 미합중국은 북미 전역을 정치 · 사회 · 경제적으로 지배하고 개발할 신의 명령을 받았다는 주장 — 옮긴이

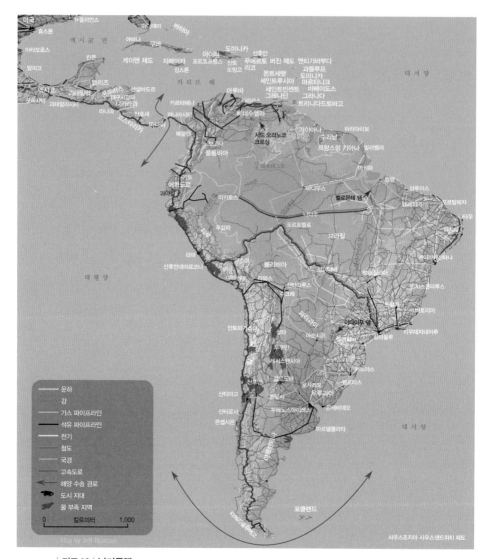

지도 18 │ 남미동맹

남미는 거의 전체가 도시화되어 있다. 대부분의 사람들이 대서양과 태평양 연안에 거주하고 있다. 남미 대륙은 새로운 에너지와 교통 연계를 통해 대서양과 태평양 연안, 특히 아시아 지역과 효율적으로 교역을 하고 있다.

어 러시아와 알래스카를 연결하는 계획을 제안했다. 25년이 지난 후에, 러시아 철도의 블라디미르 야쿠닌^{Vladimir Yakunin} 회장은 런던, 모스크바, 시베리아, 알래스카, 뉴욕을 연결하는 슈퍼하이웨이를 제안했다. 러시아는 이런 장대한 계획을 수용할 수 없는 반면 중국은 충분히 감당할 수 있다. 중국은 동부지역에서 출발해 시베리아를 거쳐 베링 해 해저의 2백 킬로미터의 터널을 통해(영국과 프랑스 사이의 해저터널보다 4배 길다) 알래스카의 페어뱅크스를 지나 남쪽으로 캐나다와 미국에 이르는 1만3천 킬로미터에 달하는 고속철도(이 고속철도는 시베리아 횡단철도보다 더 길다)를 제안했다. 이 고속철도가 중국에서 밴쿠버로 가는 중국인들에게 경치가 좋은 여행 경로가 될 것임은 의심의 여지가 없다.

남미동맹

남미도 기능적인 재편을 경험하고 있다. 스페인과 포르투갈이 5백 년 전에 남미를 정복한 이후, '잃어버린 대륙lost continent'은 약탈적 식민주의, 볼리비아 민족주의, 혁명적 사회주의 또는 우익의 반공 산주의에서 처음으로 자유로워졌다. 남미 대륙의 지도자들은 좌파 게릴라와 전쟁을 하고 미국의 제국주의를 비난하는 대신 정부 보 조금을 개혁하고 투자를 유치하며 에너지 생산량을 증가시키는 데 집중하고 있다. 북미 지역과 마찬가지로 자원에 근거한 지역주의 가 남미의 생물 다양성을 활용하는 가장 좋은 방법이다. 국제적인 기반시설 투자가 남미를 대표하는 두 가지 특성을 — 아마존 밀림 과 안데스 산맥 — 극복하고 있다. 대륙관통고속도로Interoceanic Highway 프로젝트는 브라질의 대서양 연안과 페루의 태평양 연안 항구를 연 결할 것이다. 대륙관통고속도로는 브라질에서 중국으로 가는 운송 시간을 일주일 정도 단축시킬 것이다. 이 때문에 이 고속도로에는 "중국으로 가는 길"이라는 별명이 붙어 있다. 페루는 내륙 국가인 볼리비아에게 자국 영토인 일로llo에 태평양 항구를 건설할 권리를 주었다. 아르헨티나는 안데스 산맥을 관통하는 거대한 터널을 통 해 태평양 반대편으로 향하는 수출을 늘릴 수 있는 칠레의 항구에 효율적으로 접근할 수 있게 될 것이다. 개선된 팬아메리칸 하이웨 이는 남북의 축을 가로질러 콜롬비아의 다리엔 갭Darien Gap에서 아 르헨티나의 티에라 델 푸에고Tierra del Fuego까지 관통하고 있다. 이제

막 떠오르는 팍스 라티나^{Pax Latina}는 초기 형태의 대륙의회와 유럽연합과 비슷한 제도적 조직인 남미국가연합^{the Union of South American Nations}을 갖추고 있다.

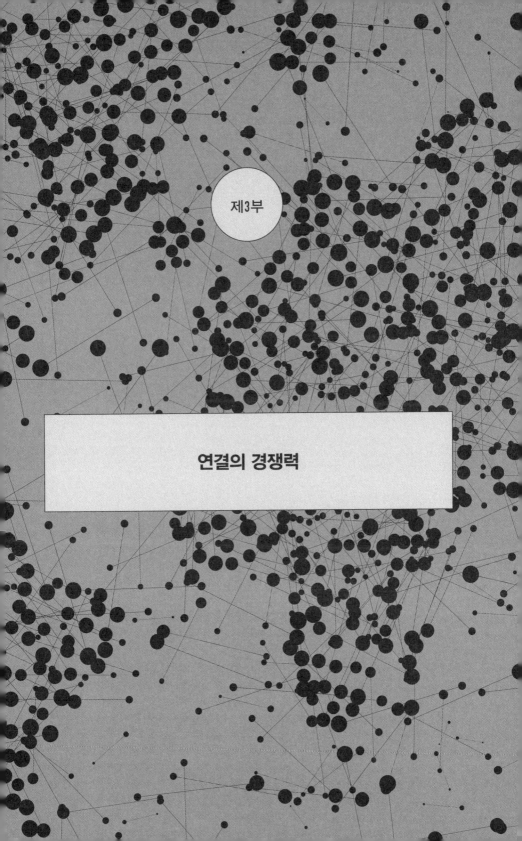

제3부

연결의 경쟁력

chapter 6

3차 세계대전
또는 줄다리기?

탈근대시대를 위한 고대의 비유

세계에서 가장 오래된 단체운동은 이집트, 그리스, 중국, 기니의 고대 암벽화에 나타난 것처럼 줄다리기이다. 왕실의 화려한 행사에 등장했던 줄다리기는 군인들이 전투에 앞서 힘을 기르기 위해 하던 운동이었다. 8세기에 중국 당나라의 선종은 150미터가 넘는 줄 양쪽에 각각 5백 명의 군인들을 세워 서로 줄다리기를 하도록 했다. 20세기 초에 줄다리기는 하계 올림픽에서 5회 연속 정식 경기 종목으로 채택되었다. 올림픽에서는 스톡홀름의 경찰로 구성된 스웨덴팀 등 유럽 국가들이 좋은 성적을 거두었다.

옥스퍼드 영어사전에는 줄다리기가 "최고를 위한 치열한 경쟁"이라고 정의되어 있다. 줄다리기는 육체적으로 매우 힘든 운동이다. 승리하기 위해서는 최고의 힘과 인내력, 의지력이 있어야 한다. 짧은 순간의 휴식도 고통스럽다. 육체는 정말로 휴식을 취할 수 없다. 줄다리기는 세계에서 신체를 접촉하지 않는 가장 잔인한 운동이다. 하지만 지난 수천 년 동안 줄다리기를 하다가 사망한 사람들은 없었다. 줄다리기는 우리 시대를 설명하는 적절한 비유이다.

지난 수천 년 동안 영토 정복과 침략을 물리치기 위해 수많은 대규모의 병력 동원이 있었다. 오늘날의 세계도 국경 침범, 핵 대치, 테러리스트의 폭동, 국가의 붕괴, 비참한 내전 등과 같은 긴장과 갈등, 적대감으로 가득하다. 하지만 수많은 사상자를 낸 이런 중대한 폭력사태조차 전 세계에서 발생하고 있는 경쟁의 본질을 알려주지 못하고 있다. 사실 오늘날 국내적으로나 국제적으로 전쟁 상태에 있는 국가들은 극소수에 불과하다. 하지만 모든 국가들은 세계에서 벌어지는 줄다리기에 얽혀 있다.

줄다리기는 지정학과 지리경제학이 만나는 곳에서 벌어지고 있다. 국가들 사이의 물리적 전쟁은 감소하고 있는 반면 공급망을 둘러싼 전쟁은 증가하고 있다. 하지만 오늘날의 줄다리기는 영토를 위한 것이 아니라 돈, 상품, 자원, 기술, 지식, 인재의 흐름에 관한 것이다. 이런 흐름들은 줄다리기에서 사용하는 밧줄과 같다. 우리는 흐름을 얻기 위해 경쟁하지만 역으로 흐름은 우리를 연결시켜준다. 세계에서 벌어지는 줄다리기는 세계의 공급망을 자기 쪽으로 끌어와 자원과 상품의 최대 생산자가 되고 거래에서 최대의 가치를 얻기 위한 것이다.

영국의 샌드허스트 왕립육군사관학교는 줄다리기에서 이기는 전략에 관한 지침서에서 좋은 팀은 줄을 당길 때 한 사람이 당기는 것처럼 모든 동작이 일치한다고 설명한다. 과연 미국은 이렇게 행동하고 있을까? 워싱턴의 정치인, 월가의 은행가, 텍사스의 석유회사, 미국이라는 팀에 속한 다른 선수들도 전체가 각 부분의 합보다 더 큰 하나의 통합된 존재처럼 행동하고 있을까? 아니면 중국이 미국보다 더 잘하고 있는 걸까?

줄다리기 경기에는 밧줄을 지속적으로 팽팽하게 당기는 긴장감이 있어야 한다. 밧줄이 느슨해지면 모든 사람을 불안정하게 만들지만, 과도한 긴장은 밧줄을 끊어트리거나 손을 다치게 할 수도 있다. 가장 중요한 전략은 맹목적으로 힘만 쓰는 것이 아니라 균형을 유지하면서 힘을 키우는 것이다. 한 사람이 너무 과도하게 움직이면 팀의 균형이 무너질 수 있고 결국 상대방이 줄을 모두 끌어가 게임이 끝날 수도 있다. 오늘날의 지리 전략적인 환경에서 유사점을 생각해보라. 미국은 저렴한 에너지와 자동화를 통해 중국으로부터 수백만 개의 제조업 일자리를 빼앗아와야만 할까? 아니면 이것이 수출을 늘리려는 중국 경제를 위축시켜 달러 투매와 미국의 금리인상으로 이어질까? 줄다리기는 천천히 그리고 신중하게 이기는 게임이다. 현명한 팀은 발뒤꿈치로 기반을 튼튼히 하고 상대방을 지치게 한 다음 조금씩 줄을 끌어당겨 주도권을 빼앗아온다.

미래의 세계 안정은 강대국들이 주권의 관점에서 생각하고 행동할 것인지 아니면 공급망의 관점에서 생각하고 행동할 것인지 또는 전쟁의 관점에서 행동할 것인지 아니면 줄다리기의 관점에서 생각하고 행동할 것인지에 달려 있다. 전쟁의 주역은 군과 동맹군이다. 줄다리기의 주인공은 도시와 기업이다. 정부는 주인, 코치, 자금 제공자의 역할을 하고 게임의 법칙을 만든다. 하지만 가장 결정적인 것은 선수의 자질이다.

줄다리기는 끝이 없는 전쟁이고 결승점이 없는 마라톤이다. 모든 방향에서 계속해서 새로운 적들이 등장한다. 이는 동시에 여러 방향에서 줄을 당기는 것과 같다. 사실 21세기의 줄다리기는 국가, 도시, 기업 그리고 다른 지역사회들이 모든 힘을 다해 경쟁하는 거대한 다중접속게임과 같다. 윈스턴 처칠Winston Churchill은 언제나 전쟁보다 협상이 더 좋다고 충고했다. 즉, 갈등보다 외교를 선호한다는 의미이다. 오늘날의 세계는 전쟁과 협상이 혼재된 끝이 없는 줄다리기의 세계이다.

오웰은 정확하게 예측했을까?

냉전시대 초기에 유라시아를 각각의 영향권으로 분할하는 협상을 지켜본 조지 오웰George Orwell은 세계의 적대적 권역들 사이에서 영구히 벌어지는 전쟁의 불가피성에 사로잡혔다. 오웰의 이런 생각은 원자폭탄 실험 이후에 더 확고해졌다. 유럽의 식민주의와 소련의 공산주의의 동질적인 경직성을 지켜본 오웰은 기념비적인 소설 『1984』에서 거대한 대륙 강대국인 오세아니아Oceania, 동아시아Eastasia, 유라시아Eurasia를 반대를 용인하지 않는 전체주의 정권으로 묘사했다.

『1984』에 등장하는 지도에는 놀라운 선경지명이 있다. 유라시아에서 유럽 대륙을 분리해 오세아니아(아메리카)에 할당하면 북미, 남미, 유럽연합이라는 3개의 축으로 구성된 서구 연합의 지도가 된다(뉴욕과 런던 두 도시가 지역의 수도이다). 러시아(유라시아)는 유라시아 북부의 거대한 몽골 지역을 보유하고, 동아시아(중국)는 일본, 동남아시아, 중앙아시아를 포함한다.

오웰의 세계는 어느 한 나라 또는 한 국가에 대항하는 두 국가의 연합이 지구를 지배할 수 없는, 영원히 교착상태에 빠진 세계였다.* 1950년에 오웰이 사망할 당시에는 상상할 수 없었지만, 초강대국의 최우선적인 관심사는 영토에 대한 정복이 아니라 시장과 자원에 대한 접근을 추구하는 것이다. 더 정확하게 말하면 서로를 정복할 수가 없었기 때문에 전쟁이 아니라 줄다리기를 하는 것이다.

공급망의 지정학적 관점에서 볼 때 개별적인 지리적 권역geographic bloc이라는 개념은 기반시설이라는 물리적 접착제와 협약이라는 제도적 접착제에 의해 대체되고 있다. 예를 들면 미국과 유럽은 대서양 지역에서 거의 모든 규제적인 마찰을 없애고 이미 존재하는 세계 최대의 투자기금을 더 풍부하게 만들 범대서양무역투자동반자협정Transatlantic Trade and Investment Partnership을 추진하고 있다. 미국과 캐나다는 이미 서로에게 가장 큰 교역상대국이 되었고, 유럽연합은 미국에 대한 최대 투자국이다. 범대서양무역투자동반자협정이 체결되면, 대서양을 오가는 하루 교역 규모는 30억 달러를 훨씬 더 초과하게 될 것이다. 범대서양무역투자동반자협정은 두 대륙이 하나로 합쳐지지 않은 상태에서 할 수 있는 대륙과 대륙 간의 합병에 가깝다.

이와 동시에 급격하게 성장하는 아시아 시장에 에너지, 상품, 서비스를 수출하고 싶은 미국은 범대서양무역투자동반자협정과 환태평양경제동반자협정Trans-Pacific Partnership을 모두 지지해왔다. 이 두 협정은 세계

---

* 전쟁이 벌어지는 곳은 3개 대륙 국가들 사이에 끼어 있는 지역으로, 『제2세계(The Second World)』에서 내가 설명한 지역이다.

GDP의 40퍼센트를 차지하는 10여 개 국가들 사이에 공동의 기준을 만들고 관세를 점차 없앨 것이다. 적대국이나 적대국의 이웃 국가와 경제 관계를 증진하는 것은 전략적 영향력을 강화하는 중요한 도구이다. 하지만 이런 종류의 경쟁적인 자유화는 영토가 아니라 공급망을 얻기 위한 것이다. 따라서 환태평양경제동반자협정의 목표는 중국을 제외시키는 것이 아니라 중국을 더 개방시키는 데 필요한 영향력을 증대하는 것이다.* 미국의 대중국 수출은 2000년에서 2010년 사이에 5배가 증가했고, 중국의 대미 수출도 증가하고 있다. 실제로 중국은 미국의 최대 교역국인 캐나다를 추월하고 있다. 중국 자동차 시장의 1위 업체인 제너럴모터스General Motors는 미국 연방정부의 구제금융을 받았음에도 해외에서의 수입이 없었다면 금융위기에서 살아남지 못했을 것이다. 더구나 미국과 영국 모두 공장, 정유산업 그리고 다른 시설에 대한 수천억 달러의 투자를 유치하지 못하면—특히 중국으로부터—수출을 2배로 늘리겠다는 목표를 달성할 수가 없다.

중국과 아시아의 경제가 더 커질수록 미국과 유럽연합은 영향력을 유지하기 위해 그만큼 더 힘을 합쳐야 한다. 하지만 중국에 대한 미국의 우려는 오세아니아 지역에서 동일한 공감대를 형성하지 못하고 있다. 유라시아의 우랄 산맥을 넘어 유럽과 중국 사이의 관계가 더 깊어지고 있다는 사실이 이를 뒷받침한다. 미국과 달리 유럽은 중국을 안보에 대한 위협으로 인식하지 않는다. 유럽은 미국이 인도양과 태평양에서 인도, 호

---

* 중국이 지적재산권 기준을 준수하고 국영기업에 대한 특혜를 중단하기로 동의하면 태평양무역투자동반자협정에 가입할 수 있을지에 관해서는 논란이 있다. 동시에 원산지 표시 의무가 줄어들면서, 중국은 단지 태평양무역투자동반자협정 회원국에게 요구하는 최소 생산에만 투자하고 미국을 포함한 회원국들에 대한 무관세수출 자격만을 얻을지도 모른다.

주, 일본과 군사관계를 증대시키는 일에 관여하지 않고 있다. 대신 영국, 프랑스, 독일은 중국의 첨단 국방기술의 중요한 원천이다. 중국 위안화의 가치가 올라가고 유로화가 약세로 돌아서면서, 유럽은 부동산에서 청정에너지에 이르기까지 중국의 해외자산 매입 열풍의 가장 큰 수혜자가 되었다.* 유럽연합과 중국 사이의 교역은 머지않아 유럽연합과 미국의 교역량을 초월할 것이다. 중요한 점은 유라시아를 가로지르는 연결성이 대서양을 가로지르는 문화와 경쟁하고 있다는 것이다.

세계 3대 경제대국인 유럽, 중국, 미국은 세계 GDP, 투자, 교역의 대부분을 차지한다. 3대 경제대국 사이의 교역은 특히 더 그렇다. 갈등, 협력, 경쟁은 전부 아니면 아무것도 없는 양자택일이 아니라 복잡한 상호 작용과 서로 중복된다. 즉, 북한 핵 프로그램, 기후 변화에 대한 입장 차이, 쌍방의 교역 확대 등과 같은 문제들에 대해서는 협력하지만, 외환보유고, 지역에 대한 영향력, 가상공간에 대한 규제 등 다른 분야에서는 경쟁을 하는 관계이다. 미국의 오바마 대통령과 중국의 시진핑 주석이 2014년에 캘리포니아 서니랜즈Sunnylands에서 정상회담을 갖고 새로운 종류의 강대국 관계에 대해 이야기했을 때, 그것은 미래의 시나리오가 아니라 지금의 현실을 반영한 것이었다. 버지니아 대학의 정치학 교수인 데일 코플런드Dale Copeland의 주장처럼, 정치 지도자들이 이익이 지속될 것으로 예상하면 상호 의존은 갈등을 사전에 방지한다. 진짜 전쟁의 이익이 아니라 줄다리기 전쟁의 혜택을 알게 되면 갈등이 방지된다.

---

* 2015년 10월 시진핑의 영국 국빈 방문은 '포괄적 전략 동반자관계'를 위한 토대라며 환영받았다. 양국은 약 5백억 달러 규모의 교역과 투자 협정을 체결했다.

폭풍 전야의 고요

미국 국방부의 전략가들은 1990년대에 냉전에 대한 불안이 끝났을 때 3차 세계대전에 대해 걱정했다. 지정학적인 역사를 보면, 전쟁은 쇠락하는 강대국(미국)과 떠오르는 강대국(중국) 사이에 힘이 집중되는 지역에서 발발하곤 했다. 전문가들은 미국과 중국이 대만을 두고 전쟁을 벌일 것이라는 데 이견이 없었다. 하지만 25년이 지난 지금, 어느 누구도 3차 세계대전이 대만에서 발발할 것이라고 생각하지 않는다. 과거에 불가피해보였던 위험을 제거하기 위해 무슨 일이 벌어진 것일까?

물론 전쟁 억제 전략이 중요한 역할을 했다. 지난 40년 동안 미국으로부터의 무기 수입과 안전 보장 덕분에 대만은 막강한 군사력을 보유하게 되었다. 중국은 인민해방군에 대한 막대한 투자를 통해 궁극적인 군사적 우위를 확보했다. 동시에 대만과 중국의 관계는 불접촉, 불타협, 불협상의 '3불 원칙'에서 "하나의 중국을 인정하지만 표기는 각자에게 맡긴다 one China, two interpretations"는 원칙으로 발전했다. 더 높은 경제 성장률에 편승하고 싶은 사람들을 태운 항공기들이 일주일에 3백 편 이상 중국과 대만 사이를 오간다. 중국은 심지어 푸젠福建 성과 대만을 연결하는 120킬로미터에 달하는 해저터널 건설을 제안했다. 중국은 대만의 최대 수출국으로 부상했고, 대만은 중국으로부터 한 해 1천억 달러의 무역수지 흑자를 기록하고 있다. 대만의 해외투자 가운데 80퍼센트는 중국으로 들어간다. 중국에서 전 세계로 판매되는 아이폰과 아이패드의 대부분을 생산하는 대만 기업 폭스콘Foxcon에 대해 생각해보라. 대만과 미국 소비자들이 의존하고 있는 공급망은 중국의 공급망과 거의 동일하다.

전 총통이자 국민당 지도자인 마잉주^{馬英九}와 중국의 시진핑 주석은 1949년에 국공내전이 끝난 이후 처음으로 2015년에 정상회담을 개최했다. 하지만 이런 평화적 통일을 향한 관계 회복이 중단되거나 악화될 것이라는 설득력 있는 시나리오들도 많다. 국수주의 성향이 강한 민주진보당이 중화민국^{Republic of China} 대신 대만(타이완)을 공식 국가명칭으로 정하고 양안관계에서 더 많은 주권을 행사할 수 있다는 것이다. 그리고 폭스콘의 회장 궈타이밍^{郭台銘}이 인건비를 절약하기 위해 공장을 인도네시아로 옮기는 경우도 있을 수 있다. 대만의 기업들이 중국에 있는 공급망을 단절하고 민주진보당이 독립을 고집한다면 결코 통일과 가까워질 수 없을 것이다. 하지만 이 가운데 어느 것도 전쟁을 수반하지는 않을 것이다. 하지만 분명히 양국 사이의 줄다리기는 계속될 것이다.

우리가 전쟁을 영원히 줄다리기로 바꾸어놓을 수 있을까? 우리는 매일 아침 이스라엘이 이란을 공격했고, 중국이 일본의 배를 침몰시켰고, 러시아가 과거 소비에트 연방 가운데 하나를 합병했고, 북한이 한국을 공격했다는 소식을 예상하면서 기상한다. 지금쯤이면 아마도 3차 세계대전이 열 번도 넘게 일어났을 것이다. 하지만 이런 중요한 지정학적 대립관계 가운데 어느 것도 전쟁으로 발전하지 않았다. 지난 20년 동안 모든 심각한 군사적 대치 상황에서 지도자들은 마지막 벼랑 끝 순간에서 한 발 물러났을 뿐만 아니라 중국과 대만의 경우에도 점진적 통합과정이 잘 진행되고 있다(이와 대조적으로 이라크와 시리아의 붕괴, 러시아-우크라이나 분쟁 같은 오늘날 가장 비극적인 충돌은 어느 누구도 예상하지 못했다).

1947년에 동시에 독립을 선언한 인도와 파키스탄은 세 차례에 걸쳐 대규모 전쟁을 치르면서 상당한 양의 핵무기를 개발했다. 그리고 히말라야 산맥에서도 소규모 전투를 벌이고 카슈미르에서는 여전히 분쟁이 계속되고 있다. 하지만 최근에 양국은 섬유, 의약품과 다른 상품에 대한 정기적인 거래에 대해 국경을 개방했고, 두 나라 국민에 대한 비자 규정을 완화했으며, 인도-파키스탄 간의 더 많은 직항로 개설과 최혜국 대우를 허용했다.

인도와 중국도 1962년에 국경 분쟁을 치렀다. 인도는 달라이 라마의 고향이자 중국이 분리주의 반군으로 규정하는 티베트 망명정부의 본거지이다. 하지만 중국과 인도 사이의 교역 규모는 한 해 1천억 달러를 넘어서면서 계속 증가하고 있다. 중국의 시진핑 주석은 2014년에 인도를 국빈 방문할 당시 인도 나렌드라 모디 총리의 고향인 구라자트^{Gurajat} 주의 새로운 산업단지 조성 사업에 35억 달러를 투자하겠다는 협정에 서명했다. 그리고 2015년 모디 총리의 중국 답방에서 양국은 에너지, 물류, 오락 그리고 다른 분야에서—특히 양국 군 사령관 사이의 직통전화 가설—약 220억 달러에 달하는 새로운 협상을 체결했다.

지난 수십 년 동안 남아시아에 대한 담론은 인도, 파키스탄, 중국의 단순한 기하학적 3각 관계에 초점이 맞추어져 있었다. 파키스탄과 중국이 인도를 봉쇄하고, 인도는 미국, 일본, 호주와 함께 중국을 포위하는 글로벌 나토 체제에 가입하고 있다. 심오하게 들리는 이런 구시대적 전략은 좀 더 복잡한 현실 평가에 대한 거부감을 드러낸 것이다.

중국과 인도는 양국의 국경지대에 3곳의 교역지대를 설치했다. 하지만 교역지대의 설치가 달라이 라마의 후계자가 거주하고 있는 티베트의 시가체^{Xigaze} 시에 대한 중국의 보병과 기갑여단 배치를 막지는 못했다. 마찬가지로 인도도 시킴^{Sikkim} 주 고원지대에 새로 개방된 나투라^{Nathu La}

고개 주변에 동일 규모의 탱크부대를 주둔시켰고, 새로운 산악부대를 훈련시키고 아삼^{Assam} 주의 공군기지에 전투기부대를 배치했다. 시간은 언제나 중국 편이라는 과거의 생각과는 반대로, 이번에는 젊은 인구, 경제성장, 자부심, 급증하는 국방비 면에서 인도의 손을 들어주고 있다.

아시아의 두 거인에게는 전체 영토의 0.1퍼센트 정도인 작은 지역에 대한 분쟁보다 친선관계를 통해 얻을 수 있는 이익이 훨씬 더 크다. 하지만 전략적인 티베트고속도로 인근에 있는 인도의 시킴 주 북부에 대한 중국의 침공이나, 달라이 라마의 후계를 둘러싼 정치적 위기가 부탄 동쪽의 티베트인 거주지인 인도의 아루나찰프라데시^{Arunachal Pradesh} 주(중국은 남티베트라고 부르는)에 대한 중국의 점령을 초래한다고 해도 전혀 놀라운 일이 아닐 것이다.* 하지만 전쟁의 흙먼지가 가라앉고 얼음이 녹고 잔해가 정리되고 시신들이 수습되고 협정이 체결되어 국경이 변경되면, 인도에서 중국으로 가는 남부실크로드는 다시 번성할 것이다.

지정학적 운명주의 관점에서 대만을 대체할 역사적인 갈등이 있다면, 그것은 일본, 중국, 대만에서 거의 동일한 거리에 있는 센카쿠^{尖閣}/댜오위다오^{釣魚島} 열도를 둘러싼 중국과 일본의 분쟁이다. 중국과 대만은 댜오위다오 열도가 대만에 속한다고 인정한 반면, 일본은 1894~1895년의 중일전쟁의 승리에 따라 일본의 영토라고 주장하고 있다. 중국과 일본이 1945년에 국교 정상화를 단행하면서 댜오위다오 열도를 비무장지대로 남겨두고 영토 분쟁을 다음 세대로 연기하자는 데 합의했다. 이제 다음 세대들이 정치 주도세력으로 떠올랐다. 특히 댜오위다오 열도 인

---

* 1962년의 인도─중국 국경 분쟁 당시, 중국군은 불교 역사에서 중요한 의미를 지닌 타왕(Tawang) 수도원을 잠시 동안 점령한 적이 있다.

근 해저에 대규모 석유 매장 가능성이 대두되면서 중국과 일본의 분쟁은 격화되고 있다. 해양 경비대와 해군 함정이 자국의 통제 지역을 순찰하고 전투기들이 섬 인근 상공을 순회비행하고 있다. 작은 실수가 전쟁으로 이어질 수도 있다. 일본 수상인 아베 신조는 2014년에 전 세계를 상대로 중국의 침공에 주의를 기울여야 한다고 촉구했고, 일본 의회는 2015년에 일본 자위대의 해외 군사활동을 금지한 조항을 철폐했다. 하지만 현재 대치 상황의 원인이 중국의 군사행동이든 일본의 국수주의이든, 두 나라는 역사에서 교훈을 얻고 있다. 즉, 억제 정책은 갈등의 위험을 높이고 경제적 보상은 갈등의 고조보다 현상 유지나 통합과 병행한다는 것이다.

실제로 신문들은 중국의 일본 화물선 압수와 일본의 재무장, 일본 자동차회사의 시위와 태업, 일본 순시선의 중국어선 충돌과 선장 구류, 중국의 희귀 광물의 일본 수출 금지 등에 대해 매일 보도하고 있다. 하지만 일본 기업 대표단에 대한 중국 상무장관과 부총리의 환대, 중국에서 일본 차 매출의 급증(도요타는 2015년에 중국에서 사상 최대 매출을 기록했다), 연간 3천4백억 달러를 넘는 교역 규모 등에 대한 기사도 언론에 보도된다.[1] 일본은 중국의 시장을 필요로 하고 중국은 일본의 기술을 필요로 한다.

아시아에는 전쟁 가능성이 높은 다른 시나리오들도 많다. 파라셀 군도 Paracel Islands를 둘러싸고 중국과 베트남이 분쟁을 벌이고 있고, 필리핀은 중국의 실효적 지배에 맞서 스카버러 섬 Scarborough Shoal에 대한 소유권을 주장하고 있다. 북한은 제한된 수의 핵무기를 소유하고 있고, 사전경고도 없이 탄도 미사일 실험을 하고 있다. 동아시아에서 미군의 증강은 더 많은 미군기지, 함정, 비행기, 작전, 일촉즉발의 상황을 의미한다. 3차 세계대전이 발발한다면 아시아일 것이라는 1990년대 미국 국방부 전략가들의 예측은 옳았다. 군비 경쟁과 경제적 통합 사이의 현재 역학관계는 대규모 전쟁으로 가는 어두운 전주곡일지도 모른다.

실제로 중국의 급격한 성장과 점증하는 영향력은 아시아의 정치체제와 조직이 완전한 기능을 하지 못하는 상황에서 경제적 통합이 군사적 충돌을 막는 중요한 제동장치로 작용한다는 사실을 상기시켜준다. 이상적으로 보면, 아시아의 미군 주둔은 태평양 지역에서 전략적 균형을 유지하고 외교적 국제기구들이 전후 유럽의 경우와 마찬가지로 위기에 잘 대처하는 데 도움이 될 수 있다. 전후 유럽에서 미국이 제공한 체제에 대한 안전 보장은 정치적 통합이 발전할 수 있도록 했다. 프랑스의 로베르 쉬망Robert Schuman 외무장관은 프랑스와 독일의 원자재 시장이 유럽석탄철강공동체European Coal and Steel Community를 통해 통합되면 두 국가는 하나의 공급망을 갖게 되고 또다시 전쟁을 하지 않을 것이라고 예견했다. 아시아의 공급망은 중국, 일본, 한국, 동남아시아에 걸쳐 통합되어 있을 뿐만 아니라, 아시아는 중국과 미국의 공동 공급망의 중심지이기도 하다. 이것이 새뮤얼 라클리어Samuel Locklear 전 미태평양군사령부 사령관이 미국과 중국이 모든 분야의 80퍼센트에서 서로 만나게 된다고 말한 이유이다.

정치 지도자들이 대중에게 마지노선에 대해 이야기하고 해군이 거의 교전 직전까지 가는 동안에도 증권시장은 거침없이 상승한다는 것은 누구나 다 아는 진실이다. 즉, 정치 지도자들은 군사와 경제라는 두 분야에서 상호확증파괴*가 작용한다는 사실을 알고 있다. 군사작전은 강대국들 사이에 무엇이 영향력을 발휘하는지 그리고 무엇을 위해 싸우는지에 대해 자세히 알려주지 않는다. 오늘날 복잡하게 얽힌 시스템 때문에, 정치 지도자들은 국경을 넘어선 국제사회에서 전략의 비용 – 편익cost-benefit에 관한 계산을 할 수밖에 없다. 이들은 공급망 전쟁은 적군뿐만 아니라 자국의 이익도 포함하고 있다는 사실을 잘 알고 있다. 따라서 3차 세계대전을 기다리는 것은 사무엘 베케트의 『고도를 기다리며Waiting for Godot』와 같은 상황을 떠올리게 한다. 『고도를 기다리며』에서 두 주인공인 블라디미르와 에스트라공은 고도가 오지 않으면 목을 매 자살하기로 한다. 하지만 그들의 구세주인 고도는 결코 나타나지 않았고 주인공들도 실제로 자살을 하지 않았다.

다른 수단에 의한 전쟁

갈등의 조건이 무르익은 곳이 어디이든 전쟁이 임박했다는 사실을 감지하는 것은 쉬운 일이다. 특히 1차 세계대전 1백주년이었던 2014년에 미디어와 학계의 기사와 논문들은 갈등이나 전쟁의 조짐에 대한 역사적인 비유들로 넘쳐났다. 3차 세계대전의 위험성이 시대에 뒤떨어진 것이라고 주장하는 것은 현명하지 못하다. 하지만 프랑스의 정치사회학자인 레이몽 아롱Raymond Aron은 핵 억제력과 "뒤늦은 깨달음에 대한 후

---

* 핵무기를 보유하고 대립하는 2개국이 있을 때, 둘 중 어느 한쪽이 상대방에게 선제 핵공격을 받아도 상대방이 핵전력을 보존시켜 보복 핵공격을 할 수 있는 경우 상호확증파괴가 성립된 2개 국가 사이에는 핵전쟁이 발생하지 않게 된다는 전략이론 — 옮긴이

회"가 20세기의 통제받시 않는 긴장상황이나 쿠바 미사일 위기 같은 끔찍한 사태를 방지하는 데 중요한 역할을 했다고 주장했다. 더구나 중국의 신중상주의neo-mercantilism는 수백 년 전의 유럽의 식민주의적 중상주의와는 다르다. 중국의 신중상주의는 세계에 대한 주도권을 추구하는 것이 아니라 현대화를 따라잡겠다는 것이다. 중국은 해외의 영토가 아니라 원자재와 기술을 원하고 있다.

오늘날 세계의 역학관계와 1차 세계대전 이전의 세계를 성급하게 비교하는 대부분의 학자들은 커다란 차이점을 간과하고 있다. 1차 세계대전 이전에 유럽 국가들은 서로 간의 국제교역이 활발했지만 수직적으로 통합된 상업적 제국주의가 광대한 자국 식민지에서 원자재를 약탈하는 방식으로 활동했다. 유럽 제국들은 완성된 상품을 거래했지만 외주 방식으로 생산하지는 않았다. 1895년에는 오늘날과 같은 국제적인 제조 네트워크가 없었다. 21세기에는 복잡한 공급망이 전 세계에 걸쳐 분산되어 있다. 점점 더 심화되는 국제교역과 투자는 과거의 지정학 시대보다 줄다리기를 훨씬 더 복잡하게 만들고 있다. 19세기에서 21세기에 이르는 경제적 통합의 발전은 데이비드 리카도의 생각에서 리카도 하우스먼Ricardo Hausman의 이론으로 발전하는 과정에 가장 잘 나타나 있다. 영국의 정치경제학자인 데이비드 리카도는 산업 전문화와 국가들 사이의 자유무역을 옹호하는 비교우위의 주창자로 널리 알려져 있다. 오늘날 세계 경제의 구조는 리카도의 상상을 훨씬 넘어서고 있다. 하버드 대학의 리카도 하우스먼 교수는 선구적 저서인『경제적 복잡성 지도Atlas of Economic Complexity』에서 세계 경제는 상품(단어)을 만들기 위해 여러 팀으로 일하는 국가들(선수)에 나누어준 수백만 개의 조각들(글자)을 맞추는 스크래블

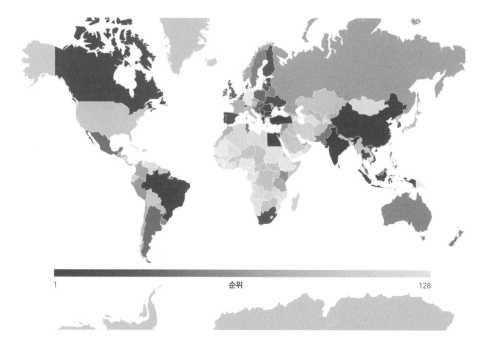

| 지도 19 | 경제 복잡성

2013 복잡성 전망 지수(Complexity Outlook Index)는 생산 능력을 향상시킬 수 있는 잠재력에 따라 국가들의 순위를 정한다. 자국의 기술과 다른 노하우가 상품과 수출품의 복잡성을 높일 수 있는 캐나다, 브라질, 인도, 중국은 교역 증대를 통해 최대의 이득을 얻을 수 있는 국가들이다.

게임Scrabble*과 같다고 설명한다.** 우리는 단지 완성된 상품만을 거래하지 않는다. 공급망을 따라 '업무tasks'를 거래하고 있다. 하우스먼의 자료는 생산과 상품의 교역에 관한 것이지만, 이는 점점 팽창하는 글로벌 금융서비스와 디지털서비스의 공급망에도 적용된다.

---

* 철자가 적힌 플라스틱 조각들로 글자 만들기를 하는 보드게임의 하나 — 옮긴이
** 경제적 복잡성 지도는 모든 국가의 위키피디아 페이지에 다양한 색상의 위젯으로 설치되어 있는데, 해당 국가가 세계 경제의 노동 분업에서 담당하는 구체적인 역할을 그림으로 설명해준다.

두 학자의 이론에는 설득력이 있다. 자동차와 전자제품 등 수많은 산업 분야의 수출품에서 수입 중간재가 차지하는 비중은 50퍼센트 정도이다. 이는 우리가 수출한 것 가운데 상당 부분을 우리가 수입한 것으로 만들었다는 의미이다. 더구나 수세대 이전의 가장 큰 기업들은 생존을 위한 수출의 의존도가 제너럴모터스와 애플보다 적었다. 제너럴모터스와 애플 제품의 60퍼센트는 해외에서 판매된다. 서국 국가들은 그 어느 때보다 일자리와 생존을 전 세계의 나머지 지역에 의존하고 있다. 미국에서만 4천만 개의 일자리가 수출과 직접적으로 연관되어 있다. 셰일가스의 생산 때문에 미국의 수입이 감소했지만, 서비스 산업이 경제에서 차지하는 비중이 제조업보다 크기 때문에 미국은 여전히 교역에 의존할 수밖에 없다. 미국의 서비스는 해상 운송을 통해 수출할 수 없지만 아시아의 거대한 소비시장으로 빠르게 확산되고 있다.

냉전시대의 지정학적 패러다임에서 적대국들은 서로에게 투자를 하지 않으려고 했다. 미국과 소련은 상대국에 투자를 하지 않았다. 하지만 오늘날 적대 국가와 친선 국가들 사이에 진행되는 활발한 국제 투자는 우리가 어떻게 베스트팔렌 세계에서 공급망 세계로 이동해왔는지를 잘 보여준다. 세계를 이끄는 국가들이 금융적으로 통합되면서 투자 연계성도 교역관계만큼 중요해졌다. 투자의 연계성은 각국의 통화, 주식, 공장, 부동산, 은행, 농업에 투자된 수조 달러의 보이지 않는 자산 형태로 나타난다. 투자국들은 개별 국가들의 시장에 효과적으로 접근하고 수익을 내기 위해 공장을 짓고 부동산을 사들였다. 따라서 공급망은 갈등에 따른 보상을 감소시키고 공급망에서의 이탈은 적대감을 상승시킬 가능성을 높인다.

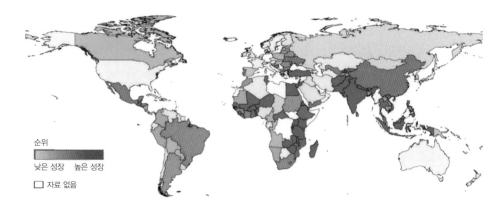

순위

낮은 성장   높은 성장

☐ 자료 없음

| 지도 20 | **복잡성에서 성장으로**

수출 품목에 내재된 생산 능력의 향상을 기반으로 2023년까지 높은 성장률을 달성할 가능성이 가장 높은 것으로 예상되는 국가들. 인도, 동남아시아, 아프리카가 가장 큰 성장 가능성을 보여주고 있다.

세계화가 곧 끝날 수 있다고 생각하는 사람들은 무의식적으로 전쟁의 논리를 더 믿고 있다. 미국의 군함이 호르무즈Hormuz 해협을 순시하고, 중국의 배가 태평양의 분쟁 도서 주변을 항해하며, 인도가 핵무기와 해군을 현대화하고 있다. 하지만 이는 국가 간의 갈등이 사물의 자연스러운 이치라는 것을 이해하지 못한 탓이다. 지난 세기의 세계대전, 10여 년에 걸친 내전, 10여 년 동안의 테러와의 전쟁에도 세계화는 계속 확산되고 심화되었다는 사실을 어떻게 달리 설명할 수 있을까? 전쟁은 하나의 사건이지만, 네트워크를 만드는 것은 과정이다.

다극화된 초연결hyper-connected의 세계는 아직 개척되지 않은 세상이다. 하지만 줄다리기의 역설은 줄다리기가 오래 지속될수록 모든 사람이 이길 가능성이 높다는 것이다. 오늘날의 지정학적인 환경에서는 경제적 압박이 군사적 충돌보다 앞선다. 물론 상호 의존성이 금융 제재, 사이버 공격, 공급망 파괴를 통해 무기화될 수 있다. 하지만 오늘날 갈등의 확대는 적대국에서 활동하는 자국의 기업들에게 피해를 주기 때문에 지난 세기보다 훨씬 더 많은 대가를 치러야 한다. "전쟁은 다른 수단에 의한 정치의 연속"이라는 클라우제비츠^{Clausewitz}의 격언은 바뀌어야 한다. 즉, 전쟁은 다른 수단에 의한 줄다리기의 연속이다.

chapter 7

공급망 대전

원자와 비트 교역

세계의 교역구조를 분해하려고 하면 할수록 그만큼 더 세분화되고 복잡해진다. 매우 단순한 상품조차 모든 제조 경로를 연결해보면 너무 복잡해서 상품이 어디에서 만들어졌는지에 대한 명확한 답을 찾기가 어렵다. 제조 공급망은 50년 전부터 분화되기 시작했다. 전자제품에서 의류에 이르기까지 거의 모든 상품의 생산과정 가운데 상당 부분이 아시아의 호랑이(홍콩, 싱가포르, 한국, 대만)와 중국, 태국, 멕시코로 이전되고 있다. 심지어 인도, 인도네시아 등 다른 지역의 비숙련 저임금 노동자들에게도 제조 공정의 일부가 넘어가고 있다. 나사에서 염료와 페인트, 구리와 유리에 이르기까지 중간재와 부품들이 조립, 마감, 포장과 기타 작업 공정을 거치기 위해 공급망을 따라 세계를 순회하고 있다. 우리 이웃의 컴퓨터에 도착하기 전에 전 세계 서버를 통해 전송되는 데이터 패킷처럼 급격히 확산되는 공급망의 본질은 피할 수 없다.

세계의 가치사슬은 복잡하지만 포괄적인 전체가 되어가고 있다. 유럽의 기업들은 미국에서 소프트웨어를 개발하고 아시아에서 제품을 만들며 중동에서 지원 업무를 하고 있다. 그리고 상품과 서비스를 판매한 모든 시장에서 고장수리 등 사후 서비스를 제공하기 위해 현지의 협력 기업과 합작투자를 하고 있다. 미국의 수출품에서 수입 중간재가 차지하는 비중은 상대적으로 낮은 15퍼센트 정도이다. 하지만 유통과 판매의 경로까지 전체적인 관점에서 보면 40퍼센트에 달한다. 세계무역기구의 수석 경제학자인 패트릭 로Patrick Low는 이런 혼합 가치사슬hybrid value chain의 등장을 총체적인 용어로 설명한다. 물리적 요소, 디지털 요소, 제조와 서비스 요소 그리고 경쟁력과 평판처럼 눈에 보이지 않는 요인에서 생성된 부가가치는 현재의 통계 방법으로는 계산할 수가 없다는 것이다.[1] 상품은 이제 "전 세계에서 생산Made Everywhere"이라는 상표를 붙이기 시작해야 할 것이다.

미국 기업들에게 미국으로 돌아오라는 단순한 요청에 대해서는 신중하게 생각해야 한다. 세계화는 대중선동 정치인들이 말하는 것처럼 일자리가 밖으로 나가는 일방적인 것이 아니다. 미국의 다국적 기업들은 아시아와 남미에서 2백만 개의 일자리를 만들었고 미국에서 1백만 개의 일자리를 줄였다. 하지만 이 기업들은 공학, 컨설팅, 금융 부분에서 새로운 고급 일자리를 만들어냈다.* 더구나 미국 기업이 해외에서 더 많은 일자리와 부를 창출할수록 더 많은 외국인들이 미국 상품을 구매한다. 신흥시장에 대한 미국의 수출은 1990년에서 2012년 사이에 2배로 증가했다. 해외에 대한 미국의 투자를 줄이는 것은 미국에 대한 투자 감소로 이어질 것이다. 밧줄을 풀 때 조심하라는 줄다리기의 전략을 기억하라.

심지어 탈세계화de-globalization처럼 보이는 것도 사실은 세계화이다. 애플은 이런 복잡한 현실을 보여주는 완벽한 사례이다. 버클리 대학의 경제학자인 엔리코 모레티Enrico Moretti 교수는 애플이 실리콘밸리에서 6만 개의 일자리를 책임지고 있다고 추정한다. 이 가운데 1만 2천 명은 캘리포니아의 쿠퍼티노Cupertino 본사에서 일하고 있다. 그는 실리콘밸리에서 첨단기술 일자리는 지역이 번영하는 "원인"이고, 의사, 변호사, 지붕 고치는 기술자, 요가 선생님은 "결과"라고 주장한다.[2] 지역사회의 번영은 기본적으로 공공의 투자가 아니라 기업의 혁신과 세계적인 성장의 결과이다. 애플은 현재 텍사스 주에 아이맥 생산라인을 전략적으로 재가동함으로써 상품을 공급받고 있다. 애플의 최고경영자인 팀 쿡Tim Cook은 2013년 12월에 "우리는 특정 종류의 일자리를 만들 의무가 있다고 생각하지 않는다. 하지만 일자리를 창출할 의무는 있다."고 말했다.[3] 이런 구분은 중요하다. 애플이 조립라인을 미국으로 옮기는 데 1억 달러를 투자하더라도, 애플 제품의 상당수는 삼성의 반도체와 샤프의 LCD 등 해외에서 수

---

* 미국의 다국적 기업들은 1990년 이후 새로 생긴 일자리의 11퍼센트를 만들어냈고, 현재 민간 분야 일자리의 19퍼센트, 전체 민간 분야 임금의 25퍼센트를 차지하고 있다. 미국 수출품 가운데 절반이 다국적 기업이 제조했고, 미국에서 생산된 중간 상품의 90퍼센트는 미국의 다국적 기업이 구매하고 있다. 미국 민간 분야 연구 개발의 4분의 3은 다국적 기업에서 나온다. 매킨지글로벌연구소의 『미국에서의 성장과 경쟁력: 다국적 기업의 역할(Growth and Competitiveness in the United States: The Role of Its Multinational Corporations)』(2010년 6월)을 참조하라.

입하는 부품으로 만들어질 것이다. 애플의 오랜 협력업체인 대만의 폭스콘은 이미 텍사스에 생산공장을 가지고 있다. 가장 선진적인 경제도 수입을 하지 않고는 수출을 할 수 없다.

이런 교훈은 외국의 첨단기술을 도입하지 않고서는 경쟁력을 갖출 수 없는 신흥시장에도 똑같이 적용된다. 중국은 세계 전자부품의 34퍼센트를 수입한다. 중국은 부품을 수입하지 않으면 전체 수출에서 27퍼센트를 차지하는 세계 최대의 정보통신제품 수출국이 될 수 없다(전 세계적으로 상품과 서비스 가치의 3분의 2는 이런 중간재에 의해 창출된다).

세계의 줄다리기 전쟁에서 승자와 패자를 가르는 것은 빈貧과 부富가 아니라 신新과 구舊의 대결이다. 중국은 가치사슬의 상층부로 올라가기 위해 최신기술 제품을 필요로 한다. 이 때문에 중국은 2015년에 2백 개가 넘는 중요한 부품들에 대해 자유무역을 허용하는 세계무역기구의 중재안을 받아들였다. 전자, 섬유, 화학 분야의 외국 기업들은 노동 비용이 상승한다고 해도 중국의 숙련 노동자들과 통합된 공급망이 투자를 불러들일 것으로 보고 있다. 이와 대조적으로 불필요한 세금과 통관 장애물을 통해 수입을 제한하는 국가들은 자국 기업들이 더 좋은 수출상품을 생산하는 데 필요한 중간재 획득 비용을 상승시킴으로써 스스로 발등을 찍고 있다.*

이런 조치들은 득보다는 실이 많기 때문에 공급망 줄다리기는 새로운 옷을 입은 보호주의가 아니다. 대신 공급망 줄다리기는 호혜라는 훨씬 더 강력한 규칙 안에서 작용한다. 호혜는 지나친 경제적 국수주의에 대

---

* 예를 들면 브라질의 원산지 표시 규정 때문에 국영 석유기업인 페트로브라스(Petrobras)는 최신기술을 도입하는 데 어려움을 겪었고, 브라질과 페트로브라스의 국제 평판이 하락했다.

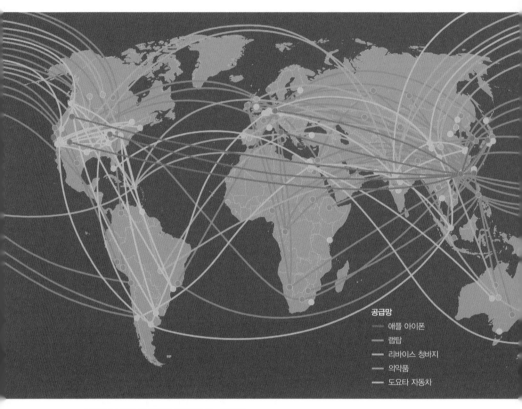

공급망
— 애플 아이폰
— 랩탑
— 리바이스 청바지
— 의약품
— 도요타 자동차

| 지도 21 | 더 분산되고 복잡해지는 공급망

공급망은 전자제품에서 섬유, 의약품에 이르기까지 더욱 까다로워지는 소비자 등 시장의 압박에 따라 더 분산되고 있다.

한 가장 강력한 방어벽이다. 지난 2009년에 오바마 대통령이 미시간과 펜실베이니아 주의 근로자들을 보호하기 위해 자동차 제조사들에게 구제금융을 지원하면서 중국산 타이어에 대해 관세를 부과했던 적이 있다. 이때 중국은 미국이 관세조치를 철회할 때까지 캐딜락 승용차에 대해 20퍼센트의 관세를 부과하는 것으로 보복조치를 취했다. 미국에서 만들었지만 중국에서 판매되는 혼다와 BMW에는 오히려 유리한 조치였다. 이와 비슷하게 2011년 희귀 광물에 대한 중국의 수출 금지 조치에 대응하는 세계무역기구의 판결은 중국이 금수 조치를 해제할 때까지 다른 국가들이 동일하게 보복에 나서도록 도와주었다. 세계무역기구의 분쟁 해결 방식은 가장 영향력 있는 중재도구일 뿐만 아니라 시장을 통해 자원을 공유하도록 강제함으로써 국가들이 자원을 홀로 비축하지 못하도록 한다. 따라서 세계무역기구는 우리가 국가와 국경이 있는 세계에서 수요-공급의 세계로 더 가까이 다가가도록 도와준다.

호혜는 보호주의를 무의미하게 만들고 자멸하도록 한다. 대공황 시기의 미국 스무트-홀레이Smoot-Hawley 관세와는 달리, 실제로 2013년에 세계 각국이 실시한 4백 개의 보호주의 조치들은 전체 수입상품의 1퍼센트에만 영향을 미쳤다. 세계 교역의 80퍼센트는 세계적 다국적 기업과 자회사로 구성된 공급망의 내부와 공급망들 사이에서 발생한다. 다국적 기업들이 자급자족을 위해 더 많은 돈을 지불하고 싶어 할 이유가 있을까?*

물리적인 교역의 흐름을 순조롭게 하는 것은 관세를 인하하는 것보다 훨씬 더 중요하다. 2013년에 발리무역원활화협정Bali Trade Facilitation Agreement 체결에 따른 관세 당국의 불필요한 조치 완화는 세계 GDP를 1조 달러 증가시켰고 2천만 개의 일자리를 새로 만들었다. 세계경제포럼과 베인Bain의 연구에서는 세계 공급망의 기준을 좀 더 세밀하게 재편할 경우 세계 GDP를 5퍼센트 증대시키는 효과를 가져올 것으로 추정하고 있다.

---

* 달러화, 유로화, 위안화, 엔화 사이의 화폐 평가절하조차 효과가 없어지면서 수입과 수출을 촉진한다. 이는 주요 경제 대국들의 관계가 너무 밀접해 서로 통화를 가지고 경쟁하는 것보다 조정을 하는 것이 이익이라는 사실을 알려준다.

반면 현재 세계무역기구의 모든 협정을 실행에 옮기면 그 효과는 세계 GDP를 1퍼센트 정도 증가시킬 것으로 보고 있다. 이더리움 블록체인 플랫폼Ethereum Blockchain platform*은 하나의 국가를 넘어 교역 상대방 간의 표준화되고 투명한 계약을 가능하게 할 것이다. 이것이 공급망 거래의 실시간 데이터 공유와 결합되면 거래를 보장하는 비용을 혁신적으로 줄일 수 있다.

개방된 거래와 개방된 국경은 세계를 '기능적 서킷functional circuits'으로 재편한다. 넓은 지역에 걸친 지리적 분산과 부의 분산에도, 캐나다, 아르헨티나, 남아프리카공화국, 인도네시아, 호주 그리고 다른 국가들은 농업 분야에서 자유무역을 추진하기 위해 케언스 그룹Cairns Group**을 결성했다. 이들은 세계 교역에서 '농업 서킷farm circuit'을 형성하고 있다. 브라질보다 빠르게 성장하는 멕시코, 코스타리카, 콜롬비아, 페루, 칠레 등 남미 5개 나라는 아시아로의 화물 수출을 늘리기 위해 태평양 동맹Pacific alliance을 결성했다. 이는 엄청난 비용에도 연결이 얼마나 중요한 것인지를 보여주는 사례들이다. 미국과 독일 같은 첨단기술 수출국들은 보호된 시장을 개방하고 싶어 한다. 그래서 지적 재산권 보호, 노동과 환경 기준, 투자 제한의 철폐, 외국 투자자 보호, 국영기업의 민영화 같은 국경 내 비관세 장벽 문제를 제기한다. 실제로 자유시장에는 세계 경제의 3분의 1을 차지하는 국방, 보건, 교육, 기반시설 같은 정부 조달 분야가 포함되어 있지 않지만, 조달 시장도 외주 서비스가 되면서 세계 시장 경쟁에 참여하게 될 것이다.

---

* 비트 코인과 비슷한 가상화폐 결제 시스템 — 옮긴이
** 농산물 수출국 중 수출보조금을 지급하지 않는 14개국의 모임 — 옮긴이

세계의 서비스 교역이 5년마다 2배로 성장하는 가운데 상업 활동은 점점 더 디지털 기반 위에서 진행되고 있다. 서비스 산업은 이미 세계 전체 교역 가치의 60퍼센트와 세계 노동력의 절반 이상을 차지하고 있다. 은행, 보험, 소프트웨어, 프로그래밍, 컨설팅, 디자인, 건축, 회계, 법률 계약과 소송, 의료, 교육은 모두 눈에 보이지는 않지만 매우 수익성이 높은 분야이다. 미국과 유럽 GDP의 30퍼센트 이상은 이동 가능한 서비스에서 생산되고 있다. 이는 세계 어느 곳에서도 더 많은 서비스를 제공할 수 있고 더 빠르게 성장하는 시장에서 수익을 기대할 수 있다면 기업들은 그렇게 해야 한다는 의미이다.

　다국적 기업들은 그들의 중요한 경쟁상대가 된 신흥시장과 밀접하게 연결되어 있고 신흥시장에 노출되어 있다. 보스턴 컨설팅 그룹의 조사에 따르면, 미국 기업의 73퍼센트는 앞으로 5년에서 10년 동안 아시아 시장에서 수익이 증가할 것으로 믿고 있는 것으로 나타났다. 하지만 단지 13퍼센트만이 아시아 현지 기업들보다 경쟁력을 갖추고 있는 것으로 조사되었다. 중국의 통신시장은 일본, 독일, 스웨덴, 프랑스에 의해 잠식당했다. 하지만 지금은 차이나 모바일[China Mobile]과 단말기 제조사인 HTC, 샤오미[Xiaomi] 같은 거대 중국 경쟁기업들과 줄어드는 시장을 놓고 서로 경쟁하고 있다. 중국의 경쟁기업들은 영업을 시작한 지 2년 만에 4백억 달러를 벌어들였다. 이런 상황에서 시장 점유율을 유지하는 유일한 방법은 합병과 합작을 통해 경쟁력을 높이는 것이다. 경쟁기업을 이길 수 없다면 인수해야 한다.

　사실 국가들이 부유해지면 고가의 의류나 아이폰 같은 고부가가치 상품을 더 많이 수입한다. 이에 따라 중국도 국영 제조업과 같은 사양 산업에서 통신과 소프트웨어 등 교역이 가능한 서비스 산업으로 가치사슬의 상층부로 올라가면서 보호주의보다는 개방을 더 선호하게 될 것이다. 실제로 공정한 시장을 추구하는 것은 가장 적극적으로 해외시장을 확대하는 중국 기업들이다. 에릭슨^{Ericsson}은 2014년에 인도 시장에서 특허를 침해했다는 이유로 중국 샤오미의 인기 휴대전화 모델을 판매금지했다. 같은 해에 화웨이^{Huawei}는 선전에 본사를 두고 있는 중국의 경쟁기업인 ZTE를 독일 법정에 특허 침해로 고소했다.

수평 + 수직 = 대각선

공급망 대전^{Great Supply Chain War}을 이해하는 데 필요한 공식은 하나뿐이다. 수평＋수직＝대각선이다. 경쟁자들은 생산과 공급의 수평적 접속점과 가치 창조의 수직적 중심이 되고 싶어 한다. 수평과 수직의 힘이 함께 작용하면 경제적 복잡성의 사다리를 대각선 방향으로 오르게 만든다.

예를 들면 미국이 엄청난 셰일가스 매장량을 이용하는 것은 북미 줄다리기 팀에 다량의 스테로이드 주사를 놓는 것과 같았다. 그 결과 나타난 원유 가격의 하락은 아랍과 아프리카의 산유국들에게 큰 재정적인 압박으로 작용했다. 자원이 없는 국가들도 수평 줄다리기의 중요한 참가자가 될 수 있다. 싱가포르는 원자재가 없는 작은 시장이다. 하지만 세계 최고의 환적^{換積} 항구이자 정유 수출국이고 원자재 거래의 중심지이다. 싱가포르는 공급망에 대한 주도권을 놓고 싸우지는 않지만, 단지 다른 국가들에 편의를 제공함으로써 막대한 수익을 창출하고 있다.

수평적 줄다리기 싸움에서는 부당한 강요가 국가 건설의 효율적인 도

인쇄, 공유 그리고 거래

현재의 세계 교역 형태에 대한 가장 큰 위협은 더 많은 상품을 집에서 만들 수 있도록 하는 3D 프린팅 기술과 기존의 상품을 서비스로 소비함으로써 구매의 감소를 유발하는 공유경제의 조합이다. 현지에서 시제품을 만들고 대량 생산하는 것은 장기적으로 전 세계의 운송, 재고, 창고 산업의 위축을 불러올 수 있다. DHL의 최대 고객인 미군과 HP 같은 하드웨어 기업들이 갑자기 군 기지나 고객의 시설에서 모든 부품을 생산하면 물류 기업들은 파산할 수도 있다. 더구나 신흥시장의 기업들은 고객들로부터 더 큰 시간 압박에 직면하게 되기 때문에, 장비가 배달되거나 수리될 때까지 여러 주일을 기다릴 수 없다. 대신 항공사, 가전제품 공급업체, 컴퓨터 판매점 그리고 많은 다른 분야의 기업들은 현지 합작투자를 통해 교체 부품을 인근에서 조달하는 완전한 생산과정에 접근하고 싶어 한다.

하지만 기술은 공급망을 제거하기보다 변형시킨다. 대규모로 제품을 찍어내려면 많은 원자재가 필요하다는 사실을 기억하라. 3D 프린터에 들어가는 대부분의 원자재는 여전히 수입해야 한다. 또한 3D 프린터 자체도 세계 곳곳에서 만들어진 부품으로 조립되어 있다. 일부 공급망은 축소되지만 다른 공급망은 확장될 것이다. 운송 산업이 쇠퇴할 확률도 높지 않다. 대신 운송 물품이 바뀔 것이다. 어떤 한 곳에서 하나의 상품을 디자인할 수 있지만, 이 디자인은 세계 각국의 고객들 인근에 있는 공장으로 보내진다. 이 공장에서는 원자재를 채취한 곳과 제조된 곳이 다른 프린터 카트리지를 이용해 상품을 찍어낸다. 기술이 아무리 혁신적이라고 하더라도 제품의 생산은 세계적인 차원에서 진행될 것이다. 물리학^{physics}과 물류^{logistics}를 혼동해서는 안 된다.[4]

미국 기업들은 상품이 어디에서 제조되는지보다 복잡한 상품 설계의 부가가치가 무엇인지를 통해 더 많은 이익을 얻을 수 있을 것이다. 소프트웨어를 판매하는 앱 스토어와 유사한 것을 만들어 사람들이 스마트폰 부품을 설계, 제조, 판매, 배송함으로써 자신이 원하는 스마트폰을 조립할 수 있도록 하는 구글의 아라 프로젝트^{Ara} ^{Project}가 바로 이런 경향의 전형적인 본보기이다. 의학의 인공수족과 무인 자동차 분야에서도 이런 경향이 나타나고 있다. 누구의 소프트웨어와 디자인이 시장을 선도하는가가 어디에서 인공수족이나 자동차 부품을 만드는가보다 더 중요하다. 중국에서 실행되는 수술에 사용하는 의료장비를 만드는 한 호주 기업은 호주에서 티타늄 부품을 이용해 의료장비를 만드는 것보다 중국에서 만드는 것이 더 쉽다는 사실을 깨달았다. 지식의 가치사슬은 물리적 공급망이 바뀌어도 협력적인 설계와 계획을 통해 번영한다.

구가 될 수 있다. 예를 들면 서방 국가들이 2014년에 우크라이나 침공에 항의해 러시아에 제재를 취했던 것처럼, 인도네시아는 뉴몬트Newmont와 프리포트맥모런Freeport-McMoRan 같은 외국 광산기업들에게 원자재를 채굴하기 위해 더 높은 충성심을 보여줄 것을 요구했다. 또한 외국기업들에게 용광로, 정유시설 그리고 인도네시아 현지의 부가가치와 수익을 높이는 가공공장을 건설할 것을 요청했다. 러시아는 암묵적으로 이런 요구를 하도록 인도네시아를 부채질했다. 인도네시아와 외국 기업들의 갈등이 단기적으로 인도네시아의 니켈 수출을 동결시키면서 러시아의 노릴스크Norilsk가 제재를 당했을 때처럼 니켈의 가격을 상승시켰기 때문이다. 좀 더 최근에는 인도네시아가 자국의 조선 산업과 의류 산업을 발전시켰기 위해 외국 선박과 중고의류의 구매를 금지하려고 했다. 또한 자산을 몰수당할 경우 국제 중재를 허가하지 않는다는 새로운 계약에 동의하지 않으면 수십 개 국가와 맺은 투자협정을 취소하겠다고 위협했다.

운송과 원자재 산업의 조합은 자원 줄다리기 지정학의 복잡성을 보여준다. 호주 철광석의 대부분을 생산하는 리오틴토Rio Tinto와 BHP빌리턴Billiton은 중국의 철광석 수입 물량의 대부분을 차지했다. 브라질의 거대 광산업체인 발레Vale는 리오틴토와 BHP빌리턴과 경쟁하기 위해 남아프리카공화국에서 아시아로 철광석을 수송하는 40만 톤 규모의 발레막스Valemax 선박을 주문했다. 하지만 중국의 철광석 운송업체들은 발레막스가 중국 항구에 들어오지 못하도록 로비를 펼쳤다. 중국 항구가 수용할 수 있는 최대 선박은 25만 톤 규모였다. 브라질의 경쟁업체 발레에 대한 우위를 점하기 위해 리오틴토와 BHP빌리턴은 당연히 중국 편을 들었다. 중국의 알루미늄 기업인 차이날코Chinalco는 리오틴토의 최대 주주 가운데 하나였다. 동시에 BHP빌리턴과 리오틴토는 정치적 동기로 시작된 중국의 반부패 마녀사냥의 대상이 되었다. 이런 가운데 발레는 2014년 말에 말레이시아의 서부 해안에 환적센터를 개설해 화물의 규모를 줄이고 다양한 등급으로 철광석을 재분류한 다음 여러 대의 선박을 이용해 중국, 일본 그리고 다른 시장으로 수송하고 있다. 리오틴토, BHP빌리턴, 발레 3개 회사는 세계적인 공급 과잉의 위험을 감수하고 공동으로 생산을 늘리고 있다. 이들 통해 작은 기업들을 도태시키고 중국에 대해 더 큰 가격 경쟁력을 가질 수 있는 3자 대연합을 유지하고 있다. 중국도 이런 움직임에 대항하고 있지만, 호주와 미국의 연합을 무력화시키는 유일한 방법은 공급망 연합을 결성하는 것이라는 사실을 잘 알고 있다.

줄다리기는 가치사슬의 더 높은 곳으로 올라가는 치열한 경쟁이다. 필리핀 마닐라의 이스트우드 시티 사이버파크East-wood City Cyberpark는 세계 각지의 시간대에 맞추어 일하는 근로자들이 모여 있는 3만 개의 콜센터가 밀집한 고층 사무실 빌딩으로 가득하다. 필리핀 사람들은 이전에는 인도 방갈로르에 있는 콜센터 근로자들과 똑같은 일을 했다. 세계 공급망의 접속점들 사이의 치열한 경쟁은 지리나 근무시간이 아니라 세계 경제가 사람들의 근무 방식을 결정한다는 사실을 상기시켜준다. 시티코프Citicorp의 전 최고경영자인 월터 리스톤Walter Wriston은 시간대time zones가 국경보다 더 중요하다고 말했다.[5] 실제로 최근에 일부 경제학자들은 미국을 2개의 시간대로 나누어야 한다고 제안했다.[6]

수평적 줄다리기가 자원 중상주의라면 수직적 줄다리기는 혁신 중상주의이다. 혁신 중상주의는 기술적으로 가장 앞서 있고 금융적으로 가장 수익이 많이 나는 전략산업 분야를 선점하는 것이다. 수직적 줄다리기에서는 가치가 규모보다 더 중요하다. 중국은 스위스보다 20배나 많은 시계를 수출한다. 하지만 스위스 시계 1개는 중국 시계보다 평균 3백 배 더 비싸다. 독일은 수출품에 부가된 가치에서 60퍼센트의 수익을 얻지만 중국은 30퍼센트밖에 얻지 못한다.

수직적 줄다리기는 가장 큰 고객이 가장 큰 경쟁자가 되는 방법이다. 1950년대 이후 아시아 국가들은 반도체 등 핵심기술 분야에서 미국의 혁신 경쟁력의 수혜자였다. 하지만 아시아 국가들은 외주 생산과 기술 이전의 조합을 통해 가치사슬의 상층부로 꾸준히 올라갔다. 일본과 한국은 1960년대와 1970년대에 중요한 전자제품과 자동차 수출국으로 등장했다. IBM은 1980년대에 아시아에서 반도체 생산을 시작했다. 일본은 1990년대에 컴퓨터 메모리 반도체 산업의 70퍼센트를 장악했다. 한국과 대만은 대규모 반도체 위탁생산 산업을 통해 세계적인 반도체 생산국이 되었고, 중국은 태양광전지 산업을 따라잡고 있다.

21세기의 첫 10년 동안 일본, 한국, 대만, 중국은 연구개발, 국가 보조금 그리고 기업의 생산품에 대한 구매 보장 등을 통해 혁신의 생태계를 구축하는 데 지속적으로 엄청난 자금을 쏟아부었다.[7] 미국과 유럽 기업에 대항해 시장 점유율을 높이기 위해 일본 정부가 NEC의 인공위성 산업을 지원하는 것이 전형적인 사례이다. 오늘날 나고야 인근에 있는 도요타 시티와 서울에 있는 삼성타운은 연구, 디자인, 경영, 부품이 수직적으로 통합된 생태계이다.

기업들은 전체 공급망을 동원해 경쟁에 나선다. 여기에는 미국도 포함된다. 미국 정부의 제너럴모터스에 대한 금융 구제는 하나의 기업을 구원한 것일 뿐만 아니라 미국 전역에 있는 2차 협력업체들의 연쇄도산을 방지한 것이다. 전략산업을 발전시키고 보유하는 것은 높은 고용률과 근로자들의 기술 수준을 유지하는 데 매우 중요하다.

줄다리기 전쟁은 혁신기업들이 시장의 규모를 이용해 국민이 가치사슬의 상층부로 올라가도록 돕는 것과도 관련이 있다. 아랍에미리트 항공은 국가의 엄청난 재정 자금으로 무장하고 있지만, 프랑스와 독일 정부도 항공사들이 수십 대의 에어버스 항공기를 구매할 수 있도록 보조금을 지원하고 있다. 에어버스 항공기 제조 산업이 유럽에서 수만 개의 일자리를 창출하기 때문이다.* 아랍에미리트는 자국민이 일자리를 얻고 기술과 노하우를 습득하도록 하기 위해 항공기 제조사들이 두바이에 유지보수센터를 운영하도록 압박을 가하고 있다.

세계 가치사슬에서 중국의 상승은 중국이 전통적인 전쟁만큼 줄다리기 전쟁에서도 전략적이라는 점을 시사한다. 자국에서 기업들을 보호하는 산업정책은 해외 수출을 촉진하는 전략적 보조금으로 바뀌었다. 중국은 단순히 수십억 개의 아이폰 부품 조립을 원하는 것이 아니라 샤오미 같은 자국의 경쟁기업을 키우고 싶어 한다. "중국에서 생산made in China"이 "중국 제조made by China"로 변하고 있다. 중국은 ZTE 휴대전화에서 중국 중처그룹CRRC의 철도 차량, 유공LiuGong의 광산장비에 이르기까지 내수시장에서 외국 기업들을 빠르게 대체하고 있고, 중국에서 초창기에 산업을 육성했던 투자기업들과 해외에서 경쟁하고 있다. IBM의 개인 컴퓨터 사업부를 인수한 이후 레노버Lenovo는 세계 최대의 데스크톱과 노트북 제조

---

* 수출신용기관들(export credit agency)은 자국 기업들의 해외 경쟁력을 높여준다. 그리고 이미 전 세계 다자기구와 원조 프로그램들보다 훨씬 더 많은 자금 지원을 받고 있다. 수출신용기관들은 변동성이 높아지고 경쟁이 치열한 시대에 기업들의 생산 활동을 유지하는 데 강력한 경기 방어 역할을 한다.

사가 되었다. 또한 중국은 인구가 고령화되고 인건비가 상승하면서 제조업 유지를 위한 첨단 산업로봇의 최대 구매자가 되었다.*

가치사슬의 상층부로 오르고 싶은 중국은 가치 있는 지적 재산권을 훔치기 위해 매우 교묘한 조직을 활용했다. F-35 전략 폭격기와 같은 첨단무기 체계에 관한 수테라바이트terabytes의 데이터를 훔친 것은 많은 전략적 타개책 가운데 하나에 불과하다. 웨스팅하우스Westinghouse와의 합작이 시작된 직후, 중국의 해커들은 핵발전소 설계도를 해킹했다.

이처럼 지름길을 추구하는 국가는 중국만이 아니다. 인도 마이크로소프트의 전 회장인 라비 벤카테산Ravi Venkatesan은 인도 기업들이 "저작권copyright"을 "복제할 권리right to copy"로 생각한다고 지적했다.⁸ 인도의 방위산업은 수익성이 좋은 분야이다. 인도의 모디 총리는 국방 조달 예산을 19조 달러로 증액했다. 하지만 록히드, 보잉, BAE의 무기를 단순히 구매하지 않고 합작, 기술 이전, 현지 생산을 요구하고 있다. 또한 인도는 해군의 함정 수를 4배로 증가시킬 계획을 세우고 모든 배를 인도에서 건조할 예정이다. '인도에서 제조Make in India'가 인도 경제 발전의 새로운 구호가 되었다. 노키아Nokia는 한때 인도 스마트폰 시장의 75퍼센트를 차지했다. 하지만 지금은 인도의 마이크로맥스Micromax가 시장의 지배사업자가 되었다. 인도에서는 전체 국민의 3분의 1만이 집에 냉장고를 가지고 있다. 대부분이 LG, 삼성, 월풀Whirlpool 제품이다. 하지만 인도의 전자제

---

* 중국 기업들은 지적 재산권 문제를 해결하고 세계무역기구의 반덤핑 조치와 시장경제지위(market economy status)⁺를 얻기 위해 유럽 기업들을 사들이고 있다. 세계무역기구의 가입의정서를 보면 중국에 대한 시장경제지위 인정은 2016년 12월로 예정되어 있다.⁺⁺

    + 한 국가의 원자재와 제품 가격, 임금, 환율 등이 정부의 간섭에 의해서가 아니라 시장의 자율성에 의해서 결정되는 경제체제를 갖추었다고 교역 상대국이 인정할 때 부여하는 지위 — 옮긴이

    ++ 2017년 3월 현재 미국과 유럽 등은 이에 반대하고 있다. — 옮긴이

품 기업들은 나머지 3분의 2 시장을 차지할 계획이다. 인도의 제약기업들도 품질 수준이 향상되면서 내수시장을 지배하기 시작했고, 현재는 미국 복제약품 시장의 40퍼센트 정도를 차지하고 있다. 이는 다국적 대형 제약사들의 수익 감소로 이어질지도 모른다. 하지만 미국 서민들에게는 인도의 복제약품이 뜻밖의 선물일 수도 있다.

일부 서구 기업들은 연구와 개발을 분리함으로써 지적 재산권을 보호하기로 결정했다. 연구 분야는 자국에 두고 개발 분야만 해외에 배치하는 것이다. 하지만 이렇게 하면 중국 시장에 대한 접근성을 잃어버릴 위험도 있다. 그래서 일부 서구 기업들은 오히려 도박을 감행하고 있다. 다임러Daimler는 중국에서 메르세데스Mercedes의 엔진을 만들기 시작했다. 중국 시장에서 장기적으로 수익을 내는 공식에 대해 ― 중국 밖에 연구개발부를 두거나 독립적으로 연구개발부를 운영하거나 현지 협력사가 지적 재산권 보호에 참여하도록 하는 것 등 ― 서구 기업들은 확신을 가지고 있지 않다. 이와 반대로 IBM은 2015년에 베이징에 본사를 둔 팀선Teamsun에 기술 사용 허가권을 주기 시작했다. 팀선은 IBM의 다양한 혁신적 기술을 이용해 중국 고유의 제품을 만들고 있다. 머지않아 중국이 서구의 공급망에 편입되는 것이 아니라 서구의 기업들이 중국 공급망의 일부가 될 것이다.

중국은 거의 모든 것을 만들 수 있는 토지, 노동력, 자본, 기술, 지식을 가지고 있다. 인건비 상승과 치열해지는 경쟁에도 제조업의 고용과 생산량은 지속적으로 증가하고 있다. 반면 수출품 생산에 들어가는 수입 중간재의 비중은 급격하게 감소하고 있다. 이는 중국이 점점 더 많은 고부가가치 제품들을 자체적으로 제조하고 있다는 의미이다. 경쟁력을 유지하는 유일한 방법은 다른 경쟁자들이 만들 수 없는 복합상품을 만드는 것이다. 독일, 스위스, 핀란드, 일본, 싱가포르는 경제복잡성지수^{economic complexity index}에서 상위를 차지하고 있다. 독일은 중국에 뒤지는 분야가 거의 없다. 또한 중국이 독일의 숙련된 노동력이 제조한 정밀기계 도구와 첨단 화학제품을 필요로 하게 되면서, 중국에 대한 독일의 수출은 급격하게 증가했다.

공산주의 동독은 1970년대에 중국 계획경제의 본보기였다. 오늘날 통일 독일은 복합상품 제조와 수출 경쟁력 분야에서 중국의 우상이다. 독일은 19세기 후반에 유럽 대륙의 경쟁자들을 지배했고, 21세기의 독일은 첨단기술 사회민주주의 국가이다. 중국은 19세기 비스마르크^{Bismarck}의 독일과 21세기 메르켈^{Merkel}의 독일과 같은 강대한 국가가 되고 싶어 한다.

유전자 자원과 식량 데이터 센터

세계 광물과 식량 시스템은 기후, 기술, 지정학 그리고 다른 요인들로 인해 생산량이 증가하거나 감소하기 때문에 언제나 유동적이다. 중국에서 지난 수년 동안 희귀광물자원에 대한 채굴은 소수의 국영기업에 의해 통제를 받았다. 중국 정부가 지난 2011년에 희귀광물자원에 대한 수출을 금지했을 때, 소수의 국영기업들은 전체 전자제품 공급망을 뒤흔들었다. 하지만 1970년대의 오일쇼크 당시와 마찬가지로 지정학적 위험이 미국, 캐나다, 인도, 카자흐스탄, 호주에 영향을 미쳐 새로운 공급처를 발굴하도록 만들었다.[9] 분산된 에너지 공급 대체와 재생에너지 기술이 원유에

| 지도 22 | 광물 지도

세계의 탄화수소와 광물 자원은 정치적 국경을 초월하고 국경보다 시대가 앞선다. 기반시설, 공급망, 시장은 자원을 현재 있는 곳에서 소비되는 곳으로 이동시킨다.

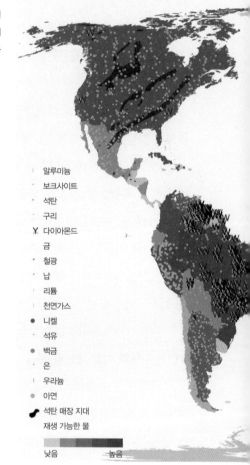

- | 알루미늄
- · | 보크사이트
- · | 석탄
- · | 구리
- ✗ | 다이아몬드
- · | 금
- · | 철광
- · | 납
- | 리튬
- | 천연가스
- ● | 니켈
- · | 석유
- ● | 백금
- · | 은
- | 우라늄
- ● | 아연
- 🌑 | 석탄 매장 지대
- | 재생 가능한 물

낮음　　　　　　높음

대한 석유수출국기구의 지배를 끝낸 것처럼, 다양한 광물에 대한 공급원 발굴은 매우 중요하다.

하지만 이런 원자재 경쟁보다는 대체재 경쟁이 더욱 흥미롭다. 과학자들은 희소가치가 있는 광물을 대체하기 위한 합성물질을 만들고 있고, 이것이 공급망에 대한 압박으로 작용하고 있다. MIT의 물질 프로젝트Material Project는 엑스탈릭Xtalic 같은 제휴기업이 만든 인공 합성물을 실험하기 위해 고성능 컴퓨터를 활용하고 있다. 엑스탈릭의 첨단금속 연구학자들은 금속을 원자 단계에서 조작하는 기술을 가지고 있다. 엑스탈릭은 금의 기능을 대체하는 첨단합금을 만들었다. 이 물질은 탄소 섬유보다 가볍고 강한 그래핀graphene 같은 화합물을 주문 제작할 수 있다. 싱가포르에 있는 IIa 테크놀로지는 다이아몬드 광산처럼 인권 침해 문제를

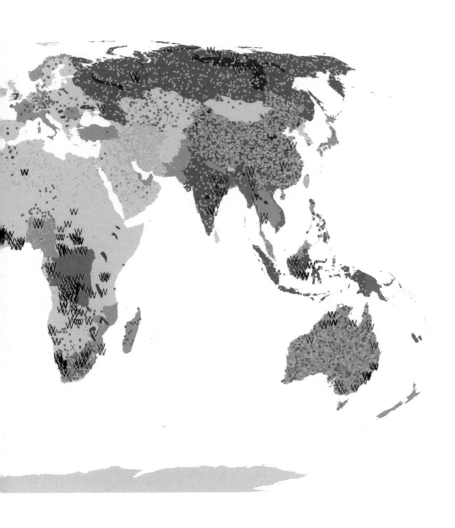

일으키지 않는 연구소에서 순수한 다이아몬드를 생산해 정밀도구와 보석시장에 공급하고 있다. 나노기술의 발전은 물을 사용하지 않는 셰일가스 채굴 방법의 개발로 이어질 수 있다. 그래서 셰일가스는 풍부하지만물이 부족한 중국 같은 나라에서 지속 발전 가능한 채굴이 가능해질 수

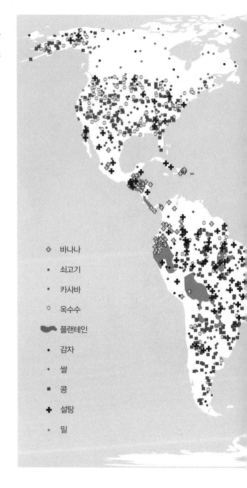

| 지도 23 | 세계 식량 공급

북미, 남미, 유럽, 인도, 중국, 호주는 세계에서 가장
많은 농업자원을 보유하고 있다. 미국, 호주 그리고
몇몇 유럽 국가들은 세계 최대 식량 수출국이다.

바나나

쇠고기

카사바

옥수수

플랜테인

감자

쌀

콩

설탕

밀

도 있다.

 희귀광물에 대한 수요는 제8의 대륙인 우주 공간으로 인간을 보내고 있다. 중국은 사실상 달 공급망을 염두에 두고 탐사선을 달에 보냈다. 또한 엑스프라이즈 XPRIZE의 창업자인 피터 디아만디스Peter Diamandis와 구글의 최고경영자인 에릭 슈미트Eric Schmidt는 소행성에서 가치 있는 광물을 채굴하려는 기업에 투자했다. 인공위성 부품, 발사대, 지상 감시통제소 그리고 데이터에 접근하고 공유하기 위해 세계와 우주 성층권에 걸쳐 건설되고 배치되는 다른 필수 시스템들로 구성된 우주 경제를 둘러싼 세계의 가치사슬까지 등장했다.

 식품산업은 복잡한 공급 네트워크와 이를 가능하게 만드는 기업 연합에 대한 또 다른 관점을 제공한다. 세계 양식연어의 3분의 1을 공급하고 있는 노르웨이의 최대 양식업체인 마린 하베스트Marine Harvest는 연어의 수

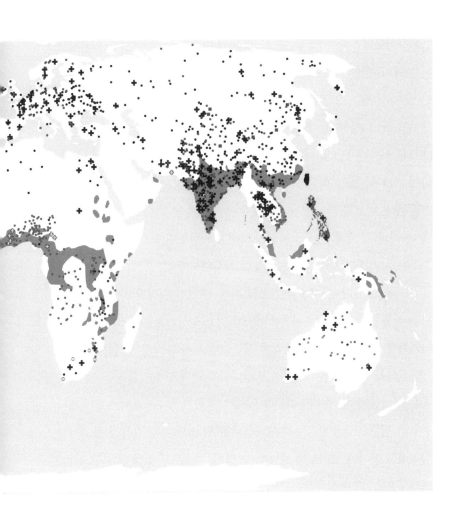

요 증대를 따라잡기 위해 인수합병을 통해 지구 반대편에 있는 칠레까지 20개국에 진출했다. 세계적인 생산과 유통망이 확대되고 좀 더 효율적인 광합성 등 새로운 기술이 발전한 덕분에 불리한 기후 조건에서도 대규모 식량 증산이 가능해졌다(게이츠Gates 재단은 최근에 아프리카의 농부들이 식량을 자급하도록 하는 것이 2030년까지의 최우선 과제라고 밝혔다).

아쿠아포닉스aquaponics*는 또 다른 농업혁명이다. 이런 최첨단 온실에는 자연의 햇빛이나 흙이 필요 없고, 단지 유기농법의 3분의 1만큼의 물만 있으면 된다. 그래서 이는 전통적인 온실이 아니다. 캘리포니아의 신생기업 팜그로Famgro는 컴퓨터 서버처럼 보이는 다층으로 쌓인 재배 칸에 LED를 사용해 1년 365일 채소를 재배한다. 이들은 시금치, 케일, 상추, 바질, 알파파 또는 다른 씨를 재배기구에 집어넣고 소프트웨어를 프로그램한다. 비료를 물안개처럼 뿌려주면 채소는 몇 달이 아니라 몇 주 만에 다 자란다. 재배 칸에서 채소를 꺼내고 비워두면 물도 재활용된다. 팜그로는 이미 캘리포니아와 뉴욕의 프레시다이렉트FreshDirect를 통해 채소를 판매하고 있다. 하지만 팜그로의 가장 큰 시장은 경작지가 적어 거의 모든 식품을 수입에 의존하는 아랍에미리트와 싱가포르가 될 것이다. 이 국가들에서는 생산시설을 거대한 격납고나 지하 벙커에 설치할 수 있다.

아쿠아포닉스는 극지에 가까운 냉대기후 국가들에서 훨씬 더 많은 식품을 생산할 수 있게 해준다. 아이슬란드에서는 아쿠아포닉스 온실에서 풍부한 담수(식물 재배), 수력(전기), 지열 발전(난방)을 이용해 물고기를 양식하고 동시에 토마토를 재배할 수 있다. 패스트푸드 식당과 슈퍼마켓 판매 용도로 하루에 수톤의 상추를 수입하는 핀란드는 자체적인 아쿠아포닉스로 이 수요를 대체하고 있다. 이것이 농업의 세계화에 대한 종말을 뜻하는 것일까? 물론 그렇지 않다. 아이슬란드가 남는 상추를 북유럽 국가들에 판매하듯이, 스페인과 이탈리아는 자체적으로 상추를 재배하지 않는 190개 국가에 더 많은 상추를 수출하고 있다. 어떤 경우이든 식

---

* 양어(Aquaculture)와 수경재배(Hydroponics)를 합친 말로, 물고기 양식과 수경재배를 결합하여 환경에 부담을 최소화하면서 식량 확보가 가능한 농업 시스템 — 옮긴이

품 공급망을 단축시키는 것은 좋은 일이다. 식품 산업이 — 비료 생산에서 수송과정까지 포함해 — 전체 지구의 온실가스 배출량의 25퍼센트를 차지하기 때문이다.

기업들의 귀환 — 국내 판매를 위해

약 50년 전에 제너럴일렉트릭^{GE}은 켄터키 주 루이빌^{Louisville}에 있는 어플라이언스 파크^{Appliance Park}에서 가전제품을 생산했다. 어플라이언스 파크는 자체 발전소, 소방서, 우편번호를 별도로 가지고 있는 특별경제구역과 비슷한 곳이다. 이곳의 고용 인원은 비용 증가, 노동 분쟁, 아웃소싱 때문에 1970년대에 최대 2만 명에서 2008년에는 1천8백 명으로 줄었다. 하지만 제너럴일렉트릭은 2012년에 중국에서 제조했던 온수기를 조립하는 생산라인을 어플라이언스 파크에 새로 건설했고, 멕시코에서 생산했던 냉장고를 만드는 생산라인도 증설했다. 제너럴일렉트릭은 현재 어플라이언스 파크를 확장하기 위해 8억 달러를 투자할 계획이다.

인접국가 생산은 일자리를 만들고 상품의 품질을 유지하며 지적 재산권을 보호하는 등 많은 장점을 지니고 있다. 하지만 미국의 전체 제조업 생산량은 점점 감소하고 있고, GDP에서 차지하는 비중도 12퍼센트 이하로 떨어졌다. 인접국가 생산을 통해 일자리가 만들어질 때마다 더 많은 제조업 생산량이 외부 위탁업체로 빠져나가고 있다.* 미국 제조업 비용에서 에너지가 차지하는 비중은 평균 5퍼센트인 반면, 중국 근로자의

---

* 제조업 분야에서 미국의 무역 적자는 2010년 이후 10퍼센트 이상 증가했다.

공급의 순환고리

테슬라의 전기 자동차들은 배기가스를 배출하지 않는다. 하지만 테슬라의 공급망은 무공해가 아니다. 테슬라는 자동차 차체 제작을 위해 알루미늄, 구리를 수입하고, 배터리 제작을 위해 리튬을 필요로 한다. 이런 원자재와 부품은 볼리비아, 아프가니스탄, 러시아에서 수입된다. 순수한 미국 기업인 테슬라조차 여전히 유럽과 남아프리카공화국 그리고 다른 지역에서 각종 원자재와 부품을 수입하고 있다. 테슬라의 공급망이 지속 발전 가능한 것이 되려면, 볼리비아에서 안전하게 리튬을 채굴하는 새로운 배터리 공장과 알루미늄 제련 과정에서의 공해물질 발생 최소화에 투자하고 있는 네덜란드 기업과 협력해야 한다. 아니면 차세대 자동차에는 알루미늄을 사용하지 말아야 한다.

생산과 외부 환경을 전체적으로 분석하는 것만이 전체 순환 과정에 기초한 상품 가격과 세금을 정확하게 책정할 수 있도록 한다. 전체 순환 과정에 대한 회계 분석은 상품과 관련된 모든 과정의 비용과 가치를 측정할 수 있다. 자원 채굴과 생산에 들어간 에너지 비용, 상품 생산이 만들어낸 일자리, 포장, 운송 판매에 들어간 연료, 영업 활동과 유지보수가 지역사회와 환경에 미친 영향, 폐기와 재활용 과정이 모두 분석 대상이다. 이런 자료를 수집하고 분석하는 정부와 기업들은 좀 더 높은 효율성을 위해 생산기계와 공정을 개선하는 것이 좋다. 재활용, 재생산, 컴퓨터 하드웨어와 같은 부품을 최적화함으로써 유럽에서만 기업들이 3천8백억 달러를 절감한 것으로 추정된다.*

경제를 움직이게 만드는 하드웨어에도 상당한 2차적인 가치가 존재한다. 효율적인 수요-공급 시스템은 더 많은 장비를 생산하지 않고도 필요한 시점에 이 도시에서 저 도시로 크레인, 배관공, 수압 리프트차를 신속하게 배치할 수 있다. 이와 비슷하게 서양의 중고 자동차들은 폐차 전에 몇 년 더 이용할 수 있도록 해외로 수출할 수 있다. 모든 것이 상품화되고 가격이 책정되는 세계에서는 재활용 폐기물이 경제적 기회가 되기도 한다. 나이지리아의 라고스에는 세계에서 가장 큰 컴퓨터 부품 해체업체가 있다. 인도 뭄바이의 2제곱킬로미터에 달하는 다라비 지역의 좁고 더러운 골목들은 가장 조직적으로 재활용을 하고 있다. 도시 전체에 흩어져 있는 수집상들이 폐기물을 가지고 와서 재활용센터로 보낼 것과 폐기할 물품으로 분리한다.

연결은 모든 도구와 상품들을 더 많이 사용하고 공유하며 순환하도록 도와준다. 재활용recycling에 앞서 업사이클링upcycling**이라는 새로운 단계가 생겨났다. 업사이클링을 통해 상품들이 더 높은 가치를 생산하는 방향으로 재활용되는 것이다. 즉, 플라스틱은 가구로 바뀌고 타이어는 부츠가 되며 화물 컨테이너는 인구 밀도가 높은 도시나 난민 캠프에서 방 두 칸짜리 집으로 변신하고 있다. 공유 경제

---

* 조립과 부품 조달 분야에서 동일한 공급자와 공급선을 가지고 있는 기업들은 공동 분야에서 환경 파괴에 선제적으로 대응하기 위해 기꺼이 함께 투자할 의향을 가지고 있다. 엑손, 셸(Shell), BP 등 경쟁기업들은 캐나다오일샌드혁신연합(Canada's Oil Sands Innovation Alliance)을 결성해 환경 친화적인 방법으로 에너지를 개발하는 2백여 개의 프로젝트에 관한 연구와 기술을 공유하고 있다.

** 재활용품을 이용하여 기존의 제품보다 품질이나 가치가 더 높은 새 제품을 만드는 과정 — 옮긴이

를 활기 있게 만드는 원칙을 지킨다면 공급망 세계의 지속 발전 가능성은 더 높아진다. 사용하지 않은 가치는 낭비된 것이다.

임금은 아직도 미국 근로자의 4분의 1에 불과하다. 따라서 기업들은 고객과 가장 가까운 곳에서 가장 낮은 가격으로 생산하는 차익 거래를 선호한다는 계산이 나온다.

공급망에도 수요와 공급의 법칙이 동일하게 적용된다. 소비자들의 요구가 많아질수록 더 많은 기업이 소비자들에게 더 가까이 가야 한다. 세계 제조공장의 3분의 2는 이미 상품이 최종적으로 판매되는 지역에 위치하고 있다. 그리고 현지 생산과 주문 디자인을 통해 상품을 소비자에게 더 가까운 곳에서 생산하는 것이 현지 경쟁기업들과 경쟁하는 유일한 방법인지도 모른다. 예를 들면 캐드버리Cadbury는 서아프리카의 코코아를 최근에 건설한 인도네시아의 초콜릿 공장으로 수송해 아시아 고객들이 좋아하는 맛과 향으로 가공한다.

기반시설이 개선되고 관세가 비슷해지며 운송비용도 하락하고 물류가 빨라지면, 다른 어떤 요인보다 시장의 규모와 시장 접근성이 생산기지의 위치를 결정할 것이다. 유럽인들이 고급차 시장의 대부분을 차지했기 때문에 이들은 수입차보다는 자신들이 생산한 고급차를 구매했다. 이와 비슷한 이유로 미국 사람들은 미국에서 만든 차를 더 많이 구매하고 있지만, 여전히 도로에는 도요타, 혼다, 닛산 차량이 포드와 쉐보레 같은 미국 차량만큼 많이 돌아다닐 것이다. 미국 자동차 제조사들이 직면한 문제는 아시아에서 자동차 생산량이 증가하면서 아시아 소비자들이 계속해서 미국 자동차를 살 것인가이다. 각 지역의 자동차 품질이 개선되고 전 세계 시장을 놓고 경쟁을 하면서 합병과 합작투자도 증가하고 있다. 그 결과 오랜 시간이 걸려 2014년에 피아트Fiat와 크라이슬러Chrysler가 합병함으로써 미국과 네덜란드에 본사를 둔 대기업이 탄생했고, 상하이 폭스바겐과 상하이 제너럴모터스 두 합작회사는 세계에서 가장 빠르게 성장하는 중국 시장에서 가장 많은 차를 판매하고 있다. 실제로 제너럴모터스는 2009년 이후 미국의 제조공장 개선에 160억 달러를 투자했고 동시에 2020년까지 중국에 160억 달러를 투자할 계획이다.

결과적으로 더 많은 기업들이 세계 3위 PC 제조업체인 델Dell과 같은 구조로 재편될 것이다. 델은 1990년대 이후 지역본부, 조립공장 그리고 미국, 유럽, 중동, 아프리카, 아시아-태평양으로 구성된 5개 지역권 내부에 자체 공급망을 구성해 주문생산 노트북 시장을 개척했다.[10] 해외 현지 경쟁업체에 의해 시장 점유율이 하락하자, 델은 각 지역에 선호 모델을 보관하는 현지창고를 증설해 배달 시간을 단축시켰다. 공급망 세계에서 가장 성공한 기업들은 '대량 주문제작'을 현실화했다.

특히 서양의 기업들은 세계적으로 증가하고 있는 소비층의 대부분이 서구 이외의 지역에 거주하기 때문에 마찰이 없는 투자와 교역을 원한다. 원자력 발전과 풍력 발전, 항공 등 대규모 기반시설 분야에서 서양의 기업들이 생존할 유일한 방법은 외국의 고객들이다. 인구가 감소하고 있는 일본에서 첨단기술의 미래는 국내 산업로봇의 혁신과 해외 수출에 달려 있다. 가치사슬의 상층부로 올라가는 것 자체가 지속 발전 가능하고 이윤이 남는 목표가 되었다. 중국은 11차 경제개발 5개년 계획에서 석유와 운수 산업에 최우선을 둔 반면, 12차 경제개발 5개년 계획에서는 재생에너지와 전기차에 초점을 맞추고 있다. 중국은 국내에 필요한 기술과 해외의 다른 신흥시장에 수출할 기술을 추구하고 있다.

'신흥시장emerging market'이라는 용어를 만든 앙트완 반 아그마엘Antoine van Agtmael은 기업 전략의 중요한 동력은 새로 등장하는 수십억 명의 고객들을 쟁취하기 위한 전쟁이라고 말했다.[11] 특히 세계 인구의 3분의 2가 아프리카와 아시아에 거주하고 있고, 중국과 인도의 기업들은 서양의 기업보다 훨씬 더 저렴한 가격으로 상품을 판매하고 있다. 서구의 분석가들은 종종 아시아 기업들의 급격한 세계화를 감지하지 못하는 경우가 있다. 아시아 기업들의 전략이 미국보다 경쟁이 덜 치열한 해외 개발도상국에 교두보를 확보하는 것이기 때문이다. 화웨이의 최고경영자는 세계의 모든 다른 지역들이 빠르게 성장하고 있기 때문에 미국 시장에 대한 접근을 차단당하는 것은 "중요한 문제가 아니다."라고 말했다.

경도로 구분된 세계?

네트워크로 연결된 세계는 완전한 세계화를 대표하는 동시에 예측 불가능한 파괴의 영향력을 증폭시킨다는 점에서 모순적이다. 공급망을 연구하는 배리 린Barry Lynn은 "우리 기업들은 나쁜 일이 발생하지 않는 세계에 완벽하게 맞추어진 가장 효율적인 생산 시스템을 구축했다."라고 주장했다.[12] 세계의 경제 강국들은 세계 시장 점유율을 놓고 경쟁을 하더라도 각자의 제조 기반, 식량 생산, 연료 공급, 다른 필수적인 산업을 강화함으로써 공급의 충격으로부터 보호하려고 노력하고 있다. 이런 시나리오에서 미래의 지정학 지도는 조지 오웰의 『1984』 속 대륙을 수정한 아메리카, 유럽 및 중동·아프리카EMEA, 아시아-태평양 권역과 비슷해질 수 있다. 각 권역은 천연자원, 노동력, 산업 네트워크를 이용해 자신들이 원하는 것의 대부분을 생산하고 있다. 공급망 대전에서 미국이 승리할까, 아니면 다른 지역이 승리할까?

에너지와 식량 생산의 증가, 안정적인 인구를 감안할 때 서방세계는 다른 지역보다 자급자족에 더 가까운 상태이다. 첨단기술력과 산업 생산의 잠재력을 갖춘 미국은 아이폰을 디자인하고 모든 사람이 사용하도록 만들었다. 이것이 고부가가치 상품 시장을 지배하고 전 세계로 수출하는 공급망의 정점에 도달하는 방법이다. 유럽 및 중동·아프리카도 북극, 러시아, 아랍, 아프리카의 에너지와 식품 공급망을 활용함으로써 좀 더 자급자족적인 경제를 이룰 수 있다. 아시아는 현재 중동의 석유를 가장 많이 수입하고 있지만, 시베리아, 중국, 인도네시아, 호주의 가스 생산의 증가는 장기적으로 아시아의 에너지 수입을 감소시킬 수 있다.

기술 혁명의 도래는 셰일가스 붐보다 더 큰 규모로 현지 에너지 생산을 가속시킬 수 있다. 지구는 지구 전체가 하루에 소비하는 것보다 8천 배 많은 에너지를 태양으로부터 받고 있다. 한 해에 화석연료 산업에 투자된 5천5백억 달러를 대체에너지와 재생에너지 연구, 에너지 배급망에 투입한다면 더 많은 지역들이 에너지 자급을 위해 더 많은 행동에 나설 것이다. 독일은 에너지 전환 정책에 따라 이미 북해지역 해안가에 대규모 풍력 발전기를 설치했다. 오늘날 독일 에너지의 27퍼센트는 대체에너지에서 공급받고 있다.*

만일 중요 경제 대국과 거대 경제권이 에너지와 기술을 조합해 에너지 자급을 실현시킨다면, 세계화는 좀 더 장기적인 문제가 될 것이다. 상호 의존성은 있지만 통합을 향한 동력은 떨어질 것이다. 미국과 중국은 자국의 영토 밖에서 일어나는 일에 간섭할 이유가 거의 없어 더 고립적이

---

* 유럽은 세계 풍력 발전의 90퍼센트를 생산하고 있고, 중국이 나머지 10퍼센트를 생산하고 있다.

될 것이다. 이로써 서로 '자기 방식대로 살아가는' 평화로운 세계가 될 수 있다. 이런 세계에서 중동과 동아시아 국가들에서는 미국의 안전 보장에 대한 필요성이 사라질 것이다. 하지만 반대로 중요한 경제권들이 더 큰 시장을 확보하기 위해 세력을 확장하고 자신들의 영역을 방어하기 위해 군비를 증강하는 세계가 될 수도 있다.

공급망 세계의 역설은, 자본은 대체 가능하기 때문에—심지어 공장과 같은 고정자산조차—투자가 과거처럼 장기적인 상호 신뢰의 상징이 아니라는 것이다. 지분을 회수해 다른 곳에 투자하는 것에 대한 갈등이 없다면 오늘의 통합이 내일이면 사라질 수 있다. 산업정책의 한 가지 장점은 투자의 고착성을 유지시키고 경쟁자들 사이에서 협력을 통해 지지층을 강화하는 것이다. 합작투자와 기술 이전 요구에 따른 마찰은 지정학적 긴장이 증가할 때 중단하기 더 어려운 경제적 유대를 만들어낸다.

기반시설 연합

올바른 세계 전략 수립

지난 수백 년 동안 지정학은 영토의 정복, 즉 이웃 국가와 경쟁국가에 대한 지배와 동의어로 사용되었다. 오늘날 지정학은 단순하게 표현하면 '경쟁력 있는 연결'이라고 부를 수 있다. 가장 많이 잘 연결된 국가가 승리한다. 국가는 국경을 보호해야 하지만, 중요한 것은 국가들이 교역로와 국가 간 기반시설 등 어떤 것을 통제하는가이다. 모든 위대한 전략가들은 "아마추어는 전략을 이야기하지만 전문가는 물류를 이야기한다."는 말의 중요성을 알고 있다.

제국들은 언제나 영향력을 확대하는 도구로서 기반시설 건설에 집중해왔다. 로마 제국과 오스만 제국 사람들은 자국의 수도에서 먼 지역까지 뻗어나가는 도로를 건설했고 군대와 무역상들이 이용하는 도로를 지도에 표시했다. 15세기 이후 유럽의 식민제국들은 대서양과 인도양을 가로질러 안정적인 공급망과 해외의 행정 도시들을 건설했다. 영국의 동인도회사는 19세기 중반에 인도의 전체 철도망을 건설했다. 그리고 수십 년 후에 영국의 세실 로즈Cecil Rhodes는 이집트의 카이로에서 남아프리카공화국의 케이프타운에 이르는 '레드라인'을 통해 동아프리카 해안을 따라가는 철도를 건설하려고 했지만 실패했다.

　영국의 위대한 역사학자인 아널드 토인비Arnold Toynbee는 제국주의 시대의 임의적 국경 설정에 반대했다. 그는 "국경의 경계선은 국경을 설정한 사람들에게 비극적으로 끝날 수밖에 없는 사회세력들의 게임을 시작하는 것이다. …… 제국주의 정부가 무엇을 결정하든 상인, 개척자, 모험가 등의 이해관계는 불가피하게 국경을 초월하게 될 것이다."라고 기술했다.[1]

　제국주의의 흥망에서 연결은 지리만큼 중요했다. 먼로주의Monroe Doctrine*에서 스페인－미국 전쟁에 이르기까지, 19세기의 미국은 자국의 상업적 지배에 유리하도록 유럽의 열강들을 카리브 해와 태평양 지역에서 몰아냈다. 대지를 측정하고, 지도를 만들고, 미지의 세계에 대한 영향력을 확대하기 위해 필요한 기반시설을 계획하는 일은 육지에 대한 보완적 전략이었다. 토머스 제퍼슨Thomas Jefferson은 1803년에 루이지애나를

* 아메리카 대륙에 대한 유럽의 불간섭주의를 표방한 미국 외교정책의 하나 ― 옮긴이

매입하고 태평양 진출의 지리적 이점을 연구하기 위해 탐사대를 만들었다. 탐사대의 첫 번째 대장은 유명한 탐험가인 메리웨더 루이스Meriwether Lewis와 윌리엄 클라크William Clark였다. 1804년에서 1806년까지의 옐로스톤YellowStone 지역에 대한 대탐사는 영국과 프랑스에서 오는 가죽 교역을 보호하기 위해 미주리 강과 현재의 노스다코타 지역까지 군사적 전초기지를 세우려는 정찰 목적을 띠고 있었다. 미국은 이때부터 서부 개척을 시작했다. 미국에는 내륙을 가로질러 각 주들을 통합하는 장거리 수로가 그 어떤 국가보다 길고 광범위하게 펼쳐져 있었기 때문에, 자연적 지형이 지정학적 통일을 방해하기보다는 오히려 촉진시켰다. 기반시설도 이런 이점을 더욱 견고하게 하는 데 중요한 역할을 했다. 시카고 강은 실제로는 5대호를 미시시피 강과 멕시코 만과 연결하도록 설계된 250킬로미터에 달하는 인공 수로였다. 이런 기념비적 토목공사는 시카고를 미국 내륙에서 가장 전략적인 지역으로 만들었다. 다시 강조하지만 연결이 완성되면 지리는 운명이 된다.

북미동맹과 중화권 등 대륙을 아우르는 제국이 등장한 것은 이런 지형공학이 있었기 때문이다. 북미동맹은 북쪽으로는 북극, 남쪽으로는 남미에 이르는 지역인 반면, 중화권은 남쪽으로는 인도차이나와 북서쪽으로 러시아, 중앙아시아까지 포함하는 지역이다. 이런 공급망 제국들은 영향력의 범위를 확대하기 위한 외교적, 군사적, 상업적 수단의 일치된 협력을 대표한다. 외교 문서를 읽는 것보다 이런 연결의 발전과정에 대한 추적을 통해 미래의 지정학 지도가 모습을 나타낼 것이다.

공급망에 대한 지배는 지정학적 지위를 결정하는 근본적인 힘이다. 공급망 지배는 군사력보다 더 중요할지도 모른다. 19세기의 미국과 21세기의 중국은 군사대국이 되기 전에 공급망을 지배하는 대국이었다. 두 나라는 대륙을 지배했고, 수입 대체를 통해 산업화를 이룩했으며, 군사력을 행사하기에 전에 이미 세계 최대의 경제대국이 되었다. 따라서 훌륭한 세계 제패 전략은 교역, 금융, 에너지, 군사, 정부 그리고 다른 분야들을 포함하고 있는 다차원적인 전략이다. 세계 제패 전략을 국내적 측면과 국제적 측면에서 개별적인 우선 정책으로 분리할 수 없는 것도 이 때문이다. 예일 대학의 역사학 교수인 폴 케네디Paul Kennedy는 현 시대를 새로운 규칙들이 서서히 구체화되고 있는 "전략적 시대들 사이의 틈새"라고 부른다. 그의 명저 『강대국의 흥망Rise and Fall of the Great Powers』에서 강조한 것처럼, 군사력의 우위를 뒷받침한 것은 언제나 경제력과 기술력이었지 그 반대가 아니었다. 혁신의 균형이 힘의 균형을 가져오는 동력이다.

성공적인 세계 제패 전략은 ─ 수단과 목표를 연계하는 장기적 원칙들 ─ 국가 전체의 공공자원과 민간자원을 모두 활용한다. 성공적인 전략은 복잡한 세계 환경을 정확하게 평가하며 실현 가능성 있는 목표를 정하고 효율적으로 실행된다. 그리고 포괄적이어야 한다. 외교관들은 안보, 동맹, 군비 통제 등 국가의 생존과 관련된 '상위 정치'와 경제, 권리, 환경 등 '하위 정치'를 구별하는 경향을 가지고 있었다. 하지만 공급망 세계에서 이런 우선순위는 복잡하게 얽혀 있다. 예를 들면 미국이 환태평양경제동반자협정에서 추구하는 높은 기준을 다른 무역협정에 적용하는 것은 아시아에서 미국의 전략적 영향력 회복 여부를 결정할 것이다. 매일 발생하는 주요 뉴스들도 공급망 지정학의 관점에서 해석될 수 있다. 테네시 주의 자동차 공장들이 한국 자동차 제조업체들을 유치하기 위해 노조를 포기하겠다는 제안, 기업의 비밀과 기술을 훔치기 위해 감행하는 수천 건의 사이버 공격, 중국의 위안화로 결제하는 국제 교역의 증가 등 수많은 사례들이 여기에 해당한다.

줄다리기 전쟁을 위한 무기는 군사적 갈등과는 다른 힘의 구성요소들을 강조한다. 미국국가정보위원회의 글로벌 파워 지수는 핵무기와 방위비 지출을 중요한 요인으로 강조한다. 하지만 핵무기는 사용 가능성이 낮고 방위비 지출은 효율성이 입증되지 않았다는 점을 감안할 때, 정부의 예산과 인적 자본 같은 다른 요인들은 2030년 훨씬 이전에 중국의 지배력이 더 커지리라는 점을 암시하고 있다. 부와 같은 권력은 명목상으로 그리고 실질적인 형태로 나타난다는 점을 명심하라. 명목상 미국의 힘은 타의 추종을 불허하지만, 전쟁 억제력, 거리, 능력, 힘의 효율성을 감안하면 보고서에 나타난 것보다 덜 강력하다. 1조 달러 이상의 군비를 쓰는 20만 명의 미군이 이라크와 아프가니스탄에서 반군들을 진압할 수 없었던 사실을 보면 이런 주장은 분명해진다.

중국도 즉흥적인 세계 전략 실행과 스스로 손해를 초래하는 노골적 확장 정책으로 어려움을 겪고 있다. 미국처럼 중국의 각종 선언들은 애매하고 모순적이다. 하지만 중국은 한 가지에 관해 여전히 단호한 입장을 유지하고 있다. 즉, 중국의 힘은 상업적 이익과 연결을 보호하는 데 초점이 맞추어져 있다는 것이다. 일반적으로 단순한 등식을 이용해 중국의 국내정책과 외교정책 사이의 분명한 연계성을 설명할 수 있다. 즉, 에너지 안보＝경제 성장＝정치적 안정＝지속적인 공산당 통치라는 것이다. 이 공식은 활발한 세계 연결성, 즉 유입과 유출이 없다면 성립하지 않는다.

이와 반대로 부시와 오바마 행정부는 베트남, 이라크, 아프가니스탄에서의 미국의 외교정책 실패가 불개입이 아니라 개입에서 시작되었다는 것을 잊은 채 군사적 보호 태세가 영향력을 대신하는 것으로 생각했다. 지난 20년 동안 미국에서 가장 좋은 소식은 군사력과는 아무 관련이 없는 셰일가스 혁명이었다.

이라크 전쟁은 군사력에 집중하는 접근법과 공급망 접근법의 차이를 잘 보여준다. 2003년의 이라크 침공이 석유 때문이 아니라면 미국이 4천 명의 목숨을 희생한 이유가 무엇일까? 이 전쟁의 궁극적 승자는 미국과 영국이 아니라 중국과 유럽 대륙이었다. 중국과 유럽이 원유를 얻었기 때문이다.

미국이 군사적 개입이나 외교적 리더십 같은 어려운 일을 담당했지만 이에 대한 보상을 받지 못한 경우들도 있다. 지난 수년 동안 미국 국무부는 인도와 아랍에미리트가 민간 목적의 핵기술을 획득하도록 국제원자력에너지기구IAEA에 사찰 면제를 요청했다. 국제원자력에너지기구의 허가를 받은 이후 인도와 아랍에미리트는 한국과 프랑스의 기업들과 원자력 발전소 건설 계약을 체결했다. 이란에도 똑같은 방식이 적용될 것이다. 미국 주도의 제재하에서 러시아, 중국, 인도, 터키는 이란과 대규모 거래를 지속적으로 추진했다. 이 국가들은 제재가 완전히 철폐된 후에 이란 시장에서 미국보다 더 유리한 위치를 차지하게 될 것이다.

부시와 오바마 행정부의 세계 전략은 패권적인 국제주의에서 긴축 재정으로 이동했다. 부시와 오바마는 모두 기본적인 미국의 가치를 확고하게 만들었다고 주장하지만, 어떤 실행 원칙과 정책을 추구할 것인가에 대해서는 불명확했다. 오바마의 2015년 국가안보전략은 미래에 대한 비전이 아니라 과거에 대한 고찰이었다. 행동보다는 말이 많았다. 러시아,

이란, 중국에 대한 봉쇄를 전제로 한 세계 전략은 비전보다 헛된 노력이 될 가능성이 높다. 동시에 통제의 필요성을 습관적으로 강조하는 미니멀리즘은 미래에 대한 어떤 지침이나 안내도 제공하지 못한다. 미국의 고위 외교 관리들은 거인의 어깨에 올라타는 것이 자신을 거인으로 만들지 못한다는 사실을 잊고 있었다. 대신 이들은 자화자찬하는 자서전을 제외하면 국제무대에 거의 업적을 남기지 못한 유명한 소방관에 불과했다. 21세기 들어 지금까지 미국의 지도자들은 역사를 만들기는커녕 약간의 영향력도 미치지 못했다.

미국은 21세기의 나머지 기간 동안에 무엇을 할 것인가에 대한 전략이 필요하다. 전쟁에 대한 피로와 긴축 재정은 중요한 경제적 이익이 있는 곳에서만 군사력 증강을 정당화하는 시나리오로 이어질 가능성이 높다. 이는 공급망 전략과 일치한다. 자원과 기술 보호 등 전략적이고 상업적인 투자만이 군사적 개입의 가치가 있다. 테러지원국이나 다른 위험에 대해서는 파월 독트린Powell Doctrine이 적용될 것이다. 파월 독트린은 결정적인 군사력이 필요하고 성공할 가능성이 높으며 빠른 퇴로 확보가 가능하고 국민과 국제사회의 광범위한 지지가 있을 경우에만 대규모 병력을 파견한다는 원칙이다.

두 번의 전쟁 실패와 세계적 금융위기 이후, 미국이 국제 문제에 개입하고 싶어 하지 않는다는 것은 충분히 이해할 수 있다. 국가의 생존을 연결에 의존하는 세계에서 외교정책은 선택사항이 아니다. 이런 논리로 볼 때 동아시아에 대한 미국의 대규모 군사력 증강 배치는 중국으로부터의 동맹국의 보호가 아니라 지속적으로 증가하고 있는 동아시아와 미국의 교역을 보호하려는 조치로 해석해야 한다(미국 수출의 4분의 1이 아시아로 향하고 수입의 40퍼센트가 아시아에서 들어온다). 미국 해군에게는 항공모함, 잠수함, 무인 비행기 그리고 다른 무기들을 동원해 미국의 통상 노선을 방어해야 할 의무가 있다. 미 해군의 목적은 공급망을 보호하는 것이지 특정 동맹국을 보호하는 것이 아니다. 중국의 경우도 해외 공급망 보호를 위해 투입하는 자원은 태평양의 분쟁 지역에서 활동하는 항공모함과 잠수함에 투입되는 비용만큼 중요하다. 호주 해군의 3대 해양 전략은 해적으로부터 가스 수송선의 보호, 테러 공격으로부터 해저 인터넷 케이블 보호, 인도네시아에서 유입되는 불법 이민자의 퇴출이다.

동시에 세계 공급망 전략에서 군사력은 산업정책을 포함한 다양한 도구들 가운데 하나일 뿐이다. 미국의 거대한 셰일가스전 때문에 에너지 수입이 감소하면서 미국의 경상수지 적자가 대폭 감소했다. 하지만 기가비트 광대역 망을 건설하는 기업, 초고속 화물철도 건설, 미국의 수출을 견인할 다른 기반시설을 건설하는 기업들에 대한 보상정책은 거의 없었다. 미국은 교육과 연구개발 시스템을 근본적으로 수정해 로봇공학에서 유전자 변형 씨앗에 이르는 모든 분야에서 차세대 혁신가들을 육성하고 농업과 디지털 분야에서 세계 가치사슬을 선점해야 한다. 공급망에 대한 통제는 전쟁을 통해 영토를 점령하는 것보다 훨씬 더 효용가치가 높다.

공급망 세계의 전략적 목표는 의무를 수반하는 지배가 아니라 가치를 생산하는 영향력이다. 지정학은 체스판과 인터넷망에서 모두 작용한다. 미국은 체스판에서 평화적으로 지역을 통합하고 러시아, 이란, 중국과의 전쟁을 피하겠다는 희망 속에 유럽과 아랍, 아시아 국가들에 안보 우산을 제공하고 있다. 미국은 인터넷에서 경제력을 키우기 위해 산업, 금융, 통상 측면에서 세계의 중요 중심지와의 연결을 추구하고 있다. 미국이 공급망 지정학의 중요성을 깨닫게 된다면, 득보다 실이 많고 비용이 많이 들어가는 군사적 개입을 감행할 가능성은 적어질 것이다.

탈이데올로기 연합

우리는 지난 25년 동안 '역사의 종말'과 '문명의 충돌'이라는 잘못된 가정이 지배하는 세계에서 살았다. 그리고 지난 10년 동안 또 다른 팍스 아메리카나 세기의 급격한 쇠퇴를 목격했다. 학자와 지식인들은 이데올로기를 기준으로 시대를 정의하려고 할 때 언제나 세계를 하나로 묶어주는 비전이나 또는 반대 비전을 포함해 2개의 비전이 있어야 한다는 잘못된 전제를 상정한다. 하지만 공급망 세계는 탈이데올로기의 세상이다. 러시아는 더 이상 공산주의를 수출하지 않고 미국도 민주주의를 권고하는 경우가 드물다. 중국은 마오쩌둥주의를 포기하고 자본가 소비주의를 선택했다. 세계 인구의 대부분이 사는 아시아와 아프리카에서는 언제나 모든 것이 비즈니스이다.

칠레에서 콩고와 캄보디아에 이르기까지, 냉전은 아무 관계가 없는 국가들에 연합정권을 세우고 이들을 보호하기 위한 미국과 소련 사이의 영원한 대리경쟁을 유발했다. 소련의 목표는 공산주의 연합의 네트워크를 확대하는 것이었고, 미국의 목표는 자유정권의 연속적인 붕괴를 방지하고 공산주의 물결을 물리치는 것이었다.

오늘날 지정학적 전략을 결정하는 것은 이데올로기가 아니라 자원과 기반시설 접근에 대한 특권이다. 예를 들면 중국은 남수단이 수단의 카르툼Khartoum 정부와 체결한 중국의 석유 공급 계약 지분을 인정한다고 약속하기 전까지 유엔 안전보장이사회에서 남수단의 독립에 대한 지지를 몇 년 동안 유보했다. 이뿐만 아니라 남수단은 중국이 건설한 남수단에서 케냐를 거쳐 인도양에 이르는 송유관도 암묵적으로 인정했다. 서구의 강대국들도 민주주의를 촉진하는 것보다 공급망과 관련된 이익을 추구하는 방향으로 일관되게 행동하고 있다. 냉전에서 테러와의 전쟁을 거치면서, 도의적으로 불편한 협력관계는 예외라기보다는 좀 더 일반적인 것이 되었다. 파키스탄, 이집트, 사우디아라비아, 바레인, 카타르, 우즈베키스탄, 베트남, 에티오피아, 우간다, 지부티 그리고 많은 다른 국가들이 여기에 포함된다. 최근 중국 주재 미국대사인 개리 로크Gary Locke는 1960년대 미국 중앙정보국CIA처럼 티베트의 분리주의를 지지하거나 지난 20년 동안 클린턴과 부시 행정부가 해왔던 것처럼 민주주의를 설교하지 않는다. 대신 빠르게 기반시설 투자가 증가하는 티베트 지역에서 미국 기업들이 더 많은 사업 기회를 얻을 수 있도록 압력을 행사했다.*

전통적인 연합은 수요–공급의 상호 보완성에 기초한 단기적 협력관계로 대체되었다. 러시아와 중국이 전형적인 사례이다. 러시아는 중국을 가장 두려워한다. 하지만 언론에 대해서는 공동으로 반서방전선을 구성한 것처럼 행동한다. 동시에 중국은 러시아의 자원을 점점 더 많이 수입하고 있다. 이런 관점에서 볼 때 새뮤얼 헌팅턴처럼 유교–이슬람 축에 대해 이야기하는 것은 너무 고상하다.[2] 아시아가 중동 석유의 대부분을 수입하고, 중국과 인도가 연합국의 방어가 아니라 단지 석유와 가스

---

* 영국의 재무장관인 조지 오스본(George Osborne)은 2015년 9월에 중국의 무슬림 지역인 신장위구르 자치구를 방문한 최초의 장관이었다. 오스본 장관은 신장위구르 자치구에서 유라시아 실크로드에 연결된 공업지구 사업 참여에 영국 기업들을 대신해 로비를 벌였다.

공급을 보호하기 위해 중동에 개입할 가능성이 높다고 주장하는 것이 더 정확하다. 수요와 공급은 서방세계 내부에서 지리 전략의 역동성도 잘 설명해준다. 나토와 같은 연합의 필요성이 줄어들 경우, 나토는 임무를 찾아 멀리 아프가니스탄까지 움직인다. 21세기의 첫 번째 10년 동안의 슬로건은 "나토는 역외 지역으로 진출하거나 임무를 바꿔야 한다."였다. 러시아의 우크라이나 침공과 발트 해 국가들에 대한 위협처럼 연합국의 보호에 대한 수요가 증가할 경우 나토는 부활한다. 하지만 많은 유럽 국가들은 참전은 말할 것도 없고 아프가니스탄에 대한 파병조차 원하지 않는다. 우크라이나 문제로 인한 러시아와의 충돌보다 경제적 현실이 중요한 상황에서 나토의 단결은 응원과 지지에 더 가까운 형태로 나타난다. 따라서 연합 국가들을 문화적 공동체로 인식하는 것은 잘못되었다. 탈이데올로기적인 공급망 세계에서 다양한 관계망은 견고한 연합을 불가능하게 만든다. 각 국가들이 집단행동에 참여하는 것에 대해 지속적으로 비용–편익을 계산하고 있기 때문이다.

교역관계는 상호 보완성만을 반영하는 반면, 투자는 더 막대한 책임을 나타내는 상징이어서 신뢰도가 더 높다. 실제로 안정적인 관계에 대한 가장 강력한 예측 지표는 두 국가가 얼마나 많이 교역을 하는가가 아니고 군사적 협력관계도 아니다. 그것은 두 국가 사이의 외국인 투자의 규모이다. 미국, 영국, 터키는 모두 나토의 동맹국이다. 하지만 이들이 서로 전쟁을 하지 않는 진짜 이유는 영국에 있는 미국의 다국적 기업들과 미국에 있는 영국의 다국적 기업들 때문이다. 또한 유럽으로 에너지를 공급하기 위해 터키에서 송유관과 가스관 건설에 투자한 서구 기업들이 있기 때문이다. 이 국가들의 에너지 공급망은 글자 그대로 국가 안보와 불가분의 관계에 있다. 아랍의 내정에 어떻게 개입할 것인가에 관해 미국과 터키가 이견을 보이는 시기에도 석유와 가스 공급망은 양국의 군사적 동맹을 보장하는 안전장치이다. 동시에 투르크 민족이 많이 거주하는 구 소비에트 연방과 중국과의 교역, 운송, 에너지 공급이 증가하면서, 터키의 에르도간Erdogan 총리는 상하이협력기구SCO에의 참여를 최우선과제 가운데 하나로 선정했다. 터키는 나토와 상하이협력기구에 동시에 가입한 첫 번째 회원국이 될 수 있다. 이렇게 되면 터키는 동양과 서양에 대한 연결성이 어떻게 전략적인 사고를 끌어내는지를 보여주고, 동시에 유럽연합에 가입하려는 희망도 대체할 수 있다는 사실을 증명해줄 것이다.

기반시설 연합 시대에 온 것을 환영한다. 기반시설 연합 시대에 물질과 외교는 동전의 양면과 같다. 관계의 밀접성은 나토처럼 회원 자격에 따라 색깔을 다르게 표시하는 것이 아니라 국가들 사이의 연결성과 흐름의 규모에 의해 측정된다. 독재정권 국가들의 경우 기반시설 연합은 부패한 정부의 거래나 계약보다 효과가 훨씬 더 크다. 실제로 기반시설 연합은 가난하고 내륙에 갇힌 국가들이 세계 경제에 참여하는 능력을 향상시키고 일자리를 만드는 프로젝트이다. 과거 서구의 원조 프로젝트들이 보여준 것처럼, 원자재와 기반시설 프로젝트에 대한 금융 지원에서의 비현실적인 조건들은 개발을 불필요하게 지연시켰고 일자리 창출에도 실패했다. 반면에 기반시설의 공유는 부를 함께 나누는 것이다.

미국인들은 오랫동안 안보가 가장 중요한 공익이고 세계는 미국이 안보를 제공하기를 기대하고 있다고 생각해왔다. 2차 세계대전 이후 유럽에 대한 미국의 군사력 우산은 유럽이 평화적으로 세계 최대의 경제권으로 통합될 수 있도록 도와주었다. 오늘날 아시아 중심의 미국의 군사력 배치는 중국의 공격을 억제하기 위한 것이다. 하지만 중국은 군사력을 이웃 국가들과 더 많은 기반시설을 건설하고 자국과의 유대관계를 심화시키는 방향으로 활용하고 있다. 이는 미국이 막을 수 없는 부분이다. 이와 반대로 기반시설 공급과 기반시설이 제공하는 연결은 안보와 동일한 세계의 공익이 되었다. 기반시설과 연결성은 국가들이 간절히 원하는 것이고 중국은 기반시설 제공의 선도 국가가 되었다. 세계적으로 아직 건설되지 않은 기반시설이 상당수에 이른다는 점에서 중국이 세계 최대의 기반시설 수출국이 될 가능성이 높다. 많은 국가들은 아직도 미군이 자신들을 보호해주기를 바라고 있다. 하지만 더 많은 국가들은 기반시설 건설에 대한 중국의 재정 지원과 저비용 통신장비를 원하고 있다. 중국은 외국에 주둔하는 군인보다 훨씬 더 많은 건설 노동자들을 보내고 있다.

유럽인과 아시아인은 기반시설 투자를 기준으로 국력을 측정하는 방법을 배웠다. 반면 미국은 아직도 군사비 지출로 국력을 측정하고 있다. 유럽과 아시아 기업들은(특히 한국, 일본, 중국) 세계의 엔지니어링–조달–건설 연계산업을 지배하고 있다. 이 분야에서 이름 있는 미국 기업은 벡텔Bechtel, 플루어Fluor, KBR뿐이다. 하지만 아시아의 세계 기반시설 계약은 제너럴일렉트릭, 지멘스Siemens, 알스톰Alstom의 기술을 이용하기 때문에, 이런 서구 기업들이 '아프리카 속의 중국'에 관해 불평하는 소리를 듣지 못할 것이다. 서구 기업들은 외교관들과 달리 오랫동안 중국의 해외 기반시설사업 참여를 양자에게 모두 이득이 되는 윈윈win-win으로 인식하고 있었다. 실제로 아프리카에서 서양과 동양 기업의 기반시설사업 참여는 아프리카 국가들에는 커다란 혜택이 될 수 있다. 미국은 반테러 협력에 3백억 달러의 지원을 약속했는데, 이는 중국이 매년 아프리카의 기반시설에 투자하는 금액과 맞먹는 규모이다. 공급망 세계는 세력권보다는 분업에 초점을 맞춘 세계이다.

물론 중국은 원자재를 효율적으로 확보하고 국내의 제조업과 건설업에 원자재를 제공하기 위한 목적으로 이런 새로운 기반시설을 건설하고 있다. 그리고 생산을 가속화하기 위해 중요한 시장 인근에 위치한 수출가공지구를 활용하고 있다. 이것이 중국 신중상주의의 교본이 되었다. 중국은 외교적 측면에서 국가 주권에 대한 확고한 방어자이다. 하지만 신흥국가들이 대부분을 차지하는 세계에서 고대 문명국가인 중국이 세계의 심상지도mental map에서 주권보다 자원 공급의 지도에 더 큰 의미를 부여하는 것은 이해할 수 있는 일이다. 19세기 내내 주권을 침해당했던 중국은 21세기에 법적인 갈등을 우회하는 것에 대한 양심의 가책을 느끼지 않는다. 실제로 중국은 공급망의 렌즈를 통해 전 세계를 들여다보고 있다. 중국은 뉴질랜드를 식량 공급자로 보고 있고, 호주를 철광석과 가스 수출국, 잠비아를 금속 자원의 중심지로 보고 있다. 또한 탄자니아는 운송의 중심지, 그린란드는 우라늄 광산으로 간주하고 있다. 아르헨티나의 학자인 마리아노 투르치Mariano Turzi는 중국에 대한 식량 공급을 위한 아르헨티나 농업의 변화를 고려해 아르헨티나를 "콩 공화국Soybean Republic"이라고 부른다.[3]

시진핑과 리커창李克强 두 지도자는 임기 첫 2년 동안 투자협정을 체결하기 위해 모든 대륙에 걸쳐 50개 국가를 방문했다. 중국의 공급망 지도가 가지고 있는 힘은 국제 군사력의 힘이나 군사적 연합에 있는 것이 아니라 서로에게 이득이 되는 수요-공급의 축을 이용하는 능력에서 나온다. 중국은 남미에서 베네수엘라의 원유를 구매하는 장기계약을 연장했고, 아르헨티나와 통화스와프 협정을 체결했으며, 브라질에서 대륙을 횡단하는 철도 건설 프로젝트를 지원했다. 중국은 2008년 이후 에콰도르에 110억 달러의 차관을 제공했는데, 이 가운데 90억 달러 이상은 에콰도르가 수출하는 석유와 교환하기로 약속을 받았다. 또한 중국은 에콰도르 광산업의 중요한 해외 투자국이다. 특히 원자재 가격이 폭락했던 2013년과 2014년에 자원 의존국가들은 그 어느 때보다 중국의 차관에 의존했다. 중국은 국제통화기금보다 훨씬 빨리 차관을 지원했고, 금융 조건을 맞출 수 없는 국가들은 원자재로 상환할 수 있도록 했다. 실제로 에콰도르는 부채가 증가하자 아마존 열대우림 지역의 3분의 1을 석유탐사를 원하는 중국 기업에 팔아버렸다.

중국은 교역을 통해 상호 보완성을 구축하고 투자를 통해 영향력을 증대시키고 있다. 무역 대국으로서의 중국은 위안화의 약세 기간에는 수출 증대라는 혜택을 누리고, 강대국으로서의 중국은 위안화 강세를 이용해 해외의 자산을 사들이고 있다. 중국은 원자재 수입이 줄어도 원자재 공급을 위한 자산을 소유하고 싶어 한다. 생산적 자산을 사들이는 것은 중국의 시장 접근을 가속화하는 동시에 현지 지역경제의 수익도 증가시킨다. 중국은 견고한 재정상태가 필요한 현지 국가에 합작기업을 설립함으로써 더 많은 부가가치를 생산하는 노동과 중국 기업에 대한 소유권을 요구하는 현지 국가의 요구에 대해 보호막을 치고 있다. 아프리카 국가들이 철강 제련, 원유 정제, 제조, 조립 또는 다른 생산과정들을 자국에 두기를 요청한다면, 중국은 재정 지원을 하고 현지 근로자들을 훈련시키며 해외 생산기지에서 창출된 새로운 이익을 공유할 필요가 있다.

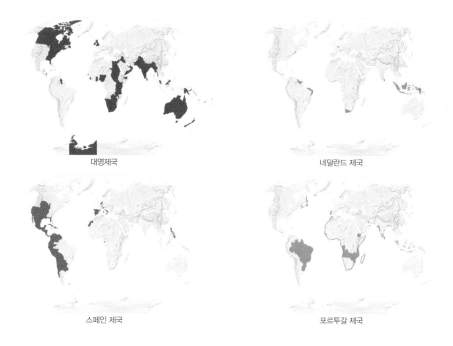

대영제국

네덜란드 제국

스페인 제국

포르투갈 제국

| 지도 24 | **중국을 위한 역할 모델?**

네덜란드는 과거 5백 년 동안 전 세계에 걸친 유럽의 제국들 가운데 영토보다 교역에 중점을 둔 소수 이주민 제국이었다.

이런 접근 방식은 진부한 실용주의이다. 사실 중국의 태도는 세계 시장에 대한 공급을 위해 접근이 어려운 지형에서도 장기적 관점에서 자원 채굴에 대해 생각하는 세계적 광산기업이나 에너지기업들과는 조금 다르다. 실제로 리오틴토의 최고경영자인 샘 월시Sam Walsh는 신은 많은 자원들을 아주 이상한 곳에 숨겨놓는 유머 감각을 지녔다고 여러 차례 농담을 했다. 에너지기업들은 정부가 아니라 지질학에 돈을 투자한다. 지질학에 대한 투자가 정부에 대한 투자보다 훨씬 더 오래 지속된다는 사실을 알고 있기 때문이다. 적도기니나 동티모르 같은 국가들은 마라톤, 엑손, 셸, 쉐브론, 토탈 또는 다른 세계적인 정유회사들이 석유와 가스 프로젝트를 지속적으로 추진하는 동안에만 중요한 가치를 지닌다. 거대 정유사들은 내전, 국가의 몰수, 다른 채굴활동 중단 사태들을 예상하고 있다. 이들은 콩고 같은 블랙홀, 리비아 같은 붕괴된 국가, 투르크메니스탄 같은 이상한 독재국가에서도 난관을 잘 헤쳐 나가고 있다. 하지만 지금 혹은 미래에 누가 정권을 잡든지 자신들과 거래를 하지 않으면 오래 생존하지 못할 것이라는 사실도 알고 있다.

제재에서 연결로

세계에서 코카콜라를 살 수 없도록 한 국가는 2곳이다. 하지만 현실적으로 코카콜라를 살 수 없는 나라는 없다. 공식적으로 쿠바와 북한에 대한 코카콜라 수출 금지는 50년 전으로 거슬러 올라간다. 비공식적으로는 중국의 밀수꾼들이 지난 수년 동안 세계에서 가장 사랑받는 탄산음료수를 수입해 북한의 고급식당에서 외국인과 상류층에게 판매했다. 손님들에게는 이탈리아 코카콜라라고 알려준다. 내가 2012년에 평양을 방문했을 때 거의 모든 식당에서 코카콜라를 판매하고 있었다. 데니스 로드먼Dennis Rodman이 2013년에 할렘 글로브트로터스Harlem Globetrotters 팀을 이끌고 북한을 방문했을 때, 로드먼은 김정은과 함께 농구 경기장에서 콜라를 마셨다(코카콜라사는 북한에 대한 콜라 수출과 아무 관련이 없다고 주장한다).

코카콜라사는 세계에서 가장 복잡하게 퍼져 있는 공급망 가운데 하나를 운영하고 있다. DHL도 짧은 기간에 세계에서 물건을 배달하지 못하

피레우스 : 중국의 유럽 관문

피레우스^{Piraeus}에는 그리스, 유럽연합, 중국의 국기가 나란히 걸려 있지만 누가 책임자인지는 분명하다. 그리스 아테네 외곽의 고대 지중해 항구도시인 피레우스에는 10명도 안 되는 중국인 관리자들이 상주하고 있다. 하지만 피레우스 화물터미널 본부 회의실 내부의 표지판은 영어와 중국어로 표시되어 있다. 반대편 벽에는 중국의 만리장성과 그리스의 아크로폴리스 사진이 걸려 있다. 세계 금융위기가 발생했을 때 세계 자본시장이 그리스를 버리면서, 그리스는 피레우스 항구의 관리를 중국원양해운^{COSCO}에 맡길 수밖에 없었다. 중국원양해운은 세계 최대의 항구 운영회사이자 화물 운수업체이다. 중국원양해운은 2010년 이후 피레우스에 6억 달러 이상을 투자했는데, 이는 그리스에서 가장 큰 규모의 외국인 투자였다.

중국원양해운은 단지 돈만 제공한 것이 아니라 과거의 자랑스러웠던 문명인 그리스가 잃어버린 위상에 대한 희망을 찾아주었다. 피레우스 화물터미널 내부에 걸린 지도들이 이를 잘 설명해준다. 별표를 한 피레우스를 중심으로 북서쪽으로는 아드리아 해를 통해 중부와 동부 유럽으로 화살표가 뻗어나가고, 서쪽으로는 지중해를 가로질러 스페인이 있는 이베리아 반도까지 화살표가 그려져 있다. 남서쪽으로 북아프리카 해안, 북동쪽으로 에게 해와 흑해를 거쳐 러시아까지 화살표가 연결되어 있다. 피레우스는 유럽, 중동, 아시아 지역에 상품을 배송하는 중국의 새로운 관문이다. 뿐만 아니라 수에즈 운하를 통해 중국으로 상품을 들여오기도 한다. 화물철도는 항구 내부의 자유무역지대에서 시작해 북쪽으로 발칸 지역을 지나 체코의 수도 프라하까지 연결되어 있다. 피레우스에서 화물을 내리고 실으면 유럽의 관문인 로테르담이나 함부르크를 경유하는 것보다 일주일 정도 시간을 절약할 수 있다. HP는 2013년에 아시아로 가는 상품의 유럽 선적항을 로테르담에서 피레우스로 변경했다. 세금이 없는 환적과 상품 보관, 모든 유럽 국가를 대신한 통관 서비스, 물류와 관세 수익 모델은 1년에 10억 달러를 벌어들이고 있다. 이는 중국원양해운의 전체 투자자금을 모두 회수하고도 남는 규모이다. 중국원양해운은 아테네로 직접 연결되는 새로운 철도 건설을 통해 피레우스의 시설을 확장할 계획을 가지고 있다.

피레우스는 중국뿐만 아니라 모든 국가를 위해 수에즈 운하 양쪽의 물류를 개선하고자 하는 중국원양해운이 투자한 물류 네트워크 중심지 가운데 하나일 뿐이다. 실제로 세계적인 중요 해운사와 아시아 해운사들이 피레우스의 화물터미널을 이용하고 있고, 30개의 유럽 운송기업들도 피레우스를 물류기지로 이용하고 있다. 피레우스는 365일 개방되어 있다.

실제로 피레우스를 움직이는 것은 그리스의 자유무역지대법이 아니라 중국의 규칙이다. 피레우스 화물터미널 로비에 있는 모니터는 2010년 이후 피레우스가 발전한 자취를 보여준다. 창고의 용량과 컨테이너 운송량이 거의 매년 배로 증가하면서, 피레우스는 유럽에서 가장 물동량이 많은 10대 항구로 발전했다. 피레우스의 생산성이 급격하게 증가한 원인 가운데 하나는 노사 분규가 없다는 것이다. 피레우스에는 노조 자체가 없다. 하지만 피레우스에서 일하는 1

천5백 명의 그리스 노동자들은 바로 옆에 있는 피레우스 항만청에서 일하는 사람들보다 훨씬 더 많은 급여를 받기 때문에 불만을 표시하지 않는다. 그리스와 중국이 운영하는 정박지를 구분하는 길을 따라 운전해보면 그리스 사람들이 어디에서 일하고 싶어 할지 물어볼 필요가 없다는 사실을 깨닫게 된다. 왼쪽에는 녹슬고 무너져가는 오렌지색의 시설물이 있고, 오른쪽에는 강렬한 푸른색의 중국원양해운의 터미널이 있다. 중국의 자금으로 탄생한 연결성 덕분에, 그리스 사람들은 다시 한 번 그들의 전략적 위치에 자부심을 갖게 되었다.

는 곳이 없다. DHL은 가장 큰 고객인 미군보다 훨씬 더 효율적이다. 수시로 옮겨 다니는 전투기지에도 배달이 가능하다. 미얀마 같은 폐쇄 국가가 경제 개방에 대한 준비 신호를 보낼 때, 코카콜라사는 새로운 외국인 투자법에 따라 처음으로 허가를 받은 기업 가운데 하나로 이미 미얀마에 진출해 있었다. 코카콜라사에 필요한 것은 단지 오바마 대통령의 제재 철회 조치뿐이었다. 미국이 제재를 풀자 코카콜라사의 공급망이 살아났다. 흠와비Hmawbi에 있는 코카콜라 생산공장은 즉각적으로 2천5백 명을 고용했고, 미얀마 전국에 있는 10만 곳의 소매점에 코카콜라를 유통시키기 위해 2만 2천 명의 일자리가 탄생했다. 코카콜라의 최고경영자인 무타르 켄트Muhtar Kent는 60년 만의 코카콜라 귀환을 베를린 장벽의 붕괴에 비유했다.*

경쟁력 있는 연결의 세계는 강대국 한 나라가 주도하는 제재를 우습게 만든다. 이란과 북한의 최근 경험은 국가를 고립시키는 것이 얼마나 어려운지를 잘 보여준다. 미국의 제재 올가미가 가장 단단했을 때조차 석유 거래상과 은행 등 수십 개의 기업과 국가들이 테러 지원국들과 거래를 지속했다. 예를 들면 중국은 중국석유천연가스공사CNPC의 선전 쿤룬은행Kunlun Bank을 이용해 이란 혁명수비대Quds force에 자금으로 들어가는 석유 대금을 지불했다. 미국은 당근(미국 시장에 대한 접근)과 채찍(미국의 금융기관이나 협력업체를 통해 확인된 거래를 동결)을 모두 사용했다. 러시아와 이란 사람들의 자산은 동결되었고, 서구의 은행들은 자금세탁 혐의로 벌금을 물었다. 하지만 이란과의 관계 재개, 제재 감소, 이란에서 영향력과

---

* 코카콜라는 이란에서도 시장 선두주자이다. 코카콜라의 아일랜드 자회사가 판매를 하고 현지 합작회사인 코시고바르(Khoshgovar)가 생산을 담당하고 있다.

경쟁력을 높이기 위해 자국의 기업들에 대한 길을 열어주는 조치에서 증명되었듯이, 전체적으로 미국은 마찰을 줄이고 흐름을 확대하는 방향으로 움직였다. 쿠바의 경우도 마찬가지이다. 양국의 관계 정상화는 반세기에 걸친 제재가 망가트린 쿠바에 대한 미국의 지리학적 중력을 회복시킬 것이다.

모든 국가는 다극체제 세계에서 생명선을 가지고 있다. 주식과 외환시장에서의 외국인 투자 의존도가 높은 러시아 경제는 우크라이나 침공 이후 취해진 제재로 상당한 어려움을 겪었다. 하지만 고립되지는 않았다. 러시아는 제재 목록에 없는 이름뿐인 회사를 세워 유럽 국가들과 거래했다. 동시에 러시아는 중국의 유니온페이^{UnionPay} 신용카드 시스템 사용을 확대했다. 제재라는 마찰은 일부 흐름을 방해하지만 동시에 새로운 흐름을 만들어낸다.[*] 모든 국가가 서로 연합하고 경쟁하는 세계에서, 러시아와 중국은 자국에 유리한 것만을 선택할 수 있다.

미국은 군사력 사용을 기피하거나 제재와 같은 강압적인 경제조치의 효용성이 감소하는 세계에 대한 행동 계획을 아직까지 수립하지 못하고 있다. 양자 합의나 지역 합의에 점차적으로 유리한 방향으로 진행되는 세계 금융 기반시설의 탈미국화 현상은 미국과 미국의 동맹국들에게 새로운 영향력의 수단이 필요하다는 의미이다. 제재조치들은 여전히 국가들에게 고통을 안겨줄 수 있지만―불행하게도 국가보다는 국민이 더 큰 고통을 받는다―실제로 정책을 변화시킬 수 있는 힘은 점점 더 불확실해지고 있다. 그래서 미국은 다른 경제적인 국가 통치수단에 집중해야

---

[*] 팔레스타인을 대신해 이스라엘에 대해 제재를 가하거나 투자를 철회하는 모든 유럽 국가들에 대해 일부 헤지펀드와 중국 기업들이 새로운 투자를 하고 있다.

할 것이다. 미국은 봉쇄보다는 참여를 통한 영향력 확대라는 관점에서 생각해야 한다.

외교의 기본 원칙으로서 위선적 도덕주의보다 현실주의로 돌아가는 것이 세계의 연결성을 확대하는 데 더 큰 도움이 될 것이다. 완고한 이데올로기 원칙이 아니라 비용–편익에 기초한 결정들은 수용과 타협, 상호 개방과 공존 그리고 궁극적으로 도덕주의자들이 추구하는 목표를 좀 더 건설적이고 빠른 방식으로 달성할 가능성이 높다. 오늘날에는 러시아와 이란 같은 커다란 국가들을 궁지로 몰아넣는 것이 불가능하다. 특히 국가들의 상업적 연결성이 확대되면서, 시장 접근에 대한 장기적 이해관계는 이데올로기보다 더 중요하다. 지난 25년 동안 러시아와 서구 사이의 기반시설 전략이 보여준 것처럼, 더 많은 흐름을 가능하게 하는 것이 지정학적 갈등을 극복하는 최선의 장기적 해법이 될 것이다.

우정의 다리를 조심하라

2005년에 처음으로 크림 반도Crimea을 여행했을 당시, 나는 우크라이나의 수도 키예프Kiev에서 장시간 버스를 타고 2개의 좁은 연육교 가운데 하나를 건너 크림 반도로 들어갔다. 크림 반도에는 러시아 민족이 다수를 차지하고 있지만, 러시아나 우크라이나가 아니라 험한 절벽과 흑해의 해변이 있는 온화한 섬처럼 느껴졌다.

북부 캅카스Kavkaz에 대한 침공을 서두르고 싶었던 나치는 4.5킬로미터에 이르는 케르치Kerch 해협을 가로질러 동부 크림 반도와 러시아의 타만Taman 반도를 물리적으로 연결하려고 처음으로 시도했다. 나치는 교량을 완성하지 못했고 소련도 실패했다. 하지만 2010년과 2013년 사이에 유럽연합이 우크라이나의 개혁을 더 이상 진전시키지 못하자, 우크라이나와 러시아는 양국의 교역과 협력을 강화하기 위해 합작으로 교량을 건설하기로 합의했다. 당시 우크라이나와 러시아를 연결하는 이 다리는 우정의 상징을 의미했다.

현재 러시아는 크림 반도의 북부 국경지대에 지뢰를 매설했고 교량을 단독으로 건설하고 있다. 러시아가 단독으로 교량을 건설하는 것은 크림 반도에서 지정학의 재편을 의미한다. 과거에 우크라이나에만 연결되어 있었던 크림 반도는 지금은 기능적으로 우크라이나와 단절되었고 유일하게 러시아와 연결되어 있다. 일부는 이를 "절단"이라고 부른다.

기반시설 건설이 지정학을 재편한 사례는 크림 반도만이 아니다. 1986년의 사우디아라비아와 바레인을 연결하는 킹파드코즈웨이King Fahd Causeway 해상 교량 개통과 2010년의 교량 확장은 한 해 2천만 명에 이르는 양국 사이의 인적 왕래를 수용하기 위한 조치였다. 하지만 2011년에는 킹파드코즈웨이 교량이 사우디아라비아의 탱크가 바레인으로 진격해 시아파의 봉기를 진압하고 바레인을 효율적으로 병합하는 경로가 되었다. 우정의 다리는 조심해야 한다.

유라시아의 지정학적 복잡성 때문에, 우리는 러시아의 우크라이나 침공 사태 같은 겉보기에 우발적인 현상에 대해서도 내면의 이질적인 원인을 살펴보아야 한다. 푸틴의 정책 결정은 우크라이나의 나토 가입 움직임 같은 분명한 원인 외에도 보스포루스 해협을 통한 군사력의 이동을 봉쇄하겠다는 터키 에르도간 총리의 결정과(보스포루스 해협은 러시아의 흑해에서 에게 해와 지중해로 나가는 유일한 통로이다) 시리아의 붕괴(시리아의 붕괴는 타르투스Tartus에 있는 러시아 해군시설에 대한 접근을 단절시킨다) 등 직접적 관련이 없는 사건들에 의해 영향을 받았다. 에르도간 총리는 보스포루스 해협이 수상 스포츠와 레저산업을 위해 활용되어야 한다고 말했다.

우크라이나에 대한 러시아의 간섭은 신제국주의에 의한 영토 확장이 아니라 민족적, 기능적, 정치적으로 조화를 이룬 영역을 확보하려는 역사적 움직임의 연장선이었다. 흐루시초프Khrushchev가 1954년에 우크라이나의 환심을 얻기 위해 크림 반도를 우크라이나에 선물로 준 이후 크림 반도의 러시아인들은 지속적으로 러시아로 귀환했다. 세바스토폴Sebastopol에 있는 러시아 해군기지도 안정적으로 운영되었고(세바스토폴은 1994년에 투표를 통해 자치도시로 러시아에 편입되었다) 러시아인과 우크라이나인들이 섞여 사는 우크라이나 동부 지역의 주들도 점차적으로 연방으로 변할 것이다. 또한 러시아는 막대한 수익이 발생하는 아조프Azov 해의 가스전에 대한 소유권도 가지고 있다.

하지만 국경의 재편이 언제나 갈등의 종식을 의미하는 것은 아니다. 육상에서의 전쟁은 중단되었지만, 지하에서 국가를 연결하는 파이프라인에 대한 영향력 확보를 위한 줄다리기는 계속되고 있다. 소련 붕괴 이후 정해진 국경은 임의적이고 외부의 영향에 취약하지만, 국경을 가로지르는 고정된 파이프라인은 석유와 가스를 통해 직접적으로 깊게 연결되어 있다. 이런 파이프라인이 지나가는 육상 지역을 누가 소유하고 있는가는 단지 하나의 분쟁에 불과하다. 파이프라인에 대한 소유권은 또 따른 문제이다. 일반적으로 파이프라인은 비용, 수익, 파이프라인의 소유권을 공유하는 다국적 기업으로 구성된 컨소시엄에 의해 건설된다. 그리고 파이프라인을 통해 수송하는 석유와 가스의 양과 가치에 관한 갈등도 있다. 러시아의 가스프롬^{Gazprom}이 우크라이나가 유럽에 천연가스를 공급하면 우크라이나로 가는 모든 파이프라인을 끊어버리겠다고 위협했을 때, 영토에 대한 주권, 자산에 대한 소유권, 자산의 운영권이 모두 복잡하게 얽혔다. 실효적으로 보면 우크라이나 영토에 있는 파이프라인에 대한 소유권은 우크라이나에 있다. 우크라이나 동부 지역에서 활동하는 러시아 용병들을 죽이지 않는 것일 뿐, 러시아의 입장에서 가스 수출에 대한 간섭과 통제는 전쟁 선포와 다름없다.[*]

러시아는 우크라이나의 영토를 크림 반도와 돈바스^{Donbass}로 양분했다. 하지만 갈등이 발생했을 경우 이런 국토의 양분은 공급망 줄다리기 전쟁보다 중요도가 떨어진다. 미국은 첨단기술 상품의 러시아 수출 금지로 줄다리기 전쟁을 시작했고, 러시아는 국제 우주정거장에 도달하기 위해 미국이 사용하는 로켓 엔진에 대한 수출 제한으로 보복에 나섰다. 미국과 유럽 기업들의 러시아 투자는 금지되었다. 주요 투자국 대상에서 러시아가 제외되자, 러시아는 유럽으로부터의 식품 수입을 금지했다. 그 결과 유럽의 농민들에게 타격을 입혔지만 자국의 식품 물가가 상승했다. 러시아에 대한 압박을 강화하려는 의지는 러시아가 공급망과 통합된 수준에 반비례했다.

우크라이나 위기는 19세기의 영토 정복만큼 21세기의 공급망 지정학을 상징하는 성격이 더 강하다. 러시아의 잘못된 행동에 대한 장기적 결과는 실질적으로 연결성이 더 높은 서구 세계의 이득으로 나타날 것이다. 불안감을 조장하기 좋아하는 뉴스 해설가들은 항상 이면에 깊이 감

---

[*] 우크라이나는 크림 반도를 잃었지만 여전히 크림 반도의 전기 공급에 대한 통제권을 가지고 있다. 2015년 11월에 벌어진 전기 공급선에 대한 우크라이나의 공격은 크림 반도를 암흑으로 만들었다.

추어진 행동양식을 간과하는 경향이 있다. 즉, 영토적 갈등조차 새로운 흐름을 만들어낸다는 사실을 간과하고 있다. 1970년대의 중국과 소련의 갈등은 냉전시대에 두 공산주의 국가 사이의 관계를 냉각시켰지만, 미국과 중국에게는 러시아보다 더 무게를 두는 새로운 미중 관계를 수립하는 기회가 되었다. 러시아는 경제적으로 낙후된 크림 반도를 봉쇄하고 돈바스의 쓸모없는 땅에서 전쟁을 치르면서 추가적인 영토를 확보했다. 하지만 우크라이나의 새로운 정부가 친 서방으로 돌아서면서 진정한 우크라이나를 잃게 되었다. 더구나 가스 공급을 중단하겠다는 러시아의 협박은 유럽이 미국과 북아프리카로부터 더 많은 에너지를 수입하도록 하는 역효과를 낳았다. 우크라이나는 중요한 영토 전쟁에서 패배했지만, 유럽은 이미 25년 전에 시작된 공급망 전쟁에서 승리하고 있다.

석유는 피보다 진하다

해마다 열리는 다보스 세계경제포럼에 참석하는 사람들은 취리히에서 다보스까지 동쪽으로 펼쳐진 알프스의 풍경과 길게 연결된 고속도로에 친숙하다. 이 고속도로를 따라 설치된 주유소들은 1949년 이후 최근까지 에소Esso가 소유하고 있었다. 하지만 2013년부터 2014년까지 1년 동안 스위스 전역에 있는 160개의 에소 주유소들은 아제르바이잔 국영석유회사SOCAR로 이름을 바꾸었다. 아제르바이잔 주유소들이 유럽의 한가운데서 무슨 일을 하고 있는 것일까?

소비에트 연방이 붕괴되었을 때, 사람들은 최강대국의 유전지대인 캅카스 지역이 카스피 해의 작은 공화국들의 손에 넘어가면 어떤 일이 벌어질 것인지에 관해 궁금해했다. 하지만 서구 에너지 기업의 경영자들이 해법을 찾는 데는 그리 오랜 시간이 걸리지 않았다. BP와 쉐브론의 직원들은 1991년 말 아제르바이잔의 독립투표 직후에 수도 바쿠의 허물어져 가는 호텔에 앉아서 세기의 거래라고 불리는 협상을 진행하고 있었다. 카스피 해 지역에서 생산된 석유를(카자흐스탄과 투르크메니스탄을 포함한) 아제르바이잔과 조지아를 거쳐 지중해에 있는 터키의 제이한 항구로 수송할 세계에서 두 번째로 긴 파이프라인 건설에 40억 달러를 투자하는 협상이었다.

작은 내륙 국가들에게 연결은 하나의 전략이다. 이 국가들은 기반시설과 공급망이 그들의 생명선이 되는 취약한 지리적 위치를 가지고 있다. 아제르바이잔은 러시아를 통한 석유 수출에서 독립할 수 있는 바쿠－트빌리시－제이한^{BTC} 파이프라인이 필요했다. 현재 아제르바이잔은 러시아를 통한 거래에서 벗어나기 위해 알야트^{Alyat} 항구를 유라시아 화물을 위한 자유무역지대로 개발하고 있다. 2006년 이후 석유는 BTC 파이프라인을 통해 순조롭게 수송되고 있다. 이는 지정학의 승리이다. 나는 『제2세계』에서 BTC 파이프라인이 시아파 무슬림 국가인 아제르바이잔과 러시아 정교 국가인 조지아를 돌이킬 수 없는 상태로 결합시키고 유럽의 에너지 다변화 전략에서 가장 중요한 연결이 되었기 때문에 이를 반문명의 충돌^{anti-clash of civilization}이라고 설명했다. 『제2세계』가 출간된 지 두 달도 안 된 2008년 3월에 러시아는 종교적인 형제애를 버리고 아브하지아^{Abkhazia}와 남오세티아, 조지아의 일부를 점령했다. 하지만 BTC 파이프라인은 건드리지 않았다. 러시아도 기반시설은 간섭해서는 안 되는 레드라인이라는 사실을 잘 알고 있었다.

스위스에 있는 아제르바이잔 국영회사 주유소들은 우리가 전략적 기반시설 투자의 혜택에 관심을 갖는 데 수십 년이 걸릴 수 있다는 사실을 상기시켜준다. 하지만 전략적 기반시설은 언제나 그만한 투자 가치를 가지고 있다. 석유는 피보다 진하다는 사실이 입증된 셈이다. 그리고 석유 파이프라인은 국가들을 함께 연결해주는 생명의 줄과 같은 역할을 한다.

유럽의 지도자들은 에너지 시장에 대한 통제권을 둘러싼 러시아와의 줄다리기에서 BTC 파이프라인의 교훈에 대해 다시 생각해보아야 한다. 가스프롬의 파이프라인 경로 조작, 정유시설의 매입, 정치인의 뇌물 사건, 가스 가격 조작 등은 나토와 유럽연합 회원국인 불가리아와 루마니아조차 러시아에 반대해 서구 편에 서는 것을 주저하게 만들었다. 두 나라는 흑해를 사이에 두고 러시아와 물리적으로 안전한 위치에 있었다. 그리고 우크라이나의 나토 가입 요청은 과거 조지아의 가입 요청만큼 러시아와의 관계를 멀어지게 만들었다. 두 나라의 나토 가입 요청 결과는 좋지 않았다. 나토는 현재 우크라이나와 조지아를 회원국으로 받아들이는 데 부담을 느끼고 있다. 그래서 나토는 서구 연합에 가입하고 싶은 우크라이나의 열망을 유럽연합에 전가하고 있다. 실제로 우크라이나에 가장 필요한 것은 유럽연합이 지원하는 산업 개혁이다. 특히 정실주의 정치 지도자들에 대한 의존을 줄여줄 제조업과 농업 등 생산적 분야에 대한 투자가 절실하다. 우크라이나는 이런 과정을 통해 유럽연합 회원국 가입을 위한 준비를 할 것이다. 러시아는 우크라이나의 유럽연합 가입을 반대하지 않았다. 이런 투자는 세계 금융위기 동안 국제통화기금이 지원한 180억 달러의 구제금융 패키지보다 훨씬 더 유용하다. 국제통화기금의 구제금융은 BTC 파이프라인 건설 비용보다 4배 더 많았지만 아무런 경제적 발전 효과를 보여주지 못했다.

우크라이나의 미래와 관련해 기반시설 건설은 누가 돈바스 지역을 지배하는지보다 훨씬 더 중요하다. 유럽은 우크라이나를 구제하는 동시에 가스 중개자로서 우크라이나로부터 벗어나기 위한 노력을 가속화하고 있다. 유럽 국가들은 알제리와 북극으로부터의 가스 수입을 늘리고 있다. 또한 2011년에 개통된, 발트 해를 가로질러 독일로 가는 노르드스트림Nord Stream 같은 새로운 파이프라인을 통해 러시아로 직접 연결하는 방안을 추진하고 있다.* 그리고 흑해 해저를 통해 불가리아, 세르비아, 헝가리, 슬로베니아, 이탈리아까지 가는 사우스스트림South Stream 파이프라인을 계획하고 있다. 노르드스트림과 사우스스트림 파이프라인을 합치면 연간 유럽 가스 소비량의 절반을 공급할 수 있다. 유럽과 러시아의 반목으로 사우스스트림 파이프라인 계획이 취소되더라도 흑해의 터키스트림 파이프라인이 건설되어 유럽으로 가스를 수송할 것이다. 터키에 대한 관심이 증가하는 동안 우크라이나에 대한 관심은 해가 가면서 점점 줄어들고 있다.

하지만 더 많은 에너지 기반시설들이 우크라이나의 구세주가 될 것이다. 예를 들면 노르드스트림은 미래에 러시아의 가스 공급 중단 사태가 발생할 경우 역으로 우크라이나로 가스를 공급해줄 수 있다. 이것은 더 많은 기반시설들이 어떻게 공급자의 전략적 목표를 훼손할 수 있는지를 보여준다. 실제로 서양의 분석가들이 가스프롬의 책략에 집중하고 있는 동안에 러시아와 유럽 사이의 새로운 파이프라인 건설을 통해 유라시아

---

* 노르드스트림 파이프라인은 핀란드 만의 비보르크(Vyborg)에서 폴란드와의 국경 인근의 독일 그라이프스발트(Greifswald)로 이어진다. 노르드스트림AG는 스위스에 있는 러시아와 독일의 합작 법인이다.

의 미래 지도를 구상한 것은 기반시설 사업자인 트랜스네프트^{Transneft}였다. 러시아의 국영기업인 트랜스네프트는 서방 국가들의 경제 제재로 타격을 받았지만, 새로운 파이프라인에 대한 수요가 증가하면서 가치가 2배로 증가했다. 트랜스네프트는 공급망 세계에서 조용히 연결을 만들어 가고 있다. 트랜스네프트는 역설적으로 유럽이 러시아와의 줄다리기 전쟁에서 승리할 수 있도록 도와주고 있는 것이다.

더구나 미국의 액화천연가스 터미널들이 여분의 가스를 유럽으로 수출하기 위해 기화에서 액화로 전환하면서, 유럽은 우크라이나 에너지 위기 이후에 훨씬 더 탄력적인 에너지 기반시설을 갖추게 될 것이다. 2014년 현재 인디펜던스라고 불리는 부유식 LNG터미널이 리투아니아 해안에 설치되었고, 폴란드에서는 추가로 LNG터미널들을 건설하고 있다. 또한 덴마크 북해 터미널로 수입되는 가스 가운데 여유 분량은 남부로 수송될 수도 있다. 이 모든 것은 우크라이나가 유럽에 가스를 공급하는 것이 아니라 머지않아 유럽이 더 많은 가스를 우크라이나에 공급할지도 모른다는 사실을 의미한다.

1백 년 전에는 국제 에너지 시장이라는 것은 존재하지도 않았고, 국가 간의 석유와 가스 파이프라인도 없었다. 오늘날에는 수백 개의 에너지 시장과 국가를 가로지르는 파이프라인들이 존재한다. 연합국들을 거쳐가든 아니면 의심스러운 적대 국가들을 거쳐가든, 파이프라인은 그 경로에 있는 모든 국가에게 매우 중요한 고정된 족쇄이다. 파이프라인은 적대적인 형제들을 연결시켜주고 파이프라인이 없으면 전쟁이 발생하는 지역을 줄다리기의 역학으로 대체한다. 점점 더 많은 파이프라인이 러시아와 유럽을 연결할수록, 러시아는 유럽의 수요를 충족시키기 위해 더 많은 석유와 가스를 공급할 것이다. 궁극적으로 외국 투자에 대한 러시아의 의존성과 취약성은 서구에 대한 개방으로 이어질 것이다. 동시에 세계적인 에너지와 식량 공급 국가와 유라시아 전역에 걸친 수송 경로로서의 러시아의 역할은 50억 명에 이르는 유럽인과 아시아인 전체에 혜택을 주게 될 것이다. 러시아를 돈으로 사는 것이 봉쇄하는 것보다 더 성공적인 전략으로 입증될 것이다.

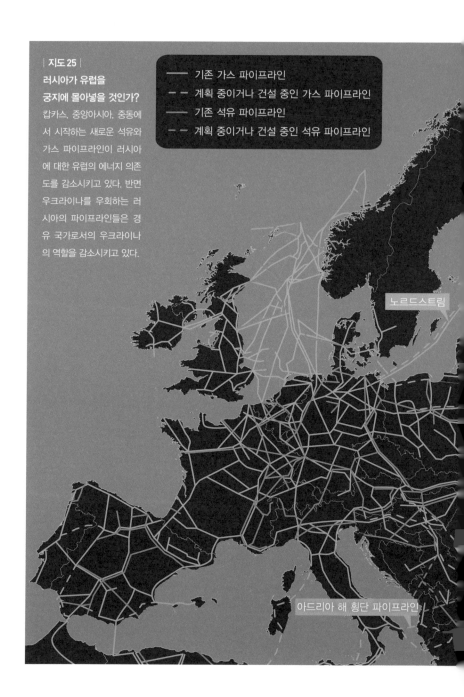

| 지도 25 |

러시아가 유럽을 궁지에 몰아넣을 것인가?

캅카스, 중앙아시아, 중동에서 시작하는 새로운 석유와 가스 파이프라인이 러시아에 대한 유럽의 에너지 의존도를 감소시키고 있다. 반면 우크라이나를 우회하는 러시아의 파이프라인들은 경유 국가로서의 우크라이나의 역할을 감소시키고 있다.

— 기존 가스 파이프라인
‑‑‑ 계획 중이거나 건설 중인 가스 파이프라인
— 기존 석유 파이프라인
‑‑‑ 계획 중이거나 건설 중인 석유 파이프라인

노르드스트림

아드리아 해 횡단 파이프라인

야말 파이프라인

발트 해 파이프라인

브라더후드

CPC 파이프라인

화이트스트림

터키스트림

블루스트림

사우스스트림

카스피 해
횡단 파이프라인

바쿠—트빌리시—제이한 파이프라인

새로운 철기시대

중심지를 가로지르는 철의 실크로드

나는 2006년에 짧은 머리에 수염을 깨끗하게 깎은 단정한 모습으로 티베트의 수도 라사^{Lhasa}에서 자동차 여행을 시작했다. 여행 기간 동안 수련하고 있는 승려처럼 보이려고 최대한 노력했다. 약 두 달 후에 신장웨이우얼 자치구의 주도인 우루무치에 도착했는데(텍사스에서 캘리포니아를 거쳐 미네소타로 가는 거리와 비슷하다), 덥수룩한 수염과 머리 때문에 위구르족 현지인과 잘 어울리는 외모가 되어 있었다. 이 기간 동안 나는 중국을 벗어난 적이 없었다.

나의 도요타 랜드크루저는 강을 건너고 산기슭을 지나 험한 지형을 잘 헤쳐 나갔다. 인도의 카슈미르 지역 인근의 분쟁지대인 악사이친Aksai Chin 근처에 있는 티베트 서부 지역의 황량한 계곡에 도달하는 데 수 주일이 걸렸다. 자동차를 타고 신장으로 가는 동안에, 나는 인민해방군 병사들이 바위를 제거하고 아스팔트로 포장하고 강을 건너 다리를 건설하기 위해 24시간 교대로 일하고 있는 모습을 보았다. 그로부터 10년이 지난 후에 이런 교통 기반시설 덕분에 세계에서 가장 외딴 지역에 효율적으로 접근할 수 있게 되었다. 남부 티베트 지역에 튼튼한 고속도로가 건설되고 있고, 동시에 험준한 산악지역에 공항들도 우후죽순처럼 생겨나고 있다. 세계에서 가장 외딴 지역에 위치한 우루무치는 타클라마칸 사막을 가로지르는 도로와 철도를 통해 세계와 연결되었다. 이 길을 통해 중국에서 가장 면적이 넓은 티베트와 신장은 만#자치지구에서 문화지구로 정치적으로 강등되었다. 이곳의 주민들은 아직도 자신들의 정체성을 가지고 있지만 남은 정체성도 점점 사라지고 있다.

　대학교 시절에 처음으로 수강한 지정학 강좌에서, 나는 지난 1천 년 동안의 제국의 확장과 쇠퇴를 배웠다. 찰스 퍼틀Charles Pirtle 교수는 소비에트 연방 같은 현대의 제국들은 이웃 국가의 영토를 정복할 때까지 만족하지 않는다고 말했다. 물론 퍼틀 교수의 말은 하나의 이웃을 정복하고 나면 또다시 새로운 이웃을 만나게 되고 결국 정복은 끝이 없다는 의미의 농담이다. 하지만 1991년에 소비에트 연방이 붕괴되었을 때, 중국은 갑자기 중앙아시아의 신생국가들과 이웃하게 되었다. 러시아보다 더 많은 국가들과 국경을 접하게 되면서, 매킨더가 말하는 지정학적 '중심부'가 되었다.

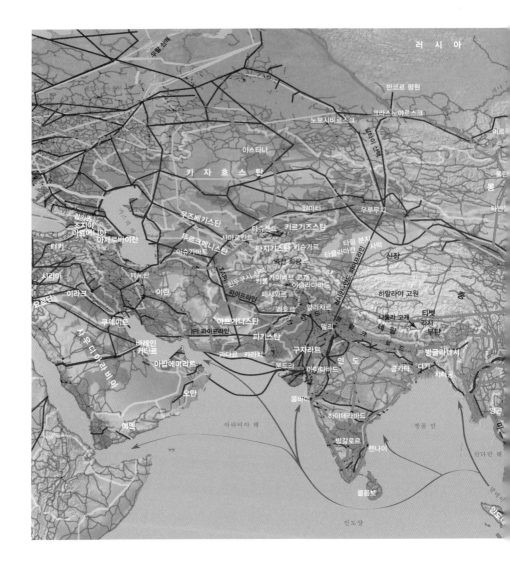

중국은 1949년에 국공내전이 끝난 이후부터 의도치 않게 중심부가 될 날을 준비해왔다. 중국은 내전이 끝나자 즉각적으로 서부개발계획을 시작해 도로를 포장하고 철도를 건설하며 전력선을 깔았다. 그리고 수백만 명의 한족을 이주시키면서 과거 소련의 공화국들과 국경을 접하고 있

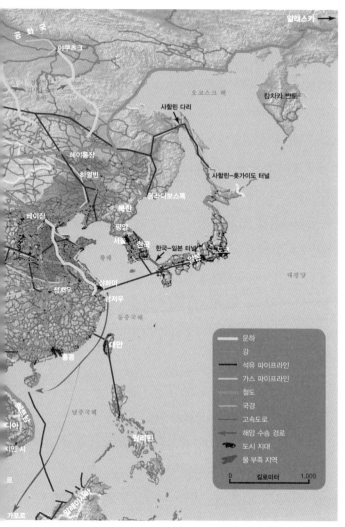

유라시아의 새로운 실크로드

중국은 에너지와 교통 기반시설을 통해 세계 최대의 대륙을 연결시키는 서진운동을 이끌고 있다. 새로운 철의 실크로드는 과거의 실크로드보다 더 오래 지속되고 더 혁신적인 것으로 입증될지도 모른다.

는 티베트와 신장을 정복했다. 1991년에 결정적인 시기가 왔을 때, 중국은 소수민족과의 분쟁을 해결하고 서부지역의 기반시설을 확장하는 것을 목표로 25년에 걸쳐 금권 외교를 펼쳤다. 티베트와 신장은 한때 중국의 중앙아시아 진출의 장애물이었다. 하지만 기원전 3세기의 전국시대에 진나라가 군대를 파견하기 위해 튼튼한 도로를 건설했던 것처럼, 오늘날에는 기반시설 건설이 지배를 위한 길을 열어주고 있다.

역사적으로 볼 때, 제국들은 인력, 기술, 돈, 기후가 허용할 경우에만 영토를 넓혔다. 1812년 겨울에 행해진 나폴레옹의 운명적인 러시아 전투는 불리한 현실이 어떻게 가장 확신에 찬 군사적 침공 계획을 무너트릴 수 있는지를 보여주는 하나의 사례에 불과하다. 칭기즈칸부터 티무르에 이르기까지, 척박한 중앙아시아 스텝 지대는 정복하기는 쉬워도 사마르칸트Samarkand에서 멀리 떨어진 탓에 기동 수비대로 지키기에는 역부족이었다. 투르크 지역에 대한 러시아의 지배를 가능하게 했던 19세기 철도들은 전쟁 기간을 제외하면 제대로 관리되지 않았다. 실제로 많은 사람들은 소련이 붕괴되었을 때 타지크인들Tajiks이 가장 늦게 붕괴 사실을 알게 되었다고 말했다.

중국은 몽골 – 투르크 제국과 소련 제국의 붕괴 이후 유라시아 자원 회랑지대Eurasian resource corridor를 통해 중앙아시아 지역에 대한 지배를 계획하고 있다. 중국은 국가가 아니라 공급망 주변의 지역을 재편하기 위해 서부 국경 지대의 분열을 이용하고 있다. 이를 통해 중국은 스탈린 시대에 임의로 만들어진 중앙아시아 지도를 새로운 철의 실크로드iron Silk Roads로 대체하고 있다.

오늘날의 놀라운 공학기술이 미래의 지정학을 결정할 것이다. 중국은 티베트로 가는 고원지대의 철도를 완공한 이후 자신감을 가졌다. 현대 산업기반시설의 확장력 면에서 러시아나 카자흐스탄의 넓은 영토와 평원지대가 특별한 장애물은 아니다. 내륙 국가인 카자흐스탄은 최근에 자국의 배들이 카스피 해에서 흑해를 거쳐 보스포루스 해협을 통해 지중해로 나갈 수 있는 유라시안 운하 건설을 제안했다. 이웃 국가인 중국은 두 말할 것도 없이 이 프로젝트에 자금을 지원하겠다며 관심을 보였다.

물류의 효율성이 높은 동서의 축을 따라 고속도로, 파이프라인, 철도를 구축하는 시대적 흐름이 과거에는 없었다. 영국과 러시아가 중앙아시아 지역에 대한 분할을 시도한 19세기의 '그레이트 게임Great Game' 시대와 달리, 중국은 단지 에너지 흐름의 방향을 바꾸고 싶어 한다. 대부분의 석유와 가스가 러시아를 통해 북쪽과 서쪽으로 흘러가는 대신, 카스피 해에 있는 카자흐스탄과 투르크메니스탄의 가스전에서 새로운 파이프라인을 통해 에너지 자원의 흐름을 중국의 타림Tarim 분지 쪽으로 바꾸는 것이다. 시진핑 주석이 최근에 언급한 '실크로드 경제 벨트'는 이 지역을 중간 규모 도시의 밀집지대로 만들어 교통과 에너지의 중심지로 변화시키려는 의도를 나타낸 것이다.* 도로, 교량, 터널, 철도, 파이프라인은 각각의 시설이 통과하는 국가의 기능 부호functional code를 바꾼다. 이와 동시에 새로운 에너지 망과 관개 시스템은 자원의 수요와 공급 부조화를 실용적인 교환체제로 변화시킨다. 중국의 전략은 공식적으로 이웃 국가들을 점령하는 것이 아니라 기반시설의 통과를 쉽게 만드는 것이다. 중국은 새로운 실크로드 건설을 통해 새로운 그레이트 게임의 승자가 되고 있다.

결국 이웃 국가들과 원거리에 있는 국가들도 실크로드 계획에 편승했다. 미국은 타지키스탄, 키르기스스탄, 아프가니스탄 사이의 국제적인 전기 공급망 계획을 신新 실크로드라고 부르고 있다. 카자흐스탄은 캅카

---

* 이 계획은 '일대일로(One Belt, One Road)'라고 널리 알려져 있다.

스와 터키를 통한 다양한 방식의 화물 운송 계획인 실크 윈드^{Silk Wind}를 주도하고 있다. 터키는 유럽이 지지하고 있는 현대 실크로드^{Modern Silk Road} 프로그램을 통해 다른 방향으로 실크로드를 추진하고 있다. 시간이 흐르면서 중국인들이 인구가 희박한 중앙아시아 지역으로 이주하고 중앙아시아의 무역상들도 거의 모든 방면으로 진출하면서, 우루무치와 호르고스^{Horgos} 같은 중국의 도시들은 수백 년 전의 사마르칸트와 부하라^{Bukhara} 같은 교역의 중심지로 변하고 있다. 다시 말해 중앙아시아가 중국인, 러시아인, 파키스탄인, 투르크족이 교역을 위해 몰려드는 용광로로 변하고 있는 것이다. 실크로드는 많으면 많을수록 그만큼 더 좋다.

유라시아는 세계의 인구와 경제, 교역의 3분의 2를 차지한다. 하지만 이는 교역을 활성화시키는 대규모의 기반시설들을 통해 유럽과 아시아가 하나로 통합되기 이전의 상황이다. 중국과 유럽의 고속철도망 건설은 유라시아의 횡단 시간을 몇 개월에서 며칠로 단축시킬 것이다. 철도 교통은 해상 운송보다 빠르고 항공 운송보다 저렴하다. 이 때문에 철도 운송은 대량화물 운송 분야에서 해상 운송의 주도권을 빼앗아오고 있고, 비용 측면에서도 항공 운송보다 경쟁력이 있다. 2012년에 중국에서 유럽으로 철도를 통해 수송된 컨테이너는 2천5백 개에 불과했다. 하지만 2020년이 되면 철도를 통한 컨테이너 운송은 750만 개로 기하급수적으로 증가할 것으로 예상된다(그래도 유럽과 아시아 사이의 해상 운송의 10분의 1에 불과하다).[1] 430억 달러를 투입해 개선작업을 하고 있는 중국과 러시아를 직접 연결하는 시베리아 횡단철도 외에도 관세가 없는 유라시아 횡단철도가 이미 충칭에서 시작해 카자흐스탄, 러시아, 벨라루스, 폴란드를 거쳐 독일의 뒤스부르크^{Duisburg}까지 연결되어 있다. 발 빠른 다국적 기업들은 중국의 새로운 유라시안 실크로드에 편승하고 있다. 충칭의 노동력 가운데 70퍼센트를 사용하고 있는 HP는 반¥ 민간이자 준군사조직의 보호를 받는 이 새로운 철도 서비스의 중요한 고객이다. 머지않아 중국의 에이수스Asus도 이 철도 서비스를 이용할 계획이다. 2013년에는 폭스콘의 제조기지인 중국의 허난河南 성의 정저우鄭州와 독일의 함부르크를 연결하는 중국 – 유럽철도가 개통되어 해상 운송 시간보다 2배 빠르게 전자제품을 수송하고 있다.

이런 철도 교통로가 더 많이 개발될수록 철도 여행은 출발지와 목적지 사이에 국경과 검문소가 없는 항공기 여행처럼 변할 것이다. 또 다른 지선은 카자흐스탄에서 갈라져 투르크메니스탄, 이란, 터키를 거쳐 세르비아의 수도인 베오그라드Belgrade, 최종 목적지인 헝가리의 부다페스트까지 연결될 것이다. 베오그라드에서는 2014년에 첫 번째 중국 – 발칸 정상회담이 개최되었는데, 중국은 다뉴브 강의 새로운 교량 건설자금을 지원했다. 몽골군은 1241년에서 1242년 사이에 이례적으로 추웠던 겨울에 얼어붙은 다뉴브 강을 건너 헝가리에 대한 약탈을 감행했다. 몽골군이 말을 갈아타면서 남동부 유럽을 관통할 수 있었다면, 오늘날과 같은 고속철도 시대에 중국도 남동부 유럽으로 진출할 수 있을 것이다.

서양의 학자들은 세계은행, 국제통화기금, 세계무역기구 그리고 다른 국제기구에 대한 중국의 가입을 서양 중심의 질서에 대한 중국의 편입 신호로 해석하면서 지난 10년을 낭비했다. 하지만 중국은 기존 국제기구 가입을 통해 서구 중심 질서를 약화시키는 것과 동시에 자국의 의제를 추진하기 위해 아시아인프라투자은행 같은 독자적인 체제를 만들었다. 아시아인프라투자은행은 2차 세계대전 이후 미국의 마셜 계획Marshall

Plan이 유럽에 투자한 금액의 10배 정도의 예산을 아시아에 투자할 계획이다. 대부분은 도로, 철도, 파이프라인, 전력공급 시스템 그리고 유라시아를 가로질러 중국의 유럽 진출을 도와줄 다른 연결시설 건설에 투입될 예정이다. 시기도 매우 적절하다. 경제가 흔들리고 있는 과거 식민지 국가들과 구 소비에트 연방에 속했던 국가들에게 새로운 기반시설이 절실히 필요한 시점에 중국은 엄청난 현금을 낙후된 이웃 국가들의 재건을 위한 차관으로 활용하고 있다. 차관을 지원받은 국가들은 중국의 남아도는 철강과 시멘트를 구매하고 대규모 노동력을 활용하게 될 것이다.

서구의 강대국들은 내부로부터의 개혁 의지가 없기 때문에, 아시아인프라투자은행은 외부로부터의 국제 질서의 개혁을 대표하는 역할을 하고 있다. 실제로 아시아인프라투자은행의 창립은 서구 국가들의 거부가 아니라 참여를 촉진시켰다. 영국, 독일, 호주, 한국이 아시아인프라투자은행에 합류했다.[2] 아시아인프라투자은행에 맞서기 위해 1천1백억 달러 규모의 독자적인 기반시설 펀드를 만들겠다는 일본의 선언은 아시아의 투자자금 부족 현상을 한층 빠르게 완화시킬 것이다. 일본의 투자로 인해 아시아의 연결성이 강화되고 있다.

쿠빌라이 칸의 복수 : 중국 – 시베리아 관계의 회복

40억 명 이상의 사람들이 서로 접촉을 하고 사는 동북아시아, 동남아시아, 남아시아에서는 마찰을 피할 수는 없다. 40억 명의 억눌린 에너지를 발산하는 유일한 방법은 전 지역에 걸쳐 흐름을 촉진하는 것이다. 중국은 현재 세계 어느 국가보다 더 많은 이웃 국가와 접하고 있다. 최근 수

마인골리아 : 거의 모든 길은 중국으로 이어진다

나는 2009년의 짧은 기간 동안 몽골에서 가장 미움을 받는 사람이었다. 나는 그해 6월에 "보이지 않는 지도$^{Invisible\ maps}$"라는 테드^{TED} 강연에서 내륙에 고립되고 인구가 많지 않은 유목국가인 몽골을 "마인골리아$^{Mine-Golia}$"라고 불렀다. 나는 내륙에 있는 위치와 풍부한 자원, 수출 의존적인 경제가 몽골을 공급망 세계의 손쉬운 표적으로 만들었다고 주장했다. 아마도 "중국은 몽골을 정복하는 것이 아니다. 돈으로 몽골을 사고 있다."라고 좀 더 듣기 좋은 표현을 사용했다면 더 좋았을 것이다.

테드 강연 동영상이 몽골의 텔레비전과 웹사이트를 통해 전파되고 있을 때, 몽골인들은 위성 안테나가 달린 천막 안에 앉아 중국의 국경이 몽골의 국경까지 포함해 확장되는 장면에 대해 오랫동안 곰곰이 생각하고 있었을 것이다. 지도는 단지 상징일 뿐이지만, 사람들이 좋아하지 않는 것을 보여주면 분노를 느끼게 된다. 중국의 광산기업들이 몽골을 집어삼키고 있다는 구두 경고는 관심을 불러일으켰지만, 주권이 사라지는 것을 보여준 지도는 사악한 마법이었다. 이런 이유로 나는 몽골에서 환영받지 못하는 사람이 되었다.

몇 달이 지난 후에 다보스에서 열린 세계경제포럼에서, 나는 몽골의 대통령과 아침을 함께했다. 나는 단지 '마인골리아 씨'로 소개되었다. 내가 중국이 몽골의 영토를 사들이려는 움직임을 관찰하고 있는 것이라고 설명을 한 뒤에 분위기가 조금 온화해졌다. 몽골 대통령은 전통적인 아시아의 환대 방식의 일환으로 내가 빠른 시일 안에 몽골을 방문해줄 것을 요청했다.

나는 2010년 7월에 1990년대 초에 생산되어 보스니아 전쟁터에서 영국군의 구급차로 사용되었던 3톤짜리 트럭을 타고 런던을 출발했다. 3명의 팀원은 기본적인 의료장비와 물품을 싣고서 몽골의 울란바토르까지 가는 몽골 자선 랠리Mongolia Charity Rally에 참여했다. 울란바토르에 도착하면 베치Betsy라는 애칭으로 불리는 우리의 차를 몽골의 응급의료서비스를 위해 기증할 계획이었다. 베치가 1만 3천 킬로미터의 장도를 무사히 완주할 수 있다면, 초원에 흩어져 살고 있는 유목민들에게 필요한 이동식 병원으로 활용될 수 있을 것이다.

6병의 보드카 뇌물, 두 번의 견인, 다섯 번의 고장 그리고 시베리아에서 거의 죽을 뻔했던 경험 끝에, 우리는 4주 만에 울란바토르 외곽의 테렐지Terelji 국립공원에 세워진 1백 미터 높이의 거대한 칭기즈칸 동상에 도착할 수 있었다. 나는 고향에 온 것 같은 느낌이었다. 우리 고등학교에서 칸Khan이라는 성을 가진 유일한 학생이었던 나는 9학년 때부터 별명이 징기스Genghis였다.

공개강연이든 텔레비전 강연이든, 몽골 의회에서 계속해서 반복한 한 가지 질문이 있었다. "마인골리아가 되었으니 몽골은 무엇을 해야 하는가?"였다. 몽골인들도 거의 모든 천연자원이 중국으로 들어가고 몽골의 정치와 경제에 대한 중국의 영향력이 과도하게 증가하고 있다는 사실을 잘 알고 있었다. 하지만 몽골인들은 이런 문제에 대한 대응 조치를 취하지 못했다. 중국 기업들은 몽골 관리들에게 뇌물을 주고 채굴권에 대한 지분을 높이기 위해 수많은 광산회사를 불러들였다. 중국으로의 원자재 수출이 활발했던 시기에, 몽골은 불행하게도 기반시설을 개선하지 못했다. 그래서 원자재 수출 붐이 꺼지자 몽골은 기반시설을 건설하기 위해 대규모 외국 투자를 유치해야 했다. 페트로차이나Petro China가 현재 몽골의 석유 탐사를 선도하고 있고, 중국의 거대 석탄기업인 센화Shenhua는 철도 건설에 투자하고 있다. 동시에 몽골을 가로질러 러시아와 중국을 연결하기 위한 남북초원로드north-south Steppe Road가 계획되고 있다. 몽골의 인구는 3백만 명에 불과하지만, 광산업 분야에만 6천 킬로미터의 철도가 필요하다. 몽골은 과거 소련 시절의 광궤 철도를 계속해서 사용하기로 결정했지만, 2014년에 갑자기 타반톨고이Tavan Tolgoi(세계 최대의 석탄광이다)와 다른 광산에서 출발하는 신규 철도는 중국의 협궤로 건설될 것이라고 발표했다.* 이것이 영토를 정복하지 않고 나라를 사는 방법이다.

중국의 이웃 국가들은 이런 현상의 시발점이다. 내륙 국가들은 지리의 포로이다. 이들의 유일한 탈출구는 기반시설이다. 하지만 내륙 국가의 기반시설은 연결되는 국가의 영향을 받기 때문에 완전하게 한 국가의 주권이 작용하지 못한다. 그렇다면 누가 기반시설을 통제하고 이익을 얻는 것일까?

우크라이나의 가스프롬 파이프라인처럼, 중국은 국경 밖에 기반시설을 건설할 때 다양한 형태의 주권 확장을 요청한다. 다른 국가에서 투자가, 자산 소유주, 공급망 운영자가 됨으로써, 중국은 우호적인 시장 접근권을 확보하고 자원을 어떻게 관리할 것인지에 관한

---

* 세계 최대의 구리 광산 가운데 하나인 오유톨고이(Oyu Tolgoi)는 고비사막에 있는 중국 국경에서 북쪽으로 80킬로미터 정도 떨어져 있다.

전략적 의사결정 과정의 참여자가 된다. 중국은 이데올로기를 수출하는 것이 아니라 기반시설 연결을 통해 국가들을 구속하고 있다. 몽골군과 미국 해병의 합동 훈련이나 몽골군의 나토 훈련 참여는 중국과의 공급망 줄다리기 전쟁에 대한 잘못된 대응이다.

십 년 동안 베트남과 인도와 전쟁을 치르기는 했지만, 오늘날 중국의 전략은 갈등을 피하면서 공급망을 통제하는 것이다. 그 결과는 수백 년 전 유라시아의 거대한 몽골제국과 비슷한 지도가 될 것이다.

세계에서 두 번째로 긴 러시아와 중국의 국경지대는 이런 변화가 일어나기에 가장 좋은 지역이다. 내가 약 10년 전에 처음으로 자원이 풍부하고 인구가 적은 러시아 극동 지역에서 중국인의 이주와 자원 식민화에 대한 글을 썼을 때 러시아 정부로부터 항의메일을 받았다. 하지만 당시에는 금기시되었던 주제가 지금은 양국의 관심사가 되었다. 러시아와 중국을 갈라놓고 있는 3천 킬로미터에 달하는 아무르^Amur 강은 국경보다는 더 광범위한 중국 중심의 에너지, 식량, 물 생태계의 자연적인 특징을 더 많이 가지고 있다.

중국과 러시아는 지정학적 연합이 아니라 수요 – 공급의 협력관계를 수립했다. 러시아는 땅과 자원을 가지고 있다. 반면 중국은 사람과 자금을 소유하고 있다. 러시아의 기반시설은 낡았고, 중국은 5년 안에 러시아의 기반시설을 재건할 수 있다. 러시아는 중국이 러시아의 극동지대를 흡수하는 것을 가장 중대하고 장기적인 영토 통합의 위협이라고 생각하고 있다. 따라서 중러관계를 반서구연합이라고 설명하는 것은 잘못되었다. 사실 중러관계의 중요한 의미는 더 이상 믿을 수 있는 연합이 없다는 것이다. 친구를 가까이 두고 적은 더 가까이 두라는 격언에 따르는 편의적인 업무관계만 있을 뿐이다.

현실에는 2개의 러시아가 존재한다. 우랄산맥 서쪽의 서구 편향적인 러시아와 우랄산맥 동쪽의 광활한 시베리아 지역이다. 동부 러시아는 서부 러시아보다 면적이 7배나 크지만 인구는 10분의 1에 불과하다. 우리의 지도는 계절적으로 그리고 영구적으로 보따리 무역이나 러시아의 목재와 광물 등의 원자재를 이용해 완제품을 생산하는 공장을 운영하기 위해 얼마나 많은 중국인이 러시아 동부 지역에 정착하고 있는지를 간과하고 있다. 5백만 명에도 못 미치는 러시아인과 ― 이 가운데 절반은 투르크족, 에스키모 그리고 기타 소수민족이다 ― 중국인의 국제결혼은 중국 ― 시베리아 문명으로의 변화를 가속화하고 있다. 아마도 언젠가는 인과응보의 날이 올지도 모른다. 즉, 러시아에 거주하는 중국인들에 대한 물리적 보호, 인권, 공적 서비스를 보장해주기를 바라는 중국이 민간 경비대를 파견하고 극동지역에 있는 혼혈인들과 소수민족에게 여권을 배포하는 날이 올지도 모른다. 러시아는 아브하지아 자치공화국과 크림 반도 그리고 기타 일부 지역에서 이런 조치를 취했다. 하지만 중국은 현재 지도상에서 러시아와의 법적인 국경을 변경할 계획이 없고 단지 사실상의 국경만 바꾸고 싶을 뿐이다. 국경에 관한 어떤 강제적인 변경이 있다면, 이는 극동의 영토를 보호하기 위한, 핵무기를 포함한 러시아의 보복 위험을 감수해야 할 것이기 때문이다. 이런 가운데 사실상의 지도는 몽골의 쿠빌라이 칸이 지배했던 13세기 지도를 닮아가고 있다. 쿠빌라이 칸의 황금군단Golden Horde은 현재의 시베리아와 한국을 지배했고 중국 전역을 정복했으며 우크라이나와 이란까지 뻗어나갔다. 창의적인 지도 제작자인 프랭크 제이콥스Frank Jacobs의 표현처럼, 국경은 사랑과 마찬가지로 양측이 믿음을 가지고 있을 경우에만 진정한 국경이 된다.[3]

아무르 강을 건너 중국의 헤이룽장黑龍江 성으로 가는 첫 번째 철도교량이 완성되었기 때문에, 머지않아 중국에 러시아의 화물철도 종착역이 들어설 것이다. 헤이룽장 성과 만주 지역의 다른 2개 성의 인구를 합치면 1

억 명에 달한다. 러시아의 가스 파이프라인도 마찬가지이다. 블라디미르 푸틴은 2014년에 시진핑 주석과, 가스프롬이 새로운 시베리아 가스전을 개발하고 연간 380억 세제곱미터의 가스를 중국으로 수송하는 새 파이프라인을 건설하는 4천억 달러 규모의 협약을 체결했다. 이는 중국 전체 연간 가스 소비량의 20퍼센트에 해당하는 엄청난 규모이다. 과거에 러시아는 에너지 공급의 포로가 되지 않기 위해 직접적으로 중국에 에너지를 공급하는 것을 꺼려했다. 하지만 에너지 가격이 하락하고 푸틴이 서구의 제재 속에서 대국민 홍보전에서 승리하기 위해, 러시아는 중국에 유리한 장기계약에 어쩔 수 없이 서명했다. 러시아의 석유기업인 로스네프트 Rosneft는 중국석유천연가스공사와 거대한 반코르 Vankor 유전에 대한 지분 참여에 합의했다. 로스네프트는 자금난에 빠진 유전 개발에 참여할 국가는 중국뿐이라는 것을 알고 있었다. 우랄산맥은 러시아를 지리적으로 2개로 분리할 뿐만 아니라 공급망도 2개로 분할하고 있다.*

마치 에너지의 탄력성이 달러화로 귀결되는 것처럼, 러시아와 중국의 에너지 거래가 금융적으로 큰 의미가 없다는 에너지 전문가들의 분석을 듣는 것은 흥미롭다. 이것이 투자에 대한 이익보다 분기별 수익의 관점에서 생각하는 경영학 석사들 MBA이 세계적 관점에서 대전략을 수립하지 못하는 이유이다. 러시아로부터의 에너지 수입은 중국의 입장에서 이득이 매우 크다. 러시아와 중국의 거래는 중국의 에너지 유입 경로를 다양화해서 말라카 해협에 대한 중국의 에너지 의존도를 줄일 수 있기 때문

---

* 한국, 일본, 중국, 인도와 같은 아시아 국가들과 미국의 엑손은 에너지 자원이 풍부한 사할린 섬에서 진행하는 로스네프트의 개발 계획에 지분을 가지고 있다. 앞으로 20년 안에 동아시아의 에너지 망은 유럽만큼 조밀해질 것이다.

이다.*

러시아의 아시아 중심 정책은 미국보다 몇 년 앞서 시작되었다. 여기에는 태평양 연안의 가장 큰 항구인 블라디보스토크를 관세와 물류, 산업, 선박 보수, 레저, 농업을 위한 특별구역을 포함한 자유무역항으로 지정하는 정책도 포함되어 있다. 내가 2010년 7월에 몽골로 향하는 동안에 러시아는 사상 최악의 폭염을 겪었다. 전국적으로 산불이 발생했고, 짙은 스모그가 도시를 뒤덮어 5만 6천 명의 러시아인들이 사망했다. 러시아 정부는 심각한 농작물 피해 때문에 모든 곡물의 수출을 금지했고 세계의 밀 가격이 폭등했다. 당시에는 이것이 아랍의 봄을 촉발한 원인 가운데 하나라는 사실을 알지 못했다. 포르토프랭스Port-au-Prince, 다카, 튀니스, 카이로 지역에서 식량 가격의 폭등과 빈번한 정치적 소요가 누적되면서 아랍의 봄이 발생한 것이다(이것이 놀라운 일일까? 1788년의 농작물 실패는 다음해의 파리 빵 폭동과 프랑스혁명의 중요한 원인이었다). 2010년에 경험한 농업 생산량의 변동성은 특이한 것이 아니다. 2012년에 발생한 러시아의 가뭄은 2010년보다 더 심각했다.

기후 변화는 앞으로 수십 년 동안 러시아의 공급망이 동아시아로 통합되는 현상을 가속화할 것이다. 지구 온난화 덕분에 러시아는 더 이상 국내 곡물시장과 국제시장으로의 수출 사이의 선택에 대해 고민할 필요가 없을 것이다. 러시아에서는 세계의 다른 어떤 국가보다 온난화가 빠르게 진행되고 있다. 러시아의 동토가 녹으면서 북쪽으로 물러가면 천연비료가 풍부한 거대한 농토에서 더 많은 식량을 — 대부분이 중국을 위

---

* 중국이 천연가스 공급을 활성화하는 국내 에너지 공급망을 더 많이 건설할수록 석탄 소비는 그만큼 줄어들 것이다. 이런 관점에서 러시아와 중국의 전략적 에너지 거래는 친환경적인 것으로 볼 수 있다.

한 것이지만—재배하게 될 것이다. 현재 러시아는 밀과 식물성 기름을 수출하고 있지만, 앞으로는 가금류, 생선, 생수 그리고 현재보다 2배 많은 보드카의 주요 수출국이 될 것이다. 하지만 러시아의 생수는 유럽의 슈퍼마켓과 카페로 수출되기 전에 중국의 갈증을 해소하는 데 먼저 활용될 것이다. 생수 수출을 주저하는 캐나다의 정치 지도자들과는 달리, 2010년에 푸틴 정부의 자원부 장관인 유리 트루트네프[Yury Trutnev]는 "우리는 페리에[Perrier] 생수를 수입해서는 안 된다. …… 우리는 우리 생수를 수출해야 한다."라고 말했다.[4]

러시아 북부 지역에 있는 강들의 물줄기를 남쪽으로 돌리는 북부강역류프로젝트[Northern River Reversal Project] 같은 계획의 기원은 50년 전인 흐루시초프 시대로 거슬러 올라간다. 흐루시초프는 강들이 농업이나 산업에 전기를 공급하는 대신 북극으로 흘러가기 때문에 쓸모없다고 생각했다. 1970년대에 시베리아의 강들을 유럽과 가까운 볼가 분지의 지류들과 연결하는 페초라카마 운하[Pechora Kama Canal] 건설 계획에 15킬로톤의 핵폭탄 3개가 사용되었다(그 결과 커다란 분지가 생겼고 지금은 낚시를 하는 호수로 남아 있다).* 이 모든 것이 중국의 15억 인구가 물 부족 현상에 직면하기 수십 년 전에 계획되었다.**

관개문명으로 알려진 중국은 지난 1천 년 동안 인구가 밀집된 지역으로 강을 돌리기 위해 댐, 운하, 관개수로를 사용해왔다. 기원전 5세기에 황허 강과 양쯔 강을 연결해 베이징과 항저우 사이의 수로를 완성한 중

---

* 중앙아시아 지역의 과거 소련 공화국들은 건조한 지역을 위한 관개 시스템으로부터 많은 혜택을 받았다. 카자흐스탄과 우즈베키스탄의 국경에 있는, 세계에서 네 번째로 큰 호수였던 아랄 해(Aral Sea)는 지금은 거의 말라버렸다.
** 과도한 농업과 산업 용수 공급 때문에, 중국에 있는 5만 개의 강 가운데 절반 정도가 말라버렸고 남아 있는 강들도 심각하게 오염되고 있다. 오늘날 중국의 인구 1인당 사용 가능한 물의 양은 세계 평균의 5분의 1에 불과하다.

국의 대운하^{Grand Canal}는 아직도 세계에서 가장 긴 인공수로이다. 현재 중국은 무수한 수자원을 가지고 있지만 대부분이 사람이 살지 않는 곳에 있다. 중국 수자원의 60퍼센트가 남쪽과 서쪽에 있는 반면, 산업용수의 대부분은 북쪽과 동부 해안에서 사용하고 있다. 이 때문에 티베트와 히말라야 고원지대의 풍부한 수자원을 3개의 수로를 따라 중국 북부로 돌리는 4백억 달러 규모의 야심찬 남북물수송프로젝트^{South-North Water Transfer Project}가 진행되고 있다. 강을 통제하는 것이 왕국을 통치하는 것이다. 수백만 명을 이주시키고 갠지스와 브라마푸트라^{Brahmaputra} 강의 흐름을 변경하는 프로젝트에는 파키스탄과 인도, 방글라데시의 10억 명의 운명이 달려 있다.

북쪽의 물을 남쪽으로 돌리려는 러시아의 계획은 수억 명의 중국 도시 거주자들에게 생수를 공급하고 경작지에 농업용수를 공급하며 많은 물이 필요한 셰일가스 채굴에도 활용될 수 있다. 중국이 이미 이 모든 것을 생각하고 황허수자원청의 대표단을 러시아로 보내 대규모 운하 계획에 대한 사전협의를 한 것은 두말할 필요가 없다.* 산악지대를 통과하고 먼 거리로 물을 수송하는 데는 많은 전기가 필요하지만 러시아는 에너지 부족 국가가 아니다. 러시아의 물은 러시아와 중국 양측의 농업지대에 더 많은 물을 공급하게 될 것이다. 남아 있는 유일한 문제는 중국이 식량 공급망의 얼마나 많은 부분을 통제할 것인가이다.

러시아 미래의 상당 부분은 이처럼 동서 경도에 따라 결정되고 있다. 러시아 사람들은 모스크바로부터 5천 킬로미터 떨어졌지만 베이징에서

---

* 또한 중국은 세계 최대의 칼륨 비료회사인 러시아의 우랄칼리(Uralkali)의 상당수 지분을 매입해 가격 하락을 압박하고 있다. 우랄칼리는 러시아에서 식품가공 공장을 확대하기 위해 싱가포르 기업과 공동 협력을 시작했다.

는 2천5백 킬로미터 거리에 있는 레나Lena 강을 생명과 힘의 근원으로 생각했다. 지정학의 대가 핼퍼드 매킨더는 해양 국가들이 침입할 수 없는 이 지역을 설명하기 위해 '레나랜드Lenaland'라는 용어를 만들었다.[5] 레닌은 자신의 시베리아 망명지에 대한 존경의 표시로 자신의 별명을 붙였다. 하지만 오늘날 레나 강의 서쪽에 있는 17세기 광산 도시이자 이 지역의 중심 도시인 야쿠츠크Yakutsk는 러시아의 비극에 대한 적절한 비유를 제공하고 있다. 러시아 사하Sakha 공화국의 수도인 야쿠츠크는 인도만큼 넓고, 석유, 석탄, 금, 은, 주석, 세계 다이아몬드의 4분의 1이 매장된 거대한 자원지대를 보유하고 있다. 하지만 야쿠츠크는 세계에서 가장 빠르게 가라앉고 있는 도시이다. 동토 아래로 단단한 지반을 찾기 위해 해마다 점점 더 깊이 기둥을 박고 그 위에 건물을 지어야 한다. 야쿠츠크 사람들에게 기후 변화는 모래 늪과 같다. 야쿠츠크 사람들은 고향과 역사를 뒤로 하고 이 땅을 떠나야 할 것이다. 풍부한 천연자원은 바이칼 호수로 향하는 바지선에 실려 남쪽으로 갈 것이다. 그리고 바이칼 호수에서 시베리아 횡단열차의 화물칸에 실려 중국으로 수송될 것이다.

유라시아 자원의 지리학은 러시아의 불확실한 정치적 국경보다 우선한다. 지상에 대한 정치적 통제는 궁극적으로 누가 지하에 있는 자원을 가장 잘 연결하는지에 의해 결정될 것이다. 러시아인들은 몽골과 카자흐스탄 사람들과 공감하는 방법을 배우고 있고 있다. 몽골보다 큰 유일한 내륙 국가인 카자흐스탄은 몽골의 서쪽 국경과 불과 30킬로미터 정도 떨어져 있다. 러시아, 중국, 몽골, 카자흐스탄 사이의 알타이Altai 지역은 아무것도 없는 광활한 지대이다. 하지만 이제는 더 이상 그렇지 않다. 러시아와 인도는 중국의 동의를 얻어 알타이 지역에서 중국 서부를 지나 인도에 이르는 3백억 달러 규모의 파이프라인 건설 계획을 추진하고 있다.

이런 남북 에너지 축은 중국과 아프가니스탄의 동쪽 지대를 통과하게 될 것이다. 이 지역은 타지키스탄과 파키스탄의 국경이 있는 좁고 작은 와칸 회랑지대Wakhan Corridor라고 알려져 있다. 소련이 냉전시대 말기에 아프가니스탄에서 철군한 이후 9·11 사태에 따른 미국의 아프가니스탄 점령 때까지, 중국은 아이낙Aynak 구리광산에 대한 지분과 배터리 제조의 필수 원자재인 리튬에 대한 관심 때문에 아프가니스탄의 최대 투자국으로 부상했다. 아프가니스탄의 기술관료 출신 대통령인 아슈라프 가니는 도로, 철도, 광산에 대한 더 많은 투자를 유도하기 위해 자신의 첫 국빈 방문지로 중국을 선택했다. 지난 수백 년 동안 과일을 수출입하는 수준에 머물렀던 양국의 관계가 중국이 아프가니스탄을 가로지르는 도로를 건설하는 수준으로 발전하기 시작했다. 사상 처음으로 중국이 인접성을 연결성으로 변화시키고 있다. 머지않아 미국의 아프가니스탄 점령은 부차적인 문제처럼 보일 것이다.

지상에 건설되는 기반시설보다 지정학의 미래에 대해 더 많은 것을 알려주는 것은 없다. 경쟁력 있는 연결은 우리에게 궁극적인 승리에서 군사적 역할이 얼마나 제한적인지를 상기시켜준다. 오늘날 1대에 5억 달러짜리 G222 전략수송기 같은 미국의 잔여 군사장비들은 고철로 팔리고 있다. 반면 중국은 유라시아의 새로운 실크로드에 대한 참여를 추구하는 또 다른 고대 문명인 이란까지 연결하기 위해 전쟁으로 폐허가 된 아프가니스탄을 가로지르는 기반시설 프로젝트를 확대하고 있다.

이란 : 실크로드의 부활

중국은 이미 아랍의 걸프 국가와 이라크로부터 인도양을 거쳐 상당한 양의 석유와 가스를 수입하고 있다. 유라시안 실크로드의 핵심은 이란이다. 수십 년 동안의 고립 이후 이루어진 이란의 개방은 이란이 겪은 복잡 미묘한 지정학의 최근 상황을 반영하고 있다. 2차 세계대전 동안 페르시안 회랑지대Persian Corridor는 동부전선 축을 방어하기 위해 연합군의 무기를 소련에 전달하는 중요한 통로였다. 미국은 냉전시대 초기에 샤 레자 팔라비Shah Reza Pahlavi를 지지했다. 팔라비는 미국과 영국의 배후 지원을 받고 모사데크Mossadegh 수상에 대한 1953년의 쿠데타를 통해 정권을 잡았다. 하지만 이란의 1979년 신정주의 혁명과 1980년 이라크의 이란 침공 이후, 미국은 사담 후세인에게 무기를 판매하기 시작했다. 이란 시아파의 투데Tudeh 공산당 축출에 분개한 소련이 그랬던 것처럼 말이다. 미국은 10년에 걸친 전쟁 기간에 유고슬라비아가 북한에 무기를 판매한 것처럼 이란에도 비밀리에 무기를 팔았다. 소련도 전쟁이 끝날 때까지 이란의 중요한 무기 공급 국가였다. 반면 중국은 자유롭게 이란과 이라크 모두에 소형 무기와 중화기를 판매했다. 이라크와 이란에 대한 봉쇄, 사우디아라비아로의 확전 방지, 소련과 아프가니스탄 전쟁의 이란 확전 억제, 중동 석유 공급망의 유지는 역설적이고 상충하는 연합으로 이어졌다.

중국이 중동으로부터 에너지 공급을 추진하고 유럽과 미국이 중동의 핵 프로그램 봉쇄와 동시에 중동시장 진출 경쟁을 벌이면서 미래는 훨씬 더 복잡해질 것이다. 걸프 국가들에 대한 서구의 에너지 의존도의 감소, 이라크와 시리아의 붕괴도 중동의 미래를 더욱 복잡하게 만드는 요인이다. 중동 지정학의 복잡한 미로에서는 다수의 상반된 시나리오들이 동시에 전개될 수 있다. 이라크와 시리아에서 사우디아라비아와 이란의 대리전이 발생하는 동안에 강대국들과 일부 수니파 아랍 국가들이 이란의 문호를 개방할 수 있다(1980년대 이란－이라크 전쟁의 재연과 비슷한 상황이다). 이런 가운데 미국은 이란의 위협에 대응하기 위해 아랍 걸프협력회의 회원 국가들에 군대를 계속 주둔시킬 수 있지만, 동시에 역설적으로 걸프협력회의 국가들을 버리고 이란의 편에 서는 것으로 인식될 수도 있다.

부시 정부 동안(그리고 오바마 정부의 첫 번째 임기 동안) 이란과의 갈등은 확실히 예측 가능했지만, 지금 이란은 줄다리기 전쟁이 가장 활발하게 벌어지는 국가 가운데 하나이다. 이란을 지배하기 위한 지정학적 경쟁은 8천만 명 인구의 대부분이 도시의 젊은이들인 이란 시장 진출 경쟁과 동시에 벌어지고 있다. 이는 서구와 동구 국가들이 이란으로 가는 실크로드를 가능한 많이 건설하고 있다는 의미이다.

세계는 이란과 비즈니스를 하고 싶어 한다. 1998년 인도－파키스탄의 핵실험의 경우처럼 전략 지정학의 변화와 경제적 변화는 사실상 전 세계가 참여하는 제재를 유지하려는 노력을 어렵게 만들고 있다. 러시아는 이란과 중요한 석유계약을 맺었고 지대공 미사일을 판매할 계획이다. 중국은 대규모 가스와 기반시설 사업 계약을 체결했고(테헤란과 카스피 해 주변 북부 도시들을 연결하기 위한 엘무르즈 산맥을 관통하는 다차선 터널 공사를 포함한다), 인도는 이란에 상당한 규모의 정제유를 판매했다. 터키는 금을 거래하고 프랑스와 중국은 돈을 세탁했다. 국제은행간통신협회의 이란은행들에 대한 퇴출 조치도 상품 거래에서 이란을 고립시키지 못했다. 더구나 미국이 주도하는 제재 체제에서 미국 기업들은 식량과 의약품 관련 상품에 대한 일괄 면제권이 주어지는 미국 연합USA-Engage 같은 로비단체를 통해 유럽 기업보다 더 많은 상품을 이란으로 수출했다.

미얀마의 사례는 당근과 채찍을 건설적으로 사용한다면 이란에 대한 줄다리기 전쟁에서 미국이 어떻게 영향력을 확장할 수 있는지를 잘 보여준다. 미국은 2012년부터 미얀마에 대한 투자 금지 제재를 해제했지만, 미국 기업들과의 거래가 금지된 의심스러운 기업들의 블랙리스트를 유지하고 있었다. 하지만 이런 제재들에도 불구하고 코카콜라와 제너럴일렉트릭 등 미국 기업들은 미얀마와의 관계를 강화했고, 더 높은 경쟁력을 갖춘 서구의 기업들이 줄을 서서 기다리고 있다는 사실을 알고 있는 미얀마 정부에게 중국과의 프로젝트를 취소할 수 있는 선택권을 주었다.

이란도 다양한 국가들과 비즈니스를 할 수 있는 선택권을 원하고 있다. 오늘날 두바이와 런던에 있는 이란의 중개인들은 7백억 달러에 이르는 외국인 투자계획을 선언한 문서들을 가지고 투자자를 물색하고 있다. 이들은 이란이 2014년에 중국석유천연가스공사와 계획한 25억 달러 규모의 남아자데간South Azadegan 유전개발 사업을 취소한 사건은 중국의 저급한 기술 대신 서양의 고품질 상품과 서비스를 이용할 준비가 되었다는 신호라는 점을 고객들에게 상기시키고 있다. 이란의 혁명수비대조차 미국 재무부의 감시망을 피하려는 시도와 함께 투자 유치를 위해 다양한 기업들을 민영화함으로써 제재 이후를 준비하고 있다.*

---

* 미국의 블랙리스트에 오른 이란 혁명수비대가 소유한 기업인 카탐 알안비야(Khatam al-Anbiya)가 한 사례이다. 이 기업은 석유, 고속도로, 항구를 통제하고 있고, 이란 정부와 5백억 달러 이상의 계약을 체결했다. 여기에는 남부 파르스(South

이란의 정치적·경제적 영향력은 이미 이라크의 시아파 거주지역이자 유전지대인 바스라 주의 티그리스와 유프라테스 지역까지 미치고 있다. 현재 쿠웨이트에 대해 강경한 입장을 취하는 나라는 이라크가 아니라 이란이다. 쿠웨이트의 거대한 신규 항만 건설계획은 큰 선박들이 이라크의 유일한 심해 항구인 움카스르Umm Qasr로 진입하는 것을 차단할 수도 있다. 쿠웨이트는 1990년에 사담 후세인의 침공을 촉발했던 국경지대 지하에서 과거처럼 수평 굴착을 다시 진행하고 있다.

이란의 시아파와 수니파 아랍 국가들은 서로 간의 뿌리 깊은 의심에도, 아랍에미리트항공이 하루에 여러 차례 운항을 통해 시장에 침투한 것처럼, 훨씬 더 큰 경쟁 상대의 시장에 진출하려고 노력하고 있다. 아랍에미리트의 농업부는 식량 공급망의 거리를 줄이기 위해 이란에 있는 농장의 생산량을 높이는 투자를 검토하고 있다. 동시에 카타르와 이란은 남부 파르스 가스전의 일부를 공동으로 개발할 계획이다.

이런 가운데 터키는 이란과의 교역에 아무런 금지 조치를 취하지 않고 아랍 세계의 격변을 피해 유럽으로 가는 수송 경로를 제공하고 있다. 중국에서 시작해 중앙아시아, 이란, 터키, 유럽으로 향하는 화물철도 계획에 더해, 페르시안 파이프라인은 동일한 경로를 통해 대규모의 천연가스를 유럽에 추가로 공급할 수 있다. 유럽인의 유입도 급격하게 증가하고 있다. 터키항공은 아랍에미리트항공과 함께 이란의 국제항공 시장의 75퍼센트를 점유하고 있다. 더 많은 서구인이 방문하면서 루프트한자의 점유율도 상승할 것이다.

Pars) 유전에서의 정유, 석유화학공장, 파이프라인 건설 프로젝트가 포함되어 있다.

오늘날 테헤란은 이스탄불과 카이로처럼 아시아인에게 매력적인 방문지 목록에서 빠져 있는 대도시이다. 하지만 이것도 바뀔 것이다. 육상 경로가 이미 역사적인 발자취를 복원하고 있다. 영국이 운영하는 '페르시아의 보석Jewels of Persia'이라는 호화열차는 부다페스트를 출발해 터키를 거쳐 테헤란과 역사적인 관광지 주변을 운행하고 있다. 결국에는 카스피안 림Caspian Rim 철도도 이란의 마슈하드Mashhad를 거쳐 투르크메니스탄의 아슈가바트Ashgabat, 카자흐스탄의 알마티와 중국까지 이어질 것이다.

내가 2015년 중반에 이란을 방문했을 때, 외교관들은 핵 협상에 대해 거의 이야기해주지 않았다. 대신 커다란 지도를 펼쳐놓고 투르크메니스탄과 파키스탄을 연결하는 파이프라인과 아프가니스탄 북부를 지나 타지키스탄과 중국으로 가는 철도를 보여주었다. 우리는 조만간 1960년대에 조직되었지만 지금은 터키, 이란, 파키스탄, 과거 소련의 공화국이었던 중앙아시아 국가들 사이에 무역과 철도 연결을 협의하기 위해 새롭게 재편된 경제협력기구로부터 더 많은 소식을 듣게 될 것이다. 지난 수백 년 동안 페르시아 문명국가들은 앞으로 수십 년 동안 연결될 지리적 이점을 활용하지 못했다.

인구의 3분의 2가 30세 이하인 이란은 혁명주의 국가 안에 갇혀 있는 혁명 이후의 사회이다. 이란의 반동적인 신정정치 정권은 고립을 통해 성장하는 반면, 점점 증가하는 젊은 세대는 연결을 갈망하고 있다. 나는 오토바이를 타고 테헤란 시내를 여행하는 동안 해외에서 다시 돌아온 수십 명의 젊은이들을 만났다. 이들은 기술 인큐베이터를 설립하고 저렴한 생활비와 기업가적 환경을 활용하기 위해 고국으로 귀환한 사람들이다. 이란에서는 이미 거의 모든 국민이 휴대전화를 소유하고 있고, 인터넷 보급률도 60퍼센트로 중동 국가들 가운데 가장 높다. 이베이^{eBay}와 아마존 같은 서구의 전자상거래 사이트는 차단되어 있지만, 디지칼라^{Digikala}와 에삼^{Esam} 같은 현지 전자상거래 기업들은 폭발적으로 성장하고 있다.

낮은 유가는 이란이 하루 빨리 경제를 다각화해야 한다는 의미이다. 그래서 현대적 기반시설에 투자하고 자동차 제조 같은 경쟁력 있는 수출 산업 분야를 육성해야 한다. 1980년대의 이란-이라크 전쟁 동안 운송 연결 시스템이 파괴된 이후, 이란은 약 1천 킬로미터의 고속도로와 5천 킬로미터의 철도를 건설해야 하는 과제에 직면해 있다. 이란은 대규모의 외국인 투자를 유치하기 위해 비자가 필요 없고 장기간 세금이 면제되며 1백 퍼센트 외국인 소유가 가능한 5~6개의 자유무역지대를 설립했다.

이란의 개방은 중동의 국경 문제를 해결하지는 못할 것이다. 사실 이란의 개방은 이미 혼란에 빠져 있는 지역시장에 경제적 연결과 정치적 속임수라는 두꺼운 막을 한층 더하게 될 것이다. 하지만 중동 지역의 시장은 조금씩 투명해지면서 점점 더 복잡해질 것이다. 이제 갈등에 대한 흐름의 승리를 보여줄 유일하게 남은 국가는 북한이 될 것이다.

북한 : 은둔의 왕국을 관통하는 철의 실크로드

거대한 내륙 국가인 카자흐스탄과 몽골에 더해 러시아와 중국과 국경을 접하는 또 다른 취약한 국가는 북한이다. 카자흐스탄과 몽골은 공산주의 이후 정치적·경제적 개혁을 실행한 반면, 북한은 자주적 이데올로기인 주체사상의 추구와 국제적인 제재로 인해 지난 수십 년 동안 절망 속에 남겨져 있었다. 자급자족은커녕 북한은 거의 완전한 고립으로 발생한 치명적인 형태의 의존에 빠졌다는 사실을 발견했다. 북한의 거의 모든 수출품은 중국으로 가고, 모든 식량, 연료 그리고 다른 생필품은 중국을 통해 들어온다.

북한은 극단적인 감정을 불러일으키는 극단적인 국가이다. 북한은 아시아 전문가들 사이에서 김씨 왕조라고 불리는 독재주의 국가이다. 북한은 국민을 굶겨 죽이고 수용소에서 고문을 자행하는 철저한 경찰국가이다. 이런 사실을 폭로하는 것은 도덕적 우위를 추구하는 워싱턴에 있는 보수주의자들에게는 위로가 되겠지만 얻는 것은 아무것도 없다. 하지만 북한의 핵 위협, 천안함 피격 사건, 외국인 선교사 투옥 등에도, 북한과 이웃 국가들 사이에 연결의 증가라는 새로운 현상이 등장하고 있다. 즉, 흐름이 마찰을 압도하고 있는 것이다.

나는 2012년에 북한을 여행할 때 의무적으로 혁명 기념탑과 반미와 반대한민국 선전 비디오를 관람해야 했다. 하지만 나는 북한의 이데올로기와 기반시설의 유통기한이 끝나가고 있다는 사실을 알았다. 평양의 콘크리트 집들에서는 자주 물이 끊겼고 버스들은 덜커덩거리며 배기가스를 뿜어냈다. 중국은 1990년대 초에 소련으로부터의 연료 공급이 단절된 이후 점차적으로 강경한 자세를 취해왔다. 중국은 석유, 식량 그리고 다른 생활필수품의 수출 동결을 통해 북한을 견제했다. 한때 양국이 공유했던 이데올로기적 유대는 경제가 서로 다른 방향으로 발전하면서 급격하게 사라졌다. 북한과 중국은 1950년대에 순치관계로 불렸다. 중국은 지금 세계 최대 경제대국 가운데 하나가 된 반면, 북한은 국제사회에서 신용을 얻지 못하고 있다. 중국은 2014년에 북한의 소행으로 추정되는 소니 영화사의 해킹에 대한 보복으로 북한의 인터넷 접근을 단절시키라는 미국의 요구를 묵인했다. 이에 북한은 중국이 침공할 것이라는 음모를 동원해 탱크를 국경지대로 이동시켰다.

물론 중국은 단순하게 북한을 점령하는 것보다 더 건설적인 계획을 가지고 있다. 중국은 북한의 나선 공업지대에 투자했다. 나선은 북한, 소련, 중국을 서로 연결하는 동해의 부동항이다. 중국은 나선 항까지 철도를 건설함으로써 북한의 반대편에서 완전히 새로운 항구와 북극 항로에 대한 접근권을 얻게 되는 것이다.

러시아도 북한에 대한 그들만의 계획을 가지고 있다. 블라디미르 푸틴은 2014년에 동북아시아 고문인 유리 트루트네프를 평양에 파견해 북한의 부채를 탕감해주었다. 그리고 과거에 중단되었던 투자를 다시 시작하는 한편, 좁은 국경을 통과하는 가스 파이프라인의 가능성을 타진했다. 이와 거의 같은 시기에 한국을 방문한 푸틴은 러시아에서 평양을 거쳐 서울에 이르는 철의 실크로드 익스프레스iron silk Road Express 건설을 요청했다. 러시아는 현재 북한에 지원한 석유 대가를 중국에 지불하는 대신 최대 1백만 명에 달하는 예비군을 러시아 국경지대에서 노동력으로 활용하는 방안을 요구할지도 모른다. 한국도 고립된 북한을 살려내는 경쟁에서 뒤처지는 것을 바라지 않는다. 그래서 개성공단에 대한 투자를 확대하고 서울과 평양을 연결하는 철도 건설을 계획하고 있다.* 경쟁력 있는 연결은 심지어 북한까지 도달했다.

조심스럽게 이야기하면, 그렇게 되지는 않겠지만 북한은 3차 세계대전 시나리오의 또 다른 중요한 대상이다. 하지만 북한에서는 대규모 공

---

* 지난 수십 년 동안 인간의 접근이 최소화되었던 독특한 생태계를 고려할 때, 화력이 집중되어 있는 남북한 사이의 비무장지대의 일부를 자연공원으로 만드는 계획도 제안되었다.

급망의 통합이 진행되고 있다. 가장 눈에 띄는 조짐은 북한의 특별경제구역이다. 개성공단은 5만 명 이상의 북한 노동자들을 고용하고 있고, 중국보다 싼 임금으로 현대자동차에 들어가는 부품뿐만 아니라 시계와 신발 등을 생산하고 있다. 개성공단에서 DVD 플레이어 제조공장을 운영하고 있는 한 외국인 투자자는 나에게 북한의 노동자들이 한국에서 밀수한 동영상을 보기 위해 DVD 플레이어를 집으로 가져간다고 말했다. 개성에서 만들어지는 전자제품과 컴퓨터 부품의 수출에 대한 제재 조치가 풀리면, 개성공단의 수입은 연간 5억 달러에서 10억 달러로 증가할 수도 있다. 김정은은 2014년에 북한의 각 지방이 자체적으로 특별경제구역을 개발해야 한다고 말했지만, 북한에는 선택권이 없다. 평양은 각 지방과 도시들에 아무것도 제공하지 못하기 때문이다. 북한의 도시계획 관리들로 구성된 대표단은 베트남과 싱가포르를 방문해 원산의 해변과 인근 스키장을 어떻게 개발할 것인지에 대해 연구했다. 북한이 위조화폐를 만들고 양귀비와 연구실에서 만든 마약을 중국과 서방 국가들에 밀수출하는 것이 좋을까? 아니면 북한이 합법적인 국제적 생산체제와 관광 공급망에 합류하는 것이 우리에게 더 좋을까?[6]

지리학 관점에서 보면, 북한은 공급망의 접속점으로 부상할 것으로 예상된다. 북한은 전자제품에 반드시 필요한 희귀한 광물을 많이 가지고 있다. 호주와 몽골의 광산기업들은 금과 마그네슘 광산을 개발하고 싶어 한다. 이런 귀한 금속들의 세계적인 공급량은 매우 부족하기 때문에 세계는 인내심을 가지고 북한의 정권이 바뀔 때까지 기다릴 수 없다. 특히 세계 최대의 전자제품 제조국인 중국은 더욱 그렇다. 한 북한 경제 전문가의 말처럼, 중국은 북한의 전체 공급망을 원하고 있다.[7] 실제로 세계의 소비자들은 이미 중국이 북한의 광물을 활용하도록 한 공범이다. 2014년에 분쟁광물에 대한 보고를 의무화한 도드-프랭크Dodd-Frank 법에 따르면, IBM과 HP의 하드웨어는 북한의 광물을 사용해 만든 중국 기업들의 부품을 포함하고 있는 것으로 나타났다. 미국 기업의 관리자들이나 주주는 이런 사실을 모르고 있다.

고립된 상태에서 좀 더 개방적이고 자생력 있는 경제로 변하려는 북한의 걸음마는 의미가 없다. 다시 말해 현 상태에서 합작산업, 외국차량 수입, 제한된 인터넷 접근, 국제전화가 가능한 휴대전화, 새로운 스키 리조트 등은 모두 쓸모가 없다는 뜻이다. 이 모든 것을 고려할 때 북한의 이런 계획들은 1970년대 후반에 중국이 추진했던 국가기업계획의 초안과 비슷하게 보인다. 실제로 중국은 앞으로 수년 안에 중요하지 않은 제조업의 일자리를 북한에 외주하려고 계획하고 있다.

북한에는 국제적 관심을 불러일으킬 만한 것들이 많이 있다. 수량이 풍부한 북한의 강들은 자체적으로 전기를 공급하고 남은 전기를 중국과 한국에 판매할 수 있는 중요한 수력발전의 원천이 될 수 있다. 또한 북한은 차세대 국제 농업 비즈니스에 편승하기 위해 사모펀드들이 매수하고 있는 쌀, 옥수수, 콩, 감자 등과 같은 필수 식량을 생산하고 있다. 북한에서 가장 유명한 비정부기구인 조선교역Choson Exchange은 수천 명의 젊은이들, 특히 여성들에게 기업가 정신과 회사 업무를 가르치고 있다. 심지어 서양의 벤처 자본가들을 북한으로 불러들이기도 한다.

항구, 특별경제구역, 산업공단, 부동산 개발, 관광지 개발, 근로자 훈련 프로그램, 산악생태공원 등 현재 계획하고 있는 모든 것들이 완벽하게 실행된다고 해도, 앞으로 15년 후에 북한은 기껏해야 공산주의가 붕괴된 직후의 루마니아와 비슷해질 것이다. 당시 루마니아에서는 낮은 수준의 산업, 농업, 광업이 국가 경제의 기간산업이었다. 북한은 세계 최빈국 대열에서 벗어나고 있지만 더 개방적이고 더 자유로운 국가가 되어야 할 것이다.

거의 모든 북한 국민은 정치적으로 탄압을 받고 있고, 적어도 전체 주민의 3분의 1이 빈곤층이다. 하지만 북한은 타락한 미치광이 국가는 아니다. 더 많은 관광객, 사업가, 문화사절단 그리고 다른 일반인들이 북한을 방문할수록 북한 사회는 외부 세계에서 유입되는 지식과 돈에 그만큼 더 의존하게 될 것이다. 북한 주민들은 로봇이 아니라 국가에 충성하지만 잘못된 정보에 의존하는 사람들이다. 이란과 쿠바의 국민처럼 북한 국민은 한 가지 이야기만 듣고 있지만 점차적으로 언론 보도와 관광을 통해 다른 시각을 접하고 있다. 이란 국민이 최고 지도자에 대해 자신들의 생활방식을 구속하는 사람이라고 불평을 하는 것처럼, 많은 북한 국민은 전반적인 변화에 대해 자신들의 욕망을 감출 수 없다.

평양의 10대들은 이데올로기적인 시를 외우는 것보다 피자에 더 관심이 많다. 보통 사람들은 학교, 당구장, 노래방에서 놀라울 정도로 관심사에 대해 개방적이다. 나는 아리랑대축전에서 노래 부르고 춤을 추기 위해 아이들을 동원하는 것에 대해 분개하는 부모들을 만난 적이 있다. 아리랑대축전은 곡예, 카드섹션 등에 10만 명이 참가해 일사분란하게 공연을 펼치는 대규모 연례행사이다. 평양의 부모들은 자식들이 피아노를 배우고 집에서 수학 숙제를 하고 영어를 배우기를 원한다.

리비아와 이집트에서 독재자들이 권력에서 축출되었을 때, 모든 독재자는 오싹함을 느꼈을 것이다. 이에 대한 독재자들의 일반적 반응은 자신의 입장을 굽히지 않고 국내의 모든 불만세력을 무자비하게 억압하는 것이다. 젊은 김정은도 이런 무자비함을 이용해 지금까지 권력을 유지하고 있다. 평양의 수많은 벽화들은 김정은의 아버지 김정일과 혁명의 영웅인 할아버지 김일성에 대한 숭배를 표현하고 있다. 반면 젊은 김정은에게는 이런 종교적 숭배에 가까운 권위가 없다. 대신 김정은의 통치는 반일 감정, 핵 위협 그리고 한국에 대한 협박을 통해 그의 아버지와 할아버지를 위해 일했던 과거 세대들에 의존하고 있다. 김정은의 모습은 연출된 권위이다.

하지만 김정은이 군부에 대한 기득권을 유지하면서 북한의 꾸준한 갱생과정을 감독할 수 있다면, 향후 수십 년 동안 고립된 부랑아가 아니라 변화를 추구하는 개혁가가 될 수도 있다. 해외여행에 제한을 받지 않고 스위스에서 고등학교 생활을 했을 때처럼 유럽의 농구 경기를 즐길 수 있을 것이다. 김정은은 한국에 미사일을 발사할 인물이 아니다. 그는 한국의 대북인권운동가들이 헬륨이 들어간 풍선에 초코파이를 매달아 북한으로 날려 보냈을 때에도 거의 불만을 표시하지 않았다.

이란의 경우와 마찬가지로 북한의 정권이 붕괴되거나 김정은이 물러나기를 기다리는 것은 단지 희망사항일 뿐이다. 정권교체에 대한 위협은 외교적 관계를 적대감에서 화해로 바꾸는 데 필요한 지속적인 참여를 직접적으로 약화시킨다. 한국의 박근혜 대통령은 2014년에 독일 라이프치히에서 산업국가인 한국과 농업국가인 북한 사이에 자연스러운 노동의 분화가 발생하는 통일의 장점에 대해 분명하게 연설했다. 이것이 통일의 목표일지 모르지만, 그 과정은 1990년의 독일의 통일과는 다를 것이다. 동독은 신중하게 처리된 국제적 절차를 거쳐 공식적으로 서독에 흡수 통일되었다. 대신 북한은 이미 핵으로 무장한 완충국가에서 중국과 러시아 사이의 통로로 그리고 다른 한편으로는 한국과 중국 사이의 통로로 점진적으로 변하고 있다. 북한은 민주국가가 아니라 독재국가로 남을 가능성이 훨씬 높다. 이것이 공급망 통합이 정치적 굴복보다 더 좋은 전략인 이유이다. 모든 국가가 북한의 정상화에서 혜택을 얻는 것은 분명하다. 하지만 중국의 주변국과 멀리 떨어진 국가들 사이에서 중국이 공급망 제국을 유지할 수 있을 것인지에 관한 의문이 등장하고 있다.

공급망의 역습

과거의 공급망 제국은 국내적으로는 부채와 물가상승 때문에 해체되고 국제적으로는 경쟁과 정치적 불안에 의해 무너졌다. 남미에서 들어오는 은의 양이 감소하면서 스페인 제국의 몰락이 가속화되었다. 1백 년 동안에 걸친 네 차례의 영국-네덜란드 전쟁은 남아프리카공화국과 실론 Ceylon 섬에 대한 네덜란드의 통치를 점차적으로 약화시켰다. 제국의 수도에서 벌어지는 정책의 우선순위와 관련한 의견의 불일치도 제국 몰락의 중요한 요인이다. 영국의 투자가들은 영국의 인도 통치가 영원히 계속될 것으로 가정하고 인도의 철도에 투자했다. 하지만 독립운동의 확산과 영국 클레멘트 애틀리Clement Attlee 수상의 인도 독립 묵인으로 런던의 투자가들은 인도에서 축출되었다.

중국이 역사적으로 반대반향으로 갔던 시기를 제외하면 공급망 전쟁은 중국에게 전혀 새롭지 않다. 1839년에 청의 도광제가 광저우에 있는 영국의 아편창고를 파괴했을 때, 영국은 압도적인 무력으로 대응해 홍콩을 점령하고 중국 전역에 걸쳐 치외법권을 요구했다. 중국의 입장에서 아편전쟁은 지금에서야 회복되고 있는 과거 150년 동안의 굴욕의 시작이었다.

오늘날 여러 국가들의 입장에서 중요한 지정학적 질문은 미국과 중국이 태평양에서 전쟁을 할 것인가가 아니다. 이보다는 2백 년 전에 영국이 중국에 그랬던 것처럼, 중국이 미국과 영국에 불공정한 조약을 강요하기 위해 공급망 제국을 활용할 것인가이다. 중국의 금권외교는 1990년대 이후 거의 마찰을 일으키지 않고 교역의 확장을 가능하게 했다. 아르헨티나에서는 장기계약으로 원자재를 구매하고, 앙골라에서는 학교 건물, 병원, 정부 청사와 고속도로를 지어주는 대가로 원자재를 수입했다. 중국은 현지 국가의 내정에 대한 불간섭을 선언했다. 내정 불간섭은 실제로 현재 상태를 유지하려는 각국 정부에 무제한으로 무기를 판매하는 것을 의미했다. 중국은 각 지역에서 적대적 관계에 있는 쌍방의 국가들과 좋은 관계를 유지하고 있다. 브라질과 베네수엘라, 사우디아라비아와 이란, 카자흐스탄과 우즈베키스탄, 인도와 파키스탄이 대표적인 국가들이다.

하지만 점점 더 많은 국가들에서 밀월관계가 끝나면서 역풍blowback*이 시작되었다. 실제로 모든 강대국은 역풍에 직면해 힘들어하고 있다. 역풍은 단지 시간 문제일 뿐이다. 미국의 중앙정보국이 1979년의 이란혁명 이후 반미감정으로 이어진 미국의 역할에 대해 경고하기 위해 역풍이라는 용어를 만들었다는 것은 정말 역설적이다. 미국 중앙정보국은 같은

---

* 군사력을 앞세운 미국의 강력한 대외정책이 의도하지 않은 결과를 낳게 된다는 것을 일컫는 용어 — 옮긴이

해에 또 다른 장기적인 역풍을 촉발했다. 중앙정보국은 과거 소련군을 패배시킨 반소련 무자헤딘에 자금을 지원하는 비밀작전을 펼쳤다. 하지만 이 작전은 2011년 9·11 테러의 주동자인 오사마 빈 라덴에게 은신처를 제공한 탈레반을 탄생시켰다.

중국은 이미 역풍을 인식하고 있다. 위구르-무슬림 거주지역인 신장에 대한 강압적인 화평정책은 2013년에 베이징의 천안문 광장에서 자살 차량 폭탄테러와 수십 건의 다른 테러로 이어졌다. 하지만 해외에서 중국에 대한 역풍은 이와 다르다. 중국의 해외진출은 군대가 아니라 공급망을 통해 이루어지고 있다. 중국의 핵심 대리인은 중앙정보국이 아니라 국영기업들이다. 중국의 경우 공급망의 역풍은 지정학적인 것이다. 중국은 해외에 많은 기반시설을 건설하고 있다. 하지만 이것이 궁극적으로 해외 기반시설들에 대한 중국의 통제권을 보장해주는 것은 아니다. 따라서 공급망의 지정학에서 누가 승자가 될 것인지는 불확실하다.

역풍은 우리가 단선적이 아니라 복잡하고 시간에 쫓기는 세계에 살고 있다는 것을 알려준다. 유럽의 제국들은 2차 세계대전이 유발한 식민지 독립운동이 본격화되기 전까지 약 6백 년 동안 지속되었다.* 하지만 중국은 세계로 진출한 지 10년도 안 되어 반대 움직임에 직면했다. 중국은 유럽이 수백 년 동안 배운 것을 사실상 하룻밤 사이에 배워야 한다. 중국은 새로운 식민지 지배자가 될 수 없다. 식민주의 시대는 지나갔고 투명성과 강대국에 대한 의심이 자리를 대신했기 때문이다. 대신 공급망을 통해 새로운 식민지 지배자가 될 수 있을 것이다.

---

* 최초의 세계적인 식민지 제국인 포르투갈은 1514년에 북아프리카의 무슬림 도시인 세우타(Ceuta)를 첫 번째 식민지로 개척했고 마지막 식민지인 마카오를 1999년에 중국에 반환했다.

잠비아나 몽골 같은 국가에서 부패한 거래가 체결될 때마다 경고음이 울리고 있기 때문에 중국은 신중하게 행동해야 한다. 중국은 지금까지 모든 대륙에 걸쳐 힘을 이용해 강요하기보다 협조적 관계 구축을 선호했다. 콩고에서 카자흐스탄에 이르기까지 가로채낸 계약들 역시 마찬가지였다. 이런 자제력 덕분에 중국은 전쟁을 하지 않고 세계적 공급망을 건설할 수 있었다. 하지만 점차 갈등이 증가하고 있다. 니제르 삼각주와 남수단 지역에서 중국의 석유와 가스 노동자들에 대한 납치와 공격의 빈도가 늘고 있다. 잠비아의 광부들은 중국 고용주들의 노예노동과 착취에 대항해 폭동을 일으켰다. 광부들은 여러 차례에 걸쳐 깊은 갱도 안에서 중국인들을 탄압하고 짓밟고 살해했다. 중국의 장기적인 원자재 구매가 광산에 대한 단기 임대처럼 보였을 수도 있다. 영국의 해럴드 맥밀런 Harold Macmillan 수상이 1960년에 '국민 의식의 성장'을 인정한 것처럼, 중국에 대한 비조직적이고 동시다발적인 반발은 줄다리기 전쟁 세계의 영구적인 특징이다.[8]

또한 자원 민족주의는 중국 공급망의 침투를 물리치기 위해 사용할 수 있는 현명한 합법수단이다. 카자흐스탄과 몽골은 핵심 광물자원을 전략적 자산으로 지정하고 외국에 대한 수출을 제한하고 있다. 중국은 서비스 제공자로서 자원을 공동 개발할 수 있을 뿐이다. 현명한 정부들은 중국이 더 많은 현지인을 고용하고 기술 교육에 더 많이 투자할 것을 요구하고 있다. 또한 더 많은 기술을 이전하고 현지에서 더 많은 제품을 생산하도록 요청한다. 즉, 생성된 부가가치가 유출되지 않고 더 많이 유입되기를 원한다. 이런 정부들은 공급에서 수평적 역할이 아니라 수직적 역할을 바란다. 이들은 중국이 서양 국가들에 요구했던 것을 중국에 똑같이 적용하고 있다.

중국은 수십 년에 걸쳐 진행되고 있는 도시화 과정에 대한 동력을 공급하기 위해 막대한 양의 원자재가 필요하기 때문에 모든 협력을 할 준비가 되어 있다. 실제로 중국은 식민지 지배의 호사를 누리지는 못하지만 위험을 감수할 자세와 모든 가격을 맞출 수 있는 돈, 다른 어떤 국가도 필적할 수 없는 막대한 자원 수요를 가지고 있다. 따라서 풍부한 현찰과 국가의 지원을 받는 중국의 대기업들은 매우 유리한 입장에서 협상에 나서고 있다. 콩고, 미얀마, 몽골 그리고 다른 원자재 수출 의존 국가들은 더 많은 수출시장을 개척하기 전까지 중국의 인질이 될 것이다.

중국은 상황이 악화되면 재정적으로 강경한 입장을 취할 것이다. 중국의 수출입은행은 2001년 이후 사하라 남부 아프리카 국가들에 세계은행보다 많은 2백억 달러를 빌려주었다. 이는 또 다른 대규모 채무 위기에 대한 우려를 부채질하고 있다. 앙골라는 중국을 만족시키는 형태의 국가이다. 앙골라는 중국의 도로 건설과 다른 프로젝트에서 많은 혜택을 받았고 채무 상환에 필요한 충분한 자금을 보유하고 있다. 이런 가운데 잠비아는 또다시 지속 불가능한 채무에 의존해 재정을 지출하고 있다. 일부 중국 기업에 대한 잠비아 정부의 지분은 소규모에 불과해서 중국 기업에 대한 세금을 인상하는 방법으로는 국가 재정을 증대시킬 수 없다. 재정 압박을 받고 있는 국가들은 파산 대신 점점 더 많은 자산을 팔고 더 많은 산업을 통제한다. 그래서 주권국가가 아니라 점점 더 공급망 국가로 변하게 된다. 잠비아가 국가 부도를 선언한다면 중국은 어떤 자산을 압류할까?

서방 국가들과 기업들은 중국이 과도하게 개입해서 부작용을 부추기도록 가만히 앉아 있어서는 안 된다. 서방 국가들이 공급망과 관련해 중국과 경쟁하기 위한 조치를 강화하지 않는다면 개발도상국가들은 거의 선택권을 갖지 못하게 될 것이다. 이런 점에서 미국 의회가 2015년 중반에 제너럴일렉트릭이나 캐터필러Caterpillar 같은 미국 기업들에 혜택을 제공하는 미국의 수출입은행을 수개월 동안 폐쇄한 조치는 역설적이다. 수출입은행의 대출은 외국인들이 미국 상품을 더 저렴하게 구매할 수 있도록 해주는 동시에 미국 재무부에도 연간 수익을 제공하고 있기 때문이다.

중국은 전 세계적으로 유혹과 확장, 착취와 상호 의존 또는 자기권리 주장과 역풍 등 제국주의의 수명 측면에서 볼 때 다양한 시점에 위치해 있다. 하지만 러시아 같은 거대 국가든 잠비아처럼 작은 국가든 이들이 가진 공통점은 중국에 대한 높은 의존도가 한편으로는 안정과 확실성을 가져오고 다른 한편으로는 긴장과 반발을 유발한다는 것이다. 중국은 새로운 파이프라인을 건설하고 이를 연결하는 도로를 건설함으로써 현재 미얀마의 지리적 장점을 최대한 활용하고 있다. 하지만 미얀마는 이전보다 중국에 대한 두려움이 적은 것처럼 보인다. 2012년 말에는 "중국인들은 물러가라, 우리는 당신들이 더 이상 두렵지 않다."라며 중국인들에게 경고하는 문자메시시 운동이 벌어졌다.

제국이 쇠퇴하면서 기반시설의 소유자와 운영 목적도 변한다. 제정 러시아가 바이칼 호 동쪽의 시베리아 횡단열차 노선을 점점 연장하자, 일본 메이지明治 유신 정부는 1904년에 러시아가 소유한 만주의 뤼순旅順에 대한 공격을 감행했다. 하지만 일본이 2차 세계대전에서 패배한 이후 러시아는 가스가 풍부하게 매장된 사할린 섬 남부의 일본 철도를 강탈했다. 미국이 이라크에서 철군한 후에 이라크군과 아이시스는 미군이 두고 간 장비들을 차지했다.

우후죽순처럼 뻗어나가는 중국의 공급망은 필연적으로 군사적 목적을 띠게 될 것이다. 중국은 현재 베네수엘라와 남수단처럼 중국이 자원을 채굴할 수 있는 뿌리 깊은 갈등 지역에 관한 정보를 수집하고 있다. 또한 중국은 아이티와 레바논 등에 수천 명의 평화유지군을 파견해 수십 개 국가와 함께 공동 군사작전을 펼치고 있다. 그리고 수단의 유전지대를 보호하기 위해 인민해방군 비밀 부대를 운영하는 것으로 알려졌다. 실질적으로 중국은 갑자기 자국의 노동자들을 구조하거나 지원 병력을 파견해야 할 수도 있는 국가 인근의 인도양 주변 해역에 대한(이미 아프리카 지부티에는 해군기지 건설을 계획하고 있다) 해군 주둔을 강화할 것이다. 아마도 지원 병력은 민간 경호업체에서 파견할 확률이 높다.

공급망 전쟁은 글자 그대로 실제 전쟁이 될 수도 있다. 특히 중국의 국경지대에서 발생할 가능성이 높다. 금, 가스, 석유, 우라늄이 풍부한 파키스탄의 발루치스탄Baluchistan 주에서는 파키스탄군과 중국국영광산기업의 발루치 민족주의에 대한 탄압이 지속되고 있다. 이 때문에 파키스탄의 발루치족은 과다르Gwadar 항구의 개발을 중국이 지원하는 펀자브Punjab 식민지 프로젝트로 인식하고 있다. 특히 파키스탄 정부가 2013년에 과다르 항구를 중국의 해군기지로 사용하도록 허용한 것은 발루치족의 의구심을 더욱 부채질하고 있다. 발루치스탄 해방군은 파이프라인을 공격하고 버스에 대한 폭탄 공격과 과다르 항구 인근의 중국 기술자들에 대한 테러를 감행했다. 2014년에 행해진 대형 발전소에 대한 공격은 파키스탄 전체를 암흑 속에 빠트렸다. 발루치족은 과다르 항구가 에너지와 수송 중심지로 개발되지 않았다면 더욱 만족했을지도 모른다. 하지만 발루치족은 공급망을 통제하기 위해 훨씬 더 강력한 공격을 펼칠 것이다.

중국은 중앙아시아의 투자시설을 보호하기 위해 군대를 파견하고 싶어 하지 않지만 그렇게 해야 할지도 모른다. 아프가니스탄에서의 미군 철수는 중국이 광산, 도로, 다른 기반시설을 보호하기 위해 카불 정부(지금은 무기를 팔고 있는)는 물론 지역 지도자, 군벌, 탈레반과도 더 많은 협상을 해야 한다는 의미이다. 하지만 "아프가니스탄을 임대할 수는 있어도 살 수는 없다."라는 유명한 말이 있다. 중국은 소련과 미국이 적대적인 땅에 너무 깊숙이 발을 담근 것과 같은 똑같은 실수를 하지 않을 것이다. 하지만 중국은 아프가니스탄에서 중국만의 수렁에 빠질 수도 있다.

어떤 '연성권력soft power'도 공정한 거래를 대체할 수 없다. 철도를 건설하고 영어를 가르치는 것이 제국을 유지하는 데 필수요소였다면 영국의 인도 통치는 지금까지도 번영하고 있을 것이다. 식민주의는 구시대의 유물이다. 식민지가 되고 싶은 국가는 없다. 모든 국가는 중심지가 되고 싶어 한다.

chapter 10

대양을 가로지르는
땅따먹기 놀이

엔클라브 제국

핼퍼드 매킨더가 중앙아시아를 역사의 지리적 중심부라고 선언하기 4백
년 전인 1524년에 스페인의 정복자 에르난 코르테스^{Hernán Cortés}는 대양의
항로를 지배하는 자가 세계를 지배한다고 주장했다.[1] 16세기 초에 필리
핀의 마닐라는 스페인의 세계무역의 중간 거점으로 번영했다. 스페인의
상인들은 명나라와의 막대한 교역을 통해 스페인 왕국의 부를 축적했고,
동쪽으로는 동인도와 태평양을 가로질러 멕시코의 아카풀코^{Acapulco} 그리
고 또다시 대서양을 횡단해 스페인까지 상품을 실어날랐다. 스페인의 펠

리페 2세의 2천 톤 규모의 대형 범선 상단은 비단, 도자기, 진주 그리고 다른 사치품을 포함한 향료무역을 독점했다.

스페인의 대형상단을 통한 교역 이후 5백 년이 지난 지금, 인류는 또다시 수십 개의 중요한 항구도시 사이에 긴밀한 연결체제를 가진 해양 문명을 유지하고 있다. 이를 통해 엄청난 규모의 원자재와 상품을 거래하고 있다. 하지만 누가 각 대양 사이의 항로를 지배하고 있을까?

2014년 2월 24일, 카리브 해의 작은 섬 국가인 트리니다드토바고 Trinidad and Tobago에서 중국항만건설공사China Harbour Engineering Company의 시잉타오Shi Yingtao 부사장은 새로운 특별경제구역과 환적 항구 건설계약을 체결했다.* 트리니다드토바고는 칼립소 음악으로 유명하지만, 사탕수수와 코코아를 수출하는 다른 카리브 해 국가들과 달리 GDP의 절반을 석유 수출이 차지하고 있다. 더 많은 배들을 수용하기 위해 파나마 운하가 확장되면서, 뉴저지에서 플로리다까지 미국 동부의 항구들도 정박지 확장에 나서고 있다. 하지만 트리니다드토바고는 북쪽으로는 미국, 남쪽으로는 브라질로 출항하기 전에 중국의 상품을 분배하기 위한 항구로서 이상적인 위치를 차지하고 있다. 중국의 수출입은행이 트리니다드토바고의 특별경제구역과 환적 항구 건설 공사비용을 지원해준 것도 놀라운 일이 아니다.

학자들은 21세기 중국의 부상을 분석하기 위해 노력해왔다. 21세기 중국의 부상은 중앙아시아나 동남아시아의 더 작은 국가들이 명나라의 황제에게 머리를 조아리는 방식으로 순응을 표했던 과거 조공체제와 유

---

* 수도 이름인 포트오브스페인(Port of Spain)은 과거의 식민지 역사를 상기시켜준다. 트리니다드토바고는 1498년의 콜럼버스의 상륙 이후 1962년에 영국으로부터 독립하기 전까지 통치 국가가 여러 차례 바뀌었다.

사점이 많다. 이 때문에 일부 학자들은 비스마르크를 본보기로 인용하기도 한다. 19세기 독일의 정치가였던 비스크마르크는 대륙 전체의 안정을 해치지 않고 독일의 위상을 강화했다. 하지만 비스마르크 체제는 반독불연합Franco German counter-coalition이 등장하기 전까지 30년도 지속하지 못했다. 이후 일은 역사에 기록된 대로이다.

21세기의 중국을 이해하는 데 좀 더 적절한 비유는 유럽 대륙이 아닌 17세기 네덜란드 제국의 해양 역사에서 찾을 수 있다. 스페인과 포르투갈의 왕조들은 최초의 세계 제국들이었지만(그리고 1640년까지 반세기 동안 유지되었다), 폭력과 대량학살을 통해 남미, 아프리카, 아시아와 오세아니아를 정복했다. 포르투갈과 스페인에게 해외 식민지는 이베리아 반도 영토의 확장이었다. 이와 대조적으로 네덜란드는 무력이 아닌 상업적 방식으로 세계를 지배했다. 1602년에 설립된 네덜란드의 동인도회사는 탐험을 위해 주식과 채권을 발행한 세계 최초의 다국적 기업이었다. 수익이 많이 나는 포르투갈의 향신료 무역과 유럽의 저지대 국가들Low Countries*에 대한 스페인의 지배를 무너트리기 위해, 네덜란드는 2백 년 동안 전체 유럽보다 더 많은 5천 대의 선박과 1백만 명의 상인을 전 세계로 내보냈다. 실제로 이베리아 반도-네덜란드와 영국-네덜란드의 적대관계는 해양에 대한 통제가 아니라 수에즈 동쪽의 항구에 대한 접근을 둘러싼 것이었다. '항해의 자유freedom of the seas'에 대한 개념은 네덜란드의 법학자인 휘호 호로티위스Hugo Grotius가 제창했다. 그는 1609년에『항해의 자유Mare liberum』에서 바다는 주권지대가 아니라 국제적인 지역으로 남아 있어

---

* 오늘날의 벨기에, 네덜란드, 룩셈부르크 그리고 프랑스 북부지역 일부와 독일 서부지역 일부가 포함된다 — 옮긴이

야 한다고 주장했다.

4백 년 전의 네덜란드의 전략과 현재 중국의 전략 사이에는 놀라울 정도로 유사점이 많다. 중국은 식민지를 통치하고 전체 사회의 변화를 추구하는 영국이나 프랑스의 방식이 아니라, 자원을 위해 기반시설을 건설하는 네덜란드의 방식을 따르고 있다. 네덜란드도 포르투갈을 축출하고 통치력을 확보하기 위해 지역의 통치자들과 연합해 물리력을 사용하기는 했다. 하지만 이들의 목적은 교역의 거점을 확보하고 천연자원을 이용하려는 것이지 신이나 국가를 위해 세계를 정복하려는 것이 아니었다.* 이보다 2백 년 앞서 명나라의 장군 정화鄭和의 보물선 함대Treasue Fleet 는 멀리 동아프리카의 국가들과도 평화적 외교관계를 수립했다. 명나라처럼 네덜란드도 영토가 아니라 교역을 위한 제국이었다. 중국과 네덜란드는 엔클라브enclave** 제국이었다.

중국은 지난 수 세기 동안 유럽의 열강들이 홍콩과 마카오 같은 식민 조차지에 자국민 거주지를 만드는 것을 보면서 해외의 자국민 거주지를 건설하는 방식을 오랫동안 충분히 연구했다. 중국은 최근 수십 년 동안 자국의 영토뿐만 아니라 아시아, 남미, 아프리카에 수십 개의 특별경제구역을 건설했다. 특별경제구역은 공급망 세계의 보루이다. 이를 통해 중국은 식민지배라는 지저분한 정치를 하지 않고도 자원을 확보할 수 있을 것이다.

하지만 미국만 세계적인 힘을 펼칠 수 있는 해군력을 가지고 있고 주

---

* 네덜란드는 브라질과 남아프리카공화국, 인도의 일부를 잠시 점령했다. 그리고 인도네시아에서 반둥(Vandung)과 자카르타 같은 현재의 대도시들을 건설했고, 7만 5천 킬로미터에 이르는 도로와 항구 그리고 다른 기반시설을 구축했다.
** 타국 영토 내의 자국 영토나 자국민 거주지 ― 옮긴이

요한 해상 노선을 차단할 수 있다면 중국이 어떻게 자원을 확보할 수 있을까? 중국이 가진 항공모함은 1대뿐이다. 하지만 17세기 네덜란드처럼 중국은 바지선, 벌크 화물선, 유조선, 컨테이너선 등 2천 대가 넘는 세계 최대의 상선 함대를 보유하고 있다. 이 상선들은 북극해를 포함해 세계의 모든 바다를 항해하고 있다. 이와 대조적으로 미국 국기를 달고 세계의 바다를 누비는 배들은 1백 척도 안 된다. 중국은 가장 가치 있는 해상 지배력은 교역을 확대하는 것이라고 주장한 19세기 미국의 해군 전략가 앨프리드 세이어 머핸Alfred Thayer Mahan의 전략을 면밀히 연구해왔다. 머핸은 1백여 년 전에 증기선과 전신 케이블의 발명으로 더 빠른 속도로 발전하는 세계 경제를 이용하기 위해 하와이를 합병하고 파나마 운하를 건설하자고 주장했다. 그는 "세계는 점점 좁아지고 있다. 과거에 멀리 있던 지역들이 매우 중요해졌다."라고 말했다.[2] 오늘날 공급망 제국의 근간을 이루는 중요한 항구와 운하를 건설하고 운영하며 효율적으로 지배하는 나라는 중국이다(파나마 운하를 운영하는 회사는 홍콩에 본사를 둔 허치슨 왐포아Hutchison Whampoa 그룹이다). 5대양에서 교역 영향력을 증대시키고 있는 중국은 과연 전 세계에 있는 자국의 유조선과 화물선을 보호하기 위해 무장함대를 파견할까?

움직이는 주권

2014년 5월 2일 아침, 심해 시추선이 북위 15도 29분 58초, 동경 111도 12분 06초, 중국 하이난海南 섬에서 남쪽으로 180마일, 베트남의 리손Ly Son 섬에서 동쪽으로 120마일 지점에 자리를 잡았다. 약 두 달에 걸쳐 해양석유 981 시추선은 2개의 유정을 뚫었다. 그리고 7월 15일에 사라졌다.

우리는 주권에 대해 생각할 때 흔히 영토를 떠올린다. 하지만 지구의 대부분은 소유권이 불분명한 바다로 덮여 있다. 네덜란드의 학자 휘호 흐로티위스가 항해 자유권을 주장한 이후 20년도 지나지 않아 영국의 법학자인 존 셀던John Selden은 영해에 대한 지배권을 주장했다(『해양 폐쇄론Mare clausum』). 오늘날 많은 국가들은 육지에서 2백 마일까지를 배타적 경제수역이라고 주장한다. 하지만 수십 곳에 이르는 중복 지역에서 국제법상의 마찰과 해군의 교전이 발생하고 있다. 중국은 교역을 위해 세계 바다를 항해하는 문제에 관해 흐로티위스와 네덜란드의 입장을 지지한다. 하지만 남중국해에 관해서는 중국은 영해의 지배권을 주장한 셀던조차 얼굴을 붉힐 "푸른 영토Blue Soil"라는 대담한 용어를 사용하고 있다.

중국은 남중국해의 에너지자원 탐사에 늦게 진출했지만, 매장이 확인되거나 베트남 석유Petro Vietnam와 엑손, 당국의 허가를 받은 인도, 러시아 그리고 다른 기업들에게 개발권이 낙찰된 지역들에 초점을 맞추었다. 또한 중국은 이동식 심해 시추선인 해양석유 981 같은 신기술을 활용했다. 해양석유 981은 과거에는 육지에서만 가능했던 일종의 기동작전이 가능한 첨단장비이다. 왕이린王宜林 중국해양석유총공사CNOOC 회장은 해양석유 981 같은 이동식 심해 시추선을 "전략 무기"이자 중국의 "움직이는 주권의 일부"라고 불렀다.[3]

'움직이는 주권'은 17세기 기술로는 상상할 수 없는 단어이다. 하지만 해양석유 981 같은 기동성 있는 장비는 오늘날의 지정학에서 이동 가능한 공급망 섬이다. 영토를 점령하거나 바다에 대한 소유권을 주장하지 않고 분쟁지역에 몰래 들어가 자원을 탐사하고 심해에서 채굴한 뒤 공해 상으로 이동하는 것이다. 기동성 있는 장비는 영구적인 영역에 대한 방어를 필요로 하지 않는다. 단지 시추를 하고 석유를 채굴하는 동안 장비를 보호하는 해양경비대와 해군만 있으면 된다. 갈등이 폭발 직전에 다다랐을 때 선의의 표시로 장비를 철수할 수 있기 때문이다. 이런 최신기술을 가지고 있는 중국은 분쟁 해역에서 함께 일하고 싶어 하지 않는 외국 석유회사들에 의존할 필요가 없다. 중국 혼자서 자원 개발이 가능하다. 중국은 항공모함보다 해양석유 981 같은 시추선을 더 많이 만들고 있다.

중국, 베트남, 필리핀은 모두 바다의 헌법이라고 불리는 유엔해양법협약UN Convention on the Law of the Sea에 가입한 국가이다. 하지만 과거의 전쟁과 양자 협약에 따른 역사적인 소유권 주장은 해양법 조항을 존중하지 않고 있다. 현재 중국의 악명 높은 9단선nine-dash line* 지도(가장 최근에는 10단선 지도를 발표했다)에는 베트남 해안, 보르네오 섬, 필리핀을 지나 대만에 이르는 사람의 혀의 모습과 비슷한 해역이 표시되어 있는데, 중국은 이 영역의 주권을 주장하고 있다. 이는 미국이 카리브 해와 베네수엘라 해안을 미국의 영해라고 주장하는 것과 같다. 하지만 중국의 공격적인 지도와 방공식별구역**은 다른 국가의 남중국해 이용을 거부하기 위한 것이 아니라 남중국해 아래에 매장된 30조 세제곱미터의 천연가스와 1백억 배럴의 석유를 가능한 많이 채굴하려는 의도를 가지고 있다.

"이용하지 않으면 잃는다."는 중국의 접근방식은 난사南沙 군도와 시사

---

* 중국이 자국 지도에 남중국해 주변을 따라 그은 U자 형태의 9개의 해양 경계선 ― 옮긴이
** 자국의 영토와 영공을 방어하기 위한 구역 ― 옮긴이

西沙 군도의 무인도에 활주로, 등대, 요새, 통신소, 사무실을 건설하는 것을 포함한다.* 난사 군도의 피어리 크로스Fiery Cross 암초는 각각의 모래톱을 연결해 더 큰 섬을 만들기 위한 대규모의 준설과 간척 작업이 진행되고 있는 '섬 공장island factory'의 중심지가 되었다.

모래는 무기가 되었다. 모래는 본질적으로 형태가 변한다. 작은 입자들이지만 콘크리트의 중요한 성분이다. 규소를 기반으로 한 석영은 지표에서 가장 풍부한 광물 가운데 하나이다. 전 세계의 건설공사에 적합한 모래를 찾는다는 것은 강과 해안을 준설하고 해저에서 모래를 캐내 연간 7백억 달러 규모의 전 세계 시장으로 공급한다는 의미이다.⁴ 심지어 호주에서 사막 한가운데 있는 두바이로 모래를 수송하는 것은 역설이 아닐 수 없다. 지형학에서 모래의 활용은 국가 건설에 도움이 되는 공급망의 한 사례이다. 싱가포르의 끝없는 모래 수요는 침식을 통해 인도네시아의 작은 섬들을 사라지게 만들었고, 말레이시아의 모래 수출은 공식적으로 중단되었다. 하지만 모래가 풍부한 미얀마와 필리핀 등 다른 국가들은 모래 판매를 통해 많은 수익을 내고 있다.⁵ 중국은 모래를 무기로 활용해 피어리 크로스 암초 해역에서 실효적 지배를 확고히 했다. 국제법적인 주권은 영원히 중재 대상일 뿐이다.

중국의 행동에 대한 지역적인 대규모 반발도 남중국해에서 발생했다. 2014년 중반에 시사 군도 인근 해역에 중국의 해양석유 981이 나타났다는 뉴스가 보도되자 베트남 국민이 전국적으로 시위에 나섰고 중국 기업의 제조시설에 불을 질렀다. 베트남과 합작한 한국, 대만, 싱가포르 공장

---

* 중국군은 이를 양배추 전략이라고 부른다. 분쟁지역의 섬에 기반시설을 세우고 어선과 해안 경비정, 군함을 이용해 마치 양배추처럼 섬 주변을 여러 겹으로 둘러싸는 것이다. 미국은 이런 전략을 살라미 슬라이싱(salami slicing)이라고 부른다.

들도 일부는 중국 공장으로 오인되어 공격을 당했다(그래서 피해를 당하지 않기 위해 제조시설 정문에 국기를 걸라는 당국의 통보도 있었다). 피어리 크로스 암초에서 벌어지는 중국의 건설 작업에 대한 인공위성 사진이 공개되자, 미국은 근접 촬영을 위해 포세이돈 초계기를 파견했다.

하지만 중국은 전략적 반발을 초래하지 않고 다른 국가의 깊숙한 해역에서 탐사를 계속했다. 국지적 갈등이 빈발했지만 더 이상 국제적인 갈등으로 확대되지는 않았다. 미국은 군사적 침략을 억제할 수 있지만 공급망의 확대를 저지할 전략은 거의 가지고 있지 않다. 남중국해와 동중국해에서의 일방적인 중국의 독단적 행동 때문에, 미국은 아시아에서 해군과 공군 전력의 균형 유지를 위해 성급한 아시아 회귀 정책을 추진했다. 하지만 더 많은 폭격기과 전함을 아시아에 배치한다고 해도 미국은 이 모든 전력을 실제로 사용할 의지가 있는 것일까?

모든 군대는 오래 지연되는 전쟁보다는 빠르게 끝나는 전쟁을 선호한다. 하지만 미래를 멀리 내다볼수록 시나리오는 그만큼 더 불확실해진다. 미국은 일본, 필리핀, 호주에서 미군기지 주둔을 연장했지만, 신형 B－1 폭격기는 실제로 공군기지에 배치되지 않고 순환하고 있다. 동시에 미 해군은 중국의 영향권에서 벗어난 괌 인근 해역에서 이동식 부유 기지 건설에 투자하고 있다. 하지만 중국이 최첨단 잠수함과 미사일 그리고 미국의 대형 항공모함을 공격할 수 있는 무기를 개발하고 태평양 지역까지 해군력을 확대할 경우 이 모든 것이 급격하게 바뀔 것이다. 항공기에 사용하는 투명 망토, 자동으로 운항하는 스텔스 무인항공기, 사이버 해킹은 모두 첨단기술이 경쟁하는 아시아에서 갈등의 본질과 장소가 획기적으로 변할 것이라는 사실을 암시하고 있다.

군사장비 등 하드웨어 분야를 제외하고 미중 갈등의 전개 양상을 예측하기 위해서는 공급망에 대한 관찰이 필수적이다. 1917년에 연합군 상선에 대한 독일 잠수함의 공격은 미국의 1차 세계대전 참전을 초래했다. 그리고 2차 세계대전에서도 일본의 상선 가운데 상당수를 파괴한 것은 미국의 잠수함이었다. 중국의 상선과 관련된 사건들은 전쟁 행위로 간주되어 미국의 전함과 기지에 대한 보복으로 이어질 것이다. 이렇게 되면 전체 상품의 70퍼센트를 중국으로부터 수입하는 월마트는 파산할 가능성이 높다(월마트는 중국에서 매출을 늘리기 위해 이하오디앤Yihaodian.com 같은 전자상거래 기업을 사들였다). 심지어 미군조차 컴퓨터 칩에서 전구에 이르기까지 거의 모든 것을 중국에 의존하고 있다. 따라서 중국이 성장을 위해 평화를 원하고 미국이 하드웨어를 중국에 의존하며 동남아시아가 수출품의 경로로 남중국해를 이용하는 동안에는 미국과 중국의 직접적인 충돌은 어느 누구에게도 이득이 되지 않는다.

공급망은 법적인 문제처럼 보이는 것에 실질적인 해법을 제공한다. 전략적으로 민감한 해역에서 공동으로 에너지 자원을 개발한 전례가 없는 것은 아니다. 노르웨이와 러시아는 약 1백 년 전에 노르웨이가 섬을 통치하지만 모든 상업적인 활동을 허용한다는 데 합의함으로써 북극해에 있는 스발바르Svalbard 제도의 스피츠베르센Spitsbergen 섬을 둘러싼 분쟁을 해결했다. 태국과 말레이시아는 1979년에 양국 사이의 대륙붕에 있는 10여 개의 가스전에 대한 공동 개발기관을 설립했다. 그리고 유명한 정치인과 에너지 기업의 경영자들로 이사회를 구성해 가스전을 운영하고 이익을 공유했다. 페르시아 만의 경우처럼 남중국해에서도 중국은 이름만 제공해야 한다. 현실에서는 이란과 카타르가 세계 최대의 가스전을 공동으로 개발한 것처럼, 관련국들이 공동으로 자원을 개발하고 이익을 공유해야 한다. 1970년대부터 시작된 "우리 모두 같은 우물에서 물을 마시자."라는 태국과 말레이시아의 구호가 미래로 향하는 합리적인 길을 잘 보여주고 있다.

자원전쟁을 피하기 위한 석유와 가스 공급선의 다변화가 아시아보다 더 중요한 지역은 없다. 기술과 교역 덕분에 천연가스와 같은 지역자원이 LNG 운반선을 통해 세계적인 자원이 되었다. 1964년에 세계 최초로 LNG 운반선이 알제리에서 런던으로 가스를 운송한 이래, 약 6백 척의 LNG 선박이 수요와 공급을 연결시켜주기 위해 세계를 항해하게 될 것이다. 석유와 달리 천연가스 분야에는 기업연합이 없다. 약 1백 년 동안 아시아에서 활동해온 쉐브론은 인도네시아, 태국, 방글라데시에 있는 가스전의 절반 정도를 개발하고 있고 서부 호주의 가스 생산도 담당하고 있다. 근해의 가스전들은 거의 모두 LNG 운반선을 필요로 한다.* 경직된 계약을 유연한 가격 정책으로 대체하는 가스 교역 중심지의 부상과 함께 LNG 터미널과 아시아의 가스 파이프라인 네트워크는 수요와 공급의 상호 보완성이 지정학적 분할보다 더 중요하다는 사실을 알려줄 것이다.** 아시아인들에게 "뚫고 또 뚫어라."는 에너지 안보와 지역의 안정을 바라는 외침이다.

---

* 쉐브론과 토탈(Total)은 중국 신장 분지와 미얀마 근해에서 가스전을 개발하고 있다. 특히 유럽 정부들이 자국의 셰일가스 개발에 소극적이기 때문에 유럽의 에너지 기업들은 아시아에서 적극적으로 개발에 나서고 있다.
** 동시에 파나마 운하의 확장과 함께 미국의 액화 천연가스의 공급 증가는 루이지애나에서 아시아까지의 거리를 절반 정도로 줄일 것이다.

해양 주권

중국국영석유회사와 미국 해군이 해저자원 개발 경쟁에 참여하는 유일한 선수들은 아니다. 막강한 영향력을 가진 국적이 없는 세계적 기업들도 나름대로 이동이 가능한 형태의 해양 주권을 가지고 있다. 예를 들면 셸의 프렐류드Prelude는 부유식액화천연가스FLNG 플랫폼이다. 시드니의 오페라하우스의 3배 크기로, 미국의 최대 항공모함보다 5배나 무겁다. 이 부유식액화천연가스 플랫폼은 1곳에서 가스를 액화상태로 만들어 저장하고 운송하며 하역할 수 있다. 프렐류드는 오래된 시추선과 달리 해저에 정박시킬 필요가 없다. 현재 20여 개 이상의 신형 부유식액화천연가스 플랫폼이 브라질과 북극해 주변의 심해에서 가스를 채굴하고 있다. 부유식 가스 생산설비는 굴착장비를 언제나 고정된 위치에 고정하기 위해 물 분사로 방향을 잡아주는 GPS 기반의 동적 위치시스템을 이용하고 있다. 특정 국가의 영해에 어떤 파이프도 설치하지 않기 때문에, 부유식 가스 생산시설에서는 파이프라인과 정제시설과 관련된 비용이 발생하지 않는다. 그리고 해당 국가의 인력을 고용할 필요도 없고 환경에 미치는 영향을 측정하지 않아도 된다. 또한 전통적인 계약에 따른 기업의 의무도 없다. 최초의 프렐류드는 서부 호주의 브라우즈Browse 해역으로 향했고, 현재 한국의 삼성중공업이 만들고 있는 또 다른 부유식 가스 생산설비들은 말레이시아, 동티모르, 모잠비크 인근 해역에서 채굴에 나설 예정이다. 이런 생산시설들은 수십억 달러의 수익을 가져오지만, 셸처럼 수십 년 동안 나이지리아의 복잡한 현지 정치에 얽힐 가능성은 없다.

셸의 프렐류드는 세계에서 가장 규모가 크지만 현재 한국의 조선소에서 건조하고 있는 선박처럼 이동성이 높지는 않다. 가장 기동성이 높은 배는 덴마크의 거대 해운사인 머스크^{Maersk}의 트리플이^{Triple-E}급 선박[*]으로, 공급망 세계의 진정한 상징이라고 할 수 있다. 해운업계에서 트리플이급 선박은 항공업계에서 에어버스 A380과 같다. 초세계화 시대의 거대한 화신인 셈이다. 프렐류드와 마찬가지로 트리플이급 선박은 미국의 최대 항공모함보다 2배 정도 길고 A380처럼 항상 움직인다. 파나마 운하를 통과하기에는 너무 넓고 미국의 항구에서 화물기중기를 이용하기에는 너무 높다. 트리플이급 선박은 로테르담에서 수에즈 운하를 거쳐 인도양을 통해 싱가포르, 홍콩, 상하이 구간을 운항하고 있다. 20척에 달하는 트리플이급 선박은 전 세계 항공모함 수보다 더 많고 2020년이면 태평양과 대서양, 북극해를 운항하게 될 것이다.

　머스크의 트리플이급 선박이 3만 6천 대의 닛산 자동차와 1억 8천만 개의 애플 아이패드, 1억 1천만 켤레의 나이키 운동화를 싣고 운항하는 것을 상상해보라. 그리고 트리플이급 선박이 시사 군도와 난사 군도 사이의 남중국해를 항해하는 도중에 중국 해양석유 981을 괴롭히는 베트남 선박을 겨냥해 중국 잠수함이 발사한 어뢰에 피격당하는 상황이 발생한다면 어떨까. 이는 누구를 상대로 하는 전쟁이 될까? 배를 운영하는 머스크일까? 아니면 배가 속한 덴마크일까? 배를 건조한 한국일까? 또는 40억 달러에 달하는 상품이 속한 기업들일까? 상품을 받지 못해 손해를 입게 될 — 얄궂게도 베트남과 중국의 기업도 포함될 수 있다 — 공급

---

* "트리플 E"는 효율성이 높고, 경제적이며 친환경적임을 의미한다. 트라플이급 선박은 느린 속도로 이동하며, 폐열 회수를 통해 생성되는 추가 전력을 사용한다. 다른 화물선보다 컨테이너당 탄소 배출량이 50% 이하이다. 6만 톤의 강철로 만들어진 선박은 부품의 95%를 재활용할 수 있으며, 재활용된 수명주기까지 추적할 수 있는 "cradle-to-cradle passport" 시스템이 적용되었다.

자들일까? 이런 시나리오가 발생하든 안하든, 머스크의 트리플이급 선박에 대한 공격은 세계화에 대한 공격이 될 것이다. 그리고 세계화에 대한 공격은 모든 사람에 대한 공격과 다름없다.

해운회사들은 특정 국가에 국적을 두지 않는다. 국가보다는 물자의 흐름에 더 충성심을 보인다. 대체적으로 독일, 노르웨이, 덴마크, 네덜란드, 그리스, 중국의 재벌들에 의해 운영되는 해운회사들의 주인은 케이맨Cayman 군도에 있는 역외 법인일 수 있다. 그리고 이들은 싱가포르에서 계좌를 운영하고 이익을 스위스 은행에 쌓아둘 수 있다. 각각의 선박은 라이베리아에 선적을 두고 파나마의 편의치적* 깃발을 달고 환경 재난이나 화물의 침수에 대한 책임을 제한하는 키프로스의 특수목적회사에 속한 일종의 움직이는 자산이다. 1990년에는 전 세계 1만 톤 이상의 선박 가운데 23퍼센트만이 역외 선적이었지만, 현재는 72퍼센트가 역외에 선적을 두고 있다.

해운산업은 지난 1천 년 동안 대륙 간 교역의 근간이었고, 지금도 세계 상품교역의 90퍼센트를 차지하고 있다. 실제로 세계 정상급 해상운송 기업들은 복잡한 세계 자본주의를 어떻게 항해해야 하는지 배울 필요가 없다. 이들이 자본주의를 만들었기 때문이다. 페르시아 만을 가로지르는 메소포타미아와 인도 사이의 해상운송은 기원전 3천 년으로 거슬러 올라간다. 반면 지중해에서 로도스Rhodes 섬의 그리스 상인들은 상선이 침몰하거나 실종되었을 경우에 배상을 하는 보험료를 공동으로 출자했다. 중세 북유럽의 한자동맹과 베네치아의 거대 상인조직은 보험계약

---

* 세금을 줄이고 값싼 외국인 선원을 승선시키기 위한 목적으로 선주가 소유 선박을 자국이 아닌 제3국에 등록하는 것을 말한다. ─ 옮긴이

에 대한 법적인 조항을 만들었고 재보험 산업을 육성했다. 이런 보험이 없었다면 자본 집약적인 해상운송 산업은 커다란 위험을 감당할 수 없었을 것이다. 1680년대에 영국 런던의 에드워드 로이드^{Edward Lloyd}의 커피숍은 당시에는 선주와 선원들의 사교 장소였지만 오늘날에는 세계 최대의 해상보험회사로 성장했다. 운송과 보험의 협력관계는 세계화의 기초가 되었다.

많은 경제학자들은 경기침체기에 많은 새로운 유조선들이 시장에 투입되는 것을 비관적으로 생각하고 있다. 하지만 실제로 세계 최대의 해상운송 기업들은 서로의 협조를 통해 현재의 경기침체기를 헤쳐 나가고 있다. 머스크, CMA, CGM, 메디터레이니언^{Mediterranean}은 운영비용을 절감하기 위해 비공식적인 연합을 결성했다. 2015년에서 2030년 사이에 세계의 해상 물동량은 2배로 증가해 10억 컨테이너 이상이 될 것으로 추정된다. 이는 지금 연결에 투자하는 사람은 누구든지 미래의 교역 분야에서 우위를 점할 수 있다는 의미이다. 롤스로이스^{Rolls-Royce}는 초기 형태의 조종사가 없는 화물선의 시험 운항을 계획하고 있다. 머지않은 미래에 세계 해양공급망은 자동조정장치에 의해 움직일 것이다.

말라카 해협의 함정에서 탈출

공급망 기반시설은 전 세계에서 서로 간의 협력을 통해 작동한다. 우연하게 협력들이 동시에 발생하면 세계의 물류 흐름이 갑자기 변한다. 20세기 초에 미국 대륙을 횡단하는 철도는 파나마 운하와 함께 남미의 마젤란 해협의 중요성을 약화시켰다. 21세기 초에 에너지와 상품이 이동하는 가장 전략적인 해로는 인도와 가까이 있는 말라카 해협이다. 인도의 다른 쪽에는 호르무즈 해협이 있다. 말라카 해협의 경우 싱가포르 남쪽에서 조금 떨어진 가장 폭이 좁은 곳은 인도네시아의 가장 큰 섬인 수마트라와 거리가 2.8킬로미터에 불과하다. 조깅을 하는 사람들, 자전거를 타는 사람들, 골프 치는 사람들, 수영하는 사람들, 태극권을 연습하는 사람들, 제트 스키를 타는 사람들, 관광객들은 해협을 지나가는 수백 척의 배와 유조선을 구경한다. 사람들은 말라카 해협이 인도양과 태평양을 연결하는 가장 교통량이 많은 해로라는 사실을 당연하게 받아들인다.

싱가포르 남쪽의 필립^{Phillip} 해협은 중요한 선박들이 지나가는 유일한 통로이지만, 싱가포르는 말라카 해협 안에 있는 섬이다. 16세기 초에 포르투갈이 마카오에 식민지를 건설하기 위해 이 해협을 통과하기 전에 이미 그리스인, 로마인, 아랍인, 인도인 들은 이곳을 자주 항해했다. 네덜란드와 영국도 말라카 해협에 대한 통제권을 놓고 1백 년 동안 갈등을 빚었고, 자국과 우방국들이 자유롭게 해협을 통과하는 데 합의했다. 자원이 부족한 싱가포르는 이런 지리적 위치를 활용해 발전했고, 교역, 환적, 원유 정제, 서비스 산업의 중심지가 되었다. 싱가포르가 1819년에 건국되었을 때, 스탬퍼드 래플스^{Stamford Raffles} 경은 "우리의 목표는 영토가 아니라 교역"이라고 말했다.[6]

서양의 분석가들은 남중국해에서의 중국의 군사작전에 초점을 맞추고 있다. 하지만 중국이 인공섬을 건설하는 궁극적인 목적은 말라카 해협에 대한 의존을 줄이기 위해 말라카 해협 동쪽에 있는 자원에 대한 접근권을 확보하는 것이다. 중국은 인도와 태평양 사이의 길목을 통제하고 싶어 하는 것이 아니라 피하고 싶어 한다. 따라서 말레이시아, 태국, 인도네시아처럼 인도양과 태평양에 접한 지리적 위치에서 이점을 얻기 위한 연결 경쟁이 치열해지고 있다. 이런 국가들이 중국의 도움으로 지리적 이점을 연결하는 방법을 터득하면서 싱가포르의 중심적 위치가 위협받고 있다.

고속도로와 철도처럼 에너지 파이프라인과 운하는 글로벌 연결의 효율성을 증대시키는 방법을 구체적으로 알려준다. 말레이시아에는 석유와 가스가 풍부하지만, 경제가 빠르게 성장하다 보니 이미 천연가스 수입국이 되었다. 말레이시아는 2013년에 인도양의 안다만 해에 있는 과거 말라카 향신료 교역의 중심지에 천연가스 수입 터미널을 구축해 가스 교역의 중심지로서 싱가포르와 경쟁하고 있다. 말레이시아는 1년 후에 싱가포르 동쪽의 태평양 연안 조호르 주에 석유화학단지를 건설한다는 발표를 했다.

말레이시아가 에너지 시장에서 싱가포르를 대체하려고 노력하는 반면, 크라 지협Isthmus of Kra를 통과하는 운하를 만들겠다는 태국의 계획은 싱가포르와 말라카 해협을 위협하고 있다. 수에즈 운하를 건설한 페르디낭 드 레셉스Ferdinand de Lesseps가 1882년에 크라를 방문했지만, 영국은 동남아 물류의 중심지로서 싱가포르 항을 유지할 수 있었다. 하지만 아시아의 에너지 수요 그리고 중국의 강력한 의지에 현대적 기술력이 더해지면서, 태국의 크라 운하 건설은 단지 가능성이 아니라 말라카 해협의 함정에 대한 바람직한 대안이 될 수도 있다. 남수단의 경우와 마찬가지로 크라 운하는 공급망과 관련된 분리주의의 또 다른 사례가 될 수 있다. 태국은 지난 수십 년 동안 무슬림 인구가 밀집된 남부 파타니Pattani 주에서 지속되고 있는 분리주의 분쟁을 성공적으로 해결하지 못했다. 그 결과 태국이 운하 공사에 동의한다면 중국과 말레이시아가 파타니 주의 분리주의 운동을 은밀히 지원할 가능성이 있다. 2013년의 군부 쿠데타 이후 태국의 경제가 흔들리는 상황에서 크라 운하 건설은 저항적인 일부 남부 지역에 대한 주권을 잃더라도 태국의 전략적 가치를 높이는 최선의 희망이 될 수 있다.

태국의 운하 건설은 거대 토목 건설공사의 경쟁국인 일본과 중국이 모두 동의할 수 있는 프로젝트이다. 일본 제국주의는 1941년 12월 7일에 진주만을 공격하기 전에 태국의 크라 지협으로 상륙해 태평양전쟁을 일으켰다. 일본은 태국과 영국의 말레이시아 식민지, 싱가포르를 점령했다. 영국의 처칠 수상은 이를 역사상 가장 큰 조건부 항복이라고 불렀다. 70년이 지난 지금 중국이나 일본은 태국과 싱가포르를 점령하고 싶어하지 않는다. 일본은 태국의 최대 해외 투자국이고 2백억 달러의 운하 건설 프로젝트에 대해 중국과 공동으로 재정적인 보증을 할 수 있다. 또한 중국은 약 3만 명의 인력을 제공하게 될 것이다. 중국과 일본의 입장에서 운하 건설은 운송 시간을 단축하고 전략적 연합을 성취하는 데 필요한 작은 대가일 뿐이다. 기반시설이 할 수 있는 이런 일은 군사력을 통해서는 성취할 수 없다.

미얀마에 대한 일본의 투자 확대는 중국의 이익에도 부합한다. 일본의 지원을 받아 현대화된 양곤 항은 벵골 만을 통해 들어오는 컨테이너 물량의 일부를 말라카 해협을 통하지 않고 소화할 수 있을 것이다. 미얀마의 마데이^{Maday} 섬에서 중국의 윈난 성으로 120억 세제곱미터의 천연가스를 수송하는 파이프라인에 더해 미얀마의 차욱퓨^{Kyaukphyu}(역시 350평방킬로미터 규모의 경제특구로 발전되고 있는 도시)와 중국을 연결하는 25억 달러 규모의 파이프라인도 건설되었다. 이 파이프라인은 중동과 아프리카에서 생산된 석유를 하루 50만 배럴씩 수송할 수 있다. 이 두 파이프라인은 모두 말라카 해협을 통한 에너지 운송의 대안이다.

이웃 국가인 방글라데시에서는 중국이 건설한 교량이 파드마^{Padma} 강이 양분했던 방글라데시 남부지역을 이어주고 있다. 중국은 미얀마와 가까운 방글라데시 국경지역에 있는 자국의 저임 기업들이 입주한 의류 산업단지에서 생산된 상품 수출을 돕기 위해 소나디아^{Sonadia} 항 건설 프로젝트에 입찰할 계획이다. 방글라데시와 미얀마는 말라카 해협을 피할 수 있는 수송경로가 될 수 있다. 이를 통해 중국은 자원과 상품을 트럭을 이용해 육로로 중국 남부지역으로 운송할 수 있다. 아마도 안다만 해에서 다시 포장된 스틸웰 로드를 거쳐 중국으로 가는 경로가 될 것이다.*

중국의 전체적인 전략은 기만과 유인이라는 고전적인 손자병법이다. 남중국해와 동중국해에서 벌이는 중국의 적극적인 행보는 태평양에 대한 지정학적 관심을 불러일으켰다. 하지만 중국의 장기적 전략은 인도양과 태평양의 기반시설 건설을 통해 말라카 해협의 함정에서 빠져나오는 것이다. 지금부터 한 세대가 지나면 유라시아 횡단철도와 새로운 동남아시아 운하가 미국의 대륙횡단 고속도로 건설과 파나마 운하가 1세기 전에 마젤란 해협을 무력화시킨 것처럼 말라카 해협의 전략적 가치에도 큰 영향을 미칠 것이다. 가장 중대한 지정학적 개입은 군사적 침략이 아니라 기반시설 건설이다.

---

* 방글라데시의 동남아시아에 대한 접근성 때문에, 인도의 모디 총리는 2015년에 영토 교환을 통해 수십 년 동안의 국경분쟁을 해결했다. 이를 통해 인도는 소나디아 항 건설 프로젝트에서 중국을 제외시키는 데 집중하고 있다.

해양 실크로드

항구의 컨테이너와 상품에 대한 관계는 공항의 사람과 화물에 대한 관계와 같다. 항구는 하루 수백만 건의 출입국, 거래, 화물 배송의 경로이다. 공항의 출입국과 화물 처리가 자동화된 것처럼, 항구의 화물 처리도 점진적으로 자동화되고 있다. 상하이는 현재 32킬로미터에 달하는 동하이東海 다리를 통해 양산洋山 항과 연결되어 있다. 양산 항은 최첨단 교통통제 타워, 수백 대의 선박, 수만 대의 컨테이너, 수백 대의 트럭을 동시에 제어하는 관리시스템을 갖추고 있다. 양산에서 멜버른, 롱비치에 이르기까지 항구 운영자들은 하역 계획을 최적화하고 무인자동차 배치와 화물의 선적과 하역시간 단축을 위해 관련 데이터를 교환하는 소프트웨어를 사용하고 있다. 또한 창고의 화물을 전용 철로를 이용해 혈관처럼 효율적으로 배분하는 십와이어Shipwire 같은 물류기업들과 협력을 강화하고 있다.

역사를 보면 항구도시들 사이의 경쟁은 누가 공급망 전쟁에서 승자가 될 것인지를 알려준다. 고대 이후 항구도시들은 침략자들을 축출하기 위해 항구에 대한 방어를 강화하고 내륙지역에 대한 수송 경로의 대가로 세금을 거두었다. 기원전 5세기에 그리스의 도시국가들은 페르시아의 크세르크세스Xerxes 왕의 침략을 합동으로 물리쳤다. 중세 시대에 한자동맹은 발트 해와 북해의 170개 항구도시들과 연합을 결성하고 자체 해군으로 중요 항로를 방어했다.

연결의 중심지나 연결의 통로가 되기 위해서는 많은 대가를 지불해야 한다. 그리고 오늘날 해양 경쟁은 그 어느 때보다 치열해지고 있다. 지난 20년 동안 세계 화물 물동량은 2배로 증가했고, 세계의 중요 항구와 운하들은 확장과 개선을 거듭하고 있다. 세계 화물의 25퍼센트가 통과하는 수에즈 운하는 남북 양방향으로 동시 운항이 가능하도록 폭을 2배로 늘리는 확장 공사를 2014년에 시작했다. 수에즈 운하의 확장은 세계 공급망에 대한 이집트의 커다란 공헌이다. 세계 연결망에서 수에즈 운하의 역할 증대로 2020년에는 수에즈 운하의 통과 수입이 현재의 2배인 130억 달러가 될 것으로 추정된다.

하지만 세계에서 교역량이 가장 급격하게 증가하는 곳은 수에즈 운하의 동쪽이다. 1970년대에는 대서양을 오가는 교역량이 세계 전체 교역량의 80퍼센트를 차지했지만 2013년에는 40퍼센트로 하락했다. 현재 중국, 중동, 아프리카의 교역을 모두 합치면 세계 교역의 절반 이상을 차지한다. 새로운 항구 건설, 운하 준설, 파이프라인 건설, 거대한 유조선의 등장은 인도양을 오가는 상품과 에너지 자원의 흐름을 증가시키고 있다. 중동에서 극동까지 두바이에서 싱가포르를 거쳐 상하이에 이르는 해양 실크로드가 또다시 세계의 중요한 교역로로 부상하고 있다.

동남아시아에서와 마찬가지로 말라카 해협 주변의 경로는 육상으로 뻗어나가고 있다. 인도는 오랫동안 스스로를 남아시아 지정학의 주도국으로 생각했지만 이를 증명하기 위해 아무것도 하지 않았다. 그 결과 중국이 인도를 대신해 모든 이웃 국가들(네팔을 제외하고)의 최대 경제 협력 국가로 부상하는 길을 열어주었다. 지난 50년 동안 중국은 신장에서 시작해 인더스 강을 따라 파키스탄과 아라비아 해로 가는 카라코람Karakoram 고속도로의 건설 비용을 지원했다. 지금 이 경로는 철도와 발전소를 포함해서 수십억 달러의 가치가 있는 중국–파키스탄 경제회랑지대로 발전하고 있다. 이 지역에는 자국의 국경보다 더 철저하게 경비를 하기 위해 파키스탄의 특수부대가 파견되어 있다. 기반시설이 중국을 인도양과 태평양의 강대국으로 만들고 있다. 파키스탄을 통과하는 파이프라인이 건설되면, 중국은 중동의 에너지를 육로를 통해 빠르게 성장하는 서부 내륙지역으로 공급할 수 있다. 잠을 자던 아라비아 해의 과다르 항은 중국이 가장 신뢰할 수 있는 해군기지가 될 수 있다. 중국은 카라치에서 건조된 공격용 잠수함을 주둔시킬 수 있다. 한 중국 장성이 파키스탄을 "중국의 이스라엘"이라고 부르는 것도 놀라운 일이 아니다.[7] 이는 중국이 결코 포기할 수 없는 동맹국이라는 의미이다.

과다르 항에서 서쪽으로 1백 킬로미터도 안 되는 곳에 있는 이란의 차바하르Chabahar 항은 중앙아시아에서(과거 소비에트 연방에 속했던, 이름에 '스탄'이 있는 국가들과 아프가니스탄) 아라비아 해로 향하는 상품의 관문이 되고 싶어 한다. 인도는 파키스탄의 다른 쪽에 근거지를 만들기 위해 차바하르 개발을 주도하면서 아프가니스탄이 파키스탄을 우회해서 교역하는 것을 허용하고 있다. 하지만 이란과 파키스탄은 중국의 자금으로 건설되는 두 국가 사이의 가스 파이프라인 때문에 점점 더 가까워지고 있다. 인도의 자금으로 건설되는 서부 아프가니스탄의 자란즈델라람Zaranj-Delaram 고속도로는 아라비아 해로 진출하는 또 다른 중국의 경로가 될지도 모른다.

이란과 파키스탄은 지난 수백 년 동안 잔지바르Zanzibar(18세기와 19세기에 걸쳐 지배를 한 곳)에서 남아시아까지 어업과 진주 양식업을 하는 사람들이 모여 만든 오만에 대한 자연스러운 충성심을 지니고 있다. 오만은 실제로 인도의 분리 독립운동 시기에 과다르 지역을 소유하고 있었다.

하지만 아라비아 해 쪽으로 돌출된 망치 형태의 지역이 심해항구 건설에 이상적이라는 지질학적 조사가 이루어진 이후인 1958년에 파키스탄에 과다르 지역을 팔아버렸다. 이란, 파키스탄, 아프가니스탄에 걸쳐 거주하는 발루치족의 대표단 상당수는 아직도 오만에 거주하고 있고, 오만군의 연대와 왕을 보호하는 충성스러운 왕국 수비대로 근무하고 있다.

오만은 바다와 관련된 문화적 유산과 다민족적인 인구 구성으로 인해 아랍 세계에서 모든 종교에 대한 자유를 법으로 규정한 유일한 국가이다. 또한 외교에서도 중립적인 노선을 추구하고 있다. 오만은 이란에 대해서 이웃 걸프 국가들과 다른 입장을 취해왔다. 오만은 2013년에 이란에서 가스를 수입하기 위해 25년 장기계약을 체결했다. 여기에 더해 인도와 함께 이란의 천연가스를 분배하기 위한 해저 파이프라인을 계획했다. 자수성가한 많은 상인들을 포함한 오만 인구의 3분의 1은 인도 출신이다.

중국은 인도양에서 낯선 이방인이 아니다. 포르투갈이 아프리카의 남단을 돌아 인도양에 진출하기 1세기 전에 중국은 아프리카 동부까지 정화의 함대를 파견했다. 하지만 인도양의 향신료 무역을 놓고 경쟁을 벌인 것은 남미의 금은 교역에서 그랬던 것처럼 유럽의 식민주의 국가들이었다. 포르투갈은 캘리컷Calicut, 고아Goa, 코치Kochi, 칸누르Kannur, 코테Kotte 섬 왕국 등 인도 왕국의 연안에 항구를 건설했고, 과거 인도양 교역을 지배했던 베네치아와 오스만 제국의 상인들을 대신했다.

포르투갈의 지배하에서 실론으로 알려진 코테는 계피, 카더몬, 후추, 보석 교역의 중심지였다. 이후 실론은 네덜란드와 영국의 통치를 받다가 1948년에 독립했다. 인도양을 전략적으로 감시하려는 거대한 야심을 가진 실론은 두바이나 싱가포르처럼 성공할 수 있었다. 실제로 1965년에 싱가포르가 독립하기 전에 잠깐 동안 리콴유는 탈식민지, 다문화, 과거 영국 의회의 민주주의에 대한 모범 사례를 찾기 위해 실론의 콜롬보Colombo를 방문했고 실론을 싱가포르의 롤 모델로 생각했다. 하지만 신할리족Sinhalese의 민족주의자들과 타밀족Tamil에 대한 핍박 그리고 스리랑카로 국호 변경 등 일련의 사건들이 인종 분쟁, 분리주의 그리고 2010년까지 40년 동안 지속된 내전으로 이어졌다.

명나라의 정화 장군이 인도양 탐험에 나선 이후 6백 년이 지난 후, 중국은 다시 스리랑카로 눈을 돌려 중국의 막대한 수출 물량의 환적을 위한 중심 항구로서 콜롬보 항의 현대화에 투자했다. 이른바 중국의 진주 목걸이 전략string of pearls strategy은 미얀마의 마데이 섬, 스리랑카의 함반토타Hambantota 항, 파키스탄의 과다르 항에 해상기지를 개발하는 것이다. 중국의 돈은 2004년에 인도양 쓰나미로 붕괴된 함반토타 항을 재건하고 스리랑카의 고속도로와 국도를 개선하는 데 투입되었다. 그 결과 스리랑카 주요 도시의 통행 시간이 절반으로 단축되었다.

스리랑카의 전 대통령인 마힌다 라자팍사Mahinda Rajapaksa 통치하에서의 기반시설 건설과 중국의 무기 공급은 스리랑카와 중국을 인도양에서 가장 친한 국가로 만들었다. 특히 중국은 정부군에 대한 무기 공급을 통해 스리랑카의 내전을 끝내는 데 도움을 주었다. 하지만 미얀마가 중국과의 줄다리기에서 영향력을 확대하기 위해 세계의 투자자들을 끌어들인 것처럼, 스리랑카의 마이트리팔라 시리세나Maithripala Sirisena 대통령은 라자팍사 전 대통령이 중국에 80억 달러의 채무를 지면서 스리랑카를 중국의 노예국가로 만들었다고 국민에게 경고했다. 스리랑카 국민은 정화의 평화적인 해양 탐험에 3만 명의 병력이 동원됐다는 사실을 잊지 않고 있다. 코테 왕국의 통치자인 알라케시바라^{Alakeshvara}는 1411년에 공물을 상납하고 충성을 맹세하라는 정화의 요구를 거부한 적이 있다. 이 때문에 그와 그의 가족은 명나라의 영락제 앞에 끌려가 머리를 조아려야 했다.

인도는 중국에 대한 스리랑카의 의심을 최대한 활용하고 있다. 스리랑카는 중국이 건설한 기반시설로 이미 관광과 섬유, 의류, 차 수출에서 많은 혜택을 얻었다. 현재 인도는 중국이 건설한 기반시설을 이용해 철도와 주택 등 스리랑카의 자체 개발 프로젝트를 위한 물자를 더욱 효율적으로 수송할 수 있게 되었다. 그리고 3억 명이 거주하는 거대한 인도 남부 시장을 위한 안정적인 자동차 부품조립 공장과 콜센터의 외주기지로 활용하고 있다.

인도양은 또다시 경쟁적인 연결의 중심지로 떠오르고 있다. 15세기와 16세기에 인도의 해안 왕국들은 멀리 떨어진 시장으로 상품을 가져가기 위해 가장 좋은 조건을 제시하는 유럽 식민주의 국가 상인들과 협상을 벌였다. 하지만 스리랑카는 15세기 이후 유럽의 식민지가 되었다. 현재 중국의 무기로 무장한 스리랑카는 과거와 달리 서로에게 이익이 되는 프로젝트가 아닌 중국의 확장 전략에 대해서는 거부할 준비가 되어 있다.

대서양의 도시들

대서양에서의 해양 교역로 확보를 위한 경쟁도 인도양과 태평양만큼 치열해지고 있다. 1914년에 파나마 운하가 개통되었을 때, 남미의 마젤란 해협을 돌아가기 위해 물건을 실어야 하는 칠레의 발파라이소Valparaiso 항은 큰 타격을 받았다. 현재 파나마시티는 부동산, 자유무역지대, 남미로 가는 항공노선의 중간 기착지 등 다양한 분야에서 경쟁력을 강화하면서 중미의 두바이로 자리매김하고 있다. 그리고 세계에서 가장 긴 항공노선이 파나마와 두바이를 연결하고 있다. 동시에 양방향으로 포스트 – 파나막스post-Panamax급의 유조선이 지날 수 있도록 확장공사를 하고 있는 파나마 정부는 너무 커서 파나마 운하를 통과할 수 없었던 배들의 기항으로 최근에 다시 부상하는 칠레의 발파라이소에 또다시 경제적 타격을 가할 것이다. 이미 미국과 교역하는 발파라이소 항의 콘테이너 선박들이 해마다 두 자릿수 이상 줄고 있다. 실제로 발파라이소가 문화 관광 중심지로 변하면서 크루즈선이 유조선보다 더 많이 오가고 있다.

미국 동부 해안에 대한 효율적 접근은 한국, 일본, 중국의 소비재와 가전제품 수출업체들에게 매우 중요한 전략이다. 파나마 운하는 확장을 했음에도 머스크 트리플이급이나 발레막스급 선박이 지나갈 수 없다. 이 때문에 2020년이 되면 이웃 국가인 니카라과가 경쟁자로 등장할지도 모른다. 남미에서 가장 가난한 국가 가운데 하나인 니카라과는 북쪽 코스타리카와의 국경 인근에 파나마 운하보다 더 길고 넓은 220킬로미터 길이의 대운하 건설을 계획하고 있다. 중국의 통신재벌인 왕징王靖이 대운하와 심해항구 건설 프로젝트를 지원하고 있다. 왕징은 니카라과 GDP의 2배인 5백억 달러 규모의 사업이 5만 개의 일자리를 만들어낼 것이라고 주장한다. 나카라과 운하는 컨테이너 선박뿐만 아니라 철광석, 석탄, 천연가스, 단백질이 풍부한 브라질 쇠고기와 콩을 운반하는 원자재 화물

선과 연료 운반선을 목표로 하고 있다는 점에 주목해야 할 것이다.[*]

버지니아 주의 노퍽Norfolk, 조지아 주의 서배너Savannah 등 미국 동부의 항구들은 중미의 운하 경쟁을 예의주시하고 있다. 이 항구들은 정박지의 수심을 깊게 하고 초대형 기중기를 추가로 설치했으며 화물 처리를 빠르게 하기 위해 3D 스캐너를 도입하고 있다. 마이애미도 2014년에 정박항의 수심을 깊게 하고 10억 달러 규모의 터널을 개통해 경쟁 항구들의 움직임에 대응했다. 이 터널을 통해 항구로 출입하는 하루 5천 대의 트럭들은 크루즈선 터미널을 지하로 통과해 95번 주간州間고속도로까지(서배너처럼 화물이 마이애미를 우회해 애틀랜타로 연결되는 도로) 직접 도달할 수 있다.

마이애미는 연안에 위치한 라틴계 사촌인 푸에르토리코와의 경쟁에 직면하게 될 것이다. 푸에르토리코의 남부와 동부 해안의 전체 도시들은 세금 면제와 미국의 안보구역 내부에 있는 위치를 활용해 작은 화물들의 효율적인 환적이 가능한 미국의 항구들로 변할 것이다. 또한 푸에르토리코는 2013년에 헤지펀드 매니저들을 투자자로 유치하기 위해 자본 이득에 대한 과세를 제외하도록 법을 개정함으로써 이미 미국의 조세 회피 지대가 되었다. 헤지펀드 매니저인 존 폴슨John Paulson은 푸에르토리코를 "카리브 해의 싱가포르"라고 부르고 있다.[8] 테네시 주와 미시간 주가 자동차 조립 산업을 놓고 경쟁하는 것처럼, 미국의 항구들은 화물운송뿐만 아니라 재정적인 면에서도 역외 항구들과 경쟁하고 있다.

수평선 너머 미국의 남부 항구들도 몇 년 전에는 상상도 할 수 없었던

---

[*] 2006년에 중국의 쇠고기 수입은 거의 전무했다. 하지만 2018년이 되면 50만 톤에 이를 것이다.

쿠바에서 수입되는 상품들을 환영할지도 모른다. 브라질 기업인 오데브레시Odebrecht는 쿠바의 수도 아바나에서 서쪽으로 30마일 정도 떨어진 마리엘Mariel 시에 거대한 자유무역지대와 싱가포르 항만청이 운영할 컨테이너 항구 건설을 시작했다. 마리엘 항구는 제조와 물류시설에서 일자리를 만드는 조건으로 외국기업들에게 1백 퍼센트 소유권을 허용할 방침이다. 중국의 경제 사절단들은 이미 쿠바를 여러 차례 방문했고, 미국과 경제·외교 관계의 회복에 따른 혜택을 최대한 활용할 계획을 수립하고 있다.

모든 대형 항구와 해상 중심 도시들이 세계 공급망 변화에서 가치 창출에 성공하는 것은 아니다. 일부는 완성되지도 못하거나 위치가 더 좋은 도시에 밀려나고 해수면 상승이나 자연재해에 의해 파괴되거나 테러 공격이나 내전 등으로 망할 것이다. 하지만 이런 거대 기반시설과 운하, 거대 유조선 등은 우리가 공급과 수요를 맞추기 위해 대륙 간의 연결을 촉진하는 해양 도시 문명을 향해 나아가고 있다는 상징이다. 해양의 물자 이동에 관한 효율성 측면에서 볼 때, 오늘날 가장 이동이 빈번한 해상 수송로 가운데 미개척지로 남아 있는 곳은 북극해 하나뿐이다.

북극해의 수도

페이스북은 2013년에 수천 대의 서버를 자연 상태의 낮은 기온으로 냉각시키기 위해 스웨덴의 북극해 지역에 최대 데이터 센터를 개장했다. 하지만 북극의 추위는 점점 약해지고 있다. 인간에 의해 가속화되는 기후 변화는 북극의 기온을 반세기 만에 4도 정도 상승시켰다. 여름에 얼

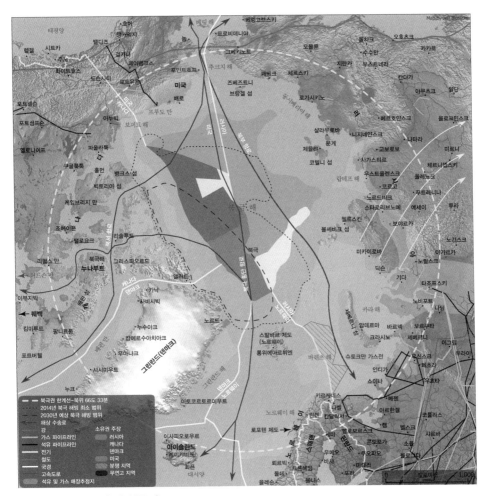

| 지도 27 | 새로운 북극 지도

북극의 빙하가 녹으면서 빙하 아래의 영토와 자원에 대한 경쟁이 벌어지고 있다. 동시에 기온 상승과 새로운 자원의 발견, 수송 경로의 등장은 극지방 전역에 걸쳐 더 많은 인구 집결과 기반시설 투자 그리고 연결을 의미한다.

음으로 뒤덮이는 지역이 1979년과 비교해 절반으로 줄었다. 약 2백 개의 알래스카 도시들이 지반이 가라앉거나 침수될 위기에 처해 있다. 앵

커리지에서 480마일 떨어진 에스키모 마을인 뉴톡^{Newtok}은 도시가 사라지기 전에 모든 기반시설을 옮겨야 할 것이다. 이와 동시에 캐나다에서 스웨덴에 이르기까지 과거에는 동토 지대였던 도시들이 새로운 북극 경제의 중심 도시로 부상하고 있다. 그린란드가 덴마크로부터 독립을 추구하는 동안 그린란드의 거대한 빙하가 인도양과 태평양 섬들의 해수면 상승의 주요 원인으로 지목된 것은 아이러니가 아닐 수 없다.

과거에는 우리가 접근할 수 없었던 북극이 지구의 수송 경로로서 활용도가 높아지면서 정치적인 지형도가 변하고 있다. 1년의 절반 정도는 통행이 불가능했던 북극해는 1년 내내 통행이 가능해졌다. 러시아는 2010년에 단지 4건의 북극해 통행 허가증을 발행했다. 하지만 2013년에는 통행 허가증 발행이 4백 건에 달했다. 2013년에 1만 9천 톤 규모의 중국 융성^{永勝} 호가 북극 항로를 통해 다롄^{大連}에서 로테르담까지의 항로를 35일 만에 주파했다. 현재 수에즈 운하를 통과하는 배들은 북극 항로보다 50배 정도 더 많다. 하지만 북극의 기온이 더 빠르게 상승하고 있기 때문에(수위 상승은 적도보다 더 가파르다), 2020년이 되면 북극해가 중요한 해운 경로가 될 수도 있다.

빙산이 없는 북극 해상 수송로는 두 가지 경로로 구분된다. 융성 호가 지나갔던 북부 항로$^{Northern Sea Route}$는 베링 해와 캄차카 반도, 러시아를 지나 유라시아의 양극(극동과 북유럽)을 연결하고 있다. 이 항로는 수에즈 운하를 통과하는 것보다 2주 정도 더 빠르다. 반면 알래스카와 캐나다를 지나는 북서 항로$^{Northwest Passage}$는 파나마 운하를 통해 동아시아와 북아메리카의 동부 연안을 연결하는 항로의 거리보다 1만 킬로미터나 단축시킨다.

세 번째 북극 횡단 항로는 북극을 지나 아이슬란드로 가는 지름길로, 아이슬란드에서 유럽이나 북미로 갈라질 수 있다. 이 때문에 아이슬란드와 스코틀랜드는 북극해 항로의 환적 중심지로 발전할 계획을 세우고 있다. 이곳에서 배들은 캐나다의 허드슨 만과 아래쪽의 제임스 만까지 항해할 수 있다. 허드슨 만과 제임스 만에서 선적하고 하역하는 화물은 1천 킬로미터 떨어진 토론토까지 수송되고, 지리적으로 캐나다의 중심인 마니토바Manitoba의 처칠 항구에서 화물을 하역할 수도 있다. 처칠 항구는 캐나다의 나머지 지역과 철도로 연결되어 있다.

북극해는 화물운송뿐만 아니라 자원 측면에서도 지구의 미래에 매우 중요하다. 서부 시베리아 가스전의 생산량이 점점 감소하면서, 북극해가 러시아의 최대 가스 생산지로 변하고 있다. 미국의 엑손, 프랑스의 토탈, 노르웨이의 스타토일Statoil 등 서양의 중요 에너지 기업들은 러시아의 로스네프트와 가스프롬과 함께 북극 개발에 나서고 있다. 이들은 노르웨이 인근의 바렌츠Barents 해에서 알래스카의 추크치Chukchi 해에 이르기까지 석유와 가스 매장 지대를 찾기 위해 첨단 채굴장비를 동원해 수천 제곱 킬로미터에 달하는 해역을 탐사하고 있다. 경제 제재조치는 자원탐사 협력에 거의 방해가 되지 않았다. 러시아는 우크라이나 국경을 침범해 국경을 바꾸어놓았지만, 바렌츠 해에서의 노르웨이와의 분쟁과 베링 해에서의 미국과의 분쟁을 신중하게 해결하면서 북극해 이사회Arctic Council 회원국들과의 원만한 관계 유지를 확인시켜주었다.* 러시아는 2015년에 현재 러시아의 전체 매장량의 50퍼센트에 달하는 석유와 가스가 매장된

---

* 하지만 2015년에 러시아와 중국의 군함들이 베링 해협을 통과하면서, 두 나라는 북극해에서 최초의 합동 군사훈련을 실시했다.

것으로 추정되는 북극해 해저의 120만 제곱킬로미터 지역에 대한 소유권을 주장했다. 로스네프트의 최고경영자인 이고르 세친Igor Sechin은 러시아의 노력을 새로운 "석유 주oil province"를 만드는 것이라고 설명했다. 이는 공급망 세계의 기능 지도에서는 매우 자연스러운 특징이다.

지금까지 북극해는 국가들의 분쟁 대상이 아니라 자원에 대한 더 많은 투자를 유치하기 위해 신속하게 분쟁을 해결해야 하는 지역이었다. 캐나다의 학자인 마이클 바이어스Michael Byers는 북극해가 국제관계에서 백지상태에 가장 가깝다고 주장한다. 국제법에 따르면 어떤 국가도 북극에 대한 주권을 가지고 있지 않기 때문이다. 하지만 이는 북극해에 대한 영해권을 주장하고 있지 않다는 뜻이 아니다. 러시아와 캐나다는 북극해 주변의 중요한 항로에 대해 분쟁 없이 효율적으로 주권을 행사해왔다. 반면 미국, 노르웨이, 덴마크는 각국의 해안에서 2백 마일까지를 배타적 경제수역으로 지정했다. 러시아는 2007년에 북극 주변의 해저에 1미터 높이의 티타늄으로 만든 국기를 설치했고, 2014년에는 소비에트 연방의 붕괴 이후 최대 규모의 군사훈련을 실시했다. 러시아는 현재 2개의 연대 병력으로 구성된 북극 사령부를 운영하고 있다. 더 많은 핵잠수함이 북극해에 배치되었고, 국제 날짜 변경선 인근의 추크치 해에 있는 랭겔Wrangel 섬에 해군 전초기지를 만들었다. 캐나다도 전 수상인 스티븐 하퍼Stephen Harper의 "이용하지 않으면 잃어버릴 것이다."라는 말처럼 북극해 관련 정책에 적극 나서고 있다. 캐나다는 북극 전략의 일부로 해양 경비대를 창설했고 새로운 쇄빙선에 대해 투자했으며 북서부 지역에 군 물류기지를 만들었다. 또한 무인 정찰기를 이용한 정기적인 감시를 시작했고, 로키Loki라는 암호명을 가진 스노모바일snowmobile 부대를 시험 운영했다. 캐나다는 2010년에 북극해에 가까운 주인 누나부트^{Nunavut}에서 G7 재무장관 회의를 개최했다. 이곳에는 서유럽과 비슷한 크기의 땅에 3만 명의 이누이트가 거주하고 있다. 퀘벡의 야심찬 북방계획^{Plan Nord}은 에너지망을 현재 사람이 살고 있지 않지만 수력이 풍부한 북부지역까지 확대하는 것이다. 미국 해군도 2014년에 최소의 기반시설을 가지고 장거리 해양 작전을 운영하는 방법에 관한 북극 로드맵을 공개했다. 오바마 대통령이 2015년에 북극해에 대한 굴착을 승인했기 때문에, 알래스카 주변의 북극해에 대한 미 해군의 순찰은 더 증가할 것이다.

현재 많은 국가들이 북극에 대한 주권을 주장하고 있다. 그래서 과거에 주인이 없던 지역에 대한 권리를 인정하는 데 지도 제작기법도 중요해졌다. 최근 북극해 해저 2천 킬로미터에 있는 산맥에 대한 조사 결과, 해저 산맥이 그린란드의 대륙붕과 연결되어 있는 것으로 나타났다. 이 때문에 덴마크도 과거에 캐나다와 러시아만이 주장했던 북극에 대한 소유권을 주장할 수 있게 되었다. 하지만 덴마크는 핵 잠수함을 몇 대나 가지고 있을까?

북극의 빙산이 녹아내리면서 이와 유사한 움직임들이 반대편인 남극에서 전개되기 시작했다. 원주민이 없는 유일한 대륙인 남극에서는 해마다 여름이 되면 30개국 이상에서 온 4천 명의 과학자들이 1백여 곳의 연구소와 기지에서 연구 활동을 한다. 해마다 4만 명에 달하는 관광객이 아르헨티나에서 크루즈선을 타고 남극을 방문하고 있다. 10개 국가들이 남극에 대한 다양한 소유권 주장을 하면서 남극의 정치적 지도는 다양한 크기의 조각으로 잘린 피자처럼 보인다. 1961년의 남극협정에 따르면, 남극에서는 군사적 행동과 석유 탐사가 금지되어 있다. 하지만 남극협정도 남극 대륙 아래에 수천 억 배럴의 석유가 있는지를 알아보기 위해 중국이 쇄빙선을 보내 지질조사를 하는 것을 막지 못했다. 중국은 2015년에 상업적 식민지화를 위한 장거리 항해를 편리하게 할 수 있도록 선박에 대한 연료공급 협정을 호주와 체결했다.

아시아의 경제 대국인 중국은 북극과 남극에서 새로운 에너지 자원이 발견될 때마다 탄성을 지른다. 이는 중국이 정치적으로 불안한 중동에서 말라카 해협을 통해 석유와 가스를 수입하는 것을 줄일 수 있다는 것을 의미하기 때문이다. 한국, 일본, 중국은 기꺼이 수송수단을 제공하려고 한다. 세 나라는 2009년 이후 1백 척의 새로운 LNG선(그리고 몇 대의 쇄빙선)을 만들었다. 중국은 북극과 관련된 정책에 참여하려고 꾸준히 노력해왔다. 중국은 아이슬란드에서 대규모 토지를 구매하려고 시도했지만 아이슬란드 의회에 의해 거부당했다. 중국의 억만장자인 황누보黃怒波는 노르웨이 북부 린겐Lyngen 지역의 산을 매입했고, 스피츠베르겐 섬의 광물이 풍부한 피오르드 지대에 대한 토지 매매에 입찰했다. 중국은 수년 동안의 로비를 통해 북극해 이사회의 참관인 지위를 확보했다. 중국은 북극해 이사회에서 덴마크를 움직여 그린란드의 철광과 우라늄 광산에 대한 더 많은 투자를 승인받고 싶어 한다. 중국이 그린란드의 독립운동을 암묵적으로 지지하는 것도 놀라운 일이 아니다.

북극해는 광대한 과도기적인 해상 수송로이자 자원 지역이지만 수도를 필요로 한다. 캐나다 앨버타 주의 포트맥머리처럼, 노르웨이의 시르케네스Kirkenes는 해마다 수천 명씩 인구가 증가하면서 북극해 개발 붐의 중심지가 되고 있다. 지역의 물류와 공급망의 중심지인 시르케네스는 언젠가 북극해의 사실상 수도가 될 것이다. 시르케네스는 북위 69도에 있는, 세계에서 가장 북극에 가까운 곳에 있는 도시이다. 터키의 이스탄불과 경도가 같지만 시간대는 오슬로와 취리히와 동일하다. 하지만 일 년에 3개월 동안은 밤이고 또 다른 3개월은 24시간 동안 낮이기 때문에 표준 시간대는 중요한 문제가 아니다. 기온이 상승하면서 겨울 기온이 영하 40도까지 떨어지지 않을지도 모른다. 반면에 북극해의 교역을 이용하려는 사람들은 지역의 여성 기업가의 광고 문구인 "해가 지지 않는 보헤미안의 여름밤"을 즐길 수 있을 것이다.[9]

2백 년 전의 스칸디나비아 원주민들은 순록과 장엄한 피오르드가 있는 설원 세계의 지배자였다. 냉전시대에 핀마르크Finmark로 알려진 이 지역은 나토와 러시아가 직접 국경을 맞대고 있는 유일한 곳이었다. 노르웨이 사람들은 노르웨이의 끝부분에 있는 시르케네스를 "노르웨이에 있는 러시아 도시"라고 부른다. 수천 명의 러시아 사람들이 살고 있고, 도로 표지판도 노르웨이어와 러시아어로 적혀 있다. 시르케네스에서 시작하는 E105 고속도로는 동쪽으로 250킬로미터를 뻗어나가 무르만스크Murmansk로 이어지고, 여기에서 남쪽으로 2천 킬로미터 떨어진 곳에 모스크바가 있다. 노르웨이의 수도인 오슬로까지의 거리와 같다. 국경에서 30킬로미터 안에 거주하는 러시아나 노르웨이 사람들은 양국 국경을 자유롭게 넘나들기 위해 특별한 국경비자를 가지고 있다. 조만간 국경비자가 필요한 거리는 60킬로미터로 늘어날 것이다.

석유 탐사, 어업, 해운, 관광, 산업 개발을 추진하는 바렌츠 해 지역협력에서 가장 많은 혜택을 본 국가는 러시아이다. 니켈Nikel은—인근 광산에서 생산되는 금속인 니켈을 따라 이름 지었다—국경에서 7킬로미터 정도 떨어진 러시아에 있는 시르케네스의 자매 도시이다. 시르케네스는 러시아가 더 많은 니켈을 채굴해 아시아 시장에 내다 팔도록 도와주고 있다.* 시르케네스에서 백해White Sea의 칸달락샤Kandalaksha에 이르는 지역은 러시아에서 가장 현대화된 산업지대이다. 세계 최대의 알루미늄 생산 기업인 루살Rusal은 고품질의 알루미늄에 대한 세계의 수요를 충족시키기 위해 서양의 최고급 장비를 수입하고 있다.

국경지대의 삶은 국경에서 멀리 떨어져 살고 있는 국민의 틀에 박힌 사고방식으로부터 사람들을 해방시킨다. 시르케네스의 기업 가운데 국경을 넘어 러시아 기업과 협력하지 않는 곳은 거의 없다. 러시아 기업들도 마찬가지이다. 이들에게 국경을 가로지르는 연결은 계속되는 현실인 반면, 제재조치는 일회성 사건일 뿐이다. 이 지역에서는 일상적인 비즈니스가 국경보다 더 중요하다.

시르케네스는 정치가들이 아니라 주변 국가의 상공회의소가 통치하는 다국적 수도가 되어가고 있다. 이곳에서는 지역의 공급망 경제가 점점 성장하고 있고, 지역 전체를 세계와 연결시키고 있다. 추디Tschudi 그룹 같은 노르웨이 해운회사는 핵심 중심지를 연결하고 상품의 유입과 유출을 효율적으로 하기 위해 상당한 규모의 새로운 항구와 석유 터미널, 교통 기반시설을 건설하고 있다. 스웨덴과 핀란드에서 생산되는 철광석도 시르케네스 항을 통해 빠르게 수출될 것이다. 스웨덴 북부의 키루나Kiruna 시에는 중국의 철광석 수요를 맞추기 위해 광업이 번창하면서 1만 8천 명의 사람들이 이주해왔다. 핀란드는 라플란드Lapland의 수도인 로마니에미Romaniemi(산타클로스의 '공식' 고향이라고 주장하고 있는 곳)를 거쳐 시르케네

---

* 북극해 지역의 소련 기반시설은 완전히 망가져서 아프리카의 식량이 핵잠수함에 배달된다. 미사일 대신 감자도 배달된다.

스까지 남북을 연결하는 고속도로를 연장하는 공사를 하고 있다. 또한 중국의 화물선들이 대기하고 있는 항구로 철광석을 수송하는 모든 철도는 광산기업들이 이용하고 있다.

바렌츠 지역은 외견상 아무것도 없는 공간이 어떻게 살아 있는 국제도시가 될 수 있는지 그리고 어떻게 국가가 없는 시스템이 지정학적으로 작동하는지를 구체적으로 보여준다. 바렌츠 지역은 국적을 뛰어넘은 문화적 커뮤니티로 변하고 있다. 북유럽주의Nordism로 박사학위를 취득한 큐레이터인 안드레아스 호프만Andreas Hoffmann은 북극의 정체성을 18세기의 미술가와 음악가들에게서 찾고 있다. 그래서 북유럽 지역에 대한 임의적인 정치적 분할을 거부하는 박람회를 정기적으로 개최하고 있다. 박람회에서는 러시아와 노르웨이 사이의 얼어붙은 호수 위에서 아이스하키 경기가 열린다. 중앙선은 얼음 위에 있는 국경을 따라 그려진다. 체스판은 북유럽 4개국의 국경지대 모습을 닮았다. 그 위에 있는 모든 말들은 흰색이고 말들이 멀리 움직일 때마다 정체성은 희석된다. 호프만이 매달 주최하는 트랜스보더 카페TransBorder Cafe 행사에서는 70명 이상의 사람들이 아늑한 바에 모여 지역의 발전 문제를 논의하고 사미 문화Sami culture*를 기념한다. 인근 지역이나 먼 곳에서 온 방문객들은 북극 툰드라의 생존 훈련과 최근에 러시아에서 수입해 양식하는 캄차카 게를 강철 덫으로 잡는 체험을 혼합한 바렌츠 사파리 같은 새로운 관광상품을 즐기고 있다. 해수 온도 상승이 고래를 북극 쪽으로 더 멀리 보내기 전까지 지난 10년 동안 고래 관람 관광도 크게 성장했다.

---

* 북부 스칸디나비아 문화 — 옮긴이

| 지도 28 | 기온이 4도 상승할 경우의 세계 지도

지속적인 세계 기온 상승은 세계 인류 생활에 엄청
난 영향을 미칠 것이다. 아마존의 열대우림이 사막
으로 변하고 히말라야의 빙하가 사라지며 세계에서
가장 큰 국가들 가운데 중국과 인도가 사람이 살지
못하는 지역이 될 것이다. 세계에서 가장 크지만 인
구가 적었던 러시아와 캐나다는 유일하고 믿을 수
있는 식량 공급 국가가 될 것이다. 그리고 수십억
명의 인구 난민의 잠재적 피난처가 될 것이다.

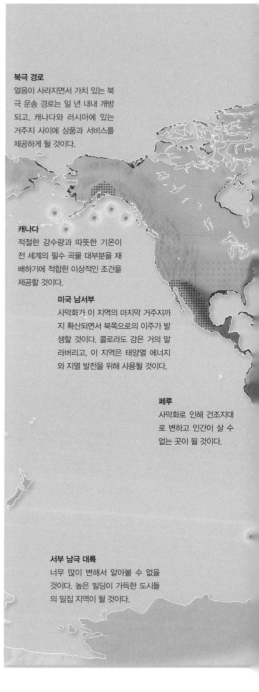

북극 경로
얼음이 사라지면서 가치 있는 북
극 운송 경로는 일 년 내내 개방
되고, 캐나다와 러시아에 있는
거주지 사이에 상품과 서비스를
제공하게 될 것이다.

캐나다
적절한 강수량과 따뜻한 기온이
전 세계의 필수 곡물 대부분을 재
배하기에 적합한 이상적인 조건을
제공할 것이다.

미국 남서부
사막화가 이 지역의 마지막 거주지까
지 확산되면서 북쪽으로의 이주가 발
생할 것이다. 콜로라도 강은 거의 말
라버리고, 이 지역은 태양열 에너지
와 지열 발전을 위해 사용될 것이다.

페루
사막화로 인해 건조지대
로 변하고 인간이 살 수
없는 곳이 될 것이다.

곡물재배지역, 고층빌딩 밀집 도시

거주가 불가능한 사막지대

홍수, 가뭄, 극단적인 기후 조건으로
거주가 불가능한 지역

다시 삼림화가 가능한 지역

해수면의 2미터 상승으로 침수된 지역

태양열 에너지

지열 에너지

풍력 에너지

서부 남극 대륙
너무 많이 변해서 알아볼 수 없을
것이다. 높은 빌딩이 가득한 도시들
의 밀집 지역이 될 것이다.

린란드
린란드의 빙
= 급격하게
 것이다.

스칸디나비아, 영국, 러시아, 북부 그린란드
높은 빌딩이 밀집된 도시들이 세계 인구 대부분이 거주할 수 있는 피난처
를 제공할 것이다.

시베리아
적절한 강수량과 따뜻한 기온으로 세계 필수
곡물의 대부분을 재배하기에 적합한 이상적
인 조건을 제공할 것이다.

남부 유럽
사막이 대륙을 잠식하고 강은 말
라버릴 것이다. 알프스 산맥에는
만년설이 사라지고, 염소와 강인
한 동물만이 변두리에서 살아남
을 것이다

아메리카, 중동, 미국 남부 지역
 지역에는 태양에너지 벨트가 9천
로미터에 걸쳐 있고 태양열 집열
와 광전지가 설치될 것이다. 고압
류 전기 발전소가 북쪽 지역에 빈
하게 전기를 공급할 것이다.

마존
각이 될 것이다.

아프리카
사하라 남쪽 지역의
일부에는 목초지가
있겠지만, 대부분은
사막화될 것이다.

아시아
히말라야의 거대한 빙하가 녹
으면서 이 지역의 중요한 강들
이 영향을 받을 것이다. 방글
라데시는 대부분 사람들이 살
지 못하게 되고, 남부 인도, 파
키스탄, 아프가니스탄도 마찬
가지이다. 일부 고립된 지역은
생존 가능하다.

중국 남부
강과 대수층이 말라버려 사람이 살 수
없는 지역이 될 것이다. 몬순 기후는
이 지역의 침식을 가속시키고 건조지
대로 만들 것이다.

폴리네시아
바다 아래로 가
라앉을 것이다.

파타고니아
일부 지역에 준비가 필요
하겠지만, 빙하가 녹으면
서 새로운 경작지가 나타
 것이다.

호주
호주 북부 지역과 태즈매니아 지역
에서는 작은 도시들에 사람이 거주
하면서 곡물을 재배할 것이다. 호
주 대륙의 나머지 지역은 태양에너
지 발전과 원자력 발전을 위한 우
라늄 광산으로 변할 것이다.

뉴질랜드
몰라보게 변할 것이다.
인구가 많이 거주하는
섬나라에는 높은 건물
이 가득한 도시들이 들
어서고, 집약적 농업이
시작될 것이다.

극지방에서 지구 조망, 국경과 무관한 극단적인 기후에서 생활 그리고 공동의 북극문화 조성 활동의 결합은 지리에 관한 새로운 상관적 사고relational thinking를 불러온다. 호프만은 "중국은 이제 우리의 이웃 국가죠. 배로 20일 만에 갈 수 있거든요."라고 농담을 한다.

2100년이 되면 페르시아 만 지역의 전반적인 기후는 극심하게 덥고 습해서 사람들이 외부에서 2~3시간 이상을 지낼 수 없게 될 것이다.[10] 20세기에는 남반구의 인구가 북반구의 인구를 앞질렀다. 하지만 21세기에는 기온 상승, 가뭄, 해수면 상승의 피해를 당한 남반구와 적도 지대의 주민들이 온대지방과 농업 생산성이 높은 지역으로 이주하면서 남반구에서 북반구로의 대규모 이민이 발생할 것이다. 캐나다와 러시아가 세계의 필수 곡물 대부분을 생산할 수 있는 거대한 곡창지대로 변하고, 사람이 거의 살지 않았던 지역들이 농업 노동자를 필요로 하게 될 것이다. 시간이 지나면서 이 지역의 지도에는 튼튼한 도로, 철도, 도시들이 그려질 것이다. 현재 북극해 주변의 인구는 4백만 명 정도이지만, 우리가 죽기 전에 4억 명까지 증가할 수도 있다.

인구가 늘어나고 번영하는 북극 지방을 관리하는 일이 노르웨이의 중요한 업무가 될 것이다. 북극 지방에 대한 전략가이자 시르케네스의 시장인 루네 라파엘센Rune Rafaelsen은 "중동에서 빌이는 노르웨이의 외교적 노력과 노벨 평화상 선정은 단지 부유함의 호사이다. 석유 생산이 줄어들수록 노르웨이는 북극해로 더 많은 관심을 돌릴 것이다. 그리고 실제로 실현 가능한 지역 발전 모델을 만들어낼 수 있을 것이다."라고 단호하게 말했다. 그의 주장에는 일리가 있다. 1백 년 전에 1차 세계대전이 끝났을 때, 노르웨이는 비무장을 조건으로 전략적이고 자원이 풍부한 스발바르 제도에 대한 접근권을 모든 국가에 개방함으로써 혁신적인 갈등 해법을 제시했다. 스발바르 제도에서 가장 큰 섬인 스피츠베르겐 섬에는 현대미술관이 있고, 2008년에는 수천 종류의 식물에서 얻어온 150만 개의 종자를 보관하는 첨단시설인 국제종자저장고$^{Seed\ Vault}$를 설립했다. 보관된 종자는 세계에 심각한 식량 위기가 발생했을 경우 대체 DNA를 제공하는 역할을 한다.

이 종자들은 북극해 주변 지역에 뿌려야 할 가능성이 높다. 지금보다 4도 정도 기온이 상승하면 캐나다와 러시아보다 남쪽에 있는 거의 대부분의 지역은 사막으로 변하거나 농사를 지을 수 없게 되기 때문이다.* 러시아의 시베리아와 캐나다 북서 지역의 영구 동토가 녹으면서, 지구의 고위도 지방은 1년에 5백만 톤 이상의 메탄가스(온실가스)를 분출하는 거대한 습지가 되었다. 얄궂게도 이는 남쪽에 있는 생태계의 파괴를 가속화시키고 있다. 지구 온난화의 범인은 오염물질을 내뿜는 중국의 공장이나 로스앤젤레스의 꽉 막힌 고속도로가 아니라 캐나다와 러시아의 동토가 될 것이다. 세계에서 가장 큰 두 나라는 지구 온난화의 가장 큰 주범이지만, 동시에 지구 온난화의 승자가 될 것이다.

인구가 증가하면서 북극해 지역의 미래 모습은 남미처럼 될 것이다. 남미는 처음에 스페인과 포르투갈의 식민지였다가 뒤이어 아프리카의 노예들이 정착했다. 그리고 1845~1852년의 아일랜드 기근, 1848년의 독일혁명, 1차 세계대전 기간의 일본의 식량 위기, 홀로코스트, 레바논 내전 등으로 인해 발생한 이주민들이 지난 2백 년 동안 남미에 정착했

---

* 국제종자저장소는 2015년에 영구적인 가뭄과 내전에 시달린 시리아에 처음으로 종자를 지급했다.

다. 오늘날 남미는 생물학적 다양성이 풍부하고 거의 모든 지역이 도시화되었으며 다양한 인종이 섞여 살고 있다.

새로 등장하는 북극 지방의 농경지대에 90억의 세계 인구를 좀 더 적극적으로 재배치하는 일은 지구를 덜 비좁게 할 뿐만 아니라 더 공평하고 지속 발전 가능하며 생산적인 곳으로 만들 것이다. 20세기 중반의 세계의 인구 증가와 식량 부족에 대한 우려 때문에, 몇몇 법학자들은 수십억 명이 기본적인 영양 결핍 상태에 빠졌는데 수백만 명의 호주 사람들이 대륙 전체를 차지하는 것은 부당하다는 의견에 동의했다. 인구 밀도가 높은 적도 지역은 가뭄, 흉작, 사막화를 겪는 반면, 인구가 적은 북극지방은 해빙과 온난화 그리고 풍부한 생활을 즐긴다. 캐나다와 러시아로의 대규모 이민이 두 나라를 국제적 통제를 받는 농업 식민지로 변화시킬 것인가?

두 나라 모두 갑작스러운 대규모 이민에 대한 다른 부담을 수용하지 않을 것이기 때문에, 국제기구와 투자자들이 초기에 발생하는 재정과 행정 비용을 지원해야 할 것이다. 하지만 러시아와 캐나다도 2배 또는 3배에 이르는 인구 증가의 혜택을 보게 될 것이다. 기후 변화 때문에 이주한 사람들은 아무것도 없는 황무지로 가려고 하지는 않을 것이다. 러시아에는 이주율과 사망률이 출생률보다 높은 인구 1백만 미만의 도시들이 10여 개에 이른다. 새로운 이주민들은 자국민은 아니지만, 이들은 정부와 기업들에 더 많은 경제활동을 유발시킬 것이다. 지금으로부터 1백 년 후에 시베리아 지역에는 중국인과 전 세계에서 이주해온 기후 변화 난민들이 거주하고 있을 수도 있다.

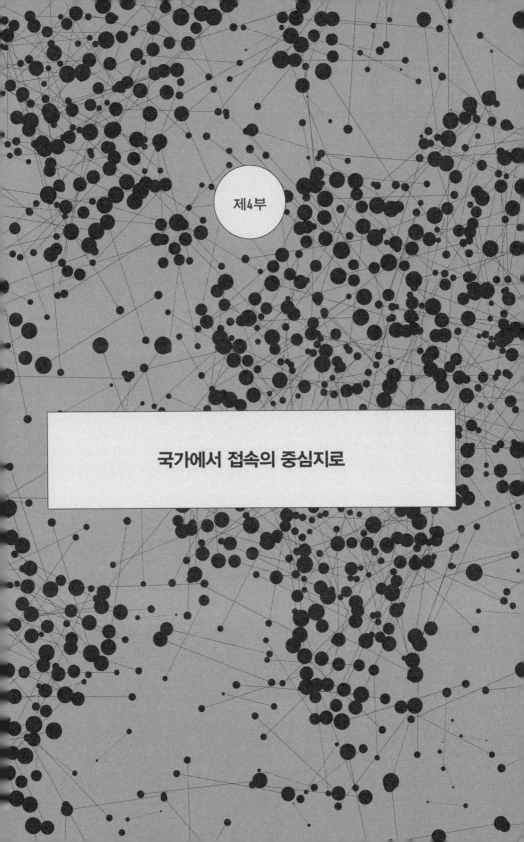

제4부

국가에서 접속의 중심지로

시설을 만들면
사람들이 온다

두바이 : 세계인의 고향

세계에서 방문객이 가장 많은 도시, 다양성이 가장 높은 도시, 잠들지 않는 도시는 물론 뉴욕이다. 런던도 마찬가지이다. 과거에는 파리도 그랬다. 하지만 머지않아 두바이가 이런 도시가 될 것이다. 동양과 서양의 중간 지점에 있는 두바이는 '세계의 중심'이라는 이름을 얻게 될 것이다.

2017년이 되면 런던이나 파리보다 더 많은 방문객이 두바이를 찾게 될 것이다. 2013년에는 7천5백만 명이 세계 최고층 빌딩인 부르즈 칼리파Burj Khalifa에 있는 두바이 몰Dubai Mall을 방문했다. 단일장소로는 세계 최대이다. 두바이는 외국 태생 거주자 비율이 90퍼센트를 넘어 이미 세계 최고의 용광로melting pot가 되었다(뉴욕의 외국 태생 거주자 비율은 38퍼센트이다). 두바이의 제3공항터미널은 다양한 문명이 교차하는 곳이고, 세계에서 환승객이 가장 많은 곳이다. 특히 자정과 새벽 5시 사이에 가장 붐벼, 두바이는 말 그대로 잠들지 않는 도시이다. 비행거리가 긴 거대한 에어버스 A380 항공기를 가장 많이 보유한 아랍에미리트 항공은 두바이를 세계 모든 주요 도시에 논스톱으로 갈 수 있는 유일한 도시로 만들었다. 2020년 세계 엑스포 개최에 맞추어, 1년에 2억 명의 승객을 수용할 수 있는 두바이 국제공항보다 훨씬 더 큰 두바이 월드센트럴 공항 건설공사가 24시간 진행되고 있다. 두바이는 물리적 연결을 제공하는 세계 최고의 도시로 변하고 있다.

봉건주의에서 탈근대로 도약하는 실험으로서 두바이에 필적하는 도시는 없다. 거대한 도시들이 지속적으로 시대에 맞게 발전하면서, 두바이는 진주 채취 산업에서 석유 산업, 화물 수송 그리고 최근에는 기반시설, 부동산, 관광, 서비스 산업으로 매 단계마다 2배씩 성장하면서 스스로 변화해왔다. 매킨지글로벌연구소의 연결지수에 따르면, 세계에서 단 6개의 도시만이 상품, 서비스, 금융, 사람, 데이터 분야의 모든 흐름을 수용하고 전달하는 중심지로서의 자격을 갖추고 있는 것으로 나타났다. 뉴욕, 런던, 홍콩, 도쿄, 싱가포르, 그리고 가장 최근에 목록에 이름을 올린 두바이까지 6개 도시이다.[1]

두바이는 새로운 형태의 글로벌 도시의 선구자적 모습을 보여준다. 두바이는 과거의 위대한 도시의 모습을 그대로 따라가지 않는다. 위대한 문화적 유산이 아니라 국가가 없는 세계주의와 세계적인 연결성이 특징인 진정한 의미의 세계 중심으로서 새로운 정체성을 만들어가고 있다. 두바이를 고향으로 부르는 수백만 명의 사람들에게 두바이에 사는 것은 세계 모든 곳에 거주하는 것과 마찬가지이다. 이는 어떤 특정한 곳에 뿌리를 두고 있는 전통적 의미의 위대한 도시보다 더 우월하다는 뜻이다.

두바이는 도시가 어떻게 한 세대 만에 세계적인 도시로 부상할 수 있는지를 보여주는 교훈적인 사례이다. 약 5백 년 전에 두바이는 진주 채취로 유명했지만, 트루셜 스테이츠^{Trucial States}*로 알려졌던 조용한 작은 해양 토호국들은 1970년대 초에 석유의 발견과 함께 세계 지도에 등장했다. 그리고 영국으로부터 독립한 후에 서둘러 유나이트아랍에미리트 United Arab Emirates라고 불리는 연방을 형성했다. 연방국가를 결성한 직후 제벨알리^{Jebel Ali}에 세계 최초의 현대적 자유무역지대 가운데 하나를 설립했고, 유럽에서 아시아로 가는 유조선과 컨테이너 선박을 위한 중간 기착지를 건설하기 위해 자본과 노동 이동에 대한 제한을 철폐했다. 제벨알리는 중동 지역에서 가장 크고 현대적인 항구가 되었다. 반면 영국령 인도 식민지로 가는 선박의 전략적인 연료 공급 항구인 아덴^{Aden}을 가지고 있었던 예멘은 독립한 이후 내전에 빠졌다. 예멘은 아덴의 전략적 위치 때문에 아라비아 지역의 교역 중심지가 되었다. 하지만 오늘날에는 두바이가 교역의 중심지 역할을 하고 있다.

1970년대에 남아시아인들이 번창하는 석유와 서비스 산업 분야의 일자리를 찾아 이주해오면서 아랍에미리트의 인구는 4배로 증가했다. 금

---

* 협정 국가. 아랍에미리트의 옛 이름 ― 옮긴이

과 섬유 교역도 급증했다. 오늘날 두바이 인구의 70퍼센트는 남아시아 인이다. 아시아인들은 걸프 지역을 중동이라고 부르지 않고 서아시아 라고 부른다. 1년에 3백억 달러가 아랍에미리트에서 인도로 송금된다. 이는 해외의 인도인 거주 커뮤니티 가운데 최대 규모이다. 민간 은행가 들은 고액의 인도 자산가를 유치하기 위해 두바이로 향한다. 파키스탄 의 부토Bhutto 가문과 최근에 축출된 군부 지도자 페르베즈 무샤라프Pervez Musharaf도 망명지로 두바이를 선택했다.

두바이는 세계의 중요한 지역관문으로서 모든 대륙의 요구를 동시에 충족시키고 있다. 남남south to south과 남북south to north으로의 자본과 인구 이 동이 전통적인 북남north to south과 서동west to east의 흐름을 확대시키면서, 두바이는 완전히 새로운 투자의 중심지가 되었다. 1백여 개의 개발도상 국에서 온 수천 명의 투자 유치자들의 모임인 연례투자총회Annual Investment Meeting에서, 나는 모로코의 부동산 개발업자, 에티오피아의 목장 주인, 타 타르 공화국의 대통령, 인도 건설업계의 거물 그리고 수십 명의 기업가 들을 만났다. 이들은 두바이에서 서로를 연결하고 각자가 상대 공급망의 일부가 되는 방법을 배우고 싶어 했다.

보수적이지만 부유한 주메이라Jumeirah 해변은 세계의 중간지대로, 아 름다움을 간직하고 있다. 인도 여성옷sari 가게 옆에 프랑스 제과점이 있 고, 버거킹과 중국의 마사지숍이 잘 어우러져 있다. 두바이에는 상업과 문화가 깊이 얽혀 있다. 이란과 두바이의 관계는 호르무즈 해협을 통한 최단 횡단거리와 (인구의 4분의 1을 차지하는) 두바이 이란인들의 영향을 받았다. 중동의 지정학을 해치고 있는 수니 – 시아파 분리의 영향은 크지 않다. 두바이의 은행들은 이란에 엄격한 경제제재가 내려졌을 때에도 이란과의 금융거래 방법을 찾아냈고, 컴퓨터와 냉장고를 실은 작은 목선들이 매일 이란의 반다르아바스Bandar Abbas로 출항했다. 그 결과 이란의 외교적 고립이 완화되고 교역관계가 회복되자, 두바이는 인구 8천만 명의 거대한 이란 시장에 진출하기 위한 최적의 도시가 되었다.

아랍에미리트는 중국에도 문호를 개방했는데, 현재 중국은 두바이의 최대 교역 상대국이 되었다. 두바이에는 25만 명이 넘는 중국인들이 거주하고 있고(매년 28만 명이 넘는 관광객을 불러 모은다), 건설자재에서 장난감까지 기초 상품을 판매하는 2천 개의 기업들이 두바이를 재수출의 중심지로 이용하고 있다. 최근에는 중국 국영은행의 고위인사가 두바이를 방문해 범아랍권에 대한 포트폴리오 관리뿐만 아니라 아프리카의 기반시설 프로젝트에 대한 합동 재정 지원을 위해 유럽과 아랍의 투자자들과 회의를 열었다. 두바이는 중국의 해외활동 거점 역할도 하고 있다.

아랍에미리트항공은 이미 가장 많은 아프리카 노선을 운항하고 있다. 두바이포츠월드Dubai Ports World는 세네갈, 앙골라, 지부티 등에서 기반시설 프로젝트를 선도하고 있다. 3만 명의 소말리아인과 4만 명의 케냐인이 두바이에 거주하면서 건설과 호텔 등 서비스 산업에 종사하고 있다. 젊은 인도계 우간다 억만장자 사업가인 아시시 타카르Ashish Thakkar는 중고 컴퓨터 부품을 구매하기 위해 정기적으로 두바이를 오간다. 그는 두바이 외곽에서 IT, 부동산, 제조, 소셜 벤처기업을 운영하고 있다.

20세기 중반에 두 종류의 탈식민주의 국가가 탄생했다. 하나는 스스로 발전 가능한 현대적 기반시설을 건설한 국가이고, 다른 하나는 식민지 시대의 기반시설이 낡아가는 동안 세월을 낭비한 국가이다. 인도와 아랍에미리트가 완전히 다른 발전 경로를 밟고 있는 것은 운명이 아니다. 영국의 식민지 시절에 아랍인들은 인도를 여행했고 아랍의 집으로 많은 돈을 송금했다. 오늘날 인구 이동은 완전히 반대가 되었다. 인도는 석유 자원을 가지고 있지 않지만 경제개발 원칙으로 농촌사회주의를 선택할 필요도 없었다.

이제 막 발전하고 있는 아랍에미리트의 에너지 산업과 이주민에 대한 개방적 태도는 1970년대에 인도를 떠난 우리 가족을 포함해 수많은 남아시아인들을 끌어들였다. 내가 어렸을 때 우리 가족은 아부다비^{Abu Dhabi}에서 두바이를 거쳐 아라비아 해에 있는 코르파칸^{Khorfakkan} 해변까지 장거리 자동차 여행을 했다. 모래 언덕을 따라가는 끝없는 여행이었지만 에어컨도 없었다.

아랍에미리트 연방은 법적으로 40년 이상 연합국가 체제를 유지해오는 동안 7개의 토후국을 물리적으로 효율적인 하나의 해양국가로 유지하기 위해 수십 년 동안 경제 현대화와 기반시설 투자를 추진했다. 셰이크 라시드 빈 사에드 알 마크툼^{Sheikh Rashid bin Saeed al Maktoum}이 제벨알리 공항 건설을 추진한 이후, 두바이는 더 크고 더 높고 더 좋은 것을 건설하겠다는 한 가지 생각에 집중했다. 에마르 프로퍼티스^{Emaar Properties}의 회장이자 두바이의 통치자인 셰이크 모하메드^{Sheik Mohammed}의 핵심 자문으로 일하는 모하메드 알라바르^{Mohammed Alabbar}는 1980년대에 5년 동안 싱가포르에 파견되었다. 알라바르는 싱가포르에서의 경험을 축구 훈련을 받으러 브라질에 가는 것에 비유했다. 두바이로 돌아온 그는 국가 건설은 모든 측면에서 제도적 현대화 못지않게 물질적 현대화에 관한 것이라고 믿고 있다.

두바이는 세계적 수준의 기반시설이 편리한 활동 중심지와 글로벌 허브의 차이를 어떻게 만드는지를 잘 보여준다. 실제로 두바이는 더 이상 단일도시가 아니라 전체가 연결된 국가의 교역과 인구의 중심지처럼 보인다. 현재 두바이, 샤르자Sharjah, 아지만Ajman은 효율적으로 확장하고 있는 하나의 거대한 도시 밀집지대이다. 아부다비도 오일 머니를 기반으로 도시를 확장하면서 두바이 남서쪽의 제벨알리 항구에 더 가까워지고 있다. 제벨알리는 두바이의 위성도시이자 무인 도시철도의 종점이다. 아랍에미리트 북부에 있는 움알쿠와인Umm al-Quwain, 푸자이라Fujairah, 라스알카이마Ras al-Khaimah 토후국도 아부다비의 막대한 재정 지원을 통해 항구를 개발하고 관광산업을 발전시키고 있다. 이들 토후국들은 모두 사막을 가로지르는 고속도로를 통해 연결되어 있다. 특히 아부다비가 세계 금융위기 동안 두바이를 구제해준 이후, 사람들은 아부다비를 국가의 중심으로 생각하고 있다. 각 토후국들이 항공사의 명성, 마천루의 높이, 호텔의 별등급을 놓고 서로 경쟁하고 있지만 해가 갈수록 이들의 협력은 강화되고 있다. 스위스처럼 아랍에미리트도 유기적인 노동 분업과 공통된 정체성을 가진 분권화된 연방 형태의 도시국가가 되었다.

두바이는 식민지 시대 이후 호전적인 세속적 민족주의를 넘어 새롭고 위대한 아랍의 정체성을 만들 기회를 제공하고 있다. 두바이는 과거의 카이로와 베이루트처럼 아랍 정재계 거물들의 만남의 장소로서 아랍 세계의 사실상의 수도가 되었다. 레바논 내전, 미국의 이라크 침공, 아랍의 봄에 이르기까지 두바이는 지속적으로 지역의 불운을 기회로 삼았다. 수십만 명의 레바논, 이집트, 시리아, 이라크 그리고 다른 국가의 국민이 자국의 미래를 비관해 두바이에 정착했다. 유명한 아랍 은행가, 예술가, 기업가, 운동선수 들이 영주권을 갖게 되자, 두바이는 이들 가운데 일부에게 시민권을 제안하고 있다. 세계를 여행하는 편리성 측면에서 두바이 여권의 순위가 상승하면서 아랍의 다른 파탄국가 국민이 아랍에미리트의 국적을 얻기 위해 경쟁하고 있다. 아랍에미리트 국적 취득은 안정성에 대한 보장이자 세계의 다른 곳으로 갈 수 있는 티켓이기 때문이다.

아랍에미리트의 발전은 다른 국가들 사이에 많은 질투심을 불러일으키고 인재 유출로 이어지고 있다. 아랍에미리트의 고유한 문화적 창의성이 없다는 사실은 아랍 세계의 역사와 문화 중심지인 카이로, 베이루트, 바그다드, 다마스쿠스 출신의 많은 지식인과 예술인 거주자들을 실망시키고 있다. 하지만 이것이 두바이를 아랍의 과거 중심 도시들과 비교해서는 안 되는 이유이다. 두바이는 그 도시들을 대체하는 것이 아니라 그 도시의 생존자들을 위한 발판이 되어야 하기 때문이다.

절망에 빠진 다른 아랍 국가의 젊은이들이 폭력에 호소하는 반면, 두바이로 이주한 젊은이들은 생산적이고 모험적인 사업에 에너지를 쏟아붓고 있다. 크리스 슈뢰더Chris Schroeder가 『스타트업 라이징Startup Rising』의 아랍의 기술기업에 대한 세부적인 조사에서 설명한 것처럼, 두바이의 투자자와 기업가들은 아랍 전역에 걸쳐, 특히 자신들의 고국에 모바일 교육, 전자상거래, 도예, 태양광 전지 공장 그리고 외주 기업들을 설립했다. 모로코에서 요르단에 이르기까지 모든 아랍 국가들은 현대화를 위한 행진을 시작하기 위해 미니 두바이를 건설하고 싶어 한다. 이집트는 2015년에 모하메드 알라바르의 기업인 캐피털시티파트너스Capital City Partners와 카이로와 홍해 사이에 카이로의 과밀을 해소하는 도시로서 싱가포르 규모의 신도시를 건설하는 계약을 체결했다.*

두바이는 갑자기 부유해진 세계의 모든 도시들의 롤 모델이다. 아제르바이잔의 화려한 수도 바쿠는 카스피 해의 두바이로 환영받고 있다. 건설공사가 끊이지 않는 앙골라의 수도 루안다Luanda는 아프리카의 두바이가 되려고 한다. 자원이 풍부한 국가들은 세계에서 가장 불행한 국가들에 이름을 올리지만, 2013년의 『세계행복보고서World Happiness Report』에 따르면, 두바이는 미국과 룩셈부르크보다 행복지수가 높고 중동 국가 가운데 가장 높다.

두바이의 성공은 서구 민주주의 우월성에 또 다른 과제를 던져주고 있다. 아랍의 군주제가 책임 있고 포괄적인 통치에 대한 요구에 직면하면서, 아랍 국가들은 봉건부족주의에서 군주제의 안정을 뒷받침하는 '혼성기술관료주의hybrid technocracy'로 급격한 도약을 하고 있다. 여기에서 핵심 단어는 '혼성'이다. 두바이는 세계 자유지대free-zone 개발의 중심이 되었다. 두바이 개발의 기본 계획은 공급망과 각 분야의 최고 기관들을 끌어들이는 것이었다. 두바이는 모든 글로벌 흐름에 대해 자유지대를 만들었다. 미디어 시티에는 위성 방송국을 입주시키고, 인터넷 시티에는 인터넷 기업들을, 헬스 시티에는 의료기업과 의약기업을, 텍스타일 빌리지Textile Village, 오토 파츠 시티Auto Parts City, 카펫 프리존Carpet Free Zone, 두바이오테크Dubiotech 등에는 이름과 관련 있는 기업들을 유치했다. 이 모든 분야를 합치면 중동 전체의 2백 개 이상의 특별경제구역 가운데 4분의 3이 두바이와 아랍에미리트에 자리 잡고 있다. 실제로 두바이 물류 코리더

---

* 이와 유사하게 두바이에 본사가 있는 부로즈부동산개발(Buroj Property Development)은 보스니아의 수도 사라예보 외곽에 40억 달러 규모의 관광도시를 건설하는 계약을 맺었다.

Dubai Logistics Corridor는 제벨알리 항구를 두바이 월드센트럴 공항과 다수의 특별경제구역(2백 평방킬로미터에 달하는 자유지대)과 연결시킬 것이다. 도시가 경제, 행정, 무역, 물류, 금융 그리고 다른 분야에서도 중복해서 특별지역으로 지정되면, 실제 영토와는 거의 분리된 공급망에 대한 관리는 왕족이 주관하게 될 것이다.

두바이의 실질적인 통치는 매우 복잡해서 어떤 법에 따라야 하는지가 불분명할 때가 있다. 예를 들면 두바이국제금융센터는 파리에 있는 국제상공회의소의 중재법을 따른다. 최근에 아랍에미리트 현지 법원들은 관할 지역에서 발생한 사건들을 두바이국제금융센터 법원에 환송해 법적인 분쟁을 해외로 넘김으로써 명확한 판결을 받게 했다. 이와 유사하게 미디어 시티에서의 웹사이트 접근과 검열에 관한 규정은 나머지 지역과 완전히 다르다. 미디어 시티는 특별경제구역 내부에 있고, BBC, CNBC, 로이터 그리고 다른 국제 미디어가 입주해 있기 때문이다. 외국인들은 종종 푸자이라 같은 아랍에미리트의 다른 지역에 위치한 '창의지역Creative Zones'에서 창업을 하기도 한다. 창의지역은 영주권을 허가해 기업인들이 기업을 설립하고 1백 퍼센트 소유할 수 있도록 하고 있다.

두바이의 지배층은 모든 분야에서 우월한 국제기준이 없었다면 두바이는 단지 화물 집합지로 남아 있었을 것이라는 사실을 잘 알고 있다. 가장 중요한 점은 외국인이 운영하는 지역에 대한 개방이 석유산업 이후의 미래에 대한 길을 열었다는 것이다. 두바이 산업의 75퍼센트는 이미 건설, 부동산, 금융, 제조, 소매 그리고 다른 서비스업이 구성하고 있다. 금융위기 이후 두바이의 급속한 경제 회복은 정부와 기업들이 협력하는 것이 이론 속에만 존재하는 정실자본주의라는 사실을 입증했다.[2] 현실 세계에서 정부와 기업의 협력은 전략적인 경제적 생존의 일부이다.

　사막은 광활한 곳이다. 하지만 현대적 담수화 기술과 관개 기술, 여기에 냉방 기술이 결합되면서, 인간은 베두인족이 사하라 사막과 아라비아의 룹알할리$^{Rub\ al\ Khali}$ 사막에서 그랬던 것처럼 불굴의 의지로 사막을 대규모로 식민지화해왔다. 두바이는 현대 기술을 최대로 활용해 남부 룹알할리 사막 방향으로 두바이 같은 도시를 계속 건설할 계획이다. 이런 부동산 개발 계획의 규모는 베이징, 런던, 파리, 뉴욕, 바르셀로나 그리고 다른 몇몇 중요한 도시들을 합친 것보다 크다. 대담한 건축 이론가이자 설계자인 렘 콜하스$^{Rem\ Koolhaas}$는 두바이와 아부다비 중간 지점에 150만 명이 거주할 새로운 워터프론트 시티$^{Waterfront\ City}$의 기본 설계를 구상했다. 그는 이것이 중동과 아시아 지역에 빠른 시간 안에 거대도시 지역을 건설하기 위해 그대로 적용할 수 있는 일종의 '대도시 건설의 지침서'가 될 수 있다고 믿고 있다.

　두바이는 알기 쉬운 도로번호 체계와 더 많은 공공병원 등 기본 서비스 체계를 완성해야 한다. 두바이의 담수화 시설은 인구 증가로 인해 문제가 생겼을 경우 이틀 분량의 물만 공급할 수 있다(이 때문에 두바이는 사막 분지에서 저층에 있는 지하수 개발을 시작했다). 지상과 지하, 바닷가에는 두바이가 해야 할 일이 아직도 많다. 서구의 경제학자들은 만성적으로 신흥시장의 수요를 과소평가했고 사막 한가운데 화려한 성을 건설하고 있다고 두바이를 비난했다. 하지만 기반시설이 없었다면 일자리가 줄었을 것이고 경제의 다변화와 복원력도 없었을 것이다.

　오늘날 두바이는 유럽의 복지국가에서 온 사람들에게도 삶의 질 면에서 비약적인 발전을 제공하고 있다. 자신들의 나라에서는 많은 세금을 냈지만 두바이에서는 세금을 내지 않아도 되고 맞벌이를 하지 않고도 호화롭게 살 수 있기 때문이다. 두바이의 인기를 이해하기 위해 '좋은 삶'을 이해하는 새로운 접근법이 필요한 것은 아니다. 서구 사회들도 식민지 시대에는 노예, 식민지 이후에는 이주민과 하층 이주 노동자로 이어지는 외부의 노동력을 기반으로 건설되었다. 런던과 로스앤젤레스의 내국인 노동자들도 이들과 비슷한 경제적 환경에서 살고 있다. 모든 세계적인 대도시에서 벌어지는 이런 현상은 선진국 국민과 제3세계 국민이 한 장소에 살면서 서로에게 혜택이 되는 분업에 따른 결과이다. 수백만 명의 남아시아 노동자들이 아부다비, 두바이, 도하Doha를 휘황찬란한 도시로 만든 수많은 건설 프로젝트에서 수개월 또는 수년 동안 힘들게 일했다. 이들은 도시를 건설하기 위해 왔지만 결코 도시에서 살지 못할 것이다. 이주 노동자들에 대한 견해는 다양하다. 대부분의 사람들은 이들의 존재 자체를 잘 모른다. 일부는 동정심을 가지고 있지만, 감사함을 느끼는 사람은 거의 없다. 서구 사람들은 위선적인 미덕을 발전시켰다. 즉, 사람들은 이런 새로운 중세적 관습의 편안함을 인정하기를 꺼려한다. 하지만 두바이와 싱가포르에서는 그렇지 않다.

돈은 오랫동안 두바이의 공식 언어로서 아랍어를 대신해왔다. 두바이의 일상 공용어는 영어이고, 힌두어와 우르두어를 사용하는 사람들 사이에서도 영어가 공용어이다. 하지만 모든 사람을 하나로 묶어놓은 접착제는 안전, 번영 그리고 연결을 원하는 바람이다. 두바이는 이슬람 근본주의자들로부터 안전한 곳이다. 치안체계, 보안기술, 정치적 영향력이 급진적 테러리스트들의 활동을 어렵게 하고 있다. 두바이는 불가피하게 전자제품의 암시장과 돈세탁 천국 그리고 중국과 인도 조직폭력배들의 교두보가 되었다. 셰이크 자예드^{Sheik Zayed} 거리의 5성급 호텔에서부터 데이라^{Deira}의 지저분한 모텔에 이르기까지 수요와 공급의 법칙은 성매매나 간통을 금지한 이슬람 율법보다 우선한다. 많은 아랍인들이 두바이로 가면 자신들이 이슬람 세계에서 살고 있다는 사실을 망각한다는 것은 두말할 필요가 없다.

"도시를 만들면 사람들이 올 것이다."라는 말을 실천한 도시가 있다면, 그것은 세계에서 가장 빠르게 성장하고 있는 두바이이다. 두바이의 인구는 1968년에서 1975년 사이에 3배로 증가했고, 1989년에서 2009년 사이에는 2배로 증가했다. 그리고 2020년이 되면 또다시 2배로 증가해 450만 명에 이를 것이다. 월가에서 운이 다한 미국인, 세금을 적게 내는 곳을 찾는 유럽인, 가난과 폭정에서 도망친 아프리카인, 돈가방을 들고 온 러시아인, 인도인, 이란인, 호텔의 필리핀 노동자, 중국인 기업가 모두가 세계의 수도인 두바이에서 하나의 집단으로 합쳐진다. 서유럽 국가들이 이민자들에 대해 걱정하는 동안 아랍에미리트는 급증하는 이주민들을 환영하고 있다.

두바이는 아랍 세계의 용광로일 뿐만 아니라 세계를 선도하는 용광로 역할을 하고 있다. 두바이는 민족국가에 반대한다. 두바이에는 토착민이 거의 없다. 실제로 두바이는 세계 역사상 인종적으로 가장 희석된 도시일 것이다. 세계 곳곳에서 들어오는 이민자들의 행렬은 다른 도시와 차별화되고 배타적인 정체성이 없는 다양성의 소우주를 창조하고 있다. 각각의 거주지역은 그 자체가 '글로벌 빌리지'이다.

램 콜하스는 두바이를 새로운 정체성을 새겨넣을 수 있는 백지와 같은 곳이라고 말했다.³ 실제로 두바이는 전통적인 국가를 넘어 탈국가 시대의 중심 도시에 대한 충성도와 정체성을 수립하는 선구자적인 실험을 하고 있다. 두바이와 싱가포르의 외국인들에 대한 평균 거주 허용 기간은 과거에 2년에서 3년이었지만 지금은 제한이 없다. 외국인들은 영구적인 이주민이 되었다. 더 많은 사람들이 두바이에 뿌리를 내릴수록, 임시 거주에 대한 인식은 사회와 통합하고 부를 축적하기 위해 노력하는 이민자의 사고방식으로 발전할 것이다. 두바이의 기업 가운데 상당수는 이미 지난 수십 년 동안 외국인들이 운영해왔다. 공공 부분과 민간 부분에서 책임자 지위에 있는 모든 아랍에미리트 사람들은 외국인 직원들의 업무 지원을 받고 있다. 개인의 성공과 직업적 성공이 두바이의 성공에 의존하게 되면서, 외국인들은 학교를 세우고 해변의 부동산 개발 프로젝트를 막기 위한 청원을 내며 부동산 소유권과 연계된 영주권을 위한 로비 활동을 벌였다. 또한 다양한 아이디어와 중요한 이슈에 대한 의견을 듣기 위해 지도자들이 국민과 협의하는 모든 중요한 모임에 외국인들이 포함되도록 노력했다. 시간이 지나면서, 두바이는 외국 이주민들에게 고국과 같은 '고향'이 되었다.

하지만 아랍에미리트는 외국인들에게 양도할 수 없는 권리를 허용하지 않는다. 엄격하게 말하면, 외국인들은 아랍에미리트를 지지하는 투자자들일 뿐이다. 가족들이 수십 년 동안 살았고 세계에서 단 하나뿐인 집이 아랍에미리트에 있다고 해도 2년이나 3년마다 거주허가증을 갱신해야 한다. 점점 더 많은 사람들이 두바이에서 일하고 은퇴하고 싶어 하지만(멕시코보다 약간 더 안전하다), 거의 모든 사람들은 법적으로는 2류 국민인 '영원한 임시 거주자'의 모순적인 상태로 살고 있다. 이는 두바이 당국이 누구든지 추방할 수 있는 있다는 의미이다.

통치자의 최우선 순위는 지난 수 세대 동안 충성스러운 신하였던 아랍에미리트 국민이다. 아랍에미리트 국민에게는 만족스러운 정부 보조금이 지급되고, '에미리트화'로 알려진 소수차별 철폐 강화를 통해 외국 회사에서의 승진이 보장되며, 모든 중요한 부동산 시장에서 유리한 지위가 제공된다. 하지만 막대한 부는 남성 비만의 증가와 여성의 출산율 저하(세계에서 가장 낮은 나라 가운데 하나이다) 등 심각한 사회적 질병의 시작을 의미했다. 아랍에미리트 민족이 줄어들면서, 아랍에미리트의 최고 지성인 가운데 한 사람인 압둘칼레크 압둘라^Abdulkhaleq Abdulla는 "자신의 나라에서 소수집단이 되는 비애"에 대해 이야기했다. 그는 아랍에미리트 국민의 수가 너무 적고 국가의 재건에 대한 영향력이 없어 두바이가 만든 글로벌 현상을 더 오랫동안 즐길 수 없을 것이라며 걱정하고 있다. 2012년에 아트 두바이 축제^Art Dubai festival에서 대중강연을 위해 함께 만났을 때, 그는 공개적으로 '멸종'이라는 단어를 사용했다. 필리핀인이나 유럽인 상점 주인이 아랍어로 "평화가 당신에게 함께 하기를"이라고 외국인 동료들에게 인사하는 것은 더 이상 존재하는 않는 현지인들에게 대한 존경의 표시인 것 같다.

앞으로 10년 후에 아랍에미리트 사람들이 지금보다 훨씬 더 이름뿐이고 원주민에 대한 호기심의 대상으로 변하게 되면, 아랍에미리트의 지배층은 자신들이 만든 독특한 세계주의 프로젝트의 결과를 완전히 받아들여야 할 것이다. 부족장들과 머지않아 전체 인구를 차지할 외국인들에게 모두 도움이 되는 협정이 체결되면서, 독특한 인구 구성과 연결성을 가지고 있는 도시들은 실존에 대한 위험에 직면하게 될 것이다. 경제적 또는 지정학적 대참사가 닥친다면, 사람들은 고국에 대한 현실을 깨닫고 세금 혜택 등을 포기한 채 재빨리 두바이를 떠나게 될까?

두바이는 세계의 수도로서 주민들의 장기적인 충성심을 이끌어내기 위해 자본주의의 편리함을 넘어서는 거주자의 권리를 부여해야 할 것이다. 예를 들면 두바이 당국은 비아랍권 거주자들에게 영주권을 제안할 수도 있다.* 거주자들이 '항상 외국인'인 상태의 도시에서 모든 사람들을 위한 '세계인의 고향'으로 변하는 과도기에 있는 두바이는 자유와 의무가 균형을 이루는 체제를 만들 수 있다. 기본 거주지가 두바이인 사람들은 누구나 자랑스럽게 두바이 시민이 될 수 있어야 한다.

두바이는 인구의 이동과 경제력이 극단적으로 혼합된 실험실이다. 결과는 불확실하지만 실험은 계속되고 있다. 하지만 실험의 결과는 두바이의 것이 아니라 우리 모두의 것이다. 도시학자인 대니얼 브룩^{Daniel Brook}의 말처럼, "두바이에 대해 변명하는 것은 현재 그대로의 세계에 대한 변명이다."[5]

첫 번째 기항지

나는 2013년 11월에 사우디아라비아의 제다^{Jeddah}로 날아가 자동차를 타고 아직 지도상에 표시되지 않은 홍해 연안의 신도시 건설 현장으로 향했다. 이곳은 소비재 상품, 자동차 조립, 정보통신기술 산업이 들어설 특별경제구역과 2백만 명을 수용할 주거지를 결합한 신도시이다. 주식 공개모집을 통해 사우디아라비아 주식시장에 상장된 킹 압둘라 경제도시

---

* 현재 비아랍권 외국인들에 대한 귀화는 제한적이고 편의적으로 허용된다. 30년 거주권을 받은 사람들은 소수이고 아랍에미리트에 영향력이 있는 보증인이 있을 경우에만 허용된다.

King Abdullah Economic City의 최고경영자인 파드 알라시드Fahd al-Rasheed는 압둘라 경제도시는 세계 최초로 모든 것이 통합된 민간도시라고 말했다.[6]

아랍 세계에 대한 '두바이 효과'의 여파로, 새로운 항구도시들이 성장하는 아랍 시장에 대한 지역 관문으로서 아랍에미리트의 제벨알리를 대체하기 위해 치열한 경쟁을 벌이고 있다. 이 가운데 특히 사우디아라비아가 선봉에 서 있다. 제벨알리는 지리가 아니라 첫 번째 선구자로서의 이점을 가지고 있었다. 킹 압둘라 경제도시의 최첨단 항구가 2020년에 가동하기 시작하면, 사우디아라비아는 지중해에서 수에즈 운하를 통해 홍해로 들어오는 컨테이너 화물의 상당 부분을 잠식하기 시작할 것이다. 이는 광대한 사막을 가로질러 메카, 메디나, 리야드Riyadh 등과 연결되는 10차선 고속도로와 고속철도를 통해 상품을 효율적으로 배분하고 운송 시간을 단축할 수 있다는 의미이다. 사우디아라비아는 킹 압둘라 경제도시 건설을 통해 아랍에미리트의 제벨알리로부터 물류의 상당 부분을 빼앗아올 수 있다.

킹 압둘라 경제도시는 단지 상업적인 모험이 아니라 전략적 필요성에 의한 결과이다. 지난 수십 년 동안 다란Dhahran과 담맘Dammam 등 사우디아라비아의 동부 군사기지와 석유산업단지가 사우디아라비아의 지정학을 지배했다. 리야드의 알사우드al-Saud 왕조와 미국으로의 석유 수송과 이란과 이라크에 대한 봉쇄는 사우디아라비아의 최우선 전략이었다. 하지만 석유 생산량이 감소함에 따라, 사우디아라비아는 지질이 아니라 지형의 이점을 활용해야 한다. 킹 압둘라 경제도시와 같은 세계적인 물류기지는 사우디아라비아가 석유 시대를 넘어 세계 공급망에 편입할 수 있는 방법이다.

킹 압둘라 경제도시는 사우디아라비아가 가지고 있는 홍해에서의 지형의 이점을 활용할 뿐만 아니라 사우디아라비아의 미래 세대를 육성하기 위한 기념비적인 투자이다. 다른 아랍 국가들과 마찬가지로, 사우디아라비아도 인구학적 위험에 직면해 있다. 사우디아라비아의 인구는 1950년의 3백만 명에서 현재 3천만 명으로 증가했고, 인구의 절반이 25세 이하이다. 사우디아라비아는 2020년까지 주택 수를 현재 4백만 가구에서 8백만 가구로 늘려야 한다. 지금까지 50여 개의 기업들이 킹 압둘라 경제도시의 땅을 매입해 공장과 장비를 들여놓고 있다. 재규어 랜드로버는 새로운 조립공장을 건설해 지중해 지역과 다른 아랍 지역에 고급차를 수출하는 중심지로 만들겠다는 계획을 발표했다. 사우디아라비아에서 여성의 운전 허용을 위한 운동이 시작된 곳이 제다라는 사실을 감안하면 이것은 매우 적절한 계획이다. 경제적 개방과 투자는 항상 사회구조의 변화를 초래한다. 사우디아라비아도 예외가 아니다. 교육, 의료, 행정 분야의 일자리들이 증가할 것이고, 여성들이 이런 일자리를 채워야 할 것이다. 특히 사우디아라비아가 국내 실업률을 줄이기 위해 외국인 노동자들의 비율을 줄이려고 한다면 여성 인력의 활용이 매우 중요하다. 여성 실업률은 남성보다 4배나 높다.*

킹 압둘라 경제도시에서 만났던, 신생도시와 도시경제 경쟁력에 대한 전문가인 하버드 경영대학원의 존 매콤버John Macomber 교수는 킹 압둘라 경제도시의 잠재력을 높이 평가했다. 그는 새로운 도시를 개발하기 전에

---

* 킹 압둘라 경제도시에는 사우디아라비아의 첫 혁신 실험실인 시노바(SiNova)가 위치해 있고 킹 압둘라 과학기술대학이 인근에 있다. 이 대학은 서양의 유명한 대학과 협력해 설립되었는데, 석유 시대 이후 사우디아라비아 경제의 핵심 분야가 될 환경과학과 농작물 엔지니어링에 집중하고 있다.

분명한 목적이 있어야 한다고 주장한다. 깨끗한 기반시설과 경쟁력을 갖추고, 기본계획에 인근 지역을 통합하며, 상업지역과 거주지역을 섞어 개발하고, 투명한 규제 환경을 만들어야 한다는 것이다. 또한 고품질의 경영관리와 서비스를 제공하고 부동산 이외에 성장에 초점을 맞춘 지속 가능한 경제 발전 전략이 있어야 한다고 조언했다.

나는 킹 압둘라 경제도시의 해안가에 생겨나는 카페와 축구장을 따라 조깅을 하면서, 한적한 도시에서 일하고 생활할 수 있는 기회가 수천 명의 사우디아라비아 젊은이들을 과밀한 도시에서 벗어나게 할 것이라는 생각이 들었다. 새로운 도시들은 과밀한 인구와 비생산적 인구를 분산시키고 그들의 에너지를 좀 더 생산적인 노력에 집중할 수 있도록 할 것이다. 새롭고 역동적인 중심지들은 리야드로부터 권력을 분산시키면서 사우디아라비아에 활기를 불어넣을 것이다.

제다는 사우디아라비아의 신도시 개발의 중심지로서 홍해의 수도로 떠오르고 있다. 고대 어촌과 거북껍질, 향신료, 유향 교역의 중심지로 출발한 제다는 7세기에 메카와 메디나 성지로 가는 관문이 되었다. 시간이 흐르면서 제다는 5백만 명이 거주하는 복잡한 도시가 되었고, 수백 킬로미터에 걸쳐 있는 새로운 도시 개발의 중심지가 되었다. 해양도시의 특성처럼, 제다의 현대적이고 온건한 상인 계층은 본질적으로 세계에 대해 개방적이다.

종교와 관련된 사업도 제다 지역의 중요한 발전 동력이다. 나는 자동차를 타고 동쪽으로 가면서, 일자리를 만들고 경제를 다양화하며 해마다 메카와 메디나를 방문하는 1천2백만 명의 방문객들을 관리하기 위한 건설공사 현장을 목격했다. 방문객들의 4분의 1은 메카 순례 기간에 몰린다. 메카 인근에 도착했을 때, 수많은 트랙터와 기중기들이 새로운 고속도로와 교차로를 만들기 위해 바쁘게 움직이는 모습을 보았다. 그랜드 모스크^{Grand Mosque}를 둘러싸고 있는 3개의 작은 산에서는 거대한 호텔(세계에서 가장 큰 아부라즈 쿠다이^{Abraj Kudai} 호텔을 포함해)과 빅벤보다 큰 시계탑을 만들기 위해 땅을 평평하게 만드는 공사가 한창이었다. 거대한 신전 ^{Kaaba} 주변을 중심으로 도는 순례자들을 위한 보도와 사원 옆에 화강암으로 만든 추가 건물을 짓기 위한 공사가 밤낮을 가리지 않고 진행되고 있었다.

사우디아라비아 방문객들이 가장 빠르게 증가하는 곳은 이슬람으로 개종하는 아프리카 대륙이다. 6만 년 전에 아프리카에서 메소포타미아로 오는 인류의 주요 경로는 두 곳이었다. 시나이 반도와 바브엘만데브 ^{Bab-el-Mandeb} 해협을 거쳐 홍해를 건너는 것이다. 바브엘만데브 해협은 베링 해협처럼 현재의 기후 변화 이전에는 수심이 지금보다 1백 미터 정도 더 얕았다. 지금으로부터 10년 또는 20년 후에 지부티와 예멘을 연결하는 54킬로미터 길이의 교량이 완공되면 홍해 횡단은 훨씬 더 쉬워질 것이다. 아프리카와 아라비아 반도를 연결하는 이 새로운 교량은 엄청난 변화를 가져올 것이다. 해협 양쪽에 알라의 등대라는 의미의 알누르^{Al-Noor}라는 쌍둥이 도시가 생길 것이다. 아라비아 반도 쪽의 알누르는 예멘의 수도인 사나^{Sanaa}와 연결되는데, 여기서부터 사우디아라비아의 성지 헤야즈^{Hejaz}에 이르는 750킬로미터 길이의 도로를 건설하고 있다(세계은행이 자금을 대고, 중국이 시공하고 있다). 이 도로는 사우디아라비아의 기반시설 확충 프로젝트에 따라 두바이까지 연결될 것이다. 아프리카 대륙에서는 지부티의 알누르에서 동아프리카의 경제 중심지인 아디스아바바,

카르툼^{Khartoum}, 나이로비를 연결하는 도로망이 건설될 것이다.

제다는 아라비아 반도의 첫 번째 기항지로서 제벨알리를 대신하려는 유일한 도시가 아니다. 킹 압둘라 경제도시가 유럽에서 수에즈 운하를 통과하는 화물의 상당수를 확보한 것처럼, 오만도 인도양을 가로지르는 해양 실크로드에서 똑같은 역할을 할지도 모른다. 이 항로에서 자동차, 전자제품, 의약품, 화학제품, 섬유 그리고 다른 많은 상품들이 서쪽으로 향하고 석유와 LNG 수송 선박은 동쪽으로 향한다. 제벨알리에서 하역하는 상품의 70퍼센트 이상은 실제로 사우디아라비아로 들어간다. 하지만 좁고 위험한 호르무즈 해협을 통과해 페르시아 만으로 들어가야만 가능하다. 2012년에 아랍에미리트와 사우디아라비아 국경의 알과이파트^{Al Ghuwaifat}에서 발생한 통관 지연사태 때는 5천 대의 트럭이 30킬로미터에 걸쳐 줄을 섰고 이를 처리하는 데 일주일 이상 걸렸다.*

오만은 이미 살랄라^{Salalah} 같은 중요 도시 인근에 많은 항구를 가지고 있고, 두쿰^{Duqm}의 새로운 항구는 오만 최초의 통합 항구와 공급망 중심지가 될 것이다. 네덜란드의 앤트워프 항구의 협력과 싱가포르의 감독을 받는 두쿰 항의 자유무역지대는 싱가포르의 3배 규모이다. 화물철도와 고속도로가 북쪽으로는 수도 무스카트^{Muscat}와 아랍에미리트, 룹알할리 사막을 건너 사우디아라비아까지 연결되기 때문에, 두쿰은 아시아 수출국들에게 제벨알리를 피할 수 있는 기회를 제공한다. 사우디아라비아로 들어가는 트럭들이 줄을 설 필요가 없어진다는 의미이다. 킹 압둘라 경제도시와 두쿰 항이 본격적인 운영에 돌입하면 제벨알리는 '아부 - 두바

---

* 연간 3백만 명 이상의 사람들과 2백만 대의 차량이 이곳을 통과한다.

이^{Abu-Dubai}' 경제회랑지대를 따라 좀 더 다양화된 물류와 부동산 경제로 변화를 추구해야 한다. 그렇지 않으면 제벨알리의 인공 야자섬은 외롭고 쓸쓸한 곳이 될 것이다.

공급망은 흐름의 논리를 따르도록 자동으로 프로그램되어 있어 목적지에 도달하는 가장 효율적인 경로를 찾는다. 전략적 기반시설이 있는 다른 지역들과 마찬가지로, 아라비아 반도 주변의 항구들 사이의 경쟁은 매우 치열하다. 현재 매일 하루에 1천8백만 배럴의 석유가 위험한 호르무즈 해협을 통과하고 있다. 이는 해상으로 운송되는 석유의 3분의 1에 해당하고 세계에서 거래되는 석유의 20퍼센트에 달하는 규모이다. 사우디아라비아, 쿠웨이트, 이라크는 인도양을 지나 말라카 해협을 통과해 한국, 일본, 중국으로 수출하는 석유의 85퍼센트를 호르무즈 해협에 의존하고 있다. 카타르와 같은 천연가스 수출국도 마찬가지이다. 아랍에미리트는 호르무즈 해협을 통한 에너지 수송이 중단될 경우에 대비해 오만만에 있는 푸자이라 항구에서 유조선에 석유를 공급하고 있다. 이런 가운데 이란도 호르무즈 해협에 석유 수출을 의존하고 있다. 하지만 오만만의 반다르 자스크^{Bandar Jask}에 건설하고 있는 대규모 수출항이 완공되면 사정이 변할 것이다. 말라카 해협처럼 호르무즈 해협도 중요한 지정학적 길목이다. 이 때문에 아랍에미리트와 이란은 호르무즈 해협을 우회하는 도로를 연결하고 있다.

라고스 : 아프리카의 글로벌 도시

두바이 효과가 아프리카에서 자리를 잡는다면, 그곳은 아프리카 최대의 도시인 라고스가 될 것이다. 라고스 주의 바바툰데 파슐라 Babatude Fashola 주지사는 두바이를 처음 방문했을 때 두바이의 대담함에 놀랐다.

라고스는 나이지리아의 경제적 수도일 뿐만 아니라 주변 10여 개 국가들을 위한 거대도시이기도 하다. 나는 라고스의 서부 지역에 있는 경전철을 따라 자동차를 운전하면서, 이 철도가 베냉과 토고를 지나 가나의 아크라 Accra, 코트디부아르의 아비장 Abidjan 까지 어떻게 뻗어나갈 수 있는지를 쉽게 상상할 수 있었다. 4개 국가의 국경에 걸쳐 있는 이 지역은 5천5백만의 인구가 밀집된 도시회랑지대이다. 이 국가들은 과거 노예무역의 중심지에서 공급망의 중심지로 발전했다. 자원이 풍부한 나이지리아와 가나는 두 국가 사이에 있는 과거 프랑스와 독일의 식민지였던 작은 국가들을 영국화하고 있다. 유럽연합의 최빈국인 불가리아가 터키 이스탄불의 외곽으로 느껴지듯이, 베냉도 국가가 아니라 라고스의 교외 지역이라고 느껴졌다. 서아프리카의 역동성에 관심이 있는 사람은 누구나 이 도시밀집지대에 대한 자세한 지도를 필요로 한다.

라고스의 경제가 케냐의 경제 규모만큼 커지면서, 라고스는 준 독립적인 도시국가이자 서부 아프리카 지역의 수도로 변하고 있다. 연방정부가 라고스에 대한 예산 지원을 중단하면서 중앙정부의 권력 일부를 이양한 것도 라고스의 자립을 부추기고 있다. 파솔라 주지사는 시의 세금을 인상하고 예산의 60퍼센트를 도로, 쓰레기 청소차, 중국식 버스 환승 시스템, 행정 서비스의 개선에 사용하고 있다.[7] 라고스가 나이지리아를 필요로 하는 것보다 나이지리아가 라고스를 더 절실하게 필요로 한다.

나이지리아는 국가가 아니라 연방에 불과하다. 3백여 개의 중요한 부족 가운데 요루바족[Yoruba]은 남서부를 지배하고, 하우사족[Hausa]은 북부 지역을, 이그보족[Igbo]은 남동부를 지배하고 있다. 수많은 이그보족은 1960년대에 분리 독립을 위한 비아프란 전쟁[Biafran War]에서 학살당했다. 하지만 오늘날에는 무자비한 테러조직인 보코하람이 장악하고 있는 북부의 무슬림 지역을 중심으로 대부분의 폭력사태가 발생하고 있다. 일부 사람들은 나이지리아의 군대가 GDP의 4분의 1에 달하는 안보 예산을 정당화하기 위해 보코하람을 조직했다고 믿고 있다. 다른 사람들은 무슬림 국회의원들이 보코하람을 이용해 국가를 불안하게 만들고 인구의 절반을 분리 독립하도록 부추긴다며 비난하고 있다.

투자자들은 나이지리아를 아프리카 번영의 위대한 엔진으로 환영하고, 건축가들은 라고스를 아프리카 대륙의 부흥을 위한 본보기로 칭찬한다. 하지만 비참한 내전 때문에 나이지리아는 연방국가가 될 가능성이 높다. 표면적 통일을 위해서는 비용이 많이 들고 유지되기가 어렵기 때문에 연방 형태가 최선일지도 모른다. 나이지리아는 석유산업 분야의 현대화와 부패 척결을 추진하고 절반 이상이 실업자인 농촌 지역의 젊은이들을 위해 일자리를 만드는 일에 집중해야 할 것이다(젊은 남성들의 실업은 통계적으로 정치적·사회적 불안과 상당한 연관성이 있다).

라고스는 부와 빈곤이 공존하는 나이지리아의 축소판이다. 빅토리아 아일랜드 구역의 중앙에 있는 잘 정비된 해변에서는 유럽, 아프리카, 아랍의 축구팀의 코파 라고스^{Copa Lagos} 해변 축구경기가 벌어진다. 인근의 레키^{Lekki} 반도에는 바다가 보이고 상류층의 생활이 보장되는, 에코 아틀란틱^{Eko Atlantic}이라고 불리는 상류층을 위한 스마트시티가 건설되고 있다. 하지만 방황하는 10대들로 구성된 폭력조직들은 해변에 대한 접근을 통제하고 자동차를 안전하게 보호해주겠다며 돈을 요구하면서 해변을 지나가는 사람들을 괴롭힌다. 여기서 10여 킬로미터 정도 떨어진 곳에는 10만 명 이상의 주민이 거주하고 있는 마코코^{Makoko}라는 해변 수상가옥지대가 있다. 나는 낡은 카누를 타고 수상가옥지대를 지나가기 위해 무장 조직폭력배들에게 돈을 집어주었다. 파숄라는 2012년에 이 해상 빈민가를 철거하기 위해 전기톱으로 무장한 경찰을 투입했다. 철거 조치는 지지와 분노를 동시에 불러일으켰다. 라고스의 인구가 1970년에 140만 명에서 현재 1천4백만 명으로 증가했다는 점을 고려하면, 파숄라는 인도 뭄바이의 사례를 따라한 것처럼 보였다. 마코코는 풍요와 궁핍, 활기와 공허가 가득한 삐걱거리는 수상가옥이 모여 만들어진 또 다른 육지이다. 하지만 라고스처럼 모든 것을 빨아들이는 지역의 중심지에서 거리와 지하도를 정비하는 일은 사람들을 쫓아내는 것 이상의 의미를 가지고 있어야 한다. 그렇지 않으면 또 다른 수백만 명이 몰려올 것이기 때문이다.

지도에 표시하기

새로 생겨나는 도시들

최근에 출판된 미국국가정보위원회의 『글로벌 트렌드 2030』 보고서에는 '비국가 세계Non-state World'라는 그럴듯한 시나리오가 포함되어 있다. 비국가 세계에서는 도시화, 기술, 자본 축적이 모두 자본주의 세력이 효율적으로 운영하는 특별경제구역들의 발전을 가속화한다. 중앙정부가 개혁을 할 능력이 없다는 것을 깨닫고 다른 기관에 책임을 넘겨주는 것이다. 이런 소수민족 거주지에서는 세금을 포함한 기본법이 외부에서 온 누군가에 의해 만들어진다. 많은 사람들은 외부에서 온 세력이 지역 경

제를 살려내고 나머지 다른 지역에 대한 본보기가 될 확률이 더 높다고 생각한다.[1]

이 보고서에 대한 나의 유일한 반론은 이것이 2013년의 세계를 설명하는 것이지 2030년에는 맞지 않는다는 것이다. 10여 개 국가의 정부는 이미 오랫동안 공공재를 공급하는 책임을 포기했다. 대신 시장이 외부에서 온 누군가에 의해 운영되는 형태, 즉 공급망을 통해 공공재를 제공하고 있다.

역사적으로 볼 때 이런 형식은 동일했다. 도시들은 내륙 배후지로 가는 관문이 되기 위해 상업적 기관을 만들고 바다와 국경 너머에 있는 도시와 외부 세력들과 효율적인 연결을 추진했다. 2천 년 전에 델로스 Delos(아폴론 신의 신화 속 고향) 같은 그리스의 항구도시들은 페니키아와 지중해 국가들을 연결한 가장 오래된 자유무역항 체제를 만들었다. 약 1천 년 후에 브레멘, 뤼베크, 함부르크, 단치히를 포함한 중세의 한자동맹 자유무역항들은 유럽의 왕정을 피해 성공적으로 자치를 유지했다. 이탈리아의 르네상스 시대에 베네치아와 제노바 같은 도시국가들도 수백 년 동안 무역의 중요한 교역 중심지로 활약했다. 이후 근대 시대에는 홍콩과 싱가포르 등 과거 영국의 식민지 항구들이 도시 전체가 자유무역지대의 기능을 하도록 설계되었다.

2차 세계대전 이후 제조와 수출을 증대하기 위한 경쟁은 아일랜드의 샤논Shannon에서 푸에르토리코 그리고 값싼 노동력 활용과 투자 유치를 위한 수출가공지역이나 미국 국경지대에 있는 멕시코의 공장에 이르기까지 다양한 경제적 접속점의 형태로 나타났다.[2] 유엔산업개발기구는 1960년대에 특별경제구역을 기반시설과 성장의 본보기로 홍보하기 시작했다. 특별경제구역은 단지 경제에 활기를 불어넣기 위한 행정적인 예외였지만, 세계에서 가장 빠르게 확산하는 도시 형태가 되었다. 전 세계에는 4천 개 이상의 특별경제구역이 있는데, 이 도시들은 기능적 공급망 세계의 신흥 도시들이다.

도시들은 사람들을 조밀하고 생산적인 노동 분업으로 몰아넣는 고대의 기반시설로 간주될 수 있다. 하지만 인류의 급속한 도시화는 도시가 사람들이 오기를 기다리는 것이 아니라 사람들이 도시로 이동하는 것을 뜻한다. 오늘날 성공적인 경제 발전 전략은 대중을 흡수하고 사회를 근대화시키는 도시 전체 수준의 전략적 투자를 포함하고 있어야 한다.

특별경제구역은 저개발 국가에서 연결과 성장에 대한 거대한 촉매제로 입증되었다. 덩샤오핑은 1979년에 당시 홍콩 북쪽의 어촌인 선전을 중국의 첫 번째 특별경제구역으로 지정했다. 그 이후 선전은 30년 전과 비교해 1인당 GDP가 1백 배나 증가한 인구 1천5백만 명의 국제적인 중심 도시로 발전했다.[3] 같은 해에 모리셔스도 첫 번째 특별경제구역을 개방하고 6퍼센트의 경제 성장을 시작하면서 실업을 몰아냈다. 도미니카 공화국의 첫 번째 특별경제구역은 의류 제조 분야에서 10만 명의 일자리를 만들었고 농업에 대한 의존도를 줄여주었다. 냉전시대 말기에 제3세계 국가들은 새로운 국제 경제질서, 선진국에서 후진국으로의 산업 이전을 포함한 세계적인 산업재편, 개발도상국 수출품에 대한 가격 지원, 관세 인하, 강력한 국제적인 식량 지원을 요구했다. 그 결과 과도한 차관, 악성 채무, 억제되지 않는 인플레이션, 대규모 파산이 뒤따랐고, 도시화와 세계 공급망과의 연결이 발전으로 가는 훨씬 더 좋은 길이라는 것이 입증되었다.

특별경제구역과 공급망은 영토로부터 벗어나는 것을 의미한다. 투자자들은 값싼 노동력과 번거로운 규제로부터의 해방을 위해 특별경제구역에 투자한다. 정부는 일자리를 만들고 노동자들을 교육시키면서 기술을 전수받고 다른 경제 분야에 시범 효과를 보여주기 위해 외국인 투자를 필요로 한다. 지금까지 특별경제구역은 상생의 조합으로 입증되었다. 즉, 공급망 세계의 생산적인 회원이 되기 위해 일부 주권을 희생하는 것이다.

1980년대와 1990년대에는 선진국과 개발도상국에서 콜센터, 소프트웨어 개발, 물류 관리 같은 부가가치가 더 높은 분야에 집중하는 산업단지와 기술단지가 등장했다. 미국 캘리포니아 주의 팔로알토Palo Alto에 있는 스탠포드 연구단지와 노스캐롤라이나 주의 리서치 트라이앵글 파크(1980년대에 외국무역지대가 되었다)는 개발도상국들의 산업단지 개발의 본보기이다. 인도 정보통신산업의 중심지인 방갈로르와 하이데라바드Hyderabad는 해외에서 공부한 인재, 텍사스 인스트루먼트 같은 다국적 기업의 투자, 인도 소프트웨어 기술단지라고 불리는 새로운 정부기관의 지원과 혜택을 받았다.

인도의 인구는 독립 이후 65년 동안 12억 명으로 4배 증가했다. 하지만 인도는 최근 2~3년 동안에 기반시설에 대한 현대화를 시작했다. 인도와 같은 저개발 국가에서 특별경제구역은 잠셋지 타타Jamsetji Tata 가문에 의해 처음으로 설립된 산업도시인 잠셰드푸르Jamshedpur 같은 오래된 기업도시의 새로운 이름에 불과하다. 잠셰드푸르는 조금 더 일반적인 이름인 타타나가르Tatanagar라고 불리기도 한다. 인도는 정부가 선도하고 민간 부분이 보완하는 국가가 아니라 그 반대였다. 기업들이 국가 기반시설 투자의 절반을 부담하고, 대부분의 공공 서비스, 특히 민간 의료와 학교 교육 서비스를 제공한다. 나이지리아와 인도네시아 등 인구가 많은 국가들의 상황도 인도와 다르지 않다. 코카콜라 공장, 쉐브론 가스 생산 시설, 파이어스톤^Firestone 고무농장은 기업들이 운영하는 수천 개의 공급 망 가운데 일부이다. 공급망에 대한 서비스는 국가가 아니라 기업주가 제공하고 있다. 중국의 생산공장이나 중동의 석유 수출처럼 세계의 주변 지역이 중심부에 합류하는 유일한 방법은 외국 공급망을 기꺼이 받아들 이는 것이다. 신흥 국가에서 기술이 확산되는 중요한 경로는 (각종 설비와 새로운 사고를 직접적으로 얻을 수 있는) 외국과의 교역과 (외국 회사가 가져다 주는) 외국인의 투자이다. 특별경제구역은 교역과 투자가 동시에 벌어지 는 곳이다.

중국은 이미 세계 경제의 중심부에 합류했지만, 상당수의 국가들은 여 전히 갈 길이 멀다. 특별경제구역은 중국처럼 실패의 역사를 벗어나 서 양 국가들이 2백 년에 걸쳐 완성한 것을 20년 만에 성취할 수 있는 기회 를 제공한다. 예를 들면 모리셔스는 특별경제구역을 이용해 농업에서 섬 유산업으로 이동했고, 금융산업으로 산업 구조를 바꾸기 위해 세금 협정 과 외국인 투자 지대를 활용했다. 현재 모리셔스 경제의 70퍼센트를 금 융산업이 차지한 반면 농업의 비중은 5퍼센트도 안 된다. 모리셔스는 아 프리카의 금융 중심지로 탈바꿈하면서, 아시아 국가들의 아프리카 투자 관문인 동시에 인도에 대한 외국인 직접투자의 40퍼센트를 담당하고 있 다. 1960년대에 1인당 국민소득이 2백 달러였던 사탕수수 산업 국가에 게는 탁월한 선택이었다.*

---

* 개발도상국가에서 상품 생산의 중간 단계에 대한 참여는 평균적으로 전체 GDP의 30퍼센트 정도를 차지한다. 특별경제구 역이 한정된 상품뿐만 아니라 좀 더 복합적인 산업으로 다각화되면 GDP에서 차지하는 비중이 더 높아진다.

엑스클라브에서 엔클라브로

미국국가정보위원회의 2030 보고서에서는 특별경제구역에 대한 잘못된 용어를 사용했다. 보고서는 특별경제구역을 한 국가 내에 있는 이문화 집단의 거주지를 뜻하는 '엔클라브enclaves'라고 불렀다. 사실은 특정 국가의 영토에서 외국인이 운영하는 지역은 '엑스클라브exclave'*, 고립영토를 의미한다. 고립영토는 외국에서 들어온 특별한 기술을 필요로 하기 때문에 국가 경제에서 분리되어 있고 동시에 지역사회와 격리되어 있다. 따라서 국가가 중국이나 모리셔스처럼 특별경제구역을 지렛대로 활용하는 문제는 특별경제구역의 발전이 국가의 경제 발전으로 전환될 수 있는가에 달려 있다. 국가들이 세계의 가치사슬에 공헌하기 위해 기준을 높이지 못하면 자유무역만으로는 혜택을 얻을 수 없다. 자유무역은 단지 저가의 중국산 상품만 넘쳐나게 할 뿐이다. 세계무역기구의 허버트 이스카이드Hubert Escaith의 주장처럼, 자유무역이 쌍방향이 되기 위해서는 사회기반시설, 교육 그리고 사회 체제를 개선하기 위해 외국인 투자를 활용해야 한다. 이를 통해 특별경제구역은 자율적인 섬이 아니라 지역경제 역동성의 성장 엔진이 된다.

특별경제구역에서 나머지 지역으로의 확산 효과는 언제나 존재한다. 문제는 정부가 다국적 기업이 가져온 기회를 이용해 일자리를 만들고 임금을 인상하며 기술을 이전받을 수 있는가이다. 예를 들면 베트남의 신발공장과 의류공장의 노동자들은 현지 공장의 근로자들보다 임금을 50

---

* 본국에서 떨어져서 다른 나라 안에 들어 있는 영토 — 옮긴이

퍼센트 더 받기 때문에 전체 가구에서 소득 상위 20퍼센트 안에 든다. 베트남 정부는 전국에 걸쳐 사회기반시설을 건설하고 주택 보급을 확대하며 외국인 학교를 모방하고 더 많은 합작회사를 만들기 위해 세금 기반을 확대했다. 이는 더 많은 가구들을 가난에서 구제하려는 정책이다. 베트남이 정치적으로 불투명하기는 하지만, 점진적인 특별경제구역의 확대는 베트남 정부가 국가 경제의 미래에 대해 얼마나 심각하게 고민하고 있는지를 보여준다. 젊고 근면한 근로자들 덕분에 '작은 중국'이라는 평판을 얻고 있는 베트남은 다낭^{Da Nang} 항구에서부터 아시아 최대의 인텔 반도체 가공공장이 있는 IT 산업단지에 이르기까지 1만 6천 개가 넘는 외국인 직접투자 프로젝트를 추진하고 있다.

과거의 특별경제구역들은 현지의 규제와 법 조항에서 예외를 인정받았지만, 오늘날 개발도상국가들은 더욱 현명해졌다. 이들은 준국가기관을 설립해 더 높은 임금과 기준을 요구하며 경제구역 내에서 자국 산업을 촉진하고 있다. 오늘날 새로 건설되는 특별경제구역 가운데 상당수가 나중에 세금을 내지 않는 대신 수수료를 부담해야 하는 등 비밀협상으로 진행된다는 것은 의심의 여지가 없다. 하지만 현명한 정부들은 영향력을 활용해 세금 혜택을 조기에 종료하고 사회에 도움이 되는 기술 교육과 첨단기술을 확보하기도 한다.

특별경제구역들은 실제로 국가의 정책이 될 수 있는 개혁의 실험장으로 매우 중요하다. 예를 들면 말레이시아의 멀티미디어 슈퍼 코리더에는 수백 개의 애니메이션, 게임 그리고 다른 기술기업들이 정부의 지원과 벤처 캐피털로부터 자금 지원을 받기 위해 경쟁하고 있다. 멀티미디어 슈퍼 코리더는 독립적인 웹사이트를 위한 중심지 역할을 하면서 언론의 자유가 등장할 수 있는 공간을 만들어주었다. 또한 말레이시아는 수도에서 멀리 떨어진 특별경제구역이 정부가 유혹받기 쉬운 과도한 간섭과 부동산 규제를 어떻게 피할 수 있는가를 잘 보여준다. 말레이시아 정부는 수도 쿠알라룸푸르 인근의 사이버자야^{Cyberjaya}와 푸트라자야^{Putrajaya}라고 불리는 2개의 대형 프로젝트에 실패했다. 반면, 남부의 조호르 주는 외국인 직접투자와 싱가포르 특별경제구역 유치 협상에 대한 자율권을 인정받아 말레이시아에서 가장 빠르게 성장하는 지역이 되었다. 말라카 해협을 바라보고 있는 북부 지방의 중국인 거주 도시인 페낭^{Penang}은 1970년대에 세계 최초로 인텔의 해외 반도체 공장을 유치했던 역동성을 부활시키려는 페낭 패러다임^{Penang Paradigm} 운동을 시작했다. 페낭은 중국의 태양광 산업에 대한 서양의 관세부과 정책을 이용해 말레이시아를 세계 태양광 산업에서 3위의 위치에 올려놓기 위해 미국의 퍼스트솔라^{First Solar}와 다른 투자자들을 유치했다. 한 젊은 말레이시아 국회의원은 지역구를 둘러보면서 돈이 아무리 많아도 자신들의 정치적 문제를 해결할 수 없다고 나에게 말했다. 하지만 권력의 이양과 특별경제구역이 이런 문제에 대한 해법이 될 수 있다. 쿠알라룸푸르에 있는 관료들은 페낭의 공무원들처럼 자전거 도로를 만들거나 창의적인 유치원 교육을 촉진하기 위해 기업과 협력관계를 구축하는 아이디어를 내놓지 못할 것이다.

결론적으로 국가들은 특별경제구역을 많이 설립하는 것이 아니라 차별 없는 투자와 한 번에 모든 것을 할 수 있는 효율성이 있는 특별한 구역을 만드는 것을 목표로 삼아야 한다. 예를 들면 슬로베니아는 외국인 자유무역지대를 단계적으로 없애버렸다. 대신 고학력의 노동력과 경쟁력 있는 세금 체계를 가진 유럽연합 회원국으로 투명하게 운영되고 있다. 그래서 더 이상 자유무역지대가 필요하지 않게 되었다. 홍콩과 싱가포르는 무역의 중심지에서 전 세계에서 이주해온 충성심 깊은 주민들이 거주하고 다양한 사회 집단들이 번영하는 글로벌 도시로 발전했다. 특별경제구역으로 시작한 지역이 공급망을 넘어서는 다차원적 도시가 될 수도 있다. 중국의 쑤저우 산업단지에는 현대미술관과 문화센터들이 많고, 영국 리버풀 대학의 캠퍼스가 들어서 있으며, 싱가포르 스타일의 연금제도가 운영되고 있다. 쑤저우는 특별경제구역에서 모든 서비스를 갖춘 지역사회로 발전했다. 도시의 순수주의자들은 제인 제이콥스^{Jane Jacobs}의 워싱턴 스퀘어파크를 닮아가는 도시의 모습에 대한 향수를 지니고 있다. 워싱턴 스퀘어파크는 제이콥스의 보행자 중심의 도시 철학을 담은 곳으로, 배울 것이 많다. 하지만 대부분의 도시들은 과거의 모습을 반영하기에 앞서 우선적으로 현재와 미래를 따라잡아야 한다.

중국의 초거대 특별경제구역

세계에서 중국만큼 많은 신도시와 거대도시를 가지고 있는 국가는 없다. 특별경제구역이 중국의 수출과 성장의 동력이지만, 많은 특별경제구역들이 세계 경제의 변동에 취약한 단일 산업단지로 만들어졌다. 중국의 디트로이트로 불리는 둥관을 생각해보라. 중국 동부 해안의 상하이를 중심으로 한 해안 지역의 산업지대와 남부의 광둥 산업지대의 인구는 중국 전체 인구의 4분의 1이 안 된다. 하지만 이 지역은 중국 전체 수출의 80퍼센트를 차지한다. 중국이 앞으로 20년 후에 서부 내륙지대에 건설하고 있는 거대신도시지역으로 호구에 등록되지 않은 3억 명을 이주시키

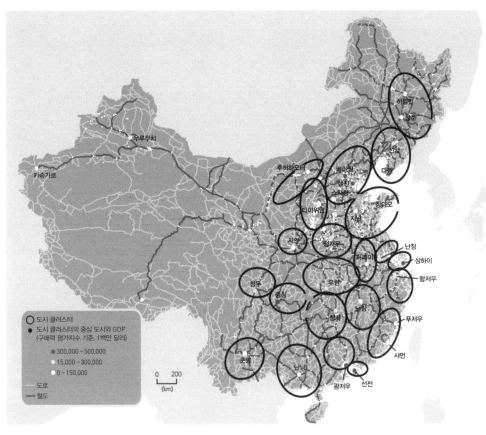

| 지도 29 | 중국 : 대도시의 제국

중국은 20여 개의 대도시 클러스터를 중심으로 기능적으로 재편되고 있다. 각각의 대도시 클러스터는 조밀한 수송망을 통해 내부적으로 통합되는 동시에 고속철도가 중국 전체를 연결하고 있다.

게 되면, 도시의 과밀 문제와 무질서한 확장 문제가 해결되고 충분한 자급력을 갖게 될 것이다.* 이 전략은 균형적 측면에서 효과를 나타내고 있

---

* 호구는 중국 내에서 국민의 거주를 규제하는 일종의 허가제도이다.

다. 정저우鄭州, 주저우株洲, 헝양衡陽, 샹양襄陽, 구이양貴陽 등 2군 도시들은 상하이 등 더 유명한 해안지역의 도시보다 더 높은 성장률을 기록하고 있다.

중국에서 도시화는 자발적인 동시에 중앙정부의 계획에 따른 것이고 자체적인 필요성과 토지 개발에 따른 것이기 때문에 수요를 훨씬 앞서간 다. 그 결과 내몽골 지역의 캉바시Kangbashi 같은 악명 높은 유령도시가 만 들어지기도 한다. 캉바시는 인구 1백만 명을 목표로 건설되었지만, 현재 는 3만 명이 거주하고 있다. 캉바시가 유령도시가 된 이후에는 도심지역 이 과밀할 경우에만 새로운 공사를 허가할 수 있도록 규정이 바뀌었다. 이런 변화를 통해 도시의 성장은 느리지만 활용성은 더 높아지고 있다. 중국의 건물 수명은 선진국의 절반에 불과하기 때문에(선진국은 약 35년, 중국은 15년으로 추정), 현재 건설공사가 적다는 것은 미래에 더 많은 건물 을 지어야 한다는 의미이다. 급격한 도시화에 따른 심각한 부작용은─ 빈곤화된 이주노동자, 자치단체의 막대한 부채, 많은 도시에서 나타나는 주택 공급 과잉─3억 5천만에 달하는 도시 소비 가구와 관련이 있다.

많은 사람들이 중국 경제의 미래는 중국이 '중진국의 함정middle income trap'*에서 탈출할 수 있는가 또는 그렇지 못한가에 달려 있다고 생각한 다. 중국이 계획경제에서 시장경제로 전환함에 따라, 가치사슬의 상층부 로 올라가 생산성을 향상시키고 소비경제로 나아가기 위해 경제의 비중 을 재조정해야 한다. 그래서 대부분의 국민이 더 높은 임금을 받을 수 있 어야 한다. 중국의 경제 계획과 도시화 전략이 국가 번영이라는 '중국 몽

---

* 초기에 빠른 성장을 하다가 중진국 또는 중산층에 그치는 함정 ─ 옮긴이

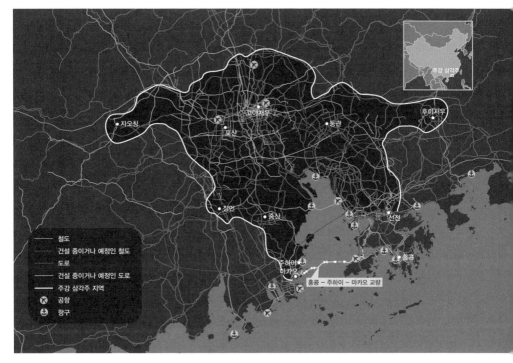

| 지도 30 | **하나의 거대도시, 많은 시스템**

광저우에서 홍콩에 이르는 주강 삼각주 지역은 10여 개의 도시들을 연결하는 하나의 통합된 경제회랑 지대로 변하고 있다. 2030년이 되면 이 지역의 인구는 8천만 명이 되고, 경제 산출량은 2조 달러가 될 것이다.

Chinese Dream* 을 향해 중국을 이끌어갈 수 있을까?

2014년 여름에 중국 남부의 주강 삼각주 지역을 — 광저우, 중산中山, 주하이, 마카오 그리고 동쪽으로 홍콩, 선전, 둥관 — 여행하면서, 나는 국가의 경제 계획이 세계의 군사전략만큼 중요하다는 사실을 직접 목격

* 시진핑 주석이 2013년 제12기 전국인민대표대회 폐막연설에서 강조한 중국 부활에 대한 희망 — 옮긴이

했다. 중국이 세계에 경제를 개방한 지 10년이 지난 1990년에 농업, 광업, 어업 등 1차 산업의 비중은 27퍼센트를 차지했고, 제조업과 건설 등 2차 산업은 40퍼센트 그리고 서비스 산업(소매, 교통, 의료, 관광 등)은 30퍼센트를 차지했다. 2010년에 농업의 비중은 10퍼센트로 하락했고, 제조업은 46퍼센트로 상승했으며, 서비스 산업의 비중은 44퍼센트로 집계되었다. 주강 삼각주 지역에 대한 견학여행은 혁신과 성장의 주축이 된 거대도시를 탄생시킨 혁신, 특별경제구역, 도시화가 결합된 가장 참신한 전략의 일부를 보여주었다.

광둥 성의 성도인 광저우는 지금까지 공급망의 변화 가운데 가장 큰 규모인 삼각주 지역의 제조업 기적을 이끌고 있는 행정 중심지이다. 광저우는 13세기 마르코 폴로^{Marco Polo}의 방문에서 네덜란드의 동인도회사, 덴마크, 프랑스, 영국의 교역 중심지 역할에 이르기까지 다양한 역사적 연관성을 가지고 있다. 국공내전 동안 장제스가 이끄는 국민당 군대는 잠시 동안 광저우로 후퇴했다. 광저우는 1957년 이후 홍콩 북쪽의 120킬로미터에 위치한 지리적 이점을 최대로 활용해 중국 최대의 수출입 전시회인 광저우 캔톤페어^{Canton Fair*}를 해마다 개최하고 있다. 전 세계 2백여 개 국가에서 20만 명이 넘는 구매자들이 해마다 캔톤페어를 찾아온다.

광저우에서 얻을 수 있는 첫 번째 교훈은 행정적인 지원의 중요성이다. 산업 생산품에 대한 물류와 교역을 원활하게 하기 위해 1992년에 설립된 광저우 자유무역지대에 더해 자동차 조립, 바이오 상품, 중장비에

---

* 무역전시회 — 옮긴이

특화된 광저우 난사[南沙] 수출가공단지는 전략적으로 선전의 새로운 국제 공항과 신항구 근처에 입주하고 있다. 그리고 2005년에서 2009년 사이에 광저우의 일부 구를 통폐합해 간소화했고, 주강 삼각주 전체 지역에 대한 기본계획의 수립을 위해 광저우와 포산[佛山]도 통합되었다. 중국은 외부와 연결된 국경을 엄격하게 통제하고 있지만 내부의 경계는 허물고 있다.

주강 삼각주 지역 발전의 두 번째 교훈은 개방성을 활용하는 것이다. 홍콩과 가까운 위치는 1997년의 홍콩 반환 이전에도 유리한 점을 많이 가지고 있었다. 홍콩은 중국 본토에 대한 최대 투자처였다. 주강 삼각주의 수출지대는 홍콩과 경쟁하는 현대적 생산시설을 건설하기 위해 홍콩의 투자를 활용했다. 선전의 컨테이너 항구는 세계에서 가장 물동량이 많은 항구 가운데 하나이다. 수출입 관세가 없고, 5일짜리 비즈니스 비자를 통해 더 많은 투자자들과 교역상들이 중국 본토와 직접 거래를 할 수 있다. 선전이 홍콩을 추월하면서, 선전 당국은 홍콩–선전 거대통합 도시를 만들기 위해 홍콩과의 통합 계획을 발표했다.

주강 삼각주 지역은 자본, 기술, 지식산업 분야의 집단화 사례의 연구 대상이기도 하다. 2013년에는 폭스콘과 다른 거대 생산시설 덕분에 세계 전자제품의 40퍼센트가 선전의 조립라인을 거친 것으로 조사되었다. 여기에는 애플, HP, 마이크로소프트, 닌텐도, 삼성, 소니의 제품들이 포함되어 있다. 중국에서 기업 가치가 가장 높은 화웨이와 텐센트[Tencent]의 본사가 선전에 있다는 점도 중요하다. 선전 증권거래소는 해마다 50퍼센트씩 성장하면서 세계 최대의 증권거래소 가운데 하나가 되었다. 선전 증권거래소에서는 중국의 국영기업뿐만 아니라 대체에너지 업계를 선도하는 선테크 파워, 전기자동차 제조사인 BYD 그리고 다른 많은 신생 기술기업의 주식들도 대규모로 거래된다.

도시의 건축학적인 특성도 새로운 세기의 공급망 변화에 따라 바뀔 수 있다. 광저우가 제조업 도시에서 금융 도시로 바뀌면서, 도심의 비즈니스 지역에는 103층 높이의 IFC 타워와 취리히에서나 기대할 수 있는 현대미술관, 자하 하디드^{Zaha Hadid}가 설계한 오페라하우스가 들어섰다. 광저우 교외에는 싱가포르가 운영하는 지식도시와 저층 건물로 구성되고 실리콘밸리를 닮은 광저우 과학도시가 건설되었다. 광저우 과학도시의 거리에는 가로수들이 빼곡하고 앨버트 아인슈타인^{Albert Einstein}과 수학자 존 폰 노이만^{John von Neumann}의 청동상이 건립되어 있다. 싱가포르는 화층 중국어학원의 분원을 세우는 동시에 남중국과학대학의 새로운 교육과정을 지역정부와 공동으로 개발하고 있다. 남중국과학대학은 이미 클라우드 컴퓨팅, GPS 내비게이션, 소재 공학, 재생에너지, 바이오테크놀로지, 약품 등의 분야에서 중국의 유명한 기업가들을 배출했다.

홍콩과 마카오가 중국 본토와 특별한 법적 관계를 맺고 있고 이 지역으로의 중국인의 이주가 호구 제도에 의해 통제받고 있지만, 높은 수준의 기반시설은 주강 삼각주 지역 전체를 하나로 묶는 통일성을 부여해 준다. 광저우에서 홍콩까지는 고속철도를 타면 2시간이 안 걸린다. 넓은 고속도로, 여객선, 장거리 고속버스, 교량과 터널 등 마카오와 홍콩을 연결하는 모든 것들은 2030년이 되면 주강 삼각주 지역 일대를 8천만 명이 거주하고 GDP가 2조 달러에 달하는 광역 경제권으로 만들 것이다.

현재 건설 중인 또 다른 중국의 거대도시지대는 베이징, 허베이, 랴오닝^{遼寧}, 산둥^{山東}, 톈진을 고속철도로 연결하는 환보하이 경제권이다. 대운하를 통해 황허 강과 양쯔 강에 대한 접근이 가능한 하이허^{海河} 강 입구에 위치한 톈진은 지난 수백 년 동안 중국으로 진입하는 해군의 관문이었고 아편전쟁 이후 유럽 국가들의 통제를 받은 중요한 항구였다. 톈진은 화물 운송의 중심지였지만, 연간 두 자릿수를 기록하는 성장률에 의한 재투자는 항공기 제조와 다른 산업 분야에서 고급 일자리를 창출했다. 오늘날 톈진은 중국에서 1인당 국민소득이 가장 높은 지역이다(톈진의 1인당 국민소득은 1만 3천 달러인데, 이는 상하이보다 1천 달러 정도 더 높다). 톈진의 도심 비즈니스 지구에는 중국 산업에 투자하는 핀드 회사의 본사들이 위치해 있다. 이 때문에 톈진은 금융 혁신의 중심지가 되었고, 외국 기업과의 지적 재산권 분쟁 해결을 위한 상업 법원도 설치되어 있다. 톈진은 상하이처럼 자유무역지대를 계획하고 있다. 또한 톈진에 있는 국립슈퍼컴퓨터센터에는 세계에서 가장 빠른 슈퍼컴퓨터인 톈허–1A가 설치되어 있다. 싱가포르의 싱브리지^{Singbridge}가 추진하고 있는 톈진 에코시티는 LED 조명, 디지털 애니메이션, 대체에너지 등 공해가 거의 없는 첨단산업 연구단지와 상업시설단지로 건설되었다. 톈진 에코시티는 중국이 20세기에 주창했던 "품질보다 양"이라는 원칙을 뒤집는 도시가 될지도 모른다.

광저우가 중국 남부의 수도이고 톈진이 첨단 에코시스템의 수도라면, 청두^{成都}는 나머지 지역의 비공식적 수도이다. 매운 음식과 판다의 보금자리로 잘 알려진 청두는 지리적인 위치 때문에 중국 국무원으로부터 물류, 상업, 과학, 통신의 중심지로 지정받았다. 청두는 중국 최대 도시인 충칭과 고속철도로 연결되고 티베트로 향하는 철도의 중간 지점에 위치하고 있다. 청두는 연구와 물류기지를 건설하고 싶은 유럽의 세계적인 기업을 위해 더 많은 직항노선을 유치했다. 하지만 이들의 목표는 중국에서 만든 제품을 해외로 수출하는 것이 아니라 중국으로 판매하는 것이다. 중국 인구의 25퍼센트가 청두와 해안 사이 6개 도시에—산시山西, 허난, 허베이, 후난湖南, 장시江西, 안후이安徽—집중되어 있기 때문이다.

광저우, 톈진, 청두의 사례는 세계에서 가장 인구가 많지만 가난한 국가 가운데 하나인 중국이 어떻게 가치사슬의 상층부로 올라갔고 광범위한 사회경제적 변화를 달성했는지를 잘 보여준다. 이 도시들이 세계 노동 분업에서 전략적으로 담당했던 역할은 세계의 모든 중요 도시들이 21세기에도 경쟁력을 갖추기 위해 따라해야 할 기본 계획이다. 중국이 세계 최대의 경제 대국이 되고 새로운 강대국이 된 가장 중요한 이유는 정확한 공급망과 정확한 도시에 집중했기 때문이다.

중국은 국제 신인도를 올리기 위해 더 많은 자유무역지대를 건설하지 않아도 된다는 사실에 대해 확신을 하지 못하고 있다. 그래서 아직도 중국 전체를 수많은 자유무역지대가 뒤덮고 있다. 알리바바Alibaba는 하이난 섬 전체를 실험 지대로 정하고 클라우드 컴퓨팅과 전자정부 플랫폼을 제공할 뿐만 아니라 전자상거래에 특화된 타오바오Taobao 대학의 분교를 설립했다. 중국이 궁극적으로 중진국의 함정을 극복한다면, 전략석 도시화가 성공의 해법이 될 것이다.

거대도시를 위한 마스터플랜

중국이 더 발전된 특별경제구역을 건설할수록 더 많은 부유한 선진국들은 중국의 새로운 중심 도시와 연결하고 경쟁에서 앞서나가기 위해 가난한 국가를 위한 발전 모델로 여겼던 특별경제구역 모델을 따라하고 있다. 한국의 송도 국제업무지구는 가장 진보된 스마트시티이다. 탄소 배출이 없는 건물, 원격 모니터가 설치된 가정, 시스코^{Cisco}와 마이크로소프트 등 유명 IT 기업을 위한 연구단지를 갖춘 송도는 서울 외곽의 인천공항에서 3시간 거리에 있는 2억 명을 대상으로 한 첨단도시이다. 한국은 이미 세계에서 가장 경쟁력이 높은 국가 가운데 하나이다. 하지만 존 카사다$^{John Kasarda}$와 그레그 린세이$^{Greg Lindsay}$가 『에어로트로폴리스』에서 지적한 것처럼, 송도는 무역 전쟁에 대비해 건설된 도시이다.[4] 다시 말하면 송도는 줄다리기 전쟁에서 한국의 새로운 무기이다.

다른 국가들도 자유무역지대를 전략적인 지렛대로 인식하고 있다. 일본의 아베노믹스는 도쿄, 후쿠오카 그리고 다른 시의 특별경제구역에서 규제를 완화하는 방안을 포함하고 있다. 일본 정부는 특별경제구역에 민간 자본을 유치해 개혁에 대한 신뢰를 높이고 싶어 한다. 최근에 런던의 부동산 개발업자인 스탠호프^{Stanhope}는 중국과 아시아 기업들의 면세 교두보로서 시티 공항 인근에 있는 이스트 런던의 로열 앨버트 부두$^{Royal Albert Dock}$를 대대적으로 개보수하는 계약을 최근 중국민셍투자^{Minsheng} ^{Investment}와 어드밴스드 비즈니스 파크$^{Advanced Business Park}$와 체결했다.

부유한 국가들뿐만 아니라 다른 많은 국가들에도 중국식 사고방식이 필요한 거대도시들이 많이 존재한다. 인구 증가와 도시화는 도시를 상상할 수 없는 규모로 성장시켰다. 서양에서 가장 큰 도시들은─뉴욕, 런던, 모스크바─뭄바이, 자카르타 등 개발도상국의 거대도시 인구의 절반에 불과하다. 남미의 멕시코시티와 상파울루 그리고 아프리카의 카이로와 라고스를 제외하면, 인구가 가장 밀집된 거대도시들은 모두 아시아에 있다.

거대도시들은 인구를 끊임없이 순환시키는 생태계를 보인다. 낮 시간의 인구는 저녁 시간보다 수백만 명 많다. 거대도시들은 규모가 '도시 안의 도시' 같은 새로운 기반시설을 필요로 한다. 이를 통해 인구가 분산된 다중심 도시가 될 수 있다. 베이징과 상하이의 도심에서 벗어날 수 있는 사람들은 교외에 사는 것이 아니라 거대도시의 궤도 안에 있는 폐쇄된 지역인 위성도시에 살고 있다.* 이와 반대로 카라카스Caracas와 카라치 같은 도시들은 적절한 기반시설의 결핍과 군부 통치로 인해 통제가 불가능한 블랙홀로 변했다. 엄청난 힘으로 주변 지역을 빨아들이면서 혼잡이 확산되고 있다. 이 지역에서 도시화는 고층건물, 공공주택, 비즈니스 지구, 하수처리시설이 아니라 빈민가, 암시장, 무법을 의미한다. 농촌에서 마닐라, 자카르타, 라고스, 카이로 같은 도시의 주변지역으로 이주하는 것은 충분한 주택 건설이나 공공 서비스 제공 같은 문제만 확대시킨다.

빈곤 국가가 아니라 생산적 중심지로서 세계의 경제지도에 자리 잡고 싶은 국가들에게 기초 기반시설보다 더 중요한 투자는 없다. 기반시설은 단순한 도로가 아니라 점프를 할 수 있는 트램펄린trampoline이다. 세계은행의 전 수석 경제학자인 저스틴 이푸 린Justin Yifu Lin은 한 단위의 기반시설 투자가 한 단위 소득보다 더 많은 소비를 불러일으킨다고 주장했다. 개발도상국에서 경제성장의 90퍼센트는 건설, 섬유, 농업, 관광 등 노동 집약적인 비숙련 노동 분야에서 발생한다. 건설 분야 하나가 그 어떤 분

---

* 중국의 도시 확장은 한국과 일본의 저렴한 오토바이들 때문에 더 가속화되었다. 이후 더 저렴한 중국산 오토바이가 생산되었고, 이는 출퇴근 거리를 효율적으로 확산시키면서 자전거족을 몰아냈다. 중국은 현재 자전거 출퇴근을 권장하려고 노력하고 있고, 교훈을 배운 다른 도시들은 오토바이를 금지하고 자동차 세금을 부과하거나 대중교통 수단을 확대하고 더 많은 보행자 거리를 만들고 있다.

야보다 많은 일자리를 만들어낸다. 이는 도시계획가나 건축가의 시대를 의미한다.

주택, 교통, 의료, 에너지, 교육 그리고 다른 기초 분야에 대한 선행 투자는 반드시 필요하다. 필리핀 사람들에게 지식산업단지 건설은 매우 중요하다. 그래서 필리핀 정부는 마닐라 인근의 클라크 공군기지 등 군 시설을 중소기업, 신생기업 그리고 국내외 합작 연구소를 위한 특별지역으로 바꾸기 위해 기지전환청Bases Conversion Development Authority 같은 준국가기구를 만들었다. 필리핀 정부가 국내에서 높은 수준의 기술 인력을 육성할 수 있다면, 해외로의 인력 유출 가능성은 적어질 것이다.

정부가 기초 기반시설 투자를 할 수 없거나 천연자원과 인력을 활용할 수 없다면, 적어도 민간이 국가의 비교우위를 최대화할 수 있도록 지원할 수는 있다. 부채가 많은 정부와 수천 개의 도시들이 기반시설 수요를 충족시키기 위한 자금을 민간-공공투자 지원과 시장에 의존하는 것도 이 때문이다. 하드웨어의 비용이 하락하면서, GE, 필립스, 시스코 같은 기업들은 도시 인구의 팽창에 따라 공공재로부터 수익을 얻기 위해 기업의 자체 비용으로 LED 가로등과 태양광 패널 설치를 강화하고 있다. 새로 시작하는 계획적인 신도시 건설이나 인구 증가를 수용하기 위한 거대도시에 대한 지역 재정비는 지속 발전 가능하고 포괄적인 사회와 완전한 사회적 무질서 사이에서 변화를 만들어낼 수 있다.

국가 건설로서의 도시 건설

사회기반시설이 없어 기본적인 이동성이 제한받는 사회는 가장 비효율적이다. 이는 자동차 없이 생활하는 것과 같다. 하지만 도시나 농촌 거주 여부와 상관없이, 세계 인구의 4분의 3은 기초적인 기반시설과 공공재가 결여된 곳에서 살고 있다. 방글라데시의 다카 시에서는 2013년에 3백만 명의 시민 가운데 상당수가 며칠 동안 우물과 급수차 앞에 줄을 섰다. 다카 시가 사용하는 물의 절반을 수송하는 250킬로미터 길이의 파이프라인이 파열되었기 때문이다. 아프리카 인구의 절반 이상이 전기를 공급받지 못하고, 남아시아 인구의 60퍼센트는 화장실 없이 살고 있다. 세계 어린이의 절반을 포함해 세계 인구의 3분의 1은 아직도 빈곤에 시달리고 있다. 앞으로 20억 명은 제대로 된 의료와 교육을 받을 수 없는 개발도상국가에서 태어날 것이다. 매킨지글로벌연구소는 기본적인 주택 건설 투자에서 11조 달러가 모자랄 것으로 추정하고 있다.

물리적인 기초와 제도적인 토대가 절대적으로 부족하기 때문에, 우리는 국가 건설에서 나타나는 가장 큰 문제가 바로 국가 자체가 아닌지 신중하게 생각해보아야 한다.[5] 모든 국가가 영토적 주권과 정치적 안정을 성취하는 것은 아니다. 많은 탈식민지 지역에서 공급망 세계가 정당한 통치보다 더 빨리 뿌리를 내리고 있다. 따라서 우리는 현재의 정치적 지도를 신성한 것으로 받아들이는 대신 기능적 지도를 즉시 수용해야 한다. 그리고 사람, 자원, 시장을 하나로 연계시키기 위해 국경 안팎의 도시 지역을 연결하고 안정화시켜야 한다. 이는 도시 건설이 국가 건설의 부산물이 아니라 국가 건설로 향하는 경로로 인식되어야 한다는 뜻이다.

기본적인 기반시설을 건설하고 유지하는 것보다 더 중요한 일은 없다. 힘없는 수십 개 국가들은 국제 원조국의 반영구적인 신탁통치를 받는 형태로 존재한다. 원조국들은 지원 조건을 지렛대로 활용해 피원조국의 법과 정책을 공동으로 결정한다. 이런 신식민주의는 국가가 완전히 붕괴되고 수많은 사람들이 기아에 허덕이지 않도록 하지만 국가 전체를 발전시키는 장기적인 전략을 제공하지는 못한다. 최근 수십 년 동안 국가 건설은 아래로부터 사회를 재건하는 것이 아니라 민주주의 정치체제의 도입에 초점을 맞추었다. 이는 자유주의 지식인들이 2차 세계대전 이후 서유럽에 기반시설을 재건하기 위해 130억 달러를 지원한 마셜 플랜이 최초의 가장 중요한 경기 부양책이었다는 사실을 망각한 것처럼 보인다. 유럽의 재건 과정에서는 하드웨어가 우선이었다.

국가 건설이라는 고귀한 목표가 기본적인 연결이 없으면 얼마나 무의미한 것인지를 깨닫는 것은 쉽지 않다. 리비아에서 이라크, 아프가니스탄에 이르기까지 취약한 정부들을 지원하는 미국의 노력은 반정부 음모에 대한 대책에 초점이 맞추어져 있다. 하지만 '소탕, 확보, 재건'이라는 작전 구호는 기반시설 건설과 현지인들과의 유대감을 강화하는 데 적용되어야 한다. 현지인들의 유대감은 기반시설 건설과 병행할 확률이 높다. 연결을 구축하고 보호하는 것은 중요한 임무이다.

미국의 원조와 안정화 의제는 회의와 관료체제와 맞서는 것을 의미한다. 무엇을 할 것인가에 대한 합의가 이루어져도 실행 과정에서 한심스러울 정도로 협력이 안 된다.* 미국이 아프가니스탄에서 전기가 없는 산업단지 같은 섣부른 프로젝트들에 1천억 달러를 쏟아부었지만, 아프가니스탄 국내 교역의 대부분이 의존하는, 남북을 관통하는 살랑Salang 터널

---

* 기반시설의 필요성을 깨달은 미국은 국가안보위원회와 밀레니엄 챌린지 코퍼레이션이 연계하는 워킹 그룹을 만들었다. 기반시설 건설 자금을 지원하는 특수목적회사를 만들었지만 더 많은 자금을 지출하기 전에 이사회나 중요한 업적 등을 통해 사모펀드 투자자들처럼 평가를 받는다. 이런 체제가 몽골과 인도네시아에서 새로운 재생에너지 프로젝트를 온라인으로 전환하는 데 활용되었고, 필리핀에서도 하이옌 태풍과 같은 자연재해를 더 잘 극복하기 위한 도로망 건설에 이용되었다.

은 여전히 재앙으로 남아 있다. 트럭들이 카불로 오고 가기 위해 힌두쿠시 산맥을 관통해 3백 킬로미터에 걸쳐 60시간을 운행해야 하기 때문이다. 헬만드Helmand 강에 있는 카자키Kajaki 댐도 남서부 아프가니스탄의 가장 중요한 농업용수와 전기 공급원이지만, 미국은 10년이 더 지나도 서남부 지역의 재건을 끝내지 못할 수도 있다.

이해를 돕기 위해 더 많은 다른 사례들을 살펴보자. 소말리아, 차드, 수단, 짐바브웨, 콩고, 중앙아프리카공화국처럼 취약국가지수가 낮은 국가들은 모두 자원이 풍부하지만 기반시설이 절대적으로 부족하다. 아랍의 봄은 최소 50여 개 국가에서 인구 과밀, 부패, 부적절한 기반시설이 가지고 있는 근본적인 문제점을 노출시켰다.

안정적인 도시가 없으면 국가는 성공할 수 없다. 대규모 국가 개발계획을 추진하는 데 교육과 다른 소프트웨어적인 우선과제들이 하드웨어적인 기반시설보다 더 중요하다고 믿어서는 안 된다. 글로벌개발센터Center for Global Development의 경제학자인 찰스 케니Charles Kenny는 마을 주택들에 진흙 바닥 대신 콘크리트 바닥을 설치하는 것이 기생충 관련 질병을 80퍼센트 감소시킬 수 있다고 주장했다. 동시에 도로 포장은 주택의 가치를 상승시키고 경제활동을 자극한다. 연결이 없으면 번영이 지속될 수 없다. 도시학자인 미첼 모스Mitchell Moss는 뉴욕에서도 대학 졸업장보다 교통카드를 가지고 있는 것이 더 중요하다고 주장했다.[6] 교통과 통신은 사회적 이동성을 높이는 진정한 촉매이다.

세계의 도시 거주자들이 세계 인구의 압도적인 다수가 되면서 이른바 청년층의 급증은 곧 다가올 문제가 아니라 실제 현실이 되고 있다. 오늘날 청년층의 급증에 대한 대책을 세우지 않으면, 이들은 사회적으로나 직업적으로 안정될 만큼 충분한 소득을 얻지 못할 것이다. 세계 인구의 30~40퍼센트 정도가 비공식적인 경제에서 일하는 것으로 추정된다. 빈자를 위한 재산권을 옹호하는 헤르난도 데 소토Hernanado de Soto는 2011년 초 아랍의 봄 기간에 자살한 사람들 가운데 상당수는 식품 가격의 폭등과 현지의 부패를 이겨낼 수 있는 사업을 시작하는 데 필요한 돈을 구하지 못한 기업가들이었다고 말했다. 이들은 내가 모로코, 리비아, 이집트, 요르단, 파키스탄 그리고 다른 곳을 돌아다니면서 만났던 근면하지만 박탈감을 느끼는 젊은이들의 실상을 대변하고 있다. 일자리가 있었다면 지하드Jihad 대신 일을 선택했을 사람들이지만, 이들은 주거지를 제공하고 자신들을 존중해주는 지하드의 길을 선택했다. 가난한 사람들을 포함하는 금융 정책은 광적인 이슬람교도, 교육을 받은 엔지니어, 모험을 즐기는 유럽의 아랍과 파키스탄 사람들이 전쟁터로 나가는 것을 막지는 못할 것이다. 하지만 아랍 지역과 다른 지역에서 이슬람 전사를 모집하는 기반을 약화시킬 것이다. 세계의 젊은이들이 이슬람 전사가 되지 못하도록 하기 위해서는 전단지를 뿌리는 것보다 일자리에 투자해야 한다. 감정과 생각을 바꾸려면 배고픔을 해결해야 한다.

공급망은 실패한 국가의 무질서한 현실에 대한 해법을 제공한다. 공급망은 르완다와 미얀마처럼 과거에 궁핍했던 국가의 중심 도시들이 세계 경제로 편입되는 토대를 마련할 수 있는 기회를 준다. 전쟁 이후 국가 재건에 대한 전문가인 키스 피츠제럴드Keith Fitzgerald는 파괴된 상태가 경쟁 우위라고 주장했다.[7] 특별경제구역과 같은 공급망 중심지를 만드는 것은 불안정한 국경지대에서 영구적인 난민 문제를 해결하는 방법이 될 수도 있다. 1980년대 초 이후 미얀마에서 쫓겨난 5만 명 이상의 카렌족Karen은 태국과 미얀마 사이의 국경지대에 있는 매라$^{Mae\ La}$ 난민수용소에서 살고 있다. 하지만 동남아시아의 경제가 통합되면서 매솟$^{Mae\ Sot}$ 지역은 지금 두 나라 사이의 보석과 티크 나무 교역(그리고 마약과 인신매매의 암시장)의 중요한 관문이 되었다. 이 때문에 매솟은 낙후된 도시를 효율적인 비즈니스 중계센터로 만들기 위해 지역의 시장과 협력하고 있는 중국 기업, 태국 사업가 그리고 다른 투자자들을 위한 교역 중심지가 되었다. 매솟의 시장은 특별경제구역 지위를 얻기 위해 열심히 노력하고 있다.

특별경제구역은 국가가 가지고 있는 기능을 보존하고 실패한 국가가 되지 않으려는 국가들에 매력적이다. 홍콩과 싱가포르 모델의 제3세계 적용을 주장하는 뉴욕 대학의 경제학자인 폴 로머$^{Paul\ Romer}$는 통치와 경제계획을 비약적으로 발전시키려는 노력의 일환으로 남미와 아프리카 지역에 헌장 도시$^{Charter\ City*}$를 권장했다. 서방 세계에서 가장 폭력적인 국가인 온두라스는 정치적으로 자치권이 있는 수많은 경제발전고용지구를 운영하기 위해 외국인 기술자, 변호사, 도시 계획가, 투자자들을 고용했다. 각각의 지구는 특화된 산업에 대한 기본 계획을 가지고 있었다. 이 도시들은 처음부터 제대로 된 법률적, 경제적, 행정적, 정치적인 구조를 갖출 수 있도록 설계되었다.

국가를 건설하는 사람들은 정치공학에 실패하는 경향이 있다. 이들은 선거와 정당보다 기반시설과 일자리 창출에 더 초점을 맞추어야 한다. 하지만 더 작고 덜 공격적인 조직인 도시들로 구성된 세계는 작은 주나 도시국가들에 대해 민주화 압력을 행사하지 않는다. 민주주의 건설보다

---

* 도시법에 따라 지방자치체에서 독립된 형태로 존재하는 도시 — 옮긴이

공급망 건설에 더 중점을 두는 글로벌 의제는 새로 생긴 도시나 국가들이 정치적 안정과 경제적 생존력을 갖추어 인도주의적 부담을 주지 않기를 바란다. 공급망 건설은 세계의 신생 민주주의 국가에서 우리가 목격하는 것보다 더 좋은 통치체제를 가져다줄지도 모른다.

하이브리드 통치로의 도약

수요와 공급의 세계에서는 모든 사람들의 강점과 약점이 드러난다. 숙련된 노동력, 경쟁력 있는 임금, 풍부한 원자재, 강력한 치안, 유리한 규정 그리고 다른 긍정적인 변수들은 투자를 끌어들인다. 반면 정치적 변동성, 예측 불가능한 규정, 과도한 세금, 형편없는 기반시설, 열악한 치안 그리고 다른 부정적인 요인들은 투자를 쫓아낸다. 특별경제구역은 대부분의 국가들이 짧은 시간 안에 회계 장부를 마이너스에서 플러스로 바꾸어놓을 수 있는 방법이다.

특별경제구역은 오늘날 대부분의 국가의 경제 발전 계획의 실질적인 한 부분이다. 그리고 공급망 세계에 적합한 방식으로 제도를 현대화하기 위해 문호를 개방하는 것이다. 일부에서는 특별경제구역이 정부가 근본적인 개혁을 하지 않고 성장을 촉진시키는 손쉬운 방법이라고 주장한다. 특별경제구역에 제공하는 보상이 없었다면 정부는 어떤 방식으로든 개혁에 나섰을 터이기 때문이다. 하지만 정부는 단지 세계은행이 권고했다는 이유로 행동에 나서지는 않는다. 정치적으로 인맥이 있는 사람들에게 토지가 주어지고 자원이 공급되면 사회적인 혜택이 나타나지 않는다. 하지만 특별경제구역에 토지를 공급하면 규정이 변하고 일자리가 창출되며 공급망의 확대는 물론 생산적인 자산이 증가한다. 근로자들은 교육과 훈련을 받을 수 있고, 지역사회도 다양한 혜택을 받는다. 특별경제구역은 기생적 역할이 아니라 촉매제 역할을 한다.

특별경제구역은 국가의 주권지역 내부에 있지만 통치와 기능적 측면에서 세계화된 새로운 정치체제로 발전하고 있다. 특별경제구역은 한 국가에 귀속될 뿐만 아니라 세계 공급망에도 속해 있다. 특별경제구역의 이런 새로운 복합적인 통치체제는 연방정부, 지방자치단체, 건설과 기반시설 업체, 외국인 투자자, 국제적인 기술 서비스 제공자 등의 연합체이다.[8] 이런 방식으로 모든 참가자들의 이익을 조정하기 위해 함께 일하고 중앙정부의 침해를 통제할 수 있다.

하지만 공급망 세계는 투자자들이 비용이 더 저렴한 곳이나 경쟁관계에 있는 첨단기술센터로 자산을 이전할 경우 심각한 타격을 가져올 수 있다. 더 좋은 기반시설과 규정은 자본을 점점 더 대체 가능한 것으로 만들고 있다. 고정 투자가 상징했던 과거의 충성스러운 유대관계는 점차 사라지고 공급망 주도자의 거래 계산에 의해 대체되고 있다. 10년 전에는 생산시설을 중국 밖으로 이전하는 것이 부담스러워 보였다. 그러나 오늘날 서양, 일본 그리고 심지어 중국의 기업들도 중국을 떠나 임금이 더 낮은 곳으로 생산시설을 이전히는 흐름에 편승하고 있다. 방글라데시의 대규모 섬유산업 특별경제구역은 의류 수출에서 이미 중국을 앞질렀다. 하지만 방글라데시의 섬유산업 노동자들의 임금이 배로 인상되면서 인도, 미얀마, 캄보디아가 자국의 특별경제구역으로 기업들을 유치하기 위해 대기하고 있다. 공급망은 지도 위에 도시를 생겨나게 하거나 사라지게 만든다.

특별경제구역들 사이의 경쟁은 치열하다. 경제적으로 다각화되어 있고 지역적으로 포괄적이거나 도시 발전에 도움이 되는 서비스와 기타 분야에서 일자리를 만들지 못하면 특별경제구역은 순식간에 사라질 수도 있다. 오늘날 각국 정부들은 외국 자본이 떠나더라도 공급망은 남아 있도록 하기 위해 기업들에게 기술을 이전하고 자국 근로자들을 교육시키도록 강력하게 요구하고 있다.

구원으로서의 공급망

다국적 기업이 물밀듯 들어오는 것보다 더 나쁜 것이 한 가지 있다. 바로 다국적 기업이 몰려오지 않는 것이다.

– 울리히 벡Ulrich Beck

누가 공급망을 운영하는가?

2013년 1월, 영국의 슈퍼마켓에서 파는 라자냐와 냉동 쇠고기 햄버거에 말고기와 돼지고기 성분의 DNA가 검출되었다. 규제당국은 체코의 (스웨덴산 미트볼을 많이 볼 수 있는) 이케아IKEA 매장에서부터 루마니아의 도살장에 이르기까지 공급망에 대한 광범위한 조사를 실시했다. 프랑스 당국의 조사 결과, 루마니아 기업이 말고기 상표를 부착해 영국령 버진아일랜드의 지주회사가 소유한 키프로스의 식육 유통업체로 수출한 것으로 밝혀졌다. 키프로스의 업체가 고기를 유럽연합에 유통하기 전에 상표를 바꿔치기한 것이다.

2013년 4월, 런던 시민들은 바쁜 평일 아침을 보내고 있었다. 부모들은 프랑스 다논^{Danone}이 만든 믿을 수 있는 아기 분유인 압타밀^{Aptamil}을 사기 위해 테스코^{Tesco}와 세인스버리^{Sainsbury}로 갔지만 재고가 바닥났다. 이미 몇 달 전에 중국의 기업가들이 도매 유통업체로부터 가능한 많은 압타밀을 사들여 중국의 엄마들에게 타오바오^{Taobao}를 통해 2배의 가격에 판매하고 있었다. 중국의 엄마들은 중국의 아기 분유 품질에 대해 걱정을 하고 있었다(10여 명의 아기들이 중국 분유에 포함된 독성물질 때문에 사망했다). 이 당시 영국의 슈퍼마켓은 갑자기 압타밀을 배급받아야만 했다.

2013년 4월 24일에 방글라데시 다카의 사바르^{Savar} 지구에 있는 라나 플라자$^{Rana\ Plaza}$ 의류공장 건물과 아파트 전체가 붕괴되었다. 한 달 후에 생존자 수색 작업이 종료되었을 때 1,127명이 숨진 것으로 확인되어 역사상 최악의 건물붕괴 사고로 기록되었다. 방글라데시 제조업 분야에는 부실공사, 부패, 허술한 규정, 무질서한 대응이 만연되어 있다. 라나 플라자 붕괴 사고는 유례없는 대규모 참사인 데다 프라이마크^{Primark}, H&M, 자라^{Zara} 등 유명회사가 공장의 고객이라는 이유로 수주 동안 언론의 주목을 받았다.

2014년 8월에는 중국에 있는 맥도날드와 KFC 같은 서양 패스트푸드 음식점들이 유통기한이 몇 년씩 지난 소고기와 닭고기를 사용한 것으로 밝혀졌다. 유통기한이 지난 식재료들은 맥도날드와 KFC의 최대 식재료 공급사인 미국 OSI 그룹의 현지 자회사인 상하이 후시^{Husi} 푸드가 중국 당국의 허가를 받고 판매한 것으로 밝혀졌다. 그렇다면 누구에게 관리감독의 책임이 있는 것일까? 외국계 패스트푸드 기업일까? 현지 육류 판매업자일까? 아니면 중국 관리당국일까?

2013년부터 2014년 사이에 발생한 이 4개의 중요한 뉴스는 식품 안전, 어린이의 건강, 섬유산업 근로자들의 권리, 기업 브랜드 이미지에 커다란 영향을 미쳤다. 이 모든 사건은 복잡하고 불투명하며 관리가 엉망인 대륙 간 공급망의 사례들이다. 엉터리 공급망들은 대륙 간 공급망이 어떻게 국경에서 승인을 받아야 하는 거래에서 눈에 보이지 않게 국경을 통과하는 사전승인을 받은 연결로 발전했는지를 알려준다. 공급망이 세계를 운영한다면 누가 공급망을 운영하는 것일까?

인터넷 같은 기반시설은 일반적으로 모든 사람들이 사용할 수 있도록 개방되어 있다. 하지만 공급망은 함께 일하는 사람들만의 네트워크인 인트라넷Intranet과 같다. 인터넷 전체에 표준을 강요하는 것보다 인트라넷 내부에 표준을 도입하는 것이 훨씬 더 쉽다.

'상호 연결된 세계 경제'는 진부한 표현이 되었다. 우리는 과일과 채소가 남미에서 수입되고 아이폰을 중국에서 조립하며 IT 지원인력이 인도와 필리핀에서 일하는 것을 당연한 것으로 생각하고 있다. 전자상거래가 전통적인 소매상인과 중개인을 없앴지만, 많은 첨단상품의 생산과 유통의 복잡성은 완제품을 생산하는 데 필요한 거래의 수를 2배로 증가시켰다. 따라서 공급망에 대한 우려의 증가와 함께 공급망에 대한 의존도도 높아지고 있다.

공급망을 추적하고 관리하는 일에는 많은 노력이 필요하다. 다카의 라나 플라자 의류공장은 6단계로 구성된 공급체계의 중심이었다. 매년 자신들이 구매하는 수천 벌의 교복이 지속 발전 가능하게 만들어지는지 확인하기 위해, 싱가포르의 유나이티드 월드 칼리지의 교직원과 학생 대표단은 의류공장 시설들이 세계책임인가생산의 행동강령World Responsible Accredited Production code of conduct을 준수하는지를 알아보려고 말레이시아의 공장들을 방문한다. 2014년 현재 모든 학교의 교복은 1백 퍼센트 재활용된 페트병에서 생산된 원재료로 만들어지고 강제노역이나 노동 착취가 없는 공장의 근로자들이 만들고 있다.

우리는 우리와 연결되어 있지 않은 것에 영향력을 미칠 수 없다. 폴 미들러Paul Midler는 공급망의 모든 것을 폭로한 『형편없는 중국산Poorly Made in China』에서 중국의 국영기업들이 높은 기준을 유지하기 위한 시장의 책임을 외면하고 있다고 주장했다. 중국 기업의 유일한 목표는 비용절감이다. 인형의 눈이 쉽게 빠져 어린아이가 삼킬 경우 질식할 위험 때문에 곰인형을 리콜했던 마텔Mattel의 사례와 오염 분유 사태를 보라. 공장 관리자들의 신뢰 네트워크는 중국이나 세계 소비자들은 말할 것도 없고 공급망에서 바로 다음 연결 단계에도 미치지 못하고 있다. 멜라민 분유 파동으로 6천 명의 중국 아기가 숨졌다. 많은 중국 사람들이 폐기된 기름을 조리에 사용하는 현지업체의 음식보다 미국의 패스트푸드가 더 안전하고 몸에 좋다고 생각하는 것도 놀라운 일이 아니다. 이런 이유로 버지니아의 마스 코퍼레이션Mars corporation은 최대의 식품안전센터를 중국에 개설했다.[1] 더 많은 공급망이 국제화될수록 기준도 그만큼 더 향상된다.

국제 공급망과 연결되어 있지 않은 기업들에게는 점차적으로 강화되는 공급망 관리의 윤리 준칙이 적용되지 않는다. 오로지 국제적인 공급망만―특히 부유하고 자유로운 서구 선진국의 대기업들의 공급망―정부의 규제가 미치지 못하는 곳에서 소비자 압력의 영향을 받을 뿐이다. 방글라데시의 의류공장과 일자리는 서양 기업들이 없었다면 존재하지 않았을 것이다. 그리고 H&M과 자라 같은 서양의 상표와 연결되어 있지 않았다면 공장 건물의 붕괴도 주목받지 못했을 것이다. 방글라데시의 새로운 건축 규정은 느슨한 현지당국이 아니라 라나 플라자 참사의 재발을 피하고 기업의 명성을 유지하려는 유럽의 70개 기업들로 구성된 컨소시엄에 의해 만들어지고 있다. 이와 유사하게 가맹점 사업은 강력한 모기업이 정한 엄격한 규칙에 의해 책임성이 높아질 수 있다. 맥도날드는 다른 어떤 정부보다 자체적인 감시를 강화할 능력이 있고 상표를 보호하기 위한 동기를 가지고 있다. 이와 유사하게 어린이들이 코코아 농장에서 일하는 서부 아프리카의 국가들은 임금을 인상하지 않거나 네슬레Nestle의 방식에 따라 학교를 건설하고 있다.*

공급망은 과거에 더 낮은 기준으로 향하는 경쟁을 촉진하는 것으로 생각되었다. 하지만 오늘날 공급망은 어떻게 국가들이 정상에 오를 수 있는지를 보여준다. 중국과 인도조차 공급망을 유치하고 개혁을 촉진하며 발전을 확산시키는 데 필요한 자본을 조달하기 위해 외국인에 대한 투자를 개방했다. 노벨 경제학상 수상자인 로버트 솔로Robert Solow와 에드먼드 펠프스Edmund Phelps는 외국 기업들이 더 높은 임금을 지불하고 새로운 기술을 도입하며 근로자들의 기술과 생산성을 향상시킨다고 주장했다. 외국 기업은 역동성을 주입하고 인력자원을 활용한다. 그리고 국가가 철자 카드를 맞추어 하나의 단어를 만들 수 있도록 도와준다.

---

* 공급망은 하버드 대학의 교수인 마이클 포터(Michael Porter)가 말하는 '공유 가치(shared value)'를 향상시킨다. 『역동적 공급망(Dynamic Supply Chains)』의 저자인 존 가토너(John Gattorna)는 공급망이 가져오는 광범위한 혜택 때문에 공급망의 개념을 '가치 네트워크(value networks)'라고 다시 정의해야 한다고 믿는다. 공급망은 필요한 상품을 현지 시장 가격으로 제공하고 작은 기업들에게 혜택을 주는 기반시설을 건설하며 현지 근로자들을 교육하고 훈련시켜준다. 스탠포드 경영대학원의 가치사슬혁신계획(Value Chain Innovation Initiative)은 공급망 관리의 변화에서 오는 사회적, 환경적 그리고 다른 긍정적 효과와 관련된 정보를 관리하고 있다.

전기, 수도, 주택 등 상당수의 기반시설과 시장에 대한 접근성이 민간 분야에서 나온다는 사실은 자본과 노동, 정부와 시장 사이의 새로운 역학관계를 만들어낸다. 이는 복지를 개인적으로 구매한 사람들이 공공재에는 전혀 관심이 없는 민영화된 복지 세계로 향하고 있다는 의미가 아니다. 그보다는 그동안 혜택을 받지 못한 사람들에게 복지를 제공하기 위해 정부가 새로운 모델을 이용할 수 있는 기회이다. 에델만 신뢰도조사Edelman Trust Barometer는 서구 국가의 정부에 대한 신뢰도는 꾸준히 하락하는 반면 전 세계에 걸쳐 기업에 대한 신뢰도가 상승하고 있다는 것을 보여준다. 응답자들은 공공과 민간 리더들이 일자리와 복지를 좀 더 효율적으로 제공함으로써 국민에 대해 더 많은 책임감을 느끼는 새로운 통치 모델을 바라고 있다. 국가가 기업에 더 많이 의존하게 되면서 공공과 민간, 고객과 시민 사이의 구별이 점점 사라지고 있다.[2] 국가의 시민권이 거의 혜택을 주지 못하게 될 때 공급망 시민권이 더 중요해질 수도 있다.

공급망을 유치하는 것은 경기침체에서 빠져나가는 가장 빠른 방법이다. 실제로 국가를 세계화의 기차에 태우는 것은 사회운동가나 민간 감시단체가 반대하는 전략이 아니다. 세계화에 따른 행동 수칙과 인증 절차는 공장, 벌목장 또는 다이아몬드 광산 등을 감시하는 데 도움이 된다. 하지만 이런 것들이 자원을 활용하고 노동력을 고용하는 외국인 투자를 대체하는 것은 아니다. 노동 착취가 만연한 시장에서조차 사회적 책임을 위한 기업Business for Social Responsibility과 국제인권감시기구Human Rights Watch 같은 단체들은 태업을 지지하지 않는다. 대신 교육 프로그램과 더 안전한 기술을 통해 기준을 향상시키는 기업들과 직접 협력하기 위해 노력한다. 공급망은 정의를 구현하는 시스템으로 설계된 것이 아니라 권리를 전달하는 중요한 수단이 되었다.

이에 따라 공급망은 소속감의 네트워크가 되었다. 많은 다국적 기업들도 협력업체들을 자신들의 분신으로 간주하고 있다. 그래서 다국적 기업의 사고방식도 주주들에 대한 유일한 충성에서 현지 이해 관계자들에 대한 책임으로 확장되고 있다. 동시에 직원들은 정부보다 자신들의 생계에 더 많은 도움을 주는 전 세계의 투자자들과 본사에 대한 유대감을 갖게 된다. 이런 진보적인 발전이 없는 곳에서 일어난 파업은 광산과 제조기업의 대차대조표에 대규모 손실만 초래했다. 이런 사례들은 공급망과 관련 인력에 대한 관리가 안전한 장기적 투자라는 사실을 가르쳐준다. 공급망의 상호 의존성이 더 확장될수록 진정한 기업 시민권도 더 많이 등장하게 될 것이다.*

기업의 영향력 증대 역설은 기업의 자율권이 증대되면서 서비스 제공자로서의 기업의 역할도 함께 커진다는 것이다. 공급망 관리는 이사회 차원의 문제이지만, 공급망의 범위를 확장하는 것은 패러다임을 변화시키는 기회가 된다. 리앤펑Li & Fung 같은 물류기업과 유니레버 같은 소매 대기업은 '피라미드 저변'에 있는 수십억 명의 소비자들을 목표로 비즈니스 모델과 배달 체계를 변화시켰다. 이들은 위생시설, 시멘트, 모기장, 기능식품을 가정에 직접 판매하는 사업 모델과 혁신적 포장 그리고 유통 시스템을 이용하는 사회적 기업의 급격한 규모 확장을 대표한다. 칫솔보다 휴대전화가 더 많은 사람들에 손에 들려 있게 된다면 공급망을 통해

---

* 기업 평판 분야의 대가인 사이먼 앤홀트의 설명처럼, 기업들은 초기에 기업의 사회적 책임 프로젝트에 마지못해 참여한다. 하지만 결국에는 좋은 일을 하는 것이 기업 이미지를 개선하는 방법이라는 것을 알게 된다. 앤홀트는 이를 "인간 본성의 허점(loophole in human nature)"이라고 부른다.

기초 생필품을 모든 사람들에게 제공할 수 있다는 것은 두말할 필요가 없다.[*]

법을 넘어서?

공급망 제국에서 가장 오래 지속된 전형적인 형태는 에너지와 원자재 채굴 기업이다. 외국인 투자를 절실히 필요로 할 경우, 국가는 도시 전체를 외국 기업에 넘겨주는 협정을 체결할지도 모른다. 루마니아 정부는 1990년대 후반에 캐나다 기업인 가브리엘 리소스Gabriel Resources에 유럽 최대의 금은광산인 로시아 몬타나Roşia Montană에 대한 지분 판매를 제안했다. 하지만 가브리엘에 75퍼센트의 지분 소유를 허가하는 조건에 대한 대중의 반대와 금 분리 과정에 청산가리를 사용하는 공정 때문에 루마니아 의회는 지분 판매 계획을 폐기했다. 루마니아는 현재 가브리엘에 영업권을 주는 대가로 무엇을 얻어야 하는지에 대해 다시 생각하고 있다. 가브리엘이 계약 위반에 대해 루마니아 정부로부터 40억 달러의 배상을 추진하고 있지만, 루마니아 국민은 환경적으로 좀 더 안전하고 정당한 계약을 체결할 때까지 대담하게 맞서고 있다. 2014년에도 칠레의 대법원은 배릭골드Barrick Gold에 벌금을 부과하고, 광산의 운영이 인근의 빙하를 오염시킬 수 있다는 우려 때문에 파스쿠아라마Pascua-Lama 금광과 은광에 대한 영업을 중단시켰다. 주권은 가끔씩 광산업의 엄청난 자금력과 로비에 반대하는 최상의 협상 조건이 되기도 한다.

---

[*] 사회적 기업의 선구자적 조직인 아쇼카(Ashoka)는 소외된 사람들에게 의료와 주택을 지원하고 이들을 완전한 경제적 시민으로 만들어주는 기업들을 지원하는 혼합가치사슬계획(Hybrid Value Chain initiative)을 시작했다.

볼리비아와 베네수엘라 같은 남미 국가들은 외국 기업 소유의 에너지와 전기 등의 자산을 몰수하는 조치를 취했는데, 특히 스페인이 그 대상이었다. 아르헨티나가 적절한 가격으로 물을 사먹을 수 있도록 물 값에 대한 가격 제한을 도입했을 때, 이는 생수 재벌인 수에즈Suez에 대한 선전포고와 다름없었다. 하지만 남미 정부들은 투자자들을 쫓아내는 것이 많은 희생을 치르고 얻은 승리라는 사실을 깨달았다. 에콰도르의 라파엘 코레아Rafael Correa 대통령은 1964년부터 1990년까지 영업허가 기간에 아마존 지역을 오염시켰다는 이유로 쉐브론을 국가의 적으로 선언했다. 반면 아르헨티나는 현재 쉐브론이 바카무에르타Vaca Muerta 셰일층에서 가스를 채굴해주기를 간절히 바라고 있다. 심지어 계약 조건으로 변덕스러운 투자법을 폐지하겠다고 약속했다. 페루는 소득세, 로열티, 영업권과 관련된 법을 예측 가능하게 만들어 자원 투자자들 사이에 새로운 유망 국가로 떠올랐다.

서구의 대규모 다국적 기업들 가운데 일부는 불안정한 국가들에 대한 의존도가 높다. 파이어스톤은 1926년 이후 라이베리아에서 세계 최대의 고무농장을 운영했고, 고무가 라이베리아의 최대 수출품이 되었다. 라이베리아 내전 동안 파이어스톤은 어린이 노동법 위반과 무자비한 학살을 저지른 찰스 테일러Charles Taylor의 반군에 대한 자금 지원에 연루되었다. 하지만 파이어스톤은 여러 세대에 걸쳐 가족들을 고용했고 도시 전체를 효율적으로 통치하고 있다. 파이어스톤은 2014년에 에볼라 바이러스에 대한 감염 위험으로부터 10만 명의 주민들을 보호하기 위해 의료시설을 건립하기도 했다.

셸은 1937년 이후 나이지리아에서 대부분의 석유전과 가스전 프로젝트에 참여했고 전체 세계 매장량의 4분의 1 이상을 생산했다. 아프리카에서 가장 인구가 많은 나이지리아는 국가 예산의 대부분을 셸의 석유 생산에 의존하고 있다. 하지만 국민은 국가가 제공하는 공공서비스만큼의 공공서비스가 셸로부터 나온다고 생각하고 있다. 터무니없는 부패 수준을 감안할 때, 누가 책임자이고 누가 누구를 약탈하는지가 분명하지 않다. 그럼에도 모든 서아프리카 국가들의 안정과 나이지리아가 아프리카의 경제대국이 되기를 바라는 수많은 투자 계획은 불확실한 상태에 있다.

라이베리아와 나이지리아가 세계 공급망의 외부에서 잘살지 못할 것이라는 주장은 잘못되었다. 이들은 채굴산업투명성기구Extractive Industries Transparency Initiative* 같은 정책 혁신을 통한 더 강력한 공급망에 의해 더 많은 이익을 보호받게 될 것이다. 정책적 혁신은 생산과 이익을 추적하기 위해 정부, 다국적 기업, 외국 채권자, 시민사회와 직접 협력하면서 가능한 모든 자원 채굴 단계에 대한 수익 관리체계를 만들어낸다. 그리고 동시에 기반시설과 사회적 이익을 위해 자금을 지출하도록 만든다. 신생 독립국이자 가장 가난한 국가인 동티모르의 근해에는 1천억 달러 규모의 천연가스가 매장된 것으로 추정된다. 동티모르가 차세대 브루나이 수준의 부유한 국가로 도약하기를 희망한다면 채굴산업투명성기구의 도움이 필요할 것이다.**

---

* 산유국 정부와 석유기업의 자금 흐름을 투명하게 하고자 하는 취지로 토니 블레어 수상이 2002년에 제안하여 출범했다. ―옮긴이

** 채굴산업에서의 신기술은 더 많은 국가들이 너무 늦기 전에 현재 상황을 활용하도록 만들 것이다. 예를 들면 리오틴토는 6개 대륙에서 6만 명을 고용하고 있다. 인도네시아와 파푸아뉴기니의 가장 가난한 지역뿐만 아니라 호주의 원주민 지역에서도 리오틴토의 서비스는 정부의 서비스와 같다. 광물은 부의 원천이다. 리오틴토는 개발을 대신해준다. 하지만 기술 발전은 채굴 분야에서 인간의 노동에 대한 필요성을 감소시킨다. 리오틴토는 현재 서호주 광산에서 무인열차와 트럭을 대규모

채굴산업투명성기구가 선택인 반면, 새로운 유럽의 기업 투명성법과 최근의 미국 법들은 기업들이 공급망에서 분쟁을 유발하는 광물을 취급하지 못하도록 규정하고 있다. 이런 규정 때문에 기업들은 금, 주석, 코발트, 텅스텐 그리고 다른 광물에 대한 채굴 관행을 바꾸어야 한다. 하지만 이 때문에 수천 명의 콩고 광부들은 얼마 안 되는 과거의 적은 수입마저 잃게 되었다. 하나의 공급망에서 낙오된 사람들은 또 다른 공급망에 의존할 수밖에 없다. 그래서 무장단체들은 무장 봉기에 대한 자금을 마련하기 위해 광물을 밀수입한다.

필립스 같은 네덜란드 기업들은 국내에서의 전면적 규제 때문에 자원산업에서 물러서는 대신 콩고에서 분쟁과 관련이 없는 광물을 채취하기 위해 현지 기업을 설립하는 데 앞장서고 있다. 이런 노력은 암스테르담의 페어폰Fairphone 같은 사회적 기업의 지지를 받고 있다. 페어폰은 자체적인 휴대전화를 만들고 서비스 계획을 제안하며 궁극적으로 휴대전화의 재활용뿐만 아니라 완전한 공급망을 만들기 위해 아프리카 사람들과 협력하고 있다.

이주할 것인가 아니면 머무를 것인가?

수요와 공급의 세계는 정부가 천연자원과 인적 가원 가운데 무엇을 가장 가치 있게 평가하는지에 관해 아픈 현실을 알려준다. 중국과 인도의 많

로 운영하고 있다. 또한 훨씬 더 정밀하게 작동하는 자동굴착기를 보유하고 있고, 연료비를 절약하기 위해 일부 장비에는 대체에너지를 이용하고 있다. 셸의 부유식 채굴 장비인 프렐류드처럼, 광산기업들도 육지에서 채굴작업을 할 때조차 현지 지역사회와 협력할 필요성이 줄어들지도 모른다.

은 지역사회들이 댐과 저수지를 만들기 위해 조상 대대로 거주하던 땅을 떠나 재정착했다. 보츠와나의 칼라하리 부시맨Kalahari Bushimen은 그들의 목초지 아래에서 거대한 다이아몬드 광산이 발견되기 전에는 목가적인 생활을 했다. 이런 부끄러운 추방에도, 훨씬 더 많은 사람들이 강제가 아니라 자발적으로 공급망에 참여하고 있다. 몽골에서만 최소 10만 명의 광부들이 사금을 캐기 위해 불법 광산을 떠돌아다니고 있다. 이들은 중국인들의 수요를 만족시키겠다는 희망을 가지고 노예노동을 하고 있다. 세계의 모든 기후 변화 난민들과 공급망 세계에서 부당하게 대우받는 사람들을 합쳐도 그 수는 세계 공급망 서비스에서 일자리를 찾아 도시, 공업단지, 특별경제구역 그리고 다른 연결 중심지로 이동하는 사람들 가운데 일부에 불과할 것이다.

하지만 공급망 세계의 큰 역설은 사람들이 일자리와 복지의 상징인 공급망을 고수한다고 해도 세계 시장과 기업의 우선순위가 바뀌면서 이마저도 사라질 수 있다는 것이다. 원자재 수출의 증가로 호황을 누렸던 호주와 브라질의 광산 도시들이 지난 2년 사이에 급격하게 파산했고, 주민들은 대체 생활수단을 찾지 못했다.

일자리를 찾는 사람들은 비도덕적이거나 불법적이어도 가끔씩은 어디에서든 수요에 대응할 수밖에 없다. 성매매 업자들은 옷이나 공예품을 만드는 저소득 여성이나 실직 여성들을 희생양으로 만들어 동유럽이나 일본, 사우디아라비아로 보낸다. 이들은 이익만 챙기는 추잡한 중개상들이지만 시장이 아니라 공급망일 뿐이다. 인신매매에 대한 실질적인 해결책은 이런 꾐에 넘어가지 않도록 대체수단을 제공하는 것이다. 예를 들면 베트남에서 효율성이 높은 중국 제조업체들 때문에 파산한 대나무 지붕을 만드는 여성들은 구치^{Gucci}의 대나무 장식품을 만드는 일자리를 찾았다. 새로운 공급망은 정리해고로 발생한 실업에서 여성들을 구원하고 있다.

전 세계에서 노예노동을 하는 약 4천만 명의 사람들 가운데 절반 이상이 인도, 파키스탄, 러시아, 중국 4개 국가에 있다. 인신매매 조직이 아프리카, 남아시아 또는 필리핀의 젊은이들을 달콤한 말로 속이거나 납치해 미국 등으로 밀입국시킬 경우, 공급망을 직접 관리하는 것만이 인신매매를 방지하거나 일자리를 합법화할 수 있다. 예를 들면 캘리포니아 주는 고용주가 근로자들의 출신 국가를 증명하는 서류를 제공하도록 규정하고 있다. 안전한 이민 프로그램은 매 단계마다 고용주와 연계해 근로자의 권리를 존중하도록 한다. 이 때문에 근로자들은 무일푼으로 집에 갇혀 있지 않고 해외에서 노예노동을 하지 않는다. 세계 불법 노예노동에 대한 반대는 시장 효율성이라는 기본적인 유혹과의 싸움이다.

때로는 중개상들이 변할 수도 있다. 아시아에서의 상아에 대한 수요 급증은 콩고에서 아프리카 코끼리를 멸종시켰다. 중국인들은 코끼리 상아가 단지 고급 젓가락을 만드는 데 사용된다고 해도 하나에 최고 2만 4천 달러까지 지불할 것이다. 신의 저항군^{Lord's Resistance Army}은 우간다 정부군에 대항하는 무장투쟁 자금을 마련하기 위해 콩고 동부에서 수십 마리의 코끼리를 밀렵했다. 야생동물은 말할 것도 없고 정부가 주민들도 보호할 수 없는 콩고에서는 오드잘라^{Odzala} 국립공원의 밀렵꾼 개조 프로그램처럼 외부의 자금 지원을 받는 프로그램들만이 사냥꾼들을 교육 프로그램에 참여하도록 만들 수 있다. 군함과 소규모 민간 선박들은 소말리아 인근 해역에서 유조선과 화물선에 대한 해적질을 멈추지 않을 것이다. 하지만 한편에서는 어선들이 소말리아의 어부들이 합법적인 경제로 돌아가는 것을 도와줄 것이다. 따라서 사람들에게 더 좋은 공급망을 제공하는 것이 더 나쁜 공급망에 의한 약탈을 방지하는 유일한 방법이다.

전 세계 하층계급의 반란

최근에 남아프리카공화국의 요하네스버그를 여행할 때, 나는 진짜 요하네스버그를 구경하지 못했다. 이틀 동안 대부분 백인 엘리트 계층, 5성급 호텔, 다국적 기업의 본사, 고급 자동차 판매장이 있는 샌튼Sandton 지역에 갇혀 있었기 때문이다. 샌튼에 있으면 고급주택가와 첨단 복합 상업지구가 있는 캘리포니아의 새너제이에 있는 것으로 착각할 수도 있다. 두 지역의 차이는 샌튼은 행정수도인 프리토리아Pretoria를 둘러싸고 있고 가장 빠르게 성장하는 가우텡Gauteng 주의 한가운데 위치해 있으며 도심에 대부분의 가난한 흑인들이 거주하는 인구 1천4백만 명의 도시라는 점이다.

우리는 가우텡과 비슷한 세계에 살고 있다. 인도의 광역수도권의 기술 중심지인 구르가온Gurgaon과 마닐라 중심의 마카티Makati 비즈니스 지구처럼, 도시가 세계와 연결되고 인구가 증가할수록 국가는 두 부분으로 계층화된다. 도시와 농촌 계층화뿐만 아니라 세계화된 중심부의 부유층과 하층민이 사는 주변부의 빈민가로 양극화된다. 도시화는 세계화가 만든 불평등을 가속화시켰다.

경제적 차별은 도시를 중세의 도시처럼 계층화시켰다. 사회가 부자와

부패를 넘어서

정부의 단속을 피해 안전한 곳을 찾는 수조 달러의 자금이 돈세탁을 통해 뉴욕과 런던에서 두바이와 싱가포르의 부동산과 다른 자산으로 흘러들면서, 세계는 저렴한 자본뿐만 아니라 정실 자본으로 넘쳐나고 있다.

세계의 경제 파이는 점점 더 커지고 있고 모든 사람이 자신의 몫을 원하고 있다. 자유시장주의자들이 옹호하는 민영화와 외국인 투자 자유화 같은 추세가 전 세계적으로 부패의 증가를 가져오고 있다. 인도의 석학인 나얀 찬다$^{Nayan\ Chanda}$는 세계화가 부패의 원인이 아니라 국가를 교역과 외국인 투자에 개방하는 것이 과거 그 어느 때보다 대규모로 뇌물과 불법을 저지르는 기회를 만들어냈다고 설명한다.[3]

우리는 부패가 없는 세계에서 살지는 못할 것이다. 하지만 문제는 부패가 경제와 사회적 발전에 큰 손실을 가져오고 있다는 것이다. 중국의 공공지출은 세계 최대이고 잘못 배정된 자본 규모도 가장 크다. 하지만 전체적으로 볼 때 공공지출의 장점이 부당하게 배분된 자본의 단점을 메우기에 충분하기 때문에 발전이 가능하다. 하지만 인도와 러시아의 경우 부패가 국가를 망치고 있다. 인도에서는 가짜 청구서나 부정 이득 등을 통해 한 해 1천억 달러가 불법적으로 유출되고 있다. 이는 인도에 대한 외국인 직접투자보다 3배이상 큰 규모이다. 아프리카는 매년 원조로 받는 자금의 2배를 부패와 탈세로 잃어버리고 있다.

일반적으로 좀 더 경쟁력이 있는 국가들은 부패가 덜하다. 하지만 오늘날 빠르게 성장하는 국가들 가운데 상당수가 부패 순위에서 하위를 차지하고 있다.[4] 투자자들은 투자 사업의 안정성을 보장할 수 있다면 어느 정도 수준까지 부패를 용인할 수 있다. 대부분의 부패 담론은 허가를 받기 위해 뇌물을 주는 것과 같은 미시적 현실과 국가의 핵심에 뿌리내린 구조적 부패를 구별하지 못한다. 전자에 속한 국가들은 후자에 속한 국가들보다 훨씬 더 부유하다.[5] 예를 들면 말레이시아는 부패 지수 순위에서 50위를 차지했지만 기업하기 좋은 국가 순위에서는 6위에 올라 있다. 바꾸어 말하면 말레이시아에 대한 투자는 싸지 않지만 투자할 만한 가치가 있다는 의미이다.

투자와 공급망을 유치하는 것이 더 많은 뇌물과 부패로 이어질 수도 있지만, 동시에 이집트와 같은 통제 경제의 구조적 부패를 개혁하는 촉매가 되기도 한다. 이집트에서는 국가가 모든 것을 결정하는데, 대부분이 잘못된 결정이다. 대부분의 기업들은 사업을 지연시키고 국민에게 해를 끼치는 관료주의적 비효율성을 정부가 제거해주기를 바란다. 기업들이 더 부패한 국가로 자본을 옮길 수 있기 때문에, 개혁에 대한 보상은 그 어느 때보다 크다. 따라서 수요와 공급의 세계는 더 경쟁력이 있지만 동시에 부패 정도는 덜하다.

빈자, 특권층과 비특권층으로 나뉘면서, 국민 통합은 근거 없는 믿음이 되고 있다. 도시 내부의 불균등한 행복을 보여주는 지도는 평균소득, 수명, 교육 수준 그리고 다른 지표들을 비교하는 수치보다 더 많은 것을 알려준다.

도시는 평화로운 기회의 추구로 사람들을 결속시키는 문명의 힘이 되거나 사회적인 소외의 도가니가 될 수 있다. 도시화와 불평등은 폭발력 있는 혼합물이다. 2014년의 퍼거슨과 2015년의 볼티모어 사태*는 미국에서 사회에 대한 신뢰가 사라진 결과이다. 부유한 국가이든 가난한 국가이든, 경찰과 민병대가 중요한 공공기관과 민간기관들을 순찰하는 전세계의 많은 도시들은 점점 요새화되고 있다. 미국의 경제학자인 조지프 스티글리츠Joseph Stiglitz의 주장처럼, 우리는 "가진 자와 갖지 못한 자로 양분된 세계뿐만 아니라 이런 양극화에 대해 아무것도 하지 않는 국가와 무엇인가를 하는 국가로 양분된 세계"로 진입하고 있다.[6] 훨씬 더 많은 국가들이 후자가 아니라 전자의 범주에 속한다.

도시의 게릴라 전쟁은 새로운 국면을 맞이하고 있다. 2013년에 앙카라의 미국 대사관에 폭탄 공격을 하고 오스만 제국 시대의 돌마바흐체 궁전Dolmabahçe Palace에 수류탄을 투척한 젊은 마르크스주의자 집단인 혁명인민해방전선은 땅값을 올리고 시민들을 소외시키는 기업들의 주택 고급화에 대항하는 전투를 벌였다. 대중을 진정시키기 위해 축구 클럽을 더 많이 만드는 것은 더 이상 효력이 없다. 도시화는 집단적 행동을 약화시킴으로써 권위주의 정부를 위태롭게 하는 경향이 있다. 하지만 권위주

---

* 미국의 흑인 시위와 폭력 사태 — 옮긴이

의 정권은 모든 중요한 도시에서 안정을 유지하는 가혹한 경찰력에 의존한다.[7] 다양하고 불평등한 대중에 대한 통치는 성공한 중심지와 취약한 국가를 구분지어줄 것이다.

뉴욕의 월가 점령 운동은 이른바 99퍼센트를 차지하는 대중의 소외에 대한 반응이자 앞으로 일어날 일을 상징하는 것이다. 금융시장은 상류층을 부자로 만들고, 외주와 자동화는 노동자 계층을 피폐하게 만들었다. 경제적 불평등은 정치적 불평등과 좁은 기반의 소비에 과도하게 의존하는 취약한 경제로 귀결된다. 미국의 장기적인 높은 실업률은 전체적인 경제 관점에서 볼 때 눈에 보이지 않는 젊은 미숙련 노동자들의 어려움을 반영하고 있다. 뉴델리에서 이스탄불, 상파울루까지 동시 다발적으로 벌어지는 대중 시위는 성장 시장으로 생각되는 수십 개 국가들이 과거 프랑스 절대왕정 시대의 혁명의 징후를 보여주고 있다는 사실을 상기시켜준다.

새로운 정당, 조직화된 노동단체, 해커집단, 반기술 운동가들이 결합한 새로운 세계적인 저항운동은 다양한 전술과 끈기를 무기로 전 세계 기득권 세력의 허점을 공격했다. 그리고 앞으로 새로운 저항은 점점 더 많은 정부들을 불안정하게 만들 것이다. 일부는 이런 저항운동을 반정치적이라고 부르지만, 이들은 결코 정치에 무관심하지 않다. 이들은 가치 창출 측정에 사용되는 기준을 자본의 생성에서 사회적 이익으로 바꾸어놓았다. 앞으로 수십 년 동안 우리는 조직화된 저항운동의 새로운 조합을 보게 될 것이다. 마르크스가 무덤에서 웃고 있다. 세계 하층계급의 반란이 시작되었기 때문이다.

마르크스는 국경 없는 자본가의 착취에는 국경 없는 프롤레타리아의 대응이 필요하다고 주장했다. 그렇지 않으면 진정으로 평등한 사회를 위해 국가를 폐지시킬 수 없기 때문이다.[8] 공급망의 한 부분에서 발생한 문제는 전 세계적으로 파급 효과를 미치기 때문에, 오늘날 세계적으로 연결된 공급망에서 근로자들의 영향력이 커지고 있다. 2015년에 캘리포니아 주에서 발생한 항구 파업 때문에 중국에서 미국 서부의 친척들에게 보내는 수백만 달러 상당의 새해 선물 배달이 차질을 빚었다. 공급망의 최하층에 있는 근로자들은 정치적인 세력이 되었다. 남아프리카공화국의 금속노동자노조는 여당인 아프리카국민회의에서 떨어져 나와 새로운 사회주의 정당을 만들었다.

자본과 노동 사이의 줄다리기 전쟁에서 노동도 다국적 기업들처럼 네트워크를 만들기 시작했다. 제조업체들은 임금이 낮은 국가로 공장을 이전하겠다며 오랫동안 노동자들을 위협했다. 하지만 노조들은 공동전선을 구축하는 방법을 배우고 있다. 예를 들면 독일의 금속노조IG Metall는 미국 남부지역에서 노조화를 적극적으로 추진하는 전미자동차노조의 노력을 지지했다. 독일 노조가 자신들의 이익을 위해 전미자동차노조를 지원했다는 것은 흥미로운 일이 아닐 수 없다. 이는 메르세데스가 독일로부터 일자리를 빼앗아가는 공장을 앨라배마에 건설했기 때문이다. 앨라배마 사람들이 더 높은 임금을 달라고 협상에 나서면 메르세데스는 일자리를 유럽으로 다시 옮길 것이다.

노조들은 국제적인 상거래 협상에도 결정적인 영향력을 미치고 있다. 2014년에 중국 정부의 지원을 받는 청산그룹의 타이어공장 노동자들은 파업에 들어갔고, 미국의 쿠퍼 타이어 앤 러버Cooper Tire & Rubber에 대한 인도 기업 아폴로Apollo의 인수를 무산시켰다. 중국인 근로자들이 부채가 많은 인도 기업을 위해 일하고 싶어 하지 않았기 때문이다. 청산그룹은 실제로 쿠퍼와 합작해서 대부분의 지분을 인수했다.

외국인 노동자들은 국영기업에 대항해 강력하게 항의할 수가 없기 때문에, 다국적 기업의 증가는 외국인 노동자들을 대담하게 만든다. 중국 노동자들은 노조 설립에 대한 더 큰 자율권을 얻기 위해 월마트에서 대규모 파업을 벌였다. 이는 초창기 외국인 투자에 대한 고마움이 점차적으로 착취에 대한 분노로 변하면서 지역사회가 경험하는 자신감의 상징이다.

역사가 상류계층의 질서 유지와 계급 투쟁의 연속이라면, 새로운 계급 형성만이 역사의 주기를 바꿀 것이다. 세계 인구가 정점에 다다름에 따라, 우리는 더 이상 인구가 성장 엔진이라고 주장할 수 없다. 이는 20억 명의 인구가 생산성을 높이고 소비에 공헌할 때에만 가능하기 때문이다. 상위 1퍼센트가 세계 부의 절반 이상을 움직이는 세계 인구 피라미드로 볼 때, 하루 4달러를 버는 중산층은 매우 적은 반면 하루 2.5달러 이하를 버는 세계 인구의 절반은 피라미드의 저변을 차지하고 있다.* 인류의 대부분은 가처분소득의 상당 부분을 가난한 정부가 제공해주지 못하는 식량, 물, 의료, 교육 서비스에 지출하고 있다. 세계 경제는 이런 인구 피라미드가 다이아몬드 형태가 될 때까지 장기적인 성장을 이룩하기 위해 부단히 노력해야 할 것이다. 피라미드 저변에 있는 수십억 명이 중산층으로 상승하면 피라미드가 다이아몬드 형태가 될 것이다.

인구 증가로 성장을 이룩할 수 없다면, 성장은 상호작용을 위한 잠재

---

* 2015년 7월에 공개된 퓨(Pew) 리서치센터의 보고서에 따르면, 세계적인 빈곤은 줄고 있지만 세계 인구의 13퍼센트만이 중산층으로 분류될 수 있다. 퓨 리서치센터의 중산층 기준은 하루에 10~20 달러를 버는 사람들이다.

력을 발휘하는 사람들 사이의 연결 증가에서 나올 수밖에 없다. 이것이 1퍼센트와 99퍼센트로 나누는 구분이 잘못된 이유이다. 이들의 소득은 나누어지지만, 부의 혜택을 누리는 것은 더 많은 일자리를 만드는 기업에 투자하는 상위 1퍼센트에 대한 보상을 필요로 한다. 실제로 추가적인 비용을 기꺼이 감내하는 것은 독일의 중소기업들과 같은 개인 기업들인 반면, 공개 기업들은 비용을 줄이고 주주들을 기쁘게 하기 위해 외주를 선호하는 경향이 있다. 또한 민간 기업들은 사회적 자본까지 모두 고려하는 통합 회계의 선두에 서 있다. 예를 들면 제과회사인 마스^Mars는 옥스퍼드 대학의 사이드 경영대학원과 함께 지역사회에 대한 가치 창출을 측정하기 위해 나이로비, 자카르타, 마닐라의 빈민가에 있는 소규모 기업에 대한 지원을 연구하고 있다. 그리고 영업 관리자들의 성과를 평가하는 데 연구 결과를 활용하고 있다. 불평등에 대한 해법은 더 높은 세금과 세금 감면이 아니라 좀 더 포괄적인 공급망이다.

자본주의 사회는 경제적 가치에 따라 사람들의 순위를 정한다. 중국은 비공식적으로 도시 사업가, 농부, 농촌 이주민, 부유한 외국인 등으로 사람들을 분류하고 있다. 미국의 우량 부동산은 상위 20퍼센트 계층의 수요를 위한 것이고, 소매업체들도 하위 80퍼센트를 무시하고 있다. 많은 정부들이 사국의 국민보다 외국인 투자자들에게 더 많은 가치를 두고 있다. 어리석고 기계적인 불평등한 대우처럼 보이는 현실에서 희망적인 것은 미국의 사례가 분명하게 보여주는 것처럼 수백만 명의 사람들이 생산적인 국가 건설 참여자가 될 수 있다는 것이다. 미래의 투자 대상은 바로 도시와 농촌의 대규모 하층계급이다.

투자는 지금, 혜택은 나중에

최근 수십 년 동안 아시아의 빠른 성장과 높은 상품 가격의 결합이 부의 창출과 현대화라는 장기 성장을 촉진시켰다. 차세대 성장은 북미처럼 기반시설이 낡은 대륙에서부터 동남아시아처럼 막대한 인적 자원을 활용하려는 지역에 이르기까지 투자를 가능하게 하는 낮은 금리와 낮은 원자재 가격에 따른 비용절감에서 나올 것이다. 지금이 시장을 만들고 시장을 연결할 가장 좋은 시점이다. 연결은 21세기의 가장 중요한 자산이다.

저금리를 이용해 자산을 가짜 금융파생상품이 아니라 실물경제에 투자하고 싶어 하는 투자자들에게 기반시설보다 더 확실한 투자 대상은 없다. 기반시설은 고정금리 자산보다 더 높은 수익을 창출하고 주식보다 변동성이 더 낮다. 단기적으로 채무가 발생하지만, 채무가 없으면 장기적 성장이 불가능하다. 기반시설에 대한 투자의 혜택은 셀 수 없이 많다. 이동성을 증가시키는 기회의 흐름을 만들어내고 생산성을 향상시키며 사회적 변화를 촉진한다. 세계은행의 전 수석 경제학자인 저스틴 이푸린은 자본시장과 다국적 금융기관 그리고 다른 구조화 펀드들이 지역의 은행을 강화하는 일에 집중해서 지역 금융기관들이 일자리를 만들고 사회를 연결하는 대규모 기반시설 건설에 자금 지원을 할 수 있도록 해야 한다고 주장한다.

드와이트 아이젠하워^{Dwight Eisenhower} 대통령이 1950년대에 시작한 미국의 각 주를 연결하는 주간고속도로 건설은 가장 훌륭한 대규모 기반시설

• 상당한 규모의 자금을 세계 기반시설에 투자하는 중요한 국제기관에는 세계은행, G20, 경제협력개발기구(OECD), 신개발은행(New Development Bank), 아시아인프라투자은행이 있다.

투자 사례이다. 아이젠하워는 1919년에 낡고 진흙투성이인 데다 곳곳이 패인 미국 최초의 대륙횡단도로인 링컨 하이웨이를 따라 워싱턴에서 샌프란시스코까지 가는 사절단에 참가했고, 2차 세계대전 동안 독일의 아우토반Autobahn 시스템을 목격했다. 그는 250억 달러가 투입되는 6만 5천 킬로미터의 고속도로를 건설하는 계획을 수립하도록 국민을 설득했다. 아이젠하워의 대규모 고속도로 건설 계획이 없었다면 현대 미국의 번영과 발전은 불가능했을 것이다.*

중국도 마찬가지이다. 세계 금융위기 이후 중국의 경기 부양책은 고속도로, 주택, 도시, 철도 건설에 집중되었다. 독일은행에 따르면, 기반시설 구축을 통한 경기부양책은 미국의 통화정책을 통한 경기부양보다 GDP 성장에 미치는 영향이 2배 정도인 것으로 나타났다. 서구의 경제학자들은 중국의 과도한 투자를 비판하고 있지만, 세계은행은 1백여 개의 중국의 도시를 연결하는 고속철도가 기업과 근로자 그리고 시장과 고객 사이의 거리를 더 가깝게 만들면서 생산성 향상을 가져왔다는 사실을 발견했다. 중국의 고정자산 성장이 감소하고 있지만, 이동의 효율성에서 오는 이득은 일상생활 속의 근로자들, 알리바바의 고객 그리고 중국 전역을 합리적인 비용으로 여행하는 수백만 명의 내국인 관광객들을 통해 분명하게 나타나고 있다.

전후 미국과 현재 중국의 교훈은 기반시설이 일회성 투자가 아니라 지속적 관리가 필요한 동맥혈관 시스템과 같다는 것이다. 노스웨스턴 대학

---

* 연방고속도로국의 연구에 따르면, 첫 40년 동안 주간고속도로 시스템은 수송비를 절감하고 생산성을 향상시키며 1조 달러 이상의 비용 절감을 통해 미국 경제에 최고 380억 달러 규모의 경제적 이득을 가져다주었다. 하지만 현재 미국 교통 예산의 3분의 2는 새로운 투자보다 시설 운영과 유지 보수에 투입되고 있다.

의 로버트 고든Robert Gordon과 조지메이슨 대학의 타일러 코웬Tyler Cowen 같은 저명한 경제학자들은 미국 경제가 생산성 하락, 낡은 기반시설, 기술 혁신의 정체, 교육 수준의 하락, 불평등의 증가로 고통받고 있다고 주장한다. 미국의 교통 시스템은 너무 느리고 비효율적이어서 수출 목표를 맞출 수가 없다. 미국 경제 성장의 최대 원천은 자본 투자이다. 지난 수십 년 동안의 무관심 후에 이제야 중요한 기반시설들이 개선되고 확장되고 있다. 워런 버핏Warren Buffett과 칼 아이칸Carl Icahn 같은 투자자들은 화물 열차 산업을 부활시키고 있고, 구글은 미국 전역의 수십 개 도시에 1초에 수천 메가바이트의 데이터를 전송할 수 있는 광케이블을 설치하고 있다. 의회가 1950년대처럼 기반시설에 대한 투자를 꺼리는 상황에서, 더 많은 외국인 투자에 대해 문호를 개방하는 것만이 대대적인 미국 부활 프로젝트에 필요한 자금을 수혈하는 유일한 방법이다.

기반시설, 혁신, 제도 등에 대해 25퍼센트 이상의 투자 비율을 유지하는 국가들은 지속적인 성장을 하고 있다. 기반시설 투자는 공장 건설보다 지속성이 더 높다. 도로나 철도는 비용이 더 저렴한 곳으로 이전할 수 없기 때문이다. 많은 사람들을 고용하는 방법을 찾고 있는 정부들은 하드웨어와 소프트웨어 기반시설에 집중해야 한다. 기반시설은 원자재, 건설, 관광, 교육, 의료처럼 단기간에 자동화될 확률이 적은 비교역적 분야이다. 이런 분야들은 세계에서 가장 고용 비율이 높다. 이런 산업들은 해외로 이전될 수 없고, 전반적인 복지 향상을 위해 2차적인 경제 효과를 창출함으로써 투자 흐름도 개선된다.*

---

* 공항, 고속도로, 철도 연결, 전력 공급을 위해서는 보수와 유지, 차량 판매와 대여, 유통과 식료품 매장, 에너지 판매, 의료와 교육시설 분야에서 일자리가 필요하다. 「전략적 기반시설 : 공공 – 민간 제휴를 가속화하기 위한 조치」(세계경제포럼, 2013

자본 지출은 영업 이익을 통해 환수된다. 오늘날 국제통화기금은 더 이상 긴축을 권고하지 않는다. 대신 자본을 차입해서라도 일자리를 만들고 교통, 통신 그리고 다른 서비스를 통해 생산성을 향상시키는 기반시설 투자를 권장하고 있다. 똑똑한 정부들은 보조금을 줄이고 채무 보증을 제공하며 국제금융공사International Finance Corporation와의 제휴나 다자간투자보장기구Multilateral Investment Guarantee Agency를 통한 위험 보장 등을 통해 더 많은 기반시설 투자를 실행하고 있다. 콜롬비아, 멕시코, 필리핀, 인도는 투자자를 보호하고 적정 수익을 보장하며 정치적 간섭을 배제하기 위해 특별기금을 만들었다. 더 많은 국가들이 세계 자본의 유입에 대해 개방적인 정책을 펼수록 금융 공급망은 실물경제를 더 많이 지원할 수 있다.

금융 공급망

풍선은 거품보다 훨씬 더 크게 팽창한다. 지난 20년 동안 기술, 부동산, 에너지 분야에서 터진 거품에도 세계 경제의 풍선은 점점 더 커지고 있다. 중앙은행들은 사상 최저금리를 유지하고 신용을 확대하면서 재무 관련 부처와 기업들에 생명선을 제공하고 있다. 이 같은 금융정책은 저금리 자금을 조달하는 세계의 캐리트레이드carry trade 시장을 질식시키고 있다. 세계 부채가 2007년에서 2014년 사이에 전 세계 1년 전체 GDP에 맞먹는 규모인 56조 달러까지 증가했다. 하지만 세계 기축통화 국가들은—미국, 유로존, 중국, 일본—지속적으로 돈을 찍어내 국가를 최대

년 5월)을 참조하라.

채무자로 만들면서 외국인의 자국 통화 매도 위험으로부터 국가를 분리시켰다. 중국의 부동산이나 미국의 주식 등 다음 차례의 거품이 꺼진다고 해도 경제적 풍선은 계속해서 팽창할 것이다. 베인앤컴퍼니^{Bane &} ^{Company}는 세계의 전체 금융자본이 2020년이면 9백조 달러에 이를 것으로 추정하고 있다.

세계 금융체제 안에서 막대한 자산들이 중요한 금융 중심지를 통해 들어오고 나간다. 유라시아 지역으로 뻗어나가는 철의 실크로드처럼, 이런 매개체들은 더 긴 투자 기간, 변동성에 대한 더 큰 저항력, 전 세계에 대한 더 강한 투자 욕구를 통해 새로운 '영구 자본^{permanent capital}'을 형성하게 된다. 세계 금융위기 이후 2천 명 이상으로 2배 정도 증가한 세계의 억만장자들은 이런 새로운 금융 추세를 잘 보여준다. 억만장자들은 개인인 동시에 가족의 사무실을 통해 기업처럼 큰 규모로 움직이는 기관 개인들이다. 이들이 움직이는 자금 규모는 약 46조 달러로 세계 최대이다. 이들은 40조가 넘는 투자자금인 연금기금과 결합하고 있다. 유럽의 연금 포트폴리오가 해외 기반시설 투자를 선도하고 있고, (상위 20개국의 절반을 대표하는) 아시아기금도 점점 높아지는 국내 기대를 충족시키기 위해 공격적으로 기반시설 투자에 참여해 전 세계에 걸쳐 막대한 수익을 거두어가고 있다. 이와 동시에 중국, 인도, 나이지리아, 터키, 멕시코 그리고 다른 국가들이 부동산, 통신, 금융서비스, 기반시설 등의 분야에 대한 외국인 투자 할당을 확대하도록 공격적인 로비 활동을 벌이고 있다.[9] 역사적으로 국가 포트폴리오에 들어 있는 보험기금은 30조 달러에 달한다. 오늘날 보험기금은 현지 시장에서 더 많은 투자처를 찾는 자본 네트워크처럼 변했다. 가장 보편적인 금융상품인 뮤추얼펀드와 채권펀드도 해외

중견기업과 대기업 주식에 점점 더 많이 투자하면서 국내의 소규모 개인 투자자들에게 수익을 돌려주고 있다.

최근에는 공식적인 자본 보유량도 꾸준히 증가했다. 세계 각국의 중앙은행의 화폐 보유고가 8조 달러를 넘었는데, 대부분이 아시아에 집중되고 있다. 아시아 국가 정부들은 이 자금 가운데 그 어느 때보다 많은 부분을 국부펀드로 알려진 국가 투자상품에 쏟아붓고 있다. 전체 규모가 6조 달러 정도로 추정되는 국부펀드는 국제유가 하락에 따른 수입 감소를 만회하기 위해 부동산, 은행 그리고 다른 기업들에 투자하기 시작했다. 국부펀드들은 종종 자산 규모가 2조 달러를 넘는 사모펀드나 2조 달러 규모의 헤지펀드와 함께 투자한다. 은행들이 더 많은 규제를 받게 되면서, 헤지펀드는 공개시장을 벗어나 은행처럼 신용 서비스를 제공하고 동시에 사모펀드처럼 기업들을 인수하고 있다.

이런 투자자들이 서로에게 많이 투자하고 공동으로 투자할수록 이들을 분리하는 것은 그만큼 더 어려워진다. 블랙록Black Rock 같은 투자기관을 설명하는 새로운 용어가 등장하고 있다. 4조 5천억 달러에 달하는 블랙록의 자산 규모는 전 세계적으로 다양하게 분산되어 있다. 블랙록은 신흥시장에서 정부 부채 등 모든 종류의 자산에 투자할 수 있는 영구자본을 관리하는 대체자산운용기업 또는 다변화금융기관이라고 불린다. 이들은 사냥감이 될 만한 부동산, 저평가 주, 공항과 유료도로처럼 현금을 창출하는 기반시설 또는 신생 기술기업 등을 지속적으로 찾아 나선다. 세계의 자산 관리자들은 외국에 직접 투자하고 합작투자를 하는 방식으로 현지 제휴기업과 일체가 되고 더 좋은 대우를 받기 위해 투자 규제를 우회할 수 있게 된다. 사하라 남부 아프리카에서부터 인도네시아에 이르기까지 기업 인수합병의 4분의 1은 신흥시장에서 이루어지고 있다. 하지만 대부분의 인수합병은 현지 기업들의 역량을 한 단계 상승시키는 중요한 비즈니스 노하우와 기술 발전을 제공하는 노련한 세계 일류 금융기관들이 주도하고 있다.

은행의 종류는 많다. 반자본주의 평론가들은 금융과 실물경제의 연계가 얼마나 중요한지 잘 모르는 것 같다. 은행과 비은행금융기관들은 개발도상국가에 있는 수천 개 기업들의 프로젝트 파이넌스project finance, 소매 금융과 여신, 기업 설립과 현금 흐름, 기술 습득, 국제적인 확장에 지대한 공헌을 하고 있다. 미국에서 이런 비은행금융기관들은 부실한 주택담보대출을 인수할지 아니면 중소기업에 자금을 지원할지와 같은 가장 핵심적인 여신업무를 담당하고 있다.[10]

금융과 실물경제의 연계는 신흥시장에서도 똑같이 중요하다. 2009년에서 2014년까지 현지 정부의 부채에 대한 외국인 지분이 2배로 증가했고 정부들은 투자를 확대했다. 그리고 현지 은행들도 주유소와 슈퍼마켓 등 소규모 상인들과 개인에게 더 많은 돈을 빌려주었다. 특히 성장이 둔화되고 자금이 줄어들면서, 각국 정부들은 자국의 기업들이 사람을 고용하고 기업을 신설하는 데 필요한 자금을 조달할 수 있도록 주식시장에 대한 외국 자본의 자유로운 투자를 허용하게 될 것이다. 민간 투자자들의 위험 감수 의지가 없다면, 개발도상국의 신용시장의 자금이 부족해지고 제도적으로 초보적인 수준에 머물 것이다.

무역금융은 사람들이 연결을 구축할 수 있도록 최선을 다해 도와주는 시장의 완벽한 본보기이다. 세계무역기구에 따르면, 세계 교역의 80퍼센트는 금융기관의 지원을 받는다. 하지만 금융위기 이후 규제(개혁안 바젤 III은 은행이 더 많은 자본을 보유하도록 요구한다)는 기업들의 수출상품 제조를 돕는 금융 분야와 실물경제 사이의 중요한 자금 통로를 막아버렸다. 기업들의 낮은 파산 비율을 고려할 때, 수출 지원은 신뢰할 수 있는 투자이다. 유럽투자은행과 아브라즈 그룹^{Abraaj Group}의 기금들은 중동과 아프리카의 지역 중소기업들이 좀 더 쉽게 자금을 조달할 수 있도록 지역 금융에도 진출했다. 독일은 인구가 4배나 많은 미국보다 5배나 많은 중소기업을 가지고 있다. 이는 독일이 아시아의 성장 시장으로 진출하기 위해 무역금융의 도움을 받을 수 있는 공구 제조업체 같은 유서 깊은 기업가들에게 더 많은 관심을 가지고 있다는 사실을 의미한다. 유럽 중소기업의 아시아 진출과 아시아 중소기업의 아프리카, 다른 아시아 지역, 유럽으로의 진출은 현지 기업에 투자된 국제 자본이 어떻게 생산적인 새로운 흐름을 만들어내는지를 잘 보여주는 증거이다.

금융위기는 너무 많은 자본이 소수의 손에 집중될 경우 엄청난 위험을 불러온다는 교훈을 가르쳐주었다. 하지만 국제 금융에 대한 규제 철폐는 빈대 잡으려다 초가삼간을 태우는 것이 될 수도 있다. 자본주의는 국가 조합주의가 될 필요가 없다. 금융시장이 자본이 어떻게 증가하는가에 관한 것이라면, 금융 공급망은 부가 어떻게 확산되는가에 관한 것이다. 우리는 세계 유동성의 풍신을 이용해 자본을 기업과 기반시설처럼 가치를 창출하는 자산과 연결시키는 금융 공급망을 더 많이 만들어야 한다. 더 많은 자본이 분배되는 세계는 더 안정적인 세상이 될 것이다.

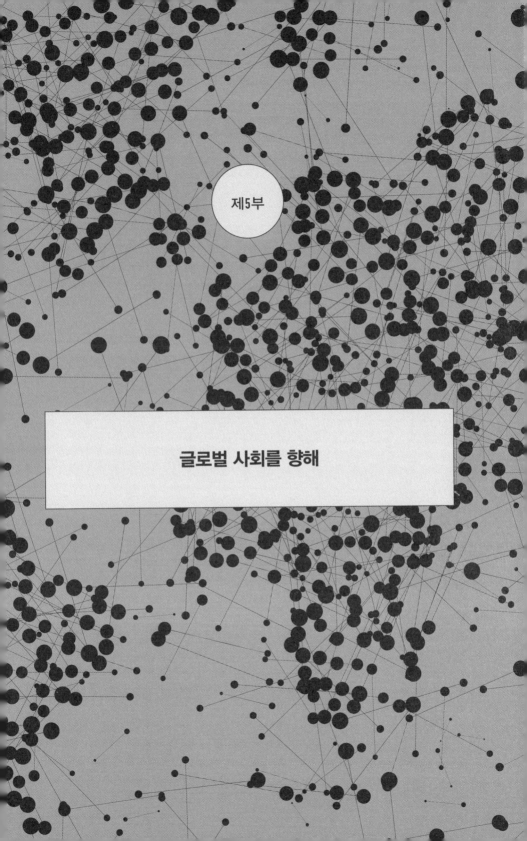

제5부

글로벌 사회를 향해

사이버 문명과 불만

인터넷은 인간이 만들었지만 인간이 이해하지 못하는 첫 번째 것이다.
인터넷은 지금까지 우리가 경험한 무질서 상태에 대한 가장 큰 실험이다.
— 에릭 슈미트Eric Schmidt, 구글 회장

눈에 보이지 않는 기반시설

인터넷은 거리를 극복하기 위해 발명되었다. 전 세계의 연구소에 있는 과학자들은 막대한 양의 자료를 처리하고 공유하기 위한 효율적인 도구를 찾고 있었다. 월드와이드웹이 탄생한 유럽원자핵공동연구소^{CERN}는 스위스와 프랑스에 걸쳐 있는 30킬로미터 반경 지역에 위치하고 있다는 점에서 과학계의 국경 중립적인 성향을 상징하는 곳이다. 오늘날 인터넷은 양자세계의 특징을 가장 잘 보여준다. 인터넷은 모든 곳에 존재하지만 눈에 잘 보이지 않는다. 인터넷은 어느 순간 갑자기 사라질 수도 있는 연결을 가능하게 만든다. 데이터는 여과되거나 차단될 수 있다. 또한 전송받은 사람만이 다시 조합할 수 있도록 암호화된 작은 단위로 분해된다. 디지털화된 모든 것은 책, 음악 또는 생방송 등 여러 장소에서 동시에 나타날 수 있다. 과학자들은 더 많은 데이터를 더 빨리 처리하기 위해 데이터를 전송하는 광자의 양을 증폭시키는 양자의 얽힘entanglement과 중첩super-positioning의 원칙을 적용하고 있다.

점점 더 국경이 사라지는 공급망 세계는 국가 체제에서 탄생했다. 반면 인터넷은 국경이 없는 곳에서 태어났지만 국가 간의 구분이라는 속성을 습득하고 있다. 어떤 힘이 사이버 세상의 줄다리기 전쟁에서 이길 것인가?

우리가 기술기업이라고 부르는 기업들은 기술기반시설 회사들이다. 통신은 다른 모든 연결의 형태를 비약적으로 발전시켰다. 휴대전화 단말기들은 구리 전화선, 신호 전송탑, 해저 인터넷 케이블 또는 저궤도 위성을 통해 세계 어느 곳에 있든지 다른 통신기기와 연결할 수 있다. 통신기업들은 2009년에서 2014년 사이에 이동통신 기반시설에 2조 달러를 투자했고, 2020년까지 도달 범위를 넓히고 통신 속도를 향상시키기 위해 4조 달러를 투입할 계획이다.[1]

연결을 위한 기반시설 기업들은 디지털 세계로 확장하고 있다. 구글은 웹 브라우저 기업으로 시작했지만 세계적인 데이터 기업이 되었다. 인터넷 서비스 사업자들은 저렴한 연결 서비스를 제공하기 위해 통신기업으로 변하고 있다. 구글은 네트워크에서 소외된 사람들에게 자사의 서비스를 제공하기 위해 와이파이Wi-Fi 제플린 비행선Zeppelin blimps 프로젝트를 시작했다. 이런 가운데 스카이프나 왓츠앱WhatsApp 같은 인터넷 기반의 전화는 무료전화 서비스를 제공하고 있다. 인터넷에는 로밍roaming이라는 개념이 없다. 가입자와 데이터를 위해 서로 경쟁을 하고 있지만, 구글과 페이스북은 연결을 확대하는 것이 최고의 미덕이라는 점에 동의하고 있다. 그래서 또 다른 30억 명에게 서비스를 제공하기 위해 더 많은 인공위성을 발사하는 데 협력하고 있다.* 사람들은 병원도 없고 전기도 없는 세계의 가장 외진 지역에서 태양열이나 운동으로 에너지를 충전하는 휴대전화를 사용하고 있다. 우리는 먼 미래를 내다보지 않더라도 거의 모든 사람들이 4세대(그리고 결국 5세대) 고속 인터넷망에 접속할 수 있는 스마트폰을 가지고 있는 세계를 쉽게 예측할 수 있다.**

오늘날 최소 3백여 개의 해저 인터넷 케이블이 공을 둘러싸고 있는 실처럼 지구를 휘감고 있다. 이런 해저 인터넷 케이블이 국가 사이에 발생하는 데이터 트래픽의 99퍼센트를 처리하고 있다.*** 멀리 떨어진 장소들의 연결성이 향상되면서 위치에 대한 의미도 변하기 시작하고 있다. 광케이블 하나가 케냐를 디지털 지도에 편입시켰고, 구글, IBM, 마스터카드 그리고 다른 기업들이 이제 막 발전하고 있는 '실리콘 사바나Silicon Savanna'****에 연구소를 설립하고 있다. 내륙국가인 우간다와 잠비아는 2014년에 첫 번째 광케이블을 인도양과 연결시켰다. 두 국가는 여전히 내륙

---

* 디지털 저장고에 오랫동안 쌓여 있던 인터넷 사용자들의 데이터는 페이스북의 아틀라스 같은 점점 더 정교해지는 광고 서비스를 통해 판매용으로 수집되고 있다. 광고주들은 각각의 기기에 맞는 광고를 정하기 위해 휴대전화, 태블릿 그리고 다른 디지털 기기에서 사용자들의 디지털 흔적을 추적하고 있다.

** 세계에는 이미 생존해 있는 사람들의 수보다 개통된 휴대전화 수가 더 많다. 두바이와 홍콩 같은 도시에 거주하는 많은 사람들이 여러 대의 휴대전화를 사용하고 있기 때문이다.

*** 많은 해저 인터넷 케이블이 19세기에 영국 해군이 전신용 케이블을 설치한 전략적 항로를 따라 깔려 있다. 전신은 교통수단에서 분리된 최초의 통신수단이었다. 「이코노미스트」의 기술 분야 편집자인 톰 스탠디지(Tom Standage)는 전신을 빅토리아 시대의 인터넷(Victorian Internet)이라고 불렀다.

**** 케냐 정부가 만들고 있는 정보기술 산업도시 — 옮긴이

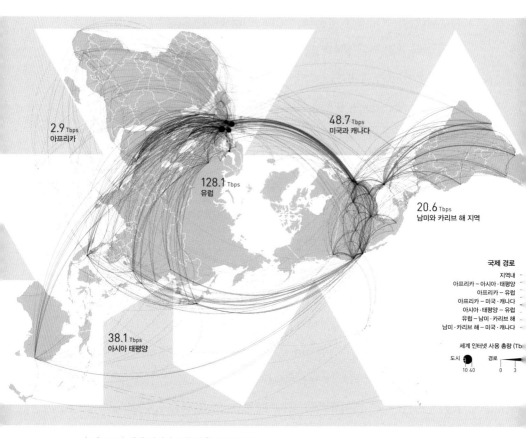

2.9 Tbps
아프리카

48.7 Tbps
미국과 캐나다

128.1 Tbps
유럽

20.6 Tbps
남미와 카리브 해 지역

국제 경로

지역내
아프리카 - 아시아·태평양
아프리카 - 유럽
아프리카 - 미국·캐나다
아시아·태평양 - 유럽
유럽 - 남미·카리브 해
남미·카리브 해 - 미국·캐나다

세계 인터넷 사용 총량 (Tb

도시   경로
         10 40   0   3

38.1 Tbps
아시아 태평양

| 지도 31 | 세계 데이터 흐름의 확산과 가속화**

지역 간 데이터 전송 경로가 모든 대륙에 있는 중요한 도시 사이에서 점차적으로 증가하고 있다. 초당 테
라바이트 수치(Tbps)는 각 지역 내에서 국가들 사이에 전송되는 데이터 용량을 나타내는 대리 지표이다.
유럽이 세계의 나머지 지역보다 훨씬 높다.

국가이지만 디지털 세계와 연결되어 있다.

인터넷 케이블망 지도는 광범위한 지역에 걸쳐 점차 증가하고 있는 연
결의 밀도를 보여준다. 케이블이 가장 많이 설치된 지역은 북대서양이
고, 그 다음이 태평양이다. 태평양에는 7천5백 킬로미터에 달하는 새로

운 구글의 데이터 케이블이 미국의 캘리포니아와 일본 그리고 다른 아시아 국가들을 연결하고 있다. 2013년에서 2018년 사이에 아시아 태평양 지역의 데이터 전송량은 한 달에 47엑사바이트^{exabytes}로 3배 정도 증가할 것으로 추정된다.* 국제 항공노선과 함께 직접적인 인터넷 연결이 남미, 아프리카, 아시아 지역으로 확대되고 있다. 이는 각 대륙 사이의 유대관계가 증가하고 있다는 사실을 반영한 것이다. 북극해의 빙하가 녹으면서, 북극을 가로질러 영국의 런던과 일본의 도쿄를 직접 연결하는 새로운 극지 케이블도 가능해졌다. SF소설가인 닐 스티븐슨$^{Neal\ Stephenson}$이 책에서 쓴 것처럼, 인터넷 케이블의 사이버공간 가속화 능력이 교역, 정치, 아이디어 세계의 지형도를 바꾸어놓고 있다. 뉴욕, 런던, 도쿄의 금융지구의 거리는 뉴욕의 브롱크스와 맨해튼보다 더 가깝다.[2]

소프트웨어 산업 분야에서는 3천만 명 이상의 사람들이 전문 개발자나 정보통신기업의 직원으로 일하고 있다. 흥미롭게도 소프트웨어 산업 종사자들은 아메리카, 유럽중동아프리카, 아시아 태평양 지역에 각각 3분의 1씩 균등하게 분포되어 있다. 인도는 2017년이 되면 약 5백만 명의 소프트웨어 개발자들이 있는 미국을 따라잡을 것이다. 소프트웨어는 국제적으로 가장 연결성이 높은 산업이다. IBM, 코그니전트^{Cognizant} 그리고 다른 많은 미국의 기술기업들은 미국보다 인도에 더 많은 직원을 두고 있다. 인도에서 개발된 소프트웨어의 3분의 1은 미국 기업을 위한 것이거나 미국으로 수출되고 있다.

많은 사람들이 인터넷을 보이지 않는 기반시설로 당연하게 받아들이

* 국가 간의 인터넷 트래픽은 2002년에서 2012년 사이에 20배 증가했고 해마다 폭증하고 있다.

고 있다. 하지만 물리적 세계와 가상세계 사이의 접속점들은 복잡한 파급 효과와 함께 증가하고 있다. 정보통신산업은 세계 전체 전기 생산량의 10퍼센트를 소비하고 있다. 이는 사이버 문명이 천연자원의 블랙홀이 될 수 있다는 것을 의미한다.[3] 데이터 센터들은 많은 수익을 내는 부동산이 되었다. 디지털 제국은 샌프란시스코의 생활비를 폭등시켰다. 프로그래머, 영업사원, 창고, 데이터 서버에 대한 아마존Amazon의 수요가 시애틀의 스카이라인을 바꾸어놓고 있다. 캘리포니아에서 미주리 주에 이르기까지 수백 곳의 도시들이 소매점을 위협하는 월마트의 개점을 반대했다. 하지만 집까지 물건을 배달해주면서 소매점을 위협하는 아마존을 막을 수는 없었다. 동시에 비트코인Bitcoin은 암호화된 틈새 화폐로 시작했지만, 사람들은 실제세계에서 점점 더 가상화폐에 의지하고 있다. 비트코인이 신용카드를 발행할 수 있는 은행 허가를 얻게 되면 피라미드의 저변에 있는 수십억 명에 대한 고객 서비스에서 은행을 훨씬 앞서갈 것이다. 이동송신 기술은 거대한 송신탑에 대한 필요성도 감소시켰다. 디지털 화폐와 전자상거래가 늘수록 동전의 수요는 그만큼 줄어든다. 스웨덴은 현금이 필요 없는 사회로 변하고 있고, 캐나다는 동전 제조를 중단했다. 미국도 비슷한 조치를 취할 것이다. 이는 니켈과 다른 금속의 소비가 감소한다는 의미이다. 그래서 인터넷은 전력 공급을 위한 석탄의 소비를 증가시키지만 구리와 철의 소비는 감소시킨다. 실제세계와 가상세계 사이의 경계는 무너졌다. 하지만 인터넷 세계 내부의 경계는 더 높아질까?

폐쇄된 정원인가 아니면 정보고속도로의 요철인가?

인터넷은 내부 참여자들을 제외하면 정부의 지배와 통제가 없는 흐름과 마찰의 세계이다. 대부분의 인터넷은 태생부터 민간의 통제 영역이었다. 오늘날 30여 개의 기업이 세계 인터넷 트래픽의 90퍼센트를 통제하고 있다. 구글 혼자 웹 사이트, 저장소, 기업용 프로그램 등을 통해 인터넷 콘텐츠의 20퍼센트를 관리하고 있다. 인터넷서비스 제공업체들은 과도한 국가의 개입보다 자율적 관리와 규제를 선호한다. 여기에 더해 공개적으로 접근 가능한 웹은 전체 인터넷의 작은 부분에 불과하다. 익명의 암호화된 네트워크와 비트코인 거래로 구성된 다크웹Dark Web*과 색인이 안 된 페이지, 기업의 내부 인터넷망, 공개적으로 검색할 수 없는 데이터베이스로 구성된 딥웹Deep Web이 인터넷 콘텐츠의 대부분을 차지하고 있다.

　인터넷 세계에는 중앙의 권위와 지배가 없다. 하지만 지금 인터넷 세계는 백성들이 지배를 받지 않고 기술적인 감독만을 받았던 태평성대에서 복잡한 지정학 영역으로 이동하고 있다. 웹의 창시자인 영국의 팀 버너스 리Tim Berners-Lee는 전략적인 조작의 위험성에 대해 경고하고 인터넷이 중립적 공공재로 남아 있도록 보장하는 사이버 기본법Magna Carta의 제정을 주장했다. 하지만 이제는 너무 늦었다. 인터넷은 이미 디지털 주권과 봉건주의 시대의 징후를 모두 보여주고 있다. 미국 상무부가 사실상의 웹마스터에서 물러나면서, 인터넷은 지난 20년 동안 인터넷주소관리기구ICANN가 관리하는 다양한 이해관계자 체제에서 국제통신연합ITU을

---

* 기존의 웹 브라우저로는 접근이 불가한 월드와이드웹의 일종. 주로 범죄에 활용된다. — 옮긴이

통한 국제적 감시와 일방적인 정부의 간섭체제로 진화하고 있다. 하지만 미국 정부는 멀리 떨어진 곳까지 침투해 방대한 데이터를 수용하는 인터넷의 규제자가 될 필요가 없다. 미국 정부는 미국국가정보국^{NSA}의 프리즘^{PRISM*}을 통해 사람들이 알고 싶어 할 수 있는 거의 모든 정보에 대한 접근을 할 수 있다.

하지만 디지털 주권은 인터넷을 적대적인 작은 부분으로 분열시킨 미국국가정보국의 감시 프로그램에 대한 반작용이다. 모든 국가는 사생활 침해로부터 국민을 보호하거나(독일) 더 많은 국민의 데이터에 대한 접근권을 확보하기 위해(러시아) 디지털 주권을 주장했다. 중국은 전 세계 위성 통신망 계획과 함께 베이징과 상하이 사이에 해킹이 불가능한 양자 통신 네트워크를 구축할 계획인 것으로 알려졌다. 각국 정부들이 디지털 정보의 흐름을 감시하든 아니면 보호하든, 서버, 케이블, 라우터, 데이터 센터의 지리적 위치가 석유 파이프라인의 위치만큼 중요해지고 있다. 하지만 둘 사이의 차이점도 매우 중요하다. 인터넷 데이터는 무한대로 복제되고 동시에 여러 장소에 존재할 수 있다. 여기에 더해 목적지까지 다른 경로로 전송하거나 몰래 수신받을 수 있다. 동시에 수신자는 데이터에 대한 접근권은 물론 이를 공개할 능력도 가지고 있다. 데이터가 새로운 석유라면 새어 나갈 구멍이 훨씬 더 많다.

인터넷은 더 이상 진정한 국경이 없는 세계가 아니다. 한 사람이 여러 명을 상대로 하는 세계에서 가장 여과되지 않은 매체 가운데 하나인 트위터조차 여러 국가에서 금지된 콘텐츠를 선제적으로 제한하고 있다. 또

---

* 미국국가정보국의 정보수집 도구로, 구글 · 페이스북 · 야후 · 스카이프 · 팔톡 · 유튜브 · 애플 · ADL · MS 등 미국의 주요 IT 기업들이 서비스 운용을 위해 사용하는 서버 컴퓨터에 접속해 사용자 정보를 수집하고 분석하는 시스템 — 옮긴이

한 구글 지도도 사용자의 서버 위치에 따라 국가 당국의 승인을 받은 맞춤지도를 제공한다. 유럽연합이 2015년에 미국과 체결한 세이프 하버 협정^{Safe Harbor*}을 무효화한 이후, 소프트웨어나 데이터 서비스는 국가의 제한 규정을 따라야 했다. 하지만 이는 단지 부분적 갈등일 뿐 전면적인 차단이 아니다. 인도, 파키스탄, 터키가 정부에 반대하는 수천 개의 웹페이지를 페이스북에서 삭제했다는 것이 전 세계가 디지털 검열의 희생양이 되었다는 것을 의미하지는 않는다. 웹페이지들이 사라지기가 무섭게 똑같은 복제 페이지들이 페이스북에 등장하기 때문이다.

중국조차 네트워크 주권을 추진하는 데 성공할 수 없다. 각국 정부들은 특정 웹사이트를 차단하기 위해 고가의 시스템을 설치하지만, 사용자들은 토르^{Tor}, 가상사설망^{VPN}, 유프록시^{uProxy} 같은 훨씬 더 저렴한 도구들을 이용해 국가의 규제를 우회할 수 있다. 말레이시아와 중국의 신생 기업들은 가상사설망을 프로그램에 통합해 차단된 콘텐츠에 더 많은 사용자들이 접근할 수 있도록 하고 있다. 이런 정보의 일부를 여과하는 장치들은 전면적인 차단과는 다르다. 아랍의 독재자들은 여과장치로는 국민이 도로로 몰려나와 시위를 벌이는 것을 막을 수 없다는 교훈을 배웠다.

서버와 라우터의 물리적인 위치를 정하는 것은 인터넷의 지정학^{geopolitics of the Internet}인 반면, 사이버 전쟁은 인터넷 안에서의 지정학^{geopolitics in the Internet}이다. 사이버 전쟁은 양자 형태의 갈등이다. 즉, 무기는 눈에 보이지 않고 화력을 관찰할 수는 있지만 측정할 수 없다. 그리고 비축물자도 없고 무기도 없다. 사이버 전쟁에는 전쟁의 법칙도 없고 억제력도 단

---

* 안전한 은신처 협정. 유럽연합과 미국이 맺은 개인정보 공유 협정 — 옮긴이

지 서로 힘을 비교하는 문제일 뿐이다. 사이버 전쟁은 군대의 하드웨어를 손상시키고(스틱스넷 바이러스가 이란의 핵 프로그램을 파괴했다), 기업의 자료를 훔치거나(러시아 해커들은 서양의 은행을 대상으로 자료를 해킹했다), 정부의 자료와 첨단기술 관련 지적 재산권에 접근하기 위해(중국 인민해방군의 61398부대는 유명한 미국 기업들의 첨단기술을 해킹했다) 영원히 지속되는 해킹 공격이다. 4백만 명의 연방공무원 관련 자료가 서버에서 사라진 사건인 미국 인사관리처에 대한 중국의 해킹은 데이터도 국경만큼 침입에 취약하다는 것을 보여주는 사례이다.

인터넷이 현실세계와 더 밀접하게 연결될수록 중요한 기반시설을 파괴할 수 있는 전자기파 폭탄처럼 사이버 공격도 그만큼 더 치명적이 될 수 있다. 사물인터넷Internet of Things은 위협의 인터넷Internet of Threats이 될 수 있다. 따라서 오늘날 정보기관들은 국방 관리들뿐만 아니라 IT 전문가들도 채용하고 있다. 한국, 영국, 에스토니아, 이스라엘, 뉴질랜드는 디지털 파이브Digital Five라는 사이버 동맹을 결성했다. 이 국가들은 서로의 서버를 안전하게 관리해주기로 협정을 맺었다. 팔레스타인과 쿠르드 자치구는 우호적인 테러 집단이 관리하는 서버를 통해 가상국가처럼 행동하고 있다. 이는 인터넷이 국가가 없는 조직조차 어떻게 선거를 치르고 국제적인 외교와 경제 관계를 유지하고 관리할 수 있는지를 보여준다. 하지만 사이버 세계에서 연합은 환상에 불과할 수도 있다. 가상의 인터넷 커뮤니티들은 정부뿐만 아니라 서로를 공격하기도 한다. 실제로 어나니머스Anonymous*가 2014년에 아이시스에 선전포고를 했고, 2015년에는 한

---

* 전 세계에서 활동하는 인터넷 해커들의 집단 — 옮긴이

해커 단체가 유럽의 비트코인 거래소인 비트스탬프^{Bitstamp}에서 5백만 비트코인을 훔치기도 했다.

세계 공급망에서 지정학적 문제와 교역 문제가 서로 얽히는 현상은 사이버 공간에도 적용될 수 있다. 미국국가정보국의 폭로는 기술 민족주의를 정당화시켰다. 특히 중국에서 미국의 산업스파이 사건 조사를 하면서 중국 인민해방군 장교의 이름이 언급되자 마이크로소프트와 시스코가 정부와 기업의 조달시장에서 갑자기 제외되고 중국의 소프트웨어로 대체되었다. 또한 중국은 중국 내에서 판매되는 소프트웨어에는 소스 코드에 대한 접근권이 포함되어야 한다고 요구했다. 중국은 최고의 노하우를 가지고 있고, 만리장성 방화벽^{Great Firewall*} 뒤에서 자국의 기업들을 보호하면서 글로벌 경쟁을 위해 몸집을 키우고 있다. 비자^{VISA}의 경쟁업체인 유니온페이 네트워크^{UnionPay Network}, GPS의 경쟁업체인 베이더우위성네트워크, 알리바바와 바이두^{Baidu} 같은 새로운 디지털 기업들은 거대한 내수시장을 장악한 뒤에 국제시장에서 경쟁하고 있는 중국의 상품과 서비스 기업들이다.

하지만 중국 자본의 광범위한 확산과 중국 밖으로의 데이터 이동을 통해 나타난 것처럼, 기술적 상호 의존성이라는 측면에서 서구 기업과 중국 기업 사이의 갈등은 여전히 증가하고 있다. 중국의 소프트웨어 개발자들은 깃허브^{GitHub} 같은 코딩 플랫폼에 과도하게 의존하고 있다. 중국이 2015년에 위안화 결제를 가속화시키기 위해 시작한 중국국제결제시스템^{China International Payment System}을 중국의 영향력 확대에 도움이 되는 도구

---

* 중국의 자체 인터넷 검열 시스템 — 옮긴이

로 활용하기 위해서는 국제적인 협력기업들과 더 많이 소통해야 할 것이다. 금융과 공급망 세계에 대한 줄다리기 전쟁처럼 디지털 세계의 줄다리기 전쟁도 흐름을 차단하는 것이 아니라 흐름을 조종하는 것과 연관되어 있다.

한국, 인도, 일본은 엔지니어, 국내시장, 시장의 깊이, 지불 시스템, 사이버 보안도구 그리고 모든 인터넷 서비스를 제공할 수 있는 자체적인 기술 요소들의 공급망을 갖추고 있다는 점에서 일정 수준의 디지털 독립을 달성했다. 이런 디지털 독립은 서비스 거부 공격이나 다른 인터넷 서비스 중단 사태의 가능성이 높은 시대에 매우 중요한 요소이다. 하지만 이처럼 품질이 보장된 대안을 제공할 수 있는 국가는 소수에 불과하다. 베트남과 말레이시아 같은 신흥시장에서의 자체적인 시스템 개발 시도는 수십억 달러의 낭비를 의미한다. 자체적인 개발을 하지 않고도 클라우드 기반의 서비스, 데이터 보관, 기업용 소프트웨어 같은 기반시설을 저비용으로 이용할 수 있기 때문이다. 신흥국가의 국민은 데이터를 더 이상 안전한 해외에 보관할 수 없거나 불안한 국내에 보관해야 하는 이중고를 겪고 있다. 온라인에서의 표현의 자유와 데이터 안전에 대해 규제를 받는 국민은 인터넷을 자유롭게 이용할 권리를 위해 결집할 것이다. 그리고 중국과 러시아 국민이 현금을 해외에 보관하는 것처럼, 자신들의 데이터를 새로운 구글, 아마존 또는 정부의 규제로부터 안전한 다른 서비스 업체로 이동시킬 것이다(아마존은 전자상거래 수익과 비슷한 규모의 수익을 웹서비스를 통해 얻고 있다). 인터넷과 딥웹과 별도로 안전한 웹Safe Web도 등장할 것이다. 클라우드 서비스가 자체 서비스보다 더 안전할지도 모른다.

사회가 더 다양하게 인터넷과 연결될수록 더 많은 사람들이 정부의 검열을 피할 수 있을 것이다. 하지만 더 많은 인터넷 서비스 제공업체와 인터넷망은 정부의 입장에서 보면 중복될 수밖에 없다. 60개 이상의 국가에 1개 또는 2개의 인터넷 서비스 제공업체가 있다. 이런 국가들은 2014년 말에 중국이 북한의 인터넷을 중단시켰을 때처럼 인터넷 서비스가 끊길 위험을 안고 있다. 인터넷은 종종 은행과 전력회사 같은 공공재에 비유된다. 1920년대의 은행의 붕괴와 1970년대에 세계를 불황에 몰아넣었던 석유 수출 금지처럼, 공공산업 분야에서는 작은 실패가 거대한 붕괴로 나타났다. 따라서 이와 유사한 사이버 세상의 재난을 방지하기 위해서는 데이터의 저장과 접근을 위한 분산된 처리 능력이 필요하다. 더 큰 복원 능력은 고립이 아니라 연결에서 나오기 때문이다. 더 많은 연결은―비록 우리가 통제할 수 없더라도―우리가 통제할 수 있는 더 적은 연결보다 더 좋다.

　인터넷은 네트워크 구조로 설계되어 있다. 인터넷의 목적은 국가를 대표하는 것이 아니라 접속점을 연결하는 것이다. 일부 국가들이 영토 안에 장애물, 우회로 또는 깊은 구멍을 만들었지만, 각국의 정부들은 데이터의 흐름을 통제하는 기업들이 정부의 명령과 지시를 따르도록 하는 데 실패했다.[4] 기술기업들은 중국이나 러시아와 협상하는 경우처럼 보호가 필요할 때 정부의 지원을 요청한다. 하지만 국세청이나 FBI로부터의 자유를 바란다. 구글, 페이스북, 아마존이 국무부, 국방부와 협약을 체결했다고 해서 이 기업들이 정부의 대리인이 되는 것은 아니다. 실제로 미국의 정보업계는 미국의 기술기업들이 국민의 사생활을 보호하려는 유럽 정부들과 개별적으로 협력하고 민감한 기술을 경쟁국에 판매함으로써 국가 안보의 원칙을 저버리고 있다고 불만을 터트리고 있다. 구글과 아마존은 지적 재산권을 보호하기 위해 정부로부터 어떤 연구 보조금도 받지 않는다. 구글은 2015년에 미국 국방부 산하 방위고등연구계획국^{DARPA}의 로보틱스 챌린지 대회에 참석하기를 거부했다. 상업적 활용을 위한 기술기업의 대학 연구자금 지원이 증가하고 있는 반면, 정부의 지원은 감소하고 있다. 누가 궁극적으로 영향력을 가지는지를 결정하는 것은 주권이 아니라 기술적 경쟁력이다.

이와 유사한 방식으로 법집행기관들도 사이버정보공유보호법안^{Cyber} ^{Intelligence Sharing and Protection Act}을 이용해 연방정부와 경찰의 영장 없는 정보 수집과 염탐을 정당화하고 있다. 미국국가정보국은 이메일에 대한 감시를 강화하기 위해 AT&T 같은 인터넷 서비스 업체를 활용하고 있다. 하지만 이것이 인터넷 서비스 업체들을 정부의 노예로 만드는 것은 아니다. 오히려 반대로 인터넷 사회는 감시에서 벗어나기 위해 인터넷 구조를 지속적으로 바꾸고 있다. 기술기업들은 사용자들의 데이터에 대한 미국 국가정보국의 과도한 간섭을 피하기 위해 적극적으로 투자하고 있다. 지난 2013년에 에드워드 스노든^{Edward Snoden}이 이용했던 안전한 전자우편 서비스인 라바비트^{Lavabit}는 FBI에게 SSL* 키를 넘기는 대신 서비스 폐쇄를 선택했다. 마이크로소프트는 미국 밖에 보관된 사용자들의 일부 데이터에 대한 접근을 요구하는 미국 정부의 요청을 거부했다. 애플의 iOS 8과 최신 안드로이드 운영체제는 모두 사용자의 데이터에 대한 어떤 접근도 허용하지 않는 암호화 프로토콜을 채택하고 있다. 이는 미국 정부뿐

---

* 월드와이드웹 브라우저와 웹 서버 간에 데이터를 안전하게 주고받기 위한 업계 표준 프로토콜 ― 옮긴이

만 아니라 해커들, 특히 이전 버전의 허점을 이용해 데이터에 접근했던 중국 해커들로부터 사용자들을 보호하기 위한 조치이다.[*]

최초의 인터넷은 적의 공격이 발생할 경우 동일한 통신수단을 만들기 위한 노력에서 출발했다. 오늘날 인터넷은 해저 케이블을 끊든 아니면 서비스를 중단하든 어떤 단절에도 견딜 수 있는 네트워크로 변하고 있다. 인터넷은 인터넷을 발명한 정부로부터 독립적으로 존재한다. 정부가 사이버 공간 안에서 작동하는 것이지 그 반대가 아니다. 따라서 사이버 공간의 군사화도 인터넷이 자발적 연대, 전자상거래, 생각의 공유를 위한 경쟁의 세계로 존속하는 것을 막을 수 없다. 국가의 사법권이 미치는 영토 안에서 특정 데이터를 차단하는 갈등이 나타난다고 해도, 인터넷은 점점 더 다양하고 복잡하게 지속적으로 발전하고 있다. 세계화와 마찬가지로 인터넷 시스템도 더 발전된 상호작용 능력으로 향하는 경향을 보인다.

디지털 정체성 뷔페

'거리의 종말[death of distance]'은 지난 수십 년 동안 예견되었다. 오늘날 도시화와 교통, 통신과 디지털화, 자본시장과 공급망의 조합은 지리적 결정

---

[*] 미국국가정보국의 감시에 대한 반발이 암호화된 통신 서비스를 제공하는 새로운 장치와 서비스를 만들어냈다. 예를 들면 실리콘밸리에 있는 기술기업들은 클라우드 기반의 안전한 서비스를 제공하는 오픈스택 네트워킹(openstack networking) 데이터센터를 공동으로 운영한다. 스위스 기업들은 지하 벙커에 안전한 데이터 저장소를 제공하고 샌프란시스코와 로스앤젤레스 사이에 민간 데이터 케이블을 설치하고 있다. 사일런트 서클(Silent Circle)은 운영체제, 응용프로그램 등 일련의 안전한 소프트웨어 서비스를 제공할 뿐만 아니라 블랙폰이라고 불리는 암호화된 단말기도 제공한다. 양자 컴퓨팅의 등장도 해독할 수 없는 암호화와 아원자(subatomic)의 신호를 감지하는 센서를 통해 감청을 감지할 수 있는 사이버 안전 키를 약속하고 있다.

론에 대한 강력한 반론을 제기하고 있다. 각각의 기반시설 투자와 기술적 혁신은 우리의 연결된 운명을 더욱 가속화하고 있다. 실제로 인터넷은 단순한 신호전달 체계가 아니라 복잡한 데이터의 저장소이다. 인터넷은 많은 과학자들의 비유처럼 '세계의 두뇌global brain'와 같은 어떤 것으로 변하고 있다. 가상현실의 개척자인 재런 러니어Jaron Lanier는 디지털의 세계화는 세계를 다시 정형화하고 우리의 집단적 조직화 규칙을 새로운 종류의 네트워크 효율성으로 변화시키고 있다고 주장한다. 중요한 것은 이런 변화가 일어나고 있는가가 아니라 모든 사람들이 이 변화에 참여하는 정도이다.

초기에 인터넷은 우리가 방문하는 장소였다. 지금 인터넷은 우리가 있는 공간이다. 교환의 매체(돈), 믿음의 체계(종교), 정치체제(정부)처럼 모든 곳에 존재하는 보편적 기준이다.* 하지만 인터넷은 어떤 국가보다 더 많은 국민을 가지고 있고, 다른 어떤 종교보다 더 많은 신도들을 가지고 있다.

사이버 문명은 인간 문명이 자연적인 강을 따라 발전한 것처럼 디지털의 강과 지류를 따라 퍼져 나간다. 인터넷의 지도는 지속적으로 변하고 새로운 지역사회가 나타나면서 기존의 지도를 대체한다. 정부가 운영하는 국가적 디지털 클러스터가 아닌 가상 지역사회가 흩어진 개인들을 모으고 물리적인 지형을 초월하도록 만든다. 에스토니아의 디지털 전자신분증 발급 같은 전자신분증 제도의 등장으로 국경은 더 이상 국가 서비스에 대한 공식 회원권과 같은 의미가 아니다.

---

* 「이코노미스트」는 2014년 말에 초연결성이 모든 인간 행동의 새로운 문화적 환경이라고 주장했다. 2014년 10월의 "초연결경제(The Hyperconnected Economy)"를 참조하라.

각각의 유대관계를 기초로 해서 사이버 지역사회를 최단거리로 연결한 지도는 디지털 네트워크의 위상과 그에 대한 생각을 우리에게 보여준다. 정체성은 종교와 인종 같은 전통적인 분류뿐만 아니라 직업, 경험, 명분 등으로 구축된 새로운 지역사회를 통해 표현된 사회적 선호도를 하나로 융합한 것이다. 지리사회인구학 분야의 선구자인 마이크로소프트 리서치의 다나 보이드$^{Danah\ Boyd}$는 디지털 원주민들이 인터넷을 어떻게 권한 위임의 관문으로 생각하는지를 추적 연구했다. 이들은 인터넷의 권한 이양을 통해 폭넓은 정체성을 개발하고 이런 정체성을 자신들이 타고난 정체성처럼 중요하게 생각한다는 것이다.*

온라인 커뮤니티인 비트네이션^{BitNation}은 2014년에 블록체인^{blockchain**}을 기반으로 한 ID 시스템을 실험적으로 시작했다. 익명이고 분권화되어 있으며 안전한 이 ID 시스템은 사이버 여권과 비트코인 ATM 카드를 제공한다. 가상화폐는 국경 없는 디지털 시장의 등장을 가속화시켰고, 정치경제학자인 마이클 바웬스$^{Michel\ Bauwens}$가 P2P 문명이라고 부르는 온라인 커뮤니티를 크게 증가시켰다.[5] MIT 미디어 연구소의 공동 설립자인 샌디 펜틀랜드$^{Sandy\ Pentland}$는 정체성을 만들어내는 이런 관계들을 새로운 "사회물리학$^{social\ physics}$"이라고 불렀다.[6] 물리적 공간과 가상공간의 중요성에 대한 균형이 변하면서, 미디어, 이야기, 정체성에 대한 정부의 독점은 영원히 사라지고 있다.

연결성은 개인들에게 자신들이 속한 공간 말고 다른 곳에 소속되거나

* 뒤르켐의 연구에서 영감을 받은 소셜네트워크 분석은 상업적, 정치적, 업무적, 개인적 관계 등 모든 종류의 관계에 대해 조사를 한다. 그리고 연결에서 나오는 새로운 종류의 접속점, 클러스터, 링크 그리고 지역사회에 대한 조감도를 그려낸다.
** 비트코인의 기반이 된 가상화폐 기술이자 원리 ― 옮긴이

동시에 여러 곳에 충성할 수 있는 선택권을 준다. 지금 우리는 문화나 국가적 정체성이 아니라 연결성으로 자존감을 측정하는 방법을 구체화하고 있다.* "당신의 네트워크가 당신의 순자산이다."라는 말은 개인과 국가 모두에 적용된다.

연결 자산의 확산

인터넷은 20년 전에는 상상할 수도 없었던 형태의 사회적 자본과 경제적 자본을 가능하게 했다. 우리는 각자가 세계 공급망에 가치를 추가할 수 있는 능력이 있는 노하우의 한 단위이다. 리카도 하우스먼은 이를 퍼슨바이트person-byte라고 부른다.[7] 수십억 명의 사람들은 인간으로서 마땅히 받아야 하는 존경을 받지 못하고 있지만, 연결된 세계 사회에서 퍼슨바이트가 되면서 조금 더 많은 존엄성을 얻기 위해 견뎌내고 있다.

실제로 현대 사회에서 사람들은 공식적인 신분 확인 없이는 휴대전화를 사용할 수가 없다. 하지만 피라미드 저변의 수십억 명에게는 연결이 신분증명으로 가는 관문이다. 휴대전화번호를 등록하는 것이 종종 개인의 첫 번째 합법적 거래 활동이 되기도 한다. 하지만 세계 휴대전화번호 계정의 대부분은 보증금, 은행계좌, 신용카드 또는 주소가 필요 없는 선불 전화번호들이다. 은행계좌 수보다 휴대전화번호가 더 많은 수십 개 국가들에서 휴대전화번호는 통신과 금융 거래를 위한 관문으로 계좌번

---

* MIT의 이머전(Immersion) 소프트웨어를 이용하면 개인들이 지리적인 위치가 아니라 사람들의 관계 속에서 자신의 위치를 설정하는 것이 가능하다. 릴레이션십 사이언스(Relationship Science) 같은 기업들은 가상관계를 근거로 개인의 현실세계의 네트워크 가치를 평가하기도 한다.

호를 대체할 것이다.

우리는 가상현실과 실제가 혼합된 세계에서 디지털 연결의 내재적 가치를 과소평가해서는 안 된다. 디지털 생활이 가족의 유대관계를 침해한다고 주장하는 하버드 대학의 로버트 퍼트넘Robert Putnam과 MIT의 셰리 터클Sherry Turkle 같은 비판가들은 이런 새롭고 더 다양한 관계의 중요성을 무시한다. 또한 디지털 통신이 새로운 형태의 참여, 교육, 소비 또는 투자에 들어가는 비용과 시간을 얼마나 감소시켜주는지에 대해서도 잘 모르고 있다. 예를 들면 2008년부터 2013년까지 스카이프 통화는 5백 퍼센트 증가했다. 스카이프 전화가 가족관계를 더욱 가깝게 하고 개인이 피아노에서부터 중국어까지 모든 것을 쉽고 편하게 배울 수 있도록 해주었다는 사실에는 의심의 여지가 없다.* 또한 우리는 남미처럼 신뢰도가 낮은 사회에서 소셜미디어가 엘리트들의 거짓말을 밝혀내기 위해 정확한 정보를 퍼트리는 데 필수적이라는 사실을 기억해야 한다.

연결성은 더 성숙한 사회 발전을 위한 토대이다. IT는 세계 경제에서 가장 빠르게 성장하고 가장 역동적인 산업 분야이다. 새로운 기술은 기반시설이 건설되고 기술이 확산되면서 언제나 새로운 산업을 만들어냈다. 산업혁명 이후 운하, 철도, 전기, 고속도로, 전화, 인터넷이 모두 이런 형식을 따라 발전했다. 각각의 기술은 런던정경대학의 경제학자인 칼로타 페레즈Carlota Perez가 "전 세계에 걸쳐 생산성과 품질에서 비약적 도약"이라고 지칭하는 일들을 가능하게 했다.⁸ 사회는 거품과 경기침체를

---

* 2011년부터 2014년까지 3년 동안 페이스북의 외국인 친구의 수가 2배로 증가했다. 여기에 더해 연결된 사람들의 수가 증가하면서, 구글 번역이나 마이크로소프트, 스카이프를 통한 실시간 중개언어(inter-language) 서비스의 가치도 메트컬프의 법칙에 따라 증가할 것이다.

통해 이런 새로운 기술들을 활용해 교육에 투자함으로써 도입단계에서 발생하는 불평등을 감소시키고 확산단계에서 숙련 노동자들의 기반을 강화하는 방법을 배운다. 광케이블은 초고속 단타 주식거래자들에게 경쟁력을 갖게 해주었지만, 구글의 광케이블은 이미 대중을 위해 활용되고 있다. 시 정부들은 하수구 시스템을 통해 광케이블을 설치하고 있고, 공중전화 박스를 와이파이 핫스팟hot spot*으로 만들며, 지하철에 와이파이 서비스를 증설하고 있다.

2030년이 되면 세계의 모든 사람들이 휴대전화를 갖게 될 것이고, 스마트폰, 와이파이 핫스팟 또는 메시 네트워크mesh network**를 통해 인터넷에 접속할 수 있을 것이다. 전 세계에 더 많은 고속 통신망을 설치할수록 더 많은 국민과 소비자들이 정보, 저렴한 상품, 일자리에 관한 더 좋은 기회에 접할 수 있는 혜택을 받게 될 것이다. 이런 가운데 물리적 연결이 느린 곳에서 디지털 기반시설이 느린 물리적 연결을 보완해줄 수 있다. 톰 스탠디지는 디지털 세계의 비트bits가 물리적 세계의 원자atoms 부재를 해결해준다고 주장한다.[9] 도서관이 없는 곳에 사는 사람들은 인터넷을 통해 더 큰 정보의 제국에 접근할 수 있다. 기술철학자인 마누엘 카스텔Manuel Castells과 페카 히마넨Pekka Himanen은 정보에 대한 접근권을 통해 자신의 존엄을 높이는 능력인 '정보 발전'이 경제적 생산성과 개인 능력을 위한 기본적 권리가 되었다고 주장한다.

글로벌 흐름에 연결하는 것은 일자리를 만들고 부를 가져온다. 국민의 재능을 개발한 것은 인도의 경제가 아니라 서비스 수입에서 서비스 수

---

* 무선으로 초고속인터넷을 사용할 수 있는 무선랜 가능 지역 — 옮긴이
** 인터넷망을 이용하지 않고 컴퓨터와 컴퓨터를 직접 연결해 정보를 주고받는 네트워크 형태 — 옮긴이

출로의 변화를 가능하게 만든 디지털 공급망이다. 여기에 더해 컴퓨터 프로그래밍, 사무 지원, 의료용 엑스레이 자문 등 수익이 많이 생기는 서비스를 수출하는 국가들은 이런 분야로 더 많은 투자를 유치하는 이중의 보너스를 받는다. 즉, 투자가 늘어날수록 수출도 그만큼 증가하는 것이다. 기술기업에 대한 자금조달 비용은 크게 하락했다. 벤처 자본가와 월가의 은행들은 가족사업, 엔젤 투자, 킥스타터^{Kickstarter} 같은 크라우드 펀딩은 물론 훨씬 더 큰 규모의 자금 생태계에서 공존하고 있다. 킥스타터는 번거로운 공개시장보다 더 효율적으로 더 많은 자금을 조달할 수 있다.

하지만 신경제^{new economy}는 구경제^{old economy}를 필요로 한다. 디지털 서비스는 현대화된 기반시설을 통해 발전하기 때문이다. 신경제는 공급망 세계를 상품, 서비스, 결제, 배달이 물리적으로 그리고 가상적으로 혼재하는 시장으로 만든 전자상거래와 개선된 물리적 기반시설의 조합이다. 전자상거래, 물류, 대출의 결합은 알리바바를 이스라엘과 싱가포르의 협력기업에 투자하는 공급망의 거인으로 만들었다. 새로운 대출서비스인 알리페이^{Alipay}는 알리바바를 회원들 사이에 자본을 순환시키는 은행으로 만들고 있다. 지불 불능 비율이 매우 낮은 신용조합인 것이다. 기본적인 전자상거래 규정들이 표준화되면, 국제교역을 하는 전 세계 수십만 개의 중소기업들은 더 잘 연결될 수 있고 성장 시장에 진출할 수 있다. 이베이에 입점한 업체 가운데 90퍼센트는 국제교역을 하고 있다. 관세 장벽이 중요한 관료적 골칫거리로 남아 있는 세계에서, 전자상거래는 합법적인 국제 상거래를 원활하게 만들 수 있다. 아직도 많은 국경들은 국경 통과세를 부과해 현금을 챙기는 부패한 관료와 기관들에 의해 관리되고 있다. 더 많은 디지털 흐름이 이런 물리적 국경을 극복할수록 더 많은 연결이 모든 사람에게 혜택을 줄 수 있다.

글로벌 디지털 노동력

나와 내 아내는 어떤 시점에서 우리의 계획을 관리하거나 인터넷 검색을 하기 위해 태풍이 오는 시기에는 필리핀인, 정전 기간에는 인도인, 전쟁 시기에는 우크라이나인, 소요 사태가 발생하는 시간에는 튀니지인을 고용하고 있을지도 모른다. 이들은 모두 업워크^{Upwork}를 통해 단기간 일을 하는 사람들이다. 업워크는 1억 명 이상의 사람들에게 업워크가 없다면 할 수 없는 일을 제공해 사람들이 더 많은 소득을 올릴 수 있도록 하는 일자리 포털$^{work\ portal}$이다. 실리콘밸리의 기술기업들은 제너럴모터스 같은 산업시대의 기업보다 더 적은 인원을 고용하고 있지만, 기술기업의 글로벌 서비스 기반은 네트워크에 연결된 사람들에게 이동 가능한 디지털 일자리를 제공하고 있다. 광고를 하고 주소를 확인하며 사진을 찍고 기업의 임금을 비교하거나 다른 기본적인 업무를 할 필요가 없다. 광범위한 소비자 기반이나 시장경제가 필수조건이 아니라 온라인 연결이 전제조건인 디지털 중산층이 등장하고 있다.

로널드 코스$^{Ronald\ Coase}$ 같은 경제학자는 특정 기능을 효율적으로 실행할 때의 업무 비용을 줄이기 위해 최적의 기업 규모를 결정하려고 노력했다. 마찰 없는 연결을 활용하는 오늘날의 네트워크 구조는 규모에 상응하는 성장 없이도 규모의 확장이 가능해 과거의 가설을 무너트리고 있다. 전통적인 생산성 공식이 연결에 의해 생성된 모든 혜택을 받지 못하지만 혁신 자체는 연결에 상당 부분을 의존하고 있다. 디지털 공급망은 설계부터 분산되어 있다. 한 장소에 있는 기업이나 분산된 노동력을 활용하는 기업이나 모두 공유된 작업공간과 온라인 도구를 이용해 동료들 사이에서 우연한 행운을 만들어내려고 한다. 온라인 도구들을 활용하면 만나본 적도 없는 사람들 사이에서 끊임없는 크라우드소싱crowdsourcing*이 가능하다. 데이터에 대한 과학적 조사는 여러 지역에 있는 컴퓨터 프로그래머들이 어떻게 프로젝트에 협력하기 위해 모이고 다양한 전문가들을 연결하는 협업체제를 어떻게 구축하는지를 알려준다.

하지만 경쟁력 있는 세계 디지털 노동시장의 빠른 등장은 서구의 평범한 소비자이자 노동자인 사람들에게는 양날의 검이다. 업워크에 있는 많은 아시아인들이 공공 광장이나 커피숍에서 동시에 3~4개의 일을 하는 반면, 미국의 미숙련 노동자들은 구조적인 사이버 실업에 직면하고 있다. 특히 대체 가능한 서비스 분야의 선진국 일자리 가운데 절반 정도가 실업의 위험에 처해 있다. 운이 좋은 사람들의 역할은 바뀔 것이다. 인도 콜센터의 수천 명의 근로자들이 미국 고객들의 요구를 충족시키기 위해 매일 야근을 했던 것처럼, 지금은 많은 미국 프로그래머들과 디자이너들이 아시아의 고객을 위해 야근을 하고 있다. 이들은 종종 혼자 일한다. 2014년을 기준으로 5천3백만 명의 미국인들이 프리랜서로 일하는 것으로 확인되었다. 이는 전체 노동인구의 3분의 1이 넘는데, 이 숫자는 앞으로도 증가할 것이다.** 상당수의 대기업들이 규모를 줄이거나 필요할 경우에만 팀을 구성하는 시간제 형태로 변하면서, 후기 산업사회는 고객

---

* 일반 대중이나 아마추어들의 노동력, 제품, 콘텐츠 등 사외자원을 활용하는 것 — 옮긴이
** 여기에는 자영업자, 독립사업자, 시간제 근로자, 임시 근로자들이 포함된다.

에 의해 직접 고용되지 않지만 워놀로Wonolo 같은 포털을 통해 소개받는 디지털 임시직의 집합이 되어가고 있다. 워놀로는 코카콜라와 다른 기업들을 위해 일부 업무를 대신해주고, 촉박한 사전통보에도 시간제 근로자들을 제공해준다. 미국에서 가장 빠르게 성장하는 일자리 분야는 영구 시간제 근로자perma-temps이다. 이들은 (일자리당 5달러를 버는) 태스크래빗TaskRabbit이나 피버Fiverr 같은 사이트에서 제공하는 일로 생계를 유지한다.

국가가 가치사슬의 상층부로 올라가는 것에 대해 이야기할 때, 우리는 그것이 기업인지 아니면 국민인지를 구체적으로 밝혀야 한다. 미국의 기술기업들은 세계에서 가장 혁신적이지만, 미국 50개 주 가운데 30개 주에서 가장 흔한 직업은 트럭 운전기사이다. 트럭 운전기사는 비교역적 서비스이지만 머지않아 자동화될 것이다. 기술적 자동화는 알고리즘의 분석 능력의 진화를 통해 수백만 명의 사무직 노동자들조차 불필요하게 만들고 있다. 근로자들이 재교육을 받지 않거나 기술을 향상시키지 않는다면, 경제가 더 적은 규모의 근로자를 이용해 더 생산적이고 더 효율적으로 변하면서 사회를 몰락시킬지도 모른다.

발전적인 정부는 대규모 임시 근로자들을 활용하는 방법을 찾고 있다. 정부가 자금을 지원하지만 민간이 운영하고 있는 영국의 자투리 시간 프로그램Slivers of Time program은 개인의 시간에 맞는 작은 일들을 만들어 가족의 소득 증대는 물론 연간 5억 달러의 세수 증가를 가져왔다. 세계 금융위기의 여파로, 독일은 근로자들을 시간제로 고용하는 동시에 남는 시간을 기업, 노조, 정부가 공동으로 자금 지원을 하는 기술 향상 프로그램에 활용하도록 하는 단기근로Kurzarbeit 제도를 도입했다.

공유경제가 또 다른 경제적 구원이 될까? 2020년에는 자동차와 주택 등 타인이 소유한 자산의 임대를 가능하게 하는 플랫폼들이 3천억 달러가 넘는 경제활동을 창출할 것으로 추정된다. 네트워크로 연결된 수십억 명의 개인이 서로 거래를 할 수 있게 하는 시장을 제공하는 우버Uber와 에어비앤비Airbnb의 기업 가치가 치솟고 있다. 사실 공유경제는 잘못된 용어이다. 공유경제는 개인 대 개인 자본주의peer to peer capitalism의 완전한 구현이다. 사람들은 개인 대 개인 자본주의에서 작은 일에 대한 대가를 받는다. 사람들이 돈을 벌면서, 연결이 개인 대 개인의 경제가 가지고 있는 안정성의 토대가 된다.

19세기의 사회학자인 에밀 뒤르켐은 오늘날의 수직적 의존에서 수평적 독립으로의 변화를 칭송했을 것이다. 뒤르켐은 초기 산업혁명에 대한 지지자였던 것처럼 사이버 혁명에 대한 조언자이기도 하다. 뒤르켐은 산업혁명 시기에 노동자의 전문화를 목격했고, 사회의 규모와 동적 밀도 dynamic density의 증가가 집단 존재의 기본적 조건을 근본적으로 변화시킬 것이라고 주장했다.[10] 동적 밀도는 점점 더 증가하는 노동 분화에서 발생하는 거래의 질, 속도, 다양성을 의미한다. 분배된 일과 서비스 공유로 살아가는 노동자들은 사이버 자본주의에서 더 큰 목소리를 내기 위해 그들만의 노동조합을 만들고 있다. 프리랜서 노조와 같은 범산업단체들은 더 높은 최저 임금을 지지하고 유연한 의료보험을 제공하면서 회원 수와 영향력을 증가시켰다. 로봇과 알고리즘이 인간의 일을 더 많이 자동화할수록, 우리는 경제적 복지를 위해 서로 간의 연결에 그만큼 더 의존하게 될 것이다.

위대한 환상

혼합 문명

나는 10대 시절에 테니스 선수인 피트 샘프러스^{Pete Sampras} 때문에 혼란스러웠다. 서브를 넣고 네트로 달려가 포핸드를 하는 내 경기방식 때문이 아니었다. 면봉에 침을 묻혀 「내셔널 지오그래픽」의 유전자지도 프로젝트에 보낸 지 몇 달이 지난 2014년 중반에, 나는 홈페이지에 접속해 유전자 분석 결과를 읽어보았다. 실망스럽게도 나의 유전자적 조상은 22퍼센트의 지중해인(샘프러스의 가족은 그리스에서 이민을 왔다), 17퍼센트의 동남아시아인, 10퍼센트의 북유럽인, 50퍼센트의 서남아시아인의 피가 섞여

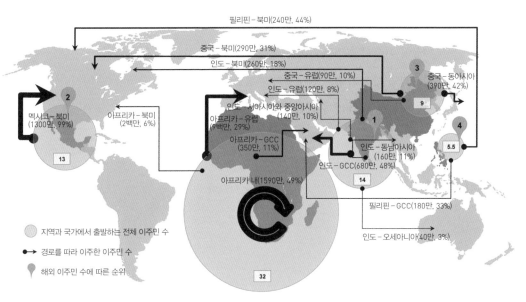

필리핀 - 북미(240만, 44%)

중국 - 북미(290만, 31%)

인도 - 북미(260만, 18%)

중국 - 유럽(90만, 10%)

인도 - 유럽(120만, 8%)

3

중국 - 동아시아
(390만, 42%)

2

멕시코 - 북미
(1300만, 99%)

아프리카 - 북미
(2백만, 6%)

인도 - 서아시아와 중앙아시아
(140만, 10%)

아프리카 - 유럽
(9백만, 29%)

아프리카 - GCC
(350만, 11%)

9

1

4

5.5

13

인도 - 동아시아
(160만, 11%)

아프리카 내(1590만, 49%)

인도 - GCC(680만, 48%)

14

필리핀 - GCC(180만, 33%)

32

인도 - 오세아니아(40만, 3%)

지역과 국가에서 출발하는 전체 이주민 수

경로를 따라 이주한 이주민 수

해외 이주민 수에 따른 순위

| 지도 32 | 세계 이주 지도 : 출발지와 도착지

아프리카, 인도, 멕시코, 필리핀, 중국은 대륙과 국가 사이의 이주민들이 가장 많이 발생하는 국가이다. 출발 지역과 도착 지역을 연결하는 선들은 각각의 이주 경로에 따른 이주민의 수와 출발 국가의 전체 이주민의 퍼센티지를 나타낸다.

있는 것으로 나타났다. 나는 평범한 펀자브인이었다.

「내셔널 지오그래픽」의 데이터는 인류의 조상이 인류학자들이 거의 깨닫지 못한 방식으로 섞여 있었다는 사실을 암시한다. 약 6만 년 전에 인류가 아프리카에 벗어나 방황한 이후—이것이 첫 번째 세계화이다—정기적으로 대규모의 유전자 혼합이 발생했다. 예를 들면 아메리카 원주민들은 유럽과 중동의 유전자뿐만 아니라 시베리아의 알타이 지역의 유전자도 물려받았다.

세계적인 유전자 혼합은 새로운 현상이 아니라 세계적인 연결을 통해 가속화되고 있는 지속적인 과정이다. 현재 역사상 그 어느 때보다 많은 3억 명 이상의 사람들이 출생국가 밖에서 외국인으로 살고 있다. 이들의 지속적인 해외거주는 인구학적 혼혈로 이어지고 있다. 중국인과 아시아 이민자들은 아메리카 대륙에서 아프리카 대륙에 이르기까지 국제결혼을 하고 있다. 기후 변화와 마찬가지로 인종 간의 희석은 점진적으로 진행되는 과정이어서, 큰 변화가 발생할 때까지 우리는 알 수 없다.

오늘날 대규모의 영구 이민은 전체 대륙을 바꾸어놓고 있다. 북아메리카는 유럽인과 아메리카 원주민의 혼혈인 메스티소mestizo, 라틴계 사람, 아시아 혼혈인 대륙으로 변하고 있고, 유럽은 북아프리카, 터키, 아랍 민족과 섞이고 있다. 아프로아라비안Afro-Arabian 문화는 홍해를 건너 다른 문화와 혼합되고 있고, 극동지역에서는 중국 시베리아 문화가 나타나고 있다. 여러 사람들의 주장처럼 인구 변동이 운명이라면, 우리의 운명은 세계적인 혼합 문명이다.

일부는 문화가 운명이라고 말한다. 이들은 어떤 문화에 대해 이야기하는 것일까? 이민과 인종 혼합은 순혈 인종 국가를 만들기 위한 전쟁에도 순수한 민족국가 건설을 점점 어렵게 만들고 있다. 15세기에 일어난 스페인의 국토회복운동 이후, 스페인 왕조는 기독교로 개종한 사람들이(이슬람 무어인이든 북아프리카계 유대인이든) 과거의 종교를 비밀리에 믿고 있다는 의심으로 스페인 혈통의 순수성을 측정하려고 했다. 개인들은 혈통의 순수성Limpieza de Sangre 정책 때문에 코르도바 교회에서 위원회 앞에 무릎을 꿇고 선대 조상들의 이름과 출생 장소를 이야기해야만 했다. 물론 이것은 아무런 소용이 없었다.

오늘날 세계에는 10여 개의 실질적인 민족국가가 존재한다. 알바니아,

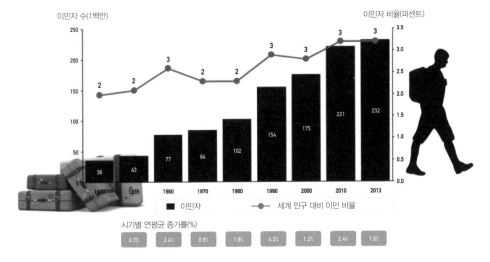

이민자 수(1백만)

이민자 비율(퍼센트)

| 이민자 | 세계 인구 대비 이민 비율 |

시기별 연평균 증가률(%)

0.7% 2.4% 0.9% 1.9% 4.2% 1.2% 2.4% 1.6%

| 도표 3 | **이동하는 세계 : 세계 인구 증가에 따른 이민자의 증가**

세계 전체 인구에서 차지하는 비중은 크지 않지만, 출생 국가를 떠나 해외에 거주하는 사람들의 수는 지속적으로 증가하고 있다.

아르메니아, 방글라데시, 이집트, 헝가리, 아이슬란드, 일본, 레바논, 몰디브, 몰타, 몽골, 폴란드, 포르투갈이다. 방글라데시의 인구는 다른 모든 국가를 합친 것보다 많다. 심지어 최근 2백 년 동안 유럽 대륙에 걸쳐 발생한 민족주의 운동도 정치적 자율권은 얻어냈지만 궁극적으로 인종적 순수성을 성취하지는 못했다. 대신 이들은 오히려 더 많은 이민의 필요성을 촉발했고 인종적 희석으로 이어졌다. 민족국가는 글자 그대로 케케묵은 것이 되었다.

유럽의 대중영합주의자들의 외국인 혐오 성향 때문에, 우리는 국가 정체성의 퇴보가 시대의 지배적인 사회정치적인 주제라고 믿고 있을지도 모른다. 하지만 현실은 정반대이다. 부자와 빈자, 젊은이와 노인 그리고 인종 간의 끊임없는 혼혈과 문화적 적응 사이의 구조적 불균형이 (인터넷의 충격과 함께) 우리 시대의 가장 중요한 사회학적 현상이다.

현대 민족국가가 태어난 유럽에서 민족국가의 해체가 가장 빠르게 일어나고 있다. 2015년 11월에 일어난 파리테러 이후에 이민을 억제하려는 노력에도 이민자들의 유입은 꾸준히 계속되고 있다. 미국의 남미 이민자처럼 유럽의 아프리카와 아랍 이민자들도 예상보다 더 오래 거주하면서 기존의 국민보다 더 높은 출생률을 기록하고 있다. 독일의 터키 근로자의 후손들은 전체 인구의 5퍼센트를 차지하고 있다. 브뤼셀, 버밍엄, 앤트워프, 암스테르담, 마르세유, 말뫼처럼 무슬림 비율이 높은 유럽의 도시들에는 동네 전체에 이민자들만 거주하는 곳이 있다. 마르세유는 유럽에서 아프리카인이 가장 많이 사는 도시이거나 유럽에 있는 아프리카의 도시이다. 런던에서는 10퍼센트 이상의 어린이들이 유럽인과 아프리카 이민자 또는 유럽인과 남아시아 이민자 부부 사이에서 태어나고 있다. 신생아들에게는 무하마드가 가장 인기 있는 이름이다.

중동과 아프리카에서 오는 난민과 망명 신청자들의 수는 이미 기록적인 수준에 도달했다. 2015년 한 해 동안에만 이런 이민자들이 약 1백만 명에 달했다. 동유럽의 현대화를 촉진했던 국경 개방과 철도노선 확장이 불안한 중동에서 도망치는 수십만 명을 위한 이민 통로가 되었다. 영국으로 들어가기 위해 프랑스 칼레^{Calais}의 해저터널에 몰래 들어가는 경우도 있다. 많은 사람들은 훨씬 더 위험한 모험을 한다. 시리아 출신의 아랍인과 에리트레아의 아프리카 사람들은 지중해에서 침몰할 수도 있는 허름한 배에 정원을 초과해 사람을 실어 나르는 밀항업자들에게 엄청난 돈을 지불하기도 한다. 유럽의 장관들은 이런 난민선들을 공동묘지에 비유했다. 유럽연합의 국경관리청[Frontex]은 불법 이민을 중단시키기 위해 고속정, 순시함, 항공기를 동원하고, 이들을 유럽이 아닌 아프리카로 돌려보내려고 작은 몰타 섬에 임시시설을 설치했다.* 범유럽적인 이민 정책이 없었다면, 1980년대의 셍겐[Schengen] 조약 이후 유럽인들이 즐기는 자유로운 이동은 철조망에 막혔을 것이다.

이민과 관련해 더 큰 마찰이 발생하고 있지만 더 많은 이민자들이 들어오고 있다. 어쩔 수 없는 인도주의적 부담을 인식한 독일은 인구가 감소하고 고령화되면서 과거 동독 지역에서 점점 늘어나고 있는 황폐한 도시에 1백만 명의 이민자들을 수용하는 것을 고려하고 있다. 한 이집트 억만장자는 아랍 난민들을 수용하기 위해 사람이 거의 살지 않는 그리스와 이탈리아의 섬을 매입하겠다고 제안했다. 섬의 소유권이 활용도보다 더 중요할까?

미국은 오바마 행정부 기간에 최소 2백만 명의 멕시코 이민자들을 추방했고, 스페인은 2014년에 불법적인 북아프리카 이민자들을 대규모로 축출하는 법안을 통과시켰다. 하지만 대체적으로 이민에 대한 상한선을 정한 영국 같은 국가나 사우디아라비아나 말레이시아처럼 외국인 근로자들을 추방했던 국가들은 내국인 노동자와 외국인 노동자들이 서로 경쟁하지 않는다는 사실을 발견했다. 이들은 매우 보완적이면서 완전히 다른 분야에 종사하기 때문이다.** 남미 이민자들을 대신해 농장에서 노동을 할 미국인들은 충분하지 않다. 또한 필리핀 사람을 대체할 간호사와

---

* 호주는 불법 이민자들이 호주 본토에 들어오지 못하도록 파푸아뉴기니에 구치소를 만들었다. 말레이시아, 인도네시아, 태국은 2015년에 방글라데시 난민들이 탄 배가 안다만 해에 아무 도움도 받지 못하고 떠다니도록 방치해두었다.
** 쿠웨이트는 2011년에 파키스탄, 이란, 시리아, 예멘, 이라크, 아프가니스탄 등 6개 국가 국민의 입국을 금지했다.

보모들도 많지 않다. 미국인들이 나이가 들어가면 갈수록, 미국은 필수적인 사회적 역할을 담당할 이민자들을 더 많이 필요로 할 것이다. 동시에 미국은 멕시코 이민자들을 추방하는 것이 마약 거래와 조직 폭력배 형태로 흘러 들어오는 멕시코의 문제까지 함께 축출하는 것이 아니라는 사실을 배웠다. 이민자들을 되돌려 보내면 조국을 안정화시킬 기술과 돈을 보유하고 있는 이들의 이민에 대한 충동을 감소시킬 것이다. 스페인은 모로코로부터 미국과 똑같은 교훈을 배웠다. 스페인이 지중해 국가들에 대한 지원을 삭감하자마자, 훨씬 더 많은 모로코인들이 세우타Ceuta와 멜리야Melilla에 있는 스페인 집단 거주지로 불법이주를 시도했다. 어떤 방식으로든 불법이민은 성공하고 있고 그 과정에서 유럽 사회의 구조가 변하고 있다.

시간이 지나면서, 이민은 유럽 엘리트의 피부색도 변화시켰다. 1954년의 독일 월드컵 우승팀은 모두 독일인으로 구성되었다. 2014년의 대표팀은 독일 국적을 취득한 외국인이 절반을 차지했다. 독일 녹색당의 당수는 터키 출신이고 최근의 보건부 장관은 베트남 출신이었다. 네덜란드의 인문주의자 에라스무스Erasmus의 이름을 딴 에라스무스 교환학생 프로그램에 참여하는 대학생의 3분의 1은 외국인과 결혼했고 1백만 명 이상의 유로 베이비Euro babies를 출산했다. 이들은 첫 번째 탈민족주의 유럽인이다.[1] 유럽인의 유전자는 세계적으로 퍼져 나가고 있다. 네덜란드와 영국이 정자 기증을 통한 출산 시장을 지배하고 있어, 해마다 70개 국가에서 2천 명의 반‡ 유럽인이 탄생하고 있다. 국내에서는 인구가 감소하고 있지만, 유럽인의 유전자는 멀리 확산되고 있다.

2100년이 되면 원래부터 일본에 살던 사람들의 수가 현재의 절반도

안 되는 5천만 명이 될 것으로 추정된다. 세대교체 비율을 밑도는 출산율을 고려할 때, 유럽, 일본 그리고 고령화를 겪고 있는 다른 국가들을 위한 선택은 이민의 수용이나 인구학적인 멸종이다. 세수 확보, 기반시설 개선, 사회보장 어느 것도 출생 장소와 관계없이 젊은 노동자의 유입 없이는 성취할 수 없다. 오늘날 일부 유럽 국가에 반이민 정서가 만연해 있다는 사실은 인구학적 불균형이 더욱 심각해지는 상황에서 유럽인들이 내려야 하는 결정에 거의 영향을 미치지 못한다. 유럽인들은 이민자들이 사회적 비용을 부담하는 세금을 내는 국민과 소비자들을 돌보는 노동력을 제공한다는 점에서 더 많은 이민 수용이 윈윈이라는 사실을 깨닫고 있다.

국가의 본성에 대한 부족주의적인 정의는 현실에 의해 붕괴되고, 부족주의자들의 국가를 고국이라고 부르는 다양한 단체들을 포함하는 기준을 향해 발전하고 있다. 프랑스에서의 여성들에 대한 히잡hijaps 금지와 네덜란드의 언어 능력 요구는 동화정책이라는 점을 기억하라. 공공부채가 증가하면서, 이민자들을 짐으로 여기기보다 이들을 활용하는 실용적인 필요성이 생겨나고 있다. 장기적인 안목을 가진 국가들은 위생시설과 기반시설 유지 등 서비스 분야에서 부유한 자국민들이 할 수 없는 일을 하고 있는 이민자를 위한 보상책을 만들고 있다. 동시에 고급기술을 지닌 이주민들은 의료와 외국인 통합 프로그램 분야에서 일하고 있다.* 이민을 통한 민족의 혼합은 계속될 것이다. 유일한 문제는 문화적인 동화가 성공할 것인가이다.

---

* 이민자들은 송금을 통해 고국의 가족들을 먹여 살리고 있다. 그래서 더 많은 이민자들이 경제적 절망에도 불구하고 도망가지 못한다.

미국은 지난 3백 년 동안 재능 있는 이민자들에게 가장 매력적인 국가이자 가장 동화가 잘되는 사회였다. 실리콘밸리의 신생기업 가운데 절반 정도를 이민자들이 설립했다. 그리고 이민자들의 2세들은 학교에서 공부를 잘했고 전문 계층으로 진출하고 있다. 이들은 미국인만의 미국은 미국인이 된 이주민이 있는 미국과 완전히 다르다는 사실을 미국인에게 상기시켜주고 있다.

하지만 경제협력개발기구 국가들 가운데 외국 출생 거주자가 가장 많은 국가는 호주로, 27퍼센트에 이른다. 캐나다가 20퍼센트로 그 뒤를 잇고 있다. 미국에는 4천만 명에 이르는 세계에서 가장 많은 이민자들이 거주하고 있다. 또한 미국의 거대한 지형의 규모와 이민의 역사에 비추어 볼 때, 미국의 많은 외국인들은 작은 유럽 국가들보다 문화 충격을 훨씬 덜 느낀다. 호주와 캐나다의 이민 비율이 높은 이유 가운데 일부는 이 두 나라가 인재 유치를 놓고 미국과 경쟁하고 있기 때문이다. 세계에서 가장 똑똑하고 능력 있는 인재들은 더 이상 무조건 미국으로 가지 않는다.

서양의 이민 형태는 남미와 아시아 사람들이 사회문화적인 안정을 추구하면서 과거의 멜팅 팟^{melting pot*}에서 샐러드 그릇^{salad bowl**}으로 변하고 있다. 중국, 인도, 파키스탄 그리고 다른 아시아 이민자들은 미국과 영국, 캐나다, 호주에서 새로운 이민자들 가운데 가장 큰 부분을 차지하고 있다. 미국에서는 아랍어와 파키스탄어가 가장 빠르게 성장하는 외국어가 되었다. 이런 현상이 선거 정치와 의회 구성을 점진적으로 바꾸어놓고 있다. 캐나다 토론토의 한 지역구 후보는 지역구의 정치를 한국

---

* 사회문화적 동화 추구 ─ 옮긴이
** 사회문화적 독립성 추구 ─ 옮긴이

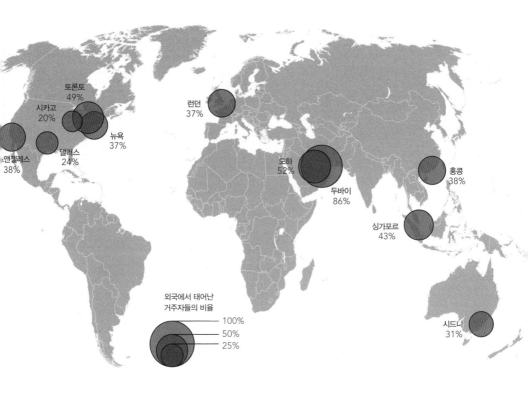

토론토
49%

시카고
20%

뉴욕
37%

댈러스
24%

앤젤레스
38%

런던
37%

도하
52%

두바이
86%

홍콩
38%

싱가포르
43%

시드니
31%

외국에서 태어난
거주자들의 비율

100%
50%
25%

| 지도 33 | 인구 멜팅 팟으로 변하고 있는 세계의 중심지

세계적으로 이주민의 수가 증가하면서, 개방적이고 연결된 도시들의 외국에서 태어난 거주자들의 비율이
그 어느 때보다 높아지고 있다. 남아시아 출신 거주자들이 인구의 대부분을 구성하고 있는 두바이는 원주
민 인구가 세계 주요 도시 가운데 가장 적다.

인과 페르시아인은 물론 아르메니아인, 그리스인, 이스마일파 교도, 시
크교도, 필리핀인에게 끊임없이 지지를 호소하는 마이크로 지정학micro-
geopolitics이라고 설명한다. 그리고 유대인과 중국인이 있다. 민족들 사이
에는 연합이 형성되고 변한다.[2] 이것이 현대 후기 민주주의 정치가 다민

족 지역사회처럼 보이는 이유이다.

도시화와 이민의 조합이 토론토를 런던, 뉴욕, 두바이, 싱가포르처럼 자국민만큼 많은 외국 출생 거주자들이 사는, 세계에서 가장 많은 인종이 섞여 사는 도시 가운데 하나로 만들었다. 벤저민 바버Benjamin Barber 같은 정치사상가는 도시들은 생존을 위해 교역에 개방적이기 때문에 자연스럽게 네트워크로 연결되고 고대의 동질적인 도시에서 오늘날의 다양하고 서로 연결된 국제도시로 발전하고 있다고 말한다.[3] 아이슬란드보다 도쿄처럼 보이고 도쿄보다 두바이에 더 가깝게 보이는 세계에는 새로운 정치적 틀이 필요하다. 국가는 공통적인 법과 인종을 뛰어넘는 정체성을 통해 통합되어야 한다. 영국 수상인 데이비드 캐머런이 2014년에 영국이 자랑스러운 기독교 국가라고 선언하도록 교회로부터 압력을 받았을 때, 영국을 다양한 신념이나 비종교 국가라고 주장하는 많은 사람들로부터의—실제로 런던 시민들은 이를 당연하게 생각하고 있다—반발에 직면했다. 이보다 10년 전인 2005년 7월에 일어난 이슬람 테러리스트의 런던 공격 이후, 토니 블레어 당시 영국 수상은 자신들의 관습을 다른 사람들에게 강요하거나 유사한 사법체계를 만들려고 하는 문화적 소수집단에 굴복하지 않는 영국의 생활방식이 있다고 선언했다. 전자는 비현실적인 배타성을 추구한 반면, 후자는 발전적으로 포괄적인 시민 다원주의를 제안한 것이다.

사회는 민족적 차이가 있음에도 공동의 정체성을 향한 이민자 동화 노력을 기초로 건설된다. 싱가포르는 중국으로부터의 역사적 이민, 대영제국에 흩어져 있는 인도인 그리고 빈민가를 만들지 않기 위해 다민족 공공주택을 고집한 리콴유 수상의 계획을 통해 국제적인 도시가 되었다.

오늘날 싱가포르는 각 종교의 상징물이 넘치는, 세계에서 종교적으로 가장 다양한 도시 가운데 하나이다. 싱가포르 인구의 절반만이 싱가포르 시민이고, 전체 결혼의 20퍼센트 이상이 이민족 간의 결혼이다. 이민족 간 결혼의 대부분은 중국인과 인도인의 결혼이고, 이들 사이에 태어난 친디안Chindians들의 규모도 세대가 바뀌면서 증가하고 있다. 인도와 필리핀 이민 노동자들이 싱가포르와 두바이에서 서로 섞여 살면서 인디피노Indipino도 새로 등장하고 있다. 혼혈 가정이 사회에서 일반적인 기준이 될수록 민족이나 인종을 기반으로 하는 정치는 그만큼 더 약화된다. 리콴유 통치하에서 가장 오래 장관을 지낸 인물 가운데 하나인 라자라트남Rajaratnam은 싱가포르 국민은 어떤 상태condition가 아니라 신념conviction이라고 말했다.[4]

이런 도시국가들은 배타적 정책이 아니라 포용적인 정책을 통해서만 성공할 수 있기 때문에 새로운 세계 혼합 문명의 실험실이라고 할 수 있다. 대부분의 도시의 경우 소수민족이 거주하는 빈민가의 등장을 막는 것은 이미 너무 늦었다. 하지만 실용주의적 시장들이 정체성 정치가 아니라 장소를 기반으로 한 권리를 강조하는 것은 아직 늦지 않았다. 우리는 진보적인 다수의 의원들을 통해 통치하는 이상적인 다민족국가의 관점이 아니라, 인종적으로 다양하고 작은 구역으로 갈라져 있는 인구 밀도가 높은 도시를 위한 전문 관료적인 정책의 관점에서 생각해야 한다. 어느 쪽이든 외국인들이 영원한 이해 당사자가 되기 때문에, 시민권의 개념은 기묘한 형태의 무정부주의처럼 보일 것이다. 브라질 남부 쿠리치바Curitiba 시의 실험정신이 강한 시장인 건축가 자이메 레르네르Jaime Lerner 는 도시를 "연대감의 마지막 도피처"라고 부른다.[5] 많은 사람들이 스스로 건물을 짓고 물건을 공급하기 때문에 분리될 수 없다는 것이다. 공동의 정체성을 갖기 위해서는 경제적 불평등 속에서도 응집력을 만들어내는 전략이 필요하다. 이런 의미에서 세계적인 도시들은 토론토의 비시민권자에 대한 투표 허용과 50만 명의 불법 이민자들에 대한 뉴욕 시당국의 신분증 발급과 같은 중요한 실험의 대상이 되었다. 소규모에서도 가능한 신속한 되먹임 회로가 문화적 신뢰 부족에 대한 보상을 가능하게 한다. 실제로 그들은 다양성 안에서 신뢰를 구축하는 대리인이다.

세계적인 도시들은 문화적으로 밖으로 향하는 원심력을 지니고 있지만 다양한 정체성을 길러내는 인큐베이터이다. 도시의 다양성과 높은 인구밀집도 때문에 개인들은 이웃, 지역사회, 인종, 직업 그리고 다른 연관관계를 근거로 한 다양한 정체성을 경험하고 체득한다. 이런 방식을 통해 도시들은 갇혀 있지 않고 해방된다. 지리학에서는 민족적 정체성이 유일한 선택이지만, 도시에서 정체성은 다양하고 중복될 수 있다.

민족주의는 칭송받아야 할 강력한 인간의 충동이거나 타도해야 할 위험한 힘 가운데 하나이다. 전자의 경우 변화가 불가능하지만, 후자는 정체성과 순응 사이에 잘못된 적대감을 유발한다. 오늘날 민족주의 현상은 이민자 유입에 반대하는 유럽 형태의 인종적 보호주의뿐만 아니라 역사적인 적대국에 반대하는 아시아의 지정학적 애국주의를 포괄한다. 그러나 이런 힘들이 여전히 존재한다는 사실이 앞으로도 민족주의가 계속될 것이라는 것을 의미하지는 않는다.

이민, 도시화, 정체성의 확대라는 트렌드에 비추어볼 때, 세계 사회질서의 기초로서 국가와 민족주의에 대한 대안으로 국제적인 도시들이 떠오르고 있다. 더 많은 도시들이 시민권이나 인종에 의해 차별하지 않고 의무와 공헌도를 기준으로 모든 거주자들을 의미 있는 참여자로 만들수록 도시에 대한 충성심이 국가에 대한 충성심을 앞설 것이다. 캐나다의 정치학자인 다니엘 벨Daniel Bell은 이런 도시의 자부심을 21세기에 민족주의와 경쟁하는 "시민주의"라고 부른다.6 시민주의는 모든 거주자에게 정치가 개방되어 있던 고대 그리스의 아테네와 지중해의 도시들을 떠올리게 한다.

오늘날 이동성이 높은 젊은 세대에게 시민주의는 민족주의보다 더 잘 어울린다. 1990년대에는 어느 누구도 베를린이 유럽 대륙의 다른 곳에서 볼 수 없는 초현대적 건물과 첨단기술 그리고 생산적인 문화적 충돌이 있는 세계에서 가장 멋진 도시가 될 것이라고 생각하지 못했을 것이다. 나는 베를린 장벽이 붕괴된 이후 종종 독일을 여행하거나 독일에서 거주했다. 1990년대에 통합은 어려운 문제였다. 나는 독일인처럼 독일어를 말하는 방법을 배우면서 독일 사람들의 눈에 내가 터키 사람과 다르게 보이도록 노력했다. 오늘날에는 거의 모든 사람이 독일어가 서툰 외국인처럼 보인다. 1990년대에는 좋은 인도 식당을 찾기 위해 기차, 전차 또는 버스를 타고 한 시간 정도를 가야 했다. 하지만 지금은 거의 모든 동네마다 여러 개의 인도 식당이 있다. 베를린에는 터키, 러시아, 폴란드 사람들 외에도 10만 명의 중국인, 베트남인 그리고 다른 아시아인들이 살고 있다.

이런 점에서 베를린은 단지 기술적인 측면이 아니라 인구학적으로도 유럽에서 가장 미래에 대한 준비가 잘 된 도시이다. 모든 방향으로 확산이 가능한 북유럽의 광대한 평원에 위치한 베를린은 지형이 넓어 350만 명이 거주해 인구가 2배로 늘어도 공허한 느낌이 들 것이다. 이것이 베를린의 부동산 가격이 10년 동안 거의 오르지 않은 이유이고, 베를린이 부채에 허덕이는 이유이다. 클라우스 보베라이트Klaus Wowereit 전 베를린 시장은 베를린은 가난하지만 섹시하다고 자랑했다.[7] 베를린은 인구가 더 늘지 않으면 재정적으로 지속적인 발전이 불가능하다. 공식적으로 유럽의 대부분의 국가들은 이민이 가져오는 혜택에 대해 냉소적이다. 하지만 현실적으로 공부하거나 일하기 위해 독일로 이주한 아프리카, 아랍, 아시아 사람들이 베를린과 같은 살기 좋은 도시에 정착하고 있다. 베를린의 매력은 적절한 주택 임대료, 이민자에 대한 개방성, 어린아이들이 많다는 점이다. 베를린은 독일에서 출생률이 가장 높다. 특히 1990년대에 유학 온 학생들이 가정을 이루고 거주하는 동부 베를린 지역의 출생률이 높다. 유럽의 다른 도시들은 베를린의 개방성을 배워야 한다. 배타적인 사고방식은 자멸로 가는 지름길이다.

글로벌 여권

지난 1천 년 동안 대부분의 사람들은 자신이 태어난 곳에서 멀리 이주하지 못했다. 지난 수십 년 동안 사업과 여행을 위한 자발적인 국제여행은 어떤 국가든 상위 1퍼센트의 엘리트들에게만 허용되었다. 이와 반대로 현재는 해마다 10억 명의 사람들이 국경을 넘고 있다. 국제여행객의 수는 해외로 나가는 아시아인이 늘면서 새로운 기록을 세우고 있다. 투자회사인 CLSA는 2020년이 되면 연간 2억 명의 중국인이 해외여행에 나설 것으로 추정하고 있다. 크루즈 여행을 하는 관광객의 수도 10년마다 배로 증가했는데, 2010년에는 1천7백만 명에 달했다. 로열 캐리비언Royal

중국 : 제국주의적 민족국가

중국은 대부분의 사람들이 생각하는 것보다 더 다원적이다. 중국을 지배하는 한족 이외에도 중국에는 장족壯族, 후이족回族, 만주족, 위구르족, 티베트족, 먀오족苗族, 몽골족과 같은 다양한 소수민족들이 살고 있다. 소수민족들은 높은 출생률 때문에 중국 전체 인구에서 차지하는 비중도 점점 높아지고 있다. 하지만 중국은 과거의 거대한 제국들처럼 인종적으로 포용적이지 않다. 대신 중국은 한족의 수가 많은 것을 소수민족들을 희석시키기 위한 무기로 활용하고 있다. 중국에서 가장 큰 신장 지역의 1천만 명에 이르는 무슬림 위구르족이 인구 희석 정책의 중요한 대상이다. 위구르족은 중국 본토 전체에 흩어져 살도록 요구받고 있다. 또한 신장 지역에서는 한족과 결혼하는 위구르족에게 1천5백 달러를 주는 대동화 정책이 진행되고 있다(위구르 여성들이 머리를 가리기 위해 히잡을 쓰는 것은 금지되어 있다).

또한 중국은 수십만 명의 서양인, 아프리카 학생, 아랍 상인들을 끌어들이고 있지만, 이들은 중국 전체 인구의 1퍼센트도 안 되는 조족지혈에 불과하다. 일본과 마찬가지로, 외국인이 중국인의 관습을 받아들여도 현지인으로 대접받지 못한다. 명과 청 왕조가 16세기와 17세기에 과학적 발명을 위해 예수회를 받아들였던 것처럼, 오늘날 외국인들도 재능과 기술의 원천으로 받아들여지고 있고 중국몽을 달성하려는 국가의 야망을 위해 채용되고 있을 뿐이다.

중국의 인구는 정치 지도를 훨씬 앞서 나가고 있다. 한족이 지배하는 중심부는 안정적이고 소수민족들이 사는 주변지역은 평화를 회복하는 과정에 있다. 그리고 인구가 줄고 있는 이웃 국가들은 공급망의 일부로 변하면서 중국 근로자들의 일터가 되어가고 있다. 중국은 낮은 출생률과 노동인구의 감소로 인해 해외에서 일하고 있는 근로자들을 불러들여야 할지도 모른다. 하지만 남성 독신자들이 너무 많기 때문에 계속해서 많은 사람들을 해외로 보내 제국의 변방에서 일하도록 할 확률이 높다. 실제로 5천만 명 이상의 화교 대부분은 아시아 지역에 거주하고 있고, 2백만 명 이상은 지속적으로 확장하고 있는 중국의 공급망을 따라 멀리 남미와 아프리카에서 살고 있다. 중국은 국내적으로 점점 더 동질화되고 있는 반면, 국제적으로 현지 사회와 조화를 이루어가고 있다.

Caribbean의 가장 큰 배인 퀀텀오브더시Quantum of the Seas는 관광객을 싣고 일 년 내내 세계의 바다 위를 항해한다.

이런 사람들의 단기 이동조차 세계 경제 성장의 기반이 된다. 관광산업과 호텔산업 분야는 세계 GDP의 10퍼센트 이상을 차지하고 2억 5천만 명을 고용하고 있다. 연결은 관광산업의 생명줄이다. 아프리카에서 관광산업은 다른 어떤 분야보다 빠르게 성장하고 있는데, 특히 여성들이 혜택을 보고 있다. 관광객들의 이동을 막는 경고는 의도하지 않는 경제 제재 효과를 가지고 있다. 예를 들면 케냐를 방문하지 말라는 미국의 경고는 케냐 연안 경제의 붕괴와 나이로비에서의 테러라는 부작용을 유발시킬 수 있는 마약 중독과 범죄 비율의 증가로 이어졌다.[8]

관광객, 기업인, 국제행사를 유치하려는 경쟁은 영사 업무의 장벽을 허무는 중요한 요인이다. 세계의 거의 모든 중국 영사관은 24시간 안에 비자를 발급한다. 표준화된 문서를 제출하고 신용카드로 결제하면 된다. 지난 수십 년 동안 싱가포르보다 더 적은 관광객을 받아들였던 인도는 마침내 대부분의 관광객들에게 온라인 도착비자 발급 업무를 시작했다. 미국은 엔트리패스EntryPass 같은 새로운 국경검색 통과기술에 28억 달러를 투자했다. 비자 발급 절차의 간소화는 더 많은 관광객의 유입과 더 많은 소비를 의미한다. 공항 이민국이 전 세계 대사관의 비싼 영사 업무를 대체할 수 있도록 하는 데이터 공유 네트워크가 없었다면 앞에서 설명한 서비스 가운데 어느 것도 가능하지 않았을 것이다. 상당수의 아시아 공항에서의 신속 입국 서비스는 자국민뿐만 아니라 20여 개 국가에서 발급한 APEC 비즈니스 트래블 카드를 소지한 사람들에게도 제공되고 있다. JFK 국제공항에서 전자여행허가시스템을 통해 사전에 입국 신고를 한 40여 개 국가의 국민은 미국 국민과 같은 줄에 서서 입국할 수 있다. 앞으로 10년 안에 훨씬 더 많은 자동화된 입국, 보안, 국경통제시스템의 설치가 예정되어 있기 때문에, 전 세계 여행객들이 출발하기 전에 출국과 도착에 대한 서류 절차가 완료되어 있을 것이다.*

디지털 기술과 경제적 필요성이 과거에 이동이 자유로웠던 시대를 우리에게 다시 돌려줄 수 있을까? 사람들은 1차 세계대전 이전 수 세기 동안 여권 없이 세계를 여행했다. 대영제국 같은 제국 지역에서의 인구 유동성은 동아프리카에서 동남아시아까지 이동하는 수백만 명의 사람들 사이에 문화적 이해도를 높여주었다. 동시에 유럽의 정착민들은 군주제에서 도망친 순례자나 기아에서 탈출한 이주민으로서 북아메리카로 이주했다. 여권은 사람들을 땅에 귀속시키려는 의도로 만들어진 봉건시대의 유산으로 여겨졌다. 이탈리아의 상인 지오반니 볼리스^{Giovanni Bolis}는 1871년에 여권을 없애는 것이 여러 가지 장애물과 괴롭힘으로부터 여행객을 해방시킴으로써 교역관계를 증진시킬 것이라고 주장했다. 두 차례의 세계대전 이후 심각한 인구 불균형과 경제적 보상에도, 우리는 관료체제와 두려움이 자유로운 이주를 과도하게 제한하는 세계와 마주치게 되었다. 자본은 모든 곳에서 환영받지만 노동은 그렇지 않다.

단기적 관점이나 장기적 관점에서 이민의 혜택은 언제나 분명했다. 세계 금융위기 이후 이민자들은 미국의 주택산업 분야 경기회복에 중요한 역할을 했다. 예를 들면 일리노이 주의 쿡^{Cook} 카운티에서는 1970년대 이후 약 1백만 명의 지역주민이 떠나갔지만 60만 명의 이민자들이 유

입되었다. 이 가운데 상당수는 열심히 일했고, 생애 최초로 주택 소유자가 되는 경제적 지위까지 상승했다. 이런 가운데 유럽의 편협한 이민 정책은 IT 분야에서 1백만 명에 가까운 인력 부족 현상을 유발했고 미미한 경제 회복조차 어렵게 만들었다.

전 세계가 더 많은 이민을 받아들일수록 노동력 부족 문제가 완화되고 공공과 민간시설의 활용도가 높아지며 경제 성장을 촉진시키고 국제송금도 증가시킬 것이다. 경제협력개발기구에 따르면, 노동 이동성이 3퍼센트 증가하면 가족에게 송금하는 금액이 연간 3천억 달러 증가하고, 1인당 해외 송금액이 10퍼센트 증가하면 71개 국가에서 빈곤 발생 빈도가 3퍼센트 감소하는 것으로 나타났다. 글로벌개발센터의 마이클 클레멘스Michael Clemens는 세계의 국경을 임시직 노동자들에게 개방하는 것만으로도 세계 GDP가 2배로 증가할 수 있다고 주장한다.[9] 사실 이민 활성화에 따른 전체적인 혜택은 계산이 불가능하다.

이민을 국가와 국경에 의한 강압적이고 비효율적인 통제체제가 아니라 수요와 공급체제로 인식해 출신 국가로 돌려보내는 것에는 도덕적 문제도 있다. 이주에 대한 제한은 우연한 출생으로 부여된 가혹한 결과를 영원히 고착시키는 강력한 요인들 가운데 하나이다. 인간 문명을 발전시키는 세계적인 노동 분업은 더 자유로운 인간의 이동에 의존하고 있다. 사람들은 자신들의 정체성을 가능한 자유롭게 결정할 권리를 지니고 있어야 한다. 그리고 이 권리는 오로지 이들을 받아들이는 지역사회의 의지에 의해서만 제한된다. 따라서 이동성은 21세기에 인간의 가장 중요한 권리 가운데 하나일 수밖에 없다.

지난 몇 세대 동안 사람들은 이주를 했지만 지금은 이곳저곳으로 돌아다닌다. 오늘날 이주는 영구적이고 일방적인 재배치 그 이상이다. 즉, 다양한 방향의 이동이 지속적으로 발생한다. 이 모든 것을 고려할 때, 현재는 이주 노동자, 해외 거주자, 정치난민과 환경난민, 인신매매의 피해자들이 사상 그 어느 때보다 더 많다. 수요와 공급의 세계에서는 사람들도 상품과 서비스만큼 다양한 곳으로 이동한다.

대부분의 가난한 국가 국민은 국내에서나 국제적으로나 도움이 되는 혜택을 받지 못하고 양도할 수 없는 기본권도 부여받지 못한다. 이들의 여권은 반드시 필요한 정체성의 상징이 아니라 관료적인 감옥일 뿐이다. 세계 경제에서 신흥시장의 힘이 더 커지고 있지만, 신흥시장 국민에게는 아직도 추가적인 여행비용과 여러 가지 지연 문제가 발생한다. 이동성과 국가적인 정체성 사이의 선택이 주어진다면 많은 사람들은 이동성을 선택할 것이다.

최근의 생체기술과 데이터 공유기술은 국가의 나쁜 평판과 정책에서 개인을 해방시킬 수 있다. 인터폴과 다른 데이터베이스에 연결되어 독립적으로 관리되는 '글로벌 비자'를 통해 브라질, 사우디아라비아, 러시아, 인도, 중국, 인도네시아 그리고 다른 수십 개 국가의 국민은 비자 없이 회원국을 방문할 수 있다. 글로벌 비자는 신분 확인이나 투표권 등 혜택을 주는 도구로서 국가가 발급한 여권을 대체하지는 못할 것이다. 하지만 국제적인 이동을 위한 보조적인 신원 확인 기능을 제공할 것이다. 개인의 데이터를 참여 회원국의 국경 검문소와 네트워크에 제공하는 것은 일부 사람들에게 부담이 될 수도 있지만 대부분의 사람들에게는 해방의 기회가 될 것이다.

실제로 글로벌 비자는 세계 곳곳의 농장, 건설 현장, 다른 기반시설 건설 현장에서 일하는 가치사슬의 하부에 있는 1억 5천만 명의 반영구적인 이주 노동자에게 매우 중요할 수 있다. 인력고용업체나 하청업체들은 반영구 이주 노동자들을 채용해 현장으로 파견하고 관리하며 숙소를 제공하고 급여를 준다. 2015년 중반에 미 국무부의 비자 발급 과정에서 발생한 사소한 문제들이 수만 명의 멕시코 임시 노동자들의 미국 입국을 지연시켰다. 그 결과 멕시코 노동자들의 생계가 어려워진 것은 물론 시간에 민감한 미국 농업기업들에게도 손실을 입혔다. 정기적으로 반복해서 국경을 건너는 노동자들에게 이동 형태에 맞는 비자를 발급한다면 일이 더 수월해지지 않을까?

고국으로 돌아가지 않을 수도 있는 임시 노동자 수는 폭발적으로 증가하고 있다. 이들은 어떤 한 국가보다 공급망 독립 공화국Independent Republic of the Supply Chain에 대한 의존도가 높다. 전 세계의 이동성이 높은 임시 노동자들은 매우 제한적인 권리를 지니고 있다. 이들은 공공 의료시설을 이용할 수 없고, 아랍에미리트와 싱가포르에서는 현지 주민과의 교류를 방지하기 위해 지정된 숙소에서 지내야만 한다. 이들의 고용상태는 불안정하지만, 매번 위치를 옮길 때마다 새로운 조건을 협상하는 대신 필요한 곳에서 기초적인 서비스를 받을 수 있는 이동 가능한 보험 혜택의 기회도 늘어나고 있다.

국가 안보는 이동성과 국적이 불가피하게 분리될 수밖에 없는 또 다른 중요한 이유이다. 여권이 개인의 의도보다 더 중요하다면 여권만으로 확인할 수 있는 것은 거의 없다. 이는 파키스탄 출신의 영국 국민이 알카에다에 가담하거나 아랍계 호주인이 시리아에서 아이시스에 합류한 사례를 통해 이미 입증되었다. 서구 국가의 여권은 신뢰라는 망토를 제공했지만 자유의 가치를 보장하지는 못한다. 머지않아 모든 개인은 어떤 종류의 여권을 가지고 있든 입국을 위해 생체 정보를 제공하고 인터폴과 같은 데이터베이스를 통해 더 엄격한 검사 절차를 통과해야 할 것이다.

누가 어떤 곳에 살거나 어떤 곳을 여행하는지는 더 이상 확실한 해답이 아니다. 국가들은 필요한 투자와 인재를 유치하기 위해 경쟁하는 동시에 불필요하거나 위험한 사람들을 쫓아내고 있다. 영국은 능력이나 부를 기준으로 하는 이민, 거주, 국적을 허용하는 정책의 시험장이 되고 있다. 지하드에 가담하기 위해 예멘, 시리아, 파키스탄으로 여행을 가는 영국 시민들의 여권은 취소될지도 모른다. 하지만 푸틴의 정책에 반대하는 러시아의 억만장자들과 대학 등록금을 모두 지불하는 중국의 유학생들은 환영받고 있다. 이런 가운데 영국은 2013년에 나이지리아, 인도, 파키스탄 사람들이 비자 체류기간을 넘겨 체류할 경우 국가에 몰수되는 3천 파운드짜리 채권을 의무적으로 구매하도록 하는 정책을 시행했다. 이 제도는 영연방의 결속에 별로 도움이 되지 않았다.

글로벌 시민

명목상의 출생 국가, 국적이 있는 국가, 자신들이 거주하고 있는 국가에 속한 영구 이주민들 사이에서 글로벌 해외 거주자의 새로운 정체성이 생겨나고 있다. 세 가지 가운데 어느 두 가지도 같을 필요가 없다. 이들은 다양한 지역사회에 속하기 때문에, 국가나 민족이라는 프리즘 대신 다양한 정체성을 하나로 융합시킨다. 투자은행가, 경연컨설턴트, 교수, 운동

선수, 용병은 국적이나 지리보다 직업적인 출세가 더 중요한 이동성이 높은 개인들이다. 국가적인 제한에도 법, 의학, 정치조차 초국가적인 것이 되었다. "지식사회knowledge society"라는 용어는 어떤 한 국가를 설명하는 것보다 이런 초국가적인 환경을 더 잘 설명해준다.

이런 영구적인 국외 거주 엘리트 집단은 상당한 규모의 새로운 이익집단을 구성하고 있다. 인도에서 서양의 경영대학원 졸업생을 컨설팅 업무에 채용하려는 한 인사 담당자는 나에게 국제 이주민과 학생들이 예전에는 소수에 불과했지만 지금은 하나의 계급을 구성하고 있다고 말했다.[10] 해외로 이주하는 미국인을 위한 세계 최대의 이주업체인 모빌리티 서비스 인터내셔널의 최고경영자인 팀 루니온Timm Runnion은 경력을 쌓은 과정이 태어난 곳보다 글로벌 공급망 네트워크와 더 일치하는 수천 명의 전문가들을 만나고 있다. 그는 충성심은 지역 지향적인 것이 아니라 목표 지향적인 것이 되고 있다고 생각한다. 한 국가 출신이고 다른 지역에 근무하면서 월요일부터 금요일까지 제3의 국가에서 일하는 액센추어나 매킨지의 컨설턴트들에게는 자신들이 고향이라고 생각하는 곳을 포함해 주말 동안 가고 싶은 곳은 어디든 갈 수 있는 티켓이 주어진다. 말레이시아에서 태어나 미국에서 교육받고 런던에서 살고 있지만 나이로비의 사무소에서 근무하는 구글의 직원은 말레이시아인, 미국인, 런던 시민 또는 구글 직원 가운에 어디에 속할까?

국적을 초월해 스스로를 세계 시민이라고 생각하는 전문직의 등장은 1990년대부터 주목을 받았다. '다보스 맨Davos man' 또는 '세계의 귀족Cosmocrat'이라고 조롱받는 이런 엘리트들은 지역의 관심사나 민족주의적 충동에 대해서는 무지하다고 비난받았다. 하지만 이 논리는 잘못된 것으로 입증되었다. 더 큰 초국가적인 정체성의 개념을 받아들이는 사람들은 서구의 엘리트가 아니라 서구인들이 당연한 것으로 생각하는 기회를 고맙게 생각하는 개발도상국의 사람들이다. 실제로 전 세계의 해외 거주 계층의 대부분을 차지하는 것은 서구인이 아니다. 미국인, 유럽인, 아시아인뿐만 아니라 남미인과 아프리카인, 아랍인까지 모두 골고루 섞여 있다. 서양 출신이 아닌 해외 거주자들은 자유분방하거나 영혼이 없거나 탐미주의자들이 아니다. 이들은 자신들이 온 곳과 고국의 가족과 자선단체, 장학금을 지원해야 한다는 인생의 현실을 잘 알고 있다. 이들은 2014년에 노벨 평화상을 받은 인도 어린이 인권운동가 카일라시 사티아르티 Kailash Satyarthi처럼 세계적인 명분에 헌신하는 지역 활동가이다. 이들은 자신들의 정부가 인도주의적인 목적을 추구하는 데 태만했기 때문에 자신들을 세계 시민이라고 부른다.

한 러시아 학생은 바르셀로나의 세계적인 IESE 경영대학원에서 강의가 끝난 다음에 "저는 월가의 투자은행에서 일하고 있습니다. 그렇지 않았다면 아마도 여행을 하면서 흥미로운 일들을 하지 못했을 거예요."라고 나에게 말했다. 그 여학생에게 국적은 오히려 장애물이었다. 그녀는 자신에게 고용허가증을 내주는 기업에 충성을 하고 있었다. 은행이든 의류회사이든 석유회사이든, 회사는 중요하지 않다. 그녀가 러시아인이라는 사실이 그녀의 재능이 러시아에서 낭비되어야 한다는 뜻은 아니기 때문이다.

재능 개발은 공급망을 통해 정체성이 나타나는 또 다른 원인이다. 일부 기업은 국가 전체가 공교육에 투자하는 것보다 더 많은 돈을 직원들의 기술 향상에 투자한다. 연간 수익이 160억 달러에 달하는 미디어 대기업 WPP는 17만 명의 직원을 교육시키는 데 1억 달러를 투자한다. 신흥국의 WPP 직원 수는 미국과 영국의 직원들을 합친 수보다 많다. 직원들이 훌륭해야 기업이 잘되는 세계적인 서비스 기업들은 의도적으로 특정 국가가 아니라 기업의 임무에 더 적합한 초국가적인 지역사회를 만들려고 노력한다. DHL과 유니레버는 직원들을 빈번하게 각 국가에 순환 배치시키고 현지 기업으로부터 배우기 위한 직원들의 이주를 적극 지원한다. PwC는 직원들에 대한 지속적인 재교육을 통해 성장성이 더 높은 고객 분야로 발령을 낸다. 기업의 내부와 네트워크 안에서 가장 잘 활용될 수 있는 특화된 지식, 즉 '특유성 자본$^{specific\ capital}$'을 축적함으로써 은행, 컨설팅 회사 그리고 기타 기업들은 기업을 개인의 자아실현의 중심지로 만들고 좋은 인재들이 더 오래 회사에서 일하도록 한다.

다국적 기업들은 국가가 아니라 기업을 대표하는 직원을 원한다. 직원들은 구속적인 기업 문화를 개선하기 위해 자신들의 역할을 한다. 예를 들면 부다페스트에서 지역본부를 운영하는 컨설팅 기업이나 소프트웨어 기업들은 발칸 반도 출신의 신입사원들을 각자의 국가로 순환 배치한다. 이들은 중동에서도 신입사원들을 똑같이 각각의 국가로 순환 배치한다. 그 결과 크로아티아에 가본 적이 없는 세르비아 사람들과 이집트에 가보지 못한 쿠웨이트 사람들은 국적이나 국가적 반감에도 공급망을 통해 지역적 정체성을 발전시킨다.

미국 은행에서 근무하는 유럽의 러시아 출신 학생, 아프리카에 있는 말레이시아 출신의 구글 직원, 발칸 반도에서 근무하는 세르비아 컨설턴트들은 모두 국경을 초월해 자신의 직업을 찾은 새로운 세대이다. 이들은 독립적인 공급망 제국에 충성을 맹세하는 사람들이다.

시민권 거래

국가처럼 개인도 정체성 시장에서 충성심에 대해 다양하게 우선순위를 정할 수 있다. 거물들은 불법적이지만 외국 여권을 소유함으로써 자국 경제의 격변에서 오는 위험을 분산할 수 있다. 이동성이 국적보다 중요한 글로벌족은 크레디트 스위스 은행이 "대중 부유층mass affluent"이라고 부르는 사람들의─투자자산이 50만 달러 이상인 개인들─성장과 함께 증가하고 있다. 그 결과 시민권 시장은 호황을 누리고 있고, 충성심은 어느 국가의 여권을 가지고 있는지의 문제인 동시에 돈을 어디에 보관하는지의 문제가 되었다.

국가들이 부유하고 재능 있는 개인들을 유치하려는 쟁탈전을 벌이면서 시민권이 세계적으로 판매되는 상황에서 시민권이 정체성의 기초가 될 수는 없다. 포르투갈과 키프로스의 유럽 '골든 비자golden visa' 프로그램은 5년 동안 5퍼센트 이상의 수익을 보장받은 이후에 팔 수 있는 부동산 투자를 대가로 시민권을 제공하고 있다. 외국인들이 돈을 더 주고 유럽 국적을 취득하는 것이다. 세인트키츠St. Kitts는 러시아, 이란, 중국인들에게 1인당 40만 달러를 받고 여권을 판매한다. 정부는 이 수익금을 활용해 휴양지를 건설하고, 새로운 시민들은 세계 1백여 개 국가를 비자를 받지 않고 자유롭게 여행할 수 있다(정부의 영향력이 미치지 않는 곳으로 재산을 옮기려는 러시아인들에게는 투자 비자가 종종 중요한 역할을 한다). 물론 세금은 전혀 없거나 거의 없는 수준이다. 부유한 고객들에게 이런 신속한 시민권 발급 프로그램에 대해 자문해주는 헨리앤파트너스Henley & Partners의 최고경영자인 에릭 메이저Eric Major는 한 국가에 4개월 이상 머물 시간

이 없는 사람들이 증가하고 있다고 말한다.[11]

뿌리가 없는 시민계급이 등장하고 있다. 이들은 자신들의 뿌리가 있는 국가의 시민권을 포기하고 지금 시민권을 가지고 있는 국가에는 뿌리를 두지 않고 있다. 이들에게 국적은 세율에 반비례한다. 이동성이 높은 부유층의 투자를 유치하려는 세계 각국의 경쟁은 여권의 기능을 다양한 편의성에서 차이가 있는 여행용 서류로 축소시켰다.

이런 현상은 미국인들에게도 분명하게 나타나고 있다. 미국인들이 국가 자부심 조사에서 역사적으로 최고를 기록하고 있지만, 국제적 소득에 대해 세금을 내는 것은 미국인뿐이다. 이런 재정적 부담과 관료적 장애물 때문에 연간 4천 명의 미국인들이 시민권을 포기하고 캐나다, 영국, 스위스, 싱가포르 또는 다른 국가의 시민권을 취득하고 있다. 미국 국세청은 세금을 영토 내부 활동에 국한시키는 다른 국가들의 움직임에 참여하는 대신 미국의 해외소득에 세금을 부과하려는 노력을 강화하고 있다. 그 결과 훨씬 더 많은 부유한 미국인들이 해외에 거주하게 되고, 결과적으로 덜 부유한 미국 국민이 세금을 내고 있다.

중국에도 그들만의 문제가 있다. 지금까지 수천 명의 부유한 중국 정치인들과 기업가들이 불법적인 소득을 빼돌려 캐나다, 미국, 호주 그리고 다른 국가들로 도주했다. 중국은 국세청 직원을 파견하는 대신 공안의 비밀공작원을 보내 해외로 도주한 국민이 망명을 신청해 미국 시민이 되기 전에 중국으로 돌아가도록 협박하고 있다.

국민이 국가에 거주한다는 것이 국민이 국가에 속해 있다는 의미는 아니다. 위대한 자유주의 철학자인 이사야 벌린Isaiah Berlin은 역사를 거대한 비인격적인 힘으로 이해하는 것에 반대하고, 가족, 기업, 국가, 인종, 재산 또는 다른 관계에 의해 형성된 복합적인 개인 정체성에 대한 인간적인 평가를 선호했다. 각각의 요소들은 다른 방식으로 작용한다. 어느 하나도 의사결정에 완전한 영향력을 미치지 못한다. 수요와 공급의 세계에서는 훨씬 더 많은 시민권 거래가 발생할 것이다. 충성심은 변하는 것이라기보다 분열하고 증식하는 것이다.

자연이 하고 싶은 말은
"방해하지 말고 비켜라."

해안가에서의 후퇴

1815년에 발생한 인도네시아 탐보라^{Tambora} 화산의 대폭발은 7만 명의 목숨을 빼앗아갔고 지진 해일을 유발했으며 짙은 화산재를 공중으로 내뿜어 아시아 전역에 걸쳐 화산재와 가뭄으로 농작물을 고사시켰다. 이 때문에 인도차이나 반도의 골든 트라이앵글^{Golden Triangle}에서 아편의 재배가 시작되었다. 또한 남아시아에 콜레라를 유행시켜 현대의학의 발전을 촉진시켰고, 미국 동부 해안 지역에 여름에 눈을 내리게 만들었으며, 1819년 미국 최초의 공황을 불러왔다. 이뿐만 아니라 북극과 그린란드의 빙하가 갈라지면서 북극에 대한 탐험을 가능하게 만들었다. 탐보라 화산의 폭발은 지구에 엄청난 영향을 미쳤다.

운석의 충돌에서부터 빙하기에 이르기까지 지리적인 현상은 인간에게 큰 영향을 미쳤다. 판구조론*의 기본 원리는 지각이 언제나 움직이고 있고 지진과 쓰나미가 지속적으로 해안선을 변화시킨다는 것이다. 하지만 인류는 간척, 방파제, 내진 구조물 등의 기술을 이용해 이런 변화에 맞서 왔다. 이산화탄소 제거와 태양 복사열 관리 같은 지구공학 기술은 기후 변화의 진행을 늦출 수 있다.

하지만 기술적 자부심과 풍부한 자원이 자만심으로 발전해서는 안 된다. 재레드 다이아몬드Jared Diamond 같은 인류학자는 이스터Easter 섬의 라파누이Rapa Nui 사람들이 급속한 산림 황폐화(모아이라고 불리는 거대한 석상을 이동시키기 위해 막대한 양의 나무를 활용했기 때문이다)와 이에 따른 토양침식으로 농작물 재배가 불가능해져 결국 생태학적 자멸을 초래했다고 주장했다. 이스터 섬의 운명은 자연의 복잡성을 무시한 결과를 보여주는 고전적 사례이다.

아시아의 마천루 빌딩이 21세기의 모아이 석상은 아닐까? 높이 치솟은 건물은 이스터의 거대한 석상처럼 육지의 역동성에 대한 힘을 보여주는 반면, 지리학적으로는 생존의 취약성을 드러내고 있다. 오늘날 40억 명의 아시아 인구 가운데 15억 명은 인도양과 태평양에서 1백 킬로미터 이내 지역에 거주하고 있다. 이 지역에서는 해수면 상승이 방파제 등 기

---

* 지구의 겉부분은 여러 개의 판으로 이루어지며, 이들의 상대적 움직임에 의해 여러 가지 지질 현상이 일어난다고 여기는 학설 — 옮긴이

존의 해안 구조물을 무용지물로 만들 수 있다.* 미국의 해수면 상승 추정치에 따르면, 316개의 도시들이 21세기가 끝나기 전에 침수될 것이라고 한다. 인간이 자율적으로 해안 도시로 집중하는 현상은 효율적이었지만 현명하지 못한 것일지도 모른다.

해수면 상승이 해안 도시를 침수시킬 수 있는 커다란 파도를 불러오면서 사람들은 과거에 해안 도시로 몰려들었던 것만큼 빠르게 도시에서 떠나야 할까? 지리는 토론 대상이지만 자연은 그렇지 않다. 2013년에 유출된 기후 변화에 관한 정부간 패널의 연구보고서에서는 해류의 변화와 기상이변 빈도의 증가는 환경의 불균형을 견딜 수 있는 안전망과 기반시설이 없는 국가에서 홍수, 흉작, 이상기온, 빈곤의 증대로 이어질 것이라고 경고했다. 2014년에 발간된 후속 보고서에서도 각국 정부들에 뉴올리언스와 다카 같은 도시의 주민들을 위한 이주 전략, 해발고도가 더 높은 내륙 지역의 정착, 기온 상승에 대비한 도시의 냉방센터에 투자해야 한다고 권고하고 있다. 과거의 기후 변화 외교는 공해가스 배출의 저감에 초점을 맞추었지만, 새로운 기후 변화 대응 전략은 재정착과 변화에 적응 가능한 기반시설에 집중하고 있다.[1]

네덜란드의 제방은 8백 년이 넘는 기간 동안 자연에 맞선 인간의 노력을 보여주는 사례이다. 네덜란드는 정교한 홍수 통제 시스템 덕분에 세계에서 가장 낮은 지역에 많은 사람들이 거주하는 국가로 생존할 수 있었다. 네덜란드는 1950년대에 중세에 건설된 제방을 1만 년에 한 번 발생할 수 있는 폭풍을 견딜 수 있도록 건설된 3천5백 킬로미터의 제방으

---

* 해안의 저지대에 가장 많은 국토와 인구가 집중되어 있는 국가는 이집트, 나이지리아, 방글라데시, 베트남, 네덜란드, 인도, 중국, 미국이다.

잠재적 기후 변화와 관련된 재앙의 중심지가 된 아시아
가뭄, 홍수, 극단적 온도 변화의 위험에 노출된 인구

로 대체했다. 또한 바다를 간척하고 강에 댐을 건설했으며 배수 운하를 건설하고 폭풍에 대비하는 거대한 방파제를 만들었다. 하지만 해수면 상승은 궁극적으로 네덜란드의 노력을 이길 것이다. 이것이 네덜란드가 해류와 해수 온도를 고려해 건설한 지역에서 정기적으로 침수 훈련을 하고 침수 영향을 받는 마을을 선제적으로 이주시키는 이유이다. 현명한 기반 시설 투자는 네덜란드 국민이 육지를 잠식하는 파도를 극복하고 생존할

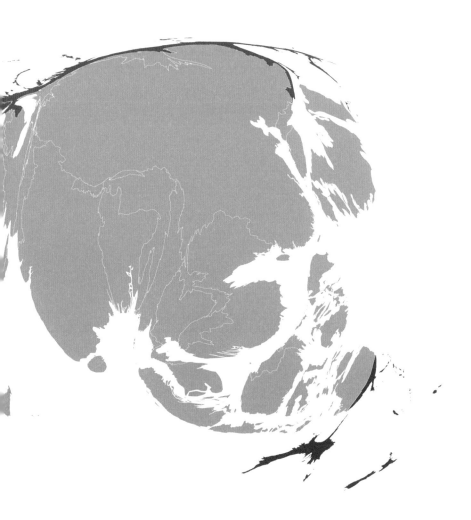

가능성이 높다는 의미이다.

자연과 타협하는 방법

우리는 자연을 조종할 수 있지만 완전히 통제할 수는 없다. 중국은 지난
30여 년 동안 4천5백 킬로미터에 이르는, 세계에서 인간이 만든 가장 큰

국경보다 중요한 강

고대부터 강은 문명의 생존을 위한 생명선이었다. 강은 자연적 국경으로 생각되었지만 자연이 준 가장 중요한 공유자원이었다. 로마인에게 라인 강은 위협적인 게르만족과 동북 방면에 대한 국경이었고, 로마 제국에는 중요한 내륙의 수로였다. 루이 14세 치하의 프랑스와 나폴레옹 제국은 언어의 국경과는 별도로 라인 강 서쪽의 내륙지역을 지배했다. 오늘날 라인 강은 더 광범위한 유럽연합에 속한 스위스, 남동 프랑스, 독일, 네덜란드의 공동 수자원이다. 독일의 산림지대에서 시작해 루마니아의 흑해 삼각지까지 흐르는 다뉴브 강도 중세 상인들이 유럽 내륙으로 진출하는 데 이용한 중요한 생명선이었다. 다뉴브 강은 오늘날에도 내륙 국가들에 교역과 관광을 위한 중요한 통로 역할을 하고 있다. 궁극적으로 강은 분할보다는 연결의 역할을 한다.*

자연적 지형은 우리가 정치적 장애물을 뛰어넘어 좀 더 기능적인 사고방식으로 나아갈 수 있도록 도와준다. 예를 들면 비옥한 인도-갠지스 평원은 파키스탄, 인도, 네팔, 방글라데시에 있는 10억 명 이상의 주민을 통합시켜준다. 티그리스 강과 유프라테스 강을 따라 연결되어 있는 중동의 비옥한 초승달 지대는 터키 동남부, 이라크, 시리아, 요르단, 이스라엘, 레바논, 서부 이란 지역의 생명선

---

* 다뉴브 강과 메콩 강이 제방을 무너트리고 여러 국가에 걸쳐 홍수를 유발한 경우처럼, 강은 정치적 국경이 얼마나 무의미한지를 정기적으로 보여준다. 2014년에 발생한 발칸 반도의 홍수 피해는 보스니아 사람들에게 20여 년 전에 발생한 유고슬라비아의 대학살을 상기시켰다. 하지만 이웃 국가들은 모두 함께 재건작업에 나섰다.

이다. 세계에서 가장 긴 나일 강은 이집트와 수단의 중요한 수자원이고, 지류인 블루나일 강과 화이트나일 강은 동부 아프리카의 9개 국가에 물을 공급한다. 식민지 시대와 독립, 인구 과밀과 자원 고갈이 나타나기 전에, 이 지역은 공식적인 국경보다 문화적인 국경에 의존했다. 이 지역의 국가들이 향후 50년 동안 지속적 발전을 원한다면 과거의 모델로 돌아가야 할 것이다.

숲인 녹색장성Green Wall을 위해 나무를 심어왔다. 중국의 녹색장성은 한국과 일본의 농업에까지 영향을 미치는 모래폭풍의 발원지인 고비사막의 확대를 방지하려는 노력이다. 반건조기후 지역인 아프리카 사헬 지대Sahel belt로 사하라 사막이 확대되는 것을 막기 위한 아프리카의 녹색장성 프로젝트도 시작되었다.

하지만 자연의 복잡성은 정교하게 측정될 수 있는 것이 아니다. 빙산의 해빙으로 시작된 홍수와 해수면 상승에 따른 해안지대 침수는 물이 너무 많아서 발생하는 문제인 반면, 가뭄과 사막화는 물 부족의 징후이기 때문이다. 해수면 상승은 인간의 해안가 거주를 위협하고 사막화는 비옥한 토지를 축소시키고 있다. 이 때문에 사람들은 양쪽의 중간지대 어딘가로 내몰리고 있다. 메말라가는 강과 도시의 공해 때문에 20억 명의 사람들이 식수난의 위험에 처해 있다. 소말리아와 케냐 북부의 리프트 밸리Rift Valley의 가뭄은 작물을 심거나 가축을 먹이는 경작지를 찾아 떠돌아다니는 영구적인 농업 이주 난민을 발생시켰다. 이 때문에 소말리아와 케냐 양국의 국경지대는 유엔 구호기관들의 지원을 받는 통제지역으로 변했다. 전체적으로 볼 때 이들은 기후 변화에 따른 난민에 속한다. 기후 변화 난민들은 이미 세계의 정치적 난민들보다 많다. 다르푸르Darfur 지역처럼, 정치적 난민 가운데 일부는 기후 변화나 내전의 이중 희생자들이다.

자연 재해와 식량 위기는 영국, 필리핀, 인도, 파키스탄, 멕시코의 군대가 국내의 인도주의적 비상사태뿐만 아니라 외국의 인도주의 비상사태에도 대비하도록 훈련 방향을 변화시켰다. 때때로 국내의 비상사태와 국제적인 비상사태가 동일한 경우도 있다. 브라질은 2014년에 아마존 열대우림에 대한 침략을 방어하는 사상 최대의 군사훈련을 실시했다. 각국의 군대는 지진해일, 태풍, 지진 그리고 다른 자연재해가 발생했을 경우 국민을 지원하는 재난 대응 능력을 키우는 미군의 훈련을 따라하고 있다.

몸집이 큰 동물처럼 땅덩어리가 넓은 국가들은 갑작스런 극단적인 사건이 발생할 경우 더 큰 생존력을 가지고 있다. 국민이 내부에서 이동할 수 있기 때문이다. 하지만 해안가의 도시들은 식량, 물, 에너지, 폐기물 처리 등 도시의 생존력에 대해 조금 더 신중하게 생각해야 한다. 도시들은 위기가 닥쳐왔을 경우에 대비해 내륙 지역의 깊은 곳과 멀리 떨어진 곳에 자원 공급선을 건설해야 한다. 예를 들면 베네치아는 지방 분권의 경제적 열매를 즐길지 모르지만, 아름다운 건축물들이 천천히 아드리아 해로 가라앉는 상황에서 로마의 중앙정부를 너무 소외시켜서는 안 된다. 어느 날 베네치아의 시민들이 배를 버리고 내륙지역으로 이주해야 할지도 모르기 때문이다.

해수면 상승은 도시의 기후 변화 재앙이라는 동전의 한쪽 면에 불과하다. 다른 쪽은 도시의 지반 침하이다. 더 많은 도시들이 지하에 있는 물을 끌어 쓸수록 석회질 지반이 압축되면서 모래 늪처럼 변한다. 중국과 중앙아메리카뿐만 아니라 중부와 남부 플로리다 지역에 걸쳐 도심의 교차로에 거대한 지반 침하 현상이 발생해, 이 지역의 전체 주택들이 땅속으로 꺼져 들어갔다. 방콕은 1970년대 이후 지반이 1미터나 내려앉았다. 이 때문에 해마다 홍수가 나고 피해도 커지고 있다. 도쿄처럼 지하수층을 다시 보충하지 않는다면 언젠가는 고층 빌딩들이 무너져 내릴지도 모른다. 이에 따라 중국은 이미 물을 얻기 위해 더 깊이 지반을 뚫기 시작했다. 광선 레이더를 장착한 인공위성들이 북유럽, 미국 동부해안, 중국의 저장浙江 성 해안의 대륙붕 아래에 있는 거대한 지하수층을 발견했다. 저장 성 대륙붕의 지하수는 지반 침하를 복구하기 위한 2천억 달러 규모로 행해지는 10년 프로젝트의 핵심이다. 이 프로젝트는 내륙의 지하수층에 물을 보충하기 위한 워터 파이프와 해저터널을 포함하고 있다.

일부의 경우 지구 온난화는 실제로 물을 활용하는 기회를 제공하기도 한다. 러시아의 동토 해빙은 볼가 강과 우랄 강에서 더 많은 물이 카스피 해로 유입된다는 의미이다. 해수면의 상승으로 도로와 해변이 사라질 것이다. 하지만 카스피 해의 염도가 낮아지면서 투르크메니스탄과 이란 등 카스피 해 남부 지역의 국가들이 관개로 건설을 통해 세계 최대 내륙 해의 물을 활용할 수 있게 될 것이다.

이런 복잡한 담수화 시설과 수송, 네트워크의 건설은 모든 면에서 석유와 가스 파이프라인의 건설만큼 우리의 미래에 중요하다. 막대한 양의 물이 에너지 생산과 광물 채굴에 사용되고 있지만, 곧 원자력 발전소가 아시아, 중동, 아프리카에서 깨끗한 물을 생산해낼 것이다. 빌 게이츠가 지원하는 테라파워TerraPower는 농축 우라늄이 아니라 열화 우라늄을 사용하는 원자로를 개발하고 있다. 인도는 토륨 반응로를 개발하고 있다. 이 모든 것이 더 깨끗하고 안전한 전기를 의미한다. 세계에서 물이 가장 부족한 지역은— 미국 서부, 사하라 사막, 아라비아 반도, 호주— 농축된 태양열을 발전과 담수화를 위해 사용하는 최적의 장소로 평가받고 있다.* 농작물이 말라가는 것을 지켜보는 대신 비를 관개수로 활용하면, 호

---

* 아랍과 유럽 지역을 위해 북미의 태양열 에너지 활용을 추진하는 컨소시엄인 데저텍(Desertec)은 지중해 해저 등 원거리 지역에 태양열을 전송하는 초창기 연구를 실행하고 있다.

주는 현재보다 2배 이상 많은 사람들에게 물을 공급할 수 있다.

거의 모든 도시들이 더 잘살 수 있는 한 가지 방법은 절약과 합리적인 가격 정책을 통해 자원 절약을 최대화하는 것이다. 스위스에서는 물 가격이 수집, 처리, 배달, 하수처리, 재활용의 모든 과정을 고려해서 정해진다. 싱가포르는 빗물과 하수를 정화해 식수를 확보하는 전국적인 뉴워터New Water 공급망을 설치했다. 이를 통해 싱가포르는 모든 수입 생수를 금지할 수 있을 정도로 충분한 깨끗한 물을 확보했다. 만일 생수 수입이 금지된다면 탄소 배출이 많은 생수 산업에 타격을 줄 수 있는 시민운동이 벌어질 수도 있다. 에비앙Evian은 이 점을 잘 기억해야 한다.

지방 분권화 압력도 도시화가 자원이 풍부한 내륙에 대한 끝없는 약탈로 이어지는 것을 방지하는 데 중요한 역할을 한다. 브라질과 인도, 중국에서 강제 이주, 댐 건설, 광산 개발에 의한 생태계 파괴에 대한 원주민들의 저항이 증가하고 있다. 온두라스, 과테말라, 엘살바도르 등 중앙아메리카 국가에서 수백 명의 환경 운동가들은 무장단체의 부패한 연계고리와 농민들의 땅을 압수해 오염시키는 채굴기업들을 폭로하기 위해 목숨을 내걸었다. 중부와 남부 칠레의 마푸체족Mapuche과 서부 캐나다의 원주민 단체인 퍼스트네이션First Nation은 모두 공식적인 자치권을 얻었고, 자신들의 자치지역에 댐과 파이프라인을 건설하는 것을 막아냈다.*

많은 원주민 부족들이 21세기가 끝날 때까지 생존할 수 없을지도 모른다. 하지만 이들의 메시지는 원주민들을 역사의 올바른 편에 서게 할 것이다. 인구가 적은 지역에서 식량, 물 그리고 다른 자원들은 그 어느 때

---

* 캐나다의 퍼스트네이션은 태평양으로 가는 엔브리지(Enbridge)의 노던 게이트웨이(Northern Gateway) 파이프라인 건설에 반대한다. 이들은 이 파이프라인 건설이 부족 사이의 남북 이주와 소통을 방해한다고 주장한다.

보다 중요해지고 있다. 반면 도시의 과소비는 생명을 단축시키고 있다. 남미 최대의 도시인 상파울루는 이미 중대한 고비에 도달했다. 중요한 강의 물길을 저수지로 돌리기 위한 벌목이 상파울루의 물 공급을 위태롭게 만들었다. 파이프들은 아직도 그곳에 있지만 도시에 공급할 물은 거의 사라졌다. 이런 가운데 가뭄이 관개수와 수력 발전을 감소시키면서, 상파울루는 물과 전기 부족에 신음하고 있다. 세계에서 생태학적으로 가장 축복받은 국가로서는 아이러니가 아닐 수 없다.

우리가 빙하와 열대우림 같은 자원의 고갈 상태를 지도에 더 잘 표시할 수 있다면 생태계를 좀 더 잘 관리할 수 있을지도 모른다. 우리는 생태계를 자연의 기반시설로 생각해야 한다. 이는 우리가 자연을 이용하기 위해 건설한 물리적인 기반시설과 직접 연결되어 있다. 중국 GDP의 절반 정도가 11개 성에서 생산되고 있다. 성장 목표를 달성하기 위한 집중적인 도시화는 이 지역의 물 부족 사태를 중동만큼 심각하게 만들었다. 경작지에 대한 무분별한 개발을 중단하고 땅을 전략적 자원으로 생각할 때만이 인간과 자연 사이에 더 좋은 균형 상태를 이룩할 수 있을 것이다.

한 국가에서의 잘못된 도시화는 전 세계적으로 중요한 생태학적 도전 과제를 던져준다. 수천 년 전부터 콩을 재배한 중국은 현재 자체 수요의 6분의 1 정도만 국내에서 생산한다. 대신 미국과 남미에서 7천만 톤에 달하는 콩을 수입하고 있다. 중국의 막대한 콩 수입이 세계의 콩 가격을 상승시켰다. 중국과 인도는 세계 면화와 쌀 공급량의 절반을 생산하고 밀과 감자의 3분의 1을 공급한다. 하지만 양국의 물 부족 사태는 공급 측면에서 세계 경제에 충격을 줄 수도 있다. 세계자원연구소에 따르면, 약 40개 국가들이 이미 심각한 물 부족을 경험하고 있다. 세계의 물 수요는 세계 인구가 90억 명까지 증가하면서 2050년까지 해마다 50퍼센트씩 증가할 것으로 추정된다.

물은 농업, 전력, 제조, 섬유, 전자, 광산 등 거의 모든 산업 분야에 필수적이다. 따라서 이 분야에서 발생하는 변화들이 수자원의 보전에 관한 전망을 크게 개선시킬 수 있다. 예를 들면 석탄 생산은 천연가스 생산보다 5배나 많은 물을 사용한다. 따라서 가스 발전으로의 전환은 훈난(湖南) 구처럼 수자원이 부족한 지역에 상당한 양의 농업용수를 제공할 수 있게 될 것이다. 이는 식품 가격 하락과 중국의 온실가스 배출양의 감소로 이어질 것이다.

개발도상국의 급속한 도시화와 영양 상태의 개선은 ─ 가뭄과 흉작의 빈도수 증가는 말할 것도 없고 ─ 앞으로 20~30년 안에 국제적인 식량 교역이 현재의 16퍼센트에서 50퍼센트로 3배 정도 증가할 것이라는 의미이다. 따라서 식량 공급망의 개선은 인류 문명의 입장에서 볼 때 삶과 죽음의 문제이다.

식량 안보는 국내생산 증대와 강력한 연결의 결합을 통해 이룩된다. 미국은 저렴한 비용을 통한 막대한 생산량 덕분에 가장 안정적으로 식량을 확보하고 있는 국가이다. 특정 계절에 농사가 실패할 경우 미국인들은 세계 시장에서 수입할 수 있다. 싱가포르는 식량을 수입에 전적으로 의존하고 있지만 세계에서 가장 안정적으로 식량을 확보한 국가 가운데 하나로 인정받고 있다. 채소, 생선 그리고 다른 필수 식료품을 수입하는 곳이 다변화되어 있기 때문이다. 중국은 농지를 복원하는 동시에 물을 많이 사용하는 농업을 줄이는 수량추적 프로그램을 시작했다. 이는 식량

안보를 개선하기 위해 다른 곳에서도 똑같이 실행할 수 있는 농업 방식과 기술들이다.[*]

지속 발전 가능한 도시화는 자연에 돌려주는 과정을 시작할 수 있다. 미국의 체서피크 만에서 나미비아와 핀란드의 작은 마을에 이르기까지, 사회가 오염시킨 주거지를 포기하면 복원력이 있는 대자연이 이들을 회수해 생태계를 점진적으로 소생시킨다. 세계 농촌 지역의 인구가 절대적 감소 추세에 있을 때, 일부 서구 국가들은 약간의 도시인구 감소를 경험했다. 미국의 경우 환경 중심적인 사고방식을 가진 수천 명의 젊은이들이 농촌으로 돌아가 사라질 위기에 처한 농촌 마을에 생기를 불어넣었다. 실제로 농업은 영업현금 산출과 자산평가 측면에서 가장 성과가 좋은 자산 종류 가운데 하나이다. 일본의 경우 일부 젊은이들이 귀농을 통해 새로운 농업기술을 도입했고 세계에서 가장 나이가 많은 농촌의 생산량을 끌어올렸다. 유기농 운동도 다양한 작물을 소규모로 자연의 방식으로 재배하는 것이 어떻게 고품질의 농산물을 생산할 수 있는지를 보여주었다. 영국에서는 2009년부터 2010년 사이에 5만 8천 명의 사람들이 생활비 상승을 이기지 못하고 대도시를 떠났다. 도시화가 급속하게 진행되고 있는 중국에서조차 대기오염에 지친 일부 베이징 시민들이 남부 쿤밍 인근의 산기슭으로 이주했다. 도시 생활비의 상승이 자연 친화적인 삶에 대한 욕구와 함께 작용할 경우, 사람들은 농장과 숲에서 인터넷 연결이

---

[*] 록펠러 재단은 인구가 밀집한 대도시나 고립된 농촌 지역 등 취약지형을 찾아내고 도시를 위한 절약 정책과 고립된 지역에서 생산량을 늘리기 위한 재정 지원 방안을 고안하기 위해 인공위성 감시와 빅 데이터를 활용하는 글로벌 리질리언스 파트너십(Global Resilience Partnership)이라는 컨소시엄을 시작했다. 기상 변화 추세와 관련된 빅 데이터와 종자기술이 클라이미트 코퍼레이션(Climate Corporation)의 필드스크립트(FieldScripts) 같은 프로그램을 통해 농업에 적용될 경우, 생산량은 크게 증가하고 농지는 작물의 다양화에 맞추어 효율적으로 할당된다.

가능하다면 디지털 방식으로 일하면서 자연과 가까운 곳에 사는 것을 선택할 수 있다. 하지만 지금까지 이런 사례들은 도시화의 속도와 도시화가 경제와 사회에 미치는 영향력을 감안할 때 소수의 일탈에 불과하다.

급속한 도시화와 농촌 생활 사이의 균형을 유지하는 것은 가치 있는 목표이다. 도시와 농촌 거주자들 사이의 소득 격차가 지속적으로 증가하더라도 그 격차는 기만적인 것이다. 도시는 식량과 물을 내륙의 농촌에 절대적으로 의존하는 반면, 농작물 수출이 가능하도록 기술과 물류를 농촌에 제공하고 있다. 자연은 귀중한 지리적 여건을 당연한 것으로 받아들이도록 내버려두지 않을 것이다.

위치, 위치, 위치

세계는 머지않아 사람이 살 수 있는 곳과 살 수 없는 곳으로 양분될지도 모른다. 영국석유의 전 최고경영자인 존 브라운^{John Browne} 같은 에너지 기업의 경영자들조차 담배가 인체에 해로운 것처럼 화석연료가 지구에 나쁜 영향을 미친다고 주장한다. 1970년대에 지구를 하나의 통일된 생태계로 설명하기 위해 '가이아^{Gaia}'라는 용어를 만든 제임스 러브록^{James Lovelock}은 우리가 지구를 뜨겁게 만들고 있다고 생각한다. 그는 런던이 25년 안에 물에 잠길 것이고 남부 유럽은 사하라 사막처럼 변할 것이라고 예측한다. 그리고 알프스에는 눈이 사라지고 거의 모든 산호초들이 죽으며 세계 인구는 2100년이 되면 80퍼센트로 줄어들 것이라고 예상한다. 생존한 사람들은 알래스카와 태평양 북서지역에서 플로리다와 같은 기후를 즐길 수 있거나 날씨가 훈훈한 토론토와 디트로이트에 정착할 수

공급망의 경로 측정하기

물 소비와 온실가스 배출 책임을 산업이 아니라 국가로 돌리는 것은 어떻게 공급망 세계가 지리학을 왜곡시키는지를 보여주는 대표적 사례이다. 수자원 지도는 영국 물 소비의 75퍼센트가 다른 곳에서 수입하는 상품에 포함되어 있다는 사실을 보여준다. 단순하게 변기의 물을 덜 내리는 것만으로는 영국을 더 환경 친화적인 국가로 만들지 못한다. 수많은 인구와 급속한 산업화를 고려할 때, 중국은 세계 최대의 물 소비 국가인 동시에 최대의 온실가스 배출국이다. 물론 국민 1인당 기준으로 보면 미국이 세계 최대 온실가스 배출국이다. 동시에 중국에서 농업용 물 소비 가운데 최소 20퍼센트는 실제로는 외국의 소비를 위해 사용된다. 중국을 친환경적으로 만드는 임무는 단지 중국을 위한 것이 아니라 세계 공급망을 위한 것이다.

공급망은 하나의 실체이거나 장소가 아니지만 분명한 경로를 가지고 있다. 세계의 중요한 항공기 회사들을 하나의 국가로 만들면 상위 5대 온실가스 배출국 가운데 하나가 될 것이다. 90개 회사가 — 이 가운데 3분의 1은 국가가 소유하고 있다 — 연간 온실가스 배출량의 3분의 2를 차지하고 있다. 에너지 분야에서는 쉐브론, 엑손, 셸, 영국석유가 포함되어 있고, 소비와 유통 분야에서는 월마트와 이케아가 90개 회사에 포함되어 있다. 중국의 배출량 가운데 40퍼센트 정도는 중국으로 생산기지를 옮긴 외국 기업 때문에 발생한다. 기후 변화 협상은 공급망을 통해 에너지 효율적 기술을 확산시키는 것을 기본으로 하는 것이 아니라 국가의 배출량을 기본 전제로 한다. 이것이 기후 변화 협상이 실패하는 이유이다.

국제기구와 진보적인 정부들은 정부의 역할과 지속 발전 가능성을 촉진하는 공급망에 대한 영향력에 노력을 집중하고 있다. 예를 들면 국제금융공사IFC의 적도원칙Equator Principle에 따르면, 대안이 없는 경우를 제외하면 석탄 발전소에 의존하는 프로젝트에는 투자하지 않는다. 세계 최대인 노르웨이의 국부펀드는 모든 석탄 관련 투자에서 투자자금을 회수했다. 투자자, 보험사, 자산관리자들도 비슷한 방향으로 움직였다. 사회적으로 책임이 있는 투자기금들은 적극적으로 4조 달러에 달하는 투자포트폴리오를 검토하면서 환경 기준에 대한 적합 여부를 측정하기 위해 수만 개에 달하는 협력업체까지 깊이 조사하고 있다. 네덜란드 펀드 운영사인 로베코 샘Robeco SAM은 20여 개의 산업 분야에 걸쳐 기업 지도자들의 관행과 에너지 공급망에 대한 노출과 관련해 보고서를 발행하는 다우존스지속가능경영지수Dow Jones Sustainability Indices를 공동으로 개발했다. 세계적인 대형 재보험사들도 고객들이 공급망에서 지속 발전 가능성을 고려하도록 권고하고 있다. 그렇지 않으면 고객들은 보험을 취소시킬 위험을 감수해야 한다. 이런 것들이 공급망의 기준을 상향시키기 위한 금융적인 압박과 정부의 제재를 적절하게 조화시키는 '규제자본주의regulatory capitalism'의 중요한 근간이다.

있을 것이다. 해수면 상승으로부터 안전한 내륙지방은 충분한 담수를 공급받게 될 것이다.

우리는 정치적 지도에서 기능적 지도로의 변화를 적극적으로 가속화시킬 수밖에 없다. 전체 지구가 기후 변화에 따른 난민의 재정착을 위해 바뀌어야 할지도 모른다. 하지만 이는 국가의 영역을 자원이 바닥난 나머지 국가들을 위해 농업, 임업, 해양자원을 채굴하고 분배하는 자원 보호지역들로 재편하는 일을 필요로 한다.

이는 우리가 최후의 순간에 대비해 계획할 수 있는 어떤 것이 아니다. 오늘날 공급망 세계에는 개발하지 않은 자원이 없다. 하지만 우리는 자연이 돌이킬 수 없는 선까지 약탈당하도록 지구를 방치해서는 안 된다. 오늘날 우리는 정부의 미숙한 관리, 통제받지 않는 기업, 지정학적으로 경쟁적인 비축 등을 통해 거의 모든 곳에서 자원의 과잉개발을 목격할 수 있다. 하지만 네 번째 선택에 대한 조짐도 보이고 있다. 투명하고 전문적인 협조를 통한 지속 가능한 공급망 관리가 바로 그것이다.

공간은 매우 중요하다. 모든 사람에게 필요하지만 아무도 공간을 통제할 수 없을 경우, 우리는 공정한 접근을 통해 지속 가능성을 최대화하는 메커니즘을 설계할 수 있다. 세계에서 가장 오래되고 규모가 큰 국제환경기구인 국제자연보전연맹IUCN은 국가보호지역시스템을 만들었다. 국가보호지역시스템은 국가들이 자연보호지역, 야생보호구역, 국립공원, 자연기념물, 생물종관리지역, 바다 경관지역, 지속 가능한 자원개발지역 등을 지정할 수 있도록 도와준다. 그리고 외국 정부기관, 비정부기구, 기업 등 생태지역의 보호, 회생, 관광객 유치에 필요한 올바른 협력자를 찾아준다. 국제자연보전연맹은 벨리즈에서는 상어를 위해 해양보전지역을 관리하고 캐나다에서는 회색곰 서식지를 보호하고 있다. 또한 콜롬비아에서는 조류보호구역과 브라질의 마나우스 인근의 중부 아마존 밀림의 6백만 헥타르를 관리하고 있다. 심지어 러시아도 국제자연보전연맹과 협의하는 것을 싫어하지 않는다. 국제자연보전연맹은 2백억 달러 규모의 사할린 제2가스광구 프로젝트 주변의 생물 서식지에 대한 보호 방법에 대해 러시아 정부에 조언을 했다.

유럽연합은 1970년대 이후 생물 서식지를 보호하는 10여 개의 특별보전지역과 특별보호지역을 지정했다. 브라질 정부는 2002년 이후 세계자연기금, 세계은행, 독일 정부 그리고 다른 기관들과 협력해 아마존자연보호구역프로그램을 만들었다. 이 프로그램은 인공위성과 인터넷 기반의 추적 프로그램을 통해 스위스 크기의 아마존 열대우림을 감시하고 새로운 목재 조달 규칙을 만들고 있다. 이 프로그램을 도입한 이후 아마존의 열대우림 벌채율이 37퍼센트 감소했다. 이 모든 지역은 정치가 아니라 기능적으로 효율적인 관리를 받고 있다. 국토나 바다에 대한 주권을 가지고 있는 정부는 지역 자체와 국가 그리고 인류의 이득을 위해 독립적인 기구에 관리를 이관했다. 이와 비슷한 원칙들이 북극 지역의 생물다양성을 보호하고 태평양의 불법 조업을 방지하기 위해 적용되고 있다.*

자연을 진지하게 받아들이는 것은 지도에 국가를 표시하는 것처럼 자원을 완전하게 표시한다는 의미이다. 대부분의 지도는 대양과 바다의 이

---

* 극지생물다양성 모니터링사업은 생물 다양성 보호를 위해 지역을 지정하고 북극 지역에 대한 인간의 영향력을 측정하는 통제소 역할을 하기 위한 과학자, 정부, 토착민위원회, 자연보호단체의 연합체이다. 오바마 대통령은 2014년에 태평양 원거리 도서지역 해양국립기념물을 지정했다. 이 지역은 그린란드보다 2배 넓고 미국이 불법 조업으로부터 감시할 심해 산호초들이 풍부하다. 영국은 2015년에 태평양의 핏케언 섬(Pitcairn Island) 부근에 영국의 2배 크기의 해양보호구역을 선포했다.

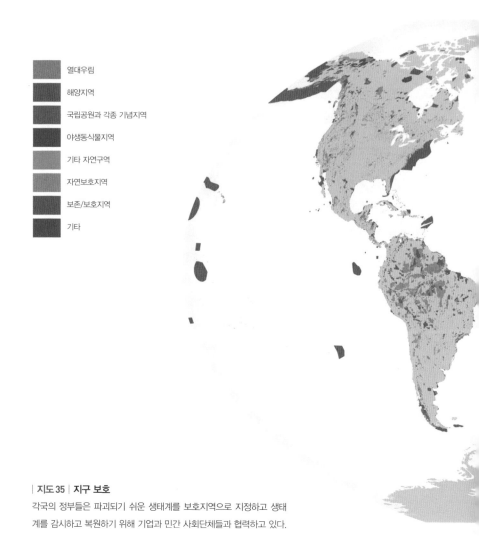

| 지도 35 | 지구 보호

각국의 정부들은 파괴되기 쉬운 생태계를 보호지역으로 지정하고 생태
계를 감시하고 복원하기 위해 기업과 민간 사회단체들과 협력하고 있다.

름만을 표시한다. 하지만 귀중한 자연의 나머지 부분이 이름 없이 색깔
로만 표시되어야 하는 이유가 무엇일까(숲은 초록색, 황색은 사막, 갈색은 산
맥, 흰색은 얼음처럼)? 남미와 아프리카 열대우림의 생물 다양성, 광물이
풍부한 대양의 해저, 북극의 서식지 그리고 다른 자연자원은 비활동적인

배경적 특징 그 이상의 어떤 것이다. 이것은 지구의 복잡한 시스템에서 중요한 역할을 하고 있는 신성한 지형물이다. 우리가 알고 있는 모든 지리적 특징을 표시하고 설명한다면, 우리는 정치적 국경을 방어하는 것처럼 자연의 경계를 보호하기 위해 열심히 일해야 할지도 모른다.

결론

연결에서 복원으로

인류 전체가 부분의 합보다 더 커지는 방법을 이해하는
21세기의 위대한 프로젝트가 시작되고 있다.
– 니콜라스 크리스타키스 Nicholas Christakis**와 제임스 파울러**James Fowler, 「커넥티드connected」

새로운 도덕적 방향

21세기 초 몇 년 동안에 수천 명의 반세계화 운동가들이 세계은행, 국제
통화기금, 세계경제포럼의 정상회담이나 협상장을 습격했다. 서양의 노
동조합에서부터 아프리카의 농민에 이르기까지 다양한 계층의 이익을
대변하는 시위대는 세계화의 불공정을 비난했다. 이들은 세계화가 선진
국과 후진국의 격차를 악화시켰다고 주장했다. 오늘날 우리는 이들이 틀
렸다는 사실을 알고 있다. 그리고 시위대들도 자신들이 틀렸다는 것을
알고 있다. 시위가 더 이상 발생하지 않는 것도 이 때문이다.

반자본주의, 반과학기술, 반세계화 등 반대운동은 언제나 패배한다. 이런 반대운동은 보편적 인도주의를 대표하는 것이 아니라 지역의 근시안적 관점을 대변한다. 교역이 너무 적은 것은 불공정한 교역보다 더 큰 문제이다. 인터넷 접근이 너무 어려운 것은 디지털 격차보다 더 심각한 문제이다. 부를 만들지 못하는 것은 심한 불평등보다 더 큰 문제이다. 그리고 유전자 변형 작물이 너무 없는 것도 기업적 농업보다 훨씬 더 큰 문제이다. 지난 수십 년 동안 유엔에서 나온 세계 경제의 재분배를 요청하는 선언들은 세계화가 20~30년이라는 짧은 기간에 성취한 것들을 이룩하지 못했을 것이다. 빌 게이츠는 2014년에 세계가 과거보다 더 좋아졌다고 말했다.[1] 우리는 세계화에 감사해야 한다.

미래는 항상 우리가 예상한 것보다 빨리 온다. 우리의 선조들은 세계가 둥글다는 것을 깨닫지 못했다. 오늘날 우리는 어떤 두 사람 사이의 관계가 단지 몇 단계 정도만 분리된 인터넷망에 연결되어 있다는 사실을 알고 있다. 연결이 더 큰 복잡성과 불확실성을 가져온다는 것은 의심의 여지가 없다. 사람들이 내일도 오늘과 똑같을 것이라고 확신하는 지역들은 종종 똑같지 않을 것이라고 생각하는 곳이 된다.

세계의 모든 사람들이 공동의 목표를 가지고 있다면, 그것은 현대화와 연결에 대한 욕구일 것이다. 연결은 현대화로 가는 중요한 경로이다. 연결은 세계의 모든 이데올로기를 합친 것보다 더 강력한 힘이다. 소련 방식의 공산주의인 마오쩌둥의 대약진운동을 해체하고 문화혁명에 반대했던 덩샤오핑은 1970년대의 개혁을 주도했다. 덩샤오핑의 개혁은 중국을 세계 경제와 연결시켰고 세계의 변방 국가에서 강대국으로 발전시켰다. 이것은 종교에도 마찬가지로 적용된다. 대부분의 국가에서 종교와 시장은 평화적으로 공존한다. 최근에 새로 등장한 인도와 중국의 중산층들 사이의 종교의 부활은 감사를 표시하고 세계 경제에서의 지속적인 성공을 기원하는 것과 관계가 깊다. 인도와 중국 사회는 연결이 없다면 자신들이 감사해야 할 일이 훨씬 적다는 사실을 알고 있다.

연결은 세계 사회의 토대가 되었다. 모든 개인은 정치가 아니라 시장과 미디어를 통해 나머지 세계와 연결된다. 공급망은 글자 그대로 우리가 간접적으로 서로를 느끼는 방법을 구체화시키는 것이다. 세계의 소비자들이 휴대전화를 저렴하게 구매할 수 있는 것은 아시아의 저임금 노동자들 덕분이다. 알카에다 무장 세력의 사우디 정유공장 공격은 도시 근로자들의 휘발유 가격을 치솟게 만든다. 필리핀의 콜센터 근로자들이 사람들의 기술적인 문제를 해결해주고 있다. 어떻게 분리되어 있든, 공급망은 방글라데시의 의류공장 노동자와 삭스 피프스 애비뉴^{Saks Fifth Avenue} 매장의 고객을 연결시켜준다. 콩고의 광부는 공급망을 통해 홍콩 공항에 있는 다이아몬드로 장식한 휴대전화를 소유한 고객과 연결된다. 어떤 것도 부자와 가난한 사람, 동쪽과 서쪽, 남쪽과 북쪽을 공급망처럼 연결시켜주지 못한다. 이런 연결이 보잘것없을지도 모르지만, 우리에게는 연결되지 않은 것보다는 연결된 것들에 대해 관심을 가질 가능성이 높다. 중국에서부터 캘리포니아까지 태평양을 떠다니는 공해물질 때문에, 미국인들은 가라앉고 있는 태평양의 섬들보다 기후 변화에 대해 더 많이 생각하게 된다. 방글라데시에서 서양의 유명상표 옷을 만드는 의류공장의 붕괴 사고는 중국 밖에서는 거의 팔리는 않는 폭죽공장의 폭발 사고보다 더 많은 관심을 끌었다. 연결은 우리의 윤리적 발전에 지침이 되는 공감을 가능하게 한다.

공급망 체계는 시장이 세계를 지배하는 자유주의적인 환상도 아니고 보편적인 사회주의자의 낙원도 아니다. 공급망 체계는 우리가 대중 선동적 신화와 고루한 단어를 통해 도피하기 위한 것이 아니라 실용적인 전략을 세워야 하는 발전적인 현실이다. 막스 베버^{Max Weber}의 저술들은 거의 1백 년 동안 현대 국가들이 최선의 경제적, 사회적, 정치적인 질서의 기초를 제공할 것이라는 믿음을 고무시켰다. 하지만 오늘날 50억 명 이상이 정부로부터 무시당하거나 제대로 된 공공 서비스를 받지 못하고 있다.

태어나면서부터 나머지 세계보다 유리한 점이 많은 서양에서조차 상대적으로 혜택을 받는 운명이 더 이상 보장되지 않는다. 유럽 정부들이 급여를 삭감하면서, 수백만 명의 시민들은 스스로 생계를 꾸려나가도록 방치되었다. 동시에 미국의 밀레니엄 세대의 소득은 수십 년 전의 부모들의 소득 수준보다 더 낮아질 것이다. 미래는 정부의 지원보다는 자급자족의 시대가 될 것이다. 부자가 될 권리는 더 이상 존재하지 않는다.

유기적이고 윤리적인 지역사회로서의 '국가사회'와, 지역사회의 유대관계를 무시하는 하버드 대학의 마이클 샌델^{Michael Sandel} 교수의 '시장사회^{market society}' 사이의 양분법은 잘못된 것이다. 정부가 정의, 존엄, 기회를 제공하기를 기다리는 대신, 사람들은 지역적 사회 자본에 대한 대안이 아니라 필수적인 새로운 종류의 글로벌 사회 자본으로서 새로운 연계를—직업적, 상업적, 가상적—만들어가고 있다.

세계적인 연결은 우리의 지도 제작법과 도덕성을 발전시킬 기회이다. 공급망이 우리를 이용하도록 하는 것이 아니라 우리가 공급망을 최대로 활용해야 한다. 분열이 아니라 연결에 따라 재편된 세계는 '우리와 그들'

이라는 사고방식에서 더 폭넓은 '우리'라는 정체성을 향해 발전할 잠재력을 지니고 있다. 다시 돌아갈 이유는 없다.

글로벌 사회에서 도덕성의 기준은 최대의 사람들을 위해 최대의 선을 성취하는 실용주의적 목적을 위한 유대관계에 영향을 미치고 있다. 우리는 존 롤스^{John Rawls}의 사회적 도덕성의 실험을 전 세계에 적용해야 한다. 사회적 도덕성은 우리가 사회의 저변에 있는 사람들을 대하는 방법에 따라 우리 스스로를 평가하고 사회적 도덕성이 가난한 사람들의 생활을 향상시키는 정도만큼 불평등을 정당화하는 것이다. 경제학자인 브랑코 밀라노비치^{Branko Milanovic}가 "나쁜 불평등^{bad inequality}"이라고 부르는 것을 "좋은 불평등^{good inequality}"으로 변화시킬 가능성은 여전히 존재한다. 좋은 불평등은 성취를 위한 노력을 가능하게 한다. 사실 우리는 올바른 길로 가고 있다. 세계화와 연결은 불가피하게 불평등을 유발했지만, 수십억 명의 삶의 질을 향상시켰다.

대규모의 인류 발전을 이룩하기 위해 거의 모두를 연결하는 방법에 관해 더 대담한 생각을 할 때가 되었다. 기반시설, 시장, 기술, 공급망은 세계를 물류적으로 통합할 뿐만 아니라, 우리가 더 공정하고 지속 발전 가능한 미래로 나아갈 수 있는 추진력을 제공한다. 하지만 아직 갈 길이 멀다. 수십억 명이 아직도 도로와 전기 없이 살고 있다. 식량은 부족하고 돈은 사치품이다. 열악한 기반시설과 제도들이 수요와 공급의 연결을 방해하고 있다. 이것을 극복하는 것이 도덕적 책무이다.

사람들이 가고 싶은 곳에 가도록 하고, 자연재해와 갈등을 피하거나 일자리를 찾도록 해주는 것 그리고 신선한 물과 식량, 에너지가 필요한 사람들에게 이를 전달해주는 것보다 더 높은 도덕성은 없다. 국가의 주권과 영토적 통합은 더 이상 신성불가침의 원칙이 아니다. 사실 주권과 영토는 수단과 시리아처럼 사람들이 봉쇄당했을 때는 비도덕적일 수 있다. 가뭄에 시달린 기후 변화 난민들이 비옥한 지역으로 이주하지 못하거나 이주 노동자들이 정치적 곤경에 갇혀 있을 때도 마찬가지이다. 정치적 지도에서 기능적 지도로 향하는 변화는 우리가 정의와 효율성을 전달하지 못하는 완고한 도덕성을 극복하고 실용주의적 사고방식을 채택하도록 도움을 준다. 정부는 이를 통해 세계를 소유하는 것이 아니라 글로벌 네트워크 안의 일부분으로서 세계를 관리하게 될 것이다.

이런 새로운 세계 질서를 건설하는 비용은 최소한 금전적으로 측정할 수 있는 것만 수백조 달러에 달하지만, 그 혜택의 가치도 비슷하다. 이것이 새롭게 등장하는 글로벌 사회계약이다. 제대로 된 혜택을 받지 못하고 일자리를 찾지 못한 수십억 명의 잠재적 생산력이 발휘될 수 있도록 비용을 사회화할 수 있다면, 우리는 훨씬 더 부유한 글로벌 사회의 부를 집단적으로 공유하게 될 것이다. 우리는 글로벌 사회 건설을 가속화하고 있지만, 어떤 글로벌 사회를 원하고 있는지에 대한 공식적인 합의는 없다. 우리는 글로벌 사회를 건설하는 여정을 받아들이고 이를 구체화해야 한다.

연결은 세계성globality을 새로운 기본적 조건으로 인식하는 인지혁명을 불러왔다. 다시 말해 모든 것에 세계적인 측면이 있다. 서양적 아이디어나 동양적 아이디어 어느 것도 서로를 압도하지 못한다. 하지만 지혜는 서양의 좁은 시야와 동양의 전체론, 인본주의와 과학적 물질주의, 민주주의와 기술관료주의 사이에서 양방향으로 흐른다. 캐나다의 정치학자인 다니엘 벨은 조화가 동양과 서양 사이를 연결하는 유효한 개념이라고 주장한다. 공자의 이론에 따르면, 조화는 평화로운 질서를 추구하지만 사회관계에서 다양성을 존중하기 때문이다. 조화는 일반적으로 알려진 것처럼 통일성을 전제로 하지 않는다. 조화처럼 겉보기에 동양적인 개념을 선택하는 것은 아시아에 유리하지 않다. 조화지수Harmony Index가 높은 국가들은 노르웨이, 스웨덴, 스위스, 뉴질랜드 같은 서양의 작은 국가들이다. 영어와 컴퓨터 언어라는 2개의 세계 언어가 소프트웨어와의 실시간 소통을 통해 세계를 연결하면서, 이런 새롭게 등장하는 글로벌 문화도 심화되고 있다.

스스로 움직이는 네트워크

우리는 글로벌 지도자가 없는 글로벌 사회를 건설하고 있다. 세계 질서는 더 이상 상명하복의 통제를 받거나 지시를 받는 어떤 것이 아니다. 세계화는 그 차제가 질서이다. 권력은 지난 1천 년 동안 송나라에서 투르크 몽골과 아랍의 칼리프 체제를 거쳐 유럽의 식민 제국과 미국에 이르기까지 세계를 한 바퀴 돌았다. 미국이 지난 2세대 동안 세계의 경찰과 최종 대출자lender of last resort가 되면서, 팍스 아메리카가 팍스 브리타니카를 대체했다. 하지만 팍스 시니카Pax Sinica는 동일한 방식으로 미국의 지배를 대신할 가능성이 높지 않다. 동양이 서양을 대신하고 중국이 미국을 대체할 것이라는 지난 10년 동안의 과장은 각각의 대륙과 지역이 내적인 통합과 세계와의 연계성을 강화하는 다극화된 세계와 다문명 세계로 대체되고 있다. 남미, 아프리카, 아랍, 인도, 아시아 사람들은 모두 미국이나 중국의 강권정책에 종속되지 않기 위해 다자연합과 다자교역을 할 수 있는 세계를 원하고 있다. 이들은 일방적인 강요를 받아들이는 대신 강대국들을 서로 대립하게 만들 것이다. 이 국가들은 주도권보다 연결이 세계의 안정으로 가는 길이라는 것을 알고 있다. 수요와 공급이 지역과 강대국들이 상호 교류하는 방법을 결정할 것이다. 미국이 군사적 지원과 기술을 제공하고, 중국이 기반시설과 수출 시장을 제공하며, 유럽이 원조와 정치적 자문을 하고, 기업의 공급망이 연결의 흐름을 부드럽게 만든다면, 이는 지정학적인 기적에 가깝다.

역사적인 질서의 모델은 영향력의 범위 위에 세워졌다. 하지만 오늘날 안정적인 세계 사회는 여러 문명을 가로지르는 공동 창조를 기초로 해야 한다. 중국의 학자인 장웨이웨이張維爲는 이런 균형 잡힌 시스템을 계층적 hierarchical이 아니라 대칭적symmetrical인 시스템이라고 부른다. 대칭적인 체제에서 안정의 유지는 다양한 강대국들 사이의 자제와 상호 간의 신뢰를 필요로 한다. 이것이 나폴레옹 전쟁 이후 19세기 유럽 협조체제의 성공을 가능하게 한 미덕이었다. 2백 년 전의 사례와 마찬가지로, 지금은 정당한 질서가 고안되어야 하는 강대국의 평화 시기이다. 헨리 키신저 Henry Kissinger에 따르면, 미국과 중국은 세계적인 맥락에서 함께 발전할 것이다. 그리고 과거의 교훈에는 한계가 있다. 1814년의 빈 체제, 1919년의 베르사유 조약, 국제연맹 등 어느 체제도 미래에 대한 최선의 안내자가 되지 못했다. 이런 체제가 미래에 대한 훌륭한 안내자였다면, 1차 세계대전과 2차 세계대전은 발생하지 않았을 것이다.

우리는 역사가 반복되지 않도록 하기 위해 사건들이 새로운 세계 전략의 패러다임을 강요할 때까지 기다려서는 안 된다. 우리에게는 바람직하지 않은 사건들을 피하기 위한 전략이 필요하다. 공포와 자부심의 위험한 조합에 의해 투키디데스의 함정^{Thucydides trap*}이 발생한다면, 감정을 배제하는 것이 강대국의 적대관계를 변화시키는 데 매우 중요하다. 지역주의와 상호주의는 긴장 고조를 막는 가장 중요한 장벽이다. 세계화의 진전은 슈퍼파워 중심의 대립 논리에 대한 유일한 해결책이다. 세계를 공급망에 안전한 곳으로 만드는 것은 사실상 세계를 더 안전하게 만드는 것이다.

우리는 특정 국가나 지역의 향후 10년 동안의 운명에 대해 확신할 수 없기 때문에 지정학적 위계질서의 세계보다 상호 연결된 세계를 필요로 한다. 미국이 풍부한 에너지 자원을 자국의 발전에 투자하는 데 활용하면 타국에 대한 간섭이 줄어들 수 있다. 유럽은 경제적 불안 때문에 정치적인 정체와 고립을 경험할 수 있다. 아시아는 눈부신 성장을 무력화시키는 전략적 경쟁에 의해 봉쇄당할 수 있다.

미국은 지리적 크기, 인구와 경제 규모, 풍부한 자원 덕분에 어떤 시나리오에 따르더라도 앞으로 수십 년 동안 강대국으로 남아 있을 것이다. 성공적인 시나리오는 풍부한 에너지와 수출 증가를 불러오는 산업의 부흥, 실물 경제에 대한 대출을 통한 금융의 부활, 교통과 디지털 연결에 대한 대규모 투자를 통한 기반시설 정비, 교육과 의료 서비스 강화에 초점을 맞춘 새로운 사회계약을 포함할 것이다. 이런 미래 사회에서는 사회적 이동성이 증가하고 혁신이 지속되며 휴대전화가 5분마다 끊어지는 일이 없을 것이다.

하지만 혁신이 실리콘밸리에서만 지속되고, 에너지 붐이 일반 노동자

---

* 신흥 강국이 기존의 세력 판도를 뒤흔들고 이런 불균형을 해소하는 과정에서 패권국과 신흥국 사이의 무력 충돌이 발생하는 경향 — 옮긴이

들이 아니라 제한된 산업에만 혜택을 주며, 연방정부가 국가 기반시설 투자에 실패하고 기업의 세금을 재분배하지 못하는 쇠퇴 시나리오도 있다. 이런 시나리오에서는 저임금 이민자들은 1퍼센트 상위층과 고령 인구를 돌보는 하층민으로 전락한다. 미국은 통합된 하나의 국가가 아니라 여러 민족의 집합에 가까워진다.

미래에 대한 좀 더 정확한 관점은 두 시나리오의 다양한 요소를 결합하는 것이다. 워싱턴의 정치는 제 기능을 하지 못할 것이고, 정부 재정지원의 증가로 재정적 어려움이 계속될 것이다. 미국인들이 고령화되고 보살핌이 필요해지면서 이민은 급증할 것이다. 기술 혁신은 새로운 수준으로 올라설 것이다. 하지만 불평등이 만연하고 권력의 분산이 꾸준히 진행될 것이다.

동일한 현상이 세계 곳곳에서 벌어지고 있다. 권력 이양의 추세가 지구촌을 휩쓸고 국가들이 자국 보호에 집중하고 있는 가운데, 세계 사회의 연대는 분열된 국가들 사이의 애매모호한 협정이 아니라 잘 연결된 공급망에서 등장할 가능성이 높다. 우리의 지도가 정치적·영토적 분열보다 연결성을 강조하지 않는다면, 국가들은 세계 평화에 필수적인 상호 간의 공감을 느끼지 못할 것이다. 심지어 임마누엘 칸트^{Immanuel Kant}가 자주 사용하는 개념인 '국가의 예의'조차 논리적으로 오늘날의 세계와는 잘 맞지 않는다. 칸트는 공화국의 법적인 연합을 영원한 평화로 가는 길로 생각했지만, 오늘날의 복잡한 세계에는 자신을 대변하는 다양한 형태의 사회들이 존재한다. 따라서 인간 개인을 목적 그 자체로 보고 있는 칸트의 도덕적인 저작물들은 그의 정치적 견해와 일부 충돌한다. 칸트의 영향을 받기는 했지만, 에밀 뒤르켐은 세계 사회가 부분의 합보다 더 큰 본질을 가지고 있다는 견해를 더 잘 대변한다. 뒤르켐은 점점 더 복잡한 노동의 분화가 기능적인 상호 의존으로 이어지고 유기적인 사회적 연대 속에서 개인들의 독특함이 존중받아야 한다고 믿었다. 세계화가 비교우위에 기초한 더 많은 상호작용을 만들어내면서 뒤르켐의 동적 밀도는 점점 커지고 있다. 따라서 세계적인 노동의 분업은 가난한 국가에서는 일자리를 만들고 부유한 선진국에서는 가격을 하락시키면서 모든 사람들의 선택권을 확대함으로써 우리 모두를 더 잘살게 만들고 있다. 새롭고 다원화된 연결의 시대가 도래한 것이다.

아인슈타인의 유명한 말처럼, 우리가 문제를 만든 사고방식으로 문제를 해결할 수 없다면, 국가 중심적인 세계의 문제는 국가 중심의 사고방식을 탈피해야 한다. 세계의 연결에 대한 기준은 2차 세계대전 이후 만들어진 제도에 대한 충성이 아니라 세계 모든 사람들의 요구를 충족시키는 것이어야 한다. 따라서 세계에 대한 통제 방식은 인터넷처럼 생산적인 구조라야 한다. 중앙집권적 통제가 없는 분권적인 협조와 점점 더 증가하는 네트워크 참여자들 사이의 호혜성이 보장되어야 한다. 일부는 무질서와 지속적으로 재편되는 세계가 다극적인 경쟁 체제보다 세계 안정에 더 위협적인 요인이라고 본다. 하지만 이들은 연결이 혼란이라는 수면 아래에 있는 응집력이라는 사실을 간과하고 있다. 세계가 혼란스럽고 분열될 때, 이를 막아주는 것은 바로 연결이다.

국경 없는 세계 건설

경쟁적인 세계 제패 전략조차 스스로 안정성을 유지하는 세계의 발전을 지향하고 있다. 미국, 유럽, 중국은 이웃 국가들과 함께 기반시설에 투자하고 지역 통합을 촉진시키며 세계적인 연결을 추진하면서 궁극적으로 더 큰 집단적 회복력 발전에 공헌하고 있다. 석유에 대한 갈망이 독일 나치를 근동지역에 대한 침략으로 이끌었고 일본이 말레이시아를 침략한 이유였다. 하지만 오늘날 우리는 에너지가 풍부한 시대에 살고 있다. 석유 생산이 정점을 지나 감소하는 시대가 아니라 가스 공급의 과잉시대이다. 지난 10년 동안 서구 국가들은 중국이 19세기와 20세기 제국주의와 유사한 제국주의적 충동으로 원자재를 사재기할 것이라고 두려워했다. 하지만 남미와 아프리카 자원에 대한 중국의 막대한 투자는 세계 시장에 대한 공급을 증가시켰다(심지어 중국의 수요가 감소하면서 공급 과잉은 특정 원자재 가격의 붕괴를 불러왔다). 그리고 중질 원유에서 경질 원유까지 모든 종류의 원유를 처리할 수 있는 새로운 종류의 정제시설이 등장하면서, 석유 공급은 좀 더 대체 가능한 것이 될 것이다. 왜냐하면 하나의 공급원이 다른 공급원에 의해 빠르게 대체 가능하기 때문이다. 지속적인 원자재 발견과 채굴기술의 발전 덕분에, 기업들의 연합이 아니라 공급과 수요가 에너지 가격을 결정하고 있다.

　장기적인 관점에서 볼 때, 연결에 대한 경쟁은 우리의 집단적 위험을 감소시킨다. 원자재 공급이 원활할 경우, 정부는 원자재 공급망에서 단절될 위험을 적게 느끼게 된다. 따라서 원자재를 둘러싼 전쟁의 가능성도 줄어들고, 결국 자원 전쟁의 필요성도 사라진다.

　전략적 연결의 필요성에 따라 세계의 풍부한 자원이 전 세계의 수요를 충족시킬 수 있는 다른 방법도 있다. 새로운 교역로와 환적 항구를 건설하기 위한 경쟁에 대해 생각해보라. 전략적으로 제로섬 게임처럼 보이지만, 사실 365일 항해 가능한 북극 항로의 개방과 유라시아 횡단철도 건설은 모두 테러 공격이나 중동의 지역 분쟁으로 인한 수에즈 운하의 갑작스런 폐쇄가 가져올 위험을 최소화시킨다. 이것은 인터넷 케이블에도 동일하게 적용된다. 의도된 공격이나 선박의 닻에 의한 우연한 사고로 일 년에 최소 20여 건의 해저 인터넷 케이블 단절 사고가 발생한다. 하지만 해마다 꾸준하게 더 많은 해저 케이블의 설치가 기하급수적으로 증가하는 데이터 전송에 대한 안전망 역할을 하고 있다. 분산된 연결은 우리가 특정 지점에 발생한 단절이나 실패를 피해갈 수 있도록 도와준다.

현재 시점에서의 올바른 투자를 통해 2050년에는 90억의 세계 인구가 공평하게 상품과 서비스를 배분받을 수 있고, 동시에 예측할 수 없는 자연재해에 좀 더 잘 적응할 수 있을 것이다. 실제로 앞으로 수십 년 동안 많은 국가들은 해수면 상승에 따른 해안지대의 침수로 인한 이주민들을 정착시키기 위해 더 많은 새로운 내륙 도시를 건설해야 할지도 모른다. 화산 폭발과 전자기장 충격파가 항공기의 발을 묶어놓으면, 대서양과 인도양을 가로지르는 수륙양용고속정 서비스가 필요할지도 모른다. 이런 투자는 즉각적으로 수익을 내지 못할 수도 있지만, 만일의 사태가 발생한다면 반드시 필요한 서비스이다. 경제학자들은 이를 과잉설비라고 부를 수도 있다. 하지만 예측 불가능한 세계에서 이는 상식적인 것이다.

거대 해안 도시로 구성된 세계는 제국주의적 패권보다 공급망의 지속성에 더 많은 관심을 갖게 될 것이다. 교역 도시들은 외국에 대한 지배와 핵무기보다는 해안 경비대와 대테러 부대를 필요로 한다. 교역에 의존하는 도시들은 엄청나게 힘이 강한 하나의 국가조직보다 관계의 집합을 더 선호한다. 잔지바르, 오만, 베네치아, 싱가포르와 같은 개방적인 혼합 문명의 세계는 전체주의적인 거대 제국보다 훨씬 더 평화로울 것이다. 우리는 팍스 어배너^{Pax Urbana}를 건설하기 위해 노력해야 한다.

미래의 성공적인 지도에는 분열보다는 더 많은 연결을 표시해야 할 것이다. 이것이 우리 시대의 현실에 부합하는 적절한 대응이다. 과거 2세대에 걸쳐 대규모 세계 전쟁은 발생하지 않았다. 그리고 일부 국지적 긴장사태도 전 세계에 걸친 투자의 증가와 교역의 증대에 따라 신중하게 관리되었다. 우리는 국가 내부에서 연결의 가치를 측정하기 위해서 노력해야 한다. 이제는 국경을 가로지르는 연결의 혜택을 위해 동일한 노력을 쏟아부어야 할 시점이다.

국가와 국경의 세계에서 흐름과 마찰의 세계로의 이동에 대해 의구심을 제기하는 것보다 더 큰 위험은 없다. 우리는 파괴적인 영토적 분쟁을 견딜 수 없기 때문에 더 많은 국경이 사라진 세계를 필요로 한다. 사람과 자원에 대한 올바른 연결을 통해 인간과 경제의 잠재력을 최대로 이끌어 낼 수 있기 때문이다. 국민에게 충분한 복지를 제공할 수 있는 국가들이 소수에 불과하고 수십억 명의 사람들이 세계화의 혜택을 완전히 누리지 못하고 있는 것도 국경이 없는 세계가 필요한 이유이다. 위험과 불확실성에 대한 해결책은 국경이 아니라 바로 더 많은 연결이다. 우리가 국경 없는 세계의 혜택을 누리고 싶다면, 먼저 국경 없는 세계를 건설해야 한다. 우리의 운명은 아직 결정되지 않았다.

AJD GEOSPATIAL CONCEPTS

http://gisconsultingservices.com/

AJD Geospatial Concepts는 도시와 지역계획에 관한 지리 데이터의 관리, 분석, 지도 제작에 특화되어 있다. 공공재, 환경, 기반시설, 교통 관리, 기업과 정치 그리고 3D 지도 제작과 홍수 분석을 전문으로 한다.

ARCGIS

https://www.arcgis.com/features/

ArcGIS는 공공과 개인이 수집한 데이터를 통합해 단체들이 사이트와 경로를 분석하고 교통이나 다른 정보의 패턴을 최적화하거나 예측하기 위해 맞춤 지도와 관리 화면을 만들 수 있도록 도와주는 지도 제작 플랫폼이다.

ATLAS OF ECONOMIC COMPLEXITY

https://atlas.media.mit.edu/atlas/

Atlas of Economic Complexity는 국가가 만들고 교환하는 상품을 토대로 국가들이 보유하고 있는 생산적 지식의 양을 측정한다. 경제적 복잡성 지도는 사용자들이 국가의 경제적 복잡성 발전을 시각적으로 설명할 수 있도록 도와준다. 경제적 복잡성은 경제 성장 잠재력, 관리방식, 교육 수준 그리고 다른 요소들의 중요한 지표이다.

CAGE COMPARATOR

http://www.ghemawat.com/cage/

CAGE Distance 분석법은 국가와 지역 사이의 교역, 자본, 정보, 사람의 흐름과 관련된 패턴을 평가하는 데 사용된다. 이 분석방식은 사용자들이 지리, 경제, 행정, 문화 측면에서 격차를 이해하는 데 도움을 준다.

CARBON MAP

http://www.carbonmap.org/

Carbon Map은 기후 변화에 대한 공헌 또는 취약성을 기초로 각각의 주제와 관련된 데이터를 지도 변형이나 색 변화 등의 방식을 통해 쌍방향 지도에 적용한다.

CENTER FOR GEOGRAPHIC ANALYSIS, HARVARD UNIVERSITY

http://worldmap.harvard.edu

WorldMap software는 하버드 대학의 CENTER FOR GEOGRAPHIC ANALYSIS가 만들고 관리한다. WorldMap software를 통해 인터넷 맞춤 지도 제작이 가능하고, 맞춤형 지도 제작을 위해 공개된 다양한 지리 공간 정보를 쉽게 선택하고 다운로드할 수 있다.

CHRONOATLAS

http://www.chronoatlas.com/MapViewer.aspx

ChronoAtlas는 전 세계 역사의 특정 시점에서 정치적 경계와 도시들을 볼 수 있도록 도와주는 쌍방향 무료 역사 프로그램이다.

COASTAL SEA LEVEL RISE CALCULATOR

http://ngm.nationalgeographic.com/2013/09/rising-seas/if-ice-melted-map

National Geographic의 양방향 지도는 극지방의 빙하가 모두 녹을 경우 최고 50미터 이상의 해수면 상승과 관련된 다양한 시나리오에 기초해, 모든 대륙의 해안선 변화, 새로운 해안선, 침수된 해안지대를 보여준다.

ESRI

http://storymaps.arcgis.com/en/

Esri's Story Map의 앱들은 급속한 도시로의 이동이 어떻게 메가시티 세계의 등장을 촉진시켰는지와 같은 특정 주제와 관련된 시각적 이야기 제작에 활용할 수 있다.

ESRI MAPPING CENTER

http://mappingcenter.esri.com/index.cfm?fa=resources.cartoFavorites

ESRI Mapping Center는 전문 지도 제작자들이 사용하는 다양한 리소스를 정기적으로 제공한다. 이를 통해 사용자들은 ArcGIS를 활용하는 지도를 제작할 수 있다.

FIRST MILE GEO

https://www.firstmilegeo.com/

First Mile Geo는 사용자들이 휴대전화, SMS, 여론조사 등 오프라인과 온라인을 통해 수집된 자료를 보관하거나 시각화 또는 모니터링할 수 있도록 도와주는 기업 정보 소프트웨어이다. 지도, 관리 사이트, 각종 지표, 위험 경보 등을 다양한 언어로 알려줄 수 있다.

FLEETMON

http://www.fleetmon.com/live_tracking/fleetmon_explorer

FleetMon는 약 50만 척에 달하는 선박의 이동과 위치를 시각적으로 보여주기 위해 AIS 위치데이터를 실시간으로 사용하는, 전 세계의 선박과 항구에 관한 개방형 데이터베이스이다. 해양 운송과 교역 패턴에 대한 분석이 가능하다.

FLIGHT RADAR

http://www.flightradar24.com

Flight Radar24는 전 세계 수천 대의 항공기의 위치에 관한 실시간 정보를 제공하는 항공기 추적 서비스이다.

GAPMINDER

http://www.gapminder.org/

Gapminder는 지역, 국가, 세계 수준에서 사회, 경제, 환경 개발과 관련된 통계와 다른 정보에 대한 이해와 활용을 통해 유엔새천년개발목표의 달성과 지속 가능한 세계 발전을 촉진하는 비영리 벤처기업이다.

GATEWAY HOUSE

http://www.gatewayhouse.in/corridor_maps/corridorMaps/index.html

아시아의 전략적 회랑지대(Asia's Strategic Corridors)에 관한 Gateway House의
프로젝트는 남아시아, 중앙아시아, 서아시아, 동아프리카, 동남아시아 등 인도양의
주변 지역과 동아시아 지역에서 기반시설, 에너지, 교역 그리고 다른 연관관계에 관
한 역동적인 지도를 제공해준다.

GDELT

http://www.gdeltproject.org/

GDELT 프로젝트는 1979년 이후 1백 개 이상의 언어로 제공되는 거의 모든 국가의
방송, 인쇄, 인터넷 뉴스에 관한 세계적인 데이터베이스이다. GDELT 프로젝트는
사건과 관련된 사람, 위치, 주제, 취재원 등을 찾아주고 날짜에 따라 최신 소식을 제
공한다.

GEOFUSION

http://www.geofusion.com/index.html

GeoFusion은 가상현실과 3D 시각화 기술을 자체적인 GeoMatrix와 GeoPlayer
엔진에 통합해 항공, 국방, 우주 탐사, 교육, 오락 등 산업 분야에서 사용되는 실시간
시각 자료를 생산한다.

GLOBAÏA

http://globaia.org

Globaïa는 사회와 환경 문제에 관한 경각심을 불러일으키기 위해 예술과 과학을 접
목한 동영상과 시각자료를 기획하고 제공한다.

GLOBAL SPATIAL DATA INFRASTRUCTURE ASSOCIATION

http://www.gsdi.org/SDILinks

Global Spatial Data Infrastructure Association은 공간정보 기반시설에 관한 세계, 지역, 국가의 링크를 제공한다.

GOOGLE EARTH PLUG-IN

https://www.google.com/earth/explore/products/plugin.html

Google Earth Plug-In은 사용자들이 3D 지구본에 데이터를 처리하고 정교한 3D 지도를 만들기 위해서 자신들의 웹페이지에 구글 어스(google earth)를 사용할 수 있도록 도와주는 무료 자바 스크립트 응용프로그램 개발도구이다.

IMF DIRECTION OF TRADE STATISTICS

http://data.imf.org

IMF Direction of Trade Statistics는 각 국가의 가장 중요한 교역국에 따라 분류된 수출과 수입 상품의 가치에 관한 최근의 통계 수치를 제공한다.

IMMERSION

https://immersion.media.mit.edu/

MIT의 Immersion 소프트웨어는 이메일 메타데이터를 활용해 개인적 관계와 직업적 관계를 나타내는 개인 중심의 네트워크 지도를 만들어준다.

INSTAAR DATA SETS, UNIVERSITY OF COLORADO BOULDER

http://instaar.colorado.edu/~jenkinsc/dbseabed/

dbSEABED는 수천 개의 개인 데이터를 효율적으로 통합함으로써 해저를 구성하는 물질에 관한 세밀하고 통일된 지도를 만든다.

MAP PROJECTIONS

http://bl.ocks.org/mbostock/raw/3711652/

이 사이트는 메뉴 선택을 통해 다양한 형태의 세계 지도를 제공한다.

MAPS-OF-WAR

http://www.mapsofwar.com/

Maps-of-War는 사람들이 몇 년 동안이 아니라 수백 년에 걸친 역사의 큰 그림을 이해하는 것을 돕기 위해 만들어졌다. 이 사이트는 종교, 민주주의, 중동 제국의 역사적 발전에 관한 동영상을 제공한다.

MAPSTORY

www.MapStory.org

MapStory는 시간과 공간에 구애받지 않고 회원들에 의해 수정되고 확장될 수 있는 구조를 통해 누구나 시각적인 자료를 만들 수 있도록 도와주는 사용자 친화적인 플랫폼이다.

MCKINSEY GLOBAL CITIES OF THE FUTURE

http://www.mckinsey.com/insights/economic_studies/global_cities_of_the_future_an_interactive_map

McKinsey Global Cities of the Future는 다음 세대 동안 역동적인 성장과 인구 변화를 주도할 도시들과 신흥도시 밀집지대를 볼 수 있도록 해주는 양방향 지도이다.

NASA GLOBAL CHANGE MASTER DIRECTORY

http://gcmd.nasa.gov/

NASA Global Change Master Directory는 나사(NASA)의 지구과학 관련 데이터와 서비스 들에 대한 전체 목록을 보유하고 있다.

NATIONAL GEOSPATIAL-INTELLIGENCE AGENCY

https://nga.maps.arcgis.com/home/

National Geospatial-Intelligence Agency는 과학적 연구, 자연재해 복구 활동, 위기관리를 지원하기 위해 막대한 분량의 위성사진에 대한 공개적인 접근과 다른 지구 관련 데이터를 제공한다.

NORSE ATTACK MAP

http://map.norsecorp.com/

사이버 위협에 대한 분석을 하는 Norse는 인터넷과 다크웹 소스로부터 매 순간 수집된 데이터에 근거해 세계 사이버 전쟁에 대한 시각자료를 제공하고 공격 근원지와 공격 대상을 찾아낸다.

OPENSTREETMAP

https://www.openstreetmap.org/

OpenStreetMap은 사용자들이 관리하는 크라우드 소싱 지도 플랫폼이다. 이 사이트는 항공사진, GPS 장치 그리고 다른 도구들에 의해 생성된 수많은 콘텐츠와 상점 위치, 교통 네트워크에 관련된 데이터를 지속적으로 업데이트해준다.

PLANET LABS

https://www.planet.com/

Planet Labs는 저궤도 인공위성 네트워크를 활용해 지구 전체의 가장 최신 위성사진을 촬영하고, 상업적 또는 인도주의적 목적에 사용될 수 있는 합성 디지털 이미지를 생산한다.

SOURCEMAP

http://www.sourcemap.com/

Sourcemap은 원자재부터 최종 단계의 소비자에 이르기까지 공급망 관련 데이터에 대한 시각자료를 제공한다. 이를 통해 위험 분석에 대한 시각화, 비용 산출, 재난 복구에 대한 계획이 가능하다.

VISUAL LITERACY

http://www.visual-literacy.org/periodic_table/periodic_table.htm

Visual Literacy의 Periodic Table of Visualization Methods는 지도 기술과 수십 가지의 중요한 데이터를 요약하는 교육적인 인포그래픽을 제공한다.

WELCOME TO THE ANTHROPOCENE

http://www.anthropocene.info

Welcome to the Anthropocene는 산업혁명 이후 지난 250년 동안 지구에 대한 인간의 영향력을 설명하는 짧은 동영상을 모아둔 곳이다.

WORLD BANK PUMA SPATIAL DATA SETS

http://puma.worldbank.org/downloads/

World Bank의 PUMA는 사용자들이 직접 시각자료를 만들고 분석을 하기 위해 다운로드받을 수 있는 도시공간 데이터와 지리공간 툴(tool)을 모아둔 곳이다.

WORLDMAPPER

http://www.worldmapper.org

Worldmapper는 독특한 통계지도를 만드는 알고리즘을 통해 정량적 데이터를 걸러낸다. 통계지도들은 부, 공해 물질 배출, 인터넷 액세스 등 주제에 따라 그 의미를 설명해준다.

WORLD MIGRATION

http://www.pewglobal.org/2014/09/02/global-migrant-stocks/

퓨 리서치센터의 쌍방향 지도는 1990년, 2000년, 2010년, 2013년에 출발국가와 도착국가를 기준으로 이민자 수를 보여준다.

지도에 관한 짧은 설명

1 새뮤얼 헌팅턴은 『문명의 충돌』에서 남미가 서구에 속한 것인지 아니면 하나의 문명
을 구성한 것인지에 관한 운명에 대해 결론을 내리지 않았다.

2 Jerry Brotton, *History*, Introduction.

3 일부는 초기 단계에 있는 이런 통합적인 학문 분야를 사회지리학sociography이라고 부
른다.

1장 : 국경에서 다리로

1 이런 비율은 산업화하고 있는 서구를 19세기에 약 2퍼센트의 성장 수준으로 끌어올
리는 데 충분했다.

2 Isabelle Cohen et al., *The Economic Impact and Financing of Infrastructure
Spending*(Thomas Jefferson Program in Public Policy, College of William & Mary,
2012)을 참조하라. 1980년대 초반, 경제학자인 팻 초트Pat Choate(후에 1996년 대선에
서 개혁당 로스 페로 후보의 부통령 러닝메이트로 나옴)는 저서 『America in Ruins』에
서 미국 사회기반시설의 쇠퇴를 경고했다.

3 세계은행은 발전의 핵심이 되는 기초기반시설에 대한 유형별 분류를 제공한다.
http://data.worldbank.org/about/world-development-indicators-data/
infrastructure.

4 스톡홀름 국제평화연구소의 보고서에 따르면, 세계 방위비는 세계 전체 GDP의 2.4
퍼센트를 차지한다. 미국의 방위비는 약 8퍼센트 정도 감소한 반면, 중국과 러시아의
방위비는 각각 7.4퍼센트와 4.8퍼센트씩 증가했다. 사우디아라비아 등 걸프협력회의
국가들의 방위비도 소폭 증가했다.

5 PricewaterhouseCoopers and Oxford Economics projection of capital project
and infrastructure spending. http://www.pwc.com/gx/en/capital-projects-

infrastructure/publications/cpi-outlook/assets/cpi-outlook-to-2025.pdf을 참조하라. 현재 연간 사회기반시설 투자 추정치는 이미 2조 달러에서 최대 3조 달러에 달한다. 매킨지Mckinsey에 따르면, 현재의 GDP 성장률을 유지하기 위해서는 3조 5천억 달러의 사회기반시설 투자가 요구된다. 베인앤컴퍼니Bain&Company는 2017년에 4조 달러에 달할 것으로 예측하고 있다.

6 네덜란드와 벨기에의 국경은 바를러나사우Baarle-Nassau 또는 바를러헤르토흐Baarle-Herrtog — 보이지 않는 국경의 어느 쪽에 있는지에 따라 지명이 달라진다 — 지역에 거주하는 사람들의 거실과 식당을 가로지르고 있다. 어느 쪽이든 당신은 유럽연합의 셍겐Schengen 지역에 있는 것이다. 1783년 파리조약의 일부 잘못된 조항 때문에, 미네소타 주 앵글 타운십Angle Township에 사는 120명의 주민은 실제로 캐나다 영토에 살고 있고 미국과 캐나다 세관이 공동으로 운영하는 전화기를 사용해 출입신고를 하고 있다.

7 "More Neighbours Make More Fences," *The Economist*, Sept. 15, 2015를 참조하라.

8 "Why Walls Don't Work," *Project Syndicate*, Nov. 13, 2014.

9 Vaclav Smil, *Making the Modern World: Materials and Dematerialization* (MIT Press, 2007), p. 157.

10 Ron Boschma and Ron Martin, "The Aims and Scope of Evolutionary Economic Geography" (Utrecht University, Jan. 2010).

11 Michio Kaku, *Physics of the Future: How Science Will Shape Human Destiny and Our Daily Lives by the Year 2100* (Anchor, 2012).

12 안토니오 네그리Antonio Negri와 마이클 하트Michael Hardt는 『제국Empire』(Harvard University Press, 2000)에서 세계화를 고정된 중심지가 없이 규제되지 않으며 모든 것을 소비하는 힘으로 상정한다.

13 오늘날의 복잡한 세계 공급망은 — 공공과 민간 참여자들이 혼재되어 있다 — 이 분야의 개척자인 제임스 로즈노James Rosenau가 "권위의 영역sphere of authority"이라고 부르는 것을 구체화한 것이다. 권위의 영역은 낮은 제도화, 낮은 가시성, 다양한 공공과 민간 운영자와 규칙 제정자 그리고 상당한 대중적 관련성을 가지고 있는 초영토적이고 여러 사법권이 걸쳐 있는 영역이다.

14 최초의 6시그마에서부터 제조 공정의 최적화는 낭비를 줄이고 효율성을 높이며 재고를 추적하는 감지 네트워크와 규모와 수요 변화를 예상하기 위해 공급자와 구매자 데이터, 시장 상황을 활용하는 전자데이터 교환 같은 일단의 도구들을 발전시켰다.

15 액센추어^{Accenture}의 공급망 아카데미에는 비즈니스 최적화를 달성하는 데 초점을 맞춘 수천 개의 온라인 사례연구 강좌가 있는데, 이 강좌에 포춘 1000대 기업의 수백 명의 관리자들이 등록하고 있다.

16 "Geography: Use It or Lose It," remarks at the U.S. Department of State, May 25, 2010.

2장 : 새로운 세계를 위한 새로운 지도

1 John Maynard Keynes, *The Economic Consequences of the Peace*. (Harcourt, Brace and Howe, 1920), Chapter II.4.

2 Peter Nolan, *Is China Buying the World?* (Polity, 2013).

3 "Flow Dynamics," *The Economist*, Sept. 19, 2015.

4 금융의 흐름(글로벌 뱅킹, 외국인 투자, 포트폴리오 자본)은 1980년에 4천7백억 달러 (GDP의 4퍼센트)에서 2007년에 12조 달러(GDP의 21퍼센트)로 급증했다. 그러나 세계 금융위기 이후 유로존의 은행 위기와 더 높아진 지급준비율 때문에 자본의 흐름은 GDP의 10퍼센트 아래로 다시 떨어졌다.

5 터키의 아이카 테크스틸^{Ayka Tekstil}과 스웨덴의 H&M은 에티오피아에서 생산을 확대한 다른 중요한 의류 제조업체들이다.

6 DHL의 〈Global Connectedness Index 2014〉를 참조하라(http://www.dhl.com/en/).

7 작은 벨기에의 은행들은 중국 같은 중요한 외국 구매자들을 위해 4천억 달러(벨기에 GDP의 70퍼센트에 가깝다)의 미국 재무부 국채를 보유하고 있는 수탁금융기관의 역할을 하고 있다.

8 2013년 기준으로, 상품 분야에서는 18조 달러, 서비스 분야에서는 5조 달러, 금융에서는 4조 달러에 달했다.

9 National Intelligence Council, *Global Trends 2030: Alternative Worlds* (National Intelligence Council, 2012).

10 Manuel Castells, *The Informational City: Economic Restructuring and Urban Development* (Blackwell Publishers, 1990).

11 Michele Acuto and Steve Rayner, "City Networks: Breaking Gridlocks or Forging (New) Lock-ins?," unpublished paper, 2015.

3장 : 거대한 권력 이양

1 한 카탈로그에 따르면, 미국과 호주의 미개척지 또는 북해의 버려진 시추선 같은 곳에 국가를 만들려는 이상한 시도들이 4백여 건으로 집계되고 있다.

2 Alberto Alesina and Bryony Reich, "Nation-Building" (National Bureau of Economic Research working paper 18839, Feb. 2013).

3 Alberto Alesina and Enrico Spolaore, "Conflict, Defense Spending, and the Number of Nations," *European Economic Review* 50, no. 1 (2006).

4 1992년에 세계 국가들 가운데 3분의 1이 심각한 정치적 폭력사태를 경험하고 있었다. 더욱 심각한 점은 인종 전쟁의 경우 국가 간의 전쟁보다 두 배에서 세 배 정도 더 오래 지속되는 경향이 있다는 것이다.

5 Edward Luttwak, "Give War a Chance," *Foreign Affairs*, July/Aug. 1999.

6 이런 단체들은 대표 없는 국가민족기구^{Unrepresented Nations and Peoples Organization}의 회원이다.

7 사르데냐는 발데다오스타^{Valle d'Aosta}, 베네치아, 시칠리아, 트렌티노^{Trentino}와 함께 이탈리아의 다섯 개 자치지역 가운데 하나이다.

4장 : 권력 이양에서 집합으로

1 Antoni Estevadeordal, Juan Blyde, and Kati Suominen, "Are Global Value Chains Really Global? Policies to Accelerate Countries' Access to International Production Networks" (Inter-American Development Bank, 2012).

2 Stelios Michalopoulos and Elias Papaioannou, "The Long-Run Effects of the Scramble for Africa" (NBER working paper 17620, Nov. 2011). 영국의 빅토리아 여왕이 (케냐와 탄자니아 국경에 있는) 킬리만자로 산을 조카였던 프러시아의 황제 빌헬름 2세에게 선물한 일화는 아프리카 영토를 가문의 상속 영지처럼 다룬 유럽 열강의 모습을 보여주는 수많은 사례 중 하나일 뿐이다.

3 Philip Mansel, *Constantinople* (Penguin, 1997).

4 Antonia Guterres, quoted in "Global Refugee Figure Passes 50m for First Time Since Second World War," *The Guardian*, June 20, 2014.

5 Norimitsu Onishi, "As Syrian Refugees Develop Roots, Jordan Grows Wary," *New York Times*, Oct. 5, 2013.

6 7개의 가능성 있는 시나리오에 대한 종합적인 연구는 2개 국가 체제가 이스라엘과 팔레스타인을 위해 가장 비용효율적인 해결책이라고 충고하고 있다. The *Costs of the Israeli-Palestinian Conflict* (Rand, 2015)를 참조하라.

7 Jodi Rudoren, "In West Bank Settlements, Israeli Jobs Are Double-Edged Sword," *New York Times*, Feb. 10, 2014.

8 Stanley Reed and Clifford Krauss, "Isral's Gas ofters Lifeline for Peace," *New York Times*, Dec. 14, 2014.

5장 : 새롭고 명백한 운명

1 Richey Piiparinen and Jim Russell, *From Balkanized Cleveland to Global Cleveland: A Theory of Change for Legacy Cities* (White Paper funded by Ohio City Inc., 2013).

2 인근의 중산中山도 산업이 세밀하게 분화된 도시이다. 다충大浦은 마호가니 가구, 둥핑東豐은 전자제품, 구전固鎭은 조명, 황푸黃浦는 식품, 사시沙西는 평상복, 샤오란小欖은 자물쇠와 음향기기 등으로 특화되어 있다.

3 중국학자 정융녠鄭永年은 현재의 상태를 "behavioral federalism"이라고 언급했다.

4 중국의 지방자치단체들은 자체적인 경제 성장 프로젝트를 위해 지역정부의 금융상품을 활용해 국내와 해외에서 한 달에 1조 달러의 자금을 조성하고 있다.

5 Lydia DePillis, "This Is What a Job in the U.S.'s New Manufacturing Industry Looks Like," *Washington Post*, Mar. 9, 2014.

6 https://www.facebook.com/photo.php?fbid=506922386075591.

7 Richard C. Longworth, *Caught in the Middle: America's Heartland in the Age of Globalism* (Bloomsbury, 2009).

8 동시에 위싱턴은 음주 연령과 의료보험 등 관련이 없는 문제들을 강요하는 지렛대로서 연방 고속도로 교부금을 활용하고 있다. Richard A. Epstein and Mario Loyola, "The United State of America," *Atlantic*, July. 31, 2014를 참조하라.

9 Chris Benner and Manuel Pastor, "Buddy, Can You Spare Some Time? Social Inclusion and Sustained Prosperity in America's Metropolitan Regions/Working Paper," MacArthur Foundation Network on Building Resilient Regions, May 31, 2013.

10 Henry Zhang, "China to Build Cities and Economic Zones in Michigan and Idaho," *Policy Mic*, May 20, 2012.

11 Ben Tracy, "Lake Mead is Shrinking—and with it Las Vegas' water supply," *CBS News*, Jan. 30, 2014.

6장 : 3차 세계대전 또는 줄다리기?

1 이토추^{Itochu} 상사는 2015년 초에 일본 기업으로서 중국에 대한 최대 투자를 감행했다. 태국의 CP 그룹과 함께 중국에서 가장 역사가 깊고 존경받는 대기업 가운데 하나인 CITIC의 지분 10퍼센트를 매입했다.

7장 : 공급망 대전

1 저자와의 인터뷰, July 18, 2015.

2 Enrico Moretti, *The New Geography of Jobs* (Houghton Mifflin Harcourt, 2012).

3 Josh Tyrangiel, "Tim Cook's Freshman Year: The Apple CEO Speaks," *Bloomberg Businessweek*, Dec. 6, 2012.

4 하지만 첨삭가공과 공유경제는 모두 국내적으로 엄청난 혼란을 유발했다. 건설업은 교역을 할 수 없지만, 집 전체가 3D 프린터를 통해 설계되고 인쇄되고 조립되면서 점차적으로 자동화될 수 있다. 그래서 결국 미국과 유럽의 하청업체와 건축업체를 대체할 수도 있다.

5 "Bits, Bytes, and Diplomacy," *Foreign Affairs*, Sept./Oct. 1997.

6 Allison Schrager, "The US Needs to Retire Daylight Savings and Just Have Two Time Zones—One Hour Apart," *Quartz*, Nov. 1, 2013.

7 Adams Nager, "Why Is America's Manufacturing Job Loss Greater Than Other Industrialized Countries?," *Industry Week*, Aug. 21, 2014.

8 "How Big Companies Can Beat the Patent Chaos of India," *Fortune*, June 17, 2013.

9 Artem Golev et al., "Rare Earths Supply Chains: Current Status, Constraints, and Opportunities," *Resources Policy* 41 (Sept. 2014): 52–59.

10 Yogesh Malik, Alex Niemeyer, and Brian Ruwadi, "Building the Supply Chain of the Future," *McKinsey Quarterly* (Jan. 2011).

11 John Authers, "US Revival Warrants EM Strategy Rethink," *Financial Times*, May 16, 2014.

12 Barry C. Lynn, *End of the Line* (Doubleday, 2005).

8장 : 기반시설 연합

1 Arnold Toynbee, *A Study of History: Abridgment of Volumes VII–X.* (Oxford University Press, 1957), p. 124.

2 Samuel P. Huntington, *The Clash of Civilizations and the Remaking of World Order* (Simon & Schuster, 1996), p. 239.

3 Mariano Turzi, "The Soybean Republic," *Yale Journal of International Affairs* (Spring/Summer 2011).

9장 : 새로운 철기시대

1 Keith Bradsher, "Hauling New Treasure Along the Silk Road," *New York Times*, July 20, 2013.

2 2015년 기준 AIIB는 58개 회원국과 24개 회원대기국으로 이루어져 있다.

3 "Why China Will Reclaim Siberia," *The New York Times*, Jan. 13, 2015.

4 "We must not buy Perrier… We must sell our water abroad," *Water Politics*, Oct. 28, 2010.

5 "The Round World and the Winning of the Peace," *Foreign Affairs*, July 1943.

6 Gi–Wook Shin, David Straub, and Joyce Lee, "Tailored Engagement: Toward an Effective Inter–Korean Relations Policy" (Shorenstein Asia–Pacific Research Center, Stanford University, Sept. 2014).

7 Kristopher Rawls, quoted in, "Why China Wants North Korea's Rare Earth Minerals," CNBC.com, Feb. 21, 2014.

8 1960년 2월 3일 남아프리카 공화국 의회 연설.

10장 : 대양을 가로지르는 땅따먹기 놀이

1 Letter to King Carlos V, quoted in Frank Jacobs, "The First Google Maps War," *The New York Times*, Feb. 28, 2012.

2 A. M. Mahan, *The Interest of America in Sea Power, Present and Future* (Tredition Classics, 2011).

3 Brian Spegele and Wayne Ma, "For China Boss, Deep–Water Rigs Are a 'Strategic Weapon,'" *Wall Street Journal*, Aug. 29, 2012.

4 Vince Beiser, "The Deadly Global War for Sand," *Wired*, Apr. 2015.

5 Joshua Comaroff, "Built on Sand: Singapore and the New State of Risk," *Harvard Design Magazine*, no. 39 (2014).

6 C.M. Turnbull, *A History of Modern Singapore, 1819–2005* (National University Press, 2009), p. 38에서 인용했다.

7 Thalif Deen, "China: 'Pakistan is our Israel,'" Al Jazeera, October 28, 2010.

8 Katherine Burton, "John Paulson calls Puerto Rico Singapore of Caribbean," *Bloomberg*, Apr. 25, 2014.

9 시스케네스에서 저자와의 인터뷰, Norway, on Oct. 24, 2014.

10 Jeremy S. Pal and Elfatih A.B. Eitahir, "Future Temperature in Southwest Asia Projected to Exceed a Threshold for Human Adaptability," *Nature Climate Change*, Oct. 26, 2015.

11장 : 시설을 만들면 사람들이 온다

1 McKinsey Global Institute, *Global Flows in a Digital Age*, 2014.

2 두바이 지배 가문의 금융거래는 불투명하다는 비난을 받았다. 특히 부동산 개발기업들은 주요 주주이자 채권자로서 정부 투자기관과 국가 은행을 소유하고 있다. 이에 따라 금융위기가 발생하기 전에 외국인 투자자들은 부동산개발 회사를 석유가 풍부한 아부다비 토후국의 보증을 받는 국영기업으로 생각했다. 하지만 두바이 월드가 2009년에 이자에 대한 지급유예를 요청했을 때 개인기업과 협상하고 있다는 사실을 깨달았다. 이들은 민간 기업의 이사들이 왕족이거나 법률 제도와 밀접한 관련이 있는 대리인들이라는 사실을 알고 협상 조건을 완화해주었다.

3 R. Koolhaas, O. Bouman, and M. Wigley, eds., "Last Chance," in *Al Manakh* (Columbia University Press, 2007), pp. 194–203.

4 Conversation at the Global Art Forum, Dubai Art Festival, Mar. 22, 2012.

5 Daniel Brook, *A History of Future Cities* (W. W. Norton, 2014).

6 Speech at Cityquest KAEC Forum, Nov. 25, 2013.

7 Gabriel Kuris, "Remaking a Neglected Megacity: A Civic Transformation in Lagos State, 1999–2012" (Princeton Project on Innovations for Successful Societies, July 2014).

12장 : 지도에 표시하기

1 National Intelligence Council, *Global Trends 2030 Alternative Worlds*, National Intelligence Council, 2012, p. 135.

2 세계은행은 이런 지역을 19개의 다른 용어로 부르고 있다. 예를 들면 "free trade zone", "foreign trade zone", "industrial free zone", "free zone", "maquiladora", "export free zone", "duty free export processing zone", "special economic zone", "tax free zone", "tax free trade zone", "investment promotion zone", "free economic zone", "free export zone", "free export processing zone", "privileged export zone", "industrial export processing zone"이다. 다른 연구를 보면 최대 60개의 용어가 등장한다.

3 World Bank, "Special Economic Zones: Progress, Emerging Challenges, and Future Directions" (World Bank, 2011).

4 John D. Kasarda and Greg Lindsay, *Aerotropolis: The Way We'll Live Next* (Farrar, Straus and Giroux, 2011).

5 Rosa Brooks, "Failed States, or the State as Failure?," *University of Chicago Law Review* (Fall 2005).

6 Andrew Tangel, "Report Connects Jobs, Transportation Web," *Wall Street Journal*, Jan. 2, 2015.

7 저자와의 인터뷰, July 11, 2013.

8 이런 혼성정부들은 일본과 독일의 지배에서 독립한 국가들에 대한 국제 통치나 바르샤바 조약 회원국의 내치와 외교에 대한 소련의 영향력을 나타내는 비공식적 제국 또는 좀 더 최근의 보스니아, 동티모르, 이라크에 대한 전후 행정권과는 다르다. 대신 혼성정부들은 지리를 통제하는 것보다 생산을 감독하는 일에 더 관심이 많다. 혼성정부들은 투자자 보호협정과 특별경제구역에 대한 통제권 등 상업적인 지렛대에 초점을 맞추고 있다.

13장 : 구원으로서의 공급망

1 외국 제약사들은 중국의 의약품 공급망을 정화하는 데 매우 중요하다. 예를 들면 미국 의약품 공급의 선두주자인 카디널헬스Cardinal Health는 작은 중국 약국들과 약품 유통업체들을 사들여 민감한 암 치료제와 다른 필수적인 약에 대한 믿을 수 있는 배급망을 확보했다.

2 유엔은 분쟁협상에서 국가보다 개인을 중요하게 생각하는 '인간안전보장human

security'과 급격한 산업화와 자원 소비에 대한 가장 설득력 있는 대응 방안인 '지속 가능한 도시화^{sustainable urbanization}' 같은 지적인 의제에서는 한발 앞서 있다. 하지만 이런 계획들을 실행할 능력은 거의 없다. 많은 공공–민간 협력모델들이 있지만, 자생적 성장을 할 수 있는 프로그램으로 발전한 명확한 모델은 없다. 하지만 지난 10년 동안의 공공–민간 협력 사례에 대한 네덜란드 정부의 종합적인 조사 결과, 공공–민간 협력은 증가하고 있지만 공공기관의 영구적인 개입, 서비스 분배와 비용 회복에 대한 규제장치, 조화성과 헌신 없이는 성공할 확률이 적은 것으로 나타났다.

3 "The Omnipresent Craft: Graft," *Straits Times*, Feb. 12, 2014.

4 부패, 정치적 변동성 및 국경 분쟁은 경쟁력을 가장 약화시키는 요인이다. James E. Anderson and Douglas Marcouiller, "Insecurity and the Pattern of Trade: An Empirical Investigation" (NBER working paper 7000, Aug. 2000)을 참조하라.

5 Vivek Sharma, "Give Corruption a Chance," *National Interest*, Nov. 2013.

6 Joseph E. Stiglitz, "Inequality Is a Choice," *The New York Times*, Oct. 13, 2013.

7 Jeremy Wallace, "Cities, Redistribution, and Authoritarian Regime Survival," *The Journal of Politics 75*, no. 3 (2013): 632–645. 호주의 대게릴라 작전 전문가인 데이빗 킬컬런^{David Kilcullen}은 세계 인구가 늘어나고 해안가에 집중됨에 따라 군대에 비공식적인 정착촌의 고해상도 3차원 지형도가 필요하다고 지적했다.

8 네그리와 하트의 3부작 시리즈『제국』, 『다중』, 『공동체』는 자본주의의 자산 전유에 반대하는 지적 투쟁을 이어나가면서 분산된 공동체 사이의 통합을 옹호한다.

9 어떤 추정치는 2020년까지 다른 신흥시장에 할당되는 신흥시장 연금 자산이 2조 달러에 달할 것으로 예측한다. Jay Pelosky, "Emerging Market Portfolio Globalization: The Next Big Thing" (New America Foundation, World Economic Roundtable policy paper, July 17, 2014)을 참조하라.

10 Martin Neil Baily and Douglas J. Elliott, "The Role of Finance in the Economy: Implications for Structural Reform of the Financial Sector" (Brookings Institution, July 11, 2013).

14장 : 사이버 문명과 불만

1 Julio Bezerra et al., *The Mobile Revolution: How Mobile Technologies Drive a Trillion-Dollar Impact* (Boston Consulting Group, Jan. 2015).

2 Neal Stephenson, "Mother Earth, Mother Board," *Wired*, Apr. 2012.

3 Mark P. Mills, "The Cloud Begins with Coal: Big Data, Big Networks, Big Infrastructure, and Big Power" (Digital Power Group, 2013).

4 Forrest Hare, "Borders in Cyberspace: Can Sovereignty Adapt to the Challenges of Cyber-Security?" (George Mason University, 2011).

5 "The Peer to Peer Manifesto: The Emergence of P2P Civilization and Political Economy," *Reality Sandwich*, 2008.

6 Alex Pentland, *Social Physics: How Good Ideas Spread* (Penguin, 2014).

7 Ricardo Hausmann, Cesar A. Hidalgo, and Sebastian Bustos, *The Atlas of Economic Complexity: Mapping Paths to Prosperity* (MIT Press, 2014).

8 Carlota Perez, "A New Age of Technological Progress," Policy Network, Aug. 22, 2014, p. 20.

9 저자와의 인터뷰, Oct. 10, 2014.

10 Émile Durkheim, *The Rules of the Sociological Method*, trans. by W. D. Halls, Free Press, 1982 [1895], Chapter 5.

15장 : 위대한 환상

1 European Union, *Erasmus Impact Study* (European Union, Sept. 2014).

2 저자와의 인터뷰, Jan. 13, 2014.

3 Benjamin R. Barber, *If Mayors Ruled the World: Dysfunctional Nations, Rising Cities* (Yale University Press, 2013).

4 Tommy Koh, "Seven Habits of a Singaporean," *Straits Times*, Sept. 11, 2013.

5 *Planeta Sustevenal*과의 인터뷰, Oct. 2007.

6 Daniel A. Bell and Avner de-Shalit, *The Spirit of Cities: Why the Identity of a City Matters in a Global Age* (Princeton University Press, 2013).

7 "Poor but Sexy," *The Economist*, Sept. 21, 2006.

8 Jeffrey Gettleman, "A Catch-22 in Kenya: Western Terrorism Alerts May Fuel Terrorism," *The New York Times*, Feb. 23, 2015.

9 Clemens, "Economics and Emigration."

10 저자와의 인터뷰, Oct. 31, 2014.

11 Stephanie Ott, "EU Citizenship for Sale," CNN.com, Dec. 21, 2013.

16장 : 자연이 하고 싶은 말은 "방해하지 말고 비켜라."

1   뉴욕 시의 해안 침수에 대한 복원력을 높이는 시나리오가 개발되었고, 현재 검토 중
    이다. Jeroen C. J. H. Aerts et al., "Evaluating Flood Resilience Strategies for
    Coastal Megacities," *Science*, May 2, 2014, 473–475를 참조하라.

결론 : 연결에서 복원으로

1   "Our Big Bet for the Future," 2015 Gates Annual Letter (http://www.
    gatesnotes.com/2015–annual–letter)

Acemoglu, Daron, and James Robinson. *Why Nations Fail: The Origins of Power, Prosperity, and Poverty*. Crown Business, 2013.

Acuto, Michele. *Building Global Cities*. Oxford Programme for the Future of Cities, 2013.

Adler – Nissen, Rebecca. *Opting out of the European Union*. Cambridge University Press, 2015.

Aerts, C.J.H., et al. "Evaluating Flood Resilience Strategies for Coastal Megacities." *Science*, May 22, 2014, 473 – 75.

Alesina, Alberto, and Byrony Reich. "Nation – Building." National Bureau of Economic Research working paper 18839, Feb. 2013.

Alesina, Alberto, and Enrico Spolaore. *The Size of Nations*. MIT Press, 2003.

Anderson, Benedict. *Imagined Communities: Reflections on the Origin and Spread of Nationalism*. Rev. ed. Verso, 2006.

Anderson, David M. *Leveraging: A Political, Economic, and Societal Framework*. Springer, 2014.

Anderson, James E., and Douglas Marcouiller. "Insecurity and the Pattern of Trade: An Empirical Investigation." NBER working paper 7000, Aug. 2000.

Angel, Schlomo. *Planet of Cities*. Lincoln Institute of Land Policy, 2012.

Angel, Schlomo, Jason Parent, Daniel L. Civico, and Alejandro M. Blei. *Atlas of Urban Expansion*. Lincoln Institute of Land Policy, 2012.

Antholis, William. *Inside Out, India and China: Local Politics Go Global*. Brookings Institution Press, 2013.

Anthony, David W. *The Horse, the Wheel, and Language: How Bronze-Age Riders from the Eurasian Steppes Shaped the Modern World*. Princeton University Press, 2007.

Antweiler, Werner, Brian R. Copeland, and M. Scott Taylor. "Is Free Trade Good for the Environment?" *American Economic Review* 91, no. 4 (2001): 877 – 908.

Araya, Daniel, and Peter Marber. *Higher Education in the Global Age: Policy, Practice, and*

Promise in Emerging Societies. Routledge, 2013.

Arrighi, Giovanni. *The Long Twentieth Century: Money, Power, and the Origins of Our Times*. Verso, 1994.

Arthur, W. Brian. *Complexity Economics: A Different Framework for Economic Thought*. Santa Fe Institute Working Paper, 2013-04-012.

Atkinson, Robert. *Understanding and Maximizing America's Evolutionary Economy*. ITIF, 2014.

Axelrod, Robert, and Michael D. Cohen. *Harnessing Complexity: Organizational Implications of a Scientific Frontier*. Basic Books, 2001.

Backaler, Joel. *China Goes West: The Coming Rise of Chinese Brands*. Palgrave Macmillan, 2014.

Bader, Christine. *The Evolution of a Corporate Idealist: When Girl Meets Oil*. Bibliomotion, 2014.

Baily, Martin Neil, and Douglas J. Elliott. "The Role of Finance in the Economy: Implications for Structural Reform of the Financial Sector." Brookings Institution, July 11, 2013.

Ball, Philip. *Why Society Is a Complex Matter: Meeting Twenty-First Century Challenges with a New Kind of Science*. Springer, 2012.

Banerjee, Abhijit, and Esther Dufflo. *Poor Economics: A Radical Rethinking of the Way to Fight Global Poverty*. PublicAffairs, 2012.

Barber, Benjamin R. *If Mayors Ruled the World: Dysfunctional Nations, Rising Cities*. Yale University Press, 2013.

Barford, Anna, Daniel Dorling, and Mark Newman, eds. *The Atlas of the Real World: Mapping the Way We Live*. Rev. ed. Thames & Hudson, 2010.

Barnett, Thomas P. M. *The Pentagon's New Map: War and Peace in the Twenty-First Century*. Berkley Trade, 2005.

Bar-Yam, Y. "Complexity Rising: From Human Beings to Human Civilization." In *Encyclopedia of Life Support Systems*. UNESCO, 2002.

Batchelor, Robert K. *London: The Selden Map and the Making of a Global City, 1549-1689*. University of Chicago Press, 2014.

Bauwens, Michel. *Political Economy of Peer Production*. Ctheory, 2005. http://www.ctheory.net/articles.aspx?id=499.

Beiser, Vince. "The Deadly Global War for Sand." *Wired*, Apr. 2015.

Bell, Daniel A., and Avner de-Shalit. *The Spirit of Cities: Why the Identity of a City Matters in a Global Age*. Princeton University Press, 2013.

Bell, Daniel A., and Yingchuan Mo. "Harmony in the World 2013: The Ideal and the Reality." *Social Indicators Research*, Sept. 2013.

Ben-Atar, Doron S. *Trade Secrets: Intellectual Piracy and the Origins of American Industrial Power.* Yale University Press, 2004.

Benkler, Yochai. *The Wealth of Networks: How Social Production Transforms Markets and Freedom.* Yale University Press, 2007.

Benner, Chris, and Manuel Pastor. "Buddy, Can You Spare Some Time? Social Inclusion and Sustained Prosperity in America's Metropolitan Regions." Working Paper, MacArthur Foundation Network on Building Resilient Regions, May 31, 2013.

Bennett, Lance "Logic of Connective Action." *Information, Communication, and Society* 15, no. 5 (2012).

Berggruen, Nicolas, and Nathan Gardels. *Intelligent Governance for the 21st Century: A Middle Way Between West and East.* Polity, 2012.

Berman, Ilan. *Implosion: The End of Russia and What It Means for America.* Regnery, 2013.

Bezerra, Julio, et al. *The Mobile Revolution: How Mobile Technologies Drive a Trillion-Dollar Impact.* Boston Consulting Group, Jan. 2015.

Bhide, Amar. *The Venturesome Economy: How Innovation Sustains Prosperity in a More Connected World.* Princeton University Press, 2010.

Bilakovics, Steven. *Democracy Without Politics.* Harvard University Press, 2012.

Bilmes, Linda, and Joseph E. Stiglitz. *The Three Trillion Dollar War: The True Cost of the Iraq Conflict.* W. W. Norton, 2008.

Blum, Andrew. *Tubes: A Journey to the Center of the Internet.* Ecco, 2013.

Blyth, Mark. *Austerity: History of a Dangerous Idea.* Oxford University Press, 2013.

Bobbitt, Philip. *The Shield of Achilles: War, Peace, and the Course of History.* Anchor, 2003.

Bodie, Zvi, Alex Kane, and Alan J. Marcus. *Investments and Portfolio Management.* McGraw-Hill/Irwin, 2011.

Bousquet, Antoine, and Simon Curtis. "Beyond Models and Metaphors: Complexity Theory, Systems Thinking, and International Relations." *Cambridge Review of International Affairs* 24, no. 1 (2011): 43–62.

Boschma, Ron, and Ron Martin. "The Aims and Scope of Evolutionary Economic Geography. Utrecht University (Jan. 2010).

Boyd, Danah. *It's Complicated: The Social Lives of Networked Teens.* Yale University Press, 2014.

Braithwaite, John. *Regulatory Capitalism: How It Works, Ideas for Making It Work Better.*

Edward Elgar, 2008.

Brands, Hal. *What Good Is Grand Strategy? Power and Purpose in American Statecraft from Harry S. Truman to George W. Bush*. Cornell University Press, 2014.

Bratton, Benjamin. *The Stack: On Software and Sovereignty*. MIT Press, 2013.

Brautigam, Deborah. *The Dragon's Gift*. Oxford University Press, 2011.

Breiding, R. James. *Swiss Made: The Untold Story Behind Switzerland's Success*. Profile Books, 2013.

Bremmer, Ian. *Superpower: Three Choices for America*. Portfolio, 2015.

Brenner, Neil, ed. *Implosions/Explosions: Towards a Study of Planetary Urbanization*. Jovis, 2014.

Brenton, Paul, and Gözde Isik, eds. *De-fragmenting Africa: Deepening Regional Trade Integration in Goods and Services*. World Bank, 2012.

Brook, Daniel. *A History of Future Cities*. W. W. Norton, 2014.

Brooks, Rosa. "Failed States, or State as Failure." University of Chicago Law Review (Fall 2005).

Brotton, Jerry. *A History of the World in 12 Maps*. Viking, 2013.

Brown, Donald. *Human Universals*. McGraw-Hill Humanities, 1991.

Brynjolfsson, Erik, and Andrew McAfee. *The Second Machine Age: Work, Progress, and Prosperity in a Time of Brilliant Technologies*. W. W. Norton, 2014.

Buckley, F. H. *The Once and Future King: The Rise of Crown Government in America*. Encounter Books, 2014.

Burrows, Matthew. *The Future Declassified: Megatrends That Will Undo the World Unless We Take Action*. Palgrave Macmillan Trade, 2014.

Busch, Gary K. *Free for All: The Post-Soviet Transition of Russia*. Virtualbookworm .com, 2010.

Buzan, Barry. *From International to World Society?* Cambridge University Press, 2004.

Buzan, Barry, and Little, Richard. *International Systems in World History: Remaking the Study of International Relations*. Oxford University Press, 2000.

Callahan, William A. *Contingent States: Greater China and Transnational Relations*. Minnesota University Press, 2004.

Castells, Manuel. *The Informational City: Economic Restructuring and Urban Development*. Wiley-Blackwell, 1992.

———. *The Internet Galaxy: Reflections on the Internet, Business, and Society*. Oxford University Press, 2001.

———. *The Rise of the Network Society*. Blackwell, 1996.

Castells, Manuel, and Peter Hall. *Technopoles of the World: The Making of 21st Century Industrial Complexes*. Routledge, 1994.

Castells, Manuel, and Pekka Himanen, eds. *Reconceptualizing Development in the Global Information Age*. Oxford University Press, 2014.

Cha, Victor. *The Impossible State: North Korea, Past and Future*. Ecco, 2013.

Chandra, Kanchan. *Elections as Auctions*. www.india-seminar.com.

Chang, Ha-Joon. *Kicking Away the Ladder: Development Strategy in Historical Perspective*. Anthem Press, 2002.

Chase-Dunn, Christopher K., and Thomas D. Hall. *Rise and Demise*. Westview Press, 1997.

Chayes, Sarah. *Thieves of State: Why Corruption Threatens Global Security*. W. W. Norton, 2015.

Cheah, Pheng, and Bruce Robbins, eds. *Cosmopolitics: Thinking and Feeling Beyond the Nation*. Minnesota University Press, 1998.

Chellaney, Brahma. *Water, Peace, and War: Confronting the Global Water Crisis*. Rowman & Littlefield, 2013.

Chetty, Raj, Nathaniel Hendren, Patrick Kline, and Emmanuel Saez. "Where Is the Land of Opportunity? The Geography of Intergenerational Mobility in the United States." NBER Working Paper 19843, Jan. 2014.

Chief of Staff of the Army's Strategic Studies Group. "A Proposed Framework for Appreciating Megacities: A US Army Perspective." *Small Wars Journal* (April 2014).

Chinese Military Science Academy. *History of the War to Resist America and Aid Korea*. Military Science Academy, 2000.

Choate, Pat, and Susan Walter. *America in Ruins: The Decaying Infrastructure*. Duke University Press, 1983.

Choudhry, Sujit, and Nathan Hume. "Federalism, Secession, and Devolution: From Classical to Post-conflict Federalism." *In Research Handbook on Comparative Constitutional Law*. Edward Elgar, 2013.

Christian, David. *Maps of Time: An Introduction to Big History*. University of California Press, 2011.

Chung, J. H. *Changing Central-Local Relations in China: Reform and State Capacity*. Cambridge University Press, 1995.

Clad, James, Sean M. McDonald, and Bruce Vaughn, eds. *The Borderlands of Southeast Asia: Geopolitics, Terrorism, and Globalization*. National Defense University, 2011.

Clark, Christopher. *The Sleepwalkers: How Europe Went to War in 1914*. Harper Perennial,

2014.

Clemens, Michael. "Economics and Emigration: Trillion-Dollar Bills on the Sidewalk?" *Journal of Economic Perspectives* 25, no. 3 (2011): 83–106.

Clunan, Anne, and Harold Trinkunas. *Ungoverned Spaces: Alternatives to State Authority in an Era of Softened Sovereignty*. Stanford Security Studies, 2010.

Cohen, Isabelle, et al. *The Economic Impact and Financing of Infrastructure Spending*. Thomas Jefferson Program in Public Policy, College of William and Mary, 2012.

Coker, Christopher. *Can War Be Eliminated?* Polity, 2014.

———. *The Improbable War: China, the United States, and the Logic of Great Power Conflict*. Oxford University Press, 2015.

Coleman, Isobel, and Terra Lawson-Remer. *Pathways to Freedom: Political and Economic Lessons from Democratic Transitions*. Council on Foreign Relations Press, 2013.

Coll, Steve. *Private Empire: ExxonMobil and American Power*. Penguin Books, 2013.

Collier, Paul. *Exodus: How Migration Is Changing Our World*. Oxford University Press, 2013.

Comaroff, Joshua. "Built on Sand: Singapore and the New State of Risk." *Harvard Design Magazine*, no. 39 (2014).

Cooley, Alexander, and Hendrik Spruyt. *Contracting States: Sovereign Transfers in International Relations*. Princeton University Press, 2009.

Copeland, Dale C. *Economic Interdependence and War*. Princeton University Press, 2014.

———. "Economic Interdependence and War: A Theory of Trade Expectations." *International Security* 20, no. 4 (Spring 1996).

Copetas, A. Craig. *Metal Men*. HarperCollins, 1986.

The Costs of the Israeli-Palestinian Conflict. Rand, 2015.

Cottrill, Ken. "Transforming the Future of Supply Chains Through Disruptive Innovation." MIT Center for Transportation and Logistics, Working Paper, Spring 2011.

Craven, Paul, and Barry Wellman. "The Network City." *Sociological Inquiry* 43, no. 3–4 (July 1973).

Crowston, Kevin, and Myers, Michael D. "Information Technology and the Transformation of Industries: Three Research Perspectives." *Journal of Strategic Information Systems* 13, no. 1 (2004): 5–28.

Cunliffe, Barry. *Europe Between the Oceans*. Yale University Press, 2008.

Curtis, Simon. "Global Cities and the Transformation of the International System." *Review of International Studies* 37, no. 4 (2011): 1923–47.

Dalby, Simon. "Rethinking Geopolitics: Climate Security in the Anthropocene." *Global Policy* 5, no. 1 (Feb. 2014).

Davies, James, Rodrigo Lluberas, and Anthony Shorrocks. *Global Wealth Report 2012*. Credit Suisse, 2012.

Davies, Norman. *Vanished Kingdoms: The Rise and Fall of States and Nations*. Penguin Books, 2012.

Deaton, Angus. *The Great Escape: Health, Wealth, and the Origins of Inequality*. Princeton University Press, 2013.

De Backer, Koen, and Sebastien Miroudet. "Mapping Global Value Chains." *OECD Trade Policy Papers*, no. 159, OECD (2013).

de Blij, Harm J., and Peter O. Muller. *Geography: Realms, Regions, and Concepts*. Wiley, 2010.

De Landa, Manuel. *A New Philosophy of Society: Assemblage Theory and Social Complexity*. Continuum Books, 2006.

Derluguian, Georgi M., and Scott L. Greer. *Questioning Geopolitics: Political Projects in a Changing World-System*. Praeger, 2000.

Diamandis, Peter H. *Abundance: The Future Is Better Than You Think*. Free Press, 2012.

Dodds, Klaus. *Geopolitics of Antarctica: Views from the Southern Oceanic Rim*. Wiley, 1998.

Dodge, Martin, Rob Kitchin, and Chris Perkins, eds. *The Map Reader: Theories of Mapping Practice and Cartographic Representation*. Wiley, 2011.

———. *Rethinking Maps: New Frontiers in Cartographic Theory*. Routledge, 2011.

Drezner, Daniel W. *The System Worked: How the World Stopped Another Great Depression*. Oxford University Press, 2014.

Durkheim, Émile. *The Rules of the Sociological Method* (Translated by W. D. Halls). New York: Free Press, 1982 [1895].

Earth Security Group. *Earth Security Index 2014*.

Easterling, Keller. *Extrastatecraft: The Power of Infrastructure Space*. Verso, 2014.

———. "Zone: The Spatial Software of Extrastatecraft." *Design Observer*, June 11, 2012.

Economist Intelligence Unit. *Hot Spots 2025: Benchmarking the Future Competitiveness of Cities*. 2013.

Ehrlich, Anne H., and Paul Ehrlich. *The Population Explosion*. Frederick Muller, 1990.

Ehrlich, Paul. *The Population Bomb*. Buccaneer Books, 1974.

Emmerson, Charles. *The Future History of the Arctic*. PublicAffairs, 2010.

———. *1913: In Search of the World Before the Great War*. PublicAffairs, 2014.

Enriquez, Juan. *The Untied States of America: Polarization, Fracturing, and Our Future*.

Crown, 2005.

Escaith, Hubert. "International Supply Chains and Trade Elasticity in Times of Global Crisis." WTO Working Paper, Feb. 1, 2010.

European Union. *Erasmus Impact Study*. European Union, Sept. 2014.

Estevadeordal, Antoni, Juan Blyde, and Kati Suominen. "Are Global Value Chains Really Global? Policies to Accelerate Countries' Access to International Production Networks." Inter−American Development Bank, 2012.

Farole, Thomas, and Gokhan Akinci. *Special Economic Zones: Progress, Emerging Challenges, and Future Directions*. World Bank, 2011.

Featherstone, Mike. *Global Culture: Nationalism, Globalization, and Modernity*. Sage, 1990.

Feldman, Noah. *Cool War: The Future of Global Competition*. Random House, 2013.

Ferguson, Niall, and Moritz Schularick. *The End of Chimerica*. Harvard Business School, 2009.

Finnemore, Martha, and Judith Goldstein, eds. *Back to Basics: State Power in a Contemporary World*. Oxford University Press, 2013.

Fishman, Charles. *The Big Thirst: The Secret Life and Turbulent Future of Water*. Free Press, 2012.

Florida, Richard. *Who's Your City? How the Creative Economy Is Making Where You Live the Most Important Decision of Your Life*. Basic Books, 2008.

Floridi, Luciano. *The Philosophy of Information*. Oxford University Press, 2013.

Ford, Kenneth W. *The Quantum World: Quantum Physics for Everyone*. Harvard University Press, 2005.

Forrester, Jay W. *World Dynamics*. Productivity Press, 1979.

Francis, Diane. *Merger of the Century: Why Canada and America Should Become One Country*. HarperCollins, 2013.

Frank, Malcolm, Paul Roehrig, and Ben Pring. *Code Halos: How the Digital Lives of People, Things, and Organizations Are Changing the Rules of Business*. Wiley, 2014.

Frankopan, Peter. *The Silk Roads: A New History of the World*. Bloomsbury, 2015.

Freedman, Lawrence. *Strategy: A History*. Oxford University Press, 2013.

Freeland, Chrystia. *Plutocrats: The Rise of the New Global Super-rich and the Fall of Everyone Else*. Penguin Books, 2013.

French, Howard W. *China's Second Continent: How a Million Migrants Are Building a New Empire in Africa*. Knopf, 2014.

Friedman, Thomas L. *The World Is Flat: A Brief History of the Twenty-First Century*. Farrar, Straus and Giroux, 2005.

Fukuyama, Francis. *The End of History and the Last Man*. Free Press, 2006.

———. *Political Order and Political Decay: From the Industrial Revolution to the Globalization of Democracy*. Farrar, Straus and Giroux, 2014.

Fuligni, Bruno, and Isabelle Hanne. *Micronations*. Diaphane, 2013.

Galbraith, James K. *The End of Normal: The Great Crisis and the Future of Growth*. Simon & Schuster, 2014.

———. *Inequality and Instability: A Study of the World Economy Just Before the Crisis*. Oxford University Press, 2012.

Garfield, Simon. *On the Map: A Mind-Expanding Exploration of the Way the World Looks*. Gotham, 2013.

Garreau, Joel. *Edge City: Life on the New Frontier*. Anchor, 1992.

———. *The Nine Nations of North America*. Avon Books, 1982.

Gattorna, John. *Dynamic Supply Chains*. Financial Times, 2015.

Gayer, Laurent. *Karachi: Ordered Disorder and the Struggle for the City*. Oxford University Press, 2014.

George, Rose. *Ninety Percent of Everything: Inside Shipping, the Invisible Industry That Puts Clothes on Your Back, Gas in Your Car, and Food on Your Plate*. Metropolitan Books, 2013.

Ghemawat, Pankaj. *World 3.0: Global Prosperity and How to Achieve It*. Harvard Business Review Press, 2011.

Ghemawat, Pankaj, and Steven A. Altman. *DHL Global Connectedness Index 2014*. Deutsche Post DHL, 2014.

Gilens, Martin. *Affluence and Influence: Economic Inequality and Political Power in America*. Princeton University Press, 2014.

Gilman, Nils. "The Twin Insurgency." *American Interest*, July/Aug. 2014.

Girardet, Herbert. *Creating Regenerative Cities*. Routledge, 2015.

Glaeser, Edward. *Triumph of the City: How Our Greatest Invention Makes Us Richer, Smarter, Greener, Healthier, and Happier*. Penguin Books, 2012.

Goldin, Ian, Geoffrey Cameron, and Meera Balarajan. *Exceptional People: How Migration Shaped Our World and Will Define Our Future*. Princeton University Press, 2012.

Goldin, Ian, and Mike Mariathasan. *The Butterfly Defect: How Globalization Creates Systemic Risks, and What to Do About It*. Princeton University Press, 2014.

Goldsmith, Stephen, and Susan Crawford. *The Responsive City: Engaging Communities Through Data-Smart Governance*. Jossey-Bass, 2014.

Goldstein, Avery. *Rising to the Challenge: China's Grand Strategy and International Security*. Stanford University Press, 2005.

Golev, Artem, et al. "Rare Earths Supply Chains: Current Status, Constraints, and Opportunities." *Resources Policy* 41 (Sept. 2014: 52–59).

Gordon, John Steele. *An Empire of Wealth: The Epic History of American Economic Power.* Harper Perennial, 2005.

Gore, Al. *The Future: Six Drivers of Global Change.* Random House Trade Paperbacks, 2013.

Gray, Julia. "Life, Death, or Zombies? The Vitality of Regional Economic Organizations." UCLA, Sept. 2013.

Grewal, David Singh. *Network Power: The Social Dynamics of Globalization.* Yale University Press, 2008.

Guest, Robert. *Borderless Economics.* Palgrave Macmillan, 2011.

Guo, Yvonne, and Jun Jie Woo. *Singapore and Switzerland: Secrets to Small State Success.* World Scientific, 2015.

Gupta, Anil K., Girijia Pande, and Haiyan Wang. *The Silk Road Rediscovered: How Indian and Chinese Companies Are Becoming Globally Stronger by Winning in Each Other's Markets.* Wiley, 2014.

Hall, Peter. *Cities in Civilization: Culture, Innovation, and Urban Order.* Weidenfeld & Nicolson, 1998.

Hardt, Michael, and Antonio Negri. *Empire.* Harvard University Press, 2000.

Hare, Forrest. "Borders in Cyberspace: Can Sovereignty Adapt to the Challenges of Cyber-Security?" George Mason University, 2011.

Harney, Alex. *The China Price: The True Cost of Chinese Competitive Advantage.* Penguin Books, 2009.

Hartley, Kris. *Can Government Think? Flexible Economic Opportunities and the Pursuit of Global Competitiveness.* Routledge, 2014.

Hausmann, Ricardo, Cesar A. Hidalgo, and Sebastian Bustos. *The Atlas of Economic Complexity: Mapping Paths to Prosperity.* MIT Press, 2014.

Hayes, Christopher. *Twilight of the Elites: America After Meritocracy.* Broadway Books, 2013.

Hayton, Bill. *The South China Sea: The Struggle for Power in Asia.* Yale University Press, 2014.

Hertie School of Governance, Governance Report 2013.

Hobden, Stephen, and John M. Hobson. *Historical Sociology of International Relations.* Cambridge University Press, 2002.

Holsi, Kalevi J. *Peace and War: Armed Conflict and International Order, 1648–1989.*

Cambridge Studies in International Relations, 1991.

Hooker, R. D., Jr. *The Grand Strategy of the United States*. National Defense University Press, 2014.

Horn, D. B., and Mary Ransome. *English Historical Documents, 1714 – 1783*. Eyre and Spottiswoode, 1957.

Hudson, Valerie, and Andrea M. den Boer. *Bare Branches: The Security Implications of Asia's Surplus Male Population*. MIT Press, 2005.

Huntington, Samuel P. *The Clash of Civilizations and the Remaking of World Order*. Simon & Schuster, 1996.

Ikenberry, G. John. *After Victory: Institutions, Strategic Restraint, and the Rebuilding of Order After Major Wars*. Princeton University Press, 2000.

Inglehart, Ronald, and Hans–Dieter Klingemann. "Genes, Culture, Democracy, and Happiness." In *Culture and Subjective Well-Being*, edited by Ed Diener and Eunkook M. Suh. MIT Press, 2000.

Jackson, Patrick Thaddeus, and Daniel H. Nexon. "International Theory in a Post–paradigmatic Era: From Substantive Wagers to Scientific Ontologies." *EJIR* 19, no. 3 (Sept. 2013).

Jacobs, Frank. *Strange Maps: An Atlas of Cartographic Curiosities*. Viking Studio, 2009.

Jacoby, David. *Guide to Supply Chain Management: How Getting It Right Boosts Corporate Performance*. Bloomberg Press, 2009.

James, William. *Essays in Radical Empiricism*. University of Nebraska Press, 1996.

———. *The Meaning of Truth*. Prometheus Books, 1997.

Jayakumar, Shashi, and Rahul Sagar, eds. *The Big Ideas of Lee Kuan Yew*. Straits Times Press, 2014.

Jennings, Ken. *Maphead: Charting the Wide, Weird World of Geography Wonks*. Scribner, 2012.

Jervis, Robert. *System Effects: Complexity in Political and Social Life*. Princeton University Press, 1999.

Johnson, Neil. *Simple Complexity: A Clear Guide to Complexity Theory*. Oneworld, 2010.

Kagan, Robert. *Dangerous Nation: America's Foreign Policy from Its Earliest Days to the Dawn of the Twentieth Century*. Vintage, 2007.

Kagan, Robert A. *Adversarial Legalism: The American Way of Law*. Harvard University Press, 2003.

Kahn, Matthew E. *Climatopolis: How Our Cities Will Thrive in the Hotter Future*. Basic Books, 2010.

Kaku, Michio. *Physics of the Future: How Science Will Shape Human Destiny and Our Daily Lives by the Year 2100*. Anchor, 2012.

Kanna, Ahmed. *Dubai, the City as Corporation*. University of Minnesota Press, 2011.

Kaplan, Robert D. *Asia's Cauldron: The South China Sea and the End of a Stable Pacific*. Random House, 2014.

———. *Monsoon: The Indian Ocean and the Future of American Power*. Random House Trade Paperbacks, 2011.

———. *The Revenge of Geography: What the Map Tells Us About Coming Conflicts and the Battle Against Fate*. Random House Trade Paperbacks, 2013.

Kasarda, John D., and Greg Lindsay. *Aerotropolis: The Way We'll Live Next*. Farrar, Straus and Giroux, 2011.

Katz, Bruce, and Jennifer Bradley. *The Metropolitan Revolution: How Cities and Metros Are Fixing Our Broken Politics and Fragile Economy*. Brookings Institution Press, 2013.

Katzenstein, Peter J., ed. *Anglo-America and Its Discontents: Civilizational Identities Beyond West and East*. Routledge, 2012.

Kavalski, Emilian, ed. *World Politics at the Edge of Chaos: Reflections on Complexity and Global Life*. State University of New York Press, 2015.

Kelly, Kevin. *Out of Control: The New Biology of Machines, Social Systems, and the Economic World*. Basic Books, 1995.

Kennedy, Paul. *Grand Strategies in War and Peace*. Yale University Press, 1992.

———. *The Rise and Fall of the Great Powers*. Vintage, 1989.

Kenny, Charles. *Getting Better: Why Global Development Is Succeeding—and How We Can Improve the World Even More*. Basic Books, 2012.

Keohane, Robert O., and Joseph S. Nye. *Power and Interdependence*. Longman, 1977.

Keynes, John Maynard. *The Economic Consequences of the Peace*. Harcourt, Brace, and Howe, 1920.

———. *The General Theory of Employment, Interest, and Money*. CreateSpace, 2011.

Khan, Mushtaq H. "Beyond Good Governance: An Agenda for Developmental Governance." SOAS, University of London, 2012.

Khan, Mushtaq H., and K. S. Jomo. *Rents, Rent-Seeking, and Economic Development: Theory and Evidence in Asia*. Cambridge University Press, 2000.

Khanna, Parag. *How to Run the World: Charting a Course to the Next Renaissance*. Random House, 2011.

———. *The Second World: How Emerging Powers Are Redefining Global Competition in the Twenty-First Century*. Random House Trade Paperbacks, 2009.

Khanna, Parag, and Ayesha Khanna. *Hybrid Reality: Thriving in the Emerging Human-Technology Civilization*. TED Conferences, 2012.

Kiechel, Walter, III. *The Lords of Strategy: The Secret Intellectual History of the New Corporate World*. Harvard Business Press, 2010.

Kilcullen, David. *Out of the Mountains: The Coming Age of the Urban Guerrilla*. Oxford University Press, 2013.

King, Anthony D. *Global Cities: Post-imperialism and the Internationalization of London*. Routledge, 1990.

Kirshner, Jonathan. *American Power After the Financial Crisis*. Cornell University Press, 2014.

Kissinger, Henry. *World Order*. Penguin Press, 2014.

Knox, Paul, ed. *Atlas of Cities*. Princeton University Press, 2014.

Kolbert, Elizabeth. *The Sixth Extinction: An Unnatural History*. Henry Holt, 2014.

Koolhas, R., O. Bauman, and M. Wigley, eds. "Last Chance." In *All Manakh*. Columbia University Press, 2007.

Kose, M. Ayhan, and Eswar Prasad. *Emerging Markets: Resilience and Growth Amid Global Turmoil*. Brookings Institution Press, 2010.

Krane, Jim. *City of Gold: Dubai and the Dream of Capitalism*. Atlantic Books, 2009.

Krane, Jim, and Steven Wright. *The Gulf Gas Crunch and Qatar: Meeting Regional Needs Versus Feeding Global Markets*. LSE IDEAS, London School of Economics and Political Science, 2014.

Krastev, Ivan. *In Mistrust We Trust: Can Democracy Survive When We Don't Trust Our Leaders?* TED Conferences, 2013.

Krugman, Paul. *Geography and Trade*. MIT Press, 1991.

Kuris, Gabriel. "Remaking a Neglected Megacity: A Civic Transformation in Lagos State, 1999–2012." Princeton Project on Innovations for Successful Societies, July 2014.

Kurlantzick, Joshua. *Democracy in Retreat: The Revolt of the Middle Class and the Worldwide Decline of Representative Government*. Yale University Press, 2014.

Lacy, Peter and Jakob Rutqvist. *Waste to Wealth: The Circular Economy Advantage*. New York: Palgrave Macmillan, 2015.

Lake, David. "Beyond Anarchy: The Importance of Security Institutions." *International Security* 26, no. 1 (Summer 2001).

Lambert, Douglas M., James R. Stock, and Lisa M. Ellram. *Fundamentals of Logistics*. McGraw-Hill, 1998.

Landes, David F. *The Wealth and Poverty of Nations: Why Some Are So Rich and Some So Poor*. W. W. Norton, 1999.

Landry, Pierre F. *Decentralized Authoritarianism in China: The Communist Party's Control of Local Elites in the Post-Mao Era*. Cambridge University Press, 2008.

Lane, David, et al., eds. *Complexity Perspectives in Innovation and Social Change*. Springer, 2009.

Laurent, Clint. *Tomorrow's World: A Look at the Demographic and Socio-economic Structure of the World in 2032*. Wiley, 2013.

Lee, Ki−baik. *A New History of Korea*. Ilchokak, 1984.

Levinson, Marc. *The Box: How the Shipping Container Made the World Smaller and the World Economy Bigger*. Princeton University Press, 2008.

Levitsky, Steven, and Lucan A. Way. *Competitive Authoritarianism: Hybrid Regimes in the Post−Cold War Era*. Cambridge University Press, 2010.

Lewis, Michael. *Flash Boys*. W. W. Norton, 2014.

Lien Centre for Social Innovation. "Measuring Poverty in Singapore." *Social Space* (2013).

Lin, Justin Yifu. *Against the Consensus: Reflections on the Great Recession*. Cambridge University Press, 2013.

———. *New Structural Economics*. World Bank, 2011.

———. *The Quest for Prosperity: How Developing Economies Can Take Off*. Princeton University Press, 2012.

Longworth, Richard C. *Caught in the Middle: America's Heartland in the Age of Globalism*. Bloomsbury USA, 2009.

Lord, Carnes, and Andrew Erickson, eds. *Rebalancing U.S. Forces: Basing and Forward Presence in the Asia-Pacific*. Naval Institute Press, 2014.

Lovelock, James. *The Revenge of Gaia: Earth's Climate Crisis and the Fate of Humanity*. Basic Books, 2007.

Low, Donald, and Sudhir Thomas Vadaketh. *Hard Choices: Challenging the Singapore Consensus*. NUS Press, 2014.

Luttwak, Edward. *Strategy: The Logic of War and Peace*. Harvard University Press, 2002.

Lynn, Barry C. *End of the Line: The Rise and Coming Fall of the Global Competition*. Crown Business, 2006.

Macdonald, James. *When Globalization Fails: The Rise and Fall of Pax Americana*. Farrar, Straus and Giroux, 2015.

Mackinnon, Rebecca. *Consent of the Networked*. Basic Books, 2012.

Maddison, Angus. *The World Economy*. OECD, 2007.

Mahan, A. T. *The Influence of Sea Power upon History, 1660−1783*. Dover Military History, 1987.

———. *The Interest of America in Sea Power, Present and Future*. Tradition Classics, 2011.

Malik, Yogesh, Alex Niemeyer, and Brian Ruwadi. "Building the Supply Chain of the Future." *McKinsey Quarterly*, Jan. 2011.

Mansel, Philip. *Constantinople*. Penguin, 1997.

Mansfield, Edward D., and Rachel Bronson. "Alliances, Preferential Trading Arrangements, and International Trade." *American Political Science Review* 91, no. 1 (Mar. 1997).

Marber, Peter. *Brave New Math: Information, Globalization, and New Economic Thinking in the 21st Century*. World Policy Institute, 2014.

Martel, William C. *Grand Strategy in Theory and Practice*. Cambridge University Press, 2015.

Mayer−Schonberger, Viktor, and Kenneth Cukier. *Big Data: A Revolution That Will Transform How We Live, Work, and Think*. Eamon Dolan/Mariner Books, 2014.

Mays, Andrew, and Gart S. Shea. "East India Company and Bank of England Shareholders During the South Sea Bubble: Partitions, Components, and Connectivity in a Dynamic Trading Network." University of St. Andrews, Centre for Dynamic Macroeconomic Analysis, 2011.

Mazzucato, Mariana. *The Entrepreneurial State: Debunking Public vs. Private Sector Myths*. Anthem Press, 2013.

McFate, Sean. *The Modern Mercenary: Private Armies and What They Mean for World Order*. Oxford University Press, 2015.

McGregor, Richard. *The Party: The Secret World of China's Communist Rulers*. Harper Perennial, 2012.

McKinsey Global Institute. *Global Flows in a Digital Age*. 2014.

McNeill, J. R., and William H. McNeill. *The Human Web: A Bird's-Eye View of World History*. W. W. Norton, 2003.

McNeill, William H. *The Rise of the West: A History of the Human Community*. University of Chicago Press, 1992.

Meadows, Donella. *Thinking in Systems: A Primer*. Chelsea Green, 2008.

Micklethwait, John, and Wooldridge, Adrian. *The Fourth Revolution: The Global Race to Reinvent the State*. Penguin Press, 2014.

———. *A Future Perfect: The Challenge and Promise of Globalization*. Random House Trade

Paperbacks, 2003.

Milanovic, Branko. *The Haves and Have-Nots: A Brief and Idiosyncratic History of Global Inequality*. Basic Books, 2012.

Milhaud, Edgard. "The Economic Reorganization of the World as a Condition of Political Peace." *Annals of Public and Cooperative Economics* 14, no. 3 (Oct. 1938): 561–66.

Mills, Greg. *Why Africa Is Poor: And What Africans Can Do About It*. Penguin Global, 2011.

Mills, Mark P. "The Cloud Begins with Coal: Big Data, Big Networks, Big Infrastructure, and Big Power." Digital Power Group, 2013.

Minter, Adam. *Junkyard Planet: Travels in the Billion-Dollar Trash Trade*. Bloomsbury Press, 2013.

Mirowski, Philip. *Dream Machines: Economics Becomes a Cyborg Science*. Cambridge University Press, 2002.

———. *Never Let a Crisis Go to Waste: How Neoliberalism Survived the Financial Meltdown*. Verso, 2014.

Mishra, Pankaj. *From the Ruins of Empire: The Revolt Against the West and the Remaking of Asia*. Picador, 2013.

Mitchell, Melanie. *Complexity: A Guided Tour*. Oxford University Press, 2011.

Mitchell, William J. *City of Bits: Space, Place, and the Infobahn (on Architecture)*. MIT Press, 1996.

Modelski, George, and William R. Thompson. "The Long and Short of Global Politics in the Twenty-First Century: An Evolutionary Approach." *International Studies Review* 1, no. 2 (Summer 1999): 110–40.

Monmonier, Mark, and H. J. de Blij. *How to Lie with Maps*. University of Chicago Press, 1996.

Montgomery, Charles. *Happy City: Transforming Our Lives Through Urban Design*. Farrar, Straus and Giroux, 2013.

Moretti, Enrico. *The New Geography of Jobs*. Houghton Mifflin Harcourt, 2012.

Morris, Charles R. *Comeback: America's New Economic Boom*. PublicAffairs, 2013.

Morris, Ian. *War! What Is It Good For? Conflict and the Progress of Civilization from Primates to Robots*. Farrar, Straus and Giroux, 2014.

Mufson, Steven. *Keystone XL: Down the Line*. TED Conferences, 2013.

Munoz, Mark. *Handbook on the Geopolitics of Business*. Edward Elgar, 2013.

Murdock, Darryl G., Robert R. Tomes, and Christopher K. Tucker, eds. *Human Geography*. United States Geospatial Intelligence Foundation, 2014.

Murphy, Alexander B., and John O'Loughlin. "New Horizons for Regional Geography." *Eurasian Geography and Economics* 50, no. 3 (2009): 241–51.

Nahmias, Steven. *Production and Operations Analysis*. McGraw–Hill Higher Education, 2004.

Naim, Moises. *The End of Power: From Boardrooms to Battlefields and Churches to States, Why Being in Charge Isn't What It Used to Be*. Basic Books, 2014.

Nasr, Vali. *Forces of Fortune: The Rise of the New Muslim Middle Class and What It Will Mean for Our World*. Free Press, 2009.

National Intelligence Coucil. *Global Trends 2030: Alternative Worlds*. National Intelligence Council, 2012.

Neal, Larry. *The Rise of Financial Capitalism: International Capital Markets in the Age of Reason*. Cambridge University Press, 1990.

Nisbett, Richard E. *The Geography of Thought: How Asians and Westerners Think Differently . . . and Why*. Free Press, 2004.

Nolan, Peter. *Is China Buying the World?* Polity, 2013.

Norbu, Dawa. *China's Tibet Policy*. Routledge, 2001.

OECD. *Interconnected Economies: Benefiting from Global Value Chains*. OECD, 2013.

OECD, WTO, UNCTAD. *Implications of Global Value Chains for Trade, Investment, Development, and Jobs*. OECD, 2013.

Ogilvy, James. *Many Dimensional Man*. HarperCollins, 1979.

Ohmae, Kenichi. *The End of the Nation State: The Rise of Regional Economies*. Free Press, 1996.

————. *The Next Global Stage: Challenges and Opportunities in Our Borderless World*. Wharton School Publishing, 2005.

Olsthoorn, Xander, and Anna J. Wieczorek, eds. *Understanding Industrial Transformation: Views from Different Disciplines*. Springer, 2006.

O'Neill, Jim. *The Growth Map: Economic Opportunity in the BRICs and Beyond*. Portfolio Hardcover, 2011.

Ooi, Kee Beng. *The Eurasian Core and Its Edges: Dialogues with Wang Gangwu on the History of the World*. Institute of Southeast Asian Studies, 2015.

Osnos, Evan. *Age of Ambition: Chasing Fortune, Truth, and Faith in the New China*. Farrar, Straus and Giroux, 2014.

Ostrom, Elinor. "Beyond Markets and States: Polycentric Governance of Complex Economic Systems." *American Economic Review* 100, no. 3 (2010): 641–72.

————. "The Challenge of Self-Governance in Complex Contemporary

Environments." *Journal of Speculative Philosophy* 24, no. 4 (2010): 316–32.

Oxford Martin Commission for Future Generations. *Now for the Long Term: The Report of the Oxford Martin Commission for Future Generations.* University of Oxford, 2013.

Padhukone, Neil. *Beyond South Asia: India's Strategic Evolution and the Reintegration of the Subcontinent.* Bloomsbury Academic, 2014.

Pal, Jeremy S., and Elfatih A. B. Eitahir. "Future Temperature in Southwest Asia Projected to Exceed a Threshold for Human Adaptibility." *Nature Climate Change,* Oct. 26, 2015.

Parello-Plesner, Jonas, and Mathieu Duchatel. *China's Strong Arm: Protecting Citizens and Assets Abroad.* IISS Adelphi Books, 2015.

Pelosky, Jay. "Emerging Market Portfolio Globalization: The Next Big Thing." New America Foundation, World Economic Roundtable Policy Paper, July 17, 2014.

Pentland, Alex. *Social Physics: How Good Ideas Spread.* New York: Penguin, 2014.

Perez, Carlota. "A New Age of Technological Progress." Policy Network, Aug. 22, 2014.

———. *Technological Revolutions and Financial Capital: The Dynamics of Bubbles and Golden Ages.* Edward Elgar, 2003.

Pettis, Michael. *Avoiding the Fall: China's Economic Restructuring.* Carnegie Endowment for International Peace, 2013.

Phelps, Edmund. *Mass Flourishing: How Grassroots Innovation Created Jobs, Challenge, and Change.* Princeton University Press, 2015.

Piiparinen, Richey, and Jim Russell. *From Balkanized Cleveland to Global Cleveland: A Theory of Change for Legacy Cities.* White Paper Funded by Ohio City Inc., 2013.

Piketty, Thomas. *Capital in the 21st Century.* Harvard University Press, 2014.

Pillsbury, Michael. *The Hundred-Year Marathon: China's Secret Strategy to Replace America as the Global Superpower.* Henry Holt, 2015.

Pinker, Steven. *The Better Angels of Our Nature.* Viking, 2011.

Pisani, Elizabeth. *Indonesia, Etc.: Exploring the Improbable Nation.* W. W. Norton, 2014.

Polanyi, Karl. *The Great Transformation: The Political and Economic Origins of Our Time.* Beacon Press, 2001.

Porter, Michael E. *Competitive Advantage of Nations.* Free Press, 1998.

"Public-Private Partnerships in Developing Countries: A Systematic Literature Review." Ministry of Foreign Affairs of the Netherlands, Apr. 2013.

Rachman, Gideon. *Zero-Sum Future: American Power in an Age of Anxiety.* Simon & Schuster, 2012.

Raford, Noah, and Andrew Trabulsi, eds. *Warlords, Inc.: Black Markets, Broken States, and the Rise of the Warlord Entrepreneur*. North Atlantic Books, 2015.

Rawls, John. "The Law of Peoples." *Critical Inquiry* 20, no. 1 (Autumn 1993).

Reardon, Thomas, Christopher B. Barrett, Julio A. Berdegué, and Johan F. M. Swinnen. "Agrifood Industry Transformation and Small Farmers in Developing Countries." *World Development* 37, no. 11 (2009): 1717–27.

Rees, Martin. *Our Final Century?* William Heinemann, 2003.

Reich, Robert. *Inequality for All*. Radius TWC, 2013.

Rein, Shaun. *End of Cheap China*. Wiley, 2014.

Rheingold, Howard. *The Virtual Community: Homesteading on the Electronic Frontier*. MIT Press, 2000.

Rickards, James. *The Death of Money: The Coming Collapse of the International Monetary System*. Penguin Books, 2014.

Rieffel, Alexis. *Restructuring Sovereign Debt: The Case for Ad Hoc Machinery*. Brookings Institution, 2003.

Riello, Giorgio. *Cotton: The Fabric That Made the Modern World*. Cambridge University Press, 2013.

Rifkin, Jeremy. *The Zero Marginal Cost Society: The Internet of Things, the Collaborative Commons, and the Eclipse of Capitalism*. Palgrave Macmillan Trade, 2014.

Rivoli, Pietra. *The Travels of a T-Shirt in the Global Economy: An Economist Examines the Markets, Power, and Politics of World Trade*. Wiley, 2005.

Roberts, Paul. *The Impulse Society: America in the Age of Gratification*. Bloomsbury USA, 2014.

Rodin, Judith. *The Resilience Dividend: Being Strong in a World Where Things Go Wrong*. PublicAffairs, 2014.

Ronfeldt, David F. *Tribes, Institutions, Markets, Networks: A Framework About Societal Evolution*. Rand, 1996.

Ronis, Sheila R., ed. *Economic Security: Neglected Dimension of National Security?* National Defense University Press, 2011.

———. *Forging an American Grand Strategy: Securing a Path Through a Complex Future*. National Defense University Press, 2013.

Rosecrance, Richard N. *The Resurgence of the West: How a Transatlantic Union Can Prevent War and Restore the United States and Europe*. Yale University Press, 2013.

———. *The Rise of the Trading State: Commerce and Conquest in the Modern World*. Basic Books, 1986.

Rosecrance, Richard N., and Steven E. Miller, eds. *The Next Great War? The Roots of World War I and the Risk of U.S.-China Conflict*. MIT Press, 2014.

Rosenau, James N. *Distant Proximities: Dynamics Beyond Globalization*. Princeton University Press, 2003.

———. *Turbulence in World Politics: A Theory of Change and Continuity*. Princeton University Press, 1990.

"The Round World and the Winning of the Peace." *Foreign Affairs*. July 1943.

Ruggie, John Gerard. *Just Business: Multinational Corporations and Human Rights*. W. W. Norton, 2013.

Rusk, David. *Cities Without Suburbs*. Woodrow Wilson Center Press, 1995.

Rutherford, Alex, Dion Harmon, Justin Werfel, Alexander S. Gard-Murray, Shlomiya Bar-Yam, Andreas Gros, Ramon Xulvi-Brunet, Yaneer Bar-Yam. "Good Fences: The Importance of Setting Boundaries for Peaceful Coexistence." New England Complex Systems Institute, May 2014.

Ryan, Brent D. *Design After Decline: How America Rebuilds Shrinking Cities*. University of Pennsylvania Press, 2014.

Sagar, Rahul. *Secrets and Leaks: The Dilemma of State Secrecy*. Princeton University Press, 2013.

Saideman, Stephen M. *The Ties That Divide: Ethnic Politics, Foreign Policy, and International Conflict*. Columbia University Press, 2001.

Saideman, Stephen M., and R. William Ayres. *For Kin or Country: Xenophobia, Nationalism, and War*. Columbia University Press, 2015.

Sandel, Michael J. *What Money Can't Buy: The Moral Limits of Markets*. Farrar, Straus and Giroux, 2013.

Sassen, Saskia. *Territory, Authority, Rights: From Medieval to Global Assemblages*. Princeton University Press, 2008.

———. "When the City Itself Becomes a Technology of War." *Theory, Culture, and Society* 27, no. 6 (2010): 33–50.

Schell, Orville, and John Delury. *Wealth and Power: China's Long March to the Twenty-First Century*. Random House, 2013.

Schelling, Thomas C. *Micromotives and Macrobehavior*. W. W. Norton, 2006.

Schmidt, Eric, and Jared Cohen. *The New Digital Age: Reshaping the Future of People, Nations, and Business*. Knopf, 2013.

Schneier, Bruce. *Data and Goliath: The Hidden Battles to Collect Your Data and Control Your World*. W. W. Norton, 2015.

Schubert, Frank N., ed. *The Nation Builders: A Sesquicentennial History of the Corps of Topographical Engineers, 1838–1863*. U.S. Army Corps of Engineers Office of History, 1989.

Schweller, Randall L. *Maxwell's Demon and the Golden Apple: Global Discord in the New Millennium*. Johns Hopkins University Press, 2014.

Scott, James C. *The Art of Not Being Governed: An Anarchist History of Upland Southeast Asia*. Yale University Press, 2010.

———. *Seeing Like a State: How Certain Schemes to Improve the Human Condition Have Failed*. Yale University Press, 1999.

Sehgal, Kabir. *Coined: The Rich Life of Money and How Its History Has Shaped Us*. Grand Central, 2015.

Sennett, Richard. *Together: The Rituals, Pleasures, and Politics of Cooperation*. Yale University Press, 2012.

Senor, Dan, and Saul Singer. *Start-Up Nation: The Story of Israel's Economic Mir-acle*. Twelve, 2011.

Seung Ho Park, Nan Zhou, and Gerardo R. Ungson. *Rough Diamonds: The Four Traits of Successful Breakout Firms in BRIC Countries*. Jossey-Bass, 2013.

Sharma, Ruchir. *Breakout Nations: In Pursuit of the Next Economic Miracles*. W. W. Norton, 2013.

Sharma, Vivek. "Give Corruption a Chance." *National Interest*, Nov. 2013.

Simpfendorfer, Ben. *The Rise of the New East: Business Strategies for Success in a World of Increasing Complexity*. Palgrave Macmillan, 2014.

Singer, Peter. *One World: The Ethics of Globalization*. Yale University Press, 2004.

Singer, P. W., and Allan Friedman. *Cybersecurity and Cyberwar: What Everyone Needs to Know*. Oxford University Press, 2014.

Slaughter, Anne-Marie. *A New World Order*. Princeton University Press, 2005.

Smil, Vaclav. *Energy in Nature and Society: General Energetics of Complex Sys-tems*. MIT Press, 2007.

———. *Making the Modern World: Materials and Dematerialization*. Wiley, 2013.

Smith, Laurence C. "New Trans-Arctic Shipping Routes Navigable by Mid-century." *Proceedings of the National Academy of Sciences* 110, no. 13 (2013).

Smolan, Rick, and Jennifer Erwitt. *The Human Face of Big Data*. Against All Odds Productions, 2012.

Soll, Jacob. *The Reckoning: Financial Accountability and the Rise and Fall of Na-tions*. Basic Books, 2014.

Spence, A. Michael. *The Evolving Structure of the American Economy and the Employment Challenge*. Council on Foreign Relations, 2011.

―――. *The Next Convergence: The Future of Economic Growth in a Multispeed World*. Picador, 2012.

Spolaore, Enrico, and Romain Wacziarg. "How Deep Are the Roots of Economic Development?" *Journal of Economic Literature* 51, no. 2 (June 2013).

Spruyt, Hendrik. *The Sovereign State and Its Competitors: An Analysis of Systems Change*. Princeton University Press, 1994.

Spufford, Peter. *Power and Profit: The Merchant in Medieval Europe*. Thames & Hudson, 2003.

Standage, Tom. *The Victorian Internet: The Remarkable Story of the Telegraph and the Nineteenth Century's On-Line Pioneers*. Bloomsbury, 2009.

Standard Chartered Bank. *Global Supply Chains: New Directions*. Special Report, May 27, 2015.

―――. *Global Trade Unbundled*. Special Report, April 4, 2014.

Starosielski, Nicole. *The Undersea Network*. Duke University Press, 2015.

Stephenson, Neal. "Mother Earth, Mother Board." *Wired*, April 2012.

Stiglitz, Joseph E. *The Great Divide: Unequal Societies and What We Can Do About Them*. W. W. Norton, 2015.

Studwell, Joe. *How Asia Works*. Grove Press, 2014.

Subramanian, Arvind, and Martin Kessler. *The Hyperglobalization of Trade and Its Future*. Peterson Institute for International Economics, 2013.

Sudjic, Deyan. *Hundred Mile City*. Mariner Books, 1993.

Sunstein, Cass R. *Infotopia: How Many Minds Produce Knowledge*. Oxford University Press, 2008.

―――. *Simpler: The Future of Government*. Simon & Schuster, 2013.

Taleb, Nassim Nicholas. *Antifragile: Things That Gain from Disorder*. Random House Trade Paperbacks, 2014.

―――. *The Black Swan*. Random House, 2010.

Taniguchi, Eiichi, Tien Fang Fwa, and Russell G. Thompson. *Urban Transportation and Logistics: Health, Safety, and Security Concerns*. CRC Press, 2013.

Tansey, Oisin. "Internationalized Regimes: A Second Dimension of Regime Hybridity." *Democratization* 20, no. 7 (2013).

Taylor, Peter. *World City Network: A Global Urban Analysis*. Routledge, 2003.

Tellis, Ashley J., Bibek Debroy, and Reece Trevor, eds. *Getting India Back on Track: An*

Action Agenda for Reform. Carnegie Endowment for International Peace, 2014.

Thiel, Peter. *Zero to One: Notes on Startups, or How to Build the Future*. Crown Business, 2014.

Thompson, Grahame. "The Limits to 'Globalization': Taking Economic Borders Seriously." *Open University*, UCSC, 2005.

Tilly, Charles. *Coercion, Capital, and European States*. Blackwell, 1990.

Timmer, Marcel P., Abdul Azeez Erumban, Bart Los, Robert Stehrer, and Gaaitzen J. de Vries. *Slicing Up Value Chains*. University of Groningen, 2013.

Tompkins, James A. *No Boundaries: Breaking Through to Supply Chain Excellence*. Tompkins Associates, 2003.

Townsend, Anthony. *Smart Cities: Big Data, Civic Hackers, and the Quest for a New Utopia*. W. W. Norton, 2013.

Toynbee, Arnold. *A Study of History: Abridgement of Volumes VII-X*. Oxford University Press, 1957.

Tsai, Shih-shan Henry. *The Eunuchs in the Ming Dynasty*. State University of New York Press, 1996.

Turchi, Peter. *Maps of the Imagination: The Writer as Cartographer*. Trinity University Press, 2007.

Turnbull, C. M. *A History of Modern Singapore, 1819–2005*. National University Press, 2009.

Turok, Neil. *The Universe Within: From Quantum to Cosmos*. House of Anansi Press, 2012.

Turzi, Mariano. "The Soybean Republic." *Yale Journal of International Affairs* (Spring/Summer 2011).

Umunna, C., ed. *Owning the Future*. London: Rowman & Littlefield International, 2014.

Vedral, Vlatko. "Living in a Quantum World." Special issue, *Scientific American*, June 2011.

Viguerie, Patrick, Sven Smit, and Mehrdad Baghai. *Granularity of Growth: McKinsey & Company Report*. John Wiley & Sons, 2008.

Vinogradov, Sergei, and Patricia Wouters. *Sino-Russian Transboundary Waters: A Legal Perspective on Cooperation*. Institute for Security and Development Policy, Dec. 2013.

Vitalari, Nicholas, and Haydn Shaughnessy. *The Elastic Enterprise: The New Man-ifesto for Business Revolution*. Olivet Press, 2012.

Waldrop, M. Mitchell. *Complexity: The Emerging Science at the Edge of Order and Chaos*. Simon & Schuster, 1993.

Wallace, Jeremy. "Cities, Redistribution, and Authoritarian Regime Survival." *Journal of*

Politics 75, no. 3 (2013): 632–45.

Waltz, Kenneth N. *Theory of International Politics*. McGraw–Hill, 1979.

Wang, Chia–Chou. "Political Interest Distribution and Provincial Response Strate–gies: Central–Local Relations in China After the 17th National Congress of the CPC." *China: An International Journal* 11, no. 1 (2013): 21– 39.

Wang, Jin. "The Economic Impact of Special Economic Zones: Evidence from Chi–nese Municipalities." *Journal of Development Economics* 101 (March 2013).

Watts, Barry D. *Clausewitzian Friction and Future War*. National Defense Univer–sity, 1996.

Weber, Max. *Economy and Society*. Vol. 1. University of California Press, 1978.

Wedel, Janine. *Unaccountable: How Elite Power Brokers Corrupt Our Finances, Freedom, and Security*. Pegasus, 2014.

Wendt, Alexander. "Flatland: Quantum Mind and the International Hologram." In *New Systems Theories of World Politics*, edited by Mathias Albert, Lars–Erik Cederman, and Alexander Wendt. Palgrave Macmillan, 2010.

———. *Quantum Mind and Social Science: Unifying Physical and Social Ontol-ogy*. Cambridge University Press, 2015.

———. *Social Theory of International Relations*. Cambridge University Press, 1999.

Westad, Odd Arne. *Restless Empire: China and the World Since 1750*. Basic Books, 2012.

Williams, Bernard. *Ethics and the Limits of Philosophy*. Routledge, 2011.

Wood, Gillen D'Arcy. *Tambora: The Eruption That Changed the World*. Princeton University Press, 2014. World Bank. "Special Economic Zones: Progress, Emerging Challenges, and Future Directions."

World Bank, 2011. World Bank Group. *Global Economic Prospects: Having Fiscal Space and Using It*. World Bank, 2015.

World Economic Forum, Bain & Company, and World Bank. *Enabling Trade: Valu-ing Growth Opportunities*. World Economic Forum, 2013.

World Input–Output Database. http://www.wiod.org/new_site/home.htm.

Writson, Walter B. *The Twilight of Sovereignty: How the Information Revolution Is Transforming Our World*. Scribner, 1992. Zakaria, Fareed. *The Future of Freedom: Illiberal Democracy at Home and Abroad*. W. W. Norton, 2007.

Zakaria, Fareed. *The Future of Freedom: Illiberal Democracy at Home and Abroad*. W. W. Norton, 2007.

Zeihan, Peter. *The Accidental Superpower: The Next Generation of American Preeminence and the Coming Global Disorder*. Twelve, 2015.

Zetter, Kim. *Countdown to Zero Day: Stuxnet and the Launch of the World's First Digital Weapon*. Penguin Random House, 2014.

Zhang Weiwei. *The China Wave: Rise of a Civilizational State*. World Century, 2012.

Zheng, Y. *De Facto Federalism in China: Reforms and Dynamics of Central-Local Relations*. World Scientific, 2007.

―――. "Institutional Economics and Central‒Local Relations in China: Evolving Research." *China: An International Journal* 3, no. 2 (2005): 240‒69.

Zittrain, Jonathan. *The Future of the Internet—and How to Stop It*. Yale University Press, 2009.

Zogby, John, and Joan Snyder Kuhl. *First Globals: Understanding, Managing, and Unleashing the Potential of Our Millennial Generation*. John Zogby and Joan Snyder Kuhl, 2013.

Zuckerman, Ethan. *Digital Cosmopolitans: Why We Think the Internet Connects Us, Why It Doesn't, and How to Rewire It*. W. W. Norton, 2014.

커넥토그래피 혁명

2017년 6월 1일 초판 1쇄 인쇄
2017년 6월 5일 초판 1쇄 펴냄

지은이 | 파라그 카나
옮긴이 | 고영태

편집 | 박보람 박정민
디자인 | 이석운 김미연
마케팅 | 이승필 남궁경민 김세정

펴낸이 | 윤철호
펴낸곳 | (주)사회평론

등록번호 | 10-876호(1993년 10월 6일)
전화 | 02-326-1182(영업), 02-326-5845(편집)
팩스 | 02-326-1626
주소 | 서울시 마포구 성산동 114-10
이메일 | editor@sapyoung.com

ISBN   978-89-6435-939-6   03300